主 编 李育民

近代中外条约关系通史

第 2 卷

传统体制的打破与条约关系的建立

（1689—1860）

曹 英 著

中 华 书 局

目　录

导　言

　　1689—1860 年是西方国家打破中国传统体制,建立新的对华条约关系的历史时期。在这一个多世纪中,西方社会发生了翻天覆地的变化,资产阶级政权逐渐取代封建政权,资本主义经济的发展由工场手工业阶段跨入机器大生产阶段。也就在这一时期,中国和西方国家之间的生产力发展水平以及文明发展进程开始易位,西方逐渐取得了对东方的优势,中国传统的朝贡体制不断受到西方的挑战,中国与西方国家的关系在传统制度与近代法则的冲撞、交织中逐渐改变。

　　向中国发动挑战的西方国家,首先是俄国,然后是英国和其他国家。俄国是第一个与中国签订条约的西方国家,它在朝贡体制之外最早与中国发展出另一种法律关系。但早期中俄条约主要是特殊地缘政治的产物,不具有普遍意义,更未对传统朝贡体制构成任何实质性的破坏。18 世纪后期,英国向中国朝贡体制发动了更大的挑战。英国的挑战缘于商业扩张的需要,这一需求代表了工业化时代西方世界的发展趋向,也因此拉开了中外关系得以根本转变的序幕。

　　从中外条约关系的发展历程看,18 世纪后期到 19 世纪中叶,它经历了由酝酿到初步构建再到基本确立的不同阶段。在酝酿阶段,英国曾试图以和平方式与中国建立平等的外交和条约关系,但中英两国世界观、文明观及与此相关的外交观念的差异,使双方缺乏建立条约关系的思想基础,无法实现彼此的对话与沟通。中国朝贡体制防范外夷的功能以及封建经济自给自足的性质,亦使双方不具备订立条约的政治前提和经济动力。中英关系条约化的初步尝试以失败告终。中国朝贡体制的打破和中外条约关系的建立最终是以武力实现的。第一次鸦片战争时期,清政府在西方国家坚船利炮的威胁下步步退让,给予西方国家各种条约特权,中外条约关系得以初步建立。第二次鸦片战争后,随着中外《天津条约》《北京条约》的签订,西方列强侵入中国腹地,攫取了各项主要的在华特权,中外条约关系在内容上大大丰富,在适用范围上大为扩展,近代中国条约关系的框架基本形成。

　　从条约交涉来看,两次鸦片战争时期,西方国家沆瀣一气,互相勾结,共谋利益,但对华扩张的目标各有重点,政策各有不同。目标上,英国重在开拓市场、攫取商业利益,法国意在获取传教特权,俄国主要觊觎中国领土,美国图谋利益均沾。政策上,英国一直态度强硬,直接以炮舰相威胁;美国从第一次鸦片战争后的"搭便车"到第二次鸦片战争的居间调和渔利;法国软硬兼施,迫使中国签下《黄埔条约》,后又结盟英国武力施压;俄国从 19 世纪 50 年代后加入西方侵华行列,以事实上的占领为先,辅以胁迫、调和之计。对于西方各国提出的条约要求,清政府妥协多,抗争少,主要在意的是与天朝体制相关的问题,且缺乏主权、利权观念,甚至将领事裁判权、协定关税权拱手送人。

从条约内容看,从第一批不平等条约到各国《天津条约》和《北京条约》,中外双方权利、义务均各有之,涉及政治、经济、文化各方面,尤以经济贸易为主,第二次鸦片战争后有关政治交往的内容大大增加。但不管是哪种,都违背和超出了原来天朝体制的范畴。更重要的是,中外双方的条约权利和义务严重不对等,西方国家的权利多义务少,中国则权利少义务多,且西方国家的很多条约权利是建立在损害中国主权、利权的基础上,如领事裁判权、军舰驻泊权、鸦片贩卖权、片面最惠国待遇、割地、赔款等。这决定了近代中外条约的不平等性质。当然,这一时期的中外条约中也有一些平等性质的条款,如互派使节、互相引渡罪犯、互相帮助追偿债务等。

从条约的执行来看,两次鸦片战争时期属于条约关系的初始阶段,清政府并没有因为条约的签订而将西方国家视为平等的交往者,在不得不接受条约关系的同时,仍在极力维护受损的天朝体制。与此同时,清政府还没有形成信守条约的观念,仍把条约视为羁縻外夷的工具之一,西方列强亦常有违约、越权之举。因此,中外双方在交往体制、贸易税收、口岸开放等方面矛盾冲突不断。

19 世纪中叶,在与西方国家建立条约关系的同时,清帝国仍与东亚地区的周边国家保持着完整的朝贡关系,从而在对外关系上出现了朝贡关系与条约关系并存的局面。当然,由于中国国内政局的动荡,以及西方资本主义国家的不断入侵,中国的朝贡国也受到影响,整个东亚地区国际秩序模式逐渐由朝贡关系向条约关系过渡,中国的朝贡体制日益崩塌。

作为一种新的国际秩序模式,近代的条约关系与中国传统的朝贡关系截然不同。朝贡关系是以中国为中心的政治统属关系,在这一关系中,中国是受贡者,其他国家是朝贡者,中国封建王朝享有不可侵犯的优越地位和绝对的话语权。但这种统属关系及其内含的不平等性主要是礼仪上和形式上的,藩属国是完全独立的国家,中国封建王朝对其"臣而不治"。条约关系是一种法律关系,它以近代国际法的主权平等原则为基础,以缔约各方的权利和义务为内容。但它对中国等落后国家存在严重的排斥和偏见,并以"特殊国际法"阉割了主权平等原则。近代中外条约关系的建立,是列强通过战争迫使清政府接受的,是强权政治的产物。它背离了国际法的主权平等原则,其内涵和主体都是不平等的。在条约关系下,中国不仅不能享有一个主权国家所应具备的基本权利,而且主权和利权受到严重侵害。

本卷主要考察 1689—1860 年间中国传统朝贡体制的打破及条约关系的建立过程,揭示中国与西方国家之间从传统朝贡关系向近代条约关系的转型,剖析在这一过程中两种国际秩序的冲突碰撞和交替转换的复杂格局,以及清政府面对这种转换的态度立场与应对方针。其主要内容包括:传统中外关系模式及其局限,早期中俄条约关系及其性质,鸦片战争前条约关系的酝酿,两次鸦片战争与不平等条约关系的初步构建和基本形成,条约关系下西方缔约国与中国各自的权利与义务,条约执行中中外之间的矛盾与冲突,清政府应对条约关系的方针策略,东亚传统朝贡关系与条约关系的并存及发展趋势等。

本卷内容的撰写遵循全书的理论框架与写作框架,系统论述 1689—1860年间中国传统天朝体制和中外条约关系的历史演进及发展态势。本卷的具体研究思路是:首先,在理论探讨和总体概述的基础上,以纵向建构为基本框架,阐述条约前时代朝贡关系在西方列强的挑战下逐步向近代条约关系转型的历史,揭示近代条约关系构建的最初形态、本质,以及与传统体制的区别等问题。其次,对条约关系建立后的一些问题,如条约执行中中外双方的矛盾冲突、清政府应对条约的方针等,设立专题,进行集中论述。最后,论述条约关系建立时期中国朝贡体制的存续情况,剖析朝贡关系与条约关系并存的复杂格局及其相互影响。

第一章　条约前时代的朝贡关系

朝贡关系原指中国封建时代中央王朝与国内未开化民族和国外藩属间的一种君臣从属关系，后来逐渐扩大到中国同所有其他国家之间的交往，成为中国古代一种普遍意义上的国际关系模式。第一次鸦片战争以前，中国的封建王朝以夷夏观念为基础，以朝贡关系为纽带构建了自己的国际秩序。在这一秩序中，中国处于绝对的中心位置，外国与中国封建王朝的一切交往都被纳入朝贡的轨道，并受朝贡关系下相关制度的严格制约。

第一节　传统朝贡关系的起源

1963 年，以费正清为首的美国东亚研究会召开学术会议，讨论东亚的传统国际秩序。1965 年，美国历史学会又组织了"中国的世界秩序"主题研讨会。以这两次会议为契机，海内外学术界掀起了研究传统中国对外关系的热潮。学者们对中国传统外交体制的称呼很多，如"册封体制""朝贡—封赏制度""封贡制度""朝贡体系""天朝礼治体系""华夷秩序""中国的世界秩序"等。名称表达虽不一致，但学界普遍认为，朝贡关系是中国传统外交关系的核心，是构筑中国传统世界秩序的纽带。对中国传统世界观念和外交关系的探讨也大多围绕朝贡关系而展开。

已有研究表明，中国古代以朝贡关系为核心的对外关系模式可以追溯到先秦时代。《竹书纪年》记载，早在尧、舜统治时期，已有域外部落前来朝贡。夏朝，中央和地方之间出现较为固定的朝贡关系①。商朝建立以后，随着武力征服，其与周边部落、国家的朝贡关系得到进一步发展。《诗经·商颂·殷武》曾言，"昔有成汤，自彼氐羌。莫敢不来享，莫敢不来王。曰商是常"②。可见，此时商王被视为天下之长，周边民族均向商朝贡。商朝设有"宾"一职，并设立"司工"，专管朝贡事宜，朝贡制度初现雏形。

周朝实行分封制，周天子以封地连同居民封赏给王室子弟和功臣，建立起众多的诸侯国。据《周礼·夏官·职方氏》记载，周朝实行服事制，王畿之外，以五百里为度，分为九服，即侯服、甸服、男服、采服、卫服、蛮服、夷服、镇服、藩服。服事制初步构建了以中国为中心、对外夷逐层控御的"国际"秩序。与此同时，朝贡作为周天子控制地方诸侯和外夷的途径得到发展。诸侯在封国内享有统治权，同时对天子也有服从命令、定期朝贡和提供军赋、力役的责任。周边部落向周朝进贡的也越来越多。孔子曾言，"昔武王克商，通道于九夷百蛮，使各以其方贿来贡"③。周朝加强了对朝贡的管理，诸侯、夷狄"朝贡皆有时"④，贡使的接待、贡品运送、翻译等均有专门机构和专职人员负责，觐见程序、礼仪也有了明确规定，但总的来说，朝贡制度仍处于萌芽阶段，朝贡关系不稳定，各项规章亦不完善。

中国古代朝贡制度的成型是在两汉时期。匈奴自公元前 51 年后向汉朝朝觐、纳贡，西域诸国皆"修奉朝贡，各以其职"⑤，东南亚地区的一些国家

---

① 李云泉：《万邦来朝：朝贡制度史论》，新华出版社，2014 年，第 2 页。
② 周振甫译注：《诗经译注》，中华书局，2002 年，第 553 页。
③ 徐元浩撰，王树民、沈长云点校：《国语集解》，中华书局，2002 年，第 204 页。
④ 马大正主编：《中国边疆经略史》，中州古籍出版社，2000 年，第 437 页。
⑤ 班固：《汉书》第 12 册，卷 100 下，中华书局，1962 年，第 4268 页。

亦来觐见。汉朝统治者十分重视朝贡关系的维护，将其视为怀柔远人、巩固边防的有效工具，并采用册封和赏赐等手段笼络诸夷。册封包括授封号、颁印玺、赐冠带等，赏赐物品多为金银、布匹等。对匈奴、西域及其他国家而言，进贡不仅意味着与强大的中国中央王朝建立一种稳定的制度化的联系，更意味着巨大的商机，"他们不仅从汉朝获取大量的赏赐物品，而且往往借朝贡之名，行贸易之实"①。汉朝对朝贡的组织、管理较此前更为完善。自汉代起，朝贡事务主要由大鸿胪负责，包括接待蕃王、贡使，主持朝觐、纳贡、封赏、宴会等礼仪活动，文书和语言翻译等。此外，汉代中央机构内还有尚书主客曹、谒者台、符节台等参与朝贡事务。尚书主客曹负责起草外交文书，谒者台负责伴送质子，符节台掌管册封所用的印玺、绶带。总之，自两汉起，朝贡作为一种政治归顺的象征渐成定制，传统中国以朝贡关系为核心的国际秩序也趋于稳定。

三国魏晋南北朝时期，中国虽长期处于分裂割据状态，但日本、高句丽、新罗、百济以及南亚、东南亚和西域的一些国家仍不断向各割据政权遣使朝觐，尤其是日本和朝鲜半岛各国，定期进贡，并请予册封。各割据政权亦乐于借此营造封建正统气氛，达到巩固统治的目的。南方的吴国和南朝萧梁政权更是采取积极的政策，专门派人招徕海外国家来贡。梁元帝萧绎甚至亲自将当时外国使者来华朝贡的情况绘成《职贡图》。这一时期朝贡制度的重要发展是册封制度的最终确立。册封制度进一步密切了中国中央王朝与藩属的联系，加强了中国的主导作用。

隋朝历史虽然短暂，但在对外政策上却颇为积极。隋炀帝即位后，派人重新打通西域通道，西域朝贡国遂纷至沓来。隋炀帝还遣使南下，招徕林邑、赤土、真腊、婆利等国来贡。唐朝是中国封建社会发展的鼎盛时期，国力雄厚，且实行开明的对外政策，中外交流空前发达，来华朝贡的国家数量大大增加，"四夷大小君长争遣使入献见，道路不绝，每元正朝贺，常数百千人"②。唐朝对朝贡事务的管理更加规范。贡期、封赏、贡使入境手续和往

---

① 李云泉：《万邦来朝：朝贡制度史论》，第 17 页。
② 司马光编纂：《资治通鉴》中，卷 198，北岳文艺出版社，1995 年，第 1367 页。

返供应、贡物的转运等，均有明确规定。朝贡事务的管理机构也更为完善，分工更为细致。鸿胪寺是朝贡的主要管理者，"朝贡之仪，享燕之数，高下之等，往来之命"，"凡四方夷狄君长朝见者，辨其等位，以宾待之"[1]，即朝贡礼仪、宴会、座次安排等接待工作均由鸿胪寺掌管。此外鸿胪寺还负责接收贡物、拟定回赐物品、查验入境手续、安排贡使食宿等。礼部主客郎中掌管朝觐时的司礼工作，兵部职方郎中主管绘制朝贡使节图。中书省、门下省也有相关机构参与朝贡事务的组织管理。唐朝政府根据朝贡事务的性质和种类，由不同的职能部门分工负责，管理制度更为成熟。此时，在繁荣盛世下，中国朝廷的一切对外交往几乎都打上了朝贡的烙印，就连和亲、会盟也以朝贡关系为前提。这反映了唐代中国在海外的强大影响力，同时也扩展和巩固了以中国为中心的国际秩序。

宋代，周边国家的朝贡依旧活跃。据《宋会要辑稿·蕃夷》记载，与宋朝建立朝贡关系的国家共有 26 个，入贡次数达 302 次[2]。但宋代朝廷的积贫积弱使这一时期的朝贡关系发生变化。北宋在与辽、金的争斗中频频失利，因而更重视朝贡的政治功能。为树立天朝尊严，四处遣使，广招海外国家来朝，并给予朝贡国隆重的接待、优厚的赏赐，对朝贡贸易亦不加限制。对高丽和西域国家的优待还抱有联合抗敌的考虑。南宋以后，中国的政治、经济重心南移。同时，随着江南和岭南地区的大规模开发，中国东南沿海地区与东南亚海外国家的交通联系更加发达，海外贸易日益繁荣。但南宋统治者从实际出发，"摈弃了以往借朝贡以粉饰太平的政治外表"[3]，不再招徕海外国家朝贡，并减少甚至拒收贡物，限制贡使进京，以减轻因维持朝贡关系而造成的经济负担，朝贡贸易因而受到冷落。

但总体上看，与隋、唐相比，宋朝的朝贡制度更加完善，主要表现在：其一，宋廷管理朝贡事务的机构更加完备，分工更为细致、明确。中央主管机构有鸿胪寺、礼部主客司、客省、四方馆等，各司其职，分工合作。地方则由当地军政长官负责，在贡使入境后，将其安置在"来远驿"等专门的招

---

① 李隆基撰、李林甫注：《大唐六典》卷 4、18，三秦出版社，1991 年，第 109、361 页。
② 李金明、廖大珂：《中国古代海外贸易史》，广西人民出版社，1995 年，第 104 页。
③ 李云泉：《万邦来朝：朝贡制度史论》，第 40 页。

待场所，登录其国号、人数、姓名、年龄及所带之物，连同行程安排及沿途供应、接待事宜一并上报鸿胪寺，并派人护送贡使入京。其二，宋廷规定贡使必须携带和呈递象征君臣主从关系的"表章"，方准进京朝觐，并要求贡使在京期间履行繁琐的朝贡礼仪。表文的内容主要是对宋廷的歌功颂德，宋皇帝则对朝贡之国赐予诏书，以宗主的口吻进行劝诫、告慰。贡使向宋廷呈递表章、移交贡物、觐见皇帝、参加庆典和宴会、接受赏赐等，都必须遵循规定的礼仪。其三，宋朝对部分国家的贡期作了限制。如安南三年一贡，"西南五姓蕃，每五年许一贡"。其四，宋廷对贡使和国王的赏赐虽未明确规定但比较正规化。宋朝给外国贡使及其国王的赏赐相当丰厚，且种类分明，主要包括：对朝贡国国王、贡使等予以册封，给贡使提供参加有关朝觐礼仪使用的仪服、银两等物品，对贡物进行折价后回赐的金银、钱币、布匹等；宋朝皇室还馈赠贡使及其国王的私人礼物，如金银器、装饰品、衣服等，这些称为"别赐"。

元代中国，地跨欧亚，盛极一时。元代的蒙古统治者，以华夏正统自居，积极发展海外贸易和中外交往。在与属国的朝贡关系方面，元朝统治者一方面实行高压政策，直接以武力征讨高丽、占城、缅甸、安南等国，迫使其称臣纳贡；另一方面亦频频地向海外派出使节，主动与各国建交并招徕入贡。此时的朝贡关系既是元朝统治者聚敛财富、巩固统治的工具，也是海外国家牟取商业利润的手段。据有关资料统计，元代共有 34 个海外国家遣使来华，朝贡二百多次①。与宋朝不同的是，元朝统治者追求奢侈生活，外国贡品以奇珍异兽居多。元朝朝贡事务的组织和管理由礼部所属侍仪司和会同馆负责。侍仪司主掌外国朝觐礼仪，会同馆主掌迎送、接待贡使，接受贡物，向贡使询问属国情况，并绘制《职贡图》。

无论是以优厚的待遇招徕朝贡，还是以武力胁迫称臣，宋、元时期朝贡制度的承继和发展都对维护中国传统的国际秩序，保障和增强中国的中心地位，起到了不可忽视的作用。

---

① 喻常森：《元代海外贸易》，西北大学出版社，1994 年，第 84—87 页。

第二节　明清时期传统朝贡关系的强化

明朝是中国古代朝贡关系发展的顶峰，其朝贡国家之多、规模之大、手续之缜密、组织管理之完善，超过了以往任何时期，以中国为中心的东亚传统世界秩序也在此时达到极盛。进入清代，由于内外多种原因，朝贡关系走向衰落，但清政府依然努力维护并在一定程度上强化了这一制度。

一、　明代朝贡关系的发展

明朝朝贡关系的发展与其外交政策密切相关。与元朝不同，明朝的外交政策有两大基本特征：一是奉行和平外交，二是厉行海禁。洪武二年（1369）初，朱元璋派遣使者赴日本、南亚和东南亚国家，告知新皇登基的消息，并携带《大统历》和丝织品，赏赐各国国王，以使其改奉明朝正朔，向明朝称臣纳贡。同年，朱元璋下令编写《皇明祖训录》，告诫子孙，要防范西北胡戎，海外夷国若"不为中国患"，则后世子孙不可"倚中国富强，贪一时战功，无故兴兵，杀伤人命"①。此书几经修订后，于洪武二十八年更名为《皇明祖训》，颁行天下，其中明确将朝鲜、日本、琉球、安南、暹罗等 15 个国家列为"不征诸夷国"。在给各国的诏谕中，朱元璋亦一再表明其和平共处的政策立场。明成祖朱棣及后世的明朝帝王都遵循了明太祖的告诫，继承和发展了其和平外交的政策。明成祖派陈诚四度往返西域，派郑和六下西洋，大大推动了中外之间的交往，拓展了明朝与周边及海外国家的朝贡关系。

与此同时，明朝年间，倭寇不断骚扰东南沿海，为防止内部敌对势力勾结倭寇，明朝厉行海禁政策。明太祖屡次颁布禁海令，禁止沿海居民出海，与海外诸国之人私自交往、贸易。此亦成为后世明朝皇帝对外的基本政策之一。在这种情况下，朝贡成为中外经济交往的惟一合法途径，所有的贸易活

---

① 朱元璋：《皇明祖训》，载《明朝开国文献》第 3 册，台湾学生书局，1996 年，第 1686—1687 页。

动都只能围绕朝贡而开展，非朝贡不得互市。明朝政府允许外夷进贡者，通过官设牙行，将所带的物件与百姓交易，给予免征货税的优待，并专门设立市舶司对这种贸易活动进行管理。丰厚的贸易利润，再加上明朝政府对外国贡使和国王"厚往薄来"的超值回赐，促使海外各国纷至沓来，朝贡贸易空前繁荣。朝贡成为明朝政府实行羁縻外交的工具。

根据《明史》记载，明朝的朝贡国家和地区总数多达 148 个①，可谓盛况空前。其中最主要的朝贡国有朝鲜、日本、安南、占城、琉球、暹罗、爪哇、满剌加、苏门答腊、真腊、渤泥、撒马儿罕等十几个国家，欧洲的葡萄牙、西班牙、荷兰、意大利亦于明朝末年与明政府建立联系。这些国家与明朝的朝贡关系分成三种情况：一是典型而实质性的朝贡关系，即向明朝称臣，定期遣使纳贡，采用明朝的年号、年历，接受明政府的册封、赏赐。朝鲜、琉球、安南等均属此类。二是一般性的朝贡关系，即在一定程度上认同中国文化，定期或不定期遣使朝贡，也曾接受明政府的册封，但不具有真正的君臣主从关系。日本、暹罗、爪哇、满剌加、苏门答腊、真腊、渤泥等都属于这一类。三是名义上的朝贡关系，即与明朝之间只是一种纯粹的贡赐贸易关系，借朝贡之名，行贸易之实。《明史》所载一百多个朝贡国中，大多与明朝只是这种名义上的朝贡关系，甚至有一半多只朝贡过一两次而已。即使如此，明朝仍代表了中国古代朝贡关系发展的巅峰。

明朝的朝贡制度发展到了十分缜密的地步，具体表现在以下方面：

第一，明朝对外国来华朝贡的贡期、贡道、规模均有明确而具体的规定。

明朝初年，受经济利益的诱惑，高丽频频朝贡，令明政府不堪其扰。洪武五年后，为规范和限制朝贡行为，明朝政府对具有臣属关系的典型朝贡国及部分一般性的朝贡国做出了贡期规定：与明朝关系最密切的朝鲜，一年三贡；琉球两年一贡；安南、占城、暹罗、爪哇均三年一贡；日本十年一贡；撒马儿罕、鲁迷五年一贡，等等。当然，许多朝贡国为获取经济利益，并没有严格遵守贡期，明廷为怀柔远人亦未严加限制。

贡道则不同，明朝政府不仅明确指定各朝贡国出入境的地点，而且各国

---

① 李云泉：《万邦来朝：朝贡制度史论》，第 57 页。

使团须严格按照规定的路线进京，若不照规定的贡道行走，则"却其贡"。一般来说，从海路来华者，入境港口有 3 个，即广州、泉州和宁波。其中广州是东南亚诸国来华的主要入境港口，真腊、占城、暹罗、满剌加等国贡使均由广东入境，然后翻越大庾岭经赣江、长江，上运河到达北京。这是中国古代一条最主要的南北交通官道。泉州是琉球进贡的入境港口，宁波主要接待日本的贡使。越南、缅甸等东南亚大陆国家来华进贡则多从陆路进入中国。各国贡使进京途中，地方官还要派人一路护送、监管。这些规定主要是出于国防安全的考虑。

朝贡规模是就使团人数和贡物数量而言。为获取丰厚赏赐，朝贡国经常组织庞大的使团，携带大批贡物来华。这既给明政府造成了沉重的经济压力，又带来了安全隐患，因而明朝对一些国家的朝贡规模进行了限制。由于倭寇的侵扰，明朝对日本防范之心最重，屡颁谕令限制其朝贡规模。据《明会典》记载，永乐初，"始令（日本）十年一贡，贡道由浙江宁波府，每贡正副使等毋过二百人。若贡非期、人船逾数、夹带刀枪，并以寇论。宣德初，遣贡不如约，谕使臣自今贡毋过三船，人毋过三百，刀剑毋过三十。嘉靖六年奏准，凡贡非期及人过百、船过三、多挟兵器，皆阻回。二十九年，定日本贡船每船水夫七十名，三船共计水夫二百一十名，正副使二员、居坐六员、土官五员、从僧七员，从商不过六十人。三十年后，时入寇掠，自是朝贡未有至者"[1]。明朝对琉球的朝贡人数亦有限制：永乐时规定最多不超过 150 人；成化年间，因琉球贡使在福建犯案，杀害怀安百姓夫妇二人，焚毁房屋，劫夺财物，明政府遂令其使团不得过百人；弘治年间，还曾规定琉球贡使登陆后，只许 25 人赴京，后应琉球贡使所请，增至 30 人；此后对琉球使团人数限制略有放宽，嘉靖年间大致维持在 150 人左右[2]。此外，出于边境安全考虑，明朝对西域各国朝贡使团的入关和进京人数也进行了限制。如成化年间规定哈密使团入境人数不超过 200 人，别加思兰不超过 50 人，土鲁番贡使不得超过 10 人[3]。

---

① 《明会典》卷 105，王云五主编：《万有文库》，商务印书馆，1936 年，第 2283—2284 页。
② 张廷玉等撰：《明史》卷 323，吉林人民出版社，1995 年，第 5472—5473 页。
③ 台北"中研院"历史语言研究所校印：《明宪宗实录》卷 22，1962 年，第 434—435 页。

第二，明朝政府对朝贡手续和身份证明的要求更为严格。如前所述，宋代朝廷已要求贡使必须携带表章，方准进京朝贡。但宋、元时期，中外之间的经济交往并不限于朝贡这一条途径，许多外国商人可以通过正常渠道与华民贸易。明朝则不同，由于实行非朝贡不得互市的政策，希望从对华贸易中获利的国家及其商人必须借助于朝贡的形式，这样朝贡身份的认可就变得十分重要。明朝政府规定，外夷向中国进贡，必须持有表文。奉表称臣既是周边和海外各国朝贡的必要条件，也是其开展对华贸易的前提。表本是古代中国大臣向皇帝奏陈事项的一种文书体裁，将其作为朝贡的必备条件，体现了朝贡国对明朝政府在政治上的隶属关系。而在非朝贡不得互市的政策下，各国与中国的经济交往实际上被纳入了政治的框架之中，并受政治关系的支配。

为了防止有人假冒外国贡使，骗取朝廷赏赐等情况，明朝政府还实行了朝贡勘合制度。勘合本是明代国家事务管理中广泛采用的一种纸质凭证或文书，类似于今天的公文骑缝公章、公文存根，其主要功能是，通过对其印章、字号与内容的比较、勘验，以辨别真伪，防止欺诈。洪武十六年，明朝政府将勘合制度应用于朝贡的管理。首先向暹罗颁发了朝贡勘合，然后扩大到其他国家，日本、占城、爪哇等共 15 个朝贡国获颁勘合。"每国勘合二百道，号簿四扇。如暹罗国暹字号勘合一百道及暹、罗字号底簿各一扇，俱送内府。罗字勘合一百道及暹字号簿一扇，发本国收填。罗字号簿一扇发广东布政司收比。余国亦如之。每改元，则更造换给。"① 明朝政府规定。凡贡使来华，必先验证勘合之真伪，无勘合或使用假勘合者拒绝入贡并予以捉拿。勘合制度的推行，标志着朝贡制度发展到了极其完善和缜密的地步。

第三，明朝政府特别重视朝贡礼仪。在明太祖的治国理念中，礼是根本，朱元璋比以往历代帝王都更重视华夏礼仪在对外交往中的应用，以强化大明王朝的宗主地位。他制定了一整套缜密而繁琐的朝贡礼仪，主要包括蕃王来朝仪、蕃国遣使进表仪、蕃使朝贡仪、蕃国迎诏仪、蕃国受印物仪，以及圣节、正旦、冬至蕃国望阙庆祝仪等。这些朝贡礼仪极为复杂、繁琐。以蕃王来朝仪为例，该礼仪分为两部分，一是迎劳和朝觐前的准备，二是行觐

---

① 《明会典》卷 108，王云五主编：《万有文库》，第 2337 页。

见礼。迎劳之礼在龙江驿和会同馆举行。蕃王来朝，被安置在龙江驿，礼部派侍仪、通赞作为接伴官，随同应天府知府前去接待。知府以宾主之礼接见蕃王，以酒食款待之。第二日，礼部尚书在会同馆宴请蕃王。再一日，中书省再派官员前往会同馆宴劳。以上宴劳，蕃王须着国服出迎，并将应天知府、礼部和中书省官员送出门外。迎劳完毕，由侍仪司通知蕃王及其随从，前往开界寺练习朝觐礼仪三天，择日朝见。觐见仪式同样复杂。仪式开始时，以击鼓为信号。第一遍鼓响，礼部摆放好物件，做好准备。第二遍鼓响，执事官就位，接伴和引班官员领蕃王及其随从至午门外。第三遍鼓响，文武官员就位，蕃王等跟随执事官从西门进入，至奉天殿前等候。侍从奉迎皇帝出来，升座，卷帘鸣鞭，报时。引班领蕃王上殿，内赞将其领至皇帝御座前，行三次跪拜礼，然后，再从西门出来，再行五次跪拜礼。朝觐完皇帝，蕃王及其随从又须按既定礼仪，拜见皇太子、亲王①。各国贡使觐见皇帝、呈递表文和贡物、参加礼部宴请也都有既定礼仪。明穆宗后，皇帝不再接见贡使，仅朝鲜例外。

第四，明朝在贡物的回赐以及对朝贡国使臣及其国王的赏赐方面建立了一套明确的制度。一般来说，"四夷朝贡到京，有物则偿，有贡则赏"②。"有物则偿"指对正贡以外的"附进货物"，采用官方给价收买的办法。给价收买的物品除支付少量钱钞外，多以折物的形式回赐，也就是根据其折合价值的多少回赐一定的物品。"有贡则赏"指对朝贡的使团成员按等第进行赏赐，并不定期地赏赐朝贡国国王及王室成员。

此外，明朝对朝贡的组织管理更加完善，从中央到地方，既有朝贡事务的主管机构，也有负责某项事务的专门机构，各部门分工明确，配合密切。在中央，礼部是朝贡事务的主管机构，有关朝贡的具体事宜主要由其下属的主客司负责。主客司的职能包括：查验朝贡勘合和表文，验明贡使身份、官位，确定接待、赏赐标准；审核朝贡表文；清点贡物，确定附载货物的给价回赐数目；保管有关朝贡国风土物产等方面的资料；管理会同馆等。会同馆

---

① 《明会典》卷 58，王云五主编：《万有文库》，第 1439—1443 页。

② 台北"中研院"历史语言研究所校印：《明宪宗实录》卷 63，第 1281 页。

是京师专门用于接待外国使臣及王府公差、内外官员的大规模驿馆，全面负责外国使臣的饮食起居，是明朝宴请贡使的场所，同时也是贡物的中转机构和使团成员进行贸易的地方。明朝还建立了专职翻译机构四夷馆，负责对外交往的翻译工作。洪武三十年再次设立鸿胪寺，但与前代不同，明朝的鸿胪寺主要负责导引进贡使臣履行朝贡礼仪。边境地方政府则负责朝贡使团入境的查验、登记、接待、护送等工作。

总之，明朝是中国古代朝贡关系发展的顶峰，朝贡制度的严密和完善程度达到极致。以此为基础，传统中国国际秩序的范围空前扩大，中国在其中的地位亦提升到前所未有的高度。

二、 清代朝贡关系的沿袭与变化

进入清代，满清统治者沿袭了明朝的做法，依旧以朝贡关系处理同外部世界的交往，并将朝贡制度作为基本的外交模式和维系传统国际秩序的手段。

以少数民族入主中原的清朝统治者更看重树立自己的正统地位，以稳固江山。顺治四年（1647），在平定浙东、福建以后，顺治帝随即颁诏天下："东南海外琉球、安南、暹罗、日本诸国，附近浙闽，有慕义投诚、纳款来朝者，地方官即为奏达，与朝鲜等国一体优待，用普怀柔。"[1] 这实际上就是想用怀柔之法，促使前朝的朝贡国与新王朝建立朝贡关系，奉自己为正朔。但清代并没有像明朝一样遣使域外，招徕朝贡。这一方面是由于清朝统治者本身并非汉族，在推行儒家封建礼制的时候既没有那么名正言顺，也缺乏足够的动力；另一方面是因为国内反清起义频频发生，清政府的首要任务是镇压汉族的反抗，巩固国内统治。

出于对明朝残余势力的防范，从顺治元年到康熙二十四年（1685）的四十多年间，清政府实行了比明朝更为严厉的海禁政策，宣布片帆不得出洋，片帆不得下海，并将沿海居民内迁 50 里。在此期间，清政府仅保留澳门作为海外贸易的惟一口岸，且朝贡制度仍是中外交往的主要模式。除极少数特

---

① 《世祖章皇帝实录》卷 30，顺治四年二月癸未，《清实录》第 3 册，中华书局，1985 年，第 251 页。

例外，海外国家"非系贡期，概不准其贸易"①。1685 年，康熙帝体恤沿海人民生计，废除禁海令，开闽（厦门）、粤（广州）、江（云台）、浙（宁波）四口，对外通商，这也意味着彻底改变了以朝贡垄断海外贸易的政策。此后，朝贡之外的互市贸易迅速发展。

以上原因，再加上西方殖民者的大举东侵，东南亚过去的中国朝贡国相继沦为西方殖民地，清代的朝贡关系大为衰落。与以往的封建王朝相比，清朝的朝贡国数量大幅度减少。康熙、雍正两朝《大清会典》所载朝贡国包括与清朝有政治隶属关系的属国和周边少数民族（藩部），也包括与清朝有商业往来的西洋诸国。乾隆以后，周边少数民族相继纳入清朝版图，受理藩院管辖，故乾隆、嘉庆两朝《大清会典》不再将其列为朝贡国。至光绪《大清会典》中，礼部管辖的朝贡国只剩下朝鲜、琉球、安南、南掌、暹罗、苏禄、缅甸 7 个。其他国家包括西洋诸国皆被视为互市国，即不存在真正的政治隶属关系而有贸易往来的国家。

清代的朝贡关系虽走向衰落，但清政府为确保其权威和天朝上国的地位，依然重视并努力维护朝贡制度，在第一次鸦片战争以前，即便是俄罗斯和西洋互市国都必须遵循朝贡制度的各项规定，清政府也以朝贡制度为基础制定各项外交政策。因而这一时期的朝贡制度仍旧很严格，并在某种程度上得到了强化。

清代朝贡制度大部分沿袭明制。

清政府也规定了朝贡国的贡期、贡道和朝贡规模。贡期上，据光绪《大清会典》《大清会典事例》等记载，与清廷关系最友好的朝鲜一年四贡，琉球两年一贡，安南、暹罗三年一贡，苏禄、南掌五年一贡，缅甸十年一贡。当然，这仅反映基本情况，有时贡期会有调整。贡道方面，则十分严格。凡朝贡国初次入贡，清政府皆为其指定贡道，除非恩准，否则不得随意变更，"各国贡使入境，水陆俱遵定制，不得越行别道"②。如按规定，朝鲜由凤凰城入盛京，然后过山海关至北京；暹罗从广东虎门进入，由广州溯北江而

---

① 《圣祖仁皇帝实录》卷 25，康熙七年三月乙丑，《清实录》第 4 册，中华书局，1985 年，第 354 页。
② 昆冈等续修：《清会典》（5）卷 39，商务印书馆，1936 年，第 452 页。

上，经韶州到南雄，越过梅岭，进入江西省南安，过安徽、江苏两省，经山东、直隶抵达北京①。一般而言，除冬季水路结冰无法行舟或者发生叛乱影响通行之外，清廷不允许更改贡道。在朝贡规模上，清廷亦有限制。顺治九年首次规定："各国由陆路进贡，每次不得过百人，入京止许二十人，余皆留边听赏；由海道进贡，不得过三船，每船不得过百人，一应接贡、探贡等船，不许放入。"② 后来各朝贡国的具体情况有所不同，但只有朝鲜是进京人数未被限制的国家。

清朝依然重视对朝贡国使臣和国王的册封、赏赐，以此作为维护朝贡关系的重要手段。对朝贡国，一旦与其确立宗藩关系，清政府则授予国王印玺，表示承认其在本国的统治地位。清廷亦多次遣使册封蕃国国王，给予各种赏赐物品。但在顺治及康熙前期，清廷对朝贡国的赏赐并未秉承前代"厚往薄来"的传统，康熙末年以后，为加强与朝贡国的关系，又增添了加赐和特赐，前者是对常贡物品回赐之外的额外赏赐，后者是清帝对朝贡国国王的特殊恩典。特赐的物品有松花石砚、玉器、瓷器、珐琅器等。赏赐的增加是雍正、乾隆年间朝贡国数量及朝贡次数有所增多的一个重要原因。

清政府也非常重视朝贡礼仪的作用，并全力加以维护。各国贡使从入境开始就要履行各种礼仪。到京城以后的进贡仪式则更加繁杂、严格。比如，贡使到京的第二天就必须前往礼部进呈表文，呈递时，正使以下要行三跪九叩之礼。在觐见皇帝前，使臣需要熟悉并练习各种觐见礼仪，进行演礼③，即演习朝贺仪节。礼仪教习、训练事宜专门由鸿胪寺负责。贡使在京，若遇到元旦、冬至、万寿节（皇帝生日），应与中国朝臣一起上殿朝贺，碰上每月初五日的常朝，也允许前往太和殿行礼，若没有遇到三节的大朝和初五的常朝，由礼部奏请皇帝在便殿召见，以上场合都必须行三跪九叩的大礼。在皇帝路过时，贡使在道旁观瞻，或往皇帝巡幸之地觐见，或在午门接受赏赐，也要行三跪九叩之礼。贡使在各种场合站的位置，穿的服装等都有许多讲究，不能越雷池半步。清政府就是通过这些礼仪，让朝贡国接受中国传统

---

① 何新华：《最后的天朝：清代朝贡制度研究》，人民出版社，2012年，第91页。
② 昆冈等编：《钦定大清会典事例》卷514，台北新文丰出版公司影印本，1976年，第11893页。
③ 何新华：《最后的天朝：清代朝贡制度研究》，第135页。

文化的熏陶，从心理上达到使蛮夷归化、尊崇其为天朝上国的目的。因此，维护华夷礼治是清代整个朝贡制度的核心所在。

在沿袭明朝旧制的同时，清代的朝贡制度亦有发展、变化，其中有两点最值得关注：

一是清朝实行严格的朝贡文书制度。

清朝不再向海外国家颁发朝贡勘合，但强调朝贡必须"以表文及方物为凭"①，在明代的基础上进一步强化了表文的功用，以此作为政治隶属关系的重要标志。清政府对朝贡表文的处理非常严格，外国的进贡表文首先要经过入境省份督抚的审查，由督抚派人将其翻译成汉字副本；贡使至京后，再将表文呈送礼部，重新翻译成满、汉文字，然后送往票签处拟出初步处理意见，再进呈皇帝御览。表文加盖清廷颁赐朝贡国国王的印鉴，使用大清年号。与清朝关系密切的国家，如朝鲜、琉球、安南等，其表文常见的主要有进贡表文和谢恩表文两种，其他国家一般只有进贡表文。

朝鲜、琉球、安南三国在上呈表文时还同时呈递奏本作为附件。奏本本是明、清时期臣工向皇帝报告私务的文书。清初，臣民言事，凡公事均使用题本，私事使用奏本。但因公私事务常常难以区分，二者使用混乱的情况时有发生。为此，乾隆十三年（1748）下令停止使用奏本。但琉球、安南、朝鲜三国国王因朝贡、陈奏等事致书清帝时，一直使用奏本，并加盖国王印鉴，作为表文的附件一起进呈。对于奏本，康熙年间规定由各省督抚阅读并转奏，后来既允许由地方督抚转奏，也允许交由礼部呈递。

朝贡表文、奏本作为藩属国进呈宗主国的外交文书，是君臣主从关系在对外关系上的体现，具有浓厚的封建等级色彩，无论形式还是内容皆与近代意义上平等国家之间往来的外交文书有着本质的不同。

二是清廷在允许西洋国家互市的同时，又通过行商制度和防夷章程将其纳入朝贡体制的管理之中。

朝贡关系的维持是以朝贡贸易带来的物质利益为基础的。康熙二十四年，清政府在开四口的同时，规定："外国贡船所带货物，停其收税。其余

---

① 昆冈等编：《钦定大清会典事例》卷 503，第 11762 页。

私来贸易者，准其贸易，听所差部员，照例收税……贡船回国，带去货物，免其收税。"① 自此，朝贡贸易与互市通商并行，所不同的是，前者享受免税待遇，后者则须照例纳税。

实际上，互市和朝贡一样，也是清政府怀柔远人的手段。清政府对互市国也有着严格的管理，并通过各种方式将其纳入朝贡体制之中。四口通商之后，广州因其便利的条件吸引了众多西方国家的商人。清政府遂在广州推行行商制度。行商是经过清政府特许，专门从事对外贸易的商人。根据清政府规定，外国商人在中国的贸易活动都必须通过行商进行，外商雇用买办、货币鉴定人、仆役、船夫等，也都由行商代办，与清朝官员之间的交往，必须通过行商呈递禀帖。为加强对外商的管理，1745 年起，清政府进一步实行保商制度，规定"夷船到粤，不论公司港脚船只，均有保商"②，即所有外国商船必须有行商承保，保商对外商和船员的一切行为负责，外商进出口货的税款由保商承保交纳，进出口货物的价格也由保商确定，然后分销各行。

出于防范夷人的考虑，1757 年乾隆皇帝谕令实行广州一口通商制。此后，清政府出台了一系列防夷章程，对在华外商的人身和其他权利进行严格限制。1759 年，经两广总督李侍尧奏准，清政府颁布《防范外夷规条》，这是清代第一个正式的外商管理章程。1831 年 3 月 19 日，两广总督李鸿宾、海关监督中祥共同奏议《防范夷人章程八条》，在前次规条的基础上进一步严格了对外商的管理。综合观之，鸦片战争前清政府的防夷规章主要有：广州的外国人应通过行商贸易并受行商的管束；外国人与中国官员交往须通过行商呈递禀帖，禁止直接联系；除通事、买办外，禁止外国人雇请中国仆役；禁止外国人雇人往内地传递信息或调查物价；禁止外商在广州过冬；外商的活动范围限于广州商馆附近，每月除在指定时间可由通事陪护到指定地点活动外，平时禁止随意外出，且外出不得乘轿；禁止行商及其他华民向外国人借贷资本；外国船只进口和停泊处调拨营员弹压稽查；外国兵船须停泊江外，不得进入虎门，禁止随便放枪，枪、矛等武器须在进港之前存放起

---

① 昆冈等编：《钦定大清会典事例》卷 510，第 11853 页。
② 北平故宫博物院编印：《清代外交史料·嘉庆朝》（一），1932 年，第 5 页。

来；外国妇女不得带到商馆；禁止外国人请中国人教授汉语；等等。

行商制度和防夷章程实际上将互市国亦纳入朝贡体制之中，形成贡市合一的局面，而且互市国若想与清廷取得联系，仍需遵守朝贡的规定，缴纳贡物，上呈表文，遵循朝贡礼仪。这一套以官制商、以商制夷的管理体制，体现了天朝凌驾外夷的威严，以及不屑与外夷打交道的鄙夷态度，反映了清政府对传统国际秩序的维护。

第三节　传统朝贡关系的局限

中国传统的朝贡关系作为东亚地区国际秩序的核心和纽带，曾是中国封建王朝维护和巩固统治的重要手段，对树立中国封建统治者的权威、保证周边环境安定起了不可忽视的作用，但其局限性也是非常明显的。

首先，朝贡关系浸透着华夏中心、华尊夷卑、君权神授、天下共主等封建落后的思想观念，是一种不平等的政治关系，以朝贡关系为核心的中国传统国际秩序因而也具有不平等性、不完备性，它必然受到来自内外的挑战和冲击。

中国古代朝贡关系的理论基础之一是华夏中心意识。中国是人类文明最早的发源地之一，在人类文明的早期阶段，世界各地区之间彼此孤立、隔绝，形成多元化多中心发展的局面。古代两河流域、古代埃及、古代印度的文明在其发展进程中都曾出现断流现象，后来随着古希腊的扩张，这三大地区取得了文化上的关联，实现了文化上的交流与融合。而古代中国由于远离其他文明中心以及地理环境的闭塞，一方面得以不受干扰地持续不断地发展，另一方面也形成了一种自身特有的封闭保守的文化氛围和文化心理，这种文化心理突出表现为华夏地理中心观念和文化中心观念。

古代中国人认为自己居住的地方就是世界的中央，故称为中国或中土。他们对世界的构想是以华夏文明为中心的同心圆，华夏居中，周围环居着夷狄部落。随着历史的发展、疆域的扩大，这种华夏地理中心观念并没有发生变化，而是扩大为一种普遍的中国中心的世界观，其外围边沿把一切其他国家和民族都涵盖在内。直到乾隆时期编撰的《清朝文献通考》还有这样的记载："中土居大地之中，瀛海四环；其缘边滨海而居者，是谓之'裔'。海外诸国，亦谓之'裔'。'裔'之为言，边也。"① 18 世纪中叶，一位曾到北京和清政府谈判边界问题的俄国官员在与英国驻俄大使的谈话中提到："中国人对一切中国之外的事情无知得令人难以相信。他们认为中国处于地球的中心；他们把地球想象成一个四方形，其他国家都被杂乱无章地扔在四周，只有向中国进贡或干脆不被人知的份儿。有一天利玛窦神父给中国人看一个地球仪。他们根本不信而不是感到窘迫……这个地球仪离他们所想象的中国在巨大的乌龟壳织成的拱形下占有中央位置的宇宙观实在相去太远了。"②

与这种地理中心观相伴而生的是文化上的优越感和中心意识。在居于中土的华夏族看来，周边的少数民族或部落都野蛮、落后，他们将其称之为"夷狄"。《礼记·王制篇》称："中国戎夷，五方之民，皆有性也，不可推移。东方曰夷，被发文身，有不火食者矣。南方曰蛮，雕题交趾，有不火食者矣。西方曰戎，被发衣皮，有不粒食者矣。北方曰狄，衣羽毛穴居，有不粒食者矣。"③ 直到 17 世纪，利玛窦在有关中国的札记中还写道："中国人把所有的外国人都看作没有知识的野蛮人，并且就用这样的词句来称呼他们。"④

这种华夏地理和文化上的中心观念自先秦以来便深入人心，造成了中华民族的自大心理以及对外族的偏见，形成了华夷有别、华尊夷卑的思想。后世封建帝王出于政治统治的需要不断强化这种思想，使其成为中外朝贡关系的理论基础之一。

除了华夏中心观以外，中国古代的朝贡关系还与自先秦以来的君权神授、天下共主的思想密不可分。《尚书·召诰》称，"有夏服天命"。此后，中国历代君主无不自称膺受天命，宣扬这种君权神授的理论，并将其延伸到对外关系领域，作为统御天下的依据。这种思想与华夏中心观念相融合，形

---

① 《清朝文献通考（二）》卷 293，浙江古籍出版社影印本，1988 年，第 7413 页。

② ［法］阿兰·佩雷菲特著、王国卿等译：《停滞的帝国——两个世界的撞击》，生活·读书·新知三联书店，1993 年，第 37—38 页。

③ 孙希旦撰，沈啸寰、王星贤点校：《礼记集解》上，中华书局，1989 年，第 359 页。

④ ［意］利玛窦、金尼阁著，何高济等译：《利玛窦中国札记》，中华书局，1983 年，第 94—95 页。

成了大一统的天下观和天下共主意识。早在西周时期，中国就有了"溥天之下，莫非王土；率土之滨，莫非王臣"的说法。春秋战国时代，面对礼崩乐坏、天下无序的混乱局面，各家学派都大力宣扬大一统的思想。墨子称，"天子唯能壹同天下之义，是以天下治也"，故"天下之百姓皆上同于天子"①。孟子发出天下"定于一"的宏议②。荀子则呼吁"四海之内若一家"③。直到明、清时期，这种大一统和天下共主的思想依然根深蒂固。明、清两朝皇帝均自诩为天下之主，将万国来朝进贡视为"一统华夷"。

这种大一统和天下共主的观念赋予中国封建君主政治中心的地位，中国的皇帝是受命于天的天子，是至高无上的统治者，负有抚驭四方、开化外夷的责任，其他民族、国家则以中国为宗主，处于附庸位置。在这种思想的支配下，中国的封建王朝不承认国家之间的平等关系，不愿与各国平等相处，而将享受外夷的朝贡视为中国宗主的权利，将推行封建礼制视为对外夷的教化。这不仅进一步强化了中国封建统治者的优越意识，也使朝贡关系带上了鲜明的等级、尊卑色彩，政治上的臣属，也就成为各国朝贡的首要条件④。

然而，华夏中心、天下共主实际上只是中国封建统治者一种虚幻的构想。以朝贡关系为纽带的中国国际秩序从未涵盖整个天下，而只包括世界上的少数国家，中国的皇帝也从未真正成为天下的共主，即算对朝贡国，中国虽处于居高临下的上国地位，但"臣而不治"的政策使其并未成为实质意义上的共主。中国传统国际秩序的不平等、不完备，以及中国在这一秩序中名不副实的地位，使其极易受到外来的冲击和挑战。

历史上，朝贡关系的维持是以中国的强大作为根基和后盾的。古代中国绝大部分时期都处于统一的中央封建王朝的统治之下，疆土辽阔、人口众多、经济繁荣、政治稳定、军事强大、文化发达，因而拥有巨大的国际影响力。建立和发展与中国中央王朝稳定的制度化的联系成为周边国家特别是小国努力追求的目标。但利益至上始终是国际交往的根本原则。没有哪个民

---

① 吴毓江撰、孙启治点校：《墨子校注》上，中华书局，1993 年，第 110 页。
② 焦循撰、沈文倬点校：《孟子正义》上，中华书局，1987 年，第 71 页。
③ 王先谦撰、沈啸寰、王星贤点校：《荀子集解》上，中华书局，1988 年，第 27 页。
④ 李云泉：《万邦来朝：朝贡制度史论》，第 158 页。

族、哪个朝贡国会毫无条件地心甘情愿地臣服于中国，除非他们自身弱小，在国际大舞台上需要寻求保护，或者在经济上依赖于中国，如果他们自身足够强大则不可能归顺中国朝廷，甘当臣属。历史上，中国宗主国地位因实力的变化而受到挑战，发生动摇，甚至被异族取代的现象屡见不鲜。例如，汉初，匈奴势力强大，西汉朝廷不仅不能让匈奴入贡，反而"岁奉匈奴絮缯酒米食物各有数"①。北宋亦曾在澶渊之盟后向辽纳银输绢，南宋在绍兴和议后向金称臣纳贡。当然，这些都只是暂时的、短期的。

　　明清之际，当处于中国传统国际秩序之外的俄、英、法等西方国家叩响中国国门的时候，中国朝贡关系的局限才真正突显，并遭遇前所未有的挑战。历史上，古代西方的经济发展水平曾长期落后于中国，甚至到 18 世纪上半叶，中国仍是西方人所向往和仰视的"大中华帝国"。18 世纪法国启蒙学者伏尔泰曾多次提到中国，他赞赏孔夫子的道德哲学，称其"从来没有受无稽神话的糟蹋，也没有为政教之争和内战所玷污"②。他也称赞中国的政府，"人类肯定想象不出比这更好的政府：一切都由一级从属一级的衙门来裁决，官员必须经过好几次严格的考试才被录用……如果说曾经有过一个国家，在那里人们的生命、名誉和财产受到法律保护，那就是中华帝国"③。但是，同一时期，西方社会处于封建主义向资本主义过渡的阶段，随着经济的发展，财富日益增长，18 世纪中叶工业化的浪潮自英国兴起，19 世纪后向欧洲大陆和美洲扩散，欧美国家在经济发展水平上逐渐超越封建的中国。政治上，近代西方各国已成为独立的君主国，到启蒙时代更向现代民族国家过渡，自由、民主、平等观念深入人心，各国之间奉行主权独立、地位平等的交往法则并建立了相应的国际秩序。中西方经济发展水平的易位、政治观念的差异，使得两种国际秩序的冲突不可避免。到晚清时期，中国封建社会日趋没落，中国成为国际舞台上的弱者、落后者，朝贡关系已完全失去了其强大的政治和经济基础，其瓦解已是必然。

　　其次，为了维护以朝贡关系为核心的传统国际秩序，中国封建政府恪守天

---

①　司马迁：《史记》第 9 册，卷 110，中华书局点校本修订本，2013 年，第 3478 页。
②　［法］伏尔泰著、梁守锵译：《风俗论》，商务印书馆，1995 年，第 220、216 页。
③　［法］伏尔泰著、梁守锵译：《风俗论》，第 460 页。

朝礼制，限制对外经济交往，从而使朝贡体制带有极大的保守性、封闭性。

在朝贡体制中，中国皇帝的至尊地位、中国与朝贡国之间的主从尊卑关系主要是通过各种朝贡礼仪体现的，因而朝贡礼仪一直为中国历代封建统治者所看重，尤其是明、清时期。当西方国家开始与中国交往时，中国的封建政府力图通过天朝礼制将他们纳入朝贡体系。其中，中国政府维护最甚的是跪拜礼。跪拜礼是居于顶层的最高礼仪，因其臣服之意而最能体现天下共主的虚荣和华尊夷卑的关系。正因如此，直至晚清，清政府仍不愿放弃这一传统仪礼。恭亲王奕䜣在交涉时称，"惟拜跪之礼，最关中国国体，首先议定，此外始可从容拟议"①。其他大臣亦赞同他的意见，或谓"礼也者，所以正君臣之分，严夷夏之防，以销患于未形者也。臣闻外夷使臣，欲求瞻觐天颜，不行拜跪，其无礼甚矣"，"国有四维，礼居其一，中国之异于外夷者此耳"②。除跪拜礼外，其他交往体制，如文书往来之礼、回赠赏赐之礼等，无不体现了天朝上国居高临下的傲慢和虚骄。在清政府眼里，不守朝贡礼仪，就是藐视皇权，就是对中国天朝上国地位的否定和挑战；而在西方国家眼里，遵从朝贡礼仪是对自己独立主权的否定，是对国家尊严的侮辱。朝贡礼仪日益成为中西交往一道不可逾越的心理屏障。

第一次鸦片战争以前有很长一段时间，西方国家在与中国的交往中便不断抵制中国的朝贡礼仪。早期俄国和英国的访华使团均要求直接向中国皇帝递交国书，拒绝行三跪九叩的大礼。清代前期和中期，中国的封建统治者鉴于西方人不谙中国礼节，曾以怀柔远人的态度，予以开明对待，如康熙、乾隆都曾恩准俄国和英国使臣亲递国书，但这种宽容是极为有限的，仅限于个例，且不触及朝贡关系和朝贡体制的根本。18 世纪末以后，随着中西交往的增多，中外之间的礼仪冲突愈发频繁，中国朝贡关系与西方近代国际关系的互斥性愈发严重。嘉庆年间，英使阿美士德甚至为抵制跪拜礼而放弃觐见皇帝的机会，认为这种做法是"承认中国皇帝是天下的主宰"，而将他们视为藩

---

① 《奕䜣等又奏与各国使臣辩论觐见礼节折》，同治十二年三月十八日，中华书局编辑部、李书源整理：《筹办夷务始末·同治朝》九，中华书局，2008 年，第 3604 页。

② 《王昕奏请乾纲独断昭示礼仪折》，同治十二年五月初三日，中华书局编辑部、李书源整理：《筹办夷务始末·同治朝》九，第 3634—3635 页。

属，在任何情况下，这都是不能屈从的，"对于它的屈辱，需要加以极慎重的考虑"①。1834 年英国第一任驻华商务监督律劳卑，则力图打破清政府对外国人实行的禀帖制度，获得平等交往的权利。他也认为，这不完全是礼节问题，"因为它的后果是带来屈辱"②。中外之间的礼仪冲突后来并没有因为条约的签订而立刻消除，在晚清时期，清政府在战败求和的情况下，依然极力维护旧的天朝礼制，其思想的保守性和落后性依然存在。

朝贡体制的保守和封闭还反映在经济方面。如前所述，中国封建统治者曾充分利用朝贡关系的经济价值，将其作为羁縻外夷的重要手段。历代封建王朝一方面实行"厚往薄来"的政策，招徕朝贡，给予朝贡国丰厚的回赐和赏赐，另一方面又允许外国使团携带一定的物品，在中国交易，即所谓朝贡贸易。朝贡所带来的经济利益是朝贡关系得以长期维持的重要原因所在。但是出于夷夏大防和维护统治的考虑，中国封建政府对朝贡贸易采取了种种限制措施，清政府虽允许互市的存在，但同样予以限制，甚至在华商人的人身自由亦受到严格约束。这阻碍了中外之间的经济交往，阻碍了世界市场的开拓与形成，因而在近代经济发展的潮流中，在西方资本主义国家的殖民扩张中，朝贡体制必然遭受剧烈冲击。

朝贡贸易是封建时代中外贸易的主要有时甚至是唯一途径。但是，它却在很大程度上限制了贸易的发展，因为在朝贡制度下，贸易时间、贸易地点、贸易对象、贸易数量等都有严格的规定。以清代为例，当时朝贡贸易的地点主要有两个：一是京师会同馆，二是贡使入境的边境地区。在会同馆的贸易一般在贡使受赏赐之后，离京前的几天进行，除朝鲜和琉球外，其他国家的使团限定 3 天或 5 天。在边境的贸易，由当地政府组织商民，在指定地点（通常在安置贡使的驿馆内）进行，并由当地官员严格监督。康熙三年（1664），清政府规定："凡外国进贡，顺带货物，贡使愿自出夫力，带来京

---

① ［美］马士著、区宗华译：《东印度公司对华贸易编年史（1635—1834 年）》第 3 卷，中山大学出版社，1991 年，第 261 页。

② 《律劳卑勋爵致巴麦尊子爵函》附函，胡滨译：《英国档案有关鸦片战争资料选译》上册，中华书局，1993 年，第 20 页。

城贸易者，听。如欲在彼处贸易，该督抚委官监视，毋致滋扰。"① "自出夫力" 运至京城，路途遥远，所需费用不少，因而此后清代的朝贡贸易多集中于边境地区，如朝鲜在东北，琉球在福建，暹罗在广东等。

除了朝贡贸易，清代还允许中外商民进行互市，诸如俄国在恰克图、朝鲜在中江、西方国家在沿海开放口岸都有大量互市活动。如前所述，互市和朝贡贸易一样也是清政府抚驭、羁縻外夷的手段，清政府实际上通过各种方式将其纳入朝贡体制的轨道，对其实行严格管理。如中朝在中江的互市，由吉林将军派人监视，限期 20 天，"凡貂皮、獾皮、骚鼠、灰鼠、鹿、狗等皮，准其市易。貂皮、水獭、猞猁狲、江獭等皮，不准市易"②。西方国家同中国进行的也是互市。康熙二十四年至乾隆二十二年（1757）间，西方商人允许在广州、厦门、云台山、宁波四口贸易，1757 年后则仅限广州一口，且只能同行商进行交易，每年夏天到广州，冬天就必须归国，货未售完或有未结之账，也必须退居澳门。旅居广州期间，外商的经济活动和人身自由均受到严格限制，不能赊账或放贷，不能私自贸易，不能随意外出，不准自行雇佣仆役，等等。这自然不利于贸易的开展，不利于中外经济交往的扩大。

总之，朝贡体制下的贸易和互市，是政府严格管控和干预下的商业活动。这种商业模式，在商品经济尚不发达的时期，易于为人们所接受，但自 18 世纪中叶后，西方社会资本主义工业生产飞速发展，产品大量增加，市场需求越来越迫切。与此同时，随着工业革命的开展，交通运输的变革，世界各地的经济联系越来越密切。世界市场的形成和各地区普遍而广泛的经济交往已是历史发展的趋势，中国朝贡体制对贸易的限制既违背了世界经济发展的潮流，又让追求自由贸易的西方资产阶级无法忍受，从而引发中国与西方国家之间的矛盾冲突。可以说，朝贡关系对经济交往的限制是近代西方国家挑战并试图摧毁中国朝贡制度的根源。伴随着西方资本主义的扩张，以条约关系取代朝贡关系成为西方国家的普遍诉求，中国传统的朝贡体制面临着前所未有的危机。

---

① 昆冈等编：《钦定大清会典事例》卷 510，第 11853 页。
② 昆冈等续修：《清会典》(5) 卷 39，第 452 页。

　　需要指出的是，作为封建时代的特有产物，朝贡关系虽然体现了中国封建王朝的妄自尊大，但中国的封建政府并未损害别国的主权。中国与藩属国之间在某种意义上属于政治同盟关系，中国政府对各属国的内政外交从不加干涉。藩属国虽须接受中国封建朝廷的敕封，但它们是完全独立的国家。敕封以及朝贡礼仪所体现的只是一种形式上的政治统属关系。换句话说，虽然用近代西方的主权平等来衡量，朝贡关系下以中国为中心的东亚传统世界秩序具有明显的不平等性，但这种不平等实际上是形式上的不平等，它"主要以礼仪上的主从尊卑关系为表征，实践层面则多表现为宗主对朝贡国的'臣而不治'，从而蕴含着国家自主的和谐精神"[①]。

---

① 李云泉：《朝贡与条约之间：近代东西方国际秩序的并存与兼容》，《社会科学辑刊》2016 年第 6 期。

第二章 早期中俄条约及其性质

西方国家中，俄国是最早与中国交往并建立条约关系的国家。受地缘政治因素的影响，中国与俄国的关系不仅密切，而且特殊。早在 17 世纪，中国就遭遇了俄国的挑战，并于 1689 年签订了第一个具有近代性质的条约——中俄《尼布楚条约》。但对中国的封建王朝而言，此时的中俄外交只是个案与特例，以条约为基础的外交方式并未取代传统朝贡体制。

第一节 明末清初中俄交往中的冲突

明末清初，随着俄国在西伯利亚的扩张，中俄两国开始成为领土相接的邻国，但与此同时，各种矛盾和冲突也纷至沓来，其中最主要的是俄国势力侵扰黑龙江流域引发的军事冲突、中国边民逃俄造成的政治冲突以及俄国为发展对华贸易要求与中国平等往来的礼仪冲突。早期中俄条约正是解决这些矛盾冲突的产物。

一、　沙俄入侵黑龙江流域的军事冲突

中俄两国最初并非邻国。俄国中央集权国家形成于 15 世纪末 16 世纪初伊凡三世统治时期，伊凡四世上台以后，于 1547 年加冕称沙皇。1552、1556 年，伊凡四世先后征服喀山汗国和阿斯特拉罕汗国，形成了统一的俄罗斯国家。此后，伊凡四世实行西进和东进政策，大举对外扩张。在西面，1558—1583 年，为争夺波罗的海东南岸地区和出海口，伊凡四世发动立窝尼亚战争。在东面，从 16 世纪下半叶起，俄国开始向西伯利亚挺进。1588 年，俄国征服西伯利亚的失必儿汗国，随后沿鄂毕河、叶尼塞河、耶拿河支流向东进发，1648 年获得西伯利亚全境。

随着俄国在西伯利亚的扩张，俄国势力抵达中国东北边境，并开始了对中国黑龙江流域的侵扰。1632 年东侵的哥萨克在勒拿河中游建立雅库次克，以此作为侵略中国的基地。1643 年，一支 132 人的俄军从雅库次克前往黑龙江流域探险。他们沿江而下，一度窜到松花江和乌苏里江之间，后因受到当地居民的袭击，死伤大半，残部由乌苏里江直达海口，经鄂霍次克海返回雅库次克。1645、1649、1652 年，俄军又先后三次到达黑龙江流域，劫掠当地居民。

东北地区是清王朝的龙兴之地，满族故里。明朝万历四十四年（1616），清太祖努尔哈赤建立后金之时，长白山一带以及松花江上游各部落已相继归顺。此后，努尔哈赤挥师攻下辽东地区，散居在黑龙江流域的索伦部、达斡尔部、鄂伦春部、谙达部、萨哈连部、使犬部、虎儿喀部等各部族尽归其统治。在俄国哥萨克到达黑龙江地区以前，此处已属于清朝辖地。俄军的到来势必引发双方冲突。

清初中国人对俄国人有两种称呼，一种是俄罗斯，另一种是罗刹。两种称呼的不同主要是由于地区不同，读音不同。前一称呼来自蒙古，蒙语称俄国人为 Oros，汉语音译为"俄罗斯"；后一称呼来自索伦，黑龙江索伦土语称俄罗斯为"罗刹"。据《平定罗刹方略》记载，顺治年间，中俄两国曾发生五次大的军事冲突[①]。第一次是顺治九年（1652）。此前，雅库次克的哥萨

[①] 《平定罗刹方略》卷 1，中华书局，1991 年，第 1 页。

克头领哈巴罗夫率领一支俄军侵入黑龙江流域，沿江而下，烧杀抢掠。索伦人和使犬部的赫哲人先后与其交战，均败下阵来。赫哲人于是向清廷求援，清廷立即派遣驻防宁古塔章京海色率部征讨俄军。1652 年，双方军队战于黑龙江下游宏加力河口的乌札拉村，中方失利，海色被诛。第二次是顺治十一年，以斯捷潘诺夫为首的一伙俄军窜至松花江口掠夺粮食，被清军击退。第三次是顺治十二年，尚书都统明安达礼率万人大军征讨俄军在呼玛尔河口修筑的堡寨呼玛尔斯克，大胜而归。第四次是顺治十四、十五年，镇守宁古塔昂邦章京沙尔瑚达两次率兵击溃在黑龙江流域劫掠的俄军，斯捷潘诺夫亦命丧战场。第五次是顺治十七年，镇守宁古塔总管巴海等人在黑龙江下游的费雅喀地区率军伏击进犯的俄军，大获全胜。同年，另一支以帕什科夫为首的俄军越过贝加尔湖，在黑龙江上游石勒喀河流域修筑涅尔琴斯克堡，即最初的尼布楚城。随后，又在雅克萨筑城（俄人称阿尔巴津堡），遥相呼应。巴海率军在伯力北面的古法坛村将其击败，俄军弃城而逃。康熙元年（1662），清廷设宁古塔将军一职，巴海为首任将军。

康熙即位以后，俄国人对黑龙江流域的侵扰不但没有消停，反而愈演愈烈。康熙上位的前三年，清军几乎年年征讨入侵的哥萨克。康熙四年，一个名叫切尔尼果夫斯基的俄籍波兰人带领一伙亡命之徒流窜到黑龙江地区，在雅克萨重新筑起堡寨。康熙八年，入侵的俄匪又重建尼布楚城，再成呼应之势。17 世纪七八十年代，俄国人在西起尼布楚、东至海滨的黑龙江地区大肆移民垦殖：在雅克萨城附近建立村落、屯田蓄粮，在精奇里江上游和河口分别修建老泽斯克和新泽斯克两座城堡，在西里摩居河口筑塞里姆毕斯克堡，在笃陇遮河口筑楞斯克，在安摩公河上筑乌斯特·奈门仑斯克堡。俄国殖民者以这些城堡为据点，不断侵扰黑龙江流域各部族，杀害当地百姓，劫掠粮食、牲畜、人口，烧毁村庄，对清朝的统治构成巨大威胁。

康熙初年，国内政局不稳，先有郑氏据守台湾，后有三藩之乱，外蒙喀尔喀、新疆厄鲁特等蒙古各部也常有异心，清廷无暇顾及东北，巴海等人的征讨都只不过是一时的应急之举。康熙二十年，三藩平定，台湾郑经去世，清廷开始考虑全面征剿黑龙江地区的俄国侵略者。

1682—1686 年，中俄两次发生雅克萨战争。雅克萨是黑龙江流域的战略要地，西通尼布楚，东达黑龙江下游。此处原为达斡尔族聚居之地，1650 年哈巴罗夫率领的俄匪强占雅克萨城，把它作为侵略据点，改名阿尔巴津，但不久撤走。后来，切尔尼果夫斯基匪帮予以重建，并以此为根据地，四处侵扰。

康熙二十一年，清廷派人对黑龙江地区的地理形势、水陆交通展开全面侦察，随后开始调兵遣将、造船备饷、操练军队、开辟漕运、设置驿站等，对军事行动进行周密的布置。康熙二十二年七月，从雅克萨来的 66 名俄军，准备到黑龙江下游劫掠，在精奇里江口遇到巡逻清兵，大败而归。同年夏天，清廷派兵援助混同江下游部族，驱逐了前来袭扰的俄军。随后，清军主动出击，彻底清除了黑龙江中下游的俄国入侵者。康熙二十三年清军又与来自鄂霍次克海的俄国援兵在恒滚河口发生战斗。

康熙二十四年五月，清廷发动收复雅克萨的战争。经过三天鏖战，俄军投降，清军大获全胜。攻克雅克萨后，清军摧毁了俄国人的防御工事和城堡，随后撤离。不料，败逃的俄军头目托尔布津携尼布楚俄军和沙皇派来的援军卷土重来，筑城据守。清廷得知消息，于康熙二十五年七月再次发兵围剿。雅克萨的俄军凭借重建的城墙和工事，准备顽抗到底。清军围城 5 个月之久，俄军大多战死病死，八百多人仅剩一百余人，即将弹尽粮绝。此时的沙俄政府正忙于欧洲战事，无力支援雅克萨的俄军，遂派使团赴京，与清政府和议。于是，清政府从雅克萨撤军，双方开始了和平解决边界冲突的谈判。

二、 中国边民逃往俄国的政治冲突

随着俄国向西伯利亚的扩张，中俄两国开始成为接壤邻国，在西起巴尔喀什湖、东至黑龙江流域的北部辽阔疆域，两国边境相接，人民往来密切。而当时中国新疆的厄鲁特、外蒙的喀尔喀以及黑龙江流域各部族，虽处于清政府的统一管辖之下，但俄人到来之后，对这些部落进行挑拨，诱骗其投奔俄国，对清廷的统治构成极大威胁。根忒木尔逃俄一事就是典型的例子。

俄国殖民者抵达贝加尔湖和额尔古纳河上游后，对当地部族大肆劫掠。附近尼布楚地方的达斡尔部人民深感生命、财产受到威胁。顺治十年，达斡尔部一个名叫根忒木尔的酋长率领部众越过额尔古纳河，进入南面索伦部的境内定居。康熙六年，在俄军头目切尔尼果夫斯基的策动下，根忒木尔又带领族人逃往俄境。根忒木尔深恐朝廷处罚，为了不被遣送回国，他干脆加入了俄国国籍，并于 1684 年皈依东正教，取名彼得。

根忒木尔逃俄一事对清政府触动很大：其一，根忒木尔领有三佐领，所率部众连同家属有近千人，在地广人稀的东北是一支不小的数目。其二，根忒木尔在东北各部族中颇有影响，他的逃俄将会动摇人心，损害清廷的威信。其三，根忒木尔逃俄后，一直与清廷为敌，积极帮助俄国出谋划策，诱骗黑龙江一带的其他部族逃奔俄境，并直接参与了俄国人的军事活动①。

由于根忒木尔逃俄的恶劣影响，清政府对此事高度重视。1668 年，俄国阿勃林使团访华时，清政府向其提出了归还逃人的要求。此后，清政府先后两次派索伦部官员沙拉岱去尼布楚交涉。第一次是在 1669 年，沙拉岱及其随从假装商人前去，无功而返。第二次是在 1670 年，沙拉岱率领 9 人正式以使者身份前去，并将理藩院以康熙名义写的信交给尼布楚的俄军长官达·达·阿尔申斯基，质问俄方"根忒木尔最先是向谁缴纳实物税"，"是否应该允许追索逃人"？希望俄方遣使赴京，和平协商逃人问题②。同年 4 月，阿尔申斯基派遣伊·米洛瓦诺夫使团来华，康熙皇帝盛情款待了使团，并提出引渡根忒木尔的要求。米洛瓦诺夫按照训令回答："无君主谕旨，军政长官不敢将根忒木尔遣返。"③ 使团返回时，清廷派达斡尔总管孟格德护送，并随同出使尼布楚。孟格德将康熙的国书交由阿尔申斯基转呈俄国沙皇，国书义正辞严地提出："今尔既愿与朕和好相处，则应将逃人根忒木尔交还。愿今后

① 张维华、孙西：《清前期中俄关系》，山东教育出版社，1997 年，第 55 页。
② ［俄］尼古拉·班蒂什—卡缅斯基编著、中国人民大学俄语教研室译：《俄中两国外交文献汇编（1619—1792）》，商务印书馆，1982 年，第 33 页。
③ 《俄尼布楚长官给使华之米洛瓦诺夫等人的训令》，俄历一六七〇年四月十三日，中国第一历史档案馆编：《清代中俄关系档案史料选编》第 1 编上册，中华书局，1981 年，第 23 页。

两国边界勿启争端。若照此行事，则和平可保。"① 但由于俄国国内无懂中文之人，俄国政府一直不知道其中的内容，直到几年以后斯帕法里访华才将国书带回中国重新翻译。后来，孟格德还曾三次赴尼布楚，索还逃人。

1675 年，俄国斯帕法里使团访华时，提出交还俄国战俘和叛逃到中国的俄国人的要求。据斯帕法里称，当时，有 13 个俄国人在中国，只有两个是战俘，其他都是从边境城寨主要是阿尔巴津寨逃跑出来的叛逃者，中国接纳了这些叛逃者，并送到了京都，有的还担任了官职②。清政府也提出了交还根忒木尔问题，询问使臣，沙皇"究竟是否愿意有偿或无偿地交出这种人"，是将逃人"交使者带来"，还是"准备先行立约，取得答复后再行遣返"？斯帕法里敷衍说，对于这件事，沙皇毫无所闻，也不知道中国皇帝的要求，因为以前中国皇帝寄去的国书无人翻译，如果中国人逃到俄国，只要确实是中国皇帝的臣民，沙皇就会命令交还中国③。事实上，在斯帕法里来华途中，已经会见了根忒木尔，并向他保证不会把他交还给中国人④。斯帕法里私下里认为，中国政府只不过是想以根忒木尔交换俄国的逃亡者，而根忒木尔"从来就不是他们的臣民，只不过暂时到过他们那里，后来返回了涅尔琴斯克"⑤。

使团回国前，请求康熙对俄国政府提出的条款给予答复，并赐以国书。但康熙坚决不同意。最后由耶稣会士转达理藩院尚书的答复说，回信没有什么可写的，因为清政府多次要求交出隐匿在俄国的根忒木尔，俄方一直未予照办，在此事未了结之前，清廷不愿办理其他事务。清廷要求大使转达俄国

---

① 〔俄〕尼古拉·班蒂什—卡缅斯基编著、中国人民大学俄语教研室译：《俄中两国外交文献汇编（1619—1792）》，第 36—37 页。

② 《尼·加·斯帕法里出使清帝国的出使报告》，苏联科学院远东研究所等编、厦门大学外文系《十七世纪俄中关系》第一卷翻译小组译：《十七世纪俄中关系》第 1 卷第 3 册，第 183 号，商务印书馆，1978 年，第 627 页。

③ 《尼·加·斯帕法里出使清帝国的出使报告》，苏联科学院远东研究所等编、厦门大学外文系《十七世纪俄中关系》第一卷翻译小组译：《十七世纪俄中关系》第 1 卷第 3 册，第 183 号，第 624、626 页。

④ 〔俄〕尼古拉·班蒂什—卡缅斯基编著、中国人民大学俄语教研室译：《俄中两国外交文献汇编（1619—1792）》，第 44 页。

⑤ 《尼·加·斯帕法里出使清帝国的出使报告》，苏联科学院远东研究所等编、厦门大学外文系《十七世纪俄中关系》第一卷翻译小组译：《十七世纪俄中关系》第 1 卷第 3 册，第 183 号，第 627 页。

政府"把根忒木尔送至北京",以此作为继续与俄方交往的条件之一①。

康熙二十二年,清廷又令俄国俘虏携带理藩院的一份公函,投递给俄方,其中也提到索还根忒木尔一事。康熙二十四年正月,清圣祖谕令再向俄方传话:"尔等欲相安无事,可速回雅库,于彼为界,捕貂收赋,毋复内地扰乱。归我逋逃,我亦归尔逃来之罗刹。果尔,则界上得以贸易,彼此安居,兵戈不兴。倘执迷不悟,仍然拒命,大兵必攻破雅克萨城,歼除尔众矣。"②

根忒木尔逃俄事件一直到 1689 年《尼布楚条约》谈判时都未能解决。俄方不肯交还根忒木尔的原因在于:其一,根忒木尔所率部众人数甚多,可以增强俄国在边境地区的实力。其二,根忒木尔熟悉当地情况,对俄国的军事行动有很大帮助。

三、 俄国要求平等交往的礼仪冲突

俄国要求平等交往的礼仪冲突亦是早期中俄冲突的重要方面。在西方国家中,俄国最早开始与中国中央政府的交往,也最早与中国发生外交礼仪的冲突。《尼布楚条约》签订以前,俄国曾派出 6 个访华使团:1618 年的佩特林使团、1654 年的巴伊科夫使团、1657 年的佩尔菲利耶夫和阿勃林使团、1668 年的阿勃林使团、1670 年的米洛瓦诺夫使团、1675 年的斯帕法里使团。其中佩特林使团和米洛瓦诺夫使团为西伯利亚地方政府派遣,其他均为俄国中央政府所派。由于外交理念和政治文化传统的不同,几乎所有的俄国访华使团都在君王称号、国书格式与呈递、礼品赠送、觐见礼仪等方面与清廷发生冲突,俄使不肯接受清廷天朝上国的朝贡之礼,清廷亦不肯采纳俄方所要求的西方所谓平等的外交礼仪。

1618 年,西伯利亚托木斯克军政长官派遣哥萨克伊凡·佩特林等人前往中国,探明道路,并了解中国的政治、经济情况。佩特林等人没有携带国书

---

① ［俄］尼古拉·班蒂什—卡缅斯基编著、中国人民大学俄语教研室译:《俄中两国外交文献汇编（1619—1792）》,第 51 页。

② 《平定罗刹方略》卷 2,第 16 页。

和礼品，被拒绝觐见，但带回了中国万历皇帝致俄皇的书信。

俄国中央政府派遣来华的第一个正式使团是 1654 年的巴伊科夫使团。使团最主要的使命是与中国建立外交关系，并考察俄中通商的可能性①。使团出发前，俄外务衙门对大使在中国的言行举止颁发了详细的训令，并为其准备了给顺治皇帝的国书。巴伊科夫受命不能把国书交给中国皇帝的近臣，当近臣向他索要国书时，他必须回答："他奉命要把沙皇陛下的国书呈交给博格德汗皇帝本人，并对博格德汗皇帝本人致词。"然后，表示希望近臣们奏报皇帝，准许他觐见，由博格德汗亲自从他那里接受沙皇的国书，并亲自听取他的话②。在受到中国皇帝接见后，大使应亲自把俄文国书递交皇帝，如果俄文国书无人能够翻译，则换成另一份用鞑靼文写的国书，并要求中国皇帝写一封给沙皇的回信③。如果中方指出，沙皇国书中中国皇帝的名字和称号与他们自己的国书中所写的不同。大使必须解释，中俄两国以前从未有过交往，所以不知道中国皇帝的名字和称号，等他回去，以及中国使臣出访莫斯科以后，在今后的国书中将使用中国皇帝自己所写的名字和称号。同时，大使也必须千方百计竭力让中国皇帝在给沙皇的国书中完全按照沙皇致中方的国书一样，写上沙皇的名字和称号④。大使离开前，必须得到中国皇帝的接见，由皇帝本人或者由大臣当着皇帝的面把致沙皇的国书交到大使手里，如果中方坚持不肯，并且中国的一贯做法是把国书送到宾馆的话，则应要求得到一份国书的抄本，以便知道里面所写的内容。如果中国的国书写了沙皇名字和称号的全称就可以收下，否则予以退回，要求中方重写⑤。

当他受到召见时，如果被要求朝宫殿或皇宫的门坎鞠躬，他应坚决拒绝，并告诉陪同官员，这种要求是没有道理的，"任何地方都不曾这样做"。

①　叶柏川：《俄国来华使团研究（1618—1807）》，社会科学文献出版社，2010 年，第 28 页。

②　《财务衙门为出使清帝国事给费·伊·巴伊科夫的训令》，苏联科学院远东研究所等编、厦门大学外文系《十七世纪俄中关系》第一卷翻译小组译：《十七世纪俄中关系》第 1 卷第 1 册，第 71 号，第 221—222 页。博格德汗是俄国人对中国皇帝的称呼。

③　《财务衙门为出使清帝国事给费·伊·巴伊科夫的训令》，苏联科学院远东研究所等编、厦门大学外文系《十七世纪俄中关系》第一卷翻译小组译：《十七世纪俄中关系》第 1 卷第 1 册，第 71 号，第 225—226 页。

④　《财务衙门为出使清帝国事给费·伊·巴伊科夫的训令》，苏联科学院远东研究所等编、厦门大学外文系《十七世纪俄中关系》第一卷翻译小组译：《十七世纪俄中关系》第 1 卷第 1 册，第 71 号，第 226—227、235 页。

⑤　《财务衙门为出使清帝国事给费·伊·巴伊科夫的训令》，苏联科学院远东研究所等编、厦门大学外文系《十七世纪俄中关系》第一卷翻译小组译：《十七世纪俄中关系》第 1 卷第 1 册，第 71 号，第 235 页。

在西方国家没有这种习惯，俄国人也从未这样做过，在他们看来，向门坎鞠躬是"毫无意义"的，甚至连谈起这种事"都会感到可耻"。俄国政府指示巴伊科夫，只有见到皇帝本人的时候，才能"按各国通行礼节"向皇帝鞠躬致敬。在向皇帝问候时，大使必须按照在俄国宫廷的礼仪，吻皇帝的手，"绝对不能吻皇帝的脚"，也不能履行其他的礼节①。

当时的俄国对中国的礼节并不清楚，整个训令都是使用的假设语气，并且明确要求大使探明其他国家的使臣觐见中国皇帝时有些什么礼节②。但是，从俄国中央政府发出的第一份训令中，我们可以看出，当时的俄国亦是一个傲慢自大的国家，有着浓厚的优越意识和强权意识。在与中国的交往中，俄国一味地强调自己的礼仪和习惯：大使觐见君王时，须按他们的礼仪弯腰鞠躬，并且只向君王本人行鞠躬礼；君王接见大使问候时，须按他们的习惯行吻手礼，并问候其君主的健康，否则就是不友好、不礼貌；大使离去时，须按照俄国的外交惯例，向君王本人辞行，并由君王把致对方的国书亲手交给大使，这才是两国友好的开端；等等。

1656 年 3 月 3 日，巴伊科夫使团到达北京。清朝官员在京城之外的黄寺附近迎接使团，要求使臣下马，并朝着庙门下跪行礼。巴伊科夫予以拒绝，并按照外务衙门的指示回答说："按照我们的习惯，没有见到皇帝就跪下行礼是不行的。我们大君主那里的礼节是：我们站着向自己的大君主脱帽行礼。"③

进城的第二天，清朝官员向巴伊科夫索要俄国沙皇的礼品和国书，但巴伊科夫坚持按照俄国的惯例在觐见皇帝时当面呈上礼品和国书，双方发生争执。清朝官员表示："你们君主的礼仪固然是这样，但我国皇帝却有自己的礼仪，一个皇帝不能指挥另一个皇帝。"最后，巴伊科夫交出了礼品，但坚持亲手递交国书。8 月 12 日，清朝官员要求巴伊科夫学习觐见皇帝的跪拜

① 《财务衙门为出使清帝国事给费·伊·巴伊科夫的训令》，苏联科学院远东研究所等编、厦门大学外文系《十七世纪俄中关系》第一卷翻译小组译：《十七世纪俄中关系》第 1 卷第 1 册，第 71 号，第 222—224 页。

② 《财务衙门为出使清帝国事给费·伊·巴伊科夫的训令》，苏联科学院远东研究所等编、厦门大学外文系《十七世纪俄中关系》第一卷翻译小组译：《十七世纪俄中关系》第 1 卷第 1 册，第 71 号，第 231 页。

③ 《费·伊·巴伊科夫使团赴清帝国的出使报告》，苏联科学院远东研究所等编、厦门大学外文系《十七世纪俄中关系》第一卷翻译小组译：《十七世纪俄中关系》第 1 卷第 2 册，第 74 号，第 253 页。

礼，巴伊科夫又坚决拒绝："大君主指示我，要照我们对自己的大君主所行的礼节去向你们的皇帝行礼。"① 于是，清廷作出决定："来使不谙朝礼，不宜令朝见，却其贡物，遣之还。"②

1657 年 3 月，俄国政府得知巴伊科夫因递交国书一事与清廷发生冲突，并被阻留在北京，十分不安。该年 9 月，俄国又向中国派出了伊·斯·佩尔菲利耶夫和谢伊特库尔·阿勃林率领的使团。1657 年 9 月 5 日、10 月 4 日、10 月 5 日俄国外务衙门先后三次给使团颁布训令。10 月 4 日的训令与给巴伊科夫的如出一辙，指示大使必须严格遵守俄国外交礼仪③。考虑到可能出现的冲突，10 月 5 日外务衙门重新拟订了一份训令，在礼仪问题上稍有妥协，指出，如果中国皇帝不肯召见大使，而派近臣前来索取礼品和国书，那么，大使应见机行事，如果确认中国皇帝从来不亲自接见任何其他国家的使臣，则应将沙皇的国书和礼品交给中国皇帝的近臣④。这一使团仍然没有见到中国皇帝，原因是俄国使臣携带的国书"不遵正朔""矜夸不逊"，但清廷念其"远处西陲，未沾教化"，收其贡物，并对沙皇和大使"量加恩赏"⑤。

1675 年，沙俄向中国派出了第一个公使级别的使团——斯帕法里使团。使团空前隆重，出发前，俄外务衙门为使团的组建作了大量准备，为使团配备了优秀的神甫、绘图员、珠宝匠、医生以及熟悉途中各地情况并通晓当地语言的人，此外，使团还携带了有关中国的辞书、各种测绘仪器、赠送给中国皇帝的礼品等⑥。

和以往一样，俄国政府指示斯帕法里尽可能将国书和礼品直接交给中国

① 《费·伊·巴伊科夫使团赴清帝国的出使报告》，苏联科学院远东研究所等编、厦门大学外文系《十七世纪俄中关系》第一卷翻译小组译：《十七世纪俄中关系》第 1 卷第 2 册，第 74 号，第 254—255 页。

② 《世祖章皇帝实录》卷 135，顺治十七年五月丁巳，《清实录》第 3 册，第 1042 页。

③ 《外务衙门为派遣塔拉军役贵族伊·斯·佩尔菲利耶夫和托博尔斯克军役人员布哈拉人谢伊特库尔·阿勃林前往清帝国一事给他们的训令》，苏联科学院远东研究所等编、厦门大学外文系《十七世纪俄中关系》第一卷翻译小组译：《十七世纪俄中关系》第 1 卷第 2 册，第 90 号，第 325—329 页。

④ 《外务衙门为派遣塔拉军役贵族伊·斯·佩尔菲利耶夫和托博尔斯克军役人员布哈拉人谢伊特库尔·阿勃林前往清帝国一事给他们的训令》，苏联科学院远东研究所等编、厦门大学外文系《十七世纪俄中关系》第一卷翻译小组译：《十七世纪俄中关系》第 1 卷第 2 册，第 91 号，第 333 页。

⑤ 《世祖章皇帝实录》卷 135，顺治十七年五月丁巳，《清实录》第 3 册，第 1042 页。

⑥ 《外务衙门编写的录抄中保存的关于配备尼·加·斯帕法里使团的报告》，苏联科学院远东研究所等编、厦门大学外文系《十七世纪俄中关系》第一卷翻译小组译：《十七世纪俄中关系》第 1 卷第 2 册，第 170 号，第 482 页。

皇帝，除非中国根据自己的惯例坚决不允许这么做，但也须试着说服中国官员，告之其使命是向中国皇帝本人递交国书并致颂词，如果中国的使臣到俄国去，俄皇也会亲自接见。如果中方立场坚定，且其他国家也都遵守中国礼仪，则可将国书和礼品交给皇帝派来的官员，但不能在他们面前行使团之礼。在觐见中国皇帝时，斯帕法里必须按照俄国习惯行一般的鞠躬礼，并在介绍沙皇时尽可能体现其身份的尊贵和荣耀①。

斯帕法里使团在国书呈递与回复、觐见礼仪、礼品接收等方面与中方发生了更为严重的冲突。

使团首先遭遇的是同中方的国书呈递冲突。

1676 年 1 月，使团到达卜奎副都统孟格德驻地嫩江脑温，地方长官要求使团在此等候北京派来迎接使团的礼部侍郎马喇。2 月 26 日，马喇到达嫩江。4 月 17 日马喇陪同使团从脑温启程赴京。途中，马喇表示希望使团一到北京就将国书交给清廷大臣，他们翻译以后，向皇帝奏报，然后再听候皇帝的召见。斯帕法里抗议说，"任何国家都不会这样做"，他要求皇帝在御座前亲自接受国书。马喇告诉他，中国是这样的惯例，如果不按中国的惯例办事，他可以像巴伊科夫那样回俄国去②。

进入北京以后，双方又就国书问题进行争论，双方都致力于维护自己君主的权威。斯帕法里拒绝将国书交给理藩院，认为把沙皇的国书和使团与葡萄牙、荷兰及其他国家的人同等看待，是对沙皇"最不友好的态度"，那些国家就是合在一起也比不上俄国。俄方早已从巴伊科夫的报告中了解到中国人的倨傲和对使臣的不礼貌，但为了表示对沙皇的友好亲善，中国皇帝应该亲自接受沙皇的国书。马喇说，皇帝亲自接受国书的事，想都不用想，如果皇帝违反自古以来的惯例，亲自接见俄使并接受沙皇的国书，周围各国的君主将不会再视他为皇帝，这会使中国皇帝蒙受奇耻大辱。而斯帕法里坚持认为，一国君主亲自接受外国君主的国书是世界各国应遵循的惯例，中国皇帝

---

① 《外务衙门为尼·加·斯帕法里出使清帝国事给他的训令》，苏联科学院远东研究所等编、厦门大学外文系《十七世纪俄中关系》第一卷翻译小组译：《十七世纪俄中关系》第 1 卷第 2 册，第 182 号，第 506—508 页。

② 《尼·加·斯帕法里出使清帝国的出使报告》，苏联科学院远东研究所等编、厦门大学外文系《十七世纪俄中关系》第一卷翻译小组译：《十七世纪俄中关系》第 1 卷第 3 册，第 183 号，第 553—554 页。

为了维护自己的尊严，坚守中国的旧例，不亲自接受国书，就是轻视沙皇的友谊，就是把沙皇看作比自己稍逊一筹，这对沙皇的"尊严和声誉是很大的损害"。马喇不容多说，威胁斯帕法里不把国书送到理藩院，就像巴伊科夫一样回去①。

斯帕法里试图说服中方，表示如果中国皇帝亲自接受国书，将来中国的使臣去俄罗斯，沙皇也会亲自接见并收下国书，否则的话，中国的使臣将来也会受到同样的待遇。但马喇表示没有商量的余地，各国都有自己的惯例，中国的惯例由来已久，"绝对不能破坏"②。

相持不下之后，马喇的态度有所缓和，他告诉斯帕法里，中国皇帝很愿意同沙皇建立亲善友好的关系，为了尊重沙皇，已经派出了理藩院的最高官员来接待使臣，并准备由最高级别的大臣——阁老以隆重的礼节接受沙皇的国书，其他国家是享受不到这种待遇的。他还详细解释了中国皇帝为什么不能亲自接受国书：一是这是中国旧有的惯例，不容破坏；二是那样做会降低中国皇帝的声誉；三是在没有阅读国书以前，他们不能肯定国书是否按照惯例对中国皇帝表示尊敬并合乎中国的礼节，也不能相信使者的话③。

由于中方坚持惯例不容变更，并时时以令其回国相威胁，无奈之下，斯帕法里用拉丁语口述了沙皇的国书，由耶稣会士南怀仁记录下来。南怀仁对使团的经历表示同情，并告诉斯帕法里中国人总是用高人一等的眼光看待别人，"他们把外国送给他们的礼品称作贡品，写作贡品，在他们的国书中作答的语气，就象老爷对待奴才一样，还有许多别的侮辱人的事"。斯帕法里闻言，感觉到中国皇帝不亲自接受国书是"不愿意把自己同发国书的君主放在平等的地位"，态度重新强硬，指责中方这种做法是对沙皇的不友好，是降低沙皇在其他君主心目中的尊严④。

---

① 《尼·加·斯帕法里出使清帝国的出使报告》，苏联科学院远东研究所等编、厦门大学外文系《十七世纪俄中关系》第一卷翻译小组译：《十七世纪俄中关系》第1卷第3册，第183号，第558—561页。

② 《尼·加·斯帕法里出使清帝国的出使报告》，苏联科学院远东研究所等编、厦门大学外文系《十七世纪俄中关系》第一卷翻译小组译：《十七世纪俄中关系》第1卷第3册，第183号，第561—562页。

③ 《尼·加·斯帕法里出使清帝国的出使报告》，苏联科学院远东研究所等编、厦门大学外文系《十七世纪俄中关系》第一卷翻译小组译：《十七世纪俄中关系》第1卷第3册，第183号，第566—567页。

④ 《尼·加·斯帕法里出使清帝国的出使报告》，苏联科学院远东研究所等编、厦门大学外文系《十七世纪俄中关系》第一卷翻译小组译：《十七世纪俄中关系》第1卷第3册，第183号，第569—570、574页。

中方一直态度坚决，强调按惯例办事。后来，斯帕法里提出了新的方案：在全体大臣出席的情况下，由皇帝的兄弟代表皇帝接受国书，并送到皇帝的御座处，他递交国书后不致词，也不行礼。这一方案被中方否决，马喇告诉斯帕法里，在中国，皇帝的兄弟是不能干政的，他们的地位比阁老还要低。经过反复辩论之后，中方提出了一个折中方案：在皇帝的御座前设一张桌子，首席阁老站在桌子旁边接受国书，俄使把国书放在桌子上，什么话都不要说。中方还同意将礼品与国书一同呈送①。斯帕法里最终接受了这一方案，因为这一问题不解决他是无法见到中国皇帝的。

6 月 5 日斯帕法里照议定方案呈递了国书和礼品。6 月 8 日，清廷问他还有没有口头训令时，他又照俄国政府的吩咐拟了 12 条要求，包括"今后应以何种文字书写并互通信件"，双方应照标准写法书写沙皇和中国皇帝的名字和衔称，希望中国皇帝派自己的儿子与使者一同前去，等等②。

斯帕法里使团遭遇的第二大问题是同中方的觐见礼仪冲突。

6 月 14 日，马喇通知斯帕法里，皇帝令他第二天觐见。二人就觐见礼仪又争议许久。斯帕法里只同意按照俄方的惯例行鞠躬礼，并称这是世界上一切君主的通例。马喇坚决不允许，说"如果你不按我们的礼仪行事，就不能带你到御前，一切事情都要搞糟"，并告知皇帝将以比接见别国使臣时更高一级的礼仪接见俄国使臣。斯帕法里听说将受到比葡萄牙人和荷兰人更隆重的礼遇，勉强答应③。

第二天，俄国使团进宫面圣，斯帕法里和众人皆行三跪九叩之礼。斯帕法里在出使报告谈及此事的时候，表示当时极不情愿，叩头叩得很快，头也没有着地。清朝官员让耶稣会士转告他，"要叩头到地，而且不要那么快，要象先前中国官员那样"。斯帕法里回答说，中国官员是中国皇帝的奴仆，善于叩头，他们不是中国皇帝的奴仆，只能按照他们知道的方式叩头。结

---

① 《尼·加·斯帕法里出使清帝国的出使报告》，苏联科学院远东研究所等编、厦门大学外文系《十七世纪俄中关系》第一卷翻译小组译：《十七世纪俄中关系》第 1 卷第 3 册，第 183 号，第 585、589 页。

② 《尼·加·斯帕法里出使清帝国的出使报告》，苏联科学院远东研究所等编、厦门大学外文系《十七世纪俄中关系》第一卷翻译小组译：《十七世纪俄中关系》第 1 卷第 3 册，第 183 号，第 590 页。

③ 《尼·加·斯帕法里出使清帝国的出使报告》，苏联科学院远东研究所等编、厦门大学外文系《十七世纪俄中关系》第一卷翻译小组译：《十七世纪俄中关系》第 1 卷第 3 册，第 183 号，第 592—593 页。

果，司仪只好跟着他们的节奏，快速唱礼①。觐见那天，康熙并没有宣俄使到御座前，也没有问候沙皇。斯帕法里感到深受委屈，指责马喇说谎，并抱怨说："他行了礼，但不知道对谁行了礼，连汗也没有看见，这算是什么样的使团？"马喇安慰他，皇帝还会单独接见大使②。7月19日，康熙破例在皇宫内殿设宴招待俄国使团，并问候了沙皇。斯帕法里得见圣颜，并与众人一起再次行三跪九叩之礼。此前，礼部曾照例宴请使团，斯帕法里拒绝了在入席和离席时叩头九次的要求，只同意叩头三次。

此外，使团在要求中国皇帝回复国书时也同中方发生了冲突。

关于中国皇帝的回复国书，起初，斯帕法里担心的是，中国皇帝是否会写沙皇的全衔。南怀仁私下告诉他：中国皇帝的国书绝对不会照写全衔，葡萄牙人和荷兰人已有先例，并且他们不会提供国书的抄本，也不会事先口头透露内容，只会在大使离开的那天，举行繁琐的仪式，把封好的国书交给大使。斯帕法里表示，如果中国皇帝以另外的方式称谓，他绝不接受，"因为这件事比其他任何事情更加涉及君主的荣誉"③。

清政府向俄使提出遣还根忒木尔的问题，但斯帕法里予以回避，交涉无果。8月12日，马喇通知斯帕法里，准备第二天接受中国皇帝回赠的礼物。马喇强调，皇帝格外开恩，谕令在宫内接收国书和礼品的地方向俄使赠送礼物，其他各国都是在理藩院进行。但双方并没有因此而融洽，很快又在接受礼品的礼仪问题上发生争执。斯帕法里坚持，给个人的赠礼可以跪着接受，但给沙皇的赠礼只能站着。他认为，跪下接受礼品是对沙皇的侮辱，沙皇与中国皇帝地位是平等的，"地位平等者接受礼品的规矩就应该象世界上的友邦对友邦、邻国对邻国那样接受礼品"④。康熙皇帝没有强迫他，反而让他站着接受了所有的赠礼，但双方的关系再次僵化。

① 《尼·加·斯帕法里出使清帝国的出使报告》，苏联科学院远东研究所等编、厦门大学外文系《十七世纪俄中关系》第一卷翻译小组译：《十七世纪俄中关系》第1卷第3册，第183号，第599—600页。

② 《尼·加·斯帕法里出使清帝国的出使报告》，苏联科学院远东研究所等编、厦门大学外文系《十七世纪俄中关系》第一卷翻译小组译：《十七世纪俄中关系》第1卷第3册，第183号，第603页。

③ 《尼·加·斯帕法里出使清帝国的出使报告》，苏联科学院远东研究所等编、厦门大学外文系《十七世纪俄中关系》第一卷翻译小组译：《十七世纪俄中关系》第1卷第3册，第183号，第604页。

④ 《尼·加·斯帕法里出使清帝国的出使报告》，苏联科学院远东研究所等编、厦门大学外文系《十七世纪俄中关系》第一卷翻译小组译：《十七世纪俄中关系》第1卷第3册，第183号，第653、655页。

最后，康熙皇帝没有写致沙皇的国书，也没有回复俄方提出的要求，而是颁布了一道圣旨，告知俄国大使，不写国书的原因有两个：其一，俄国大使不肯按照周围各国君主使臣的惯例，下跪接受赠礼；其二，即使写信给沙皇，无非也是要求遣还根忒木尔，这在以前的国书里已经写过了，但一直没解决，"这件事如不了结，别的事也就无从谈起"。此外，康熙表示，今后俄国必须履行三个条件，否则不但不会写信，就连沙皇的使臣、使者和商人也绝不接待。这三个条件是：遣返根忒木尔；所派使臣要通达事理，中国政府按中国习俗提出的要求要一一遵行，不得背拗；俄国边民应保持边境地区的和平[①]。

斯帕法里觉得，没有国书，无法回去复命，希望清政府能够写封给沙皇的国书。清廷的要求是俄方能够按照中国的礼仪习俗来接受这封国书，并告诉俄使中国书写国书的惯例是：所有到中国的使臣都被看作是从下国来到上邦，国书中会说他们是心悦诚服"前来御前叩请圣安"；使臣带来的外国君主给中国皇帝的礼物都被称为贡品或贡物、方物；中国皇帝回赠的礼品不称赠品，而说是"对某君主或某国的恩赏，以奖其劳"；此外，所有国书照例称为"圣谕"。为什么会有这样的礼仪习俗？清朝官员的解释是："因为如同天上只有一个上帝一样，在大地中央各位君主之间也只有一个天子，我们的这个荣誉过去从没有改变过，而且永世都不会改变。"斯帕法里感到莫大的羞辱，他拒绝接受这样的国书，他说，"我们的大君主只接受许多人的贡品，而自己从不对任何人进贡"[②]。

第二节　中俄缔约的开端——《尼布楚条约》

为解决双方的矛盾冲突，1689 年中俄两国首次进行了条约谈判，缔结

---

① 《尼·加·斯帕法里出使清帝国的出使报告》，苏联科学院远东研究所等编、厦门大学外文系《十七世纪俄中关系》第一卷翻译小组译：《十七世纪俄中关系》第 1 卷第 3 册，第 183 号，第 664—665 页。

② 《尼·加·斯帕法里出使清帝国的出使报告》，苏联科学院远东研究所等编、厦门大学外文系《十七世纪俄中关系》第一卷翻译小组译：《十七世纪俄中关系》第 1 卷第 3 册，第 183 号，第 671—673 页。

《尼布楚条约》，划定了中俄东部边界，并就逃人问题、贸易问题作出了安排。这一条约的签订是中俄关系的重大突破，对中俄两国政治、经济、文化发展和国家安全都有着深远的影响。

一、 中俄和谈的动因

1677 年斯帕法里回国以后，俄兵仍不断侵犯中国边境。清廷担心其未将口信带给沙皇，又多次致书俄方。康熙二十二年（1683）九月，理藩院遵旨抄送上谕，并由俄方俘虏转交雅克萨俄军头目，谴责俄军执迷不悟，肆行焚杀清廷在黑龙江流域的边民，要求其将根忒木尔等逃人送回，速回本地，则"两相无事"，否则将派兵讨伐[①]。康熙二十四年二月，清军统帅彭春再次致函雅克萨俄官，要求其撤至雅库，遣还逃人。同年三月，康熙通过俄国俘虏从喀尔喀转送致俄国沙皇的敕书，表示由于俄军不断侵扰，才不得不出兵征讨雅克萨，但他希望"天下万邦皆享安乐之福，一切生灵各得其所"，要求沙皇将雅克萨的俄兵撤回到雅库等地，不再侵入我国边界，并"明确复文或遣使前来"[②]。此敕书同时由彭春派人送交雅克萨俄官。但这些信函都如石沉大海，未得回音，雅克萨的俄军也没有撤回，最终康熙帝决定攻打雅克萨。

第一次雅克萨战争后，清廷刚撤兵，俄军又卷土重来。康熙觉得此非长久之计，他怀疑从前的谕旨未能到达沙皇手里，或者雅克萨的俄匪本来就是"有罪之徒，不便归国"。他得知荷兰与俄罗斯接壤，且语言亦通，于是再次令兵部修书一封，交给即将回国的荷兰使臣，转交沙皇。信中陈述了屡次行文，未有回音，不得已而发动战争的原委，再次要求沙皇"迅速撤回雅克萨等地之俄罗斯人，或以雅库，或以何处为界，各自于界内捕猎谋生，不得越界。如此则边境永得安宁，互无侵扰之忧，永修和好"[③]。同年，耶稣会士闵

---

① 《理藩院为要俄遣还逃人撤出侵地事致雅克萨俄官咨文》，康熙二十二年九月初九日，中国第一历史档案馆编：《清代中俄关系档案史料选编》第 1 编上册，第 49—50 页。

② 《康熙帝为再次敦促俄人即速撤出雅克萨事致俄沙皇敕书》，康熙二十四年三月十七日，中国第一历史档案馆编：《清代中俄关系档案史料选编》第 1 编上册，第 51—52 页。

③ 《勒德洪等题遵议行文俄皇令撤回雅克萨等地俄众本》，康熙二十五年七月二十七日；《兵部为速撤雅克萨等地之俄兵等事致沙皇咨文》，康熙二十五年七月三十日，第一历史档案馆编：《清代中俄关系档案史料选编》第 1 编上册，第 57—59 页。

明我因事回罗马，取道西伯利亚和俄罗斯，清廷将此国书另抄一份，委托他转交俄皇。由于交通不便，这两封国书直到 1687 年 7 月才送达莫斯科。

可见，面对俄军的不断侵扰，清廷在武力抗击的同时，一直也在谋求和平解决的途径。这种和平解决的愿望主要是出于当时政治形势的需要，即集中力量平定噶尔丹的叛乱，并防止噶尔丹与俄国勾结。

清朝初年，中国北部的蒙古分为东部蒙古和西部蒙古，前者称为喀尔喀蒙古，后者称为厄鲁特蒙古。喀尔喀蒙古由明初的蒙古鞑靼部演化而来，其中兴安岭以东的称为内喀尔喀，包括科尔沁、扎鲁特、察哈尔、鄂尔多斯等部；大漠以北从和林故地直至阿尔泰山的广大地区是外喀尔喀，由东向西依次是车臣汗、土谢图汗和札萨克图汗的辖地。厄鲁特蒙古居住在阿尔泰以西，天山南北的广大地区，是明初瓦剌部的后裔，包括准噶尔部、和硕特部、土尔扈特部和杜尔伯特部。

俄国向西伯利亚扩张，开始与蒙古各部有了接触。俄国侵略者对东西蒙古采取了不同的政策，对东部喀尔喀蒙古主要以武力征服为主，对当地居民进行血腥屠杀和野蛮掠夺；对西部厄鲁特蒙古则采取政治劝诱、武力威胁两手政策。1670 年，在准噶尔部的权力争夺中，噶尔丹成为首领。1687 年以前，噶尔丹一直跟清廷保持着较为友好的关系。康熙十年，清廷承认了噶尔丹担任准噶尔首领的合法性，之后，噶尔丹几乎每年遣使进贡，与清廷保持臣服关系。康熙二十一年，清政府平定三藩，特地派大臣赴准噶尔赏赐噶尔丹。

但另一方面，噶尔丹势力也日益成为清廷统治的危险所在。噶尔丹上台以后，雄心勃勃，大肆扩张，先后征服西部蒙古各部，称霸天山南北。与此同时，为增强自己的实力，噶尔丹违背其父兄一贯的反俄立场，与俄国人勾结，1674—1681 年间，除 1680 年外，年年遣使赴俄。在俄国的支持下，噶尔丹掌握了整个厄鲁特蒙古的统治权，并开始了建立统一的蒙古帝国的计划。清政府已经意识到了这种威胁，与俄和谈的目的之一乃是为了阻止噶尔丹与俄国的进一步勾结。1688 年，当清廷进军雅克萨时，噶尔丹趁喀尔喀蒙古内乱，率兵攻入喀尔喀地区。噶尔丹的公开叛乱使形势更加危急，也使清廷与俄和解之心更加迫切。

俄国方面，出于政治和经济的需要，也希望和平解决与中国的冲突。

政治上，此时的俄国正忙于欧洲事务和国内纷争，无暇东顾。俄国从伊凡四世以后大肆对外扩张，但欧洲始终是沙俄侵略和争夺的重点，因为它本身是一个欧洲国家，政治和经济中心都在欧洲。争夺水域和出海口是俄国对欧战略的核心，早在 1558 年，伊凡四世就同瑞典开战，企图夺取立沃尼亚和波罗的海出海口，并三次远征克里木，向黑海地区试探。17 世纪后期，当中俄矛盾日益尖锐之时，俄国正为打通黑海出海口，卷入欧洲国家对克里木和黑海北岸的争夺。1676—1681 年，为夺取第聂伯河下游的乌克兰地区，沙皇政府发动了同土耳其的战争，史称第一次俄土战争，战争持续 5 年之久，未分胜负。1681 年，两国签订《巴赫奇萨赖和约》，承认左岸乌克兰与俄国合并，但右岸乌克兰仍受土耳其支配。1686 年，沙皇政府又参加了奥地利和波兰反对土耳其的同盟，并于 1687 年和 1689 年两次派兵征讨克里木。克里木汗率领民众采取坚壁清野的战略，断绝俄军水源和粮草，以骑兵突袭俄军后路，结果，俄军两次征讨均以失败告终[1]。在俄国内部，此时也是一个混乱时期。1682 年，彼得一世的姐姐索菲亚利用射击军发动政变，成为俄国摄政，同时拥立彼得一世和伊凡五世两个沙皇，统治阶级内部矛盾十分尖锐。内忧外患的形势使沙俄政府疲惫不堪，无力支持与中国的战争。

经济上，俄国急欲实现与中国的通商，增加财政收入。俄国最早对中国的关注是出于经济原因。从 16 世纪开始，西方国家尤其是英国不断尝试通过俄国探寻通往中国的道路，发展同中国的贸易。这一现象刺激了俄国同中国交往的欲望。1618 年至顺治年间，俄国来华使团的主要使命就是开辟前往中国的道路，了解中国以及考察中俄贸易的可行性[2]，大使们同时充当了沙皇贸易代理商的角色。1653 年俄国中央政府派往中国的第一个使团巴伊科夫使团奉命千方百计地秘密打探：中国是否会准许商人去莫斯科经商，中国的商人是否愿意去莫斯科？其他国家是否有商人随同使臣赴华，他们带些什么

---

① 北京大学历史系编：《沙皇俄国侵略扩张史》上，人民出版社，1979 年，第 152 页。
② 叶柏川：《俄国来华使团研究（1618—1807）》，第 13 页。

货物，中国有些什么货物？中国的丝绸及其他贵重货物是否是本土所产，有哪些种类，价格如何？俄国向中国出售和购买什么货物比较有利？甚至有机会的话应该去商场看看中国货物的实际价格。哪些外国货物在中国比较受欢迎，这些货物如何运到中国，如何征税？等等。要向中国人宣扬，沙皇对外国商人的恩惠和照顾，俄国贸易的自由，以及俄国有着"各邻国所没有的各种贵重货物，而且为数非常之多"①。使团从国库领取了 5 万卢布，购买了大量货物运往中国，换取中国的丝绸、黄金、珍珠等②。在出使报告中，巴伊科夫花了大量笔墨介绍中国的物产。康熙初年来华的阿勃林使团更是取得了巨大的商业成功。他们在中国出售了价值 3479 卢布 31 阿腾的俄国货物和毛皮，获得 11507 两 7 钱的收入③，利润高达 300%④。连年的战争，使俄国政府的财政陷入困境，对华贸易的高额利润对俄国具有极大的吸引力，俄国政府迫切希望与中国建立正式的通商关系。斯帕法里使团赴华时，俄国政府的训令中，除了外交事项，还用大量篇幅交代了通商问题，甚至要求其与中国订立书面字约，用俄国货物交换中国的银子⑤。但使团在中国的经历表明，不解决与中国的边境问题、逃人问题，就无法实现与中国的贸易。

由于路途遥远，两国未能实现及时有效的沟通。康熙二十四年二三月间清军统帅彭春致雅克萨俄官的信函和康熙通过俄国俘虏转送的国书，迟至该年年底才到达俄国政府手里。俄国政府立即商量对策，最终决定接受清政府的建议，遣使和谈。1685 年 12 月，俄国政府派遣专使维纽科夫和法沃罗夫紧急赶往北京，把俄国决定和谈的消息告知中国政府。1686 年 1 月，御前大臣戈洛文被任命为全权大使，率领使团前往中俄边境谈判。

---

① 《财务衙门为出使清帝国事给费·伊·巴伊科夫的训令》，苏联科学院远东研究所等编、厦门大学外文系《十七世纪俄中关系》第一卷翻译小组译：《十七世纪俄中关系》第 1 卷第 1 册，第 71 号，第 231—232 页。

② 叶柏川：《俄国来华使团研究（1618—1807）》，第 210 页。

③ 《西伯利亚衙门编写的录抄中保存的关于运送货物前往清帝国出售一事的报告》，苏联科学院远东研究所等编、厦门大学外文系《十七世纪俄中关系》第一卷翻译小组译：《十七世纪俄中关系》第 1 卷第 2 册，第 169 号，第 477 页。

④ 叶柏川：《俄国来华使团研究（1618—1807）》，第 214 页。

⑤ 《外务衙门为尼·加·斯帕法里出使清帝国事给他的训令》，苏联科学院远东研究所等编、厦门大学外文系《十七世纪俄中关系》第一卷翻译小组译：《十七世纪俄中关系》第 1 卷第 2 册，第 182 号，第 512 页。

二、 条约谈判的过程和结果

1686 年 2 月，戈洛文一行从莫斯科出发，第二年 11 月到达色楞格。戈洛文派信使科洛文前往北京，建议以色楞格作为谈判地点。1688 年 4 月，清廷接信后，决定派遣以领侍卫内大臣索额图为首的使团，赴边议和。

1688 年 5 月 30 日，中国使团从北京出发，但就在此时，噶尔丹发动叛乱，率军攻打喀尔喀蒙古，使团被阻，奉命撤回。清廷派人通知戈洛文，要求重定谈判时间与地点。但戈洛文趁噶尔丹叛乱，向喀尔喀蒙古发起进攻，意图征服蒙古各部，直到 1689 年初才派人赴京，商量谈判一事。双方同意将谈判地点改在尼布楚。1689 年 6 月 13 日，索额图再次率使团出发，于 7 月 31 日抵达尼布楚。戈洛文在中方的催促下直到 8 月 19 日方才到达谈判地点。接下来的半个月中，双方就划界、外交、贸易、逃人等问题进行了紧张的交涉。

划界是两国交涉的首要问题。1686 年 2 月，戈洛文出发前，俄国政府给他下达了一份关于谈判的训令，其中重点谈到了划界问题。俄国政府指示戈洛文，"定要"以阿穆尔河（即黑龙江）为界，万不得已则以阿穆尔河的支流贝斯特拉亚河（即牛满河）或结雅河（即精奇里江）为界，"实在迫不得已，才能以阿尔巴津为界，但在阿穆尔河及贝斯特拉亚河与结雅河沿岸应有渔猎场"，如果中国人仍不同意，则诉诸军事手段。在戈洛文前往谈判的途中，俄国政府又根据形势的变化，在 1687 年 6 月和 11 月两次发去关于划界问题的训令。1687 年 6 月的训令有所让步，要求戈洛文"力争"以阿穆尔河为界，如果中国人不愿意，则以贝斯特拉亚河或结雅河为界，若仍有困难，应"力争以阿尔巴津为界"，还不行的话，则依照中方的意思，同意撤走阿尔巴津的军队，拆除建筑，但希望允许俄国人在此地从事渔猎。如果中国人还是不同意，则尽量拖延时日，政府再想办法与中国"互派使团加以解决"。总的指导原则是：要"与中国使臣进行广泛友好的谈判"，说服他们订约，除非中方"采取极不友好和蛮横无礼的行动"，否则"决不要发动战争和造成流血事件"。1687 年 11 月的训令重申了上一份训令的内容，并补充说，若谈判失败，中国使团撤走，戈洛文可以派人去北京继续交涉，可能的话，就在北京按上述指示订约①。俄方的退让是由于在与土耳其的战争中遭遇挫折，急于同中国签约。

8 月 22 日，中俄双方举行第一次谈判，地点位于距尼布楚城 200 俄丈的尼布楚河岸边。谈判一开始，两国代表就直奔主题——边界的划分。戈洛文首先提出要以阿穆尔河一直到海为界，河的左岸属俄国，右岸属中国，理由是雅克萨、尼布楚等地的堡寨是沙皇的臣民修建的，是沙皇的贡民，他们从久远的年代起便向沙皇缴纳实物贡，他们居住地的边界一直到阿穆尔河左岸，而中国的边界则在河的右岸，从脑温村开始。索额图针锋相对，提出应以勒拿河和贝加尔湖为界，因为这些地方以东自古就是中国的领土。黑龙江一带，从久远的年代起，一直是中国皇帝的领地，所有蒙古人以及沿河两岸的居民都向中国皇帝纳贡，受清的管辖；至于贝加尔湖，也完全属于中国所有，这边的土地全是蒙古汗的领地，而所有的蒙古人自古以来就是中国皇帝的臣民②。中俄双方代表都宣布对黑龙江流域的历史所有权，并表示了"坚决捍卫"的姿态。双方相持不下。

8 月 23 日的第二次会议，中俄两国的代表又围绕划界问题展开激烈辩论。一开始，双方互不相让，谈判很快陷入僵局。戈洛文"对谈判是精明老练的"③，他见中国代表态度强硬，为避免会议无果而终，假意做出友好姿态，表示愿意把边界划到贝斯特拉亚河（即牛满河），但中国方面须如数赔偿雅克萨以及其他被毁堡寨的损失，并将全部被俘和叛变人员交还俄国。中方代表商量良久，提出以尼布楚为界，左面沿石勒喀河往下至尼布楚属俄国，右面沿石勒喀河至鄂嫩河及音果达河一带均属中国。戈洛文强烈反对中方的方案，声称尼布楚自久远的年代起便属于俄国，这些堡寨都是俄国人修建的。中方则坚称，除尼布楚之外，再不能接受别的边界，并表示如果达不成协议，可以考虑按照戈洛文所说的外交惯例，提出散会声明。双方不欢而

---

① ［俄］尼古拉·班蒂什—卡缅斯基编著、中国人民大学俄语教研室译：《俄中两国外交文献汇编（1619—1792）》，第 69—71、73—74、77 页。

② 《费·阿·戈洛文出使报告》，苏联科学院远东研究所等编、黑龙江大学俄语系翻译组等合译：《十七世纪俄中关系》第 2 卷第 3 册，商务印书馆，1975 年，第 773—774、776 页。

③ ［美］约瑟夫·塞比斯著、王立人译：《耶稣会士徐日升关于日俄尼布楚谈判的日记》，商务印书馆，1973 年，第 182 页。

散。从两次谈判的情况看，中方代表感觉"今后再行会晤已无必要"，当天晚上，即命人撤走了会场的帐幕，谈判几近破裂①。

戈洛文不甘心就此作罢，第二天，即 8 月 24 日，派人去见索额图，请其通过使者，尤其是懂拉丁语的使者，继续会谈。索额图开始表示中方的立场不能改变，如果俄方不接受则没有继续交涉的必要，后来，经耶稣会士张诚和徐日升的请求，同意让二人充当使者，与俄方再行商榷。此后，从 8 月 24 日到 9 月 7 日，中俄两国使臣未再会面，而是互派使者交换意见。

8 月 25 日，张诚和徐日升在员外郎喇喜的陪同下去见戈洛文，向戈洛文重申了中方以尼布楚和音果达河为界的立场。俄方仍表示不能接受，并试图私下拉拢张诚和徐日升，告诉他们，"二位如此热心效力，定能获得大君主的恩典"，还提议留人互通信息，甚至准备向其馈赠礼物。作为西方传教士，张诚和徐日升确实希望得到沙皇的恩典，尤其希望沙皇允许传教士取道俄罗斯和西伯利亚来华，但为了不引起中国方面的怀疑，他们拒绝留人通信，也拒绝了礼物。同一天，他们奉命第二次前往俄方，提出中国方面的"最后"意见，即沿石勒喀河顺流而下至从左岸注入该河的绰尔纳河为止，划定边界，该河右侧为中国所有，左侧为俄国所有；从中国逃至石勒喀河左侧地区的异族人全部归属俄国，从俄国逃到石勒喀河右侧中国地区的人以及被俘的俄罗斯人都归属中国，以后不再提起。对中方来说，这已经是一个重大让步，因为绰尔纳河距离尼布楚有七天的路程。但戈洛文却仍然强烈反对这一方案，因为绰尔纳河往下左岸以北，以及沿额尔古纳河到石勒喀河右岸，俄国人建有许多堡寨，包括雅克萨。至于叛逃者的归属问题，戈洛文声称，从俄国逃跑的背叛者和被俘虏的俄罗斯人，应送还俄国，因为"他们是莫斯科本土的人，而不是异族人"；叛逃至俄境居住的中国人，人数很少，而且他们"是被迫归附中国统治的异族人，而不是中国本土的人"。戈洛文随即派人去见索额图，并带去了一张地图，向中方陈述了以上观点。索额图回复说，除以绰尔纳河为界外不能再作任何让步，至于逃亡者和被俘

---

① 《费·阿·戈洛文出使报告》，苏联科学院远东研究所等编、黑龙江大学俄语系翻译组等合译：《十七世纪俄中关系》第 2 卷第 3 册，第 783—787 页。

的俄国人，只要俄方将达斡尔地区所有异族贡民交给中方，中国一定将俄罗斯人悉数交还①。

8月26日，张诚和徐日升再去见戈洛文，告知其中方关于划界的最新意见：以从左面流入石勒喀河的格尔必齐河为界。格尔必齐河流经雅克萨和尼布楚中间，以此为界意味着雅克萨和俄国人在额尔古纳河上建立的堡寨仍须归属中国，所以俄方仍不同意。

8月27日，戈洛文派人去见索额图，在反对中方方案的同时，提出以雅克萨为界，在结雅河地区双方均可从事渔猎，右侧以额尔古纳河直至其发源地为界。索额图等人坚决反对，指出雅克萨地区一直是中国臣民的居住地，并强烈谴责俄国人对该地居民的蹂躏和掠夺。中方坚持雅克萨必须归属中国，但在多番辩论，相持不下的情况下，抱着解决问题的诚意，再次作出让步，同意以流入石勒喀河的额尔古纳河为界，左侧全归中国所有，沿额尔古纳河而上，至从右岸注入的小河，以及额尔古纳河河口，俄国均不得保留居民点，中国也不在边境上建立任何居民点。中方代表表示，这是最后的划界方案，除此之外，没有必要再派使者交涉，并指责俄使"不是来议和，而是对他们进行欺诈"②。

由于营地附近"已没有可供饲养牲畜之用的草地"③，中国使团决定当晚移营至石勒喀河北岸。听到中国驻地人声鼎沸，戈洛文以为中国代表准备撤退，连夜派人过去劝阻，要求举行第三次会议，说："按照国际法，第一次会议是为了行见面礼，第二次是提出建议，第三次是作结论。"④ 实际上，中国使团也在以移营之举试探俄方，俄国人的到来让他们十分兴奋。使团一边等待俄国人的消息，一边按计划渡河，在石勒喀河北岸尼布楚城附近的一座山上驻扎下来。

就在中俄谈判陷入僵局之际，当地受沙俄欺凌的布里亚特人和温科特

①《费·阿·戈洛文出使报告》，苏联科学院远东研究所等编、黑龙江大学俄语系翻译组等合译：《十七世纪俄中关系》第2卷第3册，第792、794、796页。

②《费·阿·戈洛文出使报告》，苏联科学院远东研究所等编、黑龙江大学俄语系翻译组等合译：《十七世纪俄中关系》第2卷第3册，第803页。

③ ［美］约瑟夫·塞比斯著、王立人译：《耶稣会士徐日升关于日俄尼布楚谈判的日记》，第189页。

④ ［美］约瑟夫·塞比斯著、王立人译：《耶稣会士徐日升关于日俄尼布楚谈判的日记》，第189页。

人等喀尔喀蒙古族人民发动反俄起义。这些蒙古人与中国使团取得联系，希望得到清廷的接纳和帮助。虽然由于两国谈判的关系，使团没有收留他们，但却令俄国人异常紧张，担心中国人和蒙古人联合行动。因而，此次移营让俄方怀疑是否中方开始采取军事行动。当中国使团在石勒喀河北岸安营扎寨以后，戈洛文一面派人暗中打探，一面亲自带领火枪兵团，严阵以待，在尼布楚周围修筑拦马栅，挖掘战壕。当得知中国方面有近万人，并从布里亚特人和温科特人那里得到大批牲畜和马匹以后，戈洛文惊慌不已。

在这种情况下，戈洛文同意撤出雅克萨，与中方重议边界问题，划界之争出现了决定性的转变。经多次交涉，最终俄方接受了中方以格尔必齐河、额尔古纳河和外兴安岭为界的方案。1689 年 9 月 7 日签订的中俄《尼布楚条约》第一条规定："以流入黑龙江之绰尔纳河，即鞑靼语所称乌伦穆河，附近之格尔必齐河为两国之界。格尔必齐河发源处为石大兴安岭，此岭直达于海，亦为两国之界：凡岭南一带土地及流入黑龙江大小诸川，应归中国管辖；其岭北一带土地及川流，应归俄国管辖。惟界于兴安岭与乌第河之间诸川流及土地应如何分划，今尚未决，此事须待两国使臣各归本国，详细查明之后，或遣专使，或用文牍，始能定之。又流入黑龙江之额尔古纳河亦为两国之界：河以南诸地，尽属中国；河以北诸地，尽属俄国。凡在额尔古纳河南岸之墨里勒克河口诸房舍，应悉迁移于北岸。"条约第 2 条规定了对边境民人的处理以及对越界者的处罚："俄人在亚克萨所建城障，应即尽行除毁。俄民之居此者，应悉赞其物用，尽数迁入俄境。两国猎户人等，不论因何事故，不得擅越已定边界。若有一二下贱之人，或因捕猎，或因盗窃，擅自越界者，立即械系，遣送各该国境内官吏，审知案情，当即依法处罚。若十数人越境相聚，或持械捕猎，或杀人劫略，并须报闻两国皇帝，依罪处以死刑。既不以少数人民犯禁而备战，更不以是而至流血。"[①]

---

① 中俄《尼布楚界约》，康熙二十八年七月二十四日，王铁崖编：《中外旧约章汇编》第 1 册，生活·读书·新知三联书店，1957 年，第 1—2 页。

外交事宜交涉是尼布楚谈判的重要内容。在这方面，俄国政府向戈洛文作出了三点指示：一是要求中国政府对俄国赴华使团和专使给予应有的尊重，满足他们的生活和物资需求，并"不得对他们施加任何强制行为"；二是在条约中载明，中国政府书写沙皇称号时，必须与沙皇自己在致中国皇帝的国书中书写的完全一样，今后中国皇帝不得在国书中自称"天下主宰"，并使用"上谕"字样；三是劝说中国人立即派遣真正的中国人携带礼品出使俄国。显然，这些都是针对以往两国外交礼仪的冲突而言的①。在尼布楚谈判期间，戈洛文就这些问题与中方进行了交涉。

关于君王头衔问题的交涉始于 9 月 2 日（俄历 8 月 23 日）。当日，戈洛文派人给中方送去条约条款的草案，除了划定边界以外，第 2 条提出了君王头衔的书写问题，要求：中国皇帝在致沙皇的国书中，应同沙皇自称和国外其他基督教与伊斯兰教君主致沙皇的国书，以及俄国大使送给中国大臣的信件中所写的那样书写沙皇的头衔；中国皇帝的头衔也要写全称，但在中国皇帝致沙皇的国书中不要用"天下主宰"的字样和"上对下"的口气②。

对于书写头衔一事，中方代表表示，他们没有奉到中国皇帝的谕旨，不敢在条约条款中书写沙皇的头衔全称，在条约换文中，他们将直接写：圣明的中国皇帝的钦差大臣与沙皇陛下全权大使议定本条约。他们也表示，可以劝说中国皇帝在与沙皇友好往来的国书中书写沙皇的头衔全称，但不可能要求中国皇帝在写自己的头衔时不使用"天下主宰"的字样和"上对下"的口气③。

第二天，耶稣会士前往交涉，带去了中方的拉丁文条约范本，开头写着："圣明大清皇帝钦命内大臣索额图及其同僚与俄罗斯皇帝全权大使、御前大臣、勃良斯克总督费奥多尔·阿列克谢耶维奇·戈洛文等于康熙二

---

① ［俄］尼古拉·班蒂什—卡缅斯基编著、中国人民大学俄语教研室译：《俄中两国外交文献汇编（1619—1792）》，第 70—71 页。

② 《费·阿·戈洛文出使报告》，苏联科学院远东研究所等编、黑龙江大学俄语系翻译组等合译：《十七世纪俄中关系》第 2 卷第 3 册，第 822—823 页。

③ 《费·阿·戈洛文出使报告》，苏联科学院远东研究所等编、黑龙江大学俄语系翻译组等合译：《十七世纪俄中关系》第 2 卷第 3 册，第 825 页。

十八年……会于尼布楚城附近。"① 戈洛文显然不满意，再次提出头衔问题。耶稣会士告诉他，沙皇的头衔写成中文后，中国的大臣用自己的语言不能理解。于是，戈洛文要求耶稣会士用拉丁文书写，并威胁他们，如果要获得沙皇的恩典，就应当这样做。他向耶稣会士提供的沙皇头衔全称是："神圣光荣三位一体的全能上帝恩佑的大君主、沙皇、大公约翰·阿列克谢耶维奇，王中之王，大俄罗斯、小俄罗斯、白俄罗斯各邦各国的领有者，各王国、各国家的征服者，东西方的独裁者，南北方的统治者，所属莫斯科、基辅、弗拉基米尔、诺夫哥罗德、喀山、阿斯特拉罕、西伯利亚、普斯科夫、斯摩棱斯克、特维尔、尤戈尔、彼尔姆、维亚特、保尔加尔等国的皇帝，下诺夫哥罗德、契尔尼哥夫、梁赞、罗斯托夫、雅罗斯拉夫、别洛奥杰耳斯克、乌多尔、鄂毕多尔斯克、康金斯克的君主和大公，伊维利亚地区卡尔塔利亚和格鲁吉亚诸王和卡巴尔达地区切尔卡斯和戈尔斯克诸公的君主，其它许多在其统辖和崇高统治下的国家的征服者和战胜者，对乞求者恩赐和平与安宁的强大独裁者，解除痛苦增进福利的治理者，帝中之帝至尊上帝眷佑的基督教君主、沙皇陛下"。这一头衔不仅冗长，而且还有"东西方的独裁者、南北方的统治者""强大独裁者"等等字眼，足见俄国人的高傲自大。

耶稣会士明确告诉戈洛文，中国钦差大臣一旦了解了头衔的含义，不可能同意这样写，从前俄国使节把写有这种头衔的国书交给清廷时，清廷命令耶稣会士给中国皇帝写上对应的头衔，即"天下主宰"，并用"上对下"的口气。他要求戈洛文提出另外一种写法。为了避免因头衔问题使谈判陷入僵局，戈洛文命令翻译用拉丁语告诉耶稣会士一个短一些的头衔，即俄国政府给他的外交训令中所写的头衔："大俄罗斯、小俄罗斯、白俄罗斯一统专制君主，东、西、北各方众多疆土世袭君王和领主，上帝恩佑的圣明沙皇、大公约翰·阿列克谢耶维奇和彼得·阿列克谢耶维奇陛下"。戈洛文威胁说，如果中国钦差大臣连这个头衔也不愿写入条约文本，那么他将不再谈任何外

---

① 《费·阿·戈洛文出使报告》，苏联科学院远东研究所等编、黑龙江大学俄语系翻译组等合译：《十七世纪俄中关系》第 2 卷第 3 册，第 833 页。

交事宜。这仍是一个自大的头衔，耶稣会士估计中国钦差大臣仍然不会同意这样写，但表示为了得到沙皇的恩典，"愿意力争将此头衔写入条约的拉丁文文本，而要写入中文本无论如何是办不到的"①。

戈洛文仍不甘心，9 月 5 日，他令俄方代表安德烈·别洛鲍茨基和谢苗·瓦西里科夫携带修改后的条约文本去见中国钦差大臣索额图。这一文本中使用了冗长的沙皇头衔全称，遭到中方的断然拒绝。中方表示："他们永远不会同意这样写头衔"，如果俄国全权大使要写这些头衔，那么他们也要写上中国皇帝的头衔，即"天下主宰"，并用"上对下"的口气。同一天，索额图派耶稣会士徐日升等去见戈洛文，再次强调不能采用俄方所写的沙皇头衔全称。戈洛文企图劝诱耶稣会士，为了今后能够获得沙皇的恩典，设法在条约文本中写上沙皇头衔的全称，并获得中国钦差大臣的同意。耶稣会士发誓，他们办不到②。

无奈之下，俄方在最后的条约文本中采用了简短的头衔——"大俄罗斯、小俄罗斯、白俄罗斯一统专制君主，东、西、北各方众多疆土世袭君王和领主，上帝恩佑的沙皇、大公约翰·阿列克谢耶维奇和彼得·阿列克谢耶维奇陛下"。中方接受并在条约文本中也使用了这一头衔。换文后，戈洛文向索额图强调说，中国皇帝如有需要致书沙皇时，请在国书中按照沙皇的地位书写头衔，"要与条约文本中的写法一致"。此后，他还在与耶稣会士的私谈中，要他们向中国大臣进言，今后在公文中象在条约文本中所写的那样书写沙皇的头衔，"不要因此而破坏和约"③。可见，中方代表未同意在条约中采用俄方提出的沙皇头衔全称是明智的。

使节往来和接待的礼仪问题曾引起俄国的强烈不满，尼布楚谈判中，俄方亦就此向中方进行了交涉。按照外务衙门的指示，戈洛文在条约草案中提出：俄国大使和公使前往谒见中国皇帝时，应按周围各国惯例，予以接待，

---

① 《费·阿·戈洛文出使报告》，苏联科学院远东研究所等编、黑龙江大学俄语系翻译组等合译：《十七世纪俄中关系》第 2 卷第 3 册，第 831—833 页。

② 《费·阿·戈洛文出使报告》，苏联科学院远东研究所等编、黑龙江大学俄语系翻译组等合译：《十七世纪俄中关系》第 2 卷第 3 册，第 850—851 页。

③ 《费·阿·戈洛文出使报告》，苏联科学院远东研究所等编、黑龙江大学俄语系翻译组等合译：《十七世纪俄中关系》第 2 卷第 3 册，第 872、879、889 页。

并满足一应所需。中国皇帝同各国君主一样，尊重沙皇的大使、公使，按外交惯例，对他们以礼相待，不强其所难，采取非礼的举动，以便大使、公使、信使得以维护本国君主的尊严，中国皇帝的使臣出使俄国时，沙皇也将如此相待（草案第三条）①。

这里所说的对俄国使臣采取的非礼的强制举动，实际上是指中国皇帝不亲自接受国书，要求俄国使臣行跪拜礼，限制俄国使团成员的自由等。对俄方的指责，中方矢口否认，表示，中国方面对俄国大使、公使从来没有失礼和非礼之处，反而关照有加。凡是使节来朝，中国皇帝都一律给予优待，"供应足够的粮秣和车马，把他们安顿在宾馆，以礼相待，并严加保卫，以防有人对他们施加凌辱"，使节外出时，都派高官陪同。至于行跪拜礼和接受国书的仪式，中国"已相沿成习"，连皇帝也无法变更这种老规矩。不过，中国使臣去晋见沙皇时，也将按照沙皇的旨意行事②。在随后中方的拉丁文本条约草案中删去了这一条。

条约换文之后，戈洛文再次提出这一问题，表示如果沙皇派使臣去中国，希望中国皇帝能亲自接受国书，并且不要采取过去对斯帕法里等人那样的强制手段。中国钦差大臣依然回复说，这是中国自古以来的习俗，皇帝也不能废除。戈洛文指责中国的习俗"不成体统"，并说在周围信奉基督教和伊斯兰教的国家里都没有这种习俗，各国君主都是亲自从使臣手中接受沙皇的国书，"按照礼遇使臣的惯例，给予应有的尊敬，因为任何使臣都是代表各自国家的君主的"。索额图表示，有关接待使节之事，他们没有奉到皇帝的谕旨，但会将戈洛文的意见上奏皇帝，并说两国议和完成之后，皇帝也许能降旨废除这种朝仪，希望中国的使节去觐见沙皇时，沙皇能按俄国的惯例予以接待③。这实际上只是一种礼节上的回应。

后来，戈洛文还特意与耶稣会士就此事进行了交谈。耶稣会士告诉他：

---

① 《费·阿·戈洛文出使报告》，苏联科学院远东研究所等编、黑龙江大学俄语系翻译组等合译：《十七世纪俄中关系》第 2 卷第 3 册，第 823 页。

② 《费·阿·戈洛文出使报告》，苏联科学院远东研究所等编、黑龙江大学俄语系翻译组等合译：《十七世纪俄中关系》第 2 卷第 3 册，第 826 页。

③ 《费·阿·戈洛文出使报告》，苏联科学院远东研究所等编、黑龙江大学俄语系翻译组等合译：《十七世纪俄中关系》第 2 卷第 3 册，第 880 页。

"中国人在外交活动中按照野蛮的习惯行事，非常固执"，他们从来不到外国去，对别国的风习一无所知，反而自诩高明。至此，戈洛文已确信中国的礼仪难以一时改变，他要求耶稣会士回去奏明中国皇帝："中国人过去对待外国使节是粗暴无礼的，而周围其他国家都有国君礼遇使节的习尚；如果中国使节出使他国，则会受到同等的礼遇。"①

在外交往来上，俄方还提出：中国皇帝派往莫斯科的使节，应为中国本土臣民，而非外国人士，他们进献给沙皇的礼物最好是宝石及其他物品，沙皇也将回赠中国皇帝所需之物。沙皇与中国皇帝每五年互派一次使节和商贾人员（草案第四条）②。

关于这一内容，中方表示，"不敢列入条约"，但中国皇帝将不会规定俄国派遣使节的年限，而任其自便。条约换文之后，戈洛文询问中方代表，中国皇帝将来能否遣使觐见沙皇。索额图回复说，他们预料皇帝将会遣使前去，"但能否很快派出，则不得而知"。戈洛文再次强调，希望将来中国皇帝派去的使节是本土的中国人，而不是外国人③。

尼布楚谈判的第三项重要内容是贸易问题。与中国通商是 17 世纪初以来俄国对华交往的主要目标，俄国政府训令戈洛文向中方提出贸易要求，同时允许中国商人运送一定数量的白银或丝织品等，赴俄经商④。对于这一问题，中方代表爽快地回答，中国皇帝"从不明令禁止商贾人员往来，进行自由贸易"⑤，但并不准备将它列入条约，在他们看来，"这样一件关系轻微的事，不应与确定边界这等大事相提并论"⑥。中方的拉丁文本条约草案中也删去了这一条。但俄方在随后修订的拉丁文条约文本中再次提出贸易要求：

① 《费·阿·戈洛文出使报告》，苏联科学院远东研究所等编、黑龙江大学俄语系翻译组等合译：《十七世纪俄中关系》第 2 卷第 3 册，第 888 页。

② 《费·阿·戈洛文出使报告》，苏联科学院远东研究所等编、黑龙江大学俄语系翻译组等合译：《十七世纪俄中关系》第 2 卷第 3 册，第 823 页。

③ 《费·阿·戈洛文出使报告》，苏联科学院远东研究所等编、黑龙江大学俄语系翻译组等合译：《十七世纪俄中关系》第 2 卷第 3 册，第 879 页。

④ ［俄］尼古拉·班蒂什—卡缅斯基编著、中国人民大学俄语教研室译：《俄中两国外交文献汇编（1619—1792）》，第 71 页。

⑤ 《费·阿·戈洛文出使报告》，苏联科学院远东研究所等编、黑龙江大学俄语系翻译组等合译：《十七世纪俄中关系》第 2 卷第 3 册，第 825 页。

⑥ ［法］张诚著、陈霞飞译：《张诚日记》，商务印书馆，1973 年，第 40 页。

"双方贸易之人准其在两国境内通行无阻地自由往来，进行贸易。在他们所经过的路途中，不得对他们进行任何凌辱、欺侮或阻拦。"后来，又略作修改，加上了条件，即"嗣后两国人民如持有准许往来路票者，应准其在两国境内自由往来贸易"①。戈洛文要求耶稣会士在中方的条约文本中也写上有关贸易的事宜。耶稣会士告诉他，尼德兰人曾三次派人谒见中国皇帝，以纳贡为条件请求到中国贸易，中国皇帝都没有允准。言下之意，中国也不会同意俄国人的要求。戈洛文立刻回答说，不能把沙皇陛下与尼德兰人相提并论，尼德兰人做买卖是为了牟利，而沙皇"允许贸易人员自由过境并不是为了获取商业利润，而是为了牢固的友谊和亲善"②。

9月6日，谈判接近尾声的时候，戈洛文派人去见中国钦差大臣索额图，带去了俄方最后缮写的条约文本，希望两国在此基础上最后缔结永久和约。条约第7条规定了凭路票过境自由贸易的内容。中方认为，此条"有失尊严"，而且"将为某种营生须过境者，予以接待，供给一应所需，放其过境一事，写入条约文本也不合适"。俄方代表解释说，"此事对双方都有必要，为了两国巩固的友谊与亲善应当写上。允许贸易人员来往，对两国均大有裨益"。9月7日，耶稣会士张诚等人再次赴俄方时，戈洛文仍坚持要求在条约中写上关于双方贸易人员的规定。耶稣会士表示将设法促使中国钦差大臣同意将此列入条约，但须用别的方式，不提"贸易人员"字样。在俄方的坚持下，最终中方同意把贸易条款列入条约。中方由耶稣会士拟定的拉丁文本《尼布楚条约》第五条规定："两国如今既已永定和好，凡两国人民持有护照者，俱得过界来往，并许其贸易互市。"俄方拟定的拉丁文本条约大意相同，但有"自由往来贸易"字样③。

在尼布楚谈判中，俄国第一次正面回应了清廷倍加重视的遣还逃人问题。早在使团出发前，俄国政府指示戈洛文回复中方：根忒木尔及其亲属子

① 《费·阿·戈洛文出使报告》，苏联科学院远东研究所等编、黑龙江大学俄语系翻译组等合译：《十七世纪俄中关系》第2卷第3册，第836、848页。

② 《费·阿·戈洛文出使报告》，苏联科学院远东研究所等编、黑龙江大学俄语系翻译组等合译：《十七世纪俄中关系》第2卷第3册，第856页。

③ 《费·阿·戈洛文出使报告》，苏联科学院远东研究所等编、黑龙江大学俄语系翻译组等合译：《十七世纪俄中关系》第2卷第3册，第861、863、864、876、874页。

女，已经皈依东正教，不得归还，其他逃人可应中国要求予以归还，但条件是必须无偿或者以不超过每人 30 卢布的价格交还俄国俘虏①。

8 月 25 日，在划界交涉时，戈洛文与张诚和徐日升谈到了逃人归属问题。他声称，从俄国逃跑的背叛者和被俘虏的俄罗斯人，应送还俄国，因为"他们是莫斯科本土的人，而不是异族人"；逃至俄境居住的中国人，人数很少，而且他们"是被迫归附中国统治的异族人，而不是中国本土的人"。戈洛文随即派人去见索额图，向中方陈述了以上观点。索额图表示，只要俄方将达斡尔地区所有异族贡民交给中方，中国一定将俄罗斯人悉数交还②。

9 月 2 日，俄方拟订的条约草案第五条要求：中国皇帝应下旨全部遣返投奔中国的俄国叛变者以及被掳去的俄国人③。中方代表同意俄方的要求，但也同时要求俄方下令，"将达斡尔地区的异族贡民、根特木尔以及许多其他人等，悉数交还"④。如前所述，根特木尔逃俄时，带走了三佐领近千人，而俄方在中国境内的俘虏和叛逃者不足百人，戈洛文当然不愿意交换，于是，遵照训令声称，那些叛逃的俄国人，由于其"罪恶的强盗图谋，已没有必要让他们回到沙皇陛下方面来；而根特木尔及其氏族，以及其它异族人是自愿投奔沙皇陛下方面来的，他们应当留在沙皇陛下境内，不能交换"。他要求中国方面仅将俘虏交还俄国，如果不愿无偿交还的话，希望准许俄方用钱赎回，每个俘虏付 15 卢布的赎金。徐日升和张诚回答说，中国皇帝银子多得很，如果沙皇准许用钱赎回逃人的话，中方将每人付赎金 20 卢布⑤。耶稣会士第二天带来的中方的拉丁文本条约草案将这一条改为："自两国永好已定之日起，嗣后有逃亡者，各不收纳。"⑥

---

① ［俄］尼古拉·班蒂什—卡缅斯基编著、中国人民大学俄语教研室译：《俄中两国外交文献汇编（1619—1792）》，第 70 页。

② 《费·阿·戈洛文出使报告》，苏联科学院远东研究所等编、黑龙江大学俄语系翻译组等合译：《十七世纪俄中关系》第 2 卷第 3 册，第 794、796 页。

③ 《费·阿·戈洛文出使报告》，苏联科学院远东研究所等编、黑龙江大学俄语系翻译组等合译：《十七世纪俄中关系》第 2 卷第 3 册，第 823 页。

④ 《费·阿·戈洛文出使报告》，苏联科学院远东研究所等编、黑龙江大学俄语系翻译组等合译：《十七世纪俄中关系》第 2 卷第 3 册，第 826 页。

⑤ 《费·阿·戈洛文出使报告》，苏联科学院远东研究所等编、黑龙江大学俄语系翻译组等合译：《十七世纪俄中关系》第 2 卷第 3 册，第 828、830—831 页。

⑥ 《费·阿·戈洛文出使报告》，苏联科学院远东研究所等编、黑龙江大学俄语系翻译组等合译：《十七世纪俄中关系》第 2 卷第 3 册，第 835 页。

9月4日俄方再次派人去见中国钦差大臣，带去了俄方修订的拉丁文条约文本，关于逃人问题，规定：双方之逃亡者，"不再互相索还"，"自和约已定之日起，所有两国越境逃亡者，应予拿获，立即送还逃出国的边界长官"①。至此，双方就这一问题达成协议。最后签订的《尼布楚条约》第三条和第四条规定："此约订定以前所有一切事情，永作罢论。自两国永好已定之日起，嗣后有逃亡者，各不收纳，并应械系遣还。""现在俄民之在中国或华民之在俄国者，悉听如旧。"②

尼布楚谈判期间，俄方还要求中方归还第一次雅克萨战争期间夺去的枪炮，并赔偿俄方损失③。中方代表表示，第一次雅克萨战争期间，中国军队已交还俄方枪械，也未将大炮拿走，至于赔偿，那是不可能的，俄军给中方造成的损失，以及多年来对中国边民的掠夺不胜枚举，如果希望和平的话就不应该提出这件事④。

经过激烈的谈判，1689年9月7日（俄历8月28日），中俄双方最后订立《尼布楚条约》六款。条约签订时，经双方协商，中方缮写了满文本和拉丁文本两种文本，俄方缮写了俄文本和拉丁文本。双方的拉丁文本当场经过比对，内容一致，只是开头一段双方君主头衔的位置不同，中方的文本是中国皇帝和大使的称号写在前面，俄国沙皇和大使的称号写在后面，俄国文本反之。当时，俄国没有满语翻译，只由耶稣会士确保满文本与拉丁文本内容相同。条约签订后，清政府命人根据满文本译成了汉语和蒙古语。第二年，清政府在边境树立界碑，用汉、满、蒙、拉丁、俄五种文字将条约刻在碑上。由于谈判以拉丁语为中介，条约也以拉丁文本为共同认可的文本，所以拉丁文版《尼布楚条约》最能反映当时的真实面貌和双方的真实意图，较为可靠。

---

① 《费·阿·戈洛文出使报告》，苏联科学院远东研究所等编、黑龙江大学俄语系翻译组等合译：《十七世纪俄中关系》第2卷第3册，第836页。

② 中俄《尼布楚界约》，康熙二十八年七月二十四日，王铁崖：《中外旧约章汇编》第1册，第2页。

③ 《费·阿·戈洛文出使报告》，苏联科学院远东研究所等编、黑龙江大学俄语系翻译组等合译：《十七世纪俄中关系》第2卷第3册，第823—824页。

④ 《费·阿·戈洛文出使报告》，苏联科学院远东研究所等编、黑龙江大学俄语系翻译组等合译：《十七世纪俄中关系》第2卷第3册，第826—827页。

《尼布楚条约》拉丁文本汉译文的主要内容是：中俄两国以流入黑龙江之格尔必齐河为界，从格尔必齐河发源的外兴安岭一直到海，岭南归中国管辖，岭北归俄国管辖；兴安岭与乌第河之间的地方待详细查明后再定；流入黑龙江之额尔古纳河亦为两国之界，河南属中国，河北属俄国；雅克萨地方归属中国，拆毁雅克萨城，俄人迁回俄境；两国猎户等不得擅越已定边界，否则遣送该国境内官吏，依法处罚；十数人以上集体越境须报两国皇帝，依罪处以死刑；此约订定以前所有一切事情，永作罢论；嗣后有逃亡者，各不收纳，应予以遣还；现在俄民之在中国或华民之在俄国者，悉听如旧；两国人民可持护照过界来往，或进行贸易等①。

作为中俄两国的第一个条约，《尼布楚条约》的签订有着重要的意义。"它从法律上肯定了中国对黑龙江流域的领土主权，明确划分了中俄两国的东段边界"，遏制了沙俄殖民主义者对黑龙江流域的进一步侵略②。条约对边境管理制度作出了一些具体的规定，缓和了中俄两国的矛盾，促进了两国的民间往来和贸易交换，为"两国之间发展正常关系奠定了基础"③。

第三节 《恰克图条约》及其后中俄关系的发展

《尼布楚条约》签订后的近四十年间，中俄两国在蒙古中段地区因边界、逃人、贸易等问题产生了纷繁复杂的纠纷，为此，1728 年两国再次议订《恰克图条约》，划定了两国中段边界，对逃人、贸易、人员往来、文化交流等方面作出了新的安排。18 世纪后期，在中俄交往与冲突的实践中，《恰克图条约》进行了两次补充与修订，进一步完善了对逃人和贸易问题的管理。

一、《尼布楚条约》签订后的中俄矛盾

《尼布楚条约》签订后，中俄东段边界基本确定，清政府依照条约规定，

---

① 中俄《尼布楚界约》，康熙二十八年七月二十四日，王铁崖编：《中外旧约章汇编》第 1 册，第 1—2 页。
② 傅孙铭等编：《沙俄侵华史简编》，吉林人民出版社，1982 年，第 64 页。
③ 佟冬主编：《沙俄与东北》，吉林文史出版社，1985 年，第 92 页。

对边境地区采取了各项管理措施，中俄关系有所好转。但是，由于俄国的侵略扩张和种种违约行为，两国依然冲突不断。在 1689 年《尼布楚条约》签订到 1728 年《恰克图条约》签订之间的这段时间，中俄冲突的焦点仍旧是边界和逃人问题，此外还有贸易上的一些纠纷。

这一时期的边界冲突转移到了蒙古中段地区。早在《尼布楚条约》签订以前，俄军就大肆侵扰蒙古地区，与蒙古各部屡次发生战争，条约谈判期间，中方提出与俄国划清蒙古地区的边界问题，但为俄方拒绝。戈洛文否认中国对蒙古的管辖权，表示未奉到沙皇指令，不敢也没有必要与中方商谈蒙古人以及蒙古划界的问题[①]。条约签订后，俄军不断侵扰蒙古边境，在边界河流安加拉河旁边建立了阿穆坎、色楞格斯克、乌丁斯克等城市，并继续向中国边境推进，蚕食蒙古地区，还在中属额尔齐斯河一带的盐湖附近建立要塞[②]。为此，清政府多次提出划分两国中段边界，俄国均不予理睬。

在向蒙古扩张的同时，俄国违反《尼布楚条约》的规定，继续收容清朝逃人。《尼布楚条约》签订后，中俄属民越境的现象仍时有发生，两国亦曾守约遣送逃民。1695 年，噶尔丹叛乱期间，喀尔喀蒙古族巴尔虎鄂勒巴图尔等一整牛录 300 人为逃避战乱，投奔俄国。1705 年，理藩院致函俄国政府，要求遵照条约，送还鄂勒巴图尔等人，俄方未予理睬。1708 年，又有四十多名喀尔喀蒙古人借省亲之名逃往俄境[③]。俄国在西伯利亚的官吏有意收容和庇护逃人，不予遣还，清政府多次致函，未能解决。

此外，俄国的违规经商也增加了清政府的负担，给清政府造成了一系列管理上的麻烦。俄方的利益所在和关注的主要问题是贸易。自义杰斯出使后，中俄贸易发展迅速，俄国来京者络绎不绝，持续四十余年，直到乾隆初年，恰克图市场兴起后，北京的贸易才宣告停止。《尼布楚条约》刚刚订立

---

① 《费·阿·戈洛文出使报告》，苏联科学院远东研究所等编、黑龙江大学俄语系翻译组等合译：《十七世纪俄中关系》第 2 卷第 3 册，第 829 页。

② ［俄］尼古拉·班蒂什—卡缅斯基编著、中国人民大学俄语教研室译：《俄中两国外交文献汇编（1619—1792）》，第 117—118 页。

③ 《理藩院为索还巴尔虎鄂勒巴图尔等一整牛录事致俄国议政大臣咨文》，康熙四十四年二月初三日；《理藩院为速将逃人查还事致俄近侍大臣咨文》，康熙四十九年三月初十日，中国第一历史档案馆编：《清代中俄关系档案史料选编》第 1 编上册，第 244—245、305 页。

的几年内，俄国来华商队官私混杂。由于对华贸易利润丰厚，1697 年以后，俄国政府逐渐采取国家专卖政策，禁止私商经营军事用品以及获利最高的货物，如烟草、大黄、皮货等。俄国政府的商队是纯粹官方性质的，由俄国外交部组织，其贸易活动受到政府的支持和保护。1697 年 2 月，外交部派遣斯皮瑞东·梁古索夫与萨瓦齐耶夫带着貂皮和其他毛皮来华贸易。俄国政府不仅为其发放各种通行证书，通告西伯利亚的官员提供帮助，而且致函中国内大臣索额图，请求对其进行照顾，在中国境内供给"盘费、驿站，派员护送"。索额图回复说，来华贸易的各国商人"向无供给驿站之例"，至于斯皮瑞东等人，经奏报中国皇帝，可按使团之例，到达中国边境后，派员护送来京，在京城"拨派栈院，足给食物，喂养马驼，并准其自由贸易"，返回时，仍资助盘费，并派员护送出境①。这是对俄商的格外恩惠，清政府希望借此与俄国保持友好关系，防止其与厄鲁特蒙古人的联合。但俄国方面并不以此为足，频频违反规定增加来华的次数和人数，1697—1716 年间向北京派出了10 支商队，平均每两年就有一次。俄商的频繁到来，一方面使俄国货物在中国市场供过于求，大量滞销，价格下降。1696—1716 年的 20 年间，俄国货物在北京的售价下降了 50%—60%②。另一方面也给中国政府增添了诸多烦扰：中国需为俄商提供粮食、车马，派人护送、招待和照顾；在华俄商经常不遵守中国的规章制度，任意妄为，与中国人发生口角和争端；俄商与华民之间的债务纠纷不断，俄商蛮横无礼，逼迫中国政府催人还债，清政府甚至一度被迫出钱替华商还债。有鉴于此，康熙五十六年（1717）九月，理藩院致信西伯利亚总督加加林，表达了对俄国商队的不满，提出暂停中俄贸易，"今后也不得再派俄商来北京"，过几年后方可派人至中国边境地区经商。康熙五十八年四月，理藩院再次致信加加林，拒绝俄国商队入境③。

　　为恢复同中国的贸易，1719 年 6 月，俄国派遣伊兹玛伊洛夫使团来华。

---

　　① 《俄近侍大臣为商人来华贸易事致索额图函》，俄历一六九七年二月十八日；《索额图为允准俄商人兰古索夫等来华贸易事复俄近侍大臣咨文》，康熙三十八年正月，中国第一历史档案馆编：《清代中俄关系档案史料选编》第 1 集上册，第 186、184 页。

　　② 张维华、孙西：《清前期中俄关系》，第 166 页。

　　③ ［俄］尼古拉·班蒂什—卡缅斯基编著、中国人民大学俄语教研室译：《俄中两国外交文献汇编（1619—1792）》，第 103—104 页。

使团出发前，俄国外务委员会向伊兹玛伊洛夫颁发了训令，共计 13 条，内容包括外交与商业两部分，该训令的主要内容如下①：

1. 他应以特命使臣身份，带着沙皇的国书，尽快取道西伯利亚前往中国觐见博格德汗。

2. 在临近边界时，应向当地的中国官员声明，他奉派出使是为了证明两国君主及两国之间的友谊和友好交往，为此，要求受到符合他的身份的接待。

3. 沿途应巧妙地观察中国各个城市和地方的位置、其间的距离、各地的驻军以及这些地区的物产情况，所有这一切情报均应作好秘密记录。

4. 在到达北京以后，应极力要求受到规格和他的身份相称的礼遇，不容丝毫有损于陛下的崇高荣誉。

5. 应提请派来照应的中国官员奏请尽快准许他觐见博格德汗，并说服当地的耶稣会教士居间斡旋，务使此次觐见按照欧洲各国的惯例举行，丝毫不得有损于俄国大君主所应受之尊重。为此可许诺耶稣会教士，将赐给他们恩惠，俄国朝廷会对他们的耶稣会予以照顾。但是，不要为觐见的礼仪问题与中国人争执不休。

6. 如果中国大臣提出要求，可将国书的副本交给他们，同时应要求中方对此封国书复一封写有大君主称号的国书，但所写称号不得有损于陛下的荣誉。

7. 在觐见博格德汗时，应将沙皇陛下的国书呈交给汗，转达沙皇陛下对汗始终不渝的友谊，并请求准许就扩大两国的友谊与利益和中国大臣进行会商，在会商时应向中国大臣提出如下建议：

8. 建立对两国都极为方便的贸易关系十分必要，希望准许俄国属民每年均能携带货物前往博格德汗的国土，按自由价格出售，并向中国人购买货物，将其运回俄国。

9. 如果中国朝廷感到为俄国商人提供车辆负担太重，则可由他们自付费用，自筹粮秣，但希望准许他们在边界雇佣和购买马匹与骆驼以及人和牲畜所需的粮秣；他们愿意同谁进行交易均可，而且不受时间的限制。但对大使

---

① ［俄］尼古拉·班蒂什—卡缅斯基编著、中国人民大学俄语教研室译：《俄中两国外交文献汇编（1619—1792）》，第 439—444 页。

和专使则应除外，两国均应向他们提供官府的粮食和车辆，以示对君主的尊重。俄国方面也将给予中国商人同样的待遇。应在此基础上缔结通商条约。

10. 为消除俄中两国属民在北京发生的龃龉和争执，俄方需要在该京城设常驻商务代表或领事，以便管束俄国人，制止他们胡作非为。

11. 在中国停留期间，他——伊兹玛依诺夫应探明中国的统治方式和情况，他们军队的数量和武器装备、毗邻的国家，他们的要塞以及他们同别国所发生的战争和争端。所有这些情报均应作好秘密记录。特别应注意的是：从中国最好购进什么货物运回俄国于国库有利？能否从中国运出大量金、银、宝石和生丝？通过什么最好的办法才能与中国人建立贸易关系？哪些俄国货物在中国比较畅销？因此，他——伊兹玛依诺夫不应急于离开中国。

12. 可援引在北京的耶稣会教士已建天主教教堂为例，请求博格德汗准许为驻北京的俄国人修建一座东正教教堂，并拨给一块地皮供建此教堂之用。

13. 最后，如中国人询及俄国在西伯利亚所属地方亚梅什湖和斋桑泊建立若干城堡之事，则应回答说，这是为了保卫西伯利亚的城堡免遭卡尔梅克人和吉尔吉斯—哈萨克人的侵袭，建立这些城堡对他们中国人不会有何妨碍，也不会使中国蒙受损失，因为上述城堡距离中国十分遥远，况且任何一国的君主都有权在其国土上、在他所希望的地方建立村镇。

除以上训令外，商务委员会也给伊兹玛依诺夫颁发了一份训令，共有 16 条内容[①]：

1. 请求允准前往北京的俄国人保持自己的宗教信仰，拥有自己的教堂，神甫及其辅助人员可随时自由地从事神事活动。

2. 允许俄国选派驻华总领事，总领事可派其他低级官员或副领事驻在中国一些为通商所必要的和地点适宜的城市。

3. 准许俄国领事自由购置或修建领事馆，并可在其内自由居住和存放货物。

4. 俄国领事和副领事在中国应享有世界上其他国家驻外领事或与他们身

---

① ［俄］尼古拉·班蒂什—卡缅斯基编著、中国人民大学俄语教研室译：《俄中两国外交文献汇编（1619—1792）》，第 444—445 页。

份相同的其他国家因公来华官员一样的特权和优惠待遇。

5. 准许俄国人携带差役、货物、资金自由进入中国沿海和内河各口岸，时间和人数均不受限制。

6. 准许俄国人同汉人及住在中国境内的他族人进行贸易。

7. 准许俄国人在中国境内自由出售自己的和他人的货物，也许可他们从中国自由购买并运出金、银、宝石和锦缎。

8. 俄国人在同任何人发生的债务和其他商务案件，应得到迅速和公允的裁判。

9. 除俄国总领事外，在华俄民不受其他任何人管辖。

10. 保证俄国人在中国境内随时能以公平的价格购买马匹、骆驼和一切粮秣。

11. 准许俄国人在中国境内自由买卖和运送货物，免缴任何捐税。

12. 俄国人在前往中国和从中国返回俄国途中，中国应派遣足够的人员护送，以保证其安全通行。

13. 如俄国人在中国死亡，或中国人在俄国死亡，死者所遗财物应交给总领事，以便将来转交给死者的继承人。

14. 允许中国人在俄国也将享有上述各项特权和优待。

15. 此项条约缔结后，当今及以后各代中国皇帝均应恪守。

16. 若两国间发生争端时，应容许俄国商人在一年期限内仍享有上述自由，以便处理自己的商务，而后准许他们自由离开中国。

以上训令完全没有中国政府关注的逃入问题，至于俄国侵犯中国边界一事也仅简单提及，俄国派遣使团的主要目的是恢复与中国的贸易关系，并尽可能与中国缔结商业条约，实现对华自由贸易，取得免税特权，同时在中国设立领事，攫取治外法权；在外交上，则要求按照西方国际惯例实现与中国的交往。此外，还希望在中国建造东正教堂，扩大宗教特权。当时的中国，正处于封建王朝的极盛时期，即所谓康乾盛世，尚有足够的力量维护天朝体制。而俄国虽自彼得大帝改革以后，实力大增，但依然处于落后的封建农奴制经济之下，不可能冲破中国体制的藩篱。

1720年11月，伊兹玛伊洛夫使团到达北京，受到清廷的隆重接待。使团在北京逗留的三个多月期间，伊兹玛伊洛夫与康熙及其近臣多次商谈，并从俄国政府的训令中摘录了10条作为条约草案交给理藩院，要求签订商业条约。但清政府关心的是蒙古划界和逃人问题。在12月2日的觐见中，康熙帝提出："与俄国边境城市毗连之蒙古人系朕属民，而该处之疆界从未划定，对此曾多次函达贵国，然均未获答复。"伊兹玛伊洛夫回答说，沙皇可能不知道此事，他回国后定向沙皇奏明。而事实上，俄国根本无意于划界，因为签订划界条约，将限制其在西伯利亚的扩张。至于逃人问题，伊兹玛伊洛夫在华期间，又有七百多名喀尔喀蒙古属民逃往俄境，清廷要求将这批人交还中国。伊兹玛伊洛夫开始予以回避，说"他奉命前来不是为了处理边境事务"。中国大臣十分生气，责备他作为全权大使，连这点小事也不愿意办，"既然如此，那么他的一些建议也决不会被采纳"。伊兹玛伊洛夫只得派1名士兵与清朝官员一起去见西伯利亚总督，建议他迅速对逃人问题作出决定①。

1721年2月11日，理藩院交给伊兹玛伊洛夫一张单子，列出了中方的十点要求，主要包括：划定中俄两国的蒙古边界；交还私逃俄境者；嗣后俄商必须持盖有新印章的证书入境，中国政府不再招待他们；中国政府不再替臣民付还拖欠俄商的债款；中俄在额尔齐斯河上建立一个共同的贸易场所等②。清廷表示，只有解决边界和逃人问题，才能同俄国缔结贸易条约。伊兹玛伊洛夫使团没有实现预定的目标，但清政府同意使团秘书郎克作为商务专员留驻北京，并由中方承担生活费用。

二、 中俄再议缔约

伊兹玛伊洛夫使团回国以后，中俄关系毫无改善，俄方始终未就边界和逃人问题向清政府给出答复。后来又有被俘的40名厄鲁特蒙古人逃往俄境，中国政府要求引渡，俄方亦未予办理③。而此时，准噶尔部的再次叛乱促使

---

① ［俄］尼古拉·班蒂什—卡缅斯基编著、中国人民大学俄语教研室译：《俄中两国外交文献汇编（1619—1792）》，第116—117页。

② ［法］葛斯顿·加恩著、江载华译：《早期中俄关系史（1689—1730）》，商务印书馆，1961年，第92页。

③ 张维华、孙西：《清前期中俄关系》，第214页。

中俄关系进一步恶化。1698 年，噶尔丹死后，他的侄子策妄阿拉布坦成为准噶尔部大汗。1715 年，策妄阿拉布坦作乱，袭击清军事重镇哈密等地。1717年，进攻西藏，杀拉藏汗。1718—1720 年，清廷出兵将其势力赶出了西藏。厄鲁特蒙古族的叛服无常一直是清廷的心腹之患，清廷更担心的是俄国与准噶尔部的联合，在策妄阿拉布坦叛乱后，曾多次派人赴俄，防范俄方援助叛军，并不断派人探听俄方与厄鲁特之间的消息。1721 年，理藩院派往色楞格的官员奏报沙皇与策妄阿拉布坦将互派使者一事。清廷非常气愤，遂与俄国断绝一切往来，限令俄国商务专员郎克和商人离开北京，驱逐库伦的俄国商队，拒绝等候在边境的俄国商队和库利奇茨基主教入境。

1722 年 1 月，清廷再次派人前往色楞格，给俄国托博尔斯克总督送去公函，表示如果俄国不交还逃人，中国政府将撕毁和约。在这种情况下，俄国外务委员会不得不派人调查。1722 年底，康熙病逝时，中俄双方的矛盾和问题依然没有解决。为缓和俄中关系，俄国政府令郎克居留色楞格，与中方沟通，试图消除双方的矛盾冲突。1724 年 2 月，郎克收到外务委员会寄来的调查报告，认为在中方所说的七百多名逃人中只有 84 人可以确定是《尼布楚条约》签订以后进入俄境的，应予遣还。于是，郎克致信理藩院："关于逃人一案已经调查完毕，一俟从北京派出的专员携带有关公函来到色楞格斯克，全部案件即可告结束。"清廷获悉这一消息，非常高兴，于该年 7 月派议政大臣鄂伦岱和蒙古衙门尚书特古忒前往色楞格，与郎克会商划定两国边界，解决有关逃人及贸易纠纷等其他问题，并提出与俄国重新缔结友好条约。郎克同意整顿贸易，并将 84 名蒙古人送回中国，交给当地官员，但划界一事他未奉到政府指示，无法处理。于是，鄂伦岱和特古忒委托郎克向俄国枢密院转送了一封函件，要求俄国派出全权特使进行交涉，缔结边界条约，停止并消除一切争端①。

1725 年，俄国叶卡捷琳娜一世上位。此时，自彼得一世以来征服欧洲、称霸世界的计划已使俄国疲惫不堪，经济困窘，在西方战场上，俄奥同盟正

---

①　[俄]尼古拉·班蒂什—卡缅斯基编著、中国人民大学俄语教研室译：《俄中两国外交文献汇编（1619—1792）》，第 132—134 页。

面临与土耳其的战争，法国、英国和普鲁士亦结成同盟，反对俄奥。叶卡捷琳娜一世政府急需在远东营造和平的环境，改善与中国的关系。1725 年 6 月，俄国政府以祝贺雍正登基为名，任命四等文官萨瓦·弗拉季斯拉维奇为全权大使，率团来华，与中国就边界、逃人、贸易等问题进行全面交涉。

俄国政府对萨瓦使团非常重视，派熟悉中国事务的郎克担任大使助理，又从枢密院、科学院挑选最有经验之人帮助使团进行边界测量和地图绘制工作，配备了专门的蒙文和拉丁文翻译，又派主教英诺森·库利奇茨基等人随使团来华主持教务，还派遣了一支 1500 人的军队充当卫队。整个使团的费用预计达到 10 万卢布①。

使团出发前，俄国外务委员会交给萨瓦一份长达 45 条的训令②。根据这份训令，萨瓦的主要使命是就此前"同中国发生的一切纠纷和中方所提的要求，与中国进行友好协商，作出决定，予以了结"，以恢复和巩固中俄两国"旧日的和睦和自由通商的关系"。从伊兹玛伊洛夫和郎克的报告中，俄国政府已经清楚中国"最主要的要求和力求达到的目的"是划分疆界和索还逃人，不解决这两个问题，对华贸易就无法恢复和顺利进行，所以，训令就这两方面的事宜给出了明确的指示。

关于划界一事，俄方慎重而周密。组建使团时，俄国政府特派两名经验丰富的界务官随行，以便在必要时与中方界务官会商划界事宜。俄国政府指示萨瓦，应该掌握发给他的有关划分疆界的全部资料，在途经西伯利亚时，应竭力搜集该地的切实而又详尽的情报，包括：何处已经划定疆界，何处尚未划定；在尚未划界的地区，何处归俄国管辖，何处是俄国边界，何处归中国管辖，何处是中国边界；中国人已进入何处，对何地提出了要求。此外，应详细列出所有尚未划界而为俄国所必需的地方，并尽快绘出各地方的正确无误的地图，并附以精确的文字说明。为了赢得尽可能多的时间，勘界绘图，以作出有利于俄国的决定，俄国政府要求萨瓦"运用一切相宜的办法尽量延迟划界"。如果实在无法拖延，则按照他掌握的资料斟酌行事，"想出一

---

① ［法］葛斯顿·加恩著、江载华译：《早期中俄关系史（1689—1730）》，第 110 页。
② ［俄］尼古拉·班蒂什—卡缅斯基编著、中国人民大学俄语教研室译：《俄中两国外交文献汇编（1619—1792）》，第 445—460 页。

个最妥善而又有利于俄国的办法"，他可以酌情将一些并不十分重要的地区
让与中国，以使中国人的态度软化，满足俄国的其他愿望，但必须注意"切
勿将已建有俄国寨堡及对各该寨堡和俄国都极其有用、缺其不可的地方让与
中方，决不可因此而做出有损于女皇陛下利益之事"。根据伊兹玛伊洛夫出
使的情况，俄国政府特意指出，必须向中国强调安加拉河和额尔齐斯河都位
于俄国境内，这些地区应归俄国所有。

关于逃人问题，俄国政府表示俄方只能将经调查确认的 84 名逃人交还
中国，如果中方还要求交还其他人，则根据外务委员会的调查告知中方，这
些人在《尼布楚条约》缔结期间都居住在俄国境内，条约签订后又越境进入
中国，后来又返回俄国，根据《尼布楚条约》，他们不在遣返之列。此外，
俄国政府还指示萨瓦索还俄国在华逃人，但如果中国拒绝交还，而愿意在其
他问题上，特别是在通商问题上有通融余地，那么可以先将逃人问题搁置。

由于俄国的目的主要是恢复和发展对华贸易，所以俄国政府要求萨瓦尽
可能争取随行的商队一起入境。在与中方谈判时，尽量先谈商业问题，首先
提出"建立和继续通商关系"的建议，并力求达成协议。俄方的贸易要求与
伊兹玛伊洛夫使华时一样，仍是允许俄商在中国自由贸易，货物通行无阻，
贸易地点、贸易对象、居留时间等不受限制，派驻在华代表或领事，解决各
种争端。如果中方要求先划定边界和谈判逃人问题，萨瓦作为特命使臣也应
当力求完成其他使命，建立通商关系，"力争同中国朝廷缔结通商条约"。为
此，俄国商务委员会也给萨瓦下达了一份训令，该训令一共 20 条，除了与
给伊兹玛伊洛夫的训令相同的内容之外，还增加了 4 条：1. 力求中国朝廷准
许朗克前往中国。2. 打听俄国在西伯利亚的贸易情况，运去的货物有哪些，
哪些销路最好等。3. 调查运输情况，收费是否公平合理、船只行走是否顺
畅、配备是否齐全等。4. 调查蒙古、日本的贸易情况①。

外交方面，和伊兹玛伊洛夫一样，俄国政府指示萨瓦，要求中国给予符
合特使身份的接待。要求为他安排的觐见礼仪一定要符合他的身份。这些接

① ［俄］尼古拉·班蒂什—卡缅斯基编著、中国人民大学俄语教研室译：《俄中两国外交文献汇编（1619—
1792）》，第 472、477—481 页。

待甚至应该高于伊兹玛伊洛夫，因为伊兹玛伊洛夫只是特命使臣，而萨瓦是特命全权使臣。同样，可以根据中国的情况以合乎礼节的方式向中国皇帝递交国书，解释国书称号问题并索取一份回复沙皇的国书。在觐见中国皇帝时妥善地将礼品送给他。

此外，萨瓦还肩负着一份使命：向中方争取允许主教英诺森·库利奇茨基带领的传教团入境，并在北京修建东正教堂，进行神事活动和传播东正教。雅克萨战争期间，清政府将一批俄国俘虏押解进京，编入镶黄旗，给予同满人一样的权利，并为照顾其宗教信仰，将胡家园胡同的一所关帝庙拨给他们作为临时祈祷处，由其中的一位东正教司祭马克西姆·列昂季耶夫主持日常宗教事务。彼得一世掌权后，非常重视在北京发展东正教。1693 年，义杰斯出使中国时首次向清政府提出在京建立东正教堂的要求，被中方拒绝。1700 年，彼得一世谕令托博尔斯克总督，挑选精明强干的传教士赴华传教。1710 年，马克西姆因年迈去世，应北京俄人的请求，清政府同意俄国大司祭伊拉里昂·列扎伊斯基率领传教团来京。1718 年，伊拉里昂在京去世，俄国政府积极筹备第二届传教团来华，并企图在中国建立东正教区。1719 年，伊兹玛伊洛夫访华期间，曾携大司祭安东尼·普拉特科夫斯基同行，并向中国提出补充新一届传教团成员和在北京建立东正教堂的要求，但因边界和逃人纠纷，未能得到清政府同意。1721 年，俄国政府再次组织以主教英诺森·库利奇茨基为首的传教团，前往北京，同样由于中俄纠纷，在边境遭到中方阻拦，滞留色楞格。俄外务委员会就此指示萨瓦，设法将该传教团带去北京，并为其取得自由居留北京的权力，同时向中方提出由俄国出资建立一座东正教堂的要求。

三、《恰克图条约》的签订

1725 年 10 下旬，萨瓦使团从圣彼得堡出发，1726 年 4 月到达伊尔库次克，郎克把已经绘制好的边境地图交给萨瓦。萨瓦认为不够完善，于是派人重新测绘，令他们在 8 月 31 日以前竭尽所能绘制一张详尽的有度数的地图，并且要附上各边境地区的天气、地理、人种以及贡民对俄国应尽的义务等资料。《恰克图条约》谈判之前，使团测绘人员已经完成了边境勘查和地图绘制工作，为俄方的划界交涉提供了有利的条件。

1726 年 11 月，萨瓦使团抵达北京。萨瓦应中方要求将国书副本先行上交，并行了三跪九叩的觐见礼，但坚持亲自将国书呈递给中国皇帝。此后，双方开始了条约谈判。至于礼品，是两个月以后才献给皇帝的。

《恰克图条约》的谈判分为北京谈判和边境谈判两个阶段。1726 年 11 月至 1727 年 5 月是北京谈判时期，7 个月内，中俄双方举行了三十多次会议，提出了 20 个条约草案[①]。中方以吏部尚书察毕那、理藩院尚书特古忒、兵部侍郎图理琛为代表，进行交涉。

谈判一开始，萨瓦先发制人，谴责中国欺凌俄国属民，隐匿俄国逃人，压迫俄国商人，侵占臣服于俄国的蒙古领主的土地，威胁中国，如果不答复沙皇的国书，不满足俄国的要求，不与俄国缔结条约和建立贸易关系，就不予商谈划界问题。中方代表针锋相对地怒斥俄方，表示只有把逃人交还中国，并最终划定边界，才谈贸易和其他问题[②]。萨瓦按照原定计划，故意拖延时间，又提出一些其他问题，主要包括以下方面[③]：

关于俄国主教留驻北京的问题。中方代表勉强答应，"接待三名司祭，为在北京的俄国人提供一所院子"，并由中国皇帝资助修建一座教堂，但为照顾民情起见，不愿将这些载入条约。

关于允许边境的俄国商队前往北京，在各城市设立俄国领事，商务代表郎克居留北京，俄国商人在全中国甚至沿海各口岸进行贸易的问题。这是俄方最关注的问题，但在中方看来却是完全无关紧要的。中方代表拒绝这些要求，只同意"在紧靠边境的两个地方建立贸易圈，以代替过去在库伦和脑温城的贸易"。

关于以俄中两国君主国书的形式互通信函的问题。这也是俄国政府十

① 〔俄〕尼古拉·班蒂什—卡缅斯基编著、中国人民大学俄语教研室译：《俄中两国外交文献汇编（1619—1792）》，第 154 页。

② 〔俄〕尼古拉·班蒂什—卡缅斯基编著、中国人民大学俄语教研室译：《俄中两国外交文献汇编（1619—1792）》，第 155 页。

③ 〔俄〕尼古拉·班蒂什—卡缅斯基编著、中国人民大学俄语教研室译：《俄中两国外交文献汇编（1619—1792）》，第 156—157 页。

分看重的问题。伊兹玛伊洛夫使华时，俄国政府就曾令其向中方索取一份回复的国书，但遭到中方拒绝。此次萨瓦重提旧议，中国代表的答复依然是，中国皇帝自古以来对任何外国君主的国书都不予以答复，他只给臣属于自己的领主写回信，而且都是以"上对下"的口气，即使用"上谕"字眼。为了得到中国的回信，同时消除不平等的现象，萨瓦提出了一个自认为平等而有效的办法，即今后俄国不再"徒劳无益地写那种得不到复文的国书"，而由枢密院给中国理藩院写信商谈国家事务①。该项内容载入《恰克图条约》第 6 款。

关于不阻拦信使前往北京的问题等。中国代表对这一要求十分反感，担心俄国边境长官会滥用职权，为了自己的私利派遣信使来北京。

拖延了两个多月后，中方代表再次要求进行划分边界的谈判，萨瓦已无法回避。中方要求把俄国在《尼布楚条约》后占领的蒙古土地归还中国，将安加拉河作为两国边界，并极力想在北京签订边界条约。双方发生激烈争论。随后，萨瓦起草了一份有利于俄国的条约草案，遭到中方拒绝。中方代表拟定的条约草案也受到俄方抵制。除了边界的划分外，在其他问题上双方已无大的分歧。中方代表提出：在北京"谈妥其他问题，并签订条约"，但在条约中写明，如果在边界问题上俄方能按照中方的意图行事，那么"谈妥的其他问题方能生效"。这意味着其他问题的解决全都受制于边界的划分，如果俄国在边界问题上不作出让步，也将无法获得其他利益，因此，萨瓦表示坚决反对。3 月 21 日，萨瓦又交给中方 10 条草约。此时，除边界问题外，《恰克图条约》中涉及的贸易、逃人、使臣和文书往来等问题已基本议定。但边界问题，双方仍未达成协议。萨瓦提出把边界问题暂时搁下，因为中俄双方代表手上都没有"关于解决边界问题的真实可靠的资料"。最后，中国皇帝决定，不在北京签订任何条约，而是派遣 3 名全权大臣前往边境议决所有问题②。

---

① ［俄］尼古拉·班蒂什—卡缅斯基编著、中国人民大学俄语教研室译：《俄中两国外交文献汇编（1619—1792）》，第 488 页。

② ［俄］尼古拉·班蒂什—卡缅斯基编著、中国人民大学俄语教研室译：《俄中两国外交文献汇编（1619—1792）》，第 160—161 页。

　　1727 年 6 月至 1728 年 6 月，中俄双方进行了为期一年的边境谈判。中方代表为国舅隆科多、郡王额附策凌、内大臣四格和兵部侍郎图理琛。俄方除了萨瓦外，还有郎克以及界务官阔留赤夫、格拉祖诺夫等人。此时，俄方已完成边境勘查和测绘工作，为划界谈判做好了充分的准备。中方则明显准备不足。隆科多在受命之后，随即前往西北察看"应定边界之地段"，但他没有像俄方一样组织专门人员进行边境的勘探和测绘工作，而是召集蒙古"年迈谙知地势之人，详加询问"①。以此得到的信息只能是粗略和片面的。

　　谈判开始后，中方代表坚决要求俄国归还侵占的蒙古土地。萨瓦一面强词夺理，一面调兵遣将，准备给中国代表施加军事压力。谈判进行近两个月后，1727 年 8 月 19 日，隆科多突然获罪被捕，押送回京，清廷改派领侍卫内大臣克什图前去代替他的工作。在中方代表中，隆科多资历最深、经验最丰富，且一直立场坚定地反对俄国的划界方案。隆科多的被捕使中方代表失去了中坚力量，谈判开始出现有利于俄国的局势。克什图到达以前，策凌、四格和图理琛继续同俄方交涉，"他们采取了宽厚、明智的态度，双方关系逐渐缓和下来"，很快以俄方提出的方案为基础达成了协议②。1727 年 8 月 31 日，双方签订《布连斯奇条约》。

　　《布连斯奇条约》是一个纯粹的界约，条约规定："北自恰克图河流之俄国卡伦房屋，南迄鄂尔怀图山顶之中国卡伦鄂博，此卡伦房屋及鄂博适中平分，设立鄂博，作为两国通商地方"；"恰克图、鄂尔怀图山之间，应即作为两国疆界"③。不过，《布连斯奇条约》只是粗略划定了两国的边界线，根据条约的规定和实际情况的需要，条约签订后，中俄双方随即派出界务官对恰克图东、西两段进行勘查，确定国界的具体位置，设立界标。1727 年 10 月 23 日和 11 月 7 日，双方分别签订《阿巴哈依图界约》和《色楞额界约》，正式确定了中俄蒙古中部边境的界址，在恰克图东段地区设立了 63 个界标，

　　① 《策凌奏与隆科多商议察看边界情形折》，雍正四年十二月初十日，中国第一历史档案馆编：《清代中俄关系档案史料选编》第 1 编下册，第 478 页。
　　② ［俄］尼古拉·班蒂什—卡缅斯基著、中国人民大学俄语教研室译：《俄中两国外交文献汇编（1619—1792）》，第 166 页。
　　③ 中俄《布连斯奇条约》，雍正五年七月十五日，王铁崖编：《中外旧约章汇编》第 1 册，第 6 页。鄂博为蒙古语，指边界空地间的石堆。

西段设立了 24 个界标。

在进行勘界立标工作的同时，中俄双方代表开始协商签订总约。1727 年 9 月 13 日，中方从北京朝廷带回条约文本，但此文本与该年 3 月 21 日萨瓦所提条约草案存在较大差异，"把中国皇帝称作王中之王和全世界的君主"，宣称乌第河是中国原有领土，俄国不得占有并建立堡寨。萨瓦拒绝接受这一条约，要求中方按照 3 月 21 日的草案重新拟定一份公正的条约。经过一番协商和等待，1728 年 4 月，北京朝廷令人送来用满文、拉丁文和俄文写成的新的条约文本。新条约与原来萨瓦的草约只有少许无关痛痒的差异和"一些空泛的词句"。萨瓦认为无损于俄国的尊严和利益，予以接受①。1728 年 6 月 25 日中俄签订《恰克图条约》。

这是一次漫长的谈判，从 1726 年 11 月至 1728 年 6 月前后超过一年半的时间，双方举行了 58 次会议②。最后签订的《恰克图条约》共 11 条，主要涉及以下问题：

1. 逃人及其他边境治安问题。中国曾经长期坚决要求俄国送还逃人，在此次条约谈判之初就提出这一问题，并表示逃人问题不解决，不愿谈判任何其他问题。但萨瓦一方面坚持俄国的调查结果，认定只有 84 名逃人属于中国臣民，另一方面也向中方提出一份要求归还的俄国逃人名单，以及俄方"因遭欺凌而受到的损失的清单"③。最后，中国被迫放弃了遣还逃人的要求，仍采用了《尼布楚条约》过往不咎的原则。《恰克图条约》规定："两国各自严管所属之人"，"嗣后逃犯，两边皆不容隐，必须严行查拿，各自送交驻扎疆界之人"。送官以后的惩治方法在第十条中进一步予以明确："两国嗣后于所属之人，如有逃走者，于拿获地方，即行正法。"④

此次谈判，中俄双方亦就两国边境地区越境、行窃、杀人等犯罪行为的

① 〔俄〕尼古拉·班蒂什—卡缅斯基编著、中国人民大学俄语教研室译：《俄中两国外交文献汇编（1619—1792）》，第 175、178 页。

② 〔俄〕尼古拉·班蒂什—卡缅斯基编著、中国人民大学俄语教研室译：《俄中两国外交文献汇编（1619—1792）》，第 182 页。

③ 〔俄〕尼古拉·班蒂什—卡缅斯基编著、中国人民大学俄语教研室译：《俄中两国外交文献汇编（1619—1792）》，第 482 页。

④ 中俄《恰克图界约》，雍正五年九月初七日，王铁崖编：《中外旧约章汇编》第 1 册，第 7、9 页。

惩戒达成一致意见，规定：如有持械越境、杀人、行窃者，亦照叛逃者治罪，"如无文据而持械越境，虽未杀人、行窃，亦酌量治罪。军人逃走或携主人之物逃走者，于拿获地方，中国之人，斩；俄国之人，绞，其物仍给原主。如越境偷窃驼只、牲畜者，一经拿获，交该头人治罪；其罪初犯者，估其所盗之物价值，罚取十倍，再犯者，罚取二十倍，三次犯者，斩。凡边界附近打猎，因图便宜，在他人之处偷打，除将其物入官外，亦治其罪"（《恰克图条约》第十条）；"两国头人，凡事秉公迅速完结，倘有怀私诿卸贪婪者，各按国法治罪"（《恰克图条约》第八条）[①]。

2. 蒙古中段边界问题。《恰克图条约》第三条综合了前述三大界约的内容，对两国中段边界做出了规定。由于俄方准备充分，在此次划界谈判中获利颇多。《布连斯奇条约》签订后，俄国商务代表郎克、使团近卫军头领和测量专家、色楞格的地方长官等人联名致信俄国政府，证明这一条约对俄国是极其有利的，信中写道："俄罗斯帝国的这条边界，对于帝国保持永久安宁和享有不朽的光荣都是极其有利的，它给全国人民带来的喜悦是无法用言语来形容的。"《尼布楚条约》议定的旧边界"在每个地段都深入到俄国领土之内，而如今，新边界在所有地段都远远深入到蒙古地方有好几天的路程，有的地方甚至远达几个星期的路程，这样，俄国人更靠近蒙古地方了。在新边界上已顺利地树立了界碑。新边界的远移，扩大了俄罗斯帝国的版图"[②]。后来，在恰克图东、西段边界的勘测中，俄国利用中方人员不熟悉情况的弱点，又获得了许多条约中没有规定的土地。萨瓦本人在向俄国政府报告时，得意地说，此次划界，"不仅俄国人已经占有的地方一寸也没有让给中国人，而且相反，有许多新的地方和极利于捕貂的地方划进了俄国的版图"[③]。

3. 贸易问题。从伊兹马伊洛夫使华起，俄国就力图获得在中国自由的不受任何时间、地点和人数限制的贸易特权，并争取免税的权利。此次萨瓦谈

---

① 中俄《恰克图界约》，雍正五年九月初七日，王铁崖编：《中外旧约章汇编》第1册，第9页。

② ［俄］尼古拉·班蒂什—卡缅斯基编著、中国人民大学俄语教研室译：《俄中两国外交文献汇编（1619—1792）》，第374页。

③ ［俄］尼古拉·班蒂什—卡缅斯基编著、中国人民大学俄语教研室译：《俄中两国外交文献汇编（1619—1792）》，第482页。

判，亦以此作为重要目标。萨瓦要求允许俄民在中国境内自由经商和派商务代表留驻北京，遭到清政府拒绝。在来华以前，萨瓦曾请示商务委员会和外务部，如果中国政府一定要限制贸易的人数、时间和地点，也可以答应。至于货税一事，按照欧洲贸易惯例是允许收取一定税费的，俄国方面也可以接受中国这么做，"只是税率不要定得太高"①。萨瓦遵照这些指示与清廷交涉，最后清政府同意仍与俄国保持通商关系，并给予俄商免税特权，"买者、卖者，均不征税"，但俄国商队的人数须照以往的规定不得超过 200 人，且只能每三年来京一次。显然中国方面仍将俄商的贸易作为朝贡之外的互市活动看待，因而对其时间和人数有所限制，但却给予免税特权。根据《喀尔喀会议通商定约》记载，中俄双方针对以往贸易存在的问题还达成以下协议：来华俄商，食物、盘费自理，"到界时，预将前来缘由呈明，酌量派员迎入，令其贸易。如途次购买驼马、粮食，雇觅人工，令其自行购买、雇觅。其管理贸易官弁等，将所属下人妥为管辖，倘有争端，秉公办理。此随行贸易之官弁既均系有职分之人，均从优看待。凡买卖之项，不得阻止；彼此禁止之物，不准买卖。倘有欲潜行留住之人，无头目之言，不准容留。若病故者，伊所有之物，交给各本国之人"。此外，中俄双方还约定在尼布楚和色楞格的恰克图建立两个贸易场所，允许两国人民在边境处进行零星贸易，但须"均由官定路径行走，如有绕道，或赴他处贸易者，将贸易货物入官"②。从后来中俄贸易的实际情况看，这个记载应该是正确的。

4. 俄人在京居留、布道和学习问题。清朝初年，俄国来华代表团和商队居住在北京东江米巷南会同馆，此处原为接待朝鲜使团所用，称玉河馆。《尼布楚条约》订立后，清廷对来京俄使和商队一律给予优待，将该馆专供俄人居留之用，1694 年以后成为定例。此即在京俄罗斯馆的由来。伊兹马伊洛夫使华时，俄国政府训令其向中国争取："准许俄国领事自由购置或修建

---

① ［俄］尼古拉·班蒂什—卡缅斯基编著、中国人民大学俄语教研室译：《俄中两国外交文献汇编（1619—1792）》，第 475 页。

② 中俄《喀尔喀会议通商定约》，王铁崖编：《中外旧约章汇编》第 1 册，第 11 页。《中外旧约章汇编》包含两个版本的《恰克图条约》，一个名为《恰克图界约》，另一个名为《喀尔喀会议通商定约》，后者比前者内容要详细，更能反映当时双方协议的实情，但其中第十款是 1768 年修改后的内容，故此版本可能由后人整理而成。

领事馆，并可在其内自由居住和存放货物。"此次萨瓦来华，俄方强调即使中国不同意设立领事，也要力求中国方面允许俄国商务代表兴建馆舍，存放俄商的货物，"因为现时北京的宾馆过于简陋，致命货物损坏很多"①。经过谈判，双方达成如下协议："在京之俄馆，嗣后仅止来京之俄人居住。俄使请造庙宇，中国办理俄事大臣等帮助于俄馆盖庙。现在住京喇嘛一人，复议补遣三人，于此庙居住，俄人照伊规矩，礼佛念经，不得阻止。"（《恰克图条约》第五条）②俄方取得专居俄罗斯馆，并在馆内修建东正教堂的合法权利，且得到中方协助。此后，"驻京"神职人员的人数得以增加，正式形成俄国东正教在北京的布道团，1729 年后俄国布道团由临时性机构变成了常设性机构。值得注意的是，清政府还同意萨瓦带来的四名学生及两名懂俄文和拉丁文者留京，居住俄罗斯馆，并给予"盘费养赡"（《喀尔喀会议通商定约》第五条）③。自雍正七年（1729）起，国子监派出满汉助教授课，组成"俄罗斯学"④。

　　5. 官方往来问题。实现与中国朝廷的平等往来一直是俄国对华外交的重要目标，双方曾在国书的书写和回复、使臣的接待等一系列问题上发生激烈冲突。北京谈判期间，萨瓦在索要国书回复遭拒后，提出今后由俄国枢密院给中国理藩院写信商谈国家事务。在萨瓦看来，这是最为平等而有效的办法。而对中方来说，这一建议既可实现中俄两国的官方往来，又无损于清廷的天朝体制，亦欣然接受。最后双方议定：中国发给俄国的公文，"仍照从前用理藩院印信"，咨行俄国枢密院（中国人称萨那特衙门）及托波尔斯克省长（中方称托博勒城守尉），俄国发往中国之文书，则由俄国枢密院及托波尔斯克省长盖章，咨行中国理藩院衙门。"其余近边地方，偶有偷窃、逃亡等事行文时，中国在边之图什业图汗王、俄罗斯在边之城守尉，各用画押钤印公文为凭。"（《喀尔喀会议通商定约》第六条）⑤其"送文之人俱令由恰

---

① ［俄］尼古拉·班蒂什－卡缅斯基编著、中国人民大学俄语教研室译：《俄中两国外交文献汇编（1619—1792）》，第 471—472 页。

② 中俄《恰克图界约》，雍正五年九月初七日，王铁崖编：《中外旧约章汇编》第 1 册，第 9 页。

③ 中俄《喀尔喀会议通商定约》，王铁崖编：《中外旧约章汇编》第 1 册，第 11 页。

④ 蔡鸿生：《俄罗斯馆纪事》，中华书局，2006 年，第 19 页。

⑤ 中俄《喀尔喀会议通商定约》，王铁崖编：《中外旧约章汇编》第 1 册，第 11 页。

克图一路行走。如果实有紧要事件，准其酌量抄道行走"，如无故抄道，双方边界官员，"彼此咨明，各自治罪"（《恰克图条约》第六条）①。此款解决了中俄两国间正常通信往来的问题。此后，中国理藩院负责对俄外交事务，理藩院致俄国枢密院的国书由信使送达西伯利亚总督，经翻译核对后连同原件转交俄外务院。在此之前，理藩院本是清政府总管蒙古、西藏、新疆等少数民族地区事务的中央机构，而俄国枢密院是俄国最高国家机构，二者的地位实际上是不对等的。所以在萨瓦看来"平等而有效"的办法后来却遭到了俄国学者的批评，他们认为这种安排对俄国有歧视性，降低了枢密院的地位，破坏了俄罗斯的"大国尊严"②。

除了文书往来以外，条约第九条亦对官方信使往来作出了规定："两国所遣送文之人既因事务紧要，则不得稍有耽延推诿。嗣后如彼此咨行文件，有勒揩差人，并无回咨，耽延迟久，回信不到者，既与两国和好之道不符，则使臣难以行商，暂为止住，俟事明之后，照旧通行。"③ 此议是俄方提出的，实际上是声明双方不得阻拦信使，并须对公文予以回复，否则停止通使和贸易。

6. 乌第河地区边界问题。《尼布楚条约》谈判时期，中俄双方对外兴安岭与乌第河之间有争议的地区采取了搁置的办法，留待以后详细查明再予以划界。但清政府也认识到界线不明"实为危险，居住此地之两国人必定互相生事，引起不和，有碍团结"④，因此，北京谈判时，中方代表一开始就提出划定乌第河与外兴安岭地区边界线的问题，但萨瓦声称女皇未授权给他划分东方土地，且缺乏实地调查，对此地并无所知。中方不好勉强，只好与俄方约定仍保持《尼布楚条约》之议，留待日后解决，但要求双方严禁民人越界，倘有越界，一旦查拿，"必加惩处"⑤。

《恰克图条约》，俄方分别写有俄文和拉丁文两种文本，中方则写有满

① 中俄《恰克图界约》，雍正五年九月初七日，王铁崖编：《中外旧约章汇编》第 1 册，第 9 页。
② 叶柏川：《俄国来华使团研究（1618—1807）》，第 156 页。
③ 中俄《恰克图界约》，雍正五年九月初七日，王铁崖编：《中外旧约章汇编》第 1 册，第 9 页。
④ 张维华、孙西：《清前期中俄关系》，第 263 页。
⑤ 中俄《恰克图界约》，雍正五年九月初七日，王铁崖编：《中外旧约章汇编》第 1 册，第 9 页。

文、俄文和拉丁文三种文本。约文拟订以后，双方校对无误，各自签字盖章，然后进行换文，并规定须将条约刊刻晓示边界居民。

《恰克图条约》解决了中俄中段边界问题，划分了从额尔古纳河到沙毕纳依岭的中俄边界，并在《尼布楚条约》的基础上，对叛逃、越境、盗窃、抢劫、杀人、贸易、官方往来等问题作出了更细致的规定，进一步完善了边境事务的管理，便利了两国正常的民间往来和贸易发展。但是，俄国也趁机"取得了对外贝加尔到色楞格斯克以及安加拉河一带的控制权，并使沙俄的边界延伸到色楞格斯克以南地区"，夺去了中国大片领土[①]。

四、《恰克图条约》 的补充与修订

《恰克图条约》签订后，恰克图市场日益繁荣，俄商在北京的贸易则呈不断下降之势，至乾隆初年逐渐停止，贸易中心完全转移到恰克图。与此同时，为完善对俄事务的管理，乾隆二十七年（1762）清政府正式设立驻扎库伦办事大臣，专门办理对俄交涉事务。但是，在两国贸易发展和关系日益密切的同时，中俄之间的矛盾始终没有消除，到18世纪中后期，两国因为种种冲突而关系紧张，于1764—1768年、1779—1780年、1785—1792年发生了三次大的停市事件。

乾隆年间，中俄之间的矛盾依然是边境治安、逃人和商务问题。在中俄边境，抢劫、杀人、盗窃等案件频繁发生，尤其是牲畜盗窃问题十分严重。1738—1740年，中国人向俄国人索要被盗的骆驼55296头、角畜462只，俄国人向中国人索要的骆驼和角畜也分别达到53812头和396只。1751年以后，中国边民每年被盗的牲畜达10万头以上，1762年高达325252头[②]。俄国边民丢失的牲畜亦不在少数。中国官员认真执行条约，尽可能地查找和送还盗窃牲畜及其他物品，而俄国方面却经常对案件拖延不办，甚至对俄方遗失牲畜数量以少报多，引起中方不满。

不过，令清政府最反感的还是逃人问题，尤其是俄国趁清政府用兵准噶

---

① 傅孙铭等编：《沙俄侵华史简编》，第69页。
② ［俄］特鲁谢维奇著、徐东辉等译：《十九世纪前的俄中外交及贸易关系》，岳麓书社，2010年，第43页。

尔之际，违反条约，对准部首领进行诱降，收容准部逃人。

乾隆初年，准噶尔汗达瓦齐与辉特部台吉阿睦尔撒纳不和，互相攻伐，阿睦尔撒纳战败后降清。此后，由于达瓦齐荒淫无度，不理政事，以致众叛亲离，厄鲁特蒙古多个部落先后归附清朝。乾隆二十年二月，清政府趁准噶尔内乱出兵新疆，顺利完成统一西北的大业。战争期间，一些准噶尔人逃往俄国边境寻求庇护，1756 年 7 月 26 日西伯利亚总督向俄外务委员会报告说，俄方接纳了一批科雷万矿场的准噶尔宰桑为俄国属民，清军追至白河，强烈要求交出逃人，为俄方拒绝。外务委员会对此给予了支持，命令色楞格的城防司令向中方提出抗议，指责蒙古追兵违背睦邻友好原则，"深入俄国境内，以武力相要挟，无礼要求俄方交出已被接纳加入俄国国籍的准噶尔人"，并声称这些准噶尔人"以前从未隶属于任何外国，而是独自构成一个部族，归他们自己的统治者独立统辖"①。

辉特部台吉阿睦尔撒纳的逃俄使中俄之间在逃人问题上的冲突走向白热化。统一西北之后，乾隆帝论功行赏，曾封阿睦尔撒纳为双亲王和辉特汗，食双俸。但阿睦尔撒纳并不满足，不久又聚众叛乱。清廷派兵击溃阿睦尔撒纳叛军。1756 年 7 月，阿睦尔撒纳带领随从逃到俄国塞米巴拉特要塞，请求加入俄国国籍，俄方将其收容并带到了托博尔斯克。理藩院先后几次致函俄国枢密院，谴责了俄方的行为，并要求交还逃人。1757 年 5 月 20 日，俄国政府复函称，准噶尔人迄今为止"从未隶属于何人，而是在自己本族的统治者管辖之下"，中方"不能阻止俄方接纳希望加入俄国国籍的人加入其国籍"，中国理藩院也"没有理由要挟，更不能以武力威胁，强行要求俄方交出进入俄国境内的准噶尔人"。至于阿睦尔撒纳，"理藩院不能根据条约，而只能根据友谊来要求将其交还"②。收到这份函件后，乾隆皇帝极为愤怒。1757 年 8 月 8 日，理藩院奉旨回函，驳斥了准噶尔逃人并非中国属民的观

---

① ［俄］尼古拉·班蒂什—卡缅斯基编著、中国人民大学俄语教研室译：《俄中两国外交文献汇编（1619—1792）》，第 299 页。

② ［俄］尼古拉·班蒂什—卡缅斯基编著、中国人民大学俄语教研室译：《俄中两国外交文献汇编（1619—1792）》，第 303—304 页。

点，向俄方说明土尔扈特人回到准噶尔境内已有 40 年的事实①。

1757 年 8 月底，塞米巴拉特要塞的俄国少校萨布罗夫向中方宣称，阿睦尔撒纳已落水溺亡。清廷派人下额尔齐斯河打捞了十来天，几乎把整个河底刮干净，未发现任何踪迹。清廷怀疑俄国人想要控制阿睦尔撒纳，与他一起密谋占领准噶尔，因此再次坚决要求俄方如将阿睦尔撒纳捕获，立即交出或处决，并劝说俄方这样一个"反叛皇上，忤逆父母，作恶多端"的恶棍"不应得到象俄国这样的国家的保护"②。9 月中旬，阿睦尔撒纳患天花身亡。鉴于清政府的坚持和抗议，俄国外务委员会令西伯利亚总督将阿睦尔撒纳的尸体交给中方查验。1758 年 3 月 13 日和 4 月 4 日清廷两次派人赴恰克图验尸，同时要求将阿睦尔撒纳的尸体以及他的随从交给中国政府。俄方深恐清廷将阿睦尔撒纳暴尸和在边境示众的做法对俄国不利，拒绝将其交还，至于阿睦尔撒纳的随从，则推说已经无法找到。理藩院一再交涉，没有结果。

1758 年 6 月至 11 月，理藩院又提出交付准噶尔逃人舍楞、洛藏扎布、敦杜克等人的要求，俄方不仅拒绝，还将他们纳入俄国属民予以保护。中俄矛盾进一步升级。

恰在此时，哈萨克汗阿布赉向清廷上表归附，而此前他也向俄国宣誓效忠并获得证书，因此，俄方声称吉尔吉斯—哈萨克人为俄国属民，要求中国皇帝不要接纳前来投奔的阿布赉汗。乾隆皇帝被激怒了，1759 年初，他令理藩院致函斥责俄方，同时明确表示，中国不会拒绝吉尔吉斯—哈萨克人的投诚，"朕乃天下之主，举凡愿来归之领主一律接纳为本国臣民，一律予以恩养，且不向其征收任何贡税，朕之国家内也无要求书面宣誓并收留其子女作为人质以表忠诚之习俗"。乾隆皇帝的傲慢态度亦惹恼了俄国政府，俄国枢密院复函表示：既然中国皇帝有权接纳阿布赉汗为本国臣民，"那么俄国女皇作为世界上头等专制君主对那些在国籍上尚未属任何一个邻国君主的人们也有权接纳，并予以庇护"，"准噶尔人寻求俄国人保护时，中国朝廷自不应

---

① ［俄］尼古拉·班蒂什—卡缅斯基编著、中国人民大学俄语教研室译：《俄中两国外交文献汇编（1619—1792）》，第 308 页。

② ［俄］尼古拉·班蒂什—卡缅斯基编著、中国人民大学俄语教研室译：《俄中两国外交文献汇编（1619—1792）》，第 314 页。

对俄国人表示愤懑"①。双方关系已到破裂边缘。

1760 年 6 月，中国军队在阿穆尔河边捕获 29 名俄国逃人，但没有按惯例交还俄国。6 月 23 日，理藩院通知俄国政府，鉴于俄方不肯送还舍苏楞等人，"条约中关于不收留逃人的条款自即日起将予完全废除，不仅限于此类无名小辈，而且显要逃人也无必要交付"②。俄国政府抗议中国公然破坏和平条约。

俄国对中国边境领土的侵占也是中俄关系恶化的原因之一。18 世纪 40 年代末，俄国人在恰克图附近，布尔古特依岭与鄂尔怀图岭之间边界一带树立了木桩，在一些地方竟将中国领土圈入俄国疆界，而在毕齐克图和胡什古岭则侵占了中国的哨所，并切断了中国哨兵巡逻的道路。1759 年 6 月 17 日，俄中两国边境官员在恰克图举行会议，中方官员强烈谴责俄国人在中国境内的契科伊河和色楞格河一带树立木桩，要求俄方拆除。1759 年 8 月 22 日，乾隆皇帝授意理藩院，再次致函俄国枢密院，要求"俄国人所树立的木桩应一律拆除，每方都应满足于条约所划定的领土"③。但俄国枢密院在 1760 年 6 月 13 日的复函中申辩说，这些木桩"对于制止两国逃人和盗匪非常必要"，并威胁"如果有人胆敢拆除这些木桩，那就是两国和平的破坏者"④。1761 年 1 月 10 日，理藩院致函俄国枢密院，要求双方派人察看，凡设在俄国境内的木桩不必移动，若在中国境内，则应予以拆除。但俄方态度消极，并强调这些木桩确实是建立在俄国领土上⑤。

除此之外，中俄双方还发生了商务和其他冲突。1752 年，俄国在恰克图设立税关，实施新的海关条例，对俄商收取贸易税，并禁止买卖白银、粮

---

① 〔俄〕尼古拉·班蒂什—卡缅斯基编著、中国人民大学俄语教研室译：《俄中两国外交文献汇编（1619—1792）》，第 324—325 页。

② 〔俄〕尼古拉·班蒂什—卡缅斯基编著、中国人民大学俄语教研室译：《俄中两国外交文献汇编（1619—1792）》，第 332 页。

③ 〔俄〕尼古拉·班蒂什—卡缅斯基编著、中国人民大学俄语教研室译：《俄中两国外交文献汇编（1619—1792）》，第 328 页。

④ 〔俄〕尼古拉·班蒂什—卡缅斯基编著、中国人民大学俄语教研室译：《俄中两国外交文献汇编（1619—1792）》，第 331 页。

⑤ 〔俄〕尼古拉·班蒂什—卡缅斯基编著、中国人民大学俄语教研室译：《俄中两国外交文献汇编（1619—1792）》，第 336—337 页。

食、毛皮和其他小物品。这一做法"导致对中国的贸易直接违背了《恰克图条约》"①，从而引起了中方的不满。清政府向俄方指出："不应收取货物税，况此乃俄国人单方面行事，因为在条约中所规定正是免税贸易。"② 俄方辩解说，"在条约中只规定北京不征收关税，在边界地方，未提征税问题，而且不是向中国商人而是向俄国商人征收此项关税"③。中国政府认为，俄国虽是向自己的商人收税，但中国商人也吃了亏，因为俄商将会把这些税金加到货物价格之中，让中国人弥补他们的损失④。

在中俄关系日益恶化的形势下，俄国政府听闻，从 1759 年秋季开始，乾隆皇帝谕令限制北京俄国传教团人员和俄国学生的自由，不允许他们外出，感到紧张而气愤。1762 年 5 月至 6 月，中俄双方官员在恰克图举行了近一个月的会议，就设立木桩、收税及其他边境问题进行协商，但没有结果。1762 年 6 月，俄国叶卡捷琳娜二世继承皇位，随即派出克罗波托夫使团访华，希望与中国和解，尤其希望发展同中国的贸易。清廷对克罗波托夫的来访很不满意，因为他所带的公函中并没有诚意解决双方冲突的意思。理藩院毫不客气地给出了回复，并说，如果俄国"欲废除和平条约，则听凭自便，你方究竟如何开始废除和平条约，理藩院将拭目以待"⑤。1764 年初，清廷关闭了恰克图市场，双方关系彻底破裂。

此时，俄国忙于在欧洲的扩张，寻找出海口，1764 年俄土战争爆发，俄国无暇东顾。清廷也正征讨天山南路的回部首领和卓木兄弟，双方没有爆发战争，而希望以和平谈判解决争端。1768 年俄国政府再次派遣克罗波托夫来华，双方谈判的结果，签订了《恰克图条约》补充条款，即《中俄修改恰克图界约第十条》。同年，俄国拆除了违约设立在中国境内的木桩，清廷亦重

---

① ［俄］特鲁谢维奇著、徐东辉等译：《十九世纪前的俄中外交及贸易关系》，第 45 页。
② ［俄］尼古拉·班蒂什—卡缅斯基编著、中国人民大学俄语教研室译：《俄中两国外交文献汇编（1619—1792）》，第 328 页。
③ ［俄］尼古拉·班蒂什—卡缅斯基编著、中国人民大学俄语教研室译：《俄中两国外交文献汇编（1619—1792）》，第 331 页。
④ ［俄］尼古拉·班蒂什—卡缅斯基编著、中国人民大学俄语教研室译：《俄中两国外交文献汇编（1619—1792）》，第 336 页。
⑤ ［俄］尼古拉·班蒂什—卡缅斯基编著、中国人民大学俄语教研室译：《俄中两国外交文献汇编（1619—1792）》，第 351 页。

新开放了恰克图市场。

此次《恰克图条约》的修订主要是针对原条约中关于边境治安和逃犯引渡的规定，中俄双方认为原条约第十条关于边界各自禁止臣民掠夺及逃走的方法"隐约不明"，同意予以废弃，制定新的法律。修改后的条约规定：以后发生此类事件，"边界之头人等要迅速且确实搜查之。若反之，而彼等图自己之利害怠其义务时，两国国家当各从其本国之法律处罚彼等"。双方议定对于协查逮捕强盗、越境、盗窃者的惩罚办法是：

> 凡携带军械过界，而不由正道卡房经过，意存行劫者，无论已否劫夺，均行拿获，严行监禁讯问。从何处卡房越过，有无伙伴，除在卡房左右严行搜查外，即将在逃人名登记明白，开单分送各卡房协拿。如札萨克台吉及俄罗斯之统带札萨克头人闻报，立即会同俄罗斯官兵，到犯事地方，详细查讯，禀报专管交界事务之处。该处即选派一公正明白之人，到犯事卡伦，会同札萨克头人，公同再行查讯一次，仍禀报专管事务之处。如系中国人犯案，无论何项人等，均由审问衙门审明，治以死罪。如系俄罗斯人犯案，由俄国刑司审问科罪。如与中国人同犯一案，定案后，各应解至交界地方，当众行刑。该犯之马匹、鞍粘、军器及别项物件，均赏给获犯之人。凡偷劫马匹、牲口及别项物件者，如系初次犯法，按赃价十倍科罚。

> 倘劫贼在逃，各卡房头目应公同到犯事地方，详细查看，据实禀报。该卡房头目，至迟不得过一个月，务将逃人拿获。如逾一月之限，即应禀报管理交界官，责令不出力拿贼之卡房头目、兵丁人等代赔赃价十倍。其并未持有军械，但越界行窃被拿者，杖一百。该犯马匹、鞍粘赏给获犯人，赃物给还原主。初次犯窃，按赃价五倍科罚；二次犯窃，按赃价十倍科罚；三次犯窃，即以劫贼论。如此种窃犯未获，由最近之卡房禀报，即限该卡房头目、兵丁人等，务于一个月内获犯。获到时，立杖一百，将偷去马匹或别项物件给还原主。如该卡未能于限内获犯，倘系未持军械之案，按赃价五倍由该卡头目、兵丁代赔，为不出力拿贼者戒。

凡马匹及别种牲口遗失路上，有人遇见，即应送交最近之卡房收领。如遗失以上物件，未经有人送还，失物人即将牲口数目、形式开明禀报。此种马匹等件，应于五日内觅还原主。如遇此种牲口并不送还、竟行留用者，一经查出，即由卡房兵官禀报管理交界官，责令加倍罚偿。

持有军械，未有护照，而越界者，应即拿获，其马匹、鞍鞯及别项物件均赏与获犯之人。如系越界打猎者，照例当众杖一百，所猎之物、所骑之马并猎狗等，亦赏给与获犯之人。未持军械而越界者，一经拿获，该卡房兵官严行搜检讯问：果系遗失路途，即可释放，立送彼处卡房收管；倘临拿避匿深林，或山上行人不到之处，应照例杖一百，其马匹等项亦赏与获犯之人。凡应杖罪犯系中国人，以鞭；系俄罗斯国人，以杖。[①]

这一补充条约对各类边境案件的处理作出了明确规定，甚至对边界官员的职责亦有详细要求，勒令其立限破案，否则也将受到惩罚。其总的精神是从严惩治，以为警戒。这对两国边境问题的解决有着重要的意义，促进了两国关系的缓和。

不过，俄国在边境管理方面并未严格遵守条约，收容逃人、拒不引渡、不通知中方会审等情况屡有发生，清政府遂于1779—1780年、1785—1792年两次采取大规模闭市行动。当时，中国是俄国对外贸易最大的市场之一，恰克图的进出口额年均达八百多万卢布[②]，因而中国的闭市对俄国构成了沉重的打击。俄国曾试图以武力迫使中方让步，自1785年起，大批俄军集结在中俄边境，企图入侵黑龙江。但不久，俄国与欧洲国家矛盾激化，并与土耳其和瑞士发生战争。俄国只好放弃入侵中国的计划，再次与清廷协议解决争端。1792年双方签订《恰克图市约》，清政府声明中俄贸易使俄国受益而对中国毫无益处，并向俄国提出了四条要求：一是对俄商严加管束，中俄彼

---

① 中俄《修改恰克图界约第十条》，乾隆三十三年九月十九日，王铁崖编：《中外旧约章汇编》第1册，第27—28页。

② 张维华、孙西：《清前期中俄关系》，第303页。

此货物交易后，不爽约期，即时归给，勿负欠，致起争端；二是选拔贤能之人担任守边官，此种官员应恭顺知礼，与中方边界官员和睦相处；三是恰克图以西数十个卡伦要严加禁束，杜绝盗窃；四是此后贸易一切仍照旧章，中俄民人交涉事件，如盗贼、人命，各就近查验，缉获罪犯，边界官员会同审讯明确后，中国人由中国治罪，俄国人由俄国治罪，并各自行文告知示众，其盗窃之物，或一倍，或几倍罚赔，一切照旧例办理①。

第四节 早期中俄条约的性质

早期中俄条约主要是边界条约，它们是中俄两国特殊政治地缘关系的产物。同时，它们也是具有近代国际法性质的平等条约，但在朝贡体制下，它们并不具有普遍意义，而只是作为特例存在。

一、 特殊政治地缘关系下的边界条约

早期中俄条约首先是特殊政治地缘关系下的边界条约。在西方国家同中国的早期交往中，中俄关系一直较为特殊，俄国最早与中国签订条约，并获得对华贸易的特权。这主要是由中俄之间特殊的政治地缘关系决定的。随着俄国在西伯利亚的扩张，中俄成为领土相接的邻国，形成了曲折漫长的边界线，出现了纷繁复杂的边境纠纷。从 17 世纪到 18 世纪末，中俄两国的矛盾冲突集中在边界线的划定、逃人、盗窃、抢劫杀人、商业纠纷等问题上。早期中俄条约主要是解决这些边境问题的产物。

从内容来看，早期中俄条约重在划分两国的边界。《尼布楚条约》基本廓清了中俄东部地区的边界，从法律上肯定了中国对黑龙江流域的领土主权，并确认了俄国对外贝加尔地区的所有权。"订约以后，大约一个半世纪之久，中俄东段边界没有发生大规模的武装冲突，对促进两国的民间往来和

---

① 中俄《恰克图市约》，乾隆五十七年正月二十八日，王铁崖编：《中外旧约章汇编》第 1 册，第 29—30 页。

贸易交换起了有益的作用。"①《恰克图条约》是在《布连斯奇条约》《阿巴哈依图界约》和《色楞额界约》的基础上与俄国签订的，它实际上是一系列条约的汇总，其核心内容是解决中俄中段边界问题，双方划分了从额尔古纳河到沙毕纳依岭的边界，设立了界标。

除了划分边界，《尼布楚条约》和《恰克图条约》还对边境管理的制度作出了一些具体的规定，如《尼布楚条约》允许两国边民持照正常往来、贸易，并规定了越界和逃人问题的处理办法；《恰克图条约》及其补充条约对叛逃、越境、盗窃、抢劫、杀人、贸易及两国边界人员交往等作出了更细致的规定，进一步完善了边境事务的管理。所有这些都是出于邻国之间交往的实际需要，是中俄长期矛盾冲突的结果。"《尼布楚条约》签订之后，清政府对于条约所规定的边界线以及黑龙江下游、乌苏里江以东广大边境地区，始终进行着有效的巡逻和管理。"②《恰克图条约》签订后，清政府也按照条约规定对北部边境地区实施有效的管理。

通过条约谈判，以签订条约的形式来确定中国与外国的边界在中国历史上是前所未有的，这反映了清政府天下观念的变化和边界意识的增强。中国传统的天下观只是一个笼统的概念，所谓天下，即古代把家、国、天下连称，积家成国，积国成天下。这个天下以中国为中心，囊括一切国家，没有边界。俄国的不断侵扰使清政府面临着前所未有的挑战，冲击了中国传统的天下观念和天朝秩序。在与俄国的冲突中，清政府逐渐认识到，俄国不同于以往周边的属邦，它不是一个普通的蛮夷小国，而是一个强悍的有实力对清朝构成威胁的"敌体之国"③。为防范这类国家，划定疆界是十分必要的。《尼布楚条约》的签订使清政府的边界意识进一步加强。早在尼布楚谈判之前，清朝将领朗谈曾绘制《吉林九河图》，尼布楚谈判期间，清廷代表将其随身携带，以资考证④。但因地理知识缺乏和测量手段的局限，该图的准确度和所提供的地理信息都十分有限。《尼布楚条约》签订后，清廷感到有必

---

① 傅孙铭等编：《沙俄侵华史简编》，第 64 页。
② 北京师范大学清史研究小组：《一六八九年的中俄尼布楚条约》，人民出版社，1977 年，第 400 页。
③ 尤淑君：《宾礼到礼宾——外使觐见与晚清涉外体制的变化》，社会科学文献出版社，2013 年，第 80 页。
④ 刘远图：《早期中俄东段边界研究》，中国社会科学出版社，1993 年，第 238 页。

要对大清的版图作更加全面的了解。18 世纪初年，康熙皇帝命令传教士绘制《皇舆全览图》，采用西方制图术进行全国性的大地测量，尤其是动员了相当大的力量对一些边疆地区，如黑龙江流域、西藏及中朝接界区域等进行测量。在《恰克图条约》谈判期间和签订以后，清政府也曾派人会同俄国界务官对蒙古中段边界进行勘查，确定两国国界的具体位置，设立界标。

但是，清廷对近代国家边界划分的原则和方法显然不太清楚，也没有做好充分的准备，所以，在划界谈判中，俄国获得了更大更多的利益。通过《尼布楚条约》和《恰克图条约》，俄国实现了其殖民扩张的目的，巩固了对东方领土的占领。《布连斯奇条约》签订后，俄国的"边境居民对签订这一条约高兴得无法形容，因为他们看到这一条约不仅没有使他们的土地面积缩小，反而更加扩大了，有的地方扩大了几天行程的面积，有的则扩大了几个星期行程的面积，从而给俄国带来了不少好处"[1]。对外兴安岭和乌第河之间争议地区的搁置也产生了不良的影响。"俄人得以放肆地在乌第河未定界范围内自由扩张，并把自定的边界线不断向南推进"[2]。后来，经过 1858 年中俄《天津条约》和 1860 年中俄《北京条约》，沙俄最终将这一地区纳入了自己的统治范围，中国遭受了严重的损失。

至于早期中俄条约中涉及的俄国人在北京贸易、居留和进行文化交流的内容，在俄国一方视为对华交往的重要目标，在清廷一方则只是用于"抚夷"的附加条款罢了。在《尼布楚条约》谈判中，中方代表曾拒绝将贸易条款写入条约，认为这是一件"关系轻微的事"，不应与划定边界的大事相提并论。《恰克图条约》谈判时，中方代表也强调只有谈妥边界问题，其他方面的协议才有效。可见，早期中俄条约的订立是以边界的划定为基础和前提的。

清政府与俄国划界谈判，签订条约，并给予俄国其他方面的特权，最主要的原因还在于俄国与中国特殊的政治地缘关系，一方面彼此的接壤使两国人民产生了复杂但又紧密的关联，另一方面漠北蒙古族的叛服无常给俄国的

---

[1] ［俄］尼古拉·班蒂什—卡缅斯基编著、中国人民大学俄语教研室译：《俄中两国外交文献汇编（1619—1792）》，第 167 页。

[2] 刘远图：《早期中俄东段边界研究》，第 161 页。

入侵制造了机会，为解决边境纠纷，也为消除蒙俄联合的威胁，清政府不得不对俄国另眼相待。这也可以解释为什么 18 世纪末清政府在与俄国签订条约的同时却将英国拒之门外。

二、 朝贡体制下作为特例的平等条约

早期中俄条约也是朝贡体制下作为特例而存在的平等条约。在中国对外关系史上，早期中俄条约有着重要的地位，特别是《尼布楚条约》的签订具有里程碑性质的意义。它是中国封建王朝中央政府与西方国家签订的第一个条约，是正式的符合近代国际法的中外条约关系的开端①，更重要的是，它是中国朝贡体制下诞生的一个平等的对外条约。

对于《尼布楚条约》的平等性质，中国学界的看法较为一致。20 世纪50 年代丁名楠等著的《帝国主义侵华史》指出，《尼布楚条约》是在双方平等的原则上订立的，它保障了中俄边境的和平，便利了俄国对中国的贸易②。1961 年著名历史学家刘大年在《论康熙》一文中也提到，"1689 年康熙与俄国在平等基础上订立'尼布楚条约'，划定东北边界"③。七八十年代以后，针对苏联学界一些否定《尼布楚条约》的声音，中国学者重申了该条约的平等与合法性质。尹广瑶以谈判过程和谈判时双方的军事力量对比论证了《尼布楚条约》是一个平等的条约，并不是中国强迫俄国签订的④。佟冬主编的《沙俄与东北》认为：《尼布楚条约》"是中俄之间签订的第一个条约，也是一个平等的条约，它从法律上明确了中俄两国的东段边界，中国收复了被沙俄侵占的一部分领土，制止了它对黑龙江地区的进一步侵略扩张，为中俄两国之间发展正常关系奠定了基础"⑤。著名国际关系史专家王绳祖等人也指

---

① 根据郭卫东先生的研究，《尼布楚条约》并不是第一个中外条约，在此之前已有 1662 年中荷《台湾媾和条约》、1663 年《清荷协约》、1672 年中英《台湾通商条约》、1675 年中英《台湾通商补充协定》（见郭卫东：《简析近代范式中外条约的开篇》，《历史档案》2016 年第 4 期），但此四约的签署主体并非中央政府，而是地方政府或殖民机构，因此严格来说并不符合近代国际法以主权国家为缔约主体的原则，《尼布楚条约》是第一个完全符合近代国际法的中外条约。

② 丁名楠等：《帝国主义侵华史》第 1 卷，人民出版社，1958 年，第 1 页。

③ 刘大年：《论康熙》，《历史研究》1961 年第 3 期。

④ 尹广瑶：《试论中俄〈尼布楚条约〉的性质》，《绥化师专学报》1984 年第 3 期。

⑤ 佟冬主编：《沙俄与东北》，第 92 页。

出，《尼布楚条约》"历来被公认为中俄两国之间的一项平等条约，它为以后的中俄关系奠定了原则基础"①。进入 21 世纪，中国史学界仍然肯定《尼布楚条约》的平等性。

俄国方面，20 世纪 60 年代以前，大部分学者也都肯定《尼布楚条约》是平等的条约。如普·季·雅科夫列娃在 1958 年出版的《1689 年第一个俄中条约》中指出，俄罗斯同中国的《尼布楚条约》是按照平等原则签订的，是一个互利的条约②。沙斯季娜、卡巴诺夫等也都肯定了这一条约对俄国的重大意义。但是也有部分俄（苏）学者贬低《尼布楚条约》，否定它的平等性质。早在 18 世纪 40 年代，沙俄科学院院士德国人米勒等就断言，《尼布楚条约》交涉时，"戈洛文由于畏惧，迫不得已几乎完全按照中国方面提出的条件来进行谈判"③。19 世纪 50 年代末叶以后，出于为不平等条约辩护的目的，一些沙俄学者更是不顾历史事实，大肆宣称尼布楚和谈是在清廷的"炮口威胁下"进行的，是不平等的。中苏友好时期，苏联学界对条约的平等性与合法性再次予以了尊重和肯定，但到 20 世纪 60 年代，中苏关系恶化以后，苏联学界对《尼布楚条约》的评价再度逆转，其中 20 世纪 70 年代苏联科学院远东研究所等编的《十七世纪俄中关系》颇具代表性。这是一部有关 17 世纪中俄关系的文件集，苏联著名史学家米亚斯尼科夫为该书撰写了前言，其中把雅克萨战争说成是清军侵略俄国，《尼布楚条约》是在清军武力威逼下签订的④。直到 1997 年，米亚斯尼科夫在《条约规定的：17—20 世纪俄中边界外交史》一书中仍断言，《尼布楚条约》是在"炮口威胁下"达成的，俄国力图通过外交手段解决边界问题，但清廷却一味借助于武力，因此，这一条约对于俄国是不平等的⑤。米亚斯尼科夫的观点在前苏联和俄罗斯学界产生了广泛的不良影响。直到 21 世纪，俄罗斯学界才

---

① 王绳祖主编：《国际关系史》第 1 卷，世界知识出版社，1995 年，第 365 页。

② ［苏］普·季·雅科夫列娃著、贝璋衡译：《1689 年第一个俄中条约》，商务印书馆，1973 年，第 214 页。

③ ［德］G. F. 米勒、彼得·西蒙·帕拉斯著，李雨时译：《西伯利亚的征服和早期俄中交往、战争和商业史》，商务印书馆，1979 年，第 12 页。

④ 苏联科学院远东研究所等编、黑龙江大学俄语系翻译组等合译：《十七世纪俄中关系》第 2 卷第 1 册，第 2 页。

⑤ 刘德喜：《论〈尼布楚条约〉的历史意义》，《新远见》2008 年第 9 期。

恢复原来对于《尼布楚条约》的正确评价，肯定这一条约的平等性及其对俄国的重大意义。

作为中国与外国签订的第一个平等条约，《尼布楚条约》是中外关系尤其是中俄关系史上的一个重大突破。在条约签订以前，中国的封建统治者从未以平等的姿态对待任何一个国家，包括俄国。清廷一直视俄罗斯民族为北方蛮夷，视俄国为众多朝贡藩属国之一。清廷发给俄国的文书一律称上谕、敕书，采用了明显的居高临下的语气和措词。比如，顺治十二年（1655）清廷因国书呈递的冲突将巴伊科夫使团拒之门外，并给沙皇下达了一封敕谕，其中写道："大清国皇帝敕谕俄罗斯国察罕汗：尔国远处西北，从未一达中华。今尔诚心向化，遣使进贡方物，朕甚嘉之。特颁恩赉，即俾尔使臣赍回，为昭朕柔远之至意。尔其钦承，永效忠顺，以副恩宠。"[1] 康熙初年，清廷在谴责俄人侵扰边疆以及要求送还逃人的交涉中，向俄方发送的函件也都是上谕、敕书。清初，俄国派往中国的 6 个使团也因为不能接受清廷的朝贡礼仪，而与中方发生冲突。

《尼布楚条约》以前，在中俄关系问题上，俄国对待中国的态度和立场往往为人忽略，事实上，如同后来英国以西方文明的领袖自居一样，18 世纪的俄国也以西方尤其是东正教世界的首脑自居。在与中国交往的过程中，俄国也并没有完全平等地对待中国，而是同样地充满优越和自大意识。

1654 年俄国第一个正式的使团巴伊科夫使团访华时，俄外务衙门指示巴伊科夫，当被问到统治莫斯科国的是谁时，他必须回答："蒙上帝的恩典，秉承上帝的旨意，在伟大而光荣的莫斯科国和俄罗斯的所有伟大而光荣的国家里，掌权的是大君主沙皇兼大公，全罗斯专制君主，他是统治整个天下的奥古斯都恺撒的后裔，是与奥古斯都有血缘关系的留里克大公和他们以后的其他一些大君主的后裔，是我们已故大君主沙皇伊凡·瓦西利耶维奇大公、全罗斯专制君主的曾孙，是已故大君主沙皇费奥多尔·伊凡诺维奇大公、全罗斯专制君主的孙子，也是已故的正直和仁慈的优秀显贵、特别是在各位沙

---

[1] 《顺治帝致俄沙皇敕书》，顺治十二年五月二十二日，中国第一历史档案馆编：《清代中俄关系档案史料选编》第 1 编上册，第 18 页。

皇中最英明的、最高贵的、最值得无限颂扬的大君主沙皇米哈伊尔·费奥多罗维奇大公、全罗斯专制君主的皇子。"而且，在各种场合，大使首先都要强调自己是"受大君主、沙皇阿列克谢伊·米哈伊洛维奇大公，全罗斯专制君主、很多国家的君主和领有者的派遣"①。

1657 年佩尔菲利耶夫和阿勃林使团携带的国书中，洋洋洒洒上千字全是颂扬沙皇的，说明其君权神授，身份尊贵，是奥古斯都恺撒的后裔，全罗斯的专制君主，"整个北方国家的统治者"，"在东正教里环视和统治大俄罗斯帝国和许多新归附的国家"，"在一切伟大的国家中都享有盛名"，周围许多信奉基督教和伊斯兰教的大君主都同其有交往，然后才表达想与中国建立友好亲善关系，互相贸易②。

1670 年 4 月，为解决根忒木尔逃俄事件，俄国尼布楚军政长官达·达·阿尔申斯基派遣伊·米洛瓦诺夫使团来华。使团转交给清政府一封训令，不但不准备归还逃人，反而要求中国皇帝臣服于沙皇，狂妄宣称："诸多国家之国君和国王已率其臣民归依于我大君主阿列克谢伊·米哈伊洛维奇大公，大俄罗斯、小俄罗斯及白俄罗斯全境之专制君主，众多国家之统治者沙皇陛下最高统治之下，而我大君主对彼等来归者亦无不赏赉有加，关怀备至。彼博格德汗亦宜求得我大君主阿列克谢伊·米哈伊洛维奇大公，大俄罗斯、小俄罗斯及白俄罗斯全境之专制君主，众多国家之统治者沙皇陛下恩泽，归依于我沙皇陛下最高统治之下；我大君主阿列克谢伊·米哈伊洛维奇大公，大俄罗斯、小俄罗斯及白俄罗斯全境之专制君主，众多国家之统治者沙皇陛下则定将对博格德汗赐以恩典与眷顾，并保护博格德汗不受敌人侵犯。望彼博格德汗本人归顺于我沙皇陛下最高统治之下，永世不渝，向我大君主纳贡；并允许我大君主阿列克谢伊·米哈伊洛维奇大公，大俄罗斯、小俄罗斯及白俄罗斯全境之专制君主，众多国家之统治者沙皇陛下之臣民同彼国臣民在彼

---

① 《财务衙门为出使清帝国事给费·伊·巴伊科夫的训令》，苏联科学院远东研究所等编、厦门大学外文系《十七世纪俄中关系》第一卷翻译小组译：《十七世纪俄中关系》第 1 卷第 1 册，第 71 号，第 220—221 页。

② 《沙皇阿列克谢伊·米哈伊洛维奇为请求清帝国放回费·伊·巴伊科夫致清世祖皇帝的国书》《沙皇阿列克谢伊·米哈伊洛维奇为派遣信使伊·斯·佩尔菲利耶夫和谢甘特库尔·阿勃林出使清帝国事致清世祖皇帝的国书》，苏联科学院远东研究所等编、厦门大学外文系《十七世纪俄中关系》第一卷翻译小组译：《十七世纪俄中关系》第 1 卷第 2 册，第 93、98 号，第 335—336、342—344 页。

之国土及双方境内自由通商。"① 当时，由于缺乏俄文翻译，清政府并不了解训令的内容，康熙皇帝还盛情款待了使团。

1675 年斯帕法里使团来华时，俄国政府要求他在介绍沙皇时尽可能体现其身份的尊贵和荣耀，称呼自己的国家为"伟大的至高无上的俄罗斯帝国"②。外务衙门还精心准备了国书，其格式、内容与以往相似，大肆渲染沙皇的伟大与荣光。此次国书用俄文、拉丁文、鞑靼文三种语言书写，每一种都写在大幅绘图纸上，四周镶有图案，起首花体字母、神的称呼、沙皇的尊号、中国皇帝的称号都用金粉书写③。斯帕法里也受命向中方提供一份完整地书写沙皇称号和头衔的材料，在中国皇帝给沙皇的国书中，必须坚持完全按照沙皇的自称，书写全衔，"以完全符合沙皇陛下的荣誉和尊严"；与此同时，也要向中方索取中国皇帝头衔的完整书写方式，但须注意不要让中国皇帝"自称是全世界的统治者或自称是周围各国的大君主的统治者"④。

在俄国政府的训令和给中国皇帝的国书中，我们看到，俄国沙皇以奥古斯都的后代自居，号称东正教世界的专制君主、整个北方国家的统治者，蒙受上帝的恩典，按照上帝的旨意实施统治。这一方面体现了东正教国家首脑教权、政权集于一身的特点，另一方面也反映出俄国实际上也是一个傲慢自大的国家。斯帕法里访华期间一再强调，葡萄牙、荷兰及其他国家不能与俄国相提并论，那些国家就是合在一起也比不上俄国。他之所以接受了中国的觐见礼是因为听说可以得到比葡萄牙和荷兰人更隆重的待遇。当清廷官员向他解释朝贡制度时，他回答说，"我们的大君主只接受许多人的贡品，而自己从不对任何人进贡"⑤。与中国不同的是，中国的封建统治者所拥有的是一

---

① 《俄尼布楚长官给使华之米洛瓦诺夫等人的训令》，俄历一六七〇年四月十三日，中国第一历史档案馆编：《清代中俄关系档案史料选编》第 1 编上册，第 23 页。

② 《外务衙门为尼·加·斯帕法里出使清帝国事给他的训令》，苏联科学院远东研究所等编、厦门大学外文系《十七世纪俄中关系》第一卷翻译小组译：《十七世纪俄中关系》第 1 卷第 2 册，第 182 号，第 508 页。

③ 《沙皇阿列克谢伊·米哈伊洛维奇为尼·加·斯帕法里出使一事致清圣祖皇帝的国书》，苏联科学院远东研究所等编、厦门大学外文系《十七世纪俄中关系》第一卷翻译小组译：《十七世纪俄中关系》第 1 卷第 2 册，第 180 号，第 501 页。

④ 《外务衙门为尼·加·斯帕法里出使清帝国事给他的训令》，苏联科学院远东研究所等编、厦门大学外文系《十七世纪俄中关系》第一卷翻译小组译：《十七世纪俄中关系》第 1 卷第 2 册，第 182 号，第 510 页。

⑤ 《尼·加·斯帕法里出使清帝国的出使报告》，苏联科学院远东研究所等编、厦门大学外文系《十七世纪俄中关系》第一卷翻译小组译：《十七世纪俄中关系》第 1 卷第 3 册，第 183 号，第 673 页。

种泱泱大国的历史优越感，视自己的国家为天朝上国，看不起其他国家和民族。这是一种文化上的优越意识。而俄国自拜占庭帝国灭亡以后，成为东正教的中心，它的自大心理和优越意识来源于宗教的权威，并且在对外扩张的现实中转化为一种更具体也更具威胁性的强权观念。

中国与俄国，两个同样自大的国家却进行了有史以来第一次平等的谈判，并签订了条约，这不能不说是一个重大的突破。综观整个《尼布楚条约》的交涉会发现，和谈的建议是中方提出来的，而且在条约谈判的过程中，清廷完全放下了天朝上国的架子，放弃了传统的处理对外关系的方式，对俄国表现出非同一般的宽容与迁就。

首先，在谈判地点上，康熙帝没有坚持要求俄国使团前往北京，而同意在边境举行谈判。

条约交涉前，俄方提出将谈判地点设在边境。在俄国看来，如果派代表去北京谈判，将承受着巨大的压力，俄国大使也将像以前的使臣一样被迫服从中国的习俗，其结果对俄国是不利的。所以，1686 年初使团出发前，俄国政府指示全权大使戈洛文尽量在边境举行谈判，如果清廷不派使臣来，就同中国边境的军队长官谈判，如果军队长官也不敢谈判，才考虑派人前往北京交涉①。按照这一指示，1867 年 11 月，俄国使团抵达并驻扎在中俄边境的色楞格，随后，戈洛文派科洛文赴北京送信，要求清政府派出使团到边境，并议定具体谈判地点。中国方面，自 1686 年俄方遣使告知愿意和议以后，并一直等待俄方谈判大使的到来。1687 年底，当得知俄国使团已抵达色楞格后，理藩院致信俄方，质问其为何在边境逗留，望其克服困难，尽快前赴北京谈判②。此时，科洛文因中途被蒙古活佛扣留，尚未抵京。1688 年 2 月科洛文得以释放，并获准通过蒙古前往北京。3 月 24 日科洛文抵京后将信函交给清廷，要求中方尽快选派使臣前往边境，与俄方举行会谈，至于到中国国

---

① 《费·阿·戈洛文出使报告》，苏联科学院远东研究所等编、黑龙江大学俄语系翻译组等合译：《十七世纪俄中关系》第 2 卷第 2 册，第 484 页。

② 《费·阿·戈洛文出使报告》，苏联科学院远东研究所等编、黑龙江大学俄语系翻译组等合译：《十七世纪俄中关系》第 2 卷第 2 册，第 372 页。

内谈判一事，他表示"全权大使并未接到这样的命令"①。康熙皇帝获悉此情，随即同意在俄国边城色楞格谈判，并立即派使团前往，但后来由于噶尔丹对喀尔喀蒙古的进攻，使团中途返回。1688 年 12 月，清政府再次派人给戈洛文送信，要求尽快举行谈判。1689 年初，戈洛文派伊凡·洛吉诺夫前往北京，商议会谈时间和地点，再次强调"相会地点，当定于两国边界之间"②。清政府提出在尼布楚举行会谈。这就有了中俄两国在尼布楚的交涉。

与其他国家谈判、签约，对中国来说是前所未有的，而迁就他国将谈判地点定在边境，这更是前所未有的。在朝贡体制下，中国封建王朝一向视其他国家为中国的朝贡国、藩属国，不可能与中国平起平坐，更不可能与中国朝廷讨价还价。那么，康熙帝为什么同意与俄国在边境谈判呢？美国学者约瑟夫·塞比斯（Joseph Sebes）认为，康熙希望订立一个"对俄国人具有最大约束力的条约"，这就必须按照国际法，"在平等互惠的基础上来订立"，为此，康熙情愿舍弃传统的中国态度和中国办法。但在平等的基础上与俄国订立条约，必将遭遇阻力，为了不触犯公众的舆论，所以康熙同意派代表到边境去谈判，"在那里谈判将不会受到公众的注视"③。不能不说，这完全是一种主观性的解释。客观地说，康熙的大度和包容实际上是为了尽快与俄方达成协议，解决边境问题。1687 年底，当清廷得知俄使已到色楞格后，议政王大臣议奏，"和睦相处，勘定边界，事关紧要，俄罗斯使臣理应速来议定"④。康熙随即谕令理藩院致函俄方进行催促。对清政府来说，勘定中俄边界是当时的紧要之事，越快越好，既然俄国政府给戈洛文的指示是在边境谈判，如果中方坚持要求其赴京，交涉起来颇费时日，甚至可能因此而另生枝节。中国使团第一次色楞格之行受阻后，索额图差人给戈洛文送去一封信，说明原委，其中明确提到康熙皇帝同意派使团赴边境会谈，乃是考虑到俄国使团

---

① 《费·阿·戈洛文出使报告》，苏联科学院远东研究所等编、黑龙江大学俄语系翻译组等合译：《十七世纪俄中关系》第 2 卷第 2 册，第 474 页。

② 《俄使戈洛文为派洛基诺夫来北京事致索额图函》，俄历一八六九年一月十一日，中国第一历史档案馆编：《清代中俄关系档案史料选编》第 1 编上册，第 108 页。

③ ［美］约瑟夫·塞比斯著、王立人译：《耶稣会士徐日升关于日俄尼布楚谈判的日记》，第 115 页。

④ 《议政王大臣等题应行文催促俄使臣速来议划边界本》，康熙二十六年十一月初六日，中国第一历史档案馆编：《清代中俄关系档案史料选编》第 1 编上册，第 80 页。

"远道而来，历尽艰辛"，并赏识俄国沙皇"励精图治，通达事理"①。由此可见，康熙帝在谈判地点上的宽容实际上也是一种怀柔之术，而背后真正的原因就是清廷希望尽快与俄国签订条约，解决边境纠纷，解除俄国与厄鲁特蒙古联合的威胁。

其次，在条约交涉中，康熙皇帝同意遵循国际惯例与俄方平等协商。这是清廷最重大的让步。

从俄国使团到达色楞格，戈洛文派科洛文赴北京送信开始，俄方就提出双方的会谈须按外交惯例进行，尤其强调双方的人数要对等。戈洛文要求科洛文转告中方官员："使臣会谈时对等人数为五百名，使双方都不吃亏"，且双方使臣前来参加谈判或者离开"均应按照外交惯例行事，并确保安全"②。科洛文向清政府转达了戈洛文的意思，在其离京前，清廷同意立即派出 5 名大臣组成的谈判使团，并派 500 名护卫兵随行。理藩院致戈洛文的复函中也明确写道："我主派遣宫廷大臣，遵循惯例，前往办理此事。"③ 这里的"惯例"显然是指戈洛文所提的国际外交惯例。

出于对俄方的猜忌和安全考虑，在组建使团时，清政府并没有将随行人数限制在 500 名。第一次组建前往色楞格的使团时，除 5 位谈判大臣（领侍卫内大臣索额图、都统公舅舅佟国纲、尚书阿喇尼、左都御史马齐、护军统领马喇）和翻译、领兵外，还有 200 名八旗前锋兵、400 名护卫军、200 名火器营兵，以及一支由运输人员和私人仆役组成的庞大队伍④。第二次组建前往尼布楚的使团，随行的官军、仆役总计亦有 8000 人之多⑤。所以，戈洛文一到尼布楚就责难中方所带军队人数太多，"显然是想采取军事行动，而

---

① 《费·阿·戈洛文出使报告》，苏联科学院远东研究所等编、黑龙江大学俄语系翻译组等合译：《十七世纪俄中关系》第 2 卷第 2 册，第 600 页。

② 《费·阿·戈洛文出使报告》，苏联科学院远东研究所等编、黑龙江大学俄语系翻译组等合译：《十七世纪俄中关系》第 2 卷第 2 册，第 343—344 页。

③ 《费·阿·戈洛文出使报告》，苏联科学院远东研究所等编、黑龙江大学俄语系翻译组等合译：《十七世纪俄中关系》第 2 卷第 2 册，第 456、599 页。

④ 《圣祖仁皇帝实录》卷 134，康熙二十七年三月丙子，《清实录》第 5 册，中华书局，1985 年，第 450 页。

⑤ 张维华、孙西：《清前期中俄关系》，第 102 页。

非按照外交惯例行事"①。但中方代表向其表示了和谈的诚意，双方取得谅解，并在此后的整个交涉过程中遵守了国际惯例。

8月20日，中俄双方就谈判的具体时间、地点和方式进行了磋商。俄方特别关注并一再坚持谈判人数对等的问题。中方接受俄方的意见，同意各带300人，并各派人员在谈判现场检查，以防止任意增加人数。会议期间，卫队人员立于会议帐篷10俄丈以外，除刀剑、斧头和长矛外，不得带任何火器。后来，中方要求船上带500人，俄方也表示同意，但要求这些船要停泊在距会议地点300俄丈的地方，且船上的士兵不准离开木船②。

8月22日谈判开始，在到达为谈判搭建的帐幕后，中国代表按照俄方建议与俄国代表同时下马，一起进入帐幕，相互校阅全权证书。谈判场地的座位布置也完全对等，任何一方不得凌驾于对方之上。

此后，条约交涉的整个过程，包括条约的议定、认证、签署、盖印和互换等，都是按照国际惯例办事。条约谈判中，双方曾发生激烈争执，甚至一度相持不下，但都"按照外交惯例加以克制"，以便保证会谈期间不因任何事件而发生纠纷，对从前发生的纠纷则像"其他国家一样，通过友好商谈，予以平息"③。没有任何一方胁迫另一方，条约谈判采用国际通用的语言拉丁语，并以拉丁文本作为正式文本，在最后确定的约文中，中方没有使用"上对下"的语气，俄方也放弃了自大的沙皇头衔全称。

总之，国际法的一些原则，如平等互惠原则、使节人身不可侵犯原则、讲究诚信原则等，在尼布楚谈判中得到了某种程度的尊重和应用，这也使条约具有了一定的近代国际法性质。

《尼布楚条约》"开辟了通过平等的外交谈判解决双方争端的途径，在两国之间建立起一种特殊的外交关系"④。那么，视体制为根本的康熙皇帝为什

---

① 《费·阿·戈洛文出使报告》，苏联科学院远东研究所等编、黑龙江大学俄语系翻译组等合译：《十七世纪俄中关系》第2卷第3册，第715页。

② 《费·阿·戈洛文出使报告》，苏联科学院远东研究所等编、黑龙江大学俄语系翻译组等合译：《十七世纪俄中关系》第2卷第3册，第761—762页。

③ 《费·阿·戈洛文出使报告》，苏联科学院远东研究所等编、黑龙江大学俄语系翻译组等合译：《十七世纪俄中关系》第2卷第3册，第775页。

④ 胡礼忠等：《从尼布楚条约到叶利钦访华——中俄中苏关系300年》，福建人民出版社，1994年，第19页。

么又会同意按国际惯例平等地与俄国交涉和签订条约呢?

美国学者约瑟夫·塞比斯强调西方耶稣会士对康熙的影响,尤其是葡萄牙耶稣会士徐日升和法国耶稣会士张诚在谈判中所起的作用。他认为,康熙皇帝通过耶稣会士了解了西方的国际法,在条约谈判中,徐日升和张诚并不是单纯的译员,而是调停者和政治行动的参与者。徐日升肩负的任务是"务必要使一切都按照国际法原则办事",提供中国人所需要的关于世界的知识①。国内的一些学者也表达了类似的看法,如刘德喜认为,清朝聘用的两名耶稣会士张诚和徐日升"不仅使国际法知识影响了康熙皇帝,而且接受清政府委派,直接参与了 1689 年中俄尼布楚谈判,并以他们的国际法知识影响了谈判"②。徐万民提出,多亏张诚和徐日升这两位耶稣会士的积极努力,"中国与邻国签订了有史以来第一部基本符合国际法规范的边界条约"③。

这些学者主要是受当事人记述的影响。张诚和徐日升回来后都写有谈判日记,尤其是徐日升在日记中有意夸大他们的作用,他写道,使团出发前,康熙帝给予他们与谈判大臣同等的尊荣,并交待索额图招待他们吃、住,"尊敬如皇帝本人一样";条约签订后,俄国人感谢他们,中国人把一切都归功于他们,连皇帝本人也承认他们的成就④。

应该说,耶稣会士张诚和徐日升在《尼布楚条约》的谈判中的确发挥了重要作用,除了语言翻译和沟通外,他们还充当着调解人、斡旋者的角色:当中国钦差大臣不敢渡河时,他们说服其打消对俄方的疑惧;当两国代表为过去的纠纷争论不休时,他们建议认真讨论土地的划分和新条约的订立;当双方关系僵化、谈判濒临破裂时,他们从中调解,让谈判得以继续……但是他们的作用不宜扩大,从戈洛文的出使报告来看,传教士虽然对双方关系起到了调解的作用,但并不能左右双方的意见,也未参与中方的决策,而只是充当谈判的翻译和中介,转达谈判大臣的意思。

---

① [美] 约瑟夫·塞比斯著、王立人译:《耶稣会士徐日升关于日俄尼布楚谈判的日记》,第 116 页。
② 刘德喜:《论〈尼布楚条约〉的历史意义》,《新远见》2008 年第 9 期。
③ 徐万民:《咸丰朝东北失地百万于俄原因探析》,中共中央党校"中俄边界与中国和平崛起的周边环境"学术研讨会论文,2005 年 3 月。
④ [美] 约瑟夫·塞比斯著、王立人译:《耶稣会士徐日升关于日俄尼布楚谈判的日记》,第 160、214 页。

康熙皇帝委派张诚和徐日升随团出使主要是出于两方面的考虑：

一是为了谈判期间翻译和交流的需要。在这方面，以往学界有些误解，有人认为，"当时清廷没有会俄语的随行人员，而俄方这个使团的成员也没人会满语或蒙语，中俄之间的谈判语言只好选择拉丁文，这是传教士徐日升和张诚都掌握的语言。康熙帝遂决定由徐日升和张诚担任随行翻译"①。还有人认为，"在签订《尼布楚条约》时，用蒙文作为通用语言遭到拒绝后，确定用拉丁语作为两国的谈判语言，使中国在开局时便先失语言之利"②。考察尼布楚谈判前后中俄的文书交往会发现，这些看法均有失客观。从以往俄国使团访华的情况可知，语言一直是双方交往的一大障碍。早期中俄之间的交流大多通过传教士以拉丁文进行。在前往尼布楚之前，中俄双方并未约定谈判所用的语言，但拉丁文一直是两国官方文书往来采用的文字。1686 年康熙通过荷兰大使和耶稣会士转交俄国沙皇，提出议和的信件就分别采用满文、拉丁文和俄文写成。俄国的专使来华后，清廷告知，如果今后俄国沙皇想给中国皇帝写信的话，最好用俄文、拉丁文和蒙文三种语言③。1689 年，科洛文奉戈洛文之命赴京送信时，清廷交给他的回信也是用俄文、拉丁文和满文写的④。可见，在第一次组建使团时，康熙已经考虑到谈判中两国用拉丁文沟通的可能，并因此而令张诚和徐日升随行。色楞格之行受阻后，索额图派人给戈洛文送去的信也是用的拉丁文⑤。在尼布楚谈判之前，中俄双方代表曾通过蒙古通译进行交流，但戈洛文"抱怨他的蒙古语译员们本领不济，并且希望以后谈判时不用别的语言，只用拉丁文"⑥。由于拉丁文在中俄两国的交往中一直得到运用，中方接受了他的要求。

二是由于他们了解西方国家和国际惯例，希望他们能够运用这些知识

---

① 王继庆、王闯：《17 世纪张诚日记之尼布楚行程与谈判》，《学术交流》2013 年第 2 期。

② 王和平：《从中俄外交文书看清前期中俄关系》，《历史档案》2008 年第 3 期。

③ ［俄］尼古拉·班蒂什—卡缅斯基编著、中国人民大学俄语教研室译：《俄中两国外交文献汇编（1619—1792）》，第 62、66—67 页。

④ 《费·阿·戈洛文出使报告》，苏联科学院远东研究所等编、黑龙江大学俄语系翻译组等合译：《十七世纪中俄关系》第 2 卷第 2 册，第 456 页。

⑤ 《费·阿·戈洛文出使报告》，苏联科学院远东研究所等编、黑龙江大学俄语系翻译组等合译：《十七世纪中俄关系》第 2 卷第 2 册，第 599 页。

⑥ ［法］张诚著、陈霞飞译：《张诚日记》，第 28 页。

为中国使团服务，这在当时是极为重要的。但是没有史料证明，康熙皇帝是受耶稣会士的影响而接受俄方按国际惯例进行条约交涉的要求。的确，作为一名对西方知识有浓厚兴趣的中国皇帝，康熙有可能通过耶稣会士了解了一些西方国际惯例和国际法的知识。但他抛弃传统的天朝体制，而接受西方国际社会的惯例来与俄国谈判、订约则主要是出于现实政治的需要和他对俄国的了解。

如前所述，清廷与俄国谈判的目的是为了解决与俄国长期以来的边境纠纷，更重要的是以条约来约束俄国，解除俄国与厄鲁特蒙古人联合的威胁。从这种现实政治的需要出发，康熙极希望与俄国尽快达成协议。负责条约交涉的索额图使团是中国历史上第一个由封建君主派出的具有签约权力的使团。从使团的构成和准备工作足以看出清廷对此次谈判的重视。康熙帝亲自指派"领侍卫内大臣索额图、都统公舅舅佟国刚及尚书阿喇尼、左都御使马齐、护军统领马喇等，往主其议"[①]。但从以往与俄国的交往中，尤其是不断发生的礼仪冲突中，康熙认识到：俄国不是一般的蛮夷小国，而是一个傲慢、强悍、极具扩张野心的国家。在与中国接触以前，俄国已与西方的众多国家有了交往，并且形成了一套属于他们的惯例和传统。中国的传统制度和礼仪不仅不为俄国人所接受，而且受到他们的抵制，早期俄国来华使臣皆不肯遵守中国礼仪，也不肯接受中国的敕谕。俄国人所认可和遵守的是西方的传统和惯例。那么，如果按照中国的传统方式与俄国谈判，是很难有结果的，傲慢的俄国人不会接受强加的或者居高临下的条约，即使签订这样的条约也无法保证俄国真正遵守，无法达到两国友好和睦，相安无事的目的。对于俄国这样一个自大又桀骜不驯的国家，只有按照它所认可和接受的惯例缔结条约才能让其真正信服和遵守。总之，为了毫无牵制地对付准噶尔蒙古人，康熙希望与俄国和解，同时"要求有一个尽可能严格约束俄国人的条约"。这促使"中国放弃了它的传统态度，并且在国际法所确立的平等互惠的基础上和俄国发生了条约关系"[②]。为了保证俄国履行条约，增加条约的约

---

① 黄定天：《中俄关系通史》，黑龙江人民出版社，2007 年，第 20 页。

② ［美］约瑟夫·塞比斯著、王立人译：《耶稣会士徐日升关于日俄尼布楚谈判的日记》，第 114 页。

束力，康熙甚至明确指示中方使臣，条约签订后，叩首跪拜上帝，以上帝的名义宣誓。"叩首跪拜"是中国的礼仪，"以上帝的名义宣誓"是西方基督教国家的做法。这套中西合璧的宣誓方式令俄国人难以接受，双方协商的结果，予以了变通，签约之后，先由中方译员张诚宣读中方的条约文本，再由俄方译员宣读俄方的条约文本，双方同时各自核准校对手中的文本，再进行宣誓，誓词称，上帝"主宰万有，洞察人心"，对于违约者，将"殄灭此辈，使不得善终"①。

后来的《恰克图条约》及其补充条约在谈判过程、内容和形式上也都体现了平等的原则，对边界上卡伦的设立、卡伦官员的人选和职责都有明确的规定，且双方对等。《恰克图条约》签订后，中俄两国"决定每年都要派人到边界上人烟稀少的地区检查岗哨，修缮鄂博，解决两国属民间可能发生的小的边界纠纷。为处理两国商人之间的纠纷，决定在两处贸易圈，即在恰克图和额尔古纳堡各派驻三十名军人，由两名同级军官管理"②。《恰克图条约》还规定了对边境案件实行两国官员会审的制度，对犯案之人亦由两国按各自的法律惩处。

清政府虽然接受俄方的要求，按照西方国际惯例的原则，在平等互惠的基础上与俄国议定和缔结条约，但只是将这些条约视为朝贡体制下处理对外关系的特例，而并不具有普遍的意义。早期中俄条约作为特例有两个方面的含义：

其一，它们的签订并不代表中俄关系的全面平等，而只是在中俄之间结成了一种特殊的局部平等的关系。如前所述，清廷对俄国的让步主要是出于解决边境冲突，尤其是平息内乱的需要，《尼布楚条约》《恰克图条约》都是特殊情况下的特殊产物。在《尼布楚条约》谈判中，清廷虽然作出了前所未有的平等姿态，但是有关外交事宜的交涉却寸步不让，在君王头衔的书写、使节的往来和招待方面，中方代表都未接受俄方的要求。这一点常常为人所忽视，但在清廷眼里，恰恰是这些方面与体制攸关。清廷对俄国外交要求的

---

① ［法］张诚著、陈霞飞译：《张诚日记》，第 46 页。

② ［俄］尼古拉·班蒂什—卡缅斯基编著、中国人民大学俄语教研室译：《俄中两国外交文献汇编（1619—1792）》，第 183 页。

拒绝也恰恰说明它并未打算与俄国建立完全平等的外交关系。也就是说，清廷只限于以平等的姿态与俄国谈判和解决边境问题，在外交地位上中俄关系并没有根本的改变，清廷依然将俄国看作是前来朝贡的藩属国。《尼布楚条约》实现的是两国关系的局部平等，而不是完全平等。后来的历史事实充分证明了这一点。条约签订后，俄国使臣来华，仍然只能享受贡使待遇，仍然需要遵守天朝礼仪。

《恰克图条约》谈判中，清廷仍然拒绝了俄方彼此国书往来的要求，只同意由理藩院与俄国枢密院商定国事，虽然萨瓦当时认为这是两国官方交往的平等而有效的方式，但清政府未必这么看，因为理藩院只是一个负责少数民族事务的机构，只是皇帝意志的执行者。1805 年戈洛夫金使团访华时，清政府要求其提前递交礼单，保证遵守中国礼仪，并令俄国使臣在库伦先演习叩头礼，直到"中矩行礼如仪，潜心静虑，面容虔敬"，方可赴京觐见①。由于戈洛夫金不肯照办，使团在库伦即遣回。可见，中俄关系仍然是不对等的，清政府仍然视俄国为藩属国。

至于条约中的贸易条款，俄方虽极为重视，清廷却仅将其视为羁縻之策。条约签订后，1692 年，俄国政府派遣伊兹勃兰德·义杰斯使团来华，讨论通商的细节问题。1693 年 11 月，使团到达北京，因其所带国书将中国皇帝的尊号置于俄国沙皇之后，不合中国天朝体制的要求，清廷将其国书和礼品一并退回。不过，康熙依然召见并礼遇了使团成员，且允许其在北京贸易。义杰斯按照俄国政府的训令，拟定了六项要求，交给中国政府，其中包括允许中国商人赴莫斯科贸易和允许俄国商人在北京贸易两项商业要求。清政府拒绝了前者，但议准了后者，并规定："俄罗斯国准其隔三年来京贸易，一次不得过二百人，在路自备马、驼、盘费，一应货物不令纳税，犯禁之物不准交易。到京时，安置俄罗斯馆，不支廪给。限八十日起程还国。"② 可见，清政府仅仅将俄商的贸易视为朝贡之外的互市活动，并非俄国所想要的真正的自由贸易。而允许互市是中国封建王朝怀柔外夷的重要手段。从

---

① 叶柏川：《俄国来华使团研究（1618—1807）》，第 97 页。
② 何秋涛：《俄罗斯互市始末》，王锡祺编：《小方壶斋舆地丛钞》第 3 册，杭州古籍书店，1985 年，第 187 页。

后来中俄关系和中俄贸易的情况看也印证了这一点，《恰克图条约》再次强调对俄商贸易时间和人数的限制，但却给予了免税特权，这显然是朝贡体制下的互市政策。当中俄矛盾激化时，清政府也每每以停市相要挟。直到《恰克图市约》签订的时候，清政府都强调通商对中国毫无利益，只是俄国的单方面要求。

其二，早期中俄条约只是清廷对外关系中的特殊个案，并未成为清廷处理中外关系的普遍模式。从《尼布楚条约》的情况来看，有关这一条约谈判的中文资料极为少见，条约签订以后，清政府也没有明确下文将其公之于众，甚至《清圣祖实录》中也只有碑文。对清政府来说，与俄国签订条约是特殊的政治地缘因素的产物，是当时政治形势的需要，但这次谈判与签约本身却不符合中国的体制，不符合传统处理夷务的做法，从维护朝廷和皇帝权威的角度考虑，清政府不得不顾忌此事可能带来的不良后果，从而不愿意将其公诸于众。在此后的政治实践中，清廷也仅将《尼布楚条约》的签订看作一个孤立的特殊事件，并未作为未来对外关系的先例。《恰克图条约》及其补充条约只是延续了《尼布楚条约》开启的解决中俄问题的特殊方式，也不具有普遍意义。总之，早期中俄条约只是"中国传统外交活动的特例"，"并没有开启中国近代新式外交"[①]，清廷只是针对俄国的特殊情况对其外交政策作了有限的调整。

值得指出的是，在《尼布楚条约》的谈判中，俄国大使戈洛文一方面强调国际惯例和国际法原则，另一方面则千方百计制造对中国的优势。谈判期间，戈洛文始终称呼中国皇帝为"博格德汗殿下"，而称沙皇为"陛下"，在交给中方的拉丁文条约草案中也使用了这种称呼。中方参加谈判的耶稣会士看出了其中的奥秘，提醒戈洛文："钦差大臣从不知道对中国博格德汗称'殿下'，而不是'陛下'。如果他们知道了此事，断乎不能接受贬低自己汗的尊严的称呼，他们对'陛下'和'殿下'的区别是知道的。"[②] 在戈洛文的拉拢下，耶稣会士没有揭穿这件事。条约最后以拉丁文本作为正式文本，为

---

① 《〈中俄尼布楚条约〉：运用国际法的初例》，《中国社会科学报》2009 年 2 月 3 日。
② 《费·阿·戈洛文出使报告》，苏联科学院远东研究所等编、黑龙江大学俄语系翻译组等合译：《十七世纪俄中关系》第 2 卷第 3 册，第 870 页。

顾及双方君主的荣誉和尊严，中俄两方拉丁文本条约的前言有所不同：中方的文本中，中国皇帝的尊号和头衔写在前面，俄国沙皇的尊号和头衔写在后面，俄方的文本则恰好相反。除此之外，实际上还有一个重大差别，即俄方文本中称呼沙皇为"陛下"，称中国皇帝为"博格德汗殿下"，而中方文本中的称呼分别写的是"中国大皇帝"和沙皇"陛下"。条约签订后，双方翻译宣读了条约的拉丁文本，表示"验明无误，两相一致"①。耶稣会士隐瞒了这个重要细节，而索额图等人则因为不懂拉丁语，一直蒙在鼓里。清廷后来看到的是中方的文本，自然也没有发现问题。除此之外，在条约的拉丁文本中，沙皇的头衔还包含了这样的字样："东、西、北各方众多疆土世袭君王和领主"②。这也是极为狂妄和自大的。耶稣会士也曾指出，"东方的"世袭君王，这种头衔中方不可能接受，但在戈洛文的威胁下，同时也为了将来获得沙皇的恩典，他将其写入了拉丁文本，而未写入中文本③。由此可以看出，俄方并不仅仅追求与中国的地位平等，而是拥有更大的凌驾于中国之上的野心。戈洛文回去以后，受到俄国政府的嘉奖，不仅因为他实现了俄国扩张领土和对华通商的目标，也因为他维护了沙皇的荣誉和尊严，满足了俄国人的自大和虚荣心理。俄国学者也称赞戈洛文"签订了有利于俄国的条约"，在俄中关系上取得了"第一个外交胜利"④。

① 《费·阿·戈洛文出使报告》，苏联科学院远东研究所等编、黑龙江大学俄语系翻译组等合译：《十七世纪俄中关系》第 2 卷第 3 册，第 872、874、877 页。

② 《费·阿·戈洛文出使报告》，苏联科学院远东研究所等编、黑龙江大学俄语系翻译组等合译：《十七世纪俄中关系》第 2 卷第 3 册，第 872 页。

③ 《费·阿·戈洛文出使报告》，苏联科学院远东研究所等编、黑龙江大学俄语系翻译组等合译：《十七世纪俄中关系》第 2 卷第 3 册，第 833 页。

④ ［苏］H. П. 沙斯季娜著，北京师范大学外语系七三级工农兵学员、教师译：《十七世纪俄蒙通使关系》，商务印书馆，1977 年，第 154 页。

第三章　近代中外条约关系的酝酿

近代时期，在摆脱中世纪教会的控制后，西方国家逐渐转变成独立的民族君主国，并建立起新的近代国家关系模式，政治局面焕然一新。与此同时，西方由封建社会向资本主义社会转变，资本主义经济迅速发展，生产力水平逐渐超越包括中国在内的东方文明古国。在对外商业扩张中，葡萄牙、西班牙、荷兰、法国、英国等先后东来，开始了与中国的贸易。囿于朝贡制度对中外交往的阻碍以及这一制度下对华贸易的重重困难，英国率先酝酿并尝试与中国建立近代条约关系，但其对中国传统体制的挑战却引发了双方的激烈冲突。

第一节　近代西方国家关系模式的诞生

16 世纪，西方国家逐步破除基督教"一统天下"的神权统治，消除封建割据，成为拥有独立主权的民族君主国。这彻底改变了西方的政治格局，为新的国家关系模式的出现奠定了基础。1618—1648 年"三十年战争"后，西方各国签订《威斯特伐利亚和约》，建立了第一个近代西方的国际关系体系，正式确定了国家主权独立、地位平等和条约必须遵守等国际关系法则。

一、 近代西方民族国家的形成

学术界把西方的封建社会称为"中世纪"（medieval），它是从日耳曼人的国家开始的。公元 5 世纪后期，日耳曼人灭亡西罗马帝国，在其境内建立起许多小王国。这些王国大多是短命的，唯一在欧洲大陆壮大并发展的是法兰克王国，该王国在查理曼大帝时期成为囊括整个西欧和中欧的大帝国。查理曼死后，公元 843 年，法兰克王国一分为三，成为后来的法国、德国和意大利的雏形。与此同时，入侵不列颠群岛的日耳曼部落盎格鲁—萨克逊人，逐渐与当地人相融合，形成了后来的英格兰民族。在中世纪，欧洲的这些国家很大程度上只是一种地理概念，没有明确的边界，也没有明确的民族和国家观念。假如你问一个人的身份，他会先告诉你他是基督徒，接着说他是某个地区的居民，比如威尼斯人、勃艮第人或者伦敦人，之后才可能会提到英格兰人、法兰西人等。也就是说，在人们的思想观念中，首先拥有的是宗教意识，然后是地区意识，而鲜有民族和国家意识。

在政治上，中世纪的西方并没有形成东方似的封建中央集权国家，而是处于严重的封建割据之中。在欧洲封建社会中，国王、贵族和骑士等大大小小的封建主构成了金字塔般的等级制度，这种制度是以土地关系为纽带，通过层层分封而形成的。国家并不是一个统一的政治实体，而是由大大小小的封建领地构成的，每块领地是一个自给自足的经济单位，领主是领地上的统治者，对农奴拥有绝对的经济权、政治权和司法权。这使得欧洲封建国家长期处于割据状态，"欧洲的政治版图宛如一件由一些小王国和公国、边境贵族领地和城邦所织补的百衲衣"①。

与世俗王权的衰微不同，中世纪欧洲的教会势力异常强大，整个欧洲形成了基督教一统天下的局面。公元 751 年，法兰克王国加洛林王朝的开国君

---

① 刘德斌主编：《国际关系史》，高等教育出版社，2003 年，第 28 页。

主矮子丕平篡位称王，与教皇勾结，让教皇给他举行加冕典礼，以示王权神授。同时，作为回报，丕平将他获取的意大利中部的一块土地赠予教皇，建立教皇国，史称"丕平献土"。丕平的这一举动埋下了教权膨胀的祸患，自此以后，教皇既是宗教领袖，又是世俗君主。公元 10 世纪以后，教会权力不断增强。13 世纪初教皇英诺森三世在位时期（1198—1216 年），教权达到顶峰。英诺森三世不仅控制了德意志的政局，还使用各种手段迫使英格兰、波兰、匈牙利、丹麦、瑞典等欧洲许多国家的君主臣服于他，罗马教廷成为西欧社会的国际中心，教皇成为"万王之王"。各级教会组织构成了一个"超国家"机器，教会的管辖权超越种族、地域和语言的界限，延伸到每一个基督教国家。总之，中世纪的西欧是"一个天主教大世界，没有'国家'，只有'领地'"①。

到中世纪后期，随着社会生产力的发展、城市经济的日益繁荣、国内市场的形成和市民力量的增强，英、法等一部分西欧国家出现了全国性的等级代表机关——议会，国王借助议会实施统治，贵族和市民阶层共同参政，并在一定程度上分享权力，即所谓的"等级君主制"。在等级君主制时期，司法和军事等方面的权力渐渐集中到中央，等级代表会议则主要掌控国家赋税的批准权和分摊权。中世纪早期的政治混乱和割据状态在一定程度上得到改变。

15—17 世纪，西欧国家在破除基督教神权统治和封建贵族割据的基础上确立了封建君主专制制度，进一步由等级君主制国家过渡到民族君主国。西欧国家的这一转变直接受资本主义兴起的影响。15 世纪以后，随着资本主义生产关系在欧洲的发展，新兴的资产阶级登上了历史的舞台。他们在进行资本原始积累的同时，在思想上发动了对封建神权的攻击。席卷欧洲的文艺复兴运动以人权反对神权，以个性解放反对宗教桎梏，以对现世的肯定反对禁欲主义，促进了人们思想的解放，欧洲人对于世界的观念开始从以神为中心过渡到以人为中心。16 世纪的宗教改革彻底打破了西欧天主教一统天下的局面。瑞士、荷兰等地，以及德意志北部一部分诸侯国成为新教国家，英国建

---

① 钱乘旦等：《世界现代化进程》，南京大学出版社，1998 年，第 27 页。

立了民族教会，摆脱了罗马教廷的控制。法国虽仍忠诚于天主教，但也在 1516 年与罗马教廷签订《波伦亚条约》，法国国王取得任命教会高级教职和向圣职界征税的权力。此后，法国天主教会逐渐实现民族化，它名义上从属于罗马教廷，实际上却受制于国王，成为专制统治的工具。在打破天主教神权束缚的同时，自 15 世纪末叶起，西欧各国也开始了消除封建割据、建立中央集权的过程。此时，封建贵族阶级趋于没落，资产阶级日益壮大，出现了两大阶级的对抗。政治上无权的资产阶级谋求君主的保护，而君主为对付封建割据势力亦寻求资产阶级的支持。在这种情况下，欧洲国家出现了王权与资产阶级的结合。国王在资产阶级的支持下，采取了一系列加强王权的措施，打击贵族割据势力，把立法、行政和司法权逐渐集中到自己手里，并进一步加强国家机器，依靠官僚制度和常备军对全国实行集权统治，从而确立起中央集权的君主专制政体。西班牙、英国、法国都在 15 世纪末形成了专制王权。"王权与民族重迭"是这一时期西欧的特点[1]。封建君主专制政体的建立是欧洲民族君主国最终形成的标志，它与民族语言和文化的形成大体上是同步进行，互相促进的。

恩格斯曾经指出：在普遍的混乱状态中，"王权是进步的因素，这一点是十分清楚的。王权在混乱中代表着秩序，代表着正在形成的民族而与分裂成叛乱的各附庸国的状态对抗"[2]。的确，欧洲封建君主专制的建立是一种历史的进步，它增强了欧洲人的民族意识与民族情感，使民众逐渐摆脱了狭隘的地方主义思想，形成了大众忠诚于王权的新的政治认同。更重要的是，它确立了世俗王权的政治权威，使整个国家成为一个领土相对完整、统一的享有独立主权的政治实体，促进了近代主权国家的建立，为新的西方国家关系模式的出现奠定了基础。

但是，16 世纪欧洲的民族君主国还不是完全的近代意义上的民族国家，它还不具备民族主义的意识形态。"民族主义是建立在情感基础上的一种思想观念，它是民族共同体的成员对本民族的一种热爱与忠诚，对民族统一、

---

① 钱乘旦主编：《欧洲文明：民族的融合与冲突》，贵州人民出版社，1999 年，第 45 页。

② 《马克思恩格斯全集》第 28 卷，人民出版社，2018 年，第 234 页。

独立和强大即生存与发展的追求和理想。"① 民族君主国的建立虽然增强了欧洲人的民族意识，但在专制君主制下，人们将国王视为民族与国家的代表和象征，他们所怀有的是对王朝国家而不是对整个民族的热爱与忠诚。

在欧洲，封建专制并没有培育出民族主义，恰恰相反，近代民族主义是在反封建的斗争中形成的。17 世纪以后，随着资产阶级力量的壮大，他们不仅与国王分道扬镳，而且向封建王权发起了批判，并掀起了反对封建专制的民主革命。近代的民族国家观念就产生于资产阶级同封建王权的斗争。18 世纪启蒙运动时期，启蒙思想家们从自然法的角度提出了人民主权论和社会契约论思想，认为国家的所有成员都是独立的公民，都享有自由、平等、财产等一系列的权利，国家是人民为着共同利益组成的集合体，国家的主权属于人民。18 世纪末的法国大革命在某种程度上实践了启蒙学者的思想。法国人民推翻了波旁王朝的专制统治，以卢梭的人民主权学说为指导建立了资产阶级共和政体，从前的臣民变成了公民，国家利益取代了王朝利益，从而产生了近代的民族主义。此后，拿破仑以战争方式将法国这种民族国家的形象传给了欧洲其他地区，唤醒或激起了各地区的民族意识。而拿破仑的扩张和军事占领又使民族独立的意识强烈地发展起来，使以普鲁士为代表的一些国家产生了基于共同民族文化和民族精神之上的民族主义思想，并掀起了统一与自由运动。

总之，法国大革命以后，欧洲的民族君主国向真正意义上的民族国家转变，并逐渐成为欧洲一种普遍的国家形态，民族主义和爱国主义成为资产阶级国家的精神诉求，国家利益成为各国追求的最高目标。"民族国家是民族意识和民族主义在政治上和组织上的最终形式，是对共同文化价值、政治信仰、经济基础认同的人民共同体。"② 它也是"拥有国家主权的政治实体，对内实施有效的控制，对外具有相应的防御机制"③。

---

① 李宏图：《西欧近代民族主义思潮研究——从启蒙运动到拿破仑时代》，上海社会科学院出版社，1997 年，第 8 页。
② 刘德斌主编：《国际关系史》，第 36 页。
③ 岳蓉：《英国民族国家研究》，贵州人民出版社，2004 年，第 1—2 页。

二、 近代西方国际关系体系的诞生

在民族君主国形成的过程中，西方世界亦逐步建立了自己的国际秩序。近代西方国际秩序是以国家主权观念为理论基础的。1576 年，法国政治思想家布丹在《国家六论》一书中，系统提出了关于国家主权的理论，认为主权是国家最本质的特征，是一个国家绝对的、客观的权力，主权凌驾于其他权力之上，不能分割、不可转让，并且是永久性的。1625 年，国际法的鼻祖荷兰的格劳秀斯出版《战争与和平法》，对国际关系主体主权一律平等、"国际合作和人道主义"的国际法原则，作了"极其深刻而鲜明的理论论证"，从而建立了"作为一门科学的国际法的体系"①。

同一时期，伴随着民族君主国的形成，欧洲国家之间存在着宗教、领土、经济、王位继承等错综复杂的矛盾，并时常引发战争。最终，1618 年欧洲爆发了一场规模空前的大战，这场大战持续近三十年之久，几乎所有欧洲国家都被卷入。直到 1648 年，四分五裂的欧洲通过国际会议和和约的方式，将格劳秀斯的国际法理论付诸实践，确定了国家主权平等、领土完整以及条约必须遵守等一系列国际关系法则，形成了第一个近代西方国际关系体系——威斯特伐利亚体系。

"三十年战争"肇端于德意志内部的宗教矛盾。自 13 世纪中叶，霍亨斯陶芬王朝垮台以后，德意志一直处于没有中央政权的空位时期，诸侯趁机壮大、巩固自己的势力，于是出现了七大选帝侯左右王位的局面，德意志的大事都取决于诸侯，特别是选帝侯把持的帝国议会。15 世纪德意志虽然被称为"德意志民族的神圣罗马帝国"，但却从未真正统一，由于各诸侯国之间不断的政治宗教冲突和战争破坏，德意志的分裂局面愈演愈烈。1517 年马丁·路德首先拉开了宗教改革的序幕，但宗教改革引发的信仰斗争使德意志各邦诸侯分裂为新教和天主教两大阵营。在七大选帝侯中，三个是新教徒，四个是天主教徒，神圣罗马帝国的皇帝也是天主教徒。宗教改革中，新教诸侯没收

① ［苏］Д. И. 费尔德曼、Ю. Я. 巴斯金著，黄道秀等译：《国际法史》，法律出版社，1992 年，第 100、101 页。

了天主教教会的土地，并把路德派教会置于自己的控制之下，势力大大增强，比以往拥有了更大的独立性。这遭到皇帝和旧教诸侯的嫉妒和敌视。与此同时，皇帝不甘心于自己有名无实的地位，一心想要加强中央的权力，削弱诸侯。1608 年皇帝指使天主教徒巴伐利亚公爵派兵夺取新教自由市多纳沃特，并在该市恢复了天主教。这一事件导致了新教同盟的成立。天主教诸侯也在第二年成立天主教联盟。天主教同盟与新教同盟之间、中央集权势力与诸侯割据势力之间矛盾重重。

欧洲列强也插手德意志内部的斗争。西班牙是天主教国家，而且它的君主和神圣罗马帝国皇帝都属于哈布斯堡家族，所以西班牙支持神圣罗马帝国皇帝及天主教诸侯。法、英、荷诸国希望维持德意志的封建割据局面，并觊觎德意志的土地，因而支持新教诸侯。欧洲列强的介入使得德意志问题更加复杂，德意志内部的宗教矛盾扩大为欧洲各国君主争权夺利、扩疆拓土的冲突，终于在 1618 年爆发了战争。

"三十年战争"的整个过程分为四个阶段：第一阶段，波希米亚时期（1618—1624 年）。这一时期，信仰加尔文教的波希米亚贵族组建了临时政府，摆脱了哈布斯堡家族的统治，但被神圣罗马帝国皇帝斐迪南二世击败。斐迪南二世大力镇压新教，使北欧新教国家陷入惶恐之中。第二阶段，丹麦时期（1625—1629 年）。丹麦加入战争，声援德意志北部的新教诸侯，但皇帝和天主教同盟的军队将其打败，反宗教改革的浪潮在德国泛滥。第三阶段，瑞典时期（1630—1635 年）。瑞典一度击溃皇帝和天主教同盟的军队，但又败于奥地利和西班牙联军之手。此后，北德新教诸邦与皇帝和解，相互归还所占领土，新教诸侯同盟解散，除萨克森选侯的一部分军队外，所有军队都由皇帝直接控制，皇帝亦宣布大赦新教诸侯。第四阶段，瑞典—法国时期（1635—1648 年）。法国向西班牙宣战。支持法国的有瑞典、荷兰、匈牙利、意大利的萨伏依和威尼斯，站在西班牙方面的则是神圣罗马帝国皇帝和德意志的一些诸侯。西班牙和皇帝的军队先后被打败，支持他们的诸侯亦无力再战。1648 年 10 月，参战各方缔结《威斯特伐利亚和约》，战争结束。

《威斯特伐利亚和约》由《明斯特条约》和《奥斯纳布鲁克条约》构成，

前者共 128 条，后者共 17 条。《明斯特条约》第六十四条规定："为防止今后在政权国家内产生任何争端，所有罗马帝国的选侯、邦君和各邦，应根据本协议确定和确认享有他们自古以来的权利、特权、自由、优惠、自由行使领土权，不论是宗教的，还是政治的或是礼遇性的权利，因而他们永远不能，也不应受到任何人以任何借口进行的骚扰。"[1] 第六十五条进一步规定了各邦享有所有帝国事务的投票权，包括宣战、征税、征召或遣散士兵、建筑防御工事或战略要地、缔结和约、结盟等，各邦亦可以自愿与其他国家结盟，以维护其自身安全，但"不得针对皇帝和帝国，也不得反对公共和平和本和约"[2]。一句话，帝国诸侯拥有了独立的内政、外交权力，皇帝不得干涉。和约亦明确了法国、瑞典的领土范围：法国取得阿尔萨斯（斯特拉斯堡除外），并肯定了早先取得的麦茨、图尔和凡尔登三个主教管区归法国所有；瑞典则获得不来梅和费尔登的主教管区以及波美拉尼亚的西半部，包括什切青城在内。和约还确定了荷兰的独立地位，承认瑞士脱离神圣罗马帝国而独立。此外，和约规定新教与天主教享有同等的权利。

《威斯特伐利亚和约》的签订被视为近代西方国际关系体系诞生的标志，它造就了近代意义上的国际法主体，确定了国家主权独立、地位平等等西方国际社会的基本准则，在西方世界开创了一种新型的国际秩序。和约肯定了瑞士、荷兰的独立地位，实际上等于明确承认了它们的国际法主体资格。对于德意志各邦，和约虽仍保留了其帝国成员的身份，但同时授予了他们宣战、媾和、结盟等外交权，等于也间接承认了其国际法的主体地位。在签订和约的过程中，曾经高高在上的神圣罗马帝国丧失了原有的优越性，各方地位平等，互相承认彼此的权威，此后皇帝亦不能再干涉各国事务，欧洲的国际关系朝着主权平等方向发展。从此，罗马教皇神权下的"世界主权"不复存在，独立的主权国家成为国际关系中的主要行为者，国家地位平等成为各国共同推崇的原则。

《威斯特伐利亚和约》中包含的主权独立、地位平等、和平共处等原则

---

① 世界知识出版社编辑：《国际条约集（1648—1871）》，世界知识出版社，1984 年，第 16 页。
② 世界知识出版社编辑：《国际条约集（1648—1871）》，第 16 页。

奠定了近代西方国际秩序的基础，对近代西方国际法的发展产生了深远影响。而从国际条约法的发展来看，和约的签订亦有着重要意义。《明斯特条约》第一百二十三条明确规定，条约必须得到遵守，"参加协议的所有各方应有义务保卫和保护本和约的每一项条款不受任何人的侵犯"；第一百二十四条对这一义务进行了补充说明，规定：如果使用温和的手段和法律措施经过 3 年都无法解决争端，那么"同本协议有关的每一方都必须站在受害者的一方，向他提供意见和武力，协助他还击侵害者……但是这样做不得有损于每一方的管辖和符合于每一个邦君和各邦法律的司法权，而且不允许帝国的任何邦用武力和武装来寻求权利"[①]。这不仅肯定了条约作为国际法的强制性效力，为变化中的国际秩序建立了约束框架，而且通过条约这一手段初步构建了维护国家安全和国际和平的集体保障机制。此后，条约作为国际法的载体，日益成为主权国家之间联系的纽带和解决争端的依据，有关条约的缔结、生效、适用、解释、终止等方面的国际法原则和规则也日趋完善、成熟。

必须指出的是，《威斯特伐利亚和约》所提出的国际关系准则和所建立的国际秩序，代表了历史的进步，体现了近代的主权和平等观念，但是这一具有近代性质的以主权和平等为内核的国际秩序，实际上仅限于基督教国家，对非基督教国家则具有极强的排他性，甚至带有偏见和歧视。当时的国际法学说认为，"国际社会就是欧洲社会，非欧洲国家只有在符合欧洲人所定的文明标准之后，才能被允许加入其中"[②]。此后的几个世纪中，这一思想得到延续，并不断强化。直到 19 世纪 40 年代，赴华签约的美国专使顾盛还在给国务卿的报告中公开表示，西方公认的国际法原则，实际上除了基督教国家之外，"并不应用于任何国家的国际交往"[③]。可见，《威斯特伐利亚和约》建立的国际秩序，虽体现了国家主权平等的原则，却具有极强的排他性，不适用于中国等东方国家。

---

① 世界知识出版社编辑：《国际条约集（1648—1871）》，第 31 页。
② ［英］赫德利·布尔著、张小明译：《无政府社会——世界政治秩序研究》，世界知识出版社，2003 年，第 27 页。
③ 《顾盛给国务卿卡尔霍恩的报告》，阎广耀、方生选译：《美国对华政策文件选编（从鸦片战争到第一次世界大战）》，人民出版社，1990 年，第 52 页。

在殖民扩张中，为了处理与非基督教国家的关系，西方法学界提出了所谓"特殊国际法"或"特别国际法"理论，即"只对某些国家有效的国际法规范"①。成书于 20 世纪初的《奥本海国际法》认为，由于各国地理、经济和文化的差异，很难找到普遍适用的规则，因此"有必要在区域共同利益的基础上加以发展和调整"，建立"两个或两个以上国家之间的特殊国际法"，但是这种特殊国际法要"以对一切国家有拘束力的国际法原则的存在为前提"，"并必须依照这种原则加以解释"②。在此基础上，该书提出了所谓"亚洲国际法""非洲国际法"等似是而非的概念，并论证了它们的合法性。"特殊国际法"的理论，实际上是阉割国际法的主权原则，为西方国家强加给其他国家和民族的不平等条约辩护，"把西方帝国主义、殖民主义在亚洲和非洲攫取特权与掠夺殖民地的一些非法方式法律化"③。

总之，相较于以朝贡关系为核心的中国传统国际秩序，《威斯特伐利亚和约》建立的西方国际秩序以国家间的主权平等为原则，它在形式上是平等的，但本质上却有着不平等的性质。它排斥和歧视资本主义世界之外的国家，并采取进攻的姿态，将一种弱肉强食的不平等关系强加给这些国家和民族。正因如此，它必然与传统中国的朝贡体制发生激烈冲撞。

第二节　明清时期中国与西方国家关系及其早期条约

自地理大发现以后，西方国家拉开了对外殖民的序幕，葡萄牙、西班牙、荷兰、法国、英国等先后在东印度建立殖民据点。明末清初，西方列强开始涉足中国东南沿海，葡萄牙租居澳门，荷兰强占台湾，英、法等国也通过澳门和台湾等地与中国大陆发生贸易关系。在这一时期的中西交往中，西方国家为谋取在中国的贸易权，大多遵守了中国的朝贡制度，成为中国的朝

---

① 〔美〕汉斯·凯尔森著、王铁崖译：《国际法原理》，华夏出版社，1989 年，第 156—157 页。
② 〔英〕劳特派特修订、王铁崖等译：《奥本海国际法》上卷第 1 分册，商务印书馆，1971 年，第 34—35 页。
③ 周鲠生：《国际法》上册，商务印书馆，1976 年，第 7 页。

贡国或互市国。与此同时，中国与西方国家之间也开始通过条约形式来调整彼此的政治和经济关系。

一、 西洋朝贡国与互市国的出现

明末清初，西方国家纷纷自海道来华，为获得通商便利，向中国封建王朝请贡。在明朝年间，他们海盗式的扩张行为不但为明廷所不能接受，更引起了中国政府对国防安全的警惕和担忧，因而没有达到目的，只有葡萄牙被正式允许互市和居留澳门。清王朝建立以后，满清朝廷仍以朝贡的眼光审视这些西洋国家，并按照朝贡体制与之交往。荷兰、葡萄牙因对新王朝的恭顺和臣服而受到接纳，成为朝贡国，获得更多贸易特权。英国等其他西欧国家则在 1685 年康熙开放海禁后，才在东南沿海开始同中国的贸易，成为中国的互市国。

在从海道而来的西方国家中，最早叩击中国国门的是葡萄牙，中国古籍称"佛朗机国"。自 15 世纪末达·伽马发现通往印度的航线以后，葡萄牙就开始了向东方的殖民扩张。1510 年，葡萄牙占领印度西海岸的果阿，1511 年占领马六甲，作为其在东印度群岛扩张的战略基地。在到达中国以前，葡萄牙依仗其强大的海军实力，已经取得了印度洋地区的商业霸权。

葡萄牙对中国的兴趣是源于贸易。1514 年一位名叫乔治·阿尔瓦雷斯（Gorge Alvares）的葡萄牙人首次到广东珠江口的屯门贸易。1516 年果阿葡萄牙总督派安特拉德率领舰队前往中国，因受天气影响未能到达目的地，但了解到中国是个巨大的香料市场，从马六甲运胡椒到中国，利润达 300%。

1517 年 6 月，安特拉德再次率领 8 艘军舰来到中国，每艘军舰载重 800吨，全部装满了从巴塞购买的胡椒。葡萄牙驻印度总督阿尔贝加利亚委派皮雷斯（Tomo Pires）为大使，与安特拉德同行，以便建立与中国官方的联系，获得在中国贸易的特权。明朝方面，为防患倭寇的劫掠骚扰，在 16 世纪中叶以前，一直实行严格的海禁政策，禁止中国人赴海外经商，也限制外国商人到中国贸易，除朝贡贸易以外，其他中外贸易一律禁止，即所谓"非朝贡不得互市"。因此，为了与中国人做买卖，葡萄牙舰队抵达中国后，一面强占屯门，一面向广东当局提出"遣使进贡"的要求，但因葡萄牙非《明会典》所载朝贡国，又未携带勘合、表文，遭到明朝政府拒绝，令其使者回国，"其方物给与之"①。

皮雷斯不甘心就此返回，继续居留广州。1520 年初，他通过贿赂地方官获准进京。时值明武宗南巡，驻跸南京。皮雷斯带领葡萄牙使团奔赴南京，但未得到武宗召见，只有其通事火者亚三目由权臣江彬引见给武宗，并谎称马六甲使臣。皮雷斯率使团上京等候，不料，武宗回京不久即病逝，而与此同时，明朝政府得知葡萄牙侵占马六甲之后，甚为愤慨。马六甲是中国的藩属国，自明永乐初年以后向中国朝贡称臣。在葡萄牙使团来华前，马六甲已有三十多年不曾向明政府朝贡，但名义上仍是明朝的朝贡国。正德十六年（1521）七月，马六甲使者来京，请求明朝政府助其复国。明廷拒绝了马六甲出兵相助之请。不久，广东当局奏报，葡萄牙接济贡使衣粮的船只请求在广州贸易。礼部议复："佛朗机非朝贡之国，又侵夺邻封，犷悍违法，挟货通市，假以接济为名，且夷性叵测，屯驻日久，疑有窥伺，宜敕镇、巡等官急逐之，毋令入境。"② 明世宗随后下令驱逐葡萄牙使团。皮雷斯被囚于广东，死于狱中。

16 世纪 20—40 年代，葡萄牙人仍不时到福建、浙江和广东沿海从事临时性的贸易，经常遭到地方官的驱逐。1535 年，广东政府将市舶司移设澳门，使其成为一个正式的贸易港口，"但规定外国商人只能临时停泊贸易，不能上岸居住"，交易完成之后，立刻离开③。1553 年，葡萄牙人借口"舟触风涛"，以贿赂手段，得到地方官允许，在澳门口岸借地"曝晒水渍贡物"，并"按向例抽税百分之二十"④。此后，葡人得寸进尺，在口岸建屋居住，渐成村落。学界认为，葡萄牙进入澳门贸易和居留是在 1553—1557 年间⑤。葡萄牙人在澳门居留、贸易一开始并没有得到朝廷的许可，只是广东

---

① 台北"中研院"历史语言研究所校印：《明武宗实录》卷 158，上海书店出版社，1984 年，第 3022 页。

② 台北"中研院"历史语言研究所校印：《明世宗实录》卷 4，上海书店出版社，1984 年，第 208 页。

③ 黄鸿钊：《澳门史》，福建人民出版社，1999 年，第 10 页。

④ 缪鸿基等编著：《澳门》，中山大学出版社，1988 年，第 5 页。

⑤ 黄鸿钊：《澳门史》，第 11 页。

地方官受贿后私下允准，后来朝廷发现以后，出于增加税收、发展地方经济的目的亦没有制止。至此，葡萄牙成为中国的互市国。

清顺治年间，为对付台湾郑成功势力，再次实行严厉的海禁政策，"片帆不得下海，片帆不得出洋"。康熙九年（1670），受海禁影响，澳门与内地贸易受阻，葡萄牙驻印度总督再次以国王的名义遣使赴华，向清廷进献珊瑚、象牙、犀牛角等 17 种物品。使团呈递的国书经华人通事翻译，使之成为符合中国朝贡体制要求的表文，其措词充斥着藩属国对宗主国的虔诚与敬仰。康熙念其远洋来朝，"着从优赏赉"①。葡萄牙正式成为中国的朝贡国。1678 年，为解决贸易问题，葡萄牙又一次遣使赴京，具表谢恩，并向清廷呈献狮子。康熙于次年批准澳门的葡萄牙人由陆路与广州贸易②。1720 年，为答谢清廷准其赴南洋贸易，葡萄牙澳门当局派斐拉理朝见，并行三跪九叩之礼。此后，葡萄牙于雍正五年（1727）、乾隆十八年（1753）两次遣使来华，清廷均以贡使待之。

除葡萄牙外，在鸦片战争前，另一个名义上成为中国朝贡国的西方国家是荷兰。17 世纪，荷兰成为西方首屈一指的强国，凭借其先进的航海技术和强大的海军，垄断了大部分的海上贸易，并在东方扩张殖民势力，建立了以巴达维亚为中心的东方殖民帝国。明朝万历二十九年（1601），荷兰人至广东要求通商，遭到拒绝，于是干脆展开海盗式的劫掠，于 1622 年侵占台湾西南部，兴建台湾城（荷人称热兰遮城）、赤嵌城（荷人称普罗文查城）等殖民据点。但后来，荷兰却成为第一个列入中国朝贡国名单的西方国家。

荷兰在东方的殖民和贸易主要是通过东印度公司进行。荷兰东印度公司成立于 1602 年，它不仅享有垄断东方贸易的特权，而且具有一定的国家职能，在其所控制的地区享有完全的立法、行政、司法等大权。"它甚至可以用荷兰政府的名义，在东方宣战、媾和、缔结条约。"③ 1653 年荷兰东印度

---

① 《圣祖仁皇帝实录》卷 33，康熙九年六月庚戌，《清实录》第 4 册，第 450 页。
② 万明：《中国融入世界的步履——明与清前期海外政策比较研究》，社会科学文献出版社，2000 年，第 419 页。
③ 刘鉴唐、张力主编：《中英关系年要录（公元 13 世纪—1760 年）》第 1 卷，四川省社会科学院出版社，1989 年，第 77 页。

公司驻巴达维亚总督派使臣"至广东请贡，兼请贸易"①，但因没有携带表文和贡物被驳回。1655 年，巴达维亚总督再次遣使访华，按中国的要求带有表文、贡物，清廷准请。荷兰使臣朝见顺治帝期间非常恭顺，一切遵守天朝礼制，并行三跪九叩之礼。清廷因而接纳其为朝贡国，"着八年一次来朝，员役不过百人，止令二十人到京"②。荷兰随行的画师约翰·尼霍夫（Johan Nieuhofs）纪录了此次出使的经历，并于 1665 年出版《荷使初访中国记》。

康熙初年，出于对付郑成功势力的需要，荷兰与清廷结盟，中荷关系更加密切。康熙二年，荷兰东印度公司驻巴达维亚总督派兵至福建"助剿海逆"，并借机遣使朝贡，请求贸易。康熙特许其两年贸易一次。为进一步获取贸易特权，1666 年范和伦（Pieter van Hoorn）奉荷兰巴达维亚总督之命率领使团来华。范和伦是巴达维亚的印度董事会成员，有很高的文化素养，来华前做了精心准备，收集了许多与中国有关的商业和政治信息，并带来丰厚的礼物。他希望在北京与中国皇帝谈判，签订一份有约束力的协议。该使团于 1667 年 6 月 20 日抵达北京，得到康熙的接见。范和伦请求康熙允许荷兰人每年来华贸易一次，不限制船只数量，也不限制贸易对象，贸易地点是广州、福州、宁波或杭州③。可是，康熙不仅未同意荷兰的请求，还下令恢复八年一贡的旧例。这次出使失败的原因是多方面的：首先，清廷意识到统一台湾的时机尚不成熟，对与荷兰的联合失去了热情。其次，范和伦使团出使期间出现了诸多违背中国的朝贡制度的行为。使团没有按照清廷的规定从广东入境，而是取道福建。更严重的是，运送使团的荷兰船只未得皇帝允许提前离开，朝廷得知此事，大为震怒，福建总督张朝璘被撤职，福州巡抚耿继茂被罚银 2000 两。再次，荷方的要求违反了中国的朝贡体制和贸易制度，挑战了中国朝廷的权威。1667 年，朝廷明令，禁止荷兰人继续在福州贸易。这一禁令使荷兰的对华贸易受到很大打击。1668 年，驻在基隆的荷兰人被迫

---

① 梁廷枏：《海国四说·粤道贡国说》，中华书局，1993 年，第 205 页。
② 《世祖章皇帝实录》卷 103，顺治十三年八月甲辰，《清实录》第 3 册，第 804 页。
③ ［美］卫思韩：《清朝与荷兰的关系，1662—1690》，载［美］费正清编、杜继东译：《中国的世界秩序——传统中国的对外关系》，中国社会科学出版社，2010 年，第 254 页。

全部撤出，因为"没有一艘中国商船来基隆交易"①。

1677年，荷兰再次向中国派出一支小规模的商队。皇帝允许他们在福州贸易，但要求巴达维亚的"荷兰国王"派一支舰队协助清军驱赶郑氏势力。荷兰商人虽然得到贸易许可，但贸易对象仍然局限于拥有特许权的官商，因而没有获得满意的利润。为打破贸易垄断，1678年，巴达维亚总督派马蒂纳斯·凯撒（Martinus Caesar）率团出使中国。他向地方官递交了一份文件，提出荷方的贸易要求，但却不能保证可以派出舰队协助中国。结果，他连上京面圣的机会都没得到，皇帝只是答应"荷兰人可以不用等待北京的批准就前来贸易并离开"②。该使团失败的另一个原因依然是不愿遵行朝贡制度。使团抵达福州时，地方官要求查看所有给皇帝的公文，并由他们将其呈送朝廷。但马蒂纳斯·凯撒拒绝了，他从巴达维亚得到的命令是："如果不能亲赴北京向皇帝呈递信函，就把信函带回去。"③ 结果，直到要被送走之前，在地方官不许贸易的威胁下，他们才呈出信函，而且明显有打开和改动的痕迹。而在得知荷兰人不能进行军事合作以后，1681年，皇帝下令取消了荷兰人的贸易特权。

清朝统一台湾后，解除海禁，康熙二十五年荷兰再次遣使来华。此次，荷兰使团没有抵制和违背朝贡制度，表现得极为恭顺，因而康熙答应将其贡期缩短为五年一贡，其贡道也由广东改为福建。但由于海禁已开，外国商人在中国沿海的贸易条件大为改善，此后的一百多年间，荷兰并未遣使朝贡。

1794年荷兰再次派出使团访华，跟17世纪的几次遣使相比，这一次虽然表文经地方官修改过，但基本上没有违反朝贡制度之举。从地方礼仪到觐见皇帝，荷兰人都表现得出奇的顺从隐忍，这主要是由于有了1792年英国马戛尔尼（George Macartney）使团失败的经历和经验，但在平静和顺从的外表之下，荷兰人心中也充满了不满的情绪，之后使团成员的日记充分说明

① ［美］卫思韩：《清朝与荷兰的关系，1662—1690》，载［美］费正清编、杜继东译：《中国的世界秩序——传统中国的对外关系》，第254页。
② ［美］卫思韩：《清朝与荷兰的关系，1662—1690》，载［美］费正清编、杜继东译：《中国的世界秩序——传统中国的对外关系》，第256页。
③ ［美］卫思韩：《清朝与荷兰的关系，1662—1690》，载［美］费正清编、杜继东译：《中国的世界秩序——传统中国的对外关系》，第258页。

了这一点。

除葡萄牙与荷兰外，其他从海道而来的西方国家虽未成为中国的朝贡国，但大多在 1685 年康熙开放海禁后，与中国有一定的贸易关系。崇祯十年（1637），英人威德尔（John Weddell）率船队闯入广州内河，与中方发生武装冲突。在明军的抗击下，英人被迫退至澳门，于 1637 年底被驱逐回国。1664 年，英国东印度公司万丹分部派船前往澳门，但因葡萄牙人的阻挠和澳门当局的勒索无功而返。此后，英国主要通过台湾与中国贸易。海禁开放后，1689 年，第一艘英国船只到达广州。1715 年，英国东印度公司在广州建立商馆。1728 年，法国也在广州设立商馆。1784 年，美国商船首次抵达广州，此后络绎不绝。此外，西班牙、瑞典、丹麦、德国等国亦有少量商人前来贸易。

二、 早期中西条约

明清之际，面对自海道而来的西方国家，中国封建王朝一方面坚守朝贡体制，将这些国家纳入朝贡和互市的轨道之中，另一方面，出于特殊的政治、经济形势的需要，也试图以条约方式处理中西之间的某些问题。因此，早在中俄《尼布楚条约》签订以前，就出现了一批中外条约，包括 1662 年的中荷《台湾媾和条约》、1663 年的《清荷协约》、1672 年的中英《台湾通商条约》、1675 年的中英《台湾通商补充协定》。这些条约均与台湾有关，是王朝更替时期复杂政治形势的产物，且 4 个条约中，只有 1663 年的《清荷协约》是清政府与荷兰签订的，其他 3 个都是由台湾郑氏政权与外国签订。

1662 年《台湾媾和条约》和 1663 年《清荷协约》是中国与荷兰签订的条约，并且都属于军事协定。这与南明郑氏政权与清王朝之间的斗争有着密切的关系。

满清王朝入主中原后，郑成功高举反清复明的大旗，坚守东南沿海一带。为建立可靠的斗争基地，1661 年 4 月，郑成功从厦门出兵，向台湾发动大规模军事进攻。经过 9 个月的战斗，最终击败了盘踞台湾的荷兰殖民者。1662 年 1 月 27 日，荷兰殖民者写信求和，表示愿意停火，与郑成功洽谈条约。郑成功做出了善意的回应，同意停火一天，进行洽谈，中方"只要财务上的补偿"，不会伤害荷兰人的性命。荷兰人得到这个信号后，于 1 月 28 日向郑成功提出了媾和缔约的条件：保证所有荷兰人的安全，允许荷兰人携带私人财物和全副武装离开，提供荷兰人前往巴达维亚"所需要的食物和其他需用品"，"以合理的价格"向荷兰人供应撤离所需的船只，双方互换两名人质作为履行条约的保证等。郑成功表示，他要的是城堡，并不要荷兰人的财物，但 9 个月的围攻花费了大量的费用，所以不愿得到一座空城，要求荷兰人"把城堡里的全部财物都交出来"。同时，他再次肯定不会伤害荷兰人的性命，除了已经投靠中方的人之外，其他战俘愿意交还荷方，也同意荷方携带私人财物、武装，提供必需品和船只的要求。用郑成功的话说，"那些只是小事情"①。

条件谈妥以后，1 月 29 日，荷兰驻台湾行政长官菲特烈·揆一（Frederick Coijett）和"福尔摩沙议会"的议员们召开大会，讨论谈判策略，决定向郑成功提议，"双方各派同等人数的代表，在热兰遮城和大员市镇之间的那条石头路中段"，当面会商缔和。荷兰人实际上是企图以这种方式获得在谈判中的平等地位，而不必在中方面前低声下气。郑成功认为，荷方是有意拖延时间，一口回绝，表示荷兰人只要把城堡以及所有财物交出来就行了，无须多谈，如果现在没准备好，开火以后，"还可以来缔约"。但是，为尽快达成协议，结束战争，郑成功随后又派人给荷方送信，同意双方代表在约定地点当面会商②。

1 月 30 日，4 位中方代表和 3 位荷方代表首次会面。会面之前，荷方召开大会，一一讨论条款，并将讨论好的条款和一份指令交给谈判代表，在指令中重申了媾和条件，尤其强调"要全副武装撤退以及要互换人质这两项是最重要的"，"如果这两项不能成立，就不要签约"③。随后，双方展开了激烈的交涉。郑成功对荷兰人极为宽大，"除仓库、火药、火炮等公物不许擅动

---

① 江树生：《郑成功与荷兰人热兰遮城最后一战》，《台湾文学选刊》1993 年第 10 期。
② 江树生：《郑成功与荷兰人热兰遮城最后一战》，《台湾文学选刊》1993 年第 10 期。
③ 江树生：《郑成功与荷兰人热兰遮城最后一战》，《台湾文学选刊》1993 年第 10 期。

外，一任他们带走全部个人财物"①。因为郑成功的目的并不在掠夺，而志在收复失地。但荷兰人在财物问题上斤斤计较，提出"已兑换而存在公司帐簿里的钱，不能算为公司的钱，至少孤儿院和救济院的钱不能算为公司的钱"，公司的奴隶也必须与其他财物区分开来，公司财物清单中不能包括弹药和日常生活用品②。郑成功适当作了让步，但始终不同意将孤儿院的钱从公司财物中除去。2 月 1 日，双方停火谈判，2 月 10 日郑成功与荷兰殖民当局签订《台湾媾和条约》。

经过两天的紧张谈判，中荷两方各拟就了一份条约，其中荷方的 18 款，中方的 16 款，由双方代表"各按本国的习俗，举行誓约、签字、盖章的仪式，然后互换条约，完成缔约手续"③。这就是中荷《台湾媾和条约》。双方最终达成如下协议：过往不咎，忘掉一切仇恨；荷兰人在热兰遮城修筑的工事，以及属于荷兰东印度公司的炮弹、现款及全部商品均交给中方；被包围的荷兰殖民者撤退时允许携带从台湾到巴达维亚的航程中所需数量的米、油、烧酒、咸肉、面包、绳子、帆布、沥青、火药、子弹等物品；所有私人的动产，经中方检验后允许装船运出；28 位众议会的议员每人可带走 200 个两盾半银币，另外 20 位"已婚的、单位主管及比较重要的人"可以合计带走 1000 个两盾半银币；荷方军人准予携带行李，并依照荷方习俗，"全副武装，举着打开的旗子、燃着火绳、子弹上膛，打着鼓"，上船离去；公司簿记文件中有关债务的资料要抄录出来交给中方；释放战俘，归还荷兰人的小艇，提供足够的船只帮助荷方运送人员、物资，互换人质，荷方人员须于三日内退出台湾等④。

荷方所拟的 18 条约文中第八条和第十二条是中方约文中所没有的内容，郑成功没有给出答复。第八条要求荷兰殖民政府全部文件簿记都得以带往巴达维亚。荷兰人的理由是，公司原始的簿记文件尚未整理成册，而且他们有

---

① 田珏主编：《台湾史纲要》，福建人民出版社，2000 年，第 59 页。
② 江树生：《郑成功与荷兰人热兰遮城最后一战》，《台湾文学选刊》1993 年第 10 期。
③ 江树生：《郑成功与荷兰人热兰遮城最后一战》，《台湾文学选刊》1993 年第 10 期。
④ 中荷《台湾媾和条约》，顺治十八年十二月十三日，郭卫东编：《中外旧约章补编（清朝）》上册，中华书局，2018 年，第 1—2 页。

责任将这些文件带到巴达维亚。他们只同意交出负债者的摘录。从谈判记录看，郑成功实际上同意了这一做法。第十二条是公司人员停留期间，中方要以合理的价格供应各类食物。郑成功明确表示允许中方人员自由出售日用品和食物给荷兰人，但没有将其载入条约①。

双方互换条约以后，荷兰人退出台湾，被荷兰占据 38 年之久的台湾，重归中国版图。

中国与荷兰的第二个条约是 1663 年的《清荷协约》。这是靖南王耿继茂和闽浙总督李率泰与荷兰提督巴尔特（Balthazar Bort，中国文献称"出海王"）签订的，也是一个军事条约。

郑成功收复台湾后，不甘退出的荷兰殖民者一直试图卷土重来。此时，清廷正力图剿灭郑成功势力，而苦于缺少强大的水师。于是，荷兰殖民者打着"助剿海逆"的名义，向清政府提出合作。1662—1680 年，清廷与荷人之间有过多次联合作战计划，荷人曾 4 次从台湾或巴达维亚派出舰队，但双方真正的协同作战只有一次，即 1663—1664 年的金厦海战。《清荷协约》就是此次战前双方签订的军事盟约。

1662 年秋天，荷兰东印度公司驻巴达维亚总督派人前往福建，向清政府提出合作建议。但一直到 1663 年 3 月朝廷同意合作的圣旨才传到福州，此时荷兰舰队已经离开。1663 年 10 月，荷兰提督巴尔特奉巴达维亚总督派遣，再次率领 16 艘军舰来到福建，驶入泉州湾。10 月 21 日，巴尔特向泉州城内的靖南王耿继茂和闽浙总督李率泰递交了一封由他亲笔签字盖章的信函，此即清荷协议的草本，一共 11 条，内容如下②：

一、清荷两国民间，应有不得破坏之同盟关系存在。

二、为对付共同敌人——郑军，两国应紧密合作，至敌人降投为止。

三、双方应通知各方旗帜，以便得与敌人鉴别。

四、攻敌远征队，由双方出兵组织之。

五、清方帆船及小船应由荷军指挥，荷军分三船队前进。抵厦门、

① 江树生：《郑成功与荷兰人热兰遮城最后一战》，《台湾文学选刊》1993 年第 10 期。
② 中荷《清荷协约》，康熙二年九月二十七日，郭卫东编：《中外旧约章补编（清朝）》上册，第 3 页。

金门时，荷舰吃水太深，无法靠近海岸，需用帆船进港，因此需雇佣华籍领港人。

六、双方应同时登陆攻击敌人。

七、荷兰东印度公司在中国与一切华人得享有贸易之自由，不受任何干涉。但联军未克服金、厦两地以前，对于荷兰人所带来之货物，暂不讨论。

八、克服金、厦两岛后，荷兰人必要时，得在两者之间，择取其一或其他地点，以驻舰队，俾防海贼攻击。

九、克服金、厦两岛后，联军应驶往台湾。攻取此岛后，清军应将该岛以及一切城堡物件交与荷兰人，以供荷兰人居住。

十、清方总督应提供一优良船只，以便荷兰人遣使至巴达维亚报告。

十一、此约应得清廷之批准，并将其批准书送交荷兰人。

第一条表达了与清廷合作的愿望，第二至六条提出了军事合作的一些具体事项，第七至九条提出了荷兰与清廷合作的条件，也就是荷兰人最终想要从合作中谋取的利益。从这几条可以看出，荷兰人与清廷合作的真实目的是向郑氏复仇，重新侵占台湾，并借机实现与中国的自由贸易。耿继茂和李率泰对与荷兰合作持欢迎态度，但对荷兰人提出的条件却不敢轻易答应。在给朝廷的奏折中，他们表示第七条和第八条"择地常久贸易"等条件令他们感到"大为骇异"[1]。第九条将台湾交给荷兰人居住，他们也不敢作主。对这两条他们给出了保留意见。10 月 27 日，耿、李二人在协议书上签字，但对七、八、九三条持保留意见，表示必须先请示朝廷，按朝廷的授权范围来考虑荷兰人的要求。事后，耿继茂等人将情况上报朝廷，特别就协议的第九条，即台湾问题向清廷请示："今该夷等或派兵合剿攻取，或行招抚收归，是否可将该地赐给该夷之处，臣等未曾奏明请旨，不敢擅议。"[2] 清廷对此是否有过何种旨意，我国史籍未见有任何记载。

---

[1]　《耿继茂等题报荷兰船助攻出力并窥伺台湾事本》，厦门大学台湾研究所、中国第一历史档案馆编辑部编：《康熙统一台湾档案史料选辑》，福建人民出版社，1983 年，第 20 页。

[2]　《耿继茂等题报荷兰船助攻出力并窥伺台湾事本》，厦门大学台湾研究所、中国第一历史档案馆编辑部编：《康熙统一台湾档案史料选辑》，第 21 页。

协约签订后，1663 年 11 月中旬，清荷联合发动海战，向台湾郑氏进攻。11 月底，清军攻陷金门和厦门后，巴尔特催促耿继茂进攻台湾，但耿继茂不赞成，反而要求荷军协助攻打铜山，双方意见分歧。1664 年 1 月，巴尔特率荷军单独进军台湾，但未能得手，只好返回巴达维亚。8 月底，巴尔特奉命占领鸡笼，随后前往福建，与耿继茂等人商讨进攻郑氏事宜。12 月 24 日，清荷再次联合攻台，但因遇到台风无功而返。此后，康熙帝放弃攻打台湾，转而厉行海禁，以逼迫郑氏投降。荷兰方面也因多次行动花费巨大，不但没夺回台湾，与清朝交涉通商也无结果，遂不再配合清方行动。1665 年以后，清荷间的军事合作实际上已经结束。

17 世纪，英国亦加入了东方殖民扩张的行列。1602 年，英国东印度公司兰开斯特船队抵达万丹，建立了在东方的第一个商馆。随后，英国在印度的苏拉特、爪哇的雅加达（即巴达维亚）、日本的平户等地相继建立了商馆。但由于葡萄牙人与荷兰人的竞争和阻拦，英国未能实现与中国大陆的直接贸易。1661 年郑成功驱逐荷兰人，收复台湾以后，英国才开始进入台湾，将其作为对华贸易的基地。1670 年英国东印度公司伦敦董事会指示万丹商馆，开展与台湾的贸易。6 月 23 日，英船"班达姆"号（Pink Bantam）和"珍珠"号（Sloop Pearl）驶抵台湾东宁（今台南市），这是英国与台湾贸易的开始。

英国公司的到来受到了台湾郑氏的热烈欢迎。台湾的郑氏政权一向重视对外贸易的发展。郑成功父亲郑芝龙是明朝末年东南沿海著名的海商。郑芝龙降清后，郑成功继承了父亲的海商资本，并进一步扩展海外贸易，以此作为军队粮饷和其他费用支出的主要财源。郑成功收复台湾以后，清政府为打击和孤立郑氏政权，严厉实行海禁，沿海 30 里以内的村庄全部焚毁，居民一律内迁，在东南沿海"设界防守，片板不许下水，粒货不许越疆"。为了冲破清政府的围困，台湾郑氏一面屯田垦植，一面大力发展海外贸易，派人赴各处向欧洲商人发出邀请函，欢迎除荷兰外的各国商人到台湾贸易。英国东印度公司恰在此时开展对台贸易，而且英国商人是郑成功收复台湾以后抵台的第一批西方客商，自然大受欢迎。

1670 年 6 月 28 日，东印度公司货运主任克利斯布（Ellis Crispe）拜访了郑经，并代表英方向郑经呈递了一份公函，表达了在台湾建立商馆、居留贸易的愿望。9 月 10 日，克利斯布就具体贸易事宜交给郑经一份协议，称《关于设立商行的二十条条约》，全文如下[①]：

1. 郑方船舶，在海上与悬挂英国旗帜之船舶相遇时，不论其为来台湾或开往他处者，概不得加以干涉或阻挠。

2. 英国人可任意与任何人出售或购进货物，任何人亦均得与英国人自由交易。

3. 英国人得将鹿皮、糖及台湾之一切产货装运至日本、马尼拉或任何地方。

4. 台湾人民如对英国人有伤害或其他不正当之行为，郑方概须负责赔偿；反之，英国人对台湾人民如有伤害或其他不正当之行为时，受害者得请求英方主任官员赔偿之。

5. 英国人得随时接近国王之官宪。

6. 英国人得随意选用通事、书记；郑方不得派兵监视英国人。英国人可不带华人而在台湾自由旅行。

7. 英船水夫死亡时，郑方应允准华人上船接替。

8. 英方于船未到达沙洲前，为减轻重量卸货起见，得雇用领港人使用小艇进入港口。

9. 英人得用大小秤器各一，而郑方得用码尺用以买卖货物。

10. 国王及郑方商人所售任何货物，概须依照时价交易，否则英人得拒绝之。

11. 英国人得自由转运及输出黄金及白银。

12. 英国公司得随时撤销其商馆，运走一切财物离去。

13. 英国人得使用标徽与国旗。

14. 任何人对英国人拒付其债务时，得以国法惩治之。

15. 英国人可将任何种类之货物运来台湾，郑方不得有所禁止。

---

① 刘鉴唐、张力主编：《中英关系系年要录（公元 13 世纪—1760 年）》第 1 卷，第 151—152 页。

16. 未经船长之许可，英国船之任何海员或其他人员不得离船或改乘中国船。

17. 英国人每周得宰一牛，但不得多宰；其他粮食均可随意购用。

18. 国王所购买之货物，准免缴关税。

19. 输入食米，准免缴关税。

20. 英国公司除享有上列条款之权利义务外，如认为有必要之事项，亦得另行要求之。

从内容可以看出，英国东印度公司企图获取在台湾自由贸易、自由行动的权利，以及绝大部分商品的免税权。从经济利益考虑，郑经不同意商品免税，同时，出于安全和防卫的需要，也不同意给予英人绝对的行动自由。他向英方提出了 5 项反要求，并附带要求英人每船必须运来 12 种物资，按指定价格出售给台湾政府。郑经向英人提出的要求详细内容如下[①]：

1. 英人所借用之房屋年须付五百比索之租费[②]。

2. 对于一切进口之货物，于售出后，收缴百分之三关税，出口货物则概可免税。

3. 英国船入港时，须将各该船所有枪炮、火药或任何武器移交于郑方，在离去时发还。

4. 英国公司须经常派炮手两名为郑方服务，以管理榴弹及其他火器。

5. 英国公司须经常留铁匠一名，为郑方制造枪炮。

同时要求英人每船载运下列物资，其价格亦依下列规定：

火药二百桶，每比克尔十五比索。

火绳枪二百挺，每挺四比索。

英国铁一百比克尔，每比克尔五比索。

黑胡椒三百比克尔，每比尔克七比索。

① 刘鉴唐、张力主编：《中英关系系年要录（公元 13 世纪—1760 年）》第 1 卷，第 152 页。
② 比索系古西班牙银币单位，也为当时台湾通用的货币单位。

　　　　大红布二十四，每码五比索。

　　　　黑布十四，每码四比索。

　　　　蓝布十四，每码四比索。

　　　　珊瑚枝状或球状，多少随意。

　　　　暗紫色布，每匹十八比索。

　　　　大小琥珀。

　　　　大块白檀木一百比克尔。

　　　　精良棉布二百匹。

　　郑经在通商条约上签字后，克利斯布却表示自己没有缔约权，而且也不能以这样的价格将货物供应给郑方。因此，这一协议只是英国东印度公司与台湾郑氏的初步协议，并不是正式的条约。此时，台湾方面急欲发展对外贸易，因此，郑经催促克利斯布与东印度公司万丹商馆联系，另派一人前来，授以解决一切分歧的权力。10 月 22 日，克利斯布致函万丹商馆经理，并附上了 9 月 10 日协议的内容。事实上，万丹方面也并无缔约权，而需向伦敦董事会及国内政府请示。

　　1671 年 1 月，"珍珠"号满载郑经赠送的礼品回到万丹。4 月，"班达姆"号亦平安返回。从此，英国与台湾郑氏结成友好关系。1671 年 6 月，英国东印度公司万丹分部再次派"班达姆"号和"皇冠"号（Crown）前往台湾，准备设立商馆，但两船在海上遭遇风浪失踪，英国与台湾的贸易再次延搁。

　　英国东印度公司伦敦董事会接到万丹分部的报告后，对与台湾方面的协议条款大体赞同，但也有几点提出反对意见：一是公司须对私人的行为及员工私人债务负责；二是英国船只须将枪械及军火交给郑方；三是公司须向郑方供应军火。此外，董事会认为，条约还有未尽事宜，必须规定从台湾转运的货物不缴纳关税，在台湾未售出而运往他处的货物也不纳税，并须在条约中明确"董事会正欲尽量扩充台湾及日本之贸易"[1]。

---

　　① 林仁川：《清初台湾郑氏政权与英国东印度公司的贸易》，《中国社会经济史研究》1998 年第 1 期。

1671 年 9 月 6 日，东印度公司伦敦董事会致函郑经，表达了与台湾通商的高度热情，要求郑经"核准公平适当之条款，以便进行此种贸易，并请保护我商务人员，准其以足资鼓励之价格自由售货及以适当之价格采购，并请在任何场合予以公正之待遇"。同时，董事会对"英国船入港时，须将各该船所有枪炮、火药或任何武器移交于郑方"一条提出反对意见，认为此条"不仅徒增烦扰，亦令人感觉屈辱。我方人员在印度之一切地方均品行端正和平，来贵国居住亦如此，绝无理由可怀疑也。在印度之任何地方既未有一处提出此种要求，故请陛下亦不再坚持之"[1]。

此后，经过多次协商、谈判，1672 年 10 月 13 日英国东印度公司与郑经正式缔结《台湾通商条约》十三款。此约失传已久，在英国商馆记录中未曾收入，仅见于荷兰人《巴达维亚城日记》的记载。据称，荷兰人获此文件，并将其全文译成了荷文，其主要内容如下[2]：

一、为维持双方友谊，国王允协助公司及其所属人员在台之生活自由；英人得在其房舍及居留地揭示国旗及标志。

二、国王允于英人受虐待、困扰或伤害时，予以保护或补救之；郑方人员受英方人员伤害时，国王得要求处罚暴行者，以避免事件之再发生。

三、公司与国王属下人民间应公开自由贸易，为避免公司蒙受损害及不利，国王对英人房舍或居留地给予书面保证此等权利及自由。

四、公司所属英人或他国人得被留用或征用为国王或其臣民服务，但应得英国首长之允许及本人基于自由意志之同意，而将来应以妥善保护之方法送还之。

五、今后公司之船只不论大小均得自由出入或停泊国王治下或将来归入国王统治之港、湾、河、船泊处，并如于安平一样，在各处可购备薪、水、食粮及其他必需品，但除安平一地外，不得进行交易。

六、国王同意每年将在台湾生产之糖及各种皮革之三分之一供给英

---

① 刘鉴唐、张力主编：《中英关系系年要录（公元 13 世纪—1760 年）》第 1 卷，第 157 页。

② 中英《东印度公司与台湾通商条约》，康熙十一年八月二十三日，郭卫东编：《中外旧约章补编（清朝）》上册，第 4—5 页。

人，以时价在每年适当时间交易优良品质之货品；英人得视利润或用途，购买分配量之全部或一部。

七、暴风或刮烈风时，英船得驶入国王治下之各地海港避难——如第五条之规定，但除非特别紧急，则避免驶入基隆港。

八、公司人员得长期租借一房舍，但每年应纳租金五百比索。在此条件下，国王应负担修缮，并应公司之需要增建仓库。荷人原住馆舍将为此目的而使用。

九、公司得随意选用适当之华人为通事，国王愿保证其对公司之忠诚，如有不法行为，概愿负责。

十、今后公司为贸易之安全及顺利进行起见，得视需要随时提出约款，国王应尽量承认上述要求。

十一、为和平相处，公司同意船只入港停泊时，将各种军器及英人所掌管之帆舵等物移交于郑方，待船只要出港时，再由郑方交还之。此等交还不得有任何阻挡及迟滞不履行之情形。

十二、公司应交纳所输入售出之货款百分之三的关税，但为国王所购进之货物不税。输入货物无法售出而装运出境时，亦免缴税，公司得将所购买之货物自由运出不需缴税。公司同意每年将国王所需要之货物运来。

十三、本约第十一及十二条应得总公司之同意后生效，但未得总公司确答以前，英人仍暂照此等条约实施之。本约以中文及英文写成二份，一份由英国公司执存，一份由台湾国王执存，而按中国之习惯签印并举行仪式确认之。

条约基本上遵循了1670年双方协议的精神，除第十一条和第十二条外，其他各项皆为英方提出。第十一条公司船只将军器及帆舵等交给郑方，以及第十二条关于征税和向郑方供应货物的规定，双方有过激烈争执，后来各有退让。英方被迫接受了郑方上交军器、帆舵和纳税、供货的要求，郑方也同意交还军器等物"不得有任何阻挡及迟滞不履行之情形"，并对郑方购买的货物、滞销转运的货物以及台湾出口的货物实行免税。当然，对英方谈判人员来说，这是违背公司董事会指示的，所以他们在条约最后注明"本约第十一及十二条应得总公司之同意后生效"。同年，英国东印度公司在台湾设立商馆，隶属于万丹商馆，正式开始了同台湾的贸易。

在实现与中国大陆、日本及周边国家的直接通商以前，英国东印度公司将台湾视为与这些地区贸易的中介，因而对其极为重视。但公司对 1672 年的条约很不满意，除了第十一条和第十二条的限制外，条约没有明确公司必须供应给台湾货物的名称和数量，而在公司向台湾购买的货物中，最重要的糖和鹿皮，一直为郑氏所垄断，条约没有提供贸易保障。因而，英国东印度公司极欲找机会修订条约。1674 年，中国大陆发生三藩之乱，郑经趁机挥师西进，攻占福建沿海许多地方以及广东潮州、惠州部分地方。东印度公司认为，这是发展对台贸易的好时机。该年 7 月公司万丹分部派"飞鹰"号（Flying Eagle）到台湾，运送了大批枪炮、火药，售与郑军，并表示可以继续供应。郑经大喜，随即允许英商在厦门设立商馆，并在台湾安平等地贸易。与此同时，公司台湾商馆还应郑经要求派人给郑军充当军事教官。在这种情况下，公司趁机提出修订条约的要求。

1675 年秋，郑氏与公司代表签订《台湾通商补充协定》十条，其内容主要涉及以下方面：（1）贸易问题，规定：英船来台时应向郑方供应指定品种和数量的货物，包括毛瑟火枪 200 挺、铁 100 比克尔、胡椒 300 比克尔、枝状珊瑚随便、良质大红布 20 匹、精制绿布 20 匹、大琥珀若干、其他精良布料、白檀木 100 比克尔、球状珊瑚随便、大幅精良布匹 10 匹、暗紫色毛质布随便；英人可随意与任何人交易，向郑氏政府提供的货物，其价格应由双方人员所组成的委员会进行评议；英国人可购买郑方糖和鹿皮总产量的1/3，如仍不足可请求增量，但应给郑方一个月的准备时间，并应由国王所属之商人购买。（2）航运问题，规定：英方船只享有航行、运货的自由，天候恶劣时可驶入澎湖岛避难；英人船只如有薪炭、饮水之需要时，可向税关购买，郑方应协助配发。（3）居留问题，规定：英国人可居住于荷兰人旧馆，并自由升扬英国国旗；英人所租房屋土地的租金为每年 500 荷元，英人可自由雇用 3 名书记收取债务；枪械、火药等亦可自由处理。（4）其他问题，包括：

如有英国人或属英国人之其他人员逃走时，郑方应协助捉回；必要时可以增加约款；等等①。

通过这次补充协定，英国人在台湾的贸易权得以扩大，并获得自由处置枪械和弹药的权力，这使其对台湾贸易满怀憧憬，因而积极帮助郑氏政权制造枪炮，铸造铜钱等。1683 年，清军攻占台湾，两年后，康熙解除海禁，开放广州、厦门、宁波、云台山，对外通商，英国对华贸易的局面发生根本改变。

早期中荷条约和中英条约是明末清初中国特殊政治形势下的产物，它们虽属中外条约，但不是严格意义上的近代条约，签约的主体都不是主权国家，而是中国地方政府和外国殖民机构。英国的两个条约均是与台湾郑氏政权签订，而且代表英方谈判签约的英国东印度公司并不享有政府赋予的外交特权，而只是一个商业公司，其与郑氏政权签订的协议并不能视为国家层面的条约。与英国不同，荷兰东印度公司拥有宣战、媾和、签约的权力，但它与中国签订的条约也都是地方层面的，并不代表中国中央政府，尤其是《清荷协议》，连谈判签约的程序和仪式都不具备。就清王朝来说，在接受荷兰协助的同时，也仅将其作为臣属看待。靖南王耿继茂在给巴尔特的信中一开始就表示"征服台湾后，荷兰人将被我们的皇帝接受为臣民"②。

第三节　西方国家谋求建立与华条约关系的尝试

鸦片战争前，西方国家已经开始运用西方的国际法则和条约手段对抗中国传统的朝贡体系，这一挑战肇始于俄国，而英国将其推向了顶峰。18 世纪后期，英国商界和政府对与中国签约的必要性和可能性均有了一定的认识，英国与华签订条约的诉求始于商界，但将其付诸政治实践的尝试绝非对商界要求的简单回应，而是出于国家利益的考虑，是为英国的整个海外扩张战略

---

① 中英《东印度公司与台湾通商补充协定》，康熙十四年五月十七日，郭卫东编：《中外旧约章补编（清朝）》上册，第 6 页。

② 李汝和主修：《台湾省通志》卷 3《政事志·外事篇》，台湾省文献委员会，1971 年，第 14 页。

服务的。正因如此，英国 18 世纪末开始与华缔约的尝试已超出 17 世纪对台贸易时期纯粹商业协定的范畴，而成为国家层面的外交活动。在鸦片战争前半个多世纪的时间里，英国一直试图打破中国的朝贡制度，以平等的主权国家的身份，与中国签订条约，建立起近代性质的外交关系，但由于中英两国世界观、文明观及与此相关的外交观念的差异，使双方缺乏建立条约关系的思想基础，无法实现彼此的对话与沟通；中国朝贡体制防范外夷的功能以及封建经济的自给自足性质，亦使双方不具备订立条约的政治前提和经济动力。这一尝试以失败告终。

一、　18 世纪后期英国商界的遣使访华与签约要求

18 世纪 60 年代，英国率先启动工业革命。为满足机器生产对市场的需求，英国加大了商业扩张的步伐，对华贸易获得前所未有的发展，1764—1800 年间英国在广州的贸易总体增长率达到 294%[①]。但是，对英国商界来说，中英贸易的形势并不乐观，中国政府的限制贸易政策以及中英之间日益频繁的矛盾冲突一直困扰着东印度公司和其他英国商人，其中最主要的是广州一口通商的限制、行商对贸易的垄断和欠债问题、防夷章程的束缚等。

1834 年以前英国东印度公司拥有皇室特许状，垄断同中国的贸易。清初，受海禁影响，公司仅同台湾郑氏政权有少量贸易。1685 年，康熙帝废除禁海令，开四口通商，此后东印度公司对华业务获得重要发展。1715 年，公司在广州设置商馆，其他口岸的商馆逐渐废弃不用。但到 18 世纪中叶，为尽可能多地获取利润，东印度公司试图接近中国主要的茶、丝产地，尤其是长江下游沿海地区。从 1753 年起，伦敦董事会决定向宁波和舟山开展经常性贸易[②]，并派商船多次前往。这一举动引起了清政府的警惕，出于海防和政治稳定的考虑，1757 年 12 月乾隆帝谕令："嗣后口岸定于广东，不得再赴

---

① Earl H. Pritchard, *The Crucial Years of Early Anglo-Chinese Relations, 1750—1800*, Washington, 1936, p. 144.

② ［美］马士著、区宗华译：《东印度公司对华贸易编年史（1635—1834 年）》第 1、2 卷，中山大学出版社，1991 年，第 299 页。

浙省。"① 从此确立了长达八十多年的广州一口通商制度。这一制度使外商对华贸易的地点受到严格限制，阻碍了英国开拓中国市场、发展对华贸易的计划。

令英国东印度公司和其他外商苦恼的另一个问题是行商制度。如第一章所述，行商制度是清政府对在广州互市的外国商人进行约束和管理的一种手段。外国商人在广州的贸易活动都必须通过行商进行，外商纳税、雇募人役等也都由行商代办，其在粤的一切行为都要由行商担保。18 世纪 20 年代以后，行商成立了联合组织——公行，共同承销外商货物，并垄断中国大宗商品的出口。行商制度，一方面阻碍了英国对华贸易的扩大，另一方面也不适应贸易发展的需要。随着中外贸易规模的不断扩大，行商普遍出现资本匮乏，再加上各种名目的捐款、报效层出不穷，行商破产及向外商借贷的情况日益严重，从而造成"商欠"，即行商对外国商人的欠债。18 世纪 70 年代末以后，这已成为困扰英商的重大问题之一。

此外，在华外商的人身和其他权利也受到严格限制。1759、1831 年，清政府两次颁布防夷章程，规定：禁止夷商在广州住冬，到粤夷商俱应寄居行商馆内，禁止行商及民人向外夷借贷资本，除通事、买办外，禁止夷人雇请华籍仆役，禁止外夷雇人往内地传递信息或调查物价，夷船泊进泊处调拨营员弹压稽查，等等（具体内容见第一章第二节）。这些规定极大地限制了外商的经济活动和人身自由，他们"甚至无权逛街，去看看什么外国货是需要的，有什么中国货可以供应，或是调查一下价格的涨落"②。

面对中国的贸易障碍，英国东印度公司伦敦董事会多次指示英国大班与广东地方当局交涉，要求改革广州贸易制度，改善通商条件。根据中国当时的对外管理制度，东印度公司的问题不能直接向中国官员申诉，而只能通过行商将禀帖呈递给海关监督和两广总督，但公司给广东官员的信件不是没人敢翻译，就是被行商篡改了本意，交涉毫无结果。在这种情况下，东印度公

---

① 《高宗纯皇帝实录》卷 550，乾隆二十二年十一月戊戌，《清实录》第 15 册，中华书局，1986 年，第 1024 页。

② ［美］马士著、张汇文等译：《中华帝国对外关系史》第 1 卷，上海书店出版社，2006 年，第 86 页。

司希望通过上诉进行抗争，"他们并不认为这些情况是中国皇帝所核准的，甚至皇帝连知道都不知道"①。1759 年 6 月，英国东印度公司职员洪仁辉（James Flint）不顾清政府的禁令，驾驶商船直奔天津，向朝廷控告粤海关。其诉状内容主要有：海关人员勒索陋规；资元行故商黎光华拖欠货款；随带日用酒食器物征税过高；勒补平头；设保商贻累；等等②。这一案件引起了清廷的高度重视，清廷惩治了勒索陋规者，将海关监督李永标革职流放，勒令行商偿还公司货银，但其他事项"毋庸置议"，洪仁辉也以"勾串内地奸民，代为列款，希冀违例别通海口"的罪名，被判圈禁澳门三年，期满后逐回本国③。洪仁辉事件的结果不仅宣告东印度公司消除广州贸易障碍的努力收效甚微，而且断绝了公司任何上诉的可能。它表明中国的贸易问题只能通过政府行为来解除，公司的行为永远只是商人的行为，他们"只被中国认为是一群无所属的个人，不能受到任何保护"④。

促使东印度公司提出遣使和签约要求的直接诱因是"休斯夫人"号（Lady Hughes）事件。1784 年 11 月 24 日由孟买开来的散商船只"休斯夫人"号抵达黄埔，在鸣炮时，致使旁边一艘驳船上的 3 名中国人受伤，其中两人不幸身亡。散商是东印度公司以外的自由商人，他们从公司领取执照，得到公司允许，从事对华贸易。他们经营的主要是印度与中国之间的贸易，称为港脚贸易（Country Trade），他们也因此被称为港脚商人（Country Merchants，又译"国商"）。当时，散商贸易主要是通过东印度公司大班进行的，公司董事部不允许散商留在中国。因此，事发后，广州当局要求东印度公司驻华管理委员会按照中国的法律，将开炮之人交出送审。由于英方声称炮手逃匿，广州当局带走了"休斯夫人"号的大班乔治·史密斯，派兵封锁了通往码头的道路。海关监督下令停止广州与黄埔之间的来往，通事、行商及与行商有关系的人全部逃避，贸易也随之停止。中国当局认定，散商船

① ［英］斯当东著、叶笃义译：《英使谒见乾隆纪实》，上海书店出版社，2005 年，第 8 页。
② 《谨将负屈条款呈陈伏乞》，乾隆二十四年，中国第一历史档案馆藏：《军机处录副奏折·外交类》第 571 卷，胶片号：7614—17。
③ 《高宗纯皇帝实录》卷 598，乾隆二十四年十月庚辰，《清实录》第 16 册，中华书局，1986 年，第 676 页。
④ ［英］斯当东著、叶笃义译：《英使谒见乾隆纪实》，第 8 页。

只是受东印度公司管辖的，公司必须对其负责。迫于中方的压力，东印度公司管理委员会主席皮古致函"休斯夫人"号船长威廉斯，劝说其交出了炮手，并按照中国法律惩处①。

这一事件给东印度公司在华管理层以极大的冲击：首先，他们感到对散商管辖权的缺乏已极大地威胁到中英关系和中英贸易的发展。因为中国政府认定东印度公司是英国商人的代表，对所有来华的英国人负责，而实际上除了在贸易上的限制权以外，公司并不拥有对散商的其他管辖权。在向伦敦董事会报告时，皮古提出："事实一再表明，由于那些私商的轻率或有意作恶，并在他们的船上发生意外事件，致令我们不断受到不便，是无法避免的。希望如有可能，就把我们能真正地控制他们的权力明确规定。"② 其次，他们深深感到自身的安全没有保障。因为按照中国的法律，他们对所有在华英人的行为都负有连带责任。这让他们对未来充满忧虑："我们觉得是处在这样的境地，假如将来有任何意外死亡发生，我们恐怕无法解脱我们人身危险的状态，没有行动自由，我们必须永蒙耻辱，或者就放弃这个重要的贸易。"③

在这种情况下，东印度公司开始呼吁政府派遣大使去中国，希望通过与北京的直接交涉，解决贸易问题。1785 年 2 月 6 日，公司大班写信给伦敦董事会，呼吁董事会采取措施保护他们的安全，并强调任何仅仅以公司名义派来的人都起不到作用，他们必须争取以国王的名义送一个受尊敬的人过来，此人必须有足够的力量保护他自己免受侮辱，并在停靠澳门后与委员会联系，然后直接前往离北京最近的口岸，只有在那里，他才能够引起朝廷的注意，并保护自己免于省里地方官的误传。该信将对华贸易的成功和遣使联系起来，要求国王的大使必须为英商获得扩大的商业特权、治外法权，废除中国现有的恶习，并保证在华英商将来的安全④。公司董事会意识到，作为商人的代表，公司无法实现与中国中央政府的对话，国与国之间的关系必须通

① ［美］马士著、区宗华译：《东印度公司对华贸易编年史（1635—1834 年）》第 1、2 卷，第 422、423、425 页。

② ［美］马士著、区宗华译：《东印度公司对华贸易编年史（1635—1834 年）》第 1、2 卷，第 426 页。

③ ［美］马士著、区宗华译：《东印度公司对华贸易编年史（1635—1834 年）》第 1、2 卷，第 427 页。

④ Earl H. Pritchard，*The Crucial Years of Early Anglo-Chinese Relations*，1750—1800，pp. 230，235.

过政府的外交行为才能实现。它向政府转达了大班们的要求，并进一步提出尽可能"把对华贸易置于条约的基础之上"，为英商开辟新的贸易口岸，使公司能以低价得到现成的茶、丝供应，英国的产品也可以找到更多销路，从而缓解国内压力，增加公司和政府的收入，并确保英国在对华贸易中的优势，打败竞争对手①。

除了东印度公司，英国散商也提出了遣使访华和与中国签约的要求。如前所述，散商主要经营印度与中国之间的港脚贸易。在港脚贸易中，鸦片贸易具有举足轻重的地位。18 世纪，英国从中国进口的商品特别是茶、丝不断增长，而英国的主要货物——毛纺织品在中国市场却几乎没有销路。在对华的正常贸易中，英国一直处于入超地位。与正常贸易相反，鸦片贸易的利润十分丰厚。于是，东印度公司利用鸦片贸易来解决对华贸易的资金问题。1773 年，公司在孟加拉建立了鸦片专卖制度，垄断了孟加拉鸦片的生产和加工。鸦片属于毒品，为顾全公司和政府的声誉，东印度公司自己并不直接进行对华鸦片销售，而是在印度市场上拍卖给散商，由散商将鸦片输入中国。在英国东印度公司和政府的支持、纵容下，18 世纪 80 年代以后，散商输入中国的鸦片数量有了明显增加，1781—1782 年度最高输入额不超过 1600 箱，1790 年达到 5054 箱②。鸦片贸易的巨额收入不仅弥补了东印度公司对华贸易逆差，给公司提供了对华投资的资金来源，而且大大增加了英国政府的财政收入。

18 世纪 90 年代中叶以前，清政府逐渐加强了对鸦片贸易的限制，但一直允许鸦片作为药材进口，中英之间在鸦片问题上并不构成冲突，散商在对华贸易中遇到的主要问题是商欠。1777 年 12 月 17 日，居住在广州的 4 个散商债权人起草了一份陈情表送给他们在伦敦的代理人和合伙人。据悉，行商对散商的欠债达 300 万两③。1778 年夏天，散商债主们推选了几名代表，将商欠一事上告英国政府，请求政府派大使去北京。政府只同意通过东印度公司来处理，而拒绝采取任何其他行动。散商们转而向公司递交了一份备忘

① Earl H. Pritchard, *The Crucial Years of Early Anglo-Chinese Relations*，*1750—1800*，pp. 219—220.

② 龚缨晏：《鸦片的传播与对华鸦片贸易》，东方出版社，1999 年，第 195 页。

③ Earl H. Pritchard, *The Crucial Years of Early Anglo-Chinese Relations*，*1750—1800*，p. 204.

录，阐明了他们的意见，特别强调此事应该直接同北京政府交涉，建议由英国国王派委一人乘坐皇家护卫舰从印度直抵天津和北京，将此事告知帝国朝廷①。但是，东印度公司并不主张政府干预散商债务，一是这些债务本身在中国是违法的；二是根据公司经验，如果这些债务得到补偿，中国方面就会以增加税费的方式弥补损失，这将危害到公司的利益。但由于印度与中国经济联系的日益密切，也由于鸦片贸易对英国商业扩张的重要性，英国政府不能无视散商的要求。因此，调查这些债务的真相和中国皇帝对此事的处理，以及"如何进行干预索还债款而不损害东印度公司和中国的关系与贸易"，成为英国遣使访华的目标之一②。

散商不仅呼吁政府向中国派遣大使，而且第一个明确提出了与中国订立条约的建议。早在1783年2月16日一个名叫乔治·史密斯（George Smith）的散商就写信给英国政府负责东方事务的权威人物邓达斯（Henry Dundas），指出公司与中国的贸易处于很不稳定的状况，它完全以中国官吏的意志为转移，这对贸易的损害是很大的。他建议由公司出钱，派一个使节团去北京，其首要目标是与中国订立一个友好商业条约，允许厦门和宁波通商，扩大英国制造品和军火器械在中国的销售，废除1950两的规费，对中华帝国的关税做出明确规定，在前十年平均价格的基础上制订进出口货物的价格标准，等等③。史密斯认为，如果达成这项条约，同时指示大班同中国商人订立合同，购买从中国出口的所有茶叶，就能保证公司完全垄断中国贸易，而迫使其他欧洲国家从伦敦购买茶叶和中国商品；它还会阻止美国与中国贸易的企图，为英国商品，尤其是毛织品和军火器械打开中国市场。这样，中英贸易将有望获得无限扩张④。商界的呼吁成为英国政府遣使访华和建立对华条约关系的强大动力。

二、 英国政府关于建立对华条约关系的认知与尝试

早期英国遣使访华并建立对华关系的尝试一直以来备受学界关注。审视

① Earl H. Pritchard，*The Crucial Years of Early Anglo-Chinese Relations*，*1750—1800*，p. 204.
② ［美］马士著、区宗华译：《东印度公司对华贸易编年史（1635—1834年）》第1、2卷，第558页。
③ Earl H. Pritchard，*The Crucial Years of Early Anglo-Chinese Relations*，*1750—1800*，p. 233.
④ Earl H. Pritchard，*The Crucial Years of Early Anglo-Chinese Relations*，*1750—1800*，p. 233.

以往的研究会发现，其基本思路是一致的，即英国商人在中国的贸易遇到阻碍，要求政府出面与中国签订条约，保障他们的权益，政府为满足他们的愿望而遣使访华，并试图订约①。但事实上，这样的逻辑未免过于简单。对英国政府来说，它要考虑的事情比商人多得多，它首先要考虑到国家的利益，要考虑与中国签约是否必要，又是否可能，然后再进行下一步的谋划，采取下一步的行动。也就是说，英国签订对华条约的诉求虽然始于商界，但将其付诸政治实践的尝试绝非对商界要求的简单回应，而是出于国家利益的考虑，是为英国的整个海外扩张战略服务的。

18 世纪后期，英国并不是唯一受困于中国贸易政策的国家，也不是第一个试图与中国建立外交关系的西方国家，但只有英国在第一次遣使访华时就试图与中国签订条约，并在之后近半个世纪中一再强调通过条约将中英关系置于安全、稳固、荣耀的基础之上。在建立对华条约关系上，英国政府的举动并非完全由于商界的建议，更多是出于其自身对这一问题的认知，即从国家的政治和经济利益考虑，英国政府认为具有与中国缔结条约的必要性。

第一，在政治层面，英国需要借助于条约，这一西方社会的法律保障手段，打破中国天朝上国式的朝贡体制，与中国建立一种新型的没有尊卑从属的外交关系。

由于地理环境的影响和对外部世界的无知，中国封建王朝一直以天朝上国自居，认为中国是世界的中心，是唯一的文明之邦，其他国家和民族都是蛮夷。在对外政策上，自秦、汉以后，中国与周边国家就保持着以朝贡为纽带的外交关系，中国将其他国家都视为臣服于自己的朝贡国。这种朝贡体制一直延续到明、清时期。

第一次遣使访华前，英国政府对中国自我中心主义的世界观和保守的对外政策已经有所了解。早期西方来华传教士、商人、使节等对此有过大量描述。17 世纪，利玛窦在有关中国的札记中写道："中国人把所有的外国人都

---

① 从条约角度考察早期中英关系的代表性成果主要有：郭卫东的《转折：以早期中英关系和〈南京条约〉为考察中心》（河北人民出版社，2003 年）、吴义雄的《条约口岸体制的酝酿——19 世纪 30 年代中英关系研究》（中华书局，2009 年）、李育民的《晚清中外条约关系研究》（法律出版社，2018 年）和《近代中外条约关系刍论》（湖南人民出版社，2011 年）、胡门祥的《晚清中英条约关系研究》（湖南人民出版社，2010 年）等。

看作没有知识的野蛮人，并且就用这样的词句来称呼他们。"中国人对外国人心存疑惧，即使是派来向皇上致敬或纳贡或办理别项事务的邻国使节也一样①。李明在《中国近事报道》中也说：中国人"自视为杰出的民族，上天使之诞生于宇宙的中心并发号施令的民族，是唯一有能力管理所有民族教化并使之文雅的民族"②。直到 18 世纪中叶，耶稣会传教士写回欧洲的报道和书信中依然有大量类似的描述。1754 年，钱德明神父在一封信中感叹："这是一个几乎难以把其他民族列入开化者之列的骄傲民族。"③ 1789 年，他再次提到这个问题，"鞑靼汉皇朝的政治目的仅仅是要人民安分守己，它极不重视和外国通商。只有那些被认为俯首归顺的外国使团才被中国接受"④。英国使团访华前，东印度公司驻广州的代理人也在报告中直言："中国政府对外国人一概蔑视，它对外国实力的无知使它过分地相信自己的强大。它认为派遣使团只是一种效忠的表示。"⑤

遣使访华意味着中英之间的交往上升到了国家的层面，这也是英国与中国实现官方交往的途径。但英国政府也深知，遣使就必然要应对中国的朝贡体制。此时的英国，在工业革命的推动下，资本主义经济飞速发展，日益成为西方世界首屈一指的强国。中国传统的朝贡体制，在英国眼里是不平等的，甚至是屈辱的。作为资本主义世界的强者，英国自然不愿接受这样的制度，此时的英国还没有侵略中国的野心，但却强烈希望打破中国自大、保守的旧制度，与中国建立一种新型的没有尊卑从属的外交关系。对英国政府来说，国家利益始终是第一位的，国家利益高于公司利益和商人利益。英国第一个访华使团的首要任务是"建立大不列颠与中华帝国之间的主权平等，然后借此获得商业方面的成功"⑥。

17 世纪，在近代西方国际秩序建立的过程中，条约的法律制约力也成为

① ［意］利玛窦、金尼阁著，何高济等译：《利玛窦中国札记》，第 94—95 页。

② ［法］李明著、郭强等译：《中国近事报道》，大象出版社，2004 年，第 121 页。

③ 《钱德明神父致本会德·拉·图尔神父的信》，1754 年 10 月 17 日于北京，［法］杜赫德编、吕一民等译：《耶稣会士中国书简集——中国回忆录》下卷之第 5 卷，大象出版社，2005 年，第 48 页。

④ ［法］阿兰·佩雷菲特著、王国卿等译：《停滞的帝国——两个世界的撞击》，第 49 页。

⑤ ［法］阿兰·佩雷菲特著、王国卿等译：《停滞的帝国——两个世界的撞击》，第 7 页。

⑥ ［美］何伟亚著、邓常春译：《怀柔远人：马嘎尔尼使华的中英礼仪冲突》，社会科学文献出版社，2002 年，第 59 页。

公认的法则。1625 年，格劳秀斯在《战争与和平法》一书中，系统论述了国际法的主要内容和范围，他"把国际法的条约性质放在第一位"[①]，并将条约视为国家之间保持友谊和保护贸易权的重要手段。1648 年的《威斯特伐利亚和约》亦强调："所订立的有关执行和维护公共和平的条文应得到遵守"，"参加协议的所有各方应有义务保卫和保护本和约的每一项条款不受任何人的侵犯"[②]。此即条约必须遵守和予以保障。

此后，条约必须遵守的原则在西方国际法理论和国际外交实践中不断巩固、发展，条约成为确认、保障国与国之间权利和义务的最重要的手段，通过条约所建立的关系被公认为是一种有制约力的法律关系。18 世纪，条约已被广泛运用于西方国际关系的调整，条约的签订已经成为常态，欧洲国家彼此之间，或与其他国家之间通过条约和协定来解决领土纠纷、贸易纠纷、海洋纠纷等，也通过条约实现彼此间的政治、军事或者经济合作与互惠。1700—1799 年西方各国签订的国际条约和协定等多达百余种。

按照当时西方的国际法，"交往"无论作为一种基本权利还是特殊权利都是不存在的，正因为不存在这样一种权利，"因此各国之间缔结条约，以规定邮政、电报、电话、铁路和通商等事项"[③]。也就是通过缔结条约来实现国与国之间的交往，并确定彼此的权利与义务。当面临与中国建立官方交往时，英国政府意识到，必须借助约的手段来实现同中国的交往，并打破中国的朝贡体制，因为按照近代西方的国际关系法则和外交惯例，只有条约才能赋予英国与中国交往的权利，也只有条约才能建立并保障它所期望的与中国之间的新型外交关系。所以，在给大使的指示中，英国政府强调必须想办法与中国签订条约。

第二，在经济层面，英国需要借助于条约的手段实施东方扩张战略，实现并保障其打开中国市场、推行自由贸易的目标。

18 世纪后期的英国正处于由重商主义向自由主义转变的时期。1776 年，英国的亚当·斯密发表《国富论》，大力批判重商主义，提倡自由竞争和自

[①]　［苏］Д. И. 费尔德曼、Ю. Я. 巴斯金著，黄道秀等译：《国际法史》，第 102 页。
[②]　世界知识出版社编辑：《国际条约集（1648—1871）》，第 31 页。
[③]　［英］劳特派特修订、王铁崖等译：《奥本海国际法》上卷第 1 分册，第 241 页。

由贸易，并从自由主义理论出发，提出了国际地域分工理论，宣扬国际间自由贸易的互利性。书中，亚当·斯密分析了欧洲向西和向东两条航路的经济后果，认为经好望角向东的航路虽然距离遥远，但开辟了比美洲更大的国外贸易市场，因为东方国家尽管没有丰富的金银矿藏，但"在其他各方面却比墨西哥或秘鲁更为富裕，土地耕种得更好，一切工艺和制造业更为进步"，东印度市场"一定会增加欧洲商品的年产量，因而也增加欧洲的实际财富和收入"[①]。斯密所说的东印度市场也包括了中国，在斯密眼里，当时的中国虽然停滞不前，但幅员辽阔，人口众多，物产丰富，比欧洲任何国家都富裕得多，如果中国解除对贸易的限制，其国外贸易将大大增加[②]。亚当·斯密的理论开启了英国在经济领域向自由主义的转变，也对英国的海外扩张战略产生了深远的影响。

1783 年，小皮特担任首相后，英国政府出台了新的经济发展计划，其中包括大力发展对华贸易。这一计划的制订并不是出于对东印度公司或其他英国商人的照顾，而是基于英国国家经济发展总体战略的需要。当时，英国刚刚结束同北美殖民地的战争，这场战争不仅使英国耗资巨大，出现了严重的财政危机，而且丧失了北美殖民地市场。皮特政府希望开辟新的东方市场包括中国市场，以弥补北美市场的损失。因此，中国贸易在其海外战略中占有至关重要的位置。然而此时，英国对华贸易正面临困境，英商的活动受到中国的严格限制，英国货物在中国没有市场，广州英国商人与中国人日常接触的增加使得彼此之间的冲突也愈发加剧。所有这些成为英国实现对华贸易发展战略的巨大障碍，正是在这种情况下，英国政府开始郑重考虑商界遣使访华和同中国签订条约的建议。

英国面临的问题是：该以什么方式取得与中国自由通商的权利，为对华贸易扫除障碍，并且为将来贸易的顺利扩展获取某种保证。同样，在近代西方的国际法理论和国际关系法则中，英国看到了借助条约实现其扩张目标的希望。

---

① 〔英〕亚当·斯密著、郭大力等译：《国民财富的性质和原因的研究》下卷，商务印书馆，1972 年，第 21—22 页。

② 〔英〕亚当·斯密著、郭大力等译：《国民财富的性质和原因的研究》下卷，第 246 页。

18 世纪的格劳秀斯学派，如德国的沃尔夫（Christian Wolff）、瑞士的瓦特尔（Emmerich de Vattel）等，都主张签订条约来保护人们的贸易权利，强调承诺的约束力，强调各国都有遵守条约的义务。1758 年瓦特尔出版《国际法》一书，明确提出自由贸易是人们的基本权利，"主权和所有权观念的引用，不能剥夺人们如此基本的权利"，相互通商不仅是个人之间的而且也是国家之间应该遵循的义务①。但是，自由包括贸易自由，作为一种自然权利，只能就个体而言，即从私人领域来说，每一个个体都充分享有贸易的自由，但贸易的行为必然涉及到与他人甚至他国的关系，也就是说必然从私人领域进入社会领域甚至国际领域，所以贸易自由权的行使不是毫无限制的，任何个体不能强迫其他人贸易，也不能强迫对方接受自己的条件，而必须基于双方自愿的原则。沃尔夫曾将国家的权利和义务区分为两类，一类是自保与自我完成的权利和义务，另一类是要求其他国家予以协助的权利和协助其他国家自保和自我完成的义务。他认为，后一权利是不完整的，它必须不妨碍其他国家的自保和自我完成，并且得到其他国家的同意。为了行使这种权利，"一国可以与其他国家缔结条约"②。自由贸易权就属于此类权利。18 世纪西方国际法学界的另一支——实在法学派更加重视对条约效力的分析，认为"国际法的根据是体现各国同意的国际惯例或条约"③。该派代表马顿斯（George Friedrich von Martens）明确指出，国家的权利分为自然的权利和取得的权利，前者包括领土主权、独立、平等待遇等④，而在他国的自由贸易权属于取得的权利，为了保障这种权利，签订条约是最有效的手段。

国际法学界的这些思想成为英国建立对华条约关系的理论依据。它让英国认识到，尽管在英国人眼里"有限制的商业制度是不合理的"⑤，自由贸易是合乎理性和互惠互利的，但英国并不拥有强迫中国进行贸易的权利。推行自由贸易原则，保障国际自由贸易权的最好途径就是签订条约。英国第一位

① Emerich de Vattel, *The Law of Nations*, London: Printed for G. G. and J. Robinson, 1797, pp. 143—144.
② 杨泽伟：《国际法史论》，高等教育出版社，2011 年，第 108 页。
③ 杨泽伟：《国际法史论》，第 113 页。
④ 杨泽伟：《国际法史论》，第 118 页。
⑤ ［英］格林堡著、康成译：《鸦片战争前中英通商史》，商务印书馆，1961 年，第 67 页。

到达中国的大使马戛尔尼曾在日记中写道："我认为，每个国家都有权管理它的贸易，并为此制定一些在它看来最好的法律，而不管这些法律对外国人构成多大的压制。国家关注的是它自身，它首先考虑的是它自己的利益，如果外人不满意，可以不必和它贸易。"① 英国不满意中国的贸易制度，但在当时却不能放弃和中国的贸易。因为中英贸易尤其是茶叶贸易的迅速发展，使中国在英国海外商业扩张战略中已经有了举足轻重的地位。正如斯当东所说："除了利润的考虑而外，有一种主要的中国产品而在其他地方所买不到的东西日益变成英国各级社会人士生活上的必需品。茶叶已经成为英国人生活上的需要，在我们能够设法在其他地方用同等价钱购进同等数量和质量的茶叶之前，中国方面的来源无论如何必须加以维持。"② 这决定了英国在对华的政治交往中一开始就具有条约化的倾向。在英国人看来，缔约意味着"为贸易寻求法制的保障"③。

此时，条约也已经成了英国商业扩张的武器。18 世纪，英国在争夺世界殖民地和贸易控制权的斗争中，与荷兰、法国、美国及殖民地国家等签订了大量条约。18 世纪七八十年代，英国开始利用条约打开海外市场，推行自由贸易。1786 年的英法条约（*Eden-Rayneval Treaty*）被视为英国重商主义政策向自由主义转变的标志。该条约包含四十余项条款，双方互相降低了一系列商品的税收，如葡萄酒、金属制品、棉花、羊毛、细布、麻纱、瓷器、玻璃等。条约实施后，大批英国商品倾销法国，英国工业品在法国市场的消费额极度扩大。英国强大的经济实力使它在自由贸易体系的构建中拥有绝对优势，因而它信心满满地签订并推广这种条约形式，并且向其他国家宣扬自由贸易对彼此的好处，同中国的交往也是如此。

英国政府认为，为了实现与中国的官方交往，为了实现商业扩张的目标，英国需要遣使赴华，并把中英关系置于条约的基础之上。但英国政府还

① J. L. Cranmer-Byng, "Lord Macartney's Embassy to Peking in 1793 from Official Chinese Documents," *Journal of Oriental Studies*，Vol. Ⅳ，Hong Kong University Press，1960，pp. 182—183.

② ［英］斯当东著、叶笃义译：《英使谒见乾隆纪实》，第 10 页。

③ ［美］费正清、刘广京编，中国社会科学院历史研究所编译室译：《剑桥中国晚清史》上卷，中国社会科学出版社，1993 年，第 237 页。

必须考虑另一个问题，即"自大"的中国是否会给英国对话的机会？两国之间是否存在谈判和协商的可能？第一次遣使访华前，英国政府搜集了大量有关中国的资料，展开了对中国的全面调查和了解，分析了出使和签约的可行性，以及与中国交往的策略。

当时的英国，来华人士主要是商人与航海冒险家，他们留下的有关中国的记载较少，而且他们在中国的足迹大多未能超出澳门、广州及附近岛屿，一般停留时间较短，行动受到很大限制，交往的中国人也以码头苦力、行商及少数中下层官员为主。即算东印度公司提供的资料，大多也局限于广州地区。对英国使团来说，最有价值的莫过于中国朝廷和外交的信息，但这方面的知识来源十分有限。马戛尔尼使团的成员巴罗在其著名的《中国旅行记》扉页上写道："去过北京的人真是寥寥无几。"①

欧洲大陆学者的相关著述以及来华传教士的著作和书信是英国政府了解中国特别是朝廷情况的主要途径，尤其是明清之际来华的传教士，他们虽是抱着传教的目的而来，但主要是为宫廷服务，是当时西方人中唯一深入到中国内地和宫廷的群体，对中国朝廷最为了解，成为当时西方社会认识中国的主要媒介。

来华传教士写下了大量关于中国的书信、报道和著作，如 13 世纪末的《马可·波罗游记》、17 世纪初利玛窦的《基督教远征中国史》等。而在 18 世纪，影响最大的传教士汉学著作是法国杜赫德等编纂的《中华帝国全志》和《耶稣会士书简集》。明清之际来华的传教士主要是耶稣会士。耶稣会的《宗教法》明确要求其弟子们在外传教时必须提供有关其传教地区的地理、风俗、物产等情况的报告，因此，来华耶稣会士几乎无一例外地与其在欧洲的上司、朋友、家人、学者等保持着通信联系。他们向欧洲人描述了自己在中国的所见所闻或亲身经历，他们发自中国的大量信件成为欧洲人了解中国的重要窗口。1735 年，杜赫德依据 17 世纪来华传教士的报道和回忆录编辑出版《中华帝国全志》。该书记述了中国的地理、历史、自然等情况，在欧洲直到 19 世纪末仍被看作是关于中国知识的权威读本。与此同时，杜赫德

---

① John Barrow, *Travels in China*, London: T. Cadell and W. Davies, 1806.

等人将来华耶稣会士的书信汇编成《耶稣会士书简集》，予以出版。该书长达 34 卷，其编纂年代从 1702 年持续到 1776 年，充分展现了 18 世纪中国的社会风貌，"达官贵人、贩夫走卒在他们的书简中均有一席之地。中国以家长制为模式的政治管理体制、中国的教育（科举制）、司法、城市管理、伦理、民风、史地、物产、农业、商贸、人口、语言文字等种种问题都是他们在书简中介绍的对象"①。该书在法国的出版引起了整个欧洲的兴趣。

出于在华传教策略的需要，耶稣会士把中国描绘成了异常完美的文明国度，在他们笔下，中国历史悠久、文化发达、社会繁荣，有一位开明专制的君主和一套行之有效的管理体系。中国的皇帝拥有至高无上的权力，但也是亲切、友善、知书达理，可以接近的。《耶稣会士书简集》中有许多涉及中国朝廷和皇帝的内容。如，1769 年耶稣会传教士汪洪达（de Ventavon）写给布拉索神父的信中有一段关于乾隆的描写："这位君主身材高大，相貌堂堂，神情和蔼却又令人起敬。倘说他对臣民实行严刑峻法，我以为这与其说出于其个性，不如说非如此便无法控制中国和鞑靼这样辽阔的帝国。因此，最有权势的人也会在他面前发抖。""这是一位伟大的君主，他洞察一切，事必躬亲。不管隆冬还是盛夏，黎明时分他就上朝理政。我不明白他怎么能如此深入细致……他年纪越大，对欧洲人越好。"② 1754 年钱德明神父给德·拉·图尔神父的信中，记载了法国神父王致诚在热河为乾隆皇帝作画的经历，皇帝非常仁慈，在得知王致诚神父生病的时候，主动问候，并让他休息③。书中此类描述比比皆是，令人印象深刻。从耶稣会士的描述中，英国政府看到了与中国皇帝对话的可能性，大大增加了其出使和签约谈判的信心。马戛尔尼就曾熟读《耶稣会士书简集》，他到北京之时，该书的作者之一钱德明仍然在世，马戛尔尼对其充满敬意。

从以往欧洲赴华使团的经历中，英国政府也看到了出使和签约的可行

---

① 张西平：《传教士汉学研究》，大象出版社，2005 年，第 343 页。
② 《耶稣会传教士汪达洪神父致布拉索神父的信》，1769 年 9 月 15 日于海淀，[法] 杜赫德编、吕一民等译：《耶稣会士中国书简集——中国回忆录》下卷之第 5 卷，第 211—212 页。
③ 《钱德明神父致本会德·拉·图尔神父的信》，1754 年 10 月 17 日于北京，[法] 杜赫德编、吕一民等译：《耶稣会士中国书简集——中国回忆录》下卷之第 5 卷，第 39 页。

性。在英国遣使访华以前，西方曾有 15 个使团到过中国，其中葡萄牙 5 个，荷兰 3 个，俄国 7 个。法国学者佩雷菲特认为，这些使团的经历共同说明了一个问题，即"这个庞大的帝国过分相信自己的智力资源，所以不愿和欧洲各国建立关系，它幅员辽阔，所以别人无法强制它，它从不容许与西方发生任何关系"①。但当时的英国政府得出的并不是这样的结论，否则便没有了派遣使团的理由。

英国使团出发前，东印度公司为其准备了大量关于中国的材料，其中有一份文稿是伦敦董事会秘书处的詹姆斯·科布起草的，题为《关于中国和过去赴华使团的简况》，该文长达一百多页，详细介绍了以往欧洲赴华使团在中国的经历和中国的一些情况，"认为中国皇帝并不拒绝外国使节，派遣使团赴华是可行的"②。广州贸易中出现的问题，虽然有各种描述，有东印度公司接连不断的报告，但英国政府并不能确定问题的根源，在后来给大使的训令中，邓达斯写道："这些弊害是否由于帝国政府的既定政策，或由于对我们国家力量所产生的猜忌而起，或者只不过是由于地方官的腐败和滥用职权而产生的，这些是你必须要设法确知的事情，因为这是迫切要求你努力将其解决的主要任务。"③ 英国政府显然更相信广州贸易问题只是一个地方性的问题，中国的皇帝和中央政府是"明智与公平"的④。

在西方国家中，俄国离中国最近，与中国的关系也最密切，而且只有俄国人曾真正与中国谈判，并缔结条约。所以，俄国使团的经历备受英国政府的重视。早在 1887 年给卡思卡特的训令中，邓达斯就特别提到约翰·贝尔的游记。约翰·贝尔是曾旅居俄国的苏格兰籍医生，1719—1721 年随俄国伊兹玛伊洛夫使团出使中国，担任译员、书吏和医生工作，1763 年出版两卷本《从俄国彼得堡到亚洲各处游记》，书中有 1/3 的篇幅记载了其出使中国时的所见所闻。伊兹玛伊洛夫使团在北京受到热情的接待，伊兹玛伊洛夫骑着御

① ［法］阿兰·佩雷菲特著、王国卿等译：《停滞的帝国——两个世界的撞击》，第 12 页。
② 张顺洪：《了解与行动：英国社会对华的认识与鸦片战争》，《江海学刊》1999 年第 5 期。
③ ［美］马士著、区宗华译：《东印度公司对华贸易编年史（1635—1834 年）》第 1、2 卷，第 478、549 页。
④ ［美］马士著、区宗华译：《东印度公司对华贸易编年史（1635—1834 年）》第 1、2 卷，第 482、554 页。

马，在士兵的簇拥下，"十分隆重地进入京城"①。俄国使团在京期间，康熙帝先后 12 次接见伊兹玛伊洛夫，并破例亲自接受了俄使递交的国书。双方虽然曾在觐见礼仪上发生冲突，但最终达成谅解：伊兹玛伊洛夫接受了中国的跪拜礼，中国方面也答应将来中国的使臣赴俄执行俄方的礼仪。除了 3 次正式的觐见外，其他非正式的觐见都是在轻松、和谐的气氛中进行的。康熙允许使团成员免除礼仪，"按本国习惯吃喝和娱乐"②。最后一次觐见，康熙帝竟打破中国传统，允许伊兹玛伊洛夫按照欧洲的习惯，亲吻他的手，并久久握着俄使的手③。出使期间，伊兹玛伊洛夫与清廷大臣就两国关系进行了多次谈判。俄方要求缔结一项中俄贸易条约，清政府表示：俄国商人来华后往往"打架斗殴，胡作非为，给中国造成极大损失"，同时，中、俄两国的蒙古段边界问题及俄方交还中国越境民人问题尚未得到解决，在上述问题没有得到合理解决之前，不可能缔结有关商务的条约。但清政府破例同意使团成员兰格作为商务代表常驻北京，由中方承担其生活费用④。俄国使团虽未达到自己的目的，却受到清政府无比的优待，并获得了一些特权，而且也没有否定签约的可能性，并且在此之前和之后中国与俄国签订《尼布楚条约》和《恰克图条约》。这让英国政府看到了希望，让英国人相信与中国政府的谈判是可能的，获得预期的利益也是可能的。所以在给卡思卡特的训令中，邓达斯表示，中国人与中国政府"务求避免与欧洲人发生任何亲密接触或往来"乃是一种偏见，"皇帝本人是可以接近的"，"北京接待外国人是有礼的"⑤。正是这种信念让英国觉得有必要派出使团与北京政府接触，并对双方交往的结果有着乐观的期待。

从 18 世纪 80 年代到第一次鸦片战争前这段时间，英国一直尝试建立与中国的外交关系，实现中英关系条约化。这一时期，英国酝酿和筹划的对华

---

① 〔俄〕尼古拉·班蒂什—卡缅斯基编著、中国人民大学俄语教研室译：《俄中两国外交文献汇编（1619—1792）》，第 112 页。

② 〔俄〕尼古拉·班蒂什—卡缅斯基编著、中国人民大学俄语教研室译：《俄中两国外交文献汇编（1619—1792）》，第 115 页。

③ 〔法〕加斯东·加恩著、江载华等译：《彼得大帝时期的俄中关系史》，商务印书馆，1980 年，第 169 页。

④ 〔俄〕尼古拉·班蒂什—卡缅斯基编著、中国人民大学俄语教研室译：《俄中两国外交文献汇编（1619—1792）》，第 117—118 页。

⑤ 〔美〕马士著、区宗华译：《东印度公司对华贸易编年史（1635—1834 年）》第 1、2 卷，第 479 页。

条约方案也经历了一个演变的过程，总的来看，可以分为三个阶段：第一阶段是18世纪八九十年代筹划、派遣卡思卡特和马戛尔尼访华使团的时期，第二阶段是19世纪初组建阿美士德访华使团的时期，第三阶段是19世纪30年代律劳卑就任驻华商务监督的时期。

　　卡思卡特使团是英国最早筹划的访华使团，但因特使中途去世而夭折。几年后，马戛尔尼使团奉命完成卡思卡特使团的未竟之业。为了实现其外交目标，英国对这两个使团格外重视，精心组建使团、准备礼物，并拟定了详细的出使方案。使团筹备工作的宗旨是，展现英国的强大实力，树立英国人的美好形象，一切为与中国的谈判甚至签约服务。

　　在大使人选上，英国政府根据东印度公司和散商的建议，选派身份尊贵之人担此重任，以赢得中国人的尊重。1787年，第一次组建使团时，卡思卡特（Charles Cathcart）中校被任命为大使。当时，卡思卡特是孟加拉军队的总军需官，在英国政界享有盛名。遗憾的是，他尚未到达中国就在出使途中意外死亡。1792年乔治·马戛尔尼受命组建新的使团。马戛尔尼出身于苏格兰贵族家庭，1776年被封为男爵，1792年加封伯爵，是当时英国著名的外交家，英国议会议员。1764年，他被任命为全权特使，赴俄国与叶卡捷琳娜二世商谈结盟事宜。他代表英国同俄国订立了一个时效20年的商务条约，为英国商人获得了在俄罗斯贸易并享受与俄国人同样税率的特权。后来沙皇发觉这个条约对英国太有利，在到期时迟延了很久才续约。马戛尔尼则因此享誉整个外交界。1775年和1780年，他先后出任加勒比群岛总督和印度马德拉斯总督。1786年，他拒绝出任印度总督，返回英国。在各地供职期间，马戛尔尼的机智与慎重为他赢得了很高的声誉。正如斯当东所写的一样："马戛尔尼勋爵的才能、品质和工作能力是尽人皆知的。很少人像他那样受到多种多样工作的考验；当他从印度的重要职务回国的时候，他是受到在朝党和在野党一致称赞的唯一的人物。"[1]

　　作为一名有着丰富外交经验的大使，马戛尔尼要求亲自挑选使团成员。他的原则是，这些成员"应该对谈判直接有用"，或者能"以他们的才能或

---

[1]　［英］斯当东著、叶笃义译：《英使谒见乾隆纪实》，第14页。

知识"来增加英国的威望①。使团的规模在英国乃至欧洲历史上都是空前的，使团正式成员多达近百人，有外交家、青年贵族、学者、医师、画家、乐师、技师、士兵和仆役等，如果算上水手，将近 700 人，光上船登记就花了好几天的时间。副使一职由乔治·斯当东（George Leonard Staunton）担任，他是马戛尔尼任马德拉斯总督时的秘书，也是位外交老手，1784 年曾与提普苏丹（Tippoo Sultan）议定和平条约。他受命在马戛尔尼发生意外时，接替马戛尔尼的工作。马戛尔尼希望这个庞大而隆重的使团让中国感觉到英国对此次遣使访华的重视，感觉到英国的强大，从而改变其对英国的外交态度。

为了给中国人留下好印象，使团的所有成员都被要求签下承诺书，保证遵守以下纪律："不从事任何私人贸易；不向中国人借钱和贷款；除了必需品，不同中国人做交易；对当地人举止要文雅；对损害使团工作的行为要赔偿损失；不接受贿赂；除了正式场合收到的礼物，其他礼物一概不得接受。"② 任何人违反纪律，东印度公司都有权要求其赔偿经济损失。

礼物的准备也费尽了心思。卡思卡特使团曾为礼物问题讨论了好几个月，最后决定不给皇帝送礼物，而带些礼物分送给官员。使团认为最合适的做法是带一些英国制造品的样品，以便促进它们在中国的销售，并让中国人深刻感受到英国工业的先进水平；同时，还可以带上各种科学、数学、哲学器具和照片，向中国人展示英国在艺术和科学上的进步。购买礼物的费用预计在 4000 英镑左右③。马戛尔尼使团更加隆重。东印度公司主要考虑的是经济利益，它要求礼物不仅要精美，而且要符合中国人的趣味，使他们乐于接受，这样有助于将英国的制造品引入中国。公司采购的礼品包括各种新生产的毛织品、麻织品、枪支、刀剑、五金器具等大量英国制造品，并为所有礼品附上了一些样品和详细的说明书，希望它们能够引起中国人的注意和消费

---

① ［法］阿兰·佩雷菲特著、王国卿等译：《停滞的帝国——两个世界的撞击》，第 8 页。
② 朱雍：《不愿打开的中国大门——乾隆时期的中英关系》，江西人民出版社，1989 年，第 192—193 页。
③ Earl H. Pritchard, *The Crucial Years of Early Anglo-Chinese Relations*, 1750—1800, p. 247.

欲望①。公司指示马戛尔尼仔细检查各项物品，一是防止损坏，二是注意"是否有任何物品与中国人的趣味、礼俗、或偏见相冲突"，这是非常重要的②。英国政府和马戛尔尼则更多地考虑到政治上的需求，他们希望这些礼物能够讨得中国皇帝和大臣的欢心，也能向中国展示英国的强大和富有，为外交谈判奠定基础。经人推荐，使团在意大利那不勒斯东方学院找到了两个懂中文的中国人，充当翻译③。"在按照东方方式选定赠送中国皇帝及其大臣们的礼品上，他们提出了宝贵的意见。"使团挑选了八音匣等珍奇玩物。此外，马戛尔尼认为，"能发挥实际而耐久作用的现代科学和技术方面的东西"应当更让中国皇帝感到兴趣，也更能体现英国强大的实力④。因此，使团带上了最新改良的天文仪器和天体循环模型标本，还有各种新奇的发明和设备，如望远镜、万花筒、活动椅、气球、气泵、爆竹等。礼物的开支原计划为 1 万英镑，后来远远超出，达到 15610 英镑⑤。总之，英国政府和马戛尔尼尽可能地树立英国作为西方先进文明代表的形象，希望能为对华谈判增加砝码。

　　为保证出使的成功，英国政府还给卡思卡特和马戛尔尼发布了详细的训令，拟定了具体的出使方案。两份训令大同小异，其主要内容如下：

　　其一，设法消除中国对外国人尤其是对英国人的偏见。中国对外国人的防范，尽管当时一些英国人曾指陈中国人的傲慢，但英国政府认为，中国对外国人的排斥和偏见更多的也许是由于政治上的猜忌，就英国来说，则主要是由于英国对印度的侵略激起了中国人的恐惧，此外，其他欧洲国家也通过各种途径——使臣、传教士等在中国散布英国扩张威胁的言论。因此，邓达

---

① Earl H. Pritchard ed.，"The Instructions of the East India Company to Lord Macartney on His Embassy to China and His Reports to the Company，1792—1794," *Britain and the China Trade，1635—1842*，Vol. VII, London，2000，p. 222.

② Earl H. Pritchard ed.，"The Instructions of the East India Company to Lord Macartney on His Embassy to China and His Reports to the Company，1792—1794," *Britain and the China Trade，1635—1842*，Vol. VII, p. 223.

③ ［意］马国贤著、李天纲译：《清廷十三年——马国贤在华回忆录》，上海古籍出版社，2013 年，导言第 32 页。

④ ［英］斯当东著、叶笃义译：《英使谒见乾隆纪实》，第 20—21 页。

⑤ Earl H. Pritchard，*The Crucial Years of Early Anglo-Chinese Relations，1750—1800*，p. 305.

斯指示卡思卡特要"尽力辟谣"，强调英国的目的"纯粹是商业上的，全无领土意图"，后来也要求马戛尔尼"必须用全力以各种方式去辩正"，消除中国的顾虑，特别提到要防范俄罗斯人制造的疑忌，如果只是由于恐惧与邪恶之人和中国专制政府的嫉妒心导致的排斥和偏见，则"在寻求和中国接触时，应该无条件地自由宣布，我们没有成见，只要求在中国政府保护下，在它的法律和条例及在双方互利的永久原则下做生意"①。

其二，尽可能避开广东地方当局和其他国家的阻碍和破坏，直接与朝廷交涉。英国政府的总体想法是，直接与皇帝及其近臣打交道，尽可能避免广东地方官的忌妒和贪污②。因而指示特使，不要从广州上岸，要从海上直接驶往中国东部或东北部的口岸，"以便将你的委任状和国王陛下的函件呈递皇帝陛下"。为防止其他国家的破坏，英国政府建议特使雇用一些不带民族偏见的葡萄牙、西班牙、意大利传教士，或其他有教养的人士，为他们服务③。

其三，树立英国国王和国家的光辉形象。英国政府认为："应该给中国人造成一种印象，即英国国王是智慧的和公正的，英国是强大的和富有的。这可能会促使两国达成一项友好同盟条约。"④邓达斯要求特使必须时刻注意自己的"风格及仪表"，"在前往北京途中尽可能使仪式庄严"，到达北京以后，可按照中国的礼仪觐见皇帝，但前提是不能有失君主的荣誉和特使的威严⑤。为增加特使的威仪，英国政府还特意派出战舰运送使团，并选派一名穿着皇家制服的副职官员随同前往。

其四，向中国政府说明两国交往与贸易的互利性。为了打动中国政府，邓达斯在给卡思卡特的训令中要求他向中方说明，"两国之间的贸易所产生

①　[美]马士著、区宗华译：《东印度公司对华贸易编年史（1635—1834年）》第1、2卷，第481—482、553、479页。

②　J. L. Cranmer-Byng, "Lord Macartney's Embassy to Peking in 1793 from Official Chinese Documents," *Journal of Oriental Studies*, Vol. Ⅳ, p. 120.

③　[美]马士著、区宗华译：《东印度公司对华贸易编年史（1635—1834年）》第1、2卷，第480、551—552页。

④　Earl H. Pritchard, *The Crucial Years of Early Anglo-Chinese Relations*, 1750—1800, p. 276.

⑤　[美]马士著、区宗华译：《东印度公司对华贸易编年史（1635—1834年）》第1、2卷，第481页。

的利益是对双方有利的"，并以向中国输入大量白银购买茶叶来说明这一事实①。在给马戛尔尼的训令中，邓达斯再次强调了这一点，并要求马戛尔尼找机会向中国皇帝进一步说明：英国国王"早已安排各种航行计划，前往外国学习与传播知识，从这一个安排出发，希望派一个使团访问世界上最文明最古老而人口众多的一个国家，由于这样毫无保留的友好来往，将使该国与自己国家双方有利"②。

其五，为英国臣民获取在华商业及其他权利。英国政府指示卡思卡特和马戛尔尼与中国政府交涉，索取方便地点设立商站，要求中国政府保护英国商人赴内地贸易或旅行，获得在华警察管理权及司法管辖权，改善广州贸易条件，向中国建议互派暂驻或常驻大臣等③。

训令的最后，英国政府指示卡思卡特和马戛尔尼"解决已有的抱怨，可能的话，将广东的贸易置于正式的条约基础之上"④。在给卡思卡特的训令中，邓达斯强调："除了帝国政府真的拒绝你的全部请求之外，不论有什么决定，一定要设法获得文字上的文件。"⑤ 他所说的这个文件实际上就是指的条约，他在给马戛尔尼的训令中明确提到，"你必须谨记的是，由于大不列颠国王明智与公正的判断，及该国的富强和人民的智慧，自然会导致接受对他们有价值的双方友好联盟条约"⑥。邓达斯甚至表示，如果中国政府坚决要求在条约中规定，不得向中国输入鸦片，大使必须答应，"而不要冒着丧失其它重大利益的危险，来抗争这方面的自由"⑦。

训令要求特使为英国臣民攫取的在华商业及其他权利实际上就是英国最早酝酿的对华条约的内容。用近代国际法的眼光来审视会发现，其中既包括符合国际平等交往规则的内容，如通商、获得建立商站的许可、人身保护、

---

① ［美］马士著、区宗华译：《东印度公司对华贸易编年史（1635—1834 年）》第 1、2 卷，第 481 页。

② ［美］马士著、区宗华译：《东印度公司对华贸易编年史（1635—1834 年）》第 1、2 卷，第 552、550 页。

③ ［美］马士著、区宗华译：《东印度公司对华贸易编年史（1635—1834 年）》第 1、2 卷，第 482—483、553—555 页。

④ J. L. Cranmer-Byng, "Lord Macartney's Embassy to Peking in 1793 from Official Chinese Documents," *Journal of Oriental Studies*, Vol. IV, p. 120.

⑤ ［美］马士著、区宗华译：《东印度公司对华贸易编年史（1635—1834 年）》第 1、2 卷，第 483 页。

⑥ ［美］马士著、区宗华译：《东印度公司对华贸易编年史（1635—1834 年）》第 1、2 卷，第 555 页。

⑦ ［美］马士著、区宗华译：《东印度公司对华贸易编年史（1635—1834 年）》第 1、2 卷，第 483、555 页。

旅行、派遣使臣等，又含有损害中国主权的内容，如领事裁判权。英国政府在训令中指示特使，"必须努力在最有利的条件下获取警察管理权及对我们自己臣民的司法管理权"，"规定英国臣民犯法，不受中国司法处罚"。这一要求，除了中英法律的差异外，英方更多是从维护正常贸易的角度考虑的。英国政府认为，只有拥有了这种权利，才能有效地防止或惩罚英国臣民的违法行为，"因为公司大班的行动有所限制，是不能执行惩罚的"①。但是，这一要求显然违背了当时国际法通行的属地最高管辖权原则，侵犯和损害了中国的主权。这说明，英国在试图打破中国朝贡体制的同时，并未准备与中国建立完全平等的关系；也说明，从西方列强将条约强加给中国伊始，平等和不平等的内容便交错在一起，中外条约关系从筹划开始就是建立在特殊的法则之上。

卡思卡特使团夭折后，马戛尔尼使团继续完成它的使命，这是第一个真正到达中国，并与中国中央朝廷接触的英国使团。1792年9月，马戛尔尼使团从英国启程，远赴中国。马戛尔尼使团是以祝贺乾隆皇帝八十大寿的名义要求觐见的，乾隆皇帝对英国使团的到来欢欣之至，将其视为远夷的诚心向化，对英国使团也是格外地体恤、宽容和友好，甚至一开始就破例允许其"在天津进口赴京"②，并指示各省热情接待。使团船只到达定海时，定海总兵马瑀，未经两广总督长麟咨复，就应英人要求送船出口，乾隆亦未追究，表示"英吉利国差人进京具表纳贡，系属好事"，令沿海各省官员探听其行踪，"仍听其自便，不得稍涉张皇"③。使团抵津后，长芦盐政征瑞奉旨前往迎接时，马戛尔尼等人以"品级尊崇"为由，要求"平行相见"。征瑞心中不快，未曾亲往，转派天津道乔人杰和通州副将王文雄前往。乾隆知悉，责备征瑞斤斤计较，"矫枉过正"④。

马戛尔尼在华期间受到隆重接待，但是在足足一个多月的时间里，他都没有机会向中国皇帝直接提出贸易特权的要求。在觐见乾隆以前，1793年9

---

① 〔美〕马士著、区宗华译：《东印度公司对华贸易编年史（1635—1834年）》第1、2卷，第554页。
② 中国第一历史档案馆编：《英使马戛尔尼访华档案史料汇编》，国际文化出版公司，1996年，第31页。
③ 朱雍：《不愿打开的中国大门——乾隆时期的中英关系》，第206—207页。
④ 中国第一历史档案馆编：《英使马戛尔尼访华档案史料汇编》，第37页。

月 11 日，马戛尔尼第一次与军机大臣和珅会谈就表达了与中国友好交往的愿望，委婉地向其分析了发展中英贸易的好处。和珅答应在朝觐后再讨论这些问题。9 月 17 日，正值乾隆寿辰，仪式结束后，马戛尔尼一行在和珅等人的引导下游览避暑山庄，马戛尔尼几次试图谈论他的重大使命，都被和珅巧妙地回避了。10 月 1 日，马戛尔尼从传教士口中得知清廷已有送客之意，他焦虑不已，第二天，趁与和珅见面的机会，赶紧向和珅表示，此次访华，英国政府意欲要他常驻北京，"永远敦睦两国友谊"，以后两国之间有什么问题，由他代表英王就近与中国政府直接商量，并提出了几个准备商谈的问题。但和珅始终不理不睬，故意东拉西扯①。10 月 3 日，和珅将乾隆的复信和回礼交给马戛尔尼，按照中国的规矩，这就算是下逐客令了。但马戛尔尼仍不甘心，要求和珅注意他们讨论过的外交问题。和珅让马戛尔尼写个书面意见给他，让他考虑。就在临走之前，马戛尔尼写了封信，提出了英方的 6 条要求，并由和珅上呈乾隆，其所提事项如下：1. 准许英国商人在舟山、宁波和天津贸易。2. 准许英国人跟俄罗斯人以前一样，得在北京设立堆栈出售他们的货物。3. 准许英国人把舟山附近一个独立的非军事区的小岛作为仓库，堆放未售出的货物，并当作是他们的居留地来管理。4. 准许英国人在广州附近有同样的权利，及其它一些微小的自由。5. 取消澳门与广州之间的转口税，否则最少要把它减至 1782 年的标准。6. 禁止向英国商人勒索超过皇上钦定文件所规定的税款，颁给他们文件的抄本一份，以便明了奉行②。

马戛尔尼的 6 条要求重在解决当时英国对华贸易的实际问题，如增开舟山或宁波通商，设立存货之地，给予关税优待，没有将英国政府拟订的内地贸易或旅行、治外法权、驻扎使节等纳入其中。但即算如此，这些要求也意味着对中国外贸制度的改变，这是乾隆皇帝所不能接受的。他给马戛尔尼的回复是，英方所提要求，"皆系更张定制，不便准行"③。英国第一个到达中国的使团就这样结束了在北京的活动，使团根本没有如其所愿得到和中国谈判的机会，更不要说签订条约。

① ［英］斯当东著、叶笃义译：《英使谒见乾隆纪实》，第 388 页。
② ［美］马士著、区宗华译：《东印度公司对华贸易编年史（1635—1834 年）》第 1、2 卷，第 542—543 页。
③ 中国第一历史档案馆编：《英使马戛尔尼访华档案史料汇编》，第 79 页。

三、 中英关系条约化失败的原因

尽管英国政府从国家利益及整个海外扩张战略角度出发认为有签订对华条约的必要性，同时在传教士的描述和以往欧洲赴华使团的经历中也看到了与中国朝廷对话和签约的可能性，但马戛尔尼使团却没有达到英国遣使访华预设的目标，更没能满足英国各界建立对华条约关系的诉求。学界对马戛尔尼使华失败的原因有诸多分析，而从中英关系条约化的角度看，这样的结局也是必然的。

第一，最根本的原因是，中英两国世界观、文明观以及所秉承的外交观念和原则迥然不同，缺乏建立条约关系的思想基础，无法实现彼此的对话与沟通。

英国自16世纪以来，迅速崛起，先后打败西班牙、荷兰、法国，成为西方世界的霸主，18世纪60年代，又率先启动工业革命，资本主义经济飞速发展，因此，强大的英国一向以西方政治领袖和文明的代表自居。在尝试建立对华外交关系时，英国并不遵循传统中国国际秩序的规则，而是以遣使访华为契机，发动了对中国朝贡体制的全面挑战。正如美国学者费正清所说，"废除纳贡制结构"是英国与中国签订条约的一般性目的[1]。

在出使方案上，从一开始，英国就企图突破朝贡制的规定，避开广州地方当局，实现与中国中央朝廷的直接交往。按照中国的朝贡制度，外国使团来华必须由地方官奏报，在中方官员的引领下，由专门的贡道赴京面圣。出于国防安全、政治威慑、后勤供应等多方面的考虑，清政府对贡道的规定极其严格，不得随意变更。英国被归入西洋诸国之列，按规定须由广东澳门进入广州，待广州当局登记奏准以后，再和暹罗一样，"由广州溯北江而上，经韶州到南雄，越过梅岭，进入江西省南安，过安徽、江苏两省，经山东、直隶抵达北京"[2]。在访华前，英国使团却自行规划上京路线。邓达斯指示马戛尔尼：从海上直接驶往中国东部或东北部的口岸，然后前往首都，如果有

---

① ［美］费正清、刘广京编，中国社会科学院历史研究所编译室译：《剑桥中国晚清史》上卷，第234页。

② 何新华：《最后的天朝：清代朝贡制度研究》，第91页。

"不可克服的原因"，不能从北方口岸到达北京，则从广州取陆路前往①。虽然英方的主要目的是避开广东地方官对使团工作的破坏和阻挠，但此举实际上也是对中国朝贡制度的挑战。最终，使团以"送给中国皇帝的珍贵礼品极易损坏，不宜取陆路长途运输"为由成功避开了广州当局，得到了从水路直赴天津的许可②。英国人对此是非常得意的，马戛尔尼曾饶有兴趣地与副使斯当东谈论此事，他们明显感觉到广州官员因为这一破例而惶恐不安。

使团对中国朝贡制度的第二个挑战是国书的呈递。外国君主写给中国皇帝的信件，清代文献称为表文，它是属国朝贡的重要凭证之一。按照朝贡制度规定，使臣依贡道进入中国后，须先由当地督抚查验国书，译成中文，在内容和格式上符合表文的要求后，方准进京朝贡。马戛尔尼使团抵达天津时，负责接待的钦差大臣征瑞要求其按惯例提供一份国书副本，译成中文，先让他过目。但马戛尔尼坚称，国书没有副本，原件及译稿由国王亲自锁在一个金盒子里，"必须面呈大皇帝，方见至诚，此时不敢擅开"③。乾隆皇帝念其远洋来朝、态度诚恳，格外开恩，同意马戛尔尼亲递国书。后来，副使斯当东以无比兴奋的心情记下了这一外交上的胜利，他写道："皇帝陛下的这种接待大不列颠的国王代表的方式，在中国人看来是一种旷世殊荣。过去他很少坐在宝座上接见外国使节，也很少亲自接国书；多数情况是由一位大臣代接国书。这种优厚的接待方式在中国人心目中认为是中国政府对英国人另眼看待的一种表示，将在他们中间产生良好的影响。"④

马戛尔尼使团对中国朝贡制度的最大挑战还是礼仪问题。马戛尔尼拒绝按照中国的制度向乾隆皇帝行三跪九叩的觐见礼。尽管征瑞等人百般劝说，马戛尔尼始终态度坚决，并反复强调英国不是中国的属国，而是独立国，坚持行对等礼，或者实行不同于属国的一种独立国家的礼节。1793 年 8 月 28日，他给和珅拟了一封有关礼节的信件，让征瑞转交和珅，信中提出了其履行叩拜礼的条件，即中国皇帝也派一位同他地位相同的大臣，穿着朝服，在

① ［美］马士著、区宗华译：《东印度公司对华贸易编年史（1635—1834 年）》第 1、2 卷，第 551 页。
② ［法］阿兰·佩雷菲特著、王国卿等译：《停滞的帝国——两个世界的撞击》，第 44 页。
③ 朱雍：《不愿打开的中国大门——乾隆时期的中英关系》，第 216 页。
④ ［英］斯当东著、叶笃义译：《英使谒见乾隆纪实》，第 347 页。

英国女王的御像前执行同样的礼节①。据斯当东记载，后来，清廷同意马戛尔尼以觐见英国国王的礼仪觐见中国皇帝，但中方文献却显示马戛尔尼最终屈服，执行了叩拜礼，实际情况如何，不得而知。

在马戛尔尼访华以前，英国官方对中国的觐见礼仪是有所了解的。早在利玛窦的中国札记中已经提到，人们觐见皇帝时，要在宝座之前进行一套鞠躬跪拜的礼节②。18 世纪为中国朝廷服务的耶稣会士对中国的觐见礼仪有了更多的体验和感触。1778 年一位在华传教士在寄回欧洲的信中描述了乾隆皇帝重赏艾启蒙神父及其他在京服务的传教士的情况，当赠品隆重送到西直门外的教堂时，所有传教士都按照中国礼仪屈膝跪下。信中写道："当皇帝给予男性皇族和外邦国王这样的恩典时，他们都会下跪。"这不是普通的下跪，而是行三跪九叩之礼，"跪在那里的所有传教士三次以前额触地，起立后再次下跪，再接连两次行同样的礼，总共以前额触地九次，这是此间最隆重的礼仪了"③。

英国政府曾经要求大使关注约翰·贝尔的游记，其中详细记载了俄国伊兹马伊洛夫使团与中国朝廷的礼仪冲突。根据贝尔的描述，伊兹马伊洛夫坚持自己将国书递交到中国皇帝手里，并免除觐见时叩头三次的礼仪。这是违反中国传统的，中国皇帝从不亲自接受国书，按惯例，大使须将国书放在一张离皇帝有一定距离的桌子上，或者一个适合的地方，然后再由指定的官员把它们呈给皇帝。此事给北京的清朝官员带来许多麻烦，双方为此相持了好几天。后来，在传教士的调解下，中方表示："大使必须遵守中国朝廷已有的惯例，当皇帝派使臣去俄国的时候，中国的使臣也必须遵从俄国朝廷的各种习惯礼仪。"伊兹马伊洛夫于是接受了这一安排④。正式接见的时候，康熙皇帝破例接受了大使亲自递交的国书⑤。"递交国书以后，礼仪官将大使带

---

① ［英］斯当东著、叶笃义译：《英使谒见乾隆纪实》，第 304 页。

② ［意］利玛窦、金尼阁著，何高济等译：《利玛窦中国札记》，第 73 页。

③ 《一位在华传教士的信》，1778 年于北京，［法］杜赫德编、吕一民等译：《耶稣会士中国书简集——中国回忆录》下卷之第 6 卷，第 110—111 页。

④ John Bell，*Travels from St. Petersburgh in Russia to Various Parts of Asia*，Vol. 2，Edinburgh：Printed for William Creech，and Sold by Geo. Robinsons and Co. London，1788，pp. 4—5.

⑤ John Bell，*Travels from St. Petersburgh in Russia to Various Parts of Asia*，Vol. 2，p. 8.

回，命令使团所有人跪下，向皇帝行礼九次，每行三次就让我们站起来，然后又跪下再行。（我们曾）极力避免这种顺从，但无济于事。礼仪官站在旁边，用鞑靼语高喊鞠躬、站立，这两个词令我难以忘记。"① 在欧洲，伊兹马伊洛夫被视为"外国和中国交涉中第一个有所收获的人"②，他拒绝执行觐见礼仪并获得中国皇帝优待的事件在各国广为流传。

马戛尔尼在熟知中国觐见礼仪的情况下为什么坚决不肯行跪拜礼呢？作为一名久经历练的外交官，马戛尔尼有着强烈的国家荣誉意识，并格外重视外交礼仪。早在担任驻俄大使期间，有一次，观看骑兵表演时，马戛尔尼仅仅因为没有被安排在他认为英国女王陛下的使节应该坐的位子上，而感到非常不快③。显然，向中国皇帝行叩拜礼比这要严重得多。在马戛尔尼看来，世界上没有什么礼节比叩头礼"更表示行礼者的恭顺卑贱和受之者的神圣崇高的了"，行这种礼，将会让英国的君主和国家蒙羞④。马戛尔尼明白，作为第一个英国访华使团，第一次代表英国政府同中国打交道，这次访华的经历将为以后中英两国的交往留下可循之例，奠定未来中英关系的基础，所以这一次的表现至关重要。他认为，以往的种种误会和各种造谣污蔑损害了英国在中国的形象，使中国人对英国抱有成见，要和中国建立外交关系，当务之急是消除这些成见，获得中国人的好感。而"要想树立中国的好感，只有通过外交代表的正确而有礼貌的言行，但绝不是卑躬下气的迁就"，迁就中国行叩拜礼只是贪图眼前方便，却会损害英国的国际形象，损害"英王陛下的尊严和英国的名誉"⑤。这将无益于其使命的完成，无助于与中国建立新型的外交关系。

在英国政府给卡思卡特和马戛尔尼的训令中也曾对礼仪问题作出指示。训令要求大使到达北京之后，"依照朝廷上的全部礼仪，尽速谒见"⑥，但却一再强调特使的威仪和国家的荣誉。这也成了马戛尔尼拒绝行叩拜礼的官方

① John Bell, *Travels from St. Petersburgh in Russia to Various Parts of Asia*, Vol. 2, p. 9.
② ［英］斯当东著、叶笃义译：《英使谒见乾隆纪实》，第 298 页。
③ ［法］阿兰·佩雷菲特著、王国卿等译：《停滞的帝国——两个世界的撞击》，第 24 页。
④ ［英］斯当东著、叶笃义译：《英使谒见乾隆纪实》，第 297 页。
⑤ ［英］斯当东著、叶笃义译：《英使谒见乾隆纪实》，第 299 页。
⑥ ［美］马士著、区宗华译：《东印度公司对华贸易编年史（1635—1834 年）》第 1、2 卷，第 481、552 页。

理由。他极力向中国官员说明："一个国家代表的行动不只是他个人的问题，而是代表整个国家的。任何一国的臣民对他们君主所行的礼节，绝不能要求外国代表也照样做。前者表示屈服和顺从，后者表示尊敬和友谊，二者是有严格区别的。"① 为了说服中国官员，他还讲述了一个雅典特使因在外交中有辱国行为而被处死的事例。实际上，英国政府所顾虑的不止是国家的荣誉，还担心向中国低头会不利于与中方的谈判。在训令中，英国政府向特使强调，觐见中国皇帝时，"不要有失你的君主的荣誉，或降低你自己的威严，这样就会危及你的谈判的成功"②。对英国来说，保持国家的荣誉和尊严是与中国对话的前提与基础，也是达到此次出使目标的关键。礼仪之争实际上是英国和中国以何种方式交往的权力之争。

在与中国的第一次政治交往中，强大的英国一直以平等者自居。在给马戛尔尼的训令中，邓达斯要求马戛尔尼找机会向中国皇帝说明，英国寻求改进与中国的关系，并没有别的意思，"只是为了人类的利益，双方国家的好处"，以及把英国的商业"放在中国政府保护之下"，"依照对两国臣民平等权利的永久原则进行"③。这完全是一种与中国平等对话的姿态。英王乔治三世给乾隆的信件原文（不是中国官员篡改后的表文）也完全是以平等的口气写的，甚至跟皇帝称兄道弟，信中直言"向崇高的皇帝致以兄弟般友好的祝贺"，"愿我们之间的兄弟般的友爱永存"④。

与英国相对的是，中国固守着天朝观念，保持着文化上的自信心和优越感，视自己为宇宙的中心和天下唯一的文明之邦，始终维护着传统的朝贡体制，在对外关系中居高临下、傲视万国。乾隆时代的中国对西方世界的认识依然十分有限。从 16 世纪起，中国与欧洲开始建立起初步的联系。东南沿海和南中国海各港口城市与西方国家的贸易活动，以及西方传教士在江南和北京等地的传教活动，构成了中西方初期交往的主要内容。顺治时期，清廷已经知道"大西洋"不属于东南和西北疆域的臣属国家。康熙和乾隆年间，

---

① ［英］斯当东著、叶笃义译：《英使谒见乾隆纪实》，第 299 页。
② ［美］马士著、区宗华译：《东印度公司对华贸易编年史（1635—1834 年）》第 1、2 卷，第 481 页。
③ ［美］马士著、区宗华译：《东印度公司对华贸易编年史（1635—1834 年）》第 1、2 卷，第 550 页。
④ ［美］马士著、区宗华译：《东印度公司对华贸易编年史（1635—1834 年）》第 1、2 卷，第 560、562 页。

中国通过耶稣会士对欧洲有了更多的了解。但这一时期，中国人对欧洲的想象，"局部多过整体，理性多过感性"①。耶稣会士向中国引进的科学仪器和先进的兵器震动了中国，但却无法使中国人真正感受到 17、18 世纪欧洲的迅速崛起，也无法感受到英国的日益强大。在中国的观念中，英国与其他西洋国家一样都是远在外洋的蛮夷之国。"在英国开始到广州通商之后，很长时间中国人一直用一种轻蔑的名词——红毛人——来称呼英国人。"②

　　乾隆皇帝一方面对英国使团的到来欢欣之至，在使团的接待中，格外地体恤、宽容和友好；另一方面则始终将其视为朝贡使团，始终注重维护天朝的威仪和体制。早在 1793 年 2 月 28 日，他就下旨，英国贡船进口时，要"派委大员，多带员弁兵丁，列营站队，务须旗帜鲜明，甲仗精淬，并将该国使臣及随从人数并贡件行李等项，逐一稽查，以肃观瞻而昭体制"③。4 月 2 日，他又谕令各地督抚，在英国使团抵达时，"不动声色，密加查察防范"，"不可意存玩忽"④。使团抵达定海后，乾隆接报，于 7 月 24 日发出一道新谕旨，强调"应付外夷事宜，必须丰俭适中，方足以符体制"，"不可踵事增华"，亦"不可过于简略，致为远人所轻"⑤。8 月 1 日，英国使团已到天津，长芦盐政征瑞奉旨接待，乾隆指示其"不必再加筵宴"，"盖款接远人之道，固不可稍事苟简，致阻向化之诚，然加之体恤则可，若过为优待，隆其礼节，转使外夷不知天朝体统尊严，为其轻忽"。他要求征瑞接待之时，"务宜加备留心，不卑不亢，以符体制而示怀柔"⑥。8 月 3 日，乾隆再次向直隶总督梁肯堂强调了"丰俭适中，不卑不亢"的原则⑦。马戛尔尼入京时，在马车的长幡上用中文写着几个大字："英吉利贡使"，在礼品清单以及载运使节团的车船的旗子上，中国官吏都把礼——"礼物"改为贡——"贡物"⑧。可见，清廷一开始就是将英国作为朝贡国对待的，没有把

① ［意］马国贤著、李天纲译：《清廷十三年——马国贤在华回忆录》，导言第 19 页。
② ［英］斯当东著、叶笃义译：《英使谒见乾隆纪实》，第 6 页。
③ 《高宗纯皇帝实录》卷 1421，乾隆五十八年正月壬子，《清实录》第 27 册，中华书局，1986 年，第 12 页。
④ 《高宗纯皇帝实录》卷 1423，乾隆五十八年二月乙酉，《清实录》第 27 册，第 40 页。
⑤ 《高宗纯皇帝实录》卷 1431，乾隆五十八年六月戊寅，《清实录》第 27 册，第 131 页。
⑥ 《高宗纯皇帝实录》卷 1431，乾隆五十八年六月丙戌，《清实录》第 27 册，第 134—135 页。
⑦ 《高宗纯皇帝实录》卷 1431，乾隆五十八年六月戊子，《清实录》第 27 册，第 137 页。
⑧ ［法］阿兰·佩雷菲特著、王国卿等译：《停滞的帝国——两个世界的撞击》，第 101 页。

英国放在对等的位置上。

早在马戛尔尼来华以前，蕴端多尔济曾经上奏称，俄罗斯派人告之，西洋昂吉凌（即英吉利）"遣使于广东求地通商"①。因此，清廷猜测，马戛尔尼使华的真实目的是想提高英国的贸易地位，以便提升朝贡制度下英国的权利②。当英国使团要求从天津上岸赴京时，乾隆并没有怀疑其对天朝体制的挑战，而相信了其礼物体积过大、机器灵巧、恐招损坏的理由。一直到 8 月 4 日，乾隆皇帝御览英方呈上的礼品单后，敏锐地意识到：这不是一张普通的礼品单，而分明是在炫耀英国的强大实力，英国甚至称自己的使臣为"钦差"，想要与中国平起平坐，这是他无法接受和容忍的。8 月 6 日，乾隆皇帝颁布谕旨："单内所载物件，俱不免张大其词，此盖由夷性见小，自为独得之秘，以夸炫其制造之精奇。"着征瑞向其告明，"尔国所贡之物，天朝原亦有之"，"庶该使臣等不敢居奇自炫"。又"单内有遣钦差来朝等语。该国遣使入贡，安得谓之钦差……着征瑞豫为饬知，无论该国正副使臣，总称为贡使，以符体制"③。后来，梁肯堂和征瑞奏报，"钦差"一词，"实系该通事自行称呼，委员人等并无如此妄称之事"④。乾隆帝才未予查办。

礼仪之争发生后，乾隆更加警觉，并彻底改变了对英国使团的态度。9 月 9 日和 10 日，乾隆连颁两道谕旨，直接流露出对英使不谙礼节的愤怒之情，指责其"妄自骄矜"。他觉得，这也许是对英国使团过分优待所致，表示"此等无知外夷，亦不值加以优礼"，下令使团回国时，照常供给食宿，但不可过于丰厚，"只须照例应付，不得踵事增华，徒滋繁费"⑤。就像宗教仪式实际上是宗教信仰的外在表现一样，中国的对外礼仪制度也是中国世界观念和外交思想的体现。中国的封建统治者正是利用礼仪制度，来显示天朝上国的威仪，以达到制服对方，占据外交优势的目的，因而不可能随便更改礼仪。

---

① 王庆云：《石渠余纪》，北京古籍出版社，1985 年，第 286 页。
② Gungwu Wang, *Anglo-Chinese Encounters since 1800*, Cambridge University Press, 2003, p. 51.
③ 《高宗纯皇帝实录》卷 1431，乾隆五十八年六月辛卯，《清实录》第 27 册，第 139—140 页。
④ 朱雍：《不愿打开的中国大门——乾隆时期的中英关系》，第 218 页。
⑤ 《高宗纯皇帝实录》卷 1434，乾隆五十八年八月乙丑，《清实录》第 27 册，第 170—171 页。

贺寿完毕，9 月 23 日，乾隆从英国的国书中获悉，英方有派人常驻北京的要求，更加感觉其居心叵测，意图窥探，谴责英使"多有陈乞，屡为繁渎"，"究属无知"，要求地方官加强防范[①]。9 月 29 日，乾隆随即颁布谕旨，令英国使团 10 月 7 日起程回国。在给英国国王的回信中，乾隆用了大部分篇幅驳斥英方的遣使驻京之请，首先指出，这一请求"与天朝体制不合，断不可行"，居住京城的西洋人，皆来京当差，服务天朝，且永远不准回国，没有外国使臣留住京城的做法；其次，就贸易来说，英国亦无需派人驻京，因为天朝对各国贸易之事"无不照料周备"，且京城距离澳门贸易之地极其遥远，无法照料[②]。

在乾隆眼里，英国的强大以及恃其强大而对中国天朝体制的挑战只是一种虚骄、无知的表现。他没有也不可能意识到这是资本主义世界体系日益扩张的表现和必然结果。清政府当时还不具备民族国家的观念，自然也没有近代国际法则的条约观念。清政府的对外政策是从传统的天下观出发，一切以维护天朝体制为核心。

可见，中英之间的第一次政治交往实际上是东西方两个大国之间的一场较量。在这场较量中，双方所奉行的观念和原则是完全对立的，双方"都竭力遏制对自身权力产生方式构成威胁的东西，换言之，两者都无民主或平等可言，而是旨在巩固帝国构建"，但是"双方对主权观念和建构权力关系的方式持有相互竞争，终不相容的观点"，"每一方都试图把自己的观点强加给另一方，并且都没有成功"[③]。这是早期中英关系条约化失败的根由。

第二，朝贡制度不是纯粹的贸易制度，它有着重要的政治功能，是清政府稳定国内统治的重要手段，英国不仅缺乏与清廷进行政治合作的条件，而且是当时国际社会中一个极富威胁性的因素，中英之间不具备建立条约关系的政治前提。

中国的朝贡体制是一种经济与政治相结合的特殊制度，在这种体制下，

① 《高宗纯皇帝实录》卷 1435，乾隆五十八年八月己卯，《清实录》第 27 册，第 183 页。

② 《五十八年八月英吉利使臣来》，张寿镛等纂：《清朝掌故汇编外编》卷 8，沈云龙主编：《近代中国史料丛刊三编》第 14 辑第 132 号，台北文海出版社，1986 年，第 390—391 页。

③ ［美］何伟亚著、邓常春译：《怀柔远人：马嘎尔尼使华的中英礼仪冲突》，第 27、30 页。

贸易关系是从属于政治关系的，中国封建政府更看重的是对外贸易的政治后果。在清政府看来，与外国人之间的频繁接触，以及由此而带来的种种涉外纠纷的产生，意味着对传统观念的冲击和对海防安全的威胁。这将削弱封建统治的基础，危害中国社会的稳定。以朝贡贸易和互市来限制对外经济交往实际上是中国封建政府防御外夷的政治产物。

对于远洋而来的西方国家，清政府有着极强的防范心理。"葡萄牙人、西班牙人、荷兰人和英国人初次出现在中国沿海一带是一群孜孜为利而不择手段的人。"[1] 中国官员普遍认为，西方诸国中，英国人最为狡猾奸诈、桀骜不驯。英国使团到达中国时，马戛尔尼命人向 4 艘船的全体人员庄严地宣读关于行为准则的通告，其中也提到："不幸由于过去在广州的少数英国人的不轨行为，在中国人的心目中英国人被视为欧洲人中最坏的民族。"[2] 18 世纪英国在亚洲地区的扩张也让清政府心存警觉。18 世纪下半叶，英国开始了对印度的大规模殖民，并企图以印度为基地进入西藏，打开通往中国的后门。18 世纪六七十年代英印当局曾多次派兵参与尼泊尔、不丹的战事。因此，当马戛尔尼到达中国的时候，"虽然皇帝陛下个人对使节团的远来感到洋洋得意，并下了隆重接待的上谕，但大臣们的心中，一方面认为英国敌视中国，另方面感到英国在印度那边的雄厚实力，他们总怀疑币重而言甘的使节团是包藏祸心的"[3]。

俄国同中国的交往曾让英国对遣使和签约充满乐观的期望，马戛尔尼使华与俄国伊兹马伊洛夫使华有着惊人的相似之处。他们都要求亲递国书，并获得了这一殊荣。他们也都以代表国家和君主的名义拒绝行跪拜礼。马戛尔尼曾提出，如果一定要他行跪拜礼的话，那么一位与他地位相等的中国官员也在英王陛下画像前行同样的礼仪。这实际上和当年伊兹马伊洛夫一样，希图以另一种方式解释和实现平等。但是，两者的结局完全不同，康熙宽容和优待了伊兹马伊洛夫，乾隆却加重了对英国的疑虑和猜测，并恼怒地下达了逐客令。令英国人不能理解的是，清政府善待俄国，却无视英国的强大，对

---

① ［英］格林堡著、康成译：《鸦片战争前中英通商史》，第 41 页。
② ［法］阿兰·佩雷菲特著、王国卿等译：《停滞的帝国——两个世界的撞击》，第 78 页。
③ ［英］斯当东著、叶笃义译：《英使谒见乾隆纪实》，第 261—262 页。

英国的要求表现得冷漠、无情。美国学者何伟亚也曾提出这样的疑问："很难解释为什么清廷官员能理性地务实地对待某些外国人（如荷兰人、俄罗斯人），却以理想主义对待英国人？"①

实际上，英国人只看到了问题的一个方面，没有看到另一方面，何伟亚亦是如此。恰恰相反，不是中国人以理想主义对待英国人，而是英国人以理想主义对待中国，是英国错误解读了中国的政策，并试图以西方的法则来打破和改变中国的传统。在与中国的交往中，俄国一直是英国试图仿效的先例。但英国与俄国的情况完全不同。俄国是与中国依山傍水的邻国，在边境地区，人们有着密切的交往和贸易关系。两国之间存在着边界、逃民及其他政治、经济、宗教等种种纠葛。正是为了解决这些纠纷，清政府与俄国先后签订《尼布楚条约》《恰克图条约》。面对俄国这样一个骄傲而强硬的对手，清廷出于统治的需要，愿意对旧礼仪做出适度的变通。因此，伊兹马伊洛夫使华期间，虽然俄国大使的专横"极度冒犯了中国人的自豪感"②，但康熙却表现出了不寻常的宽容。在中国方面，这只是一种暂时的个别的外交策略，并非常态。独特的地缘政治关系决定了中俄关系的特殊性。英国与中国的联系缺乏俄国那样的地缘政治因素，在清廷看来，中国不仅不存在和英国交往、签约的经济需求，而且这种往来将带来巨大的政治威胁。这决定了清王朝对俄国和英国的政策取向必然不同。

此外，必须指出的是，中俄虽然签订了《尼布楚条约》和《恰克图条约》，但在中国的外交体制中，俄国仍然属于朝贡国，中俄边境和商务事宜由理藩院管辖，来华俄国使臣按贡使接待，也被要求行叩头礼。只不过，在清廷的朝贡等级中，俄国明显高于其他西方国家，俄国不仅可以在边境指定地点贸易，早期还享有派遣商队前往北京贸易的特权。但中国同俄国的贸易，就像广州贸易制度一样，也是一种朝贡体制下变通的通商体制。马戛尔尼曾以"仿照俄罗斯之例"为名，提出赴京贸易的要求，乾隆在敕谕中写道："从前俄罗斯人在京城设馆贸易，因未立恰克图以前，不过暂行给屋居

---

① ［美］何伟亚著、邓常春译：《怀柔远人：马嘎尔尼使华的中英礼仪冲突》，第16页。
② ［意］马国贤著、李天纲译：《清廷十三年——马国贤在华回忆录》，第92页。

住。嗣因设立恰克图以后，俄罗斯在彼处交易买卖，即不准在京城居住，亦已数十年。现在俄罗斯在恰克图边界交易，与尔国在澳门交易相似。"① 可见，中俄贸易也是一种朝贡体制下的贸易。清政府同俄国签订条约主要是出于稳定边疆的战略需要，"借助于《尼布楚条约》，它已经遏制了俄国紧逼黑龙江流域；借助于《恰克图条约》，它又使俄国人远离北京，并且用条约阻止俄国人的进展"②。

清政府的海外贸易政策和外交政策根源于防范外夷的政治考虑，这些政策也就成了其对外政治战略的重要组成部分，因此，清政府不会轻易解除对贸易的限制，更不可能放弃原有的朝贡体制，接受英国的签约要求。在访华时，马戛尔尼注意到，当法国革命的消息传到中国后，中国政府变得更加谨慎，更加反对与欧洲有任何联系。他逐渐认识到，中国政府最关心的问题不是经济利益，而是社会内部的稳定，正是出于稳定内部统治的目的，清政府急于控制与限制同其他国家的交往，并鼓励人们歧视外国人③。

第三，中国封建经济的自给自足性使中英之间缺少对话的经济基础，使中国缺少与英方交往和签约的动力。

18 世纪后期，由于资本主义经济的迅速发展，生产的不断扩大，英国对市场的需求日益迫切。除了茶叶贸易，中国作为英国制造品潜在的消费市场也有着越来越重要的意义。谋取商业利益是英国遣使访华、与中国签订条约的主要目标之一。英国曾试图以展示先进的经济水平和科学技术赢得中国的认可，也试图以贸易的互利性说服中国政府开放市场。在给马戛尔尼的训令中，邓达斯要求大使向中方说明，"两国之间的贸易所产生的利益是对双方有利的"，并以向中国输入大量白银购买茶叶来证明这一事实④。但这些交涉的方案与策略都是徒劳。这不仅因为清廷天朝上国的自大，更是由中国封建经济的性质决定的。

---

① 中国第一历史档案馆编：《英使马戛尔尼访华档案史料汇编》，第 57 页。

② ［法］加斯东·加恩著、江载华等译：《彼得大帝时期的俄中关系史》，第 123 页。

③ Shunhong Zhang, *British Views on China at a Special Time* （1790—1820），Beijing：Social Sciences Academic Press，2011，p. 10.

④ ［美］马士著、区宗华译：《东印度公司对华贸易编年史（1635—1834 年）》第 1、2 卷，第 481 页。

　　中国的封建自然经济是一种内向型的自给自足经济，具有极大的稳定性和独立性，对外部世界依赖较小。这使中国封建政府历来不重视对外贸易，仅将其视为羁縻外夷的工具。面对英国使团精心挑选的礼物，乾隆皇帝骄傲地宣布："天朝抚有四海，惟励精图治，办理政务，奇珍异宝并无贵重……天朝德威远被，万国来王，种种贵重之物，梯航毕集，无所不有……然从不贵奇巧，并无更需尔国制办物件。"① 在回复马戛尔尼 6 条通商要求的敕谕中，乾隆皇帝更是明确表示："天朝物产丰盈，无所不有，原不藉外夷货物以通有无。特因天朝所产茶叶、磁器、丝斤为西洋各国及尔国必需之物，是以加恩体恤，在澳门开设洋行，俾得日用有资，并沾余润。"② 在中国自给自足、重农轻商的封建经济下，在保守封闭的外交体制下，乾隆皇帝很难理解，外国统治者为什么把保护商人利益视为一种政策，甚至是原则问题③。

　　在与中国官员交谈后，马戛尔尼也发现，中国政府并不像他期望的那样热衷于鼓励对外贸易，中国的经济是自给自足的，又有着巨大的国内市场，在商业上不必依赖于外国④。在这种情况下，英国用贸易的互利性来说服中国的期待显然是无法实现的，与中国签订平等、互惠的条约来实现商业扩张的设想，也是不可能和不现实的。中国封建经济的自足性是清政府实施闭关政策的物质基础，也是英国打开中国市场，与中国立约通商的巨大阻力。

　　综上所述，18 世纪末，英国开始冲击和挑战中国的朝贡体制，试图将西方的国际关系和贸易原则引入中国，以这些原则为基础与中国建立新型的外交关系。但清王朝必然维护作为其统治根本的朝贡制度，不可能放弃高高在上的姿态和地位，也不可能与英国签订基于主权国家之上的近代性质的条约。这一点在马戛尔尼使华时就已经非常明确。当马戛尔尼还抱着同中国订立条约的最后一丝希望的时候，他的一位熟悉中国情况的私人朋友告诉他说："中国人对于外国使节仅视为在国家重大节日送礼而来，节日过后即刻

---

　　① 《五十八年八月英吉利使臣来》，张寿镛等纂：《清朝掌故汇编外编》卷 8，沈云龙主编：《近代中国史料丛刊三编》第 14 辑第 132 号，第 391—392 页。

　　② 中国第一历史档案馆编：《英使马戛尔尼访华档案史料汇编》，第 80 页。

　　③ Gungwu Wang, *Anglo-Chinese Encounters since 1800*, p. 51.

　　④ Shunhong Zhang, *British Views on China at a Special Time*（1790—1820），p. 10.

归国……中国很少有与他国缔结条约的观念。"① 马戛尔尼使团的两个使命，建立与中国新的外交关系和解决贸易问题，都没能实现。

但是，在某种程度上，马戛尔尼对他的出使是满意的，怀有一定的成就感。用他的话说，皇帝对代表团的接待是"体面和宽厚的"。就在离开广州前，马戛尔尼满怀自信地给东印度公司董事会主席写了封信，他说："中国人的意向正变得对我们'更为有利'，保持和改善这种意向将关系到公司的利益。"他相信，通过高超的技巧、谨慎的态度、好的脾气和坚持不懈的精神，"对华贸易能够获得英国所期望的发展"。耐心和持久的友谊将使中国政府相信，同英国的商业交往是互利的，并最终与英国签订一个条约②。

1794 年返回英国后，马戛尔尼和邓达斯便立刻行动起来，以巩固此次访华的成果。他们本想以国王的名义派乔治·斯当东爵士再次访华，但由于斯当东生病而不得不放弃这一计划。1795 年春天，他们给中国皇帝和官员们送去了 5 封信和礼物。第一封是英王给皇帝的信，表达了对皇帝盛情接待使团的感激之情，澄清了英国在孟加拉的势力范围与西藏的关系，最后承诺很快派一名新的代表赴华。此外，还有邓达斯和马嘎尔尼给长麟的信，东印度公司负责人给长麟和粤海关监督的信。"每封信都采用了个人式的，亲近的口吻，意在表明马嘎尔尼开创的更为友好的关系"，而且都被译成了拉丁语和汉语，并盖上了英王的印鉴，以便显得"更权威"③。给皇帝的信装在一个黄色的丝制小袋子里，为避免被弄脏，外面包了一层黄色的纸或亚麻布，给总督和海关监督的信则放在绿色的丝质袋子里。随信寄去的礼物被分为两组，一组给皇帝，一组给总督及粤海关监督，并且按性质和官衔分有级别。所有这些都是为了"继续使团所相信的由它开始的与清廷之间的对话"④，为新的中英关系的建立铺路。1804 和 1811 年有更多的信送往中国。

马戛尔尼对中英关系的设想显然过于乐观。实际上，乾隆皇帝对使团的优待并不意味着中国不再以华夷观念对待英国，更不意味着会与英国签订基

---

① ［英］斯当东著、叶笃义译：《英使谒见乾隆纪实》，第 390 页。
② Shunhong Zhang, *British Views on China at a Special Time*（1790—1820），p. 20.
③ ［美］何伟亚著、邓常春译：《怀柔远人：马嘎尔尼使华的中英礼仪冲突》，第 222 页。
④ ［美］何伟亚著、邓常春译：《怀柔远人：马嘎尔尼使华的中英礼仪冲突》，第 223 页。

于西方国际关系法则的条约。和伊兹马伊洛夫使团一样，中国政府只是将这种优待看作一种个案，一种在怀柔远人方针指导下的局部变通。

第四节　鸦片战争前两种交往体制冲突的加剧

进入 19 世纪，西方世界发生了翻天覆地的变化。经济上，工业革命的浪潮席卷欧美大陆，西方国家对市场和原料的需求进一步增加。政治上，经历了法国大革命和拿破仑战争的洗礼后，1815 年维也纳体系取代威斯特伐利亚体系，国际关系迎来了历史性变革。与此同时，民族君主国逐渐让位于现代民族国家，国家利益的驱动促成了新一轮对外殖民的高潮。为打开中国市场，建立与中国的外交关系，以英国为首的西方国家发动了对天朝体制的进一步挑战，保守迟滞的中国面临着更大的冲击，中西两种交往体制的冲突也日益加剧。

一、　阿美士德使团访华

英国阿美士德使团访华事件是这一时期中外交往体制冲突的典型代表，也是英国酝酿对华条约的第二个阶段。19 世纪初，英国工业革命进入高涨，资本主义经济的发展加大了对市场的需求。英国资产阶级已经不满足于从茶叶贸易中获取厚利，而迫切希望在中国为英国工业制造品开辟广阔的市场。一名英国官员曾经无限憧憬地写道，中国为英国制造品提供了"一个超过我们现在拥有的所有市场的天地"，他确信"有一天英国的制造品，一把小刀或者一把剪刀会引进每一个中国家庭，这一天将成为圣菲尔德（Sheffield）或伯明翰（Birmingham）光明的一天"[①]。

为改善在中国的贸易条件，嘉庆十五年（1810）十月，英国东印度公司广州大班喇呲呭与广东当局交涉，要求改革贸易和管理制度：允许外商使用

---

① Patrick Tuck，"A Introduction for George Thomas Staunton's，Notes of Proceedings and Occurrences During the British Embassy to Pekin in 1816，" *Britain and the China Trade*，1635—1842，Vol. X，p. 9.

汉文书写禀帖，取消官方行文中的"蛮夷"字样，地方官前赴洋行须事前派人通知，公司船户可驾三板船往来关口，允许外商自由雇用华人担任挑夫、门卫、仆役等，给护送货船而停泊于外洋的外国兵船配备买办，允许内河货船与外洋巡船之间用三板船往来通信，禁止炮台攻击已领红牌出口的货船，禁止美商在华出售劫掠的英国货物，等等。广东当局考虑到贸易的实际情况，给予了一定的通融：同意地方官赴洋行前先派人通知；公司船户有公事可以驾三板船往来，由粤海关照例办理，但不得携带违禁货物；洋商可以自由雇用华人为其服务，但跟班照例不在其列；给外洋兵船配备买办但须照旧例在货船回国以后离开；内河货船与外洋巡船之间可以用三板船往来通信，但必须赴税口查验，给票通行，并禁止携带违禁的货物和军械；嗣后货船领牌出口由税口知会炮台放行。用汉文书写禀帖一事，广东当局担心夷人与内地民人勾结，遇事推脱责任，未予同意。取消"蛮夷"字样，因体制攸关更毋庸议。至于禁止美商在华售卖劫掠的货物，广东当局表示难于办理，外国之间的争斗中国无法过问，只要美商符合中国旧章的规定，照章查验，就许其贸易[①]。

就以上情况看，清廷对外商的管理似乎有所松动，适当地给予了一些贸易便利，但这种通融是极为有限的，是以不触动天朝体制为前提的。就英国来说，中方的这些让步也没有解决多大问题，行商制度、防夷章程等限制依然如旧，英国对华贸易的障碍依然存在。与此同时，随着中英之间政治冲突的不断升级，中英关系趋于恶化，并严重危害到中英贸易的顺利发展。

这一时期，拿破仑战争的风暴席卷欧洲，英国是反法联盟的核心成员。这场同法国的对抗延伸到世界各个地区，1802、1808 年，英国以防范法国、保护贸易为名，两次伺机强占澳门，广东地方当局以停止贸易相威胁，迫使英人屈服。1812—1815 年，英国又与美国开战，史称"第二次美国独立战争"。英、美两国的冲突亦波及中国沿海。1814 年 3 月，英国皇家海军船只"多利斯"号（Doris）在广州附近劫掠了一艘美国商船，将其带至澳门。此

① 梁廷枏：《粤海关志》，沈云龙主编：《近代中国史料丛刊续编》第 19 辑第 184 号，台北文海出版社，1975 年，第 2050—2061 页。

后数月间，"多利斯"号又几次因追逐美国船只违反禁令驶入黄埔。这引起了广东当局的愤怒，两广总督蒋攸铦下令断绝"多利斯"号的补给，同时要求英国东印度公司广州商馆的特选委员会对此负责，赔偿中方的损失，立即将"多利斯"号遣回欧洲，并设法阻止这类事情再次发生①。和1784年"休斯夫人"号事件一样，公司特选委员会再次陷入管辖权带来的困境，他们向广东当局表示，自己无权指挥国王的兵舰。于是，两广总督发出封舱令，宣布停止同英商贸易。英商强烈反对广州当局采取如此激进的行为，并且也用停止贸易来作为抗议。特选委员会派刚刚抵达澳门的小斯当东（George Thomas Staunton）与广东当局交涉。据小斯当东回忆，当时双方的矛盾非常尖锐，谈判十分波折，他一度被迫中止协商，并降下英国国旗，带领所有英国人撤出广州，后来总督又派人追上他们，让他们回到广州，继续谈判，最后问题得以暂时解决②。

但随后，蒋攸铦等人在给朝廷的奏折中大肆指责英国人，并提出加强对夷商的管理，以防微杜渐，特别强调要查禁汉奸，严惩勾结夷人，严查私借夷人资本、拖欠夷债的行为，"不准民人私为夷人服役"，十三行及其他商人不得搭盖夷式房屋，开办售卖夷人服装的店铺，不得用夷字店号，护送货物的外国兵船严禁驶入内洋，并不得在货船离开后逗留中国，清理家资浅薄的行商，清偿夷商债务，使行商不受洋商挟制，严禁内地民人私往夷人商馆等③。嘉庆皇帝接报后，下旨"授权地方严惩与外国人的非法交往，并且要求对外国人的行为进行严厉审查"，还特意提到小斯当东，把他视为"危险人物"④。

广州特选委员会对今后的贸易十分担忧，在给伦敦董事会的备忘录和信件中，他们反复而坚定地表示："为了使英国贸易得到充分的保护和保障，当务之急就是从孟加拉或者英国派出一个使团去见中国皇帝。"⑤ 在这种情况

---

① ［英］亨利·埃利斯著、刘天路等译：《阿美士德使团出使中国日志》，商务印书馆，2013年，第34页。

② George Thomas Staunton, *Memoirs of the Chief Incidents of the Public Life of Sir George Thomas Staunton*, Cambridge University Press, 2010, p. 63.

③ 梁廷枏：《粤海关志》，沈云龙主编：《近代中国史料丛刊续编》第19辑第184号，第2065—2069页。

④ ［英］亨利·埃利斯著、刘天路等译：《阿美士德使团出使中国日志》，第36页。

⑤ ［英］亨利·埃利斯著、刘天路等译：《阿美士德使团出使中国日志》，第36页。

下，1816 年英国政府派出了第二个访华使团——阿美士德（William Pitt Amherst）使团。

根据东印度公司的建议，英国政府下达了给阿美士德的训令，使团的任务是：1. 保卫英商免受当地政府的暴行与不公，要求中国政府对公司的权利做出明确和详细的规定。2. 保证中英贸易不间断地进行，不被无故突然中断。3. 保证大班有雇用及与本地商人交易的权利。4. 中国官吏不得闯入公司商馆。5. 准许商馆成员雇用中国仆役。6. 允许商馆人员与北京有关衙门的直接通讯，其方式或者是经由驻北京的不列颠使节，或者以汉文书写的信函。7. 取得以汉文书写全部书信与文件递交当地政府的权利。8. 为公司船只获得经常驶往北方某些口岸的准许。9. 在北京设立一个常驻大臣作为代理人①。从训令的内容看，该使团实际上是继续马戛尔尼使团未完成的使命，一方面扫除英国对华贸易的障碍，另一方面按照西方的国际惯例与中国建立外交关系。

由于是在与中国关系比较紧张的情况下遣使访华，英国政府没有明确提出与中国订立条约的目标。但使团无疑抱有与中国签约的渴望，副使埃利斯（Henry Ellis）在日志中表示，英、中两国"没有任何类似欧洲文明国家之间那样的通商条约"，因此对于中国的问题，"中国政府的权力是绝对的"，"我们可以请求予以改善，但不能要求纠正"②。而使团要完成它的使命，要长久地解决中国的贸易问题，就必须与中国缔结条约。这一点，英国政府也是很清楚的，因此，它给使团的训令实际上是对与华条约的第二次筹划。与第一次遣使访华时筹划的条约相比，此次条约方案明确提出了贸易主体的基本权利问题，这些问题涉及外国人在华地位和待遇等，在中外条约关系的酝酿中有着重要地位，也是后来中外条约关系建立和发展过程中的基本问题。

但是，英国政府没有给使团提供军事支持，没有打算在遭到拒绝时使用威胁手段来迫使中国朝廷接见使团并接受英方的要求，它给使团制订的原则是博得中国人的好感和向中国政府表示敬意。因此，使团出发前，大

① ［美］马士著、区宗华译：《东印度公司对华贸易编年史（1635—1834 年）》第 3 卷，第 275—278 页

② ［英］亨利·埃利斯著、刘天路等译：《阿美士德使团出使中国日志》，第 33 页。

多数人的心情是伤感的，他们不敢指望"这次中国之行可能会在公务上取得什么成就"①。

1816 年 2 月阿美士德使团从英国南部的斯皮特黑德（Spithead）出发，7月初抵达广州。为防止广州地方官的阻拦，使团没有停留，继续北上。1816年 8 月 13 日，阿美士德使团抵达天津，工部尚书苏楞额受命前往迎接。使团后来的结局比人们设想的更糟糕，使团成员还未见到中国皇帝就被遣回，而这次访华失败的根源依然是中英礼仪之争。马戛尔尼使华后，英人对中国的礼仪有了更多的了解。阿美士德使团出发前，听说了 1805 年俄国戈洛夫金使团因拒绝接受中国礼仪被遣回的事情，并预料到英国使团也许会遇到类似的麻烦。因此，使团对是否接受中国礼仪有过充分地考虑。但是，使团内部对这一问题的态度并不一致。大使阿美士德和副使埃利斯等人心里十分纠结，一方面，从个人感情和国家尊严来说，他们十分反感中国的叩拜礼，但另一方面，他们觉得，"对抗这样一种被认为属于东方野蛮习俗的礼仪，从而牺牲使团更为重要的目标，也不能被看作是明智的做法"。而以小斯当东为代表的广州商馆成员则持强烈反对的立场，认为"顺从中国人的要求会严重伤害公司的利益"②。最后，阿美士德采纳了小斯当东等人的意见，坚决拒绝向中国皇帝行三跪九叩之礼。

而中方官员则坚持英国使团必须遵从清朝礼仪。此时的清王朝，天朝上国的思想和夷夏之辨的传统丝毫没有改变。在与英方的争执中，总管内务府大臣、理藩院尚书和世泰曾激动地声言："就像只有一个太阳一样，只有一个大皇帝；他是全世界的主宰，所有人都必须向他表示敬意。"③ 事实上，阿美士德使团也完全是被当作朝贡使团看待的。使团一到白河口，负责接待英国使团的官员就前来询问使团的目的，以及运送使团、礼物和行李需要的船只数量，告诉他们有关国书呈递和觐见礼仪的事宜。所有的船都使用了"贡船"字样，礼品被称为"贡品"。

和马戛尔尼一样，为顺利完成使命，阿美士德对这些称呼睁一只眼闭一

① ［英］亨利·埃利斯著、刘天路等译：《阿美士德使团出使中国日志》，第 3 页。
② ［英］亨利·埃利斯著、刘天路等译：《阿美士德使团出使中国日志》，第 38、117 页。
③ ［英］亨利·埃利斯著、刘天路等译：《阿美士德使团出使中国日志》，第 102 页。

只眼，没有过份计较。但中英双方关于叩拜礼仪的分歧和争论一开始就暴露出来，同样，阿美士德也提出了一些折衷方案，如以"向英国君主表达尊敬的同样方式觐见中国皇帝"，或者单膝跪地，或者他行礼时，"一名与他有着相同官阶的满族官员"，在英国摄政王面前也行叩头礼①，但所有这些都被中方否决。负责与英国使团交涉的官员们因礼仪问题而焦头烂额，但又深恐皇帝怪罪。8 月 26 日和世泰上奏嘉庆，谎称到通州后，传见该贡使，"谕以天朝礼节，该贡使等肃恭诚敬，具见顺从，惟以远国夷人于中华进退礼数未能合宜"，经反复开导，"令其演习礼节，起跪不甚自如，勉力尚堪成礼"②。嘉庆帝听闻后，表示理解和宽容，"该贡使等僻在荒夷，其于中国礼节，原不能中规合度，此时总令该贡使等遵依行三跪九叩之礼，即起跪之间，稍觉生疏，均无足深责"③，随即决定接见使团。但英国使团却没有做好准备，仓促之下，错失机会，并再次惹怒中国皇帝，遭到遣返的命运。

在西方国家看来，"阿美士德使团不仅是失败，而且是惨败"。而这种结局也是必然的，在当时，"接近中国朝廷的唯一方式是利用朝贡使团带来的便利，但由于中国朝廷并不把朝贡体制视为控诉或协商的媒介，1816 年和1793 年一样几乎没有成功的机会"④。使团遭拒后，阿美士德得出结论，除非同意完全执行清廷的叩拜礼，否则任何外国使节都不可能得到觐见中国皇帝的许可。也就是说，如果英国人拒绝行叩头礼，英国是不可能与中国实现外交往来的。1824 年，阿美士德在给东印度公司广州特选委员会主席詹姆斯·厄姆斯顿（James B. Urmston）的信中悲观地写道，任何同北京进行外交接触的考虑都不可能再有机会⑤。在他看来，嘉庆皇帝统治下的中国将不可能被说服"在外交互惠的原则上"与英国订立条约⑥。

阿美士德使华的失败标志着英国第二次酝酿的条约方案又一次流产，方

① ［英］亨利·埃利斯著、刘天路等译：《阿美士德使团出使中国日志》，第 65、68、82 页。

② 故宫博物院编印：《文献丛编》第 11 辑，1931 年，第 32 页。

③ 中国第一历史档案馆编：《嘉庆道光两朝上谕档》第 21 册，广西师范大学出版社，2000 年，第 375—376 页。

④ Patrick Tuck, "A Introduction for George Thomas Staunton's, Notes of Proceedings and Occurrences During the British Embassy to Pekin in 1816," *Britain and the China Trade*，1635—1842，Vol. X, p. 8.

⑤ Shunhong Zhang, *British Views on China at a Special Time（1790—1820）*, p. 11.

⑥ Shunhong Zhang, *British Views on China at a Special Time（1790—1820）*, p. 21.

案中列举的权利要求虽无缘向清帝提出，但此后英国对华条约关系的方向却更为清晰，英方不断向中方陈述条约方案中的内容，并将其作为对华交往和扩张的基本目标。"阿美士德宁可无功而返，也不愿屈从在他看来是有辱国家尊严的觐见安排，这也预示着英方在交往体制方面的一个重要趋向。"①

二、 律劳卑事件

1834 年的律劳卑事件是鸦片战争前中外交往体制冲突加剧的又一反映，这一事件也推动了英国对华条约方案的演变。19 世纪上半叶，随着资本主义经济的迅速发展，英国国内自由商人反对贸易垄断的呼声不断高涨，拥有东方贸易特权的英国东印度公司成为众矢之的。为了顺应新的经济形势的需要，英国政府进一步推进了由重商主义向自由主义政策的转变，支持商人废除垄断的要求，1813 年取消了东印度公司在印度的贸易特权。受此鼓舞，19 世纪 20 年代起，英国国内商界掀起了取消对华贸易限制的斗争，曼彻斯特、利物浦、格拉斯哥等各地的商会不断发动请愿，要求开放中国市场、彻底取消东印度公司的贸易特权。在商人的强大压力下，1833 年 8 月英国政府通过了自 1834 年 1 月 1 日起废止东印度公司对华贸易垄断权的议案，由英王签署颁布。

东印度公司贸易垄断权的取消使英国政府不得不面对中国贸易的管理问题。1833 年 7 月 26 日，伦敦下议院就废除东印度公司垄断权和中国贸易管理一事举行了一场大辩论。托利党议员罗伯特·因义士（Robert Inglis）指出，东印度公司的垄断结束后，"由于欧洲人缺乏一个公正的权力机关，对中国的贸易有中断的危险"②。小斯当东也认为，中国政府是腐败的，中国的司法体系是混乱的，欧美国家在广州的贸易的确没有安全感，但是欧美人自己也有问题，他们往往自律意识太差，甚至理所当然地认为自己拥有治外法权。因此，东印度公司垄断权取消后，"中国当局与外国商人不可避免地会发生冲突，除非派驻某个更高的权威，一位公共代表到那里对双方进行监

---

① 李育民：《晚清中外条约关系研究》，第 85 页。

② C. H. Philips，*The East India Company*，*1784—1834*，Manchester University Press，1968，p. 285.

督"①。小斯当东建议英国政府与中国缔结条约，并仿照俄国直接向北京派遣使节，如果缔约失败的话则将在中国的贸易地点转移到沿海的一个小岛。小斯当东曾随马戛尔尼使华并在中国工作 18 年之久，担任过东印度公司广州管理委员会主席，在当时的英国被视为有关中国问题的专家，他的发言理应受到重视，但也因为他与东印度公司的特殊关系，以及在一定程度上对公司利益的维护，他的提议不仅无人响应，反而引来一片嘲笑。

东印度公司监督委员会主席查理·格兰特（Charles Grant）宣读了两广总督李鸿宾给英国政府的信，信中李鸿宾希望英国国王在东印度公司特权取消后向中国派出新的大班，总理贸易。格兰特认为，这是一个积极的信号，说明大清帝国的官员跟皇帝能够接受英国的贸易改革。他提议，东印度公司在华贸易特权废除后，英国政府派官员赴广州管理贸易，与广东方面直接交涉，这样"一方面可以减小广东官员对英格兰人的猜忌，更重要的是，可以通过外交手段扭转一直不对等的中英贸易关系"②。小斯当东表示强烈反对，他指出，"中英两国尚未签订国际条约，派政府官员去广州保护贸易的任何尝试，在目前的状况下，不仅无法为英国臣民改善贸易条件，严重的话更会危及到国家的尊严与荣誉"③。格兰特辩称，"如果我们自己不发出警报声，中国人将会毫不怀疑地接受我们作为英国国家代表派往广州的任何官员，并定将在这些具有如此敏感和妒忌思想的人中开启谈判的正式进程；我们和他们之间的正常的商务交往也将毫不间断或很少间断"④。尽管小斯当东坚持英国政府在对华自由贸易的问题上应保持明智和审慎，要有一段缓冲的时期，但是最后，格兰特的意见占了上风。事实上，小斯当东的顾虑并非多余。英国在废除东印度公司贸易特权的同时，并没有做好应对中国天朝体制和限制贸易政策的准备，而贸然向中国派出了商务监督，管理在华事务。这就必然引发中英之间的矛盾。

---

① C. H. Philips，*The East India Company，1784—1834*，p. 287.

② C. H. Philips，*The East India Company，1784—1834*，p. 293.

③ George Thomas Staunton，*Memoirs of the Chief Incidents of the Public Life of Sir George Thomas Staunton*，p. 82.

④ George Thomas Staunton，*Memoirs of the Chief Incidents of the Public Life of Sir George Thomas Staunton*，p. 82.

1833 年 12 月英国政府任命律劳卑（William John Napier）为第一任驻华商务监督，派往中国。1834 年 1 月英国外交大臣巴麦尊指示律劳卑：到中国后"应写信给总督"，声明已抵达广州；除了管理在广州的贸易外，要想办法将贸易扩大到中国的其他地方，并为英国政府建立与北京朝廷的直接联系铺平道路。巴麦尊也提醒他，"在这个问题上必须特别小心谨慎，以免激起中国政府的恐惧或触犯它的偏见"，并且不要因匆忙试图扩大交往机会，而使现有的交往遭遇危险，除了有"十分紧急和未曾预见的情况"之外，应避免与中国当局进行任何新的交往或谈判。巴麦尊还要求他对中国沿海进行勘测、组建法庭等，但都必须小心谨慎，要得到中国的同意，并特意叮嘱他劳记军舰不得驶入中国内河的规定[①]。

在任命律劳卑为商务监督的同时，英国政府任命东印度公司职员部楼东和德庇时为第二和第三商务监督。英国政府认为，他们都是东印度公司机构中资历较深的管理人员，将对律劳卑大有帮助，并告诉律劳卑，如果他们拒绝接受任命，可以找公司其他经验较为丰富者代替。1834 年 7 月 15 日律劳卑抵达澳门。一到澳门，他就找到了东印度公司在该地的特选委员会和商船货物管理人，并按照英国政府的指示把委任状交给他们。当时，部楼东不在，德庇时接受了第二监督的职位，罗宾臣则同意担任第三监督。

中国方面，广东当局早在 1830 年就已得知英国东印度公司特许状将要到期，时任两广总督李鸿宾担心公司特权取消后出现混乱局面，命令行商"传谕大班，寄信回国。若公司散局，仍酌派晓事大班来粤，总理贸易"[②]。1834 年卢坤接任两广总督，再次"以英公司虽散，而粤中不可无理洋务之人"，饬令英商寄信回国，"仍援前例，派公司大班来粤管理贸易"[③]。

7 月 21 日，卢坤得知律劳卑抵达澳门后，传谕行商，前往查明其来华目的，并转告律劳卑务必遵守中国的法律和贸易规则，不可擅自进入广州。然

---

① "Viscount Palmerston to Lord Napier," January 25, 1834, *British Parliamentary Papers*, China 30, Irish University Press, 1971, pp. 242—243.

② 《卢坤等片》，道光十四年八月二十八日，齐思和等编：《鸦片战争》一，上海人民出版社，1957 年，第 119 页。

③ 《粤督卢坤复请设英公司》，张寿镛等纂：《清朝掌故汇编外编》卷 8，沈云龙主编：《近代中国史料丛刊三编》第 14 辑第 132 号，第 417 页。

而，未等行商抵澳，律劳卑已于 7 月 23 日乘船前往广州，7 月 25 日抵达广州商馆，受到英商查顿、马地臣等人的招待。没有得到中国政府许可就擅自进入广州城，这可是犯了天朝大禁。而接下来，律劳卑的所作所为更让广东当局感到震惊，甚至震怒。7 月 26 日，他命人前往城门向总督卢坤投递了一封公函。按照清廷防夷章程的规定，外夷必须通过行商与中国官员联系，信件必须以禀帖的形式由行商转交。律劳卑的做法明显与体制不合，所以，广东当局拒绝接受他的函件，而英方送信的代表也拒绝由行商代交。双方僵持了几个小时，没有结果。第二天，行商奉命前来晓谕，要求律劳卑将"函"字改成"禀"字，遭到律劳卑拒绝，信件依然未能交到广东当局手里。卢坤谕令行商通知律劳卑尽快离开，并重新向他解释天朝法律和贸易规则。但在查顿等人的唆使下，律劳卑仍继续留在广州。8 月 16 日，卢坤命令行商准备停止与英商的贸易。律劳卑针锋相对，雇人在广州张贴告示，指责卢坤，并扬言一旦停止贸易，最终受害的会是全中国人民。卢坤得知此事后勃然大怒，于 9 月 2 日下达封舱令，全面终止对英贸易。两日后，广东当局撤走了英国商馆的所有中国佣工，严禁百姓向英人提供任何供给，并派兵包围英商馆。没想到，律劳卑不但没有屈服，反而指示义律将两艘护卫舰驶到黄埔。9 月 9 日，英舰在虎门与中国军队展开炮战，这是鸦片战争前中英之间的第一次武力冲突。9 月 11 日英舰抵达黄埔，卢坤命人将 12 艘大船沉于珠江河底，又从各地调动舰只和士兵包围内河，英人进退两难。此时，由于中英贸易中断，英商陷入困境，开始责怪律劳卑。无奈之下，律劳卑决定撤离，在得到广东当局的安全保证后，于 9 月 21 日离开广州，9 月 26 日返抵澳门。9 月 27 日中英贸易重新恢复，而律劳卑则因染上疟疾，病情恶化，于 1834 年 10 月 11 日在澳门病逝。

律劳卑事件是鸦片战争以前中国天朝体制与西方外交制度之间最严重的一次冲突。两者之间完全没有协商，而是针锋相对，甚至发生武装对抗。就律劳卑个人来说，毫无对华交往的经验，他完全是按照英国政府的指示，并依靠德庇时、罗宾臣以及鸦片商查顿、马地臣等人提供的经验和意见行事。

在律劳卑事件中，双方冲突的焦点是律劳卑抵制行商制度，坚决要求将信直接交给两广总督。他这一举动实际上是忠实地执行英国政府的训令。律劳卑说，他"始终铭记英王陛下指示的性质和精神，那些指示规定我对中国当局采取的行动"①。英国政府指示的精神是什么？那就是作为派驻中国的第一个官员，他必须建立与中国官员的直接联系。律劳卑正是遵照巴麦尊的指示赴广州，并写信给总督。信件正在翻译的时候，正好广东当局派行商来传达命令。律劳卑拒绝以行商作为与中国政府联系的媒介，他对行商说："我将按照适合英王陛下任命的代表团和英国荣誉的方式，直接与总督进行联系。"② 此后，他对行商的调解和传谕一直持坚决的抵制态度。

当然，律劳卑的偏执、激进也是受东印度公司职员和在华英商影响与支持的结果。律劳卑从东印度公司职员和其他在华英商的口中了解到，通过行商与中国政府联系是完全无用的，"那些行商不行使任何正式的权力；当情况需要时，我们决不可依靠他们向各部门的首脑转达抱怨的缘由"；只有"打通并保持同总督的直接个人联系"，才能"在所有与行商有关的贸易上所受冤屈或在与广州知府或按察使的职责有关的刑事诉讼方面"获得补偿，而不是听任那些行商摆布；"接受这一媒介仅仅有助于在中国人民的评价中降低英王陛下的代表团和英国大众的地位，并使得监督们为履行他们的各种职责所做的努力完全无效"③。律劳卑说，他的行动得到了"两位同事的完全同意和支持"。这两位同事显然是指德庇时和罗宾臣。

在广州的行动受挫后，律劳卑意识到，中国的体制是中英交往的最大障碍。8 月 14 日，他致函巴麦尊："中国当局方面没有与英王陛下政府建立贸易关系的意愿"，在中国的观念里，"贸易事小"，而强调天朝法度，贸易似乎是一件无关紧要的事情，只要中国政府根据这个原则办事，英国就很难实现对华贸易的目标④。他建议英国政府，"马上考虑采取最好的方案获得一项

① "Lord Napier to Viscount Palmerston," August 9, 1834, *British Parliamentary Papers*, China 30, p. 248.

② "Lord Napier to Viscount Palmerston," August 9, 1834, *British Parliamentary Papers*, China 30, p. 246.

③ "Lord Napier to Viscount Palmerston," August 9, 1834, *British Parliamentary Papers*, China 30, pp. 246, 248.

④ "Lord Napier to Viscount Palmerston," August 14, 1834, *British Parliamentary Papers*, China 30, p. 250.

通商条约，或按照国际法的原则订立一项条约保证正当的权利，并包括所有欧洲人的公私利益在内——不单独是英国人的利益，而是前来进行贸易的所有文明人民的利益。我认为，对文明世界和对我们自己来说，该条约将很容易产生影响，而且它将很容易开放整个沿海，如同开放任何个别口岸一样"。关于签订条约时要获取的特权，他的意见是：为所有商人获得在英国享有的同样的个人特权，以其他国家的人"在英国居住的同样条件"获得一个居留地①。这实际上又回到了18世纪末英国政府尝试与中国建交的思路：以条约这一国际交往手段来打破中国的天朝体制。

但与之前英国政府的考虑不同，律劳卑主张逼迫中国签订条约。他提出，不要像马戛尔尼和阿美士德那样带上一堆礼物以及各种非专业性的人员，而要采取一项强有力的措施，使其"可能'震动'天朝的'偏见'"。如果中国皇帝不接受的话，则采取威胁手段，包括"对一个毫无防御的民族进行一场流血战争的所有恐怖"②。英国人称律劳卑"偏执但却无畏"，但从中国人的角度来看，他不能不说是顽固、狂妄而极端的。律劳卑产生这种态度除了个人性格的因素外，整个事件中广东当局的忍让，以及19世纪英国的日益强大都是重要的原因。广州虽然驻扎着大量士兵，但对于律劳卑的挑衅，两广总督只是不断地发布谕令，命令他离开，而没有派兵捉拿他，并押送出珠江。律劳卑由此得出结论：清政府是一个"缺乏权威和软弱无力"的政府，简直"太不足挂齿了，只能够当作怜悯或嘲笑的对象加以看待"，扩大对华贸易的唯一办法就是采取高压手段，英国政府只要派三四艘巡洋舰和双桅船以及少数军队，就可以"在难以想象的短暂时间内解决这件事情"。他说，"只要采取威严的态度而且有力量执行所提出的威胁，就是我们为逼签一项条约所需要的全部手段，该条约将给中国和欧洲带来相互的利益"③。

律劳卑事件对英国朝野产生了极大的震撼。对英国人来说，律劳卑作为

---

① "Lord Napier to Viscount Palmerston," August 14, 1834, *British Parliamentary Papers*, China 30, p. 251.

② "Lord Napier to Viscount Palmerston," August 14, 1834, *British Parliamentary Papers*, China 30, pp. 251—252.

③ "Lord Napier to Viscount Palmerston," August 14, 1834, *British Parliamentary Papers*, China 30, pp. 250, 252.

英国派驻中国的第一个政府官员，他的遭遇事关国家的尊严和地位。受这一事件的刺激，英国形成了武力侵华、逼签条约的广泛舆论。1835 年六七月间，格拉斯哥印度协会、利物浦印度协会、曼彻斯特商会等英国工商业组织纷纷向政府递交请愿书，力陈对华贸易状况的严峻，敦促政府采取措施，直接与中国朝廷接洽，和中国"签订友好通商条约"，为英商谋取贸易特权，如果不能得到满意的结果，则在中国沿海取得一个或几个岛屿，作为贸易基地，"藉以避免中国政府的勒索、控制与烦扰"①。同年 7 月 24 日，英国商人胡夏米（真名林德色，H. H. Lindsay）根据其对中国沿海的侦察向巴麦尊递交了《英华关系书》，建议从英国派出一位大使，在印度舰队的配合下，用武力逼迫中国签订"一份以自由原则为基础的通商条约"，"对过去的损害取得补偿，对将来取得保障"②。胡夏米甚至提供了详细的侵华方案，并附上了一份偷偷测绘的中国沿海地图。

1836 年 2 月，《中国丛报》刊出专题文章，讨论中英缔约问题。文章认为，英国迫切需要和中国缔结"一个正式的、体现互利原则的条约"来巩固和发展对华贸易，但由于中国政府的高傲专制、对贸易的不重视，以及对英国的防范，这个条约"必须是在刺刀尖下，依照我们的命令写下来，并要在大炮的瞄准下，才发生效力"。文章还提出了详尽的对华条约方案，内容包括：（1）英国向中国派遣常驻公使，该公使应该享受一般文明友好国家惯常给予的待遇；（2）公布进出口货税则，该税则必须明确、固定；（3）废除公行专卖权；（4）完全允许英国人在中国沿海一带凡有海关的地方、各口岸以及在北京自由贸易；（5）现行公行中的赏钱、船只丈量费、通事费等，以及其他无穷无尽的项目，都要立刻废除，永不再用；（6）开放更多的口岸，只要是有利于中外贸易发展的口岸都应该立刻开放；（7）英侨到这些口岸访问，有权和当地人自由交往和自由行动；（8）不能将外侨独自限制在一个监牢般的地方，与他的妻儿隔开；（9）各口岸的英国领事获得适当的权能，能够遏制侨民破坏中国法律的暴行妄举，并在侨民中施行有效的管理，无须中

---

① 《英国资产阶级纺织利益集团与两次鸦片战争的史料》，经君健编：《严中平文集》，中国社会科学出版社，1996 年，第 159 页。

② 《英国资产阶级纺织利益集团与两次鸦片战争的史料》，经君健编：《严中平文集》，第 160—161 页。

国政府出来干涉①。

相比卡思卡特和马戛尔尼使团时期英国政府酝酿的对华条约方案，该文提出的方案在内容上大为扩展：其一，它明确提出了中英官方交往的体制和原则，即英国向中国派遣常驻公使，该公使按照"一般文明友好国家"的惯例享受相应的待遇。此前马戛尔尼也曾提出遣使驻京，但没有谈及该使节所享受的待遇。其二，它更明确地提出了有关贸易的体制和规则，即废除行商制度，实行自由贸易，规范和明确税收。其三，它要求大大扩展通商范围，开放沿海和北京，甚至提出凡是有利于中外贸易发展的口岸都应该立刻开放。其四，它要求给予在华英人种种人身自由权，如完全允许英国人在各口岸自由贸易、交往和行动，不能限制其居住等。其五，它要求给予英国领事裁判权，提出在华英国领事有适当的权能，对侨民进行有效的管理，无须中国政府干涉。可以说，该方案集此前英商和英国政府及官员各种要求之大成，并更为完整和深化，在某种程度上表明英国完成了初期阶段条约草案的准备②。

回顾 18 世纪末以来英国谋求建立对华条约关系的历程可以看出，英国拟与中国订立条约的方案与内容经历了一个不断演化的过程，具体可分为三个阶段：

第一阶段是卡思卡特使团和马戛尔尼使团组建之时。英国政府在给大使的训令中要求为英国臣民攫取在华商业及其他特权，并明确提到要与中国政府订立条约，以确认和保障这些特权。这是英国对与华条约的初步筹划，其目的主要在于获取商业特权，并建立与中国的正式的外交关系。

第二阶段是阿美士德使团访华时期。阿美士德使华的主要目的仍是权利要求。英国政府训令其努力改善对华通商的条件，为英商获取与中国商人贸易的权利、雇用人员的权利、前往北方口岸的权利、以中文书写信函和文件并递送中国政府的权利等，并要求在北京设立常驻大臣。这是英国对与华条

---

① 《中国文库》1836 年第 4 卷 10 期第 1 篇，广东省文史研究馆译：《鸦片战争史料选译》，中华书局，1983 年，第 42—43、48—49 页。

② 李育民：《晚清中外条约关系研究》，第 87—88 页。

约的再次筹划，其目的主要仍是获取商业特权，建立与中国的外交关系，但与之前相比，此次条约方案明确提出了贸易主体的基本权利问题，这些基本权利是自由贸易和近代国家相互交往的基础，也是后来中外条约关系建立和发展过程中的基本问题。

第三阶段始于取消东印度公司贸易垄断权，并在律劳卑事件之后形成高潮。律劳卑提出了武力逼签条约的主张，并提出了一些原则性的要求。受律劳卑事件的影响，武力侵华、逼签条约逐渐成为英国舆论的主流，在华英人再次讨论并拟订了对华条约方案，完整地提出了与中国建立条约关系的内容。

在前两个阶段，由于英国还没有在体制上完成从重商主义向自由贸易的转变，东印度公司垄断着对华贸易，中英交往仅限于公司层面。因此，在使团访华的运作中，东印度公司起着主导作用，英方拟出的条约方案也多局限于该公司的利益需求范围之内。如通商方面，在要求获取商业特权的同时，考虑公司的需要，没有正式提出废除公行制度，未能满足其他英商自由贸易的要求；交往方面，也主要限于以东印度公司为主体的商业贸易，还没有正式提出按照西方文明标准进行平等交往，因此还不能说是严格意义上的近代国家交往。到第三阶段，条约方案发生了重要的转变：通商方面，从垄断性贸易体制转变为自由贸易体制；交往方面，从东印度公司的层面转变到国家的层面；规则方面，从单一隐约转变到相对完整明确。这三个转变奠立了条约关系的基础，不仅为第一批中外不平等条约，而且为其后的发展确定了基本方向①。需要指出的是，英国酝酿的对华条约方案从一开始就包含着不平等的规则，具有不平等的性质，尤其体现在对领事裁判权的要求。

---

① 李育民：《晚清中外条约关系研究》，第89页。

第四章　近代不平等条约关系的初步构建

和平协商失败以后，随着中英矛盾的不断升级，英国最终以林则徐禁烟为借口发动了战争，强迫中国签订了不平等的《南京条约》以及附约，攫取了一系列特权。此后，美、法、俄等其他西方国家纷至沓来，效法英国与中国建立了不平等条约关系。第一批不平等条约打破了中国"处于命令的地位去决定国际关系"的天朝体制①，初步构建了新的中外关系的基本准则，中外关系的格局在不平等条约的框架下彻底改变。

第一节　鸦片战争与中英不平等条约关系的确立

英国是以不平等条约攫取在华特权的始作俑者，机器大工业生产带来的经济繁荣使其具有强烈的优越感和扩张欲望。1840 年代，面对中国的贸易障碍和外交困境，英国终于干戈相向，逼迫中国接受西方的国际关系法则和法

---

① 〔美〕马士著、张汇文等译：《中华帝国对外关系史》第 1 卷，第 673 页。

律调节手段，在中英之间构建起不平等的条约关系。

一、 英国武力逼签条约政策的出台

律劳卑事件只是中英矛盾激化的一个表现和一个因素，也是 19 世纪 30 年代后期中英关系交恶的起点。以律劳卑事件为转折点，通过暴力破除中国旧有体制，强行与中国建立条约关系，成为英国社会舆论的主流倾向。但在当时，英国政府并没有出台武力侵华政策，英国将武力逼签条约上升为国策是受林则徐禁烟的刺激。

自 1796 年嘉庆帝上台后，清廷颁布鸦片进口禁令，鸦片贸易在中国属于违法的走私贸易。道光年间进一步加大了对鸦片走私的打击力度。道光帝一上台就规定：“凡洋船至粤，先令行商出具所进黄埔货船并无鸦片甘结，方准开舱验货；其行商容隐，事后查出，加等治罪，开馆者议绞，贩卖者充军，吸食者杖徒。”[①] 1823 年 8 月，又颁布《失察鸦片烟条例》，对稽察不严的官吏予以问责[②]。19 世纪 20 年代末 30 年代初，随着鸦片走私的不断升级和白银外流的日益严重，清政府开始将银禁与烟禁相结合，订立专条，严禁银出烟入。道光十年（1830）五月两广总督李鸿宾、广东巡抚卢坤奏议《查禁纹银偷漏及鸦片分销章程》，不久清政府又颁布查禁内地行销鸦片章程、严禁种卖鸦片章程、查禁洋面私卖和快艇走私令等一系列禁令。但是，由于官吏的贪污腐化，鸦片商的唯利是图、负隅顽抗等诸多因素，这些禁令并没有得到严格执行，输入中国的鸦片数量仍不断上升。1834 年英国东印度公司对华贸易垄断权废除后，鸦片走私出现了新的高潮。1835—1836 年，走私进入中国的鸦片首次突破 3 万箱，在随后的几年，这个数字一直维持在三四万箱的额度[③]。在这种情况下，1836—1838 年，清统治集团内部爆发了一场弛禁与严禁的大辩论，包括道光帝在内的绝大多数人支持严禁鸦片。林则徐禁烟就是这场严禁风潮的产物。

林则徐禁烟作为清廷禁止鸦片走私的一次重大行动，本无可厚非。但对

---

① 李圭：《鸦片事略》卷上，附载于林则徐：《信及录》，上海书店影印本，1982 年，第 186 页。
② 《上谕》，道光三年七月戊戌，王先谦：《东华续录·道光朝》八，1899 年石印本，第 3—4 页。
③ ［美］马士著、张汇文等译：《中华帝国对外关系史》第 1 卷，第 234 页附表。

英国来说却是一场莫大的打击，因为鸦片在当时英国的商业扩张和财政收入中具有举足轻重的地位。首先，鸦片战争前，在同中国的正常贸易中，英国一直处于入超，鸦片贸易的收入是英国平衡对华贸易的重要手段。其次，通过鸦片贸易，英国不仅得以将印度榨取的财富转运回国，而且扩大了英国在印度的市场，增加了印度对英国制造品的需求量和消费能力。正如 1839 年 7 月 4 日加尔各答的英商在请愿书中所写的那样："输出鸦片对于商务是有重大利益的，这就是把那个人口最多、资源最富的帝国的财富吸收出来，而用鸦片换来的白银则使英属印度的大片土地喜气洋洋，人丁兴旺，——也使得英国制造品对印度斯坦的输出大为扩张，——更使得这方面的海上航运与一般商务大为兴盛。"[1] 再次，鸦片贸易在英国财政收入上具有重要的意义。鸦片税是英印殖民政府和英国国内政府的主要财源之一。英印政府的鸦片税收，1800—1809 年间，年均在一百余万两，1810—1819 年，年均增加到两百余万两，1820 年后，年均在四五百万两以上[2]。而用鸦片买卖赚来的钱购买中国茶叶运到英国后，英国政府又可以从茶叶税中赚取一大笔。可以说，19 世纪 30 年代，鸦片贸易已经成了英国开展对华贸易的核心，没有这项贸易，中英贸易便将处于瘫痪状态，甚至英印贸易也将受到极大的阻滞，还将切断构成英国和印度政府 1/6 的岁入来源。

　　1839 年 8 月林则徐禁烟的消息传到英国，英国朝野俱惊，国内一片沸腾。一方面，中国的禁烟严重触犯了英国的经济利益；另一方面，林则徐强令英商缴销鸦片，将负隅顽抗者以及试图保护他们的商务监督软禁在商馆的做法，也令英国政府和商人感到英国的国家尊严受到侮辱，英国对华贸易的顺利进行和英国侨民在中国的人身、财产安全都缺乏保障。英国各地的东印度与中国协会纷纷派代表晤见巴麦尊，要求政府出面干预。曼彻斯特、伦敦、利物浦、利兹等近 300 家与中国存在贸易关系的商行提交请愿书，强烈要求英国政府保护对华贸易，将中英贸易置于更加安全、持久、稳定的基础

---

① 《英国鸦片贩子策划鸦片战争的幕后活动》，经君健编：《严中平文集》，第 229 页。
② 严中平等编：《中国近代经济史统计资料选辑》，科学出版社，1955 年，第 24 页。

之上①。其中伦敦东印度与中国协会以及曼彻斯特商会明确提出并强烈呼吁用武力逼迫中国签订条约，谋取商业特权。

伦敦东印度与中国协会成立于 1836 年，其成员涵盖一百多家和印度或中国贸易有关的大公司，业务范围涉及商业、航运业、金融业等各大领域。该组织是第一次鸦片战争前英国仅次于东印度公司的远东利益群体，在英国国内拥有巨大的影响力。协会主席拉本德（G. G. de H. Larpend）和副主席哈斯提（Archibald Hastie）都是下院议员，出席协会的公司代表中，也有不少是下院议员。在听到林则徐禁烟的消息后，该协会采取了积极的行动，一面联系外交部，一面召开紧急会议，成立委员会，讨论解决方案。1839 年 8月 7 日拉本德等人与巴麦尊会谈，要求采取对华强硬政策。9 月 27 日，协会核心小组成员拉本德、约翰·阿拜·斯密斯、查顿再次谒见巴麦尊。查顿向巴麦尊提出了应对中国局势的 5 条建议：1. 要求中国政府对污辱英国政府代表的事件道歉；2. 要求中国政府赔偿收缴的鸦片价值；3. 与中国签订一个商约；4. 要求中国向英国开放北部海口；5. 英国海军舰队"来一次计划周到的武力示威，并由一位冷静果断的交涉家统率其事"。查顿认为武力示威"极可能不发一枪一弹就会达到前两项目标"②。此后，协会代表多次与巴麦尊会谈，提出对华交涉应该坚持的各点意见。查顿还专门写信给巴麦尊，强调为了实现英国的目标，必须占领中国沿海的某些岛屿，作为谈判条约时的把柄。他提议可以选择舟山、厦门和金门岛，靠近广州的海港则可以考虑占有香港③。在后来的会谈中，他还提醒巴麦尊注意行商拖欠英商债务的问题，强调未清还的欠款"到谈判条约时，必须考虑到"④。

1839 年 11 月 2 日伦敦东印度与中国协会委员会致函巴麦尊，全面分析了英国对华贸易状况及其遇到的困难，指出"除非把两国关系上任何新的协议都建立在欧洲式的原则上"，否则将来的贸易不可能获得稳固的基础，因

---

① "Memorial Addressed to Her Majesty's Government by Merchants Interested in the Trade With China," *British Parliamentary Papers*，China 31, pp. 165—189.

② 《英国鸦片贩子策划鸦片战争的幕后活动》，经君健编：《严中平文集》，第 233 页。

③ 《英国鸦片贩子策划鸦片战争的幕后活动》，经君健编：《严中平文集》，第 248 页。

④ 《英国鸦片贩子策划鸦片战争的幕后活动》，经君健编：《严中平文集》，第 272 页。

此，除了要求中国政府道歉和赔偿烟价外，"为将来的贸易着想，极其需要签订一个通商条约"。根据委员会的意见，该条约应包涵以下内容：1. 除广州外，允许英商到中国北部某些港口贸易，例如厦门、福州、宁波、扬子江等地，这些港口接近生丝、土布和茶叶的出产地，英国毛织品大呢、羽缎之类基本上也是在这一带销售；2. 允许英商在广州或上述港口与中国本地人自由贸易，反对只和某些行商交易，否则，中国政府应该充当行商债务的担保人；3. 给予英国国民平等待遇，允许他们在社会关系、家庭关系上自由采取欧洲习惯，自由占有仓库、自由携带家属，中国政府以法律保护他们不受污辱，不遭迫害；4. 中英两国政府协议固定的进出口海关税则，除非互相同意，不得变更；5. 允许作为商务监督的女王代表和皇帝、大臣以及地方当局直接联系，并允许其驻在北京，或一个指定口岸，以便保护英国国民，管理贸易；6. 遇有英人触犯中国法律的事件，惩罚应以犯罪人为限，不得要求其他人负连带责任，各人只对自己的行为负责，不得混淆无辜与有罪；7. 如果中国人拒绝普遍开放口岸，则用购置或其他方式取得一个岛屿，以便建立英国商馆①。

该方案不及 1836 年《中国丛报》所载条约方案全面、清晰，但某些内容更为具体，进一步发展了英国各界此前的条约要求②。交往方面，它明确提出与中国的交往上升应到国家层面，驻华商务监督系英国女王的代表，应准与中国皇帝的大臣和地方当局直接交涉，并享有其他相应权利；关税方面，它明确提出协定税则的要求；贸易方面，它提出将取得岛屿作为开口通商的替代方案；等等。伦敦东印度与中国协会的委员们不仅认为这些权利对英国开展与中国的商务很有利的，而且确信必须用武力来获取这些权利。与此前的条约主张相比，该方案内容的不平等性更为突出，在签约方式上则更加宣扬武力。它奠立了中英条约关系的基础，"不仅为第一批不平等条约，而且为其后的发展确定了基本方向"③。

---

① "The Committee of the London East India and China Association to Viscount Palmerston," November 2, 1839, *British Parliamentary Papers*, China 31, p. 182.
② 李育民：《晚清中外条约关系研究》，第 88 页。
③ 李育民：《晚清中外条约关系研究》，第 89 页。

　　在商界的强烈呼吁和推动下，英国政府以捍卫经济利益和国家尊严的名义正式出台了武力侵华、逼签条约的政策。1839 年 10 月 1 日，英国内阁会议决定发动对华战争，掠夺中国人的财产来偿付烟价。11 月 4 日，巴麦尊指示在华商务监督义律，向中国政府要求赔偿没收的鸦片价值和军费开支，偿还行商所欠英商债务，同时占领舟山群岛，一直到事件获得满意的解决为止。1840 年 2 月，英国政府任命乔治·懿律和查理·义律作为同清政府交涉的正副全权代表，并任命懿律为侵华英军总司令，开始实施侵华计划。

　　1840 年 2 月 20 日，巴麦尊给懿律和义律发出了第 1 号秘密训令①，全面交待了对华侵略的任务和目标，即"向中国政府要求对过去的事情进行赔偿，对将来的事情提供保证"，具体来说，"对过去的事情进行赔偿，在于对所蒙受的各种损害付给偿金……对将来的事情提供保证，在于割让一个岛屿或缔结一项条约"。巴麦尊以伦敦东印度与中国协会提出的条约特权要求为基础，具体拟定了与清政府谈判的 10 款条约草案，主要包括：1. 不列颠臣民及其家庭得在广州、厦门、福州府、上海与宁波自由居住，不受限制，不受虐待。不列颠臣民前往此等处所经商时，应受礼遇并得到恰当的保护。2. 英国可自由委派商务监督或领事，驻扎所开中国港口。此等监督或领事必要时得自由与北京中国政府或各口政府当局直接接触，其人身与财产安全应不受任何侵犯。3. 将位于接近中国海岸（指出位置、经纬度等）之某某岛屿割让于英国。4. 赔偿鸦片价值。5. 废除行商制度，其行商中业已破产而尚积欠英商的大量款项，由中国政府偿付。6. 偿付英国军费开支。7. 规定上述款项支付具体办法。8. 全部款项付清时，英军即行自中华帝国一切领土上撤退，但割让予英国的领土例外。9. 条约用英文与中文书写，一式两份，遇有对本条约文字之解释发生疑问时，概以英文本为断。10. 本条约将在某某日以内，由中国皇帝陛下诏准，大不列颠与爱尔兰联合王国国王将于 10 个月内予以诏准；各方诏准之件应尽速递交对方全权大臣。

　　从以上草案可知英国意欲向中国索取的主要是开放口岸、自由通商、割

----

　　① 以下训令内容均引自《巴麦尊子爵致女王陛下驻华的两位全权大臣、尊敬的海军少校懿律和皇家海军上校义律函》第 1 号，胡滨译：《英国档案有关鸦片战争资料选译》下册，中华书局，1993 年，第 534—537 页。

让岛屿、赔款、派驻领事及与中国政府直接联系 5 项特权。但对割让岛屿一项，由于牵涉到一个国家的领土主权，英国预计可能遭到中方的强烈反对，因而并不是志在必得。英国政府甚至认为割让岛屿与缔结通商条约，二者只取其一就可以了。巴麦尊明确指示，"如果中国政府表示希望，他们不割让此类岛屿，而愿意通过条约给侨居中国的女王陛下臣民提供贸易的安全和自由，那末，英国政府不反对这一安排，而且在那种情况下将放弃永久占领中国沿海的任何岛屿"[1]。在附加的备忘录中，巴麦尊甚至对在不割让岛屿的情况下，条约草案的变动做了详细说明，即取消草案中关于割让岛屿的第 3款，改为在第 2 款与第 4 款间插入 5 项商务条款。它们分别是：1. 允许英国臣民在所开口岸建造房屋、仓库与商馆，与任何人自由交易，自由议定价格，自由确定支付方式。自由自行管理彼等事务，自由指派或雇用掮客、经纪人、代理人、翻译员、通事、买办和中国仆役。2. 在所开口岸公布进出口关税清单，照单收税。如中国政府欲对关税做任何变动，应在此前 12 个月，将意图改变之处通知英国首席监督或总领事。3. 给予英国臣民商务上的最惠国待遇。4. 中国政府官员有权扣押并没收违禁和走私货物。但在任何情况下，不列颠臣民不得受人身虐待。5. 不列颠监督官或总领事得自由设立法庭，制定管辖在华英国臣民之规章与条例，英国臣民在中国领土内犯罪，其惩处由不列颠当局执行之[2]。

1840 年 2 月 20 日的训令是第一次鸦片战争时期英国政府对华侵略的总纲领，也是其重塑中英关系的基本宗旨。从条约草案的内容看，除割让岛屿、设立领事法庭、赔偿烟价和军费等公然有损中国的无理要求外，其他如开口通商、自由交易、自由雇募、公布税则、保护英商人身和财产安全等要求，用近代国际法的眼光来看，并没有不平等可言，但英国是以武力强迫的方式要求中国给予这些权利，因而破坏了中国决定本国外贸政策的自主权，同样违反了近代国际交往的国家主权平等原则。

① 《巴麦尊子爵致女王陛下驻华的两位全权大臣、尊敬的海军少校懿律和皇家海军上校义律函》第 1 号，胡滨译：《英国档案有关鸦片战争资料选译》下册，第 534 页。

② 《英国鸦片贩子策划鸦片战争的幕后活动》，经君健编：《严中平文集》，第 282—284 页。

二、　鸦片战争前期中英条约谈判

英国武力逼签条约政策实施的结果是 1840 年爆发中英鸦片战争，以及一系列伴随着战争的条约谈判，包括战争前期的天津谈判、广州谈判，战争后期的南京谈判和战后的善后谈判。在条约交涉中，英国力图打破中国传统的对外贸易体制，以近代条约对两国的外交与商务关系做出新的安排，攫取种种对华贸易特权，并"依靠条约法规使各种权利成为制度，使其总的来说有利于英国在贸易及交往方面的发展"①。清政府则试图以贸易羁縻来平息战端，将交涉的范围限制在贸易层面，在给予英国一定的贸易特权的同时，尽可能地维持传统的天朝体制。

中英条约交涉的第一阶段是天津谈判。1840 年 6 月，懿律率领的英国远征军抵达中国海面，第一次鸦片战争正式爆发。英军封锁广州、厦门等处的海口，7 月攻占浙江定海，作为据点，随后以惊人的速度一路北进，于 8 月 8 日抵达天津大沽口外。道光帝迫于英国的军事压力，开始动摇，由主"剿"转向主"抚"。1840 年 8 月 19 日，他指示直隶总督琦善接收了英军投递的照会，即《巴麦尊致中国皇帝钦命宰相书》（又称《巴麦尊致中国宰相书》）。该照会附在巴麦尊第 1 号秘密训令后，照会的绝大部分内容是指控林则徐的禁烟活动，最后开列了英国索要的 5 条要求：1. 赔偿烟价。林则徐缴销的鸦片是"作为商务监督和被监禁的英国商人生命代价而被勒索的赎金"，现在鸦片既已销毁，中国政府就应该将货款付还给英国政府，以便退还给货主。2. 官员平移往来。"女王陛下任用的照管她在华臣民商业利益并充作同中国政府联系机构的官员"应受到尊重，与中国政府官员平等文移往来。3. 割让岛屿。在中国沿海地方，割让一处岛屿作为英商居住和贸易之所，保障其人身和财产的安全，使其免于"遭到暴力行为和不公正待遇"。4. 偿付商欠。由于清政府一直强迫英商把货物卖给行商，因而应对行商所欠的债务"负有责任"。5. 赔偿军费。英军此次远征是由于"中国当局的强暴无理行为"导

---

① ［美］费正清、刘广京编，中国社会科学院历史研究所编译室译：《剑桥中国晚清史》上卷，第 242 页。

致的，中国应赔偿其远征费用①。

以道光帝为首的清统治集团将巴麦尊照会的内容理解为"诉冤、乞恩两大端"②，前面对林则徐的指控为"诉冤"，后面提出的各项要求为"乞恩"。道光帝的态度是伸冤没有问题，至于施恩却不能够轻易开此先例，以致破坏体制。8 月 20 日，他首次就英方提出的要求做出批示，着琦善晓谕英人：关于割让岛屿一项，"海舶往来，均在粤海，断不能另辟一境，致坏成规"；关于商欠一项，通商乃是两相情愿的事，所欠债务"应自为清理"，朝廷不予过问；关于烟价一项，鸦片本是"违禁之件"，并且早已烧毁，不能索赔③。

道光帝虽然拒绝了英方的特权要求，但也知道英国既为此大动干戈，不会那么容易善罢甘休，须有应对之策。8 月 24 日，道光闻报，英船暂时离开天津，原因是自开战以来，货物无法销售，长期经受海气薰蒸，发生霉变，赔本不少，因此到"各处寻觅码头，铤而走险"。于是，道光帝产生了贸易羁縻的念头，谕令琦善，"正可乘其贪恋之私，藉用羁縻之法"④。但道光此时的羁縻仅仅只是恢复同英国的贸易，而不是答应英方的"乞恩"。

1840 年 8 月 30 日，直隶总督琦善与英方代表义律举行了中英历史上首次官方之间的谈判，当然在清政府一方并未将其视为外交谈判，而称之为对英夷的"面谕"。琦善转达了道光的旨意，并对道光没有注意到的官员平移往来一项做了回复，声称，通商是商人与商人之间的事，英国派来的官员"既为贸易而设，亦只须与商人交涉，天朝官员，可不过问"，亦无需使用官方文檄。但与此同时，为了抚慰英人，琦善也表示，将会"代为昭雪"，秉公查办。

为了解除英军对北京的威胁，琦善以事情发生在广东、"此间无凭办理"为由，劝说懿律"返棹南还"，回广州商议⑤。懿律拒绝南返，要求清廷明确

---

① 《巴麦尊子爵致中国皇帝钦命大臣函》，胡滨译：《英国档案有关鸦片战争资料选译》下册，第 544—546 页。

② 《廷寄》，道光二十年八月初九，齐思和等整理：《筹办夷务始末·道光朝》一，中华书局，1964 年，第 428 页。

③ 《廷寄》，道光二十年七月二十三日，齐思和等整理：《筹办夷务始末·道光朝》一，第 391 页。

④ 《廷寄》，道光二十年七月二十七日，齐思和等整理：《筹办夷务始末·道光朝》一，第 405—406 页。

⑤ 《琦善照会》，道光二十年八月初四日，[日] 佐佐木正哉编：《鸦片战争之研究（资料篇）》，沈云龙主编：《近代中国史料丛刊续编》第 95 辑第 941 号，台北文海出版社，1983 年，第 13—14 页。

表示赔偿烟价。琦善一面转告道光帝的意见："烟土本系违禁之物，业经烧毁，断无赔偿之理"；一面按照贸易羁縻的指导精神进行劝说。9 月 13 日的照会中，他向懿律指出，英国的货物并不是中国所必不可少的，而中国的货物却是英国所必需的，所以中国能够与英国断绝贸易，而英国却一定要与中国通商；"贵国王之使贵统帅来者，原欲照常通商，享无穷之利"，但是对中国发动战争，"占据城池，殊非通商之理"，在这种情况下，中国皇帝也断不会允准通商，"一经奉有严旨，通饬内地商贩，不准与贵国之人互相交接，又孰敢私买私卖"①。

　　9 月 15 日，懿律在复照中驳斥了以琦善为代表的清朝统治者对于中英贸易和鸦片战争的理解和立场。他说，通商是互相得利的事，如果大清能与英国断绝贸易而无所亏损，英国亦能如此；他奉命前来的原因，并不是专为照常贸易而已，而是"国体被辱，欲求昭雪，复求设法，以免嗣后争论之端"②。但与此同时，懿律答应南返广州交涉。在给巴麦尊的信函中，他谈了自己的想法：一方面，他认为，没有经过长期的敌对行动就能得到清廷对英国全部要求的默许，这是值得怀疑的；另一方面，他相信获得较早的暂时的解决没有多大困难，包括赔偿在广州强制上缴的鸦片，获得靠近广州的海岛，并在广泛、坚固以及较之以前有所改善的基础上开放此处的贸易③。义律在 1840 年 9 月 21 日的备忘录中进一步谈到南返广州的一些现实原因：其一，英方认为，在广州地区的积极行动将必然产生或者至少促进对事情的满意安排；其二，他们感觉到，除非英国在广州军队给朝廷留下深刻印象，否则所作的调整就不是永远可靠的；其三，秋冬将临，此时停战对英方不会产生影响；其四，停战对贸易来说似乎是明智的，在封锁期间，贸易受阻，供

---

　　① 《琦善照会》，道光二十年八月十八日，［日］佐佐木正哉编：《鸦片战争之研究（资料篇）》，沈云龙主编：《近代中国史料丛刊续编》第 95 辑第 941 号，第 22—23 页。

　　② 《懿律、义律照复》，道光二十年八月二十日，［日］佐佐木正哉编：《鸦片战争之研究（资料篇）》，沈云龙主编：《近代中国史料丛刊续编》第 95 辑第 941 号，第 24 页。

　　③ "Viscount Palmerston to Rear Admiral Elliot and Captain Elliot, Plenipotentiaries in China," February 3, 1841, Ian Nish ed., *British Documents on Foreign Affairs: Reports and Papers from the Foreign Office Confidential Print*, Part I, Series E Asia, Vol. 16, University Publications of America, 1994, p. 110.

应困难，缺少行动的方便途径①。

巴麦尊同意懿律等人返回广州继续交涉，但指示他坚持原来的训令，不要满足于暂时的安排，因为英国政府征集了大量意见，才向中国提出这些被认为是"恰当"的要求，这些要求一方面涉及将来英国对华商业交往的利益和安全，另一方面，中国政府也可能被说服接受它们，或者在必要的时候被迫接受它们。巴麦尊明确表示，英国政府付出巨大的昂贵的代价把军队送到中国去，是要求"对过去索取赔偿，对将来作出保障"，它不能满足于任何完全不能达到第一个目的，也永远不能实现第二个目的的协议②。

一个想以贸易羁縻解决问题，一个坚决不满足于暂时的部分的安排，这决定了中英之间的交涉必会是一场激烈的斗争。

1840 年 12 月，中英开始了广州谈判。中方仍以琦善为钦差大臣，同英人交涉。英国方面，懿律因病于 1840 年 11 月底回国，海军大佐义律负责此后的全部交涉事宜。此次谈判的主要内容仍是烟价、官员文移往来、割让岛屿问题。

在烟价上，琦善首先重申"烟土本系违禁之物，既经烧毁，断无偿价之理"，但同时，他也本着现实的态度，从平息纷争的角度出发，做出让步，表示愿意"酌办"，设法筹款 500 万两，以 10 年为期偿付，但强调此银不是中国皇帝"准给"，而是由他个人"筹办"③。义律接受了这种变通，但不满足于琦善提出的数目，要求赔银 700 万两，以 5 年为期还清，本年先付 200 万两，余下的分 5 次陆续付完④。他认为，这对清政府来说是没有困难的⑤。

---

① "Copy of a Letter from Captain Elliot to the Earl of Aberdeen," January 25, 1842, Ian Nish ed., *British Documents on Foreign Affairs: Reports and Papers from the Foreign Office Confidential Print*, Part I, Series E Asia, Vol. 16, pp. 265—266.

② "Viscount Palmerston to Rear Admiral Elliot and Captain Elliot, Plenipotentiaries in China," February 3, 1841, Ian Nish ed., *British Documents on Foreign Affairs: Reports and Papers from the Foreign Office Confidential Print*, Part I, Series E Asia, Vol. 16, pp. 110, 112.

③ 《琦善照会》，道光二十年十一月十八日，[日]佐佐木正哉编：《鸦片战争之研究（资料篇）》，沈云龙主编：《近代中国史料丛刊续编》第 95 辑第 941 号，第 30 页。

④ 《义律照复》，道光二十年十一月十九日，[日]佐佐木正哉编：《鸦片战争之研究（资料篇）》，沈云龙主编：《近代中国史料丛刊续编》第 95 辑第 941 号，第 32 页。

⑤ "Captain Elliot to Lord Auckland," December 1, 1840, Ian Nish ed., *British Documents on Foreign Affairs: Reports and Papers from the Foreign Office Confidential Print*, Part I, Series E Asia, Vol. 16, p. 176.

几经协商，1840 年 12 月 29 日双方最终同意由琦善筹银 600 万两，先还 100
万两，余款从道光二十二年至二十六年，分 5 年还清，不计利息①。

关于官员平行文移问题，琦善同样从息事宁人的角度出发，在未请旨的
情况下，擅行允准。在 12 月 11 日的第一次照会中，琦善虽强调此事"体制
攸关"，但又表示交易由商人经手，"官员不必过问"，公文"本属无多，即
不用禀谕，亦尚可行"②。在这一问题上，双方没有过多争执。

此次谈判，中英之间斗争最激烈的是割地问题。清廷自康熙年间开放通
商以后，只允许葡萄牙人租住澳门，且中国仍拥有对澳门的主权，从未出现
割地给外商贸易居住之例。这一要求将极大地破坏天朝体制，损害天朝威
严，因此，琦善不敢也不能答应。

1840 年 12 月 11 日，琦善在给义律的首份照会中表示，外国在华通商，
"向来自有一定马头"，因通商而给地，"于理不顺"，"于情不协"③。义律见
中方态度坚决，转而提出：除广州外，开放福建的厦门和浙江的定海，若中
国向别国开放其他口岸，则应允许英国商人前往贸易④。琦善表示愿意代为
奏请，在广州之外，另给一处码头，允许英商乘船载货前往，遵照定例，在
船中与行户贸易，不得上岸居住，也不得与居民私自交易，条件是英方必须
"缴还定海"⑤。义律同意归还定海，甚至愿意先撤定海英军再开新口贸易，
但要求给予"方便馆所"，让英商寄居贸易⑥。至此，双方的交涉都是围绕开
口问题展开的。

口岸居留贸易遭到拒绝后，义律继而谋求岛屿，提出给予"外洋寄居一

①《义律照会》，道光二十年十一月十九日，[日]佐佐木正哉编：《鸦片战争之研究（资料篇）》，沈云龙主编：《近代中国史料丛刊续编》第 95 辑第 941 号，第 46 页。
②《琦善照会》，道光二十年十一月十八日，[日]佐佐木正哉编：《鸦片战争之研究（资料篇）》，沈云龙主编：《近代中国史料丛刊续编》第 95 辑第 941 号，第 30—31 页。
③《琦善照会》，道光二十年十一月十八日，[日]佐佐木正哉编：《鸦片战争之研究（资料篇）》，沈云龙主编：《近代中国史料丛刊续编》第 95 辑第 941 号，第 31 页。
④《义律照复》，道光二十年十一月十九日，[日]佐佐木正哉编：《鸦片战争之研究（资料篇）》，沈云龙主编：《近代中国史料丛刊续编》第 95 辑第 941 号，第 32—33 页。
⑤《琦善照会》，道光二十年十一月二十二日，[日]佐佐木正哉编：《鸦片战争之研究（资料篇）》，沈云龙主编：《近代中国史料丛刊续编》第 95 辑第 941 号，第 34 页。
⑥《义律照会》，道光二十年十一月二十二日，[日]佐佐木正哉编：《鸦片战争之研究（资料篇）》，沈云龙主编：《近代中国史料丛刊续编》第 95 辑第 941 号，第 37 页。

所"，让英国"竖旗自治，如西洋人在澳门竖旗自治无异"①。这更让琦善不能接受。1841 年 1 月 5 日，义律指责清廷没有诚意以和平方式解决困难。同一天，英国海军舰队司令伯麦照会琦善，通知他英方将采取敌对行动。由于没有收到琦善的回音，1 月 7 日，英军悍然进攻，占领沙角、大角炮台。面对英军的武力进攻，琦善打算以暂允英人寄居贸易，进行羁縻，以防止其强行占领领土，因而表示对"予给口外外洋寄居之所，代为奏恳"②。但同一天，义律又提出以尖沙嘴和香港代替沙角作为英人寄居贸易之所。1 月 14 日更进一步提出将尖沙嘴和香港"让给英国主治"③。这实际上是明确要求割让岛屿。

琦善坚持只能允许英商寄居贸易，并且在尖沙嘴和香港之间，只能选择一个地方④。不料，义律故意歪曲琦善的本意。1 月 16 日他照复琦善，声称同意接收香港岛，并归还定海、沙角、大角⑤。1 月 20 日义律向在华英侨发出布告，称他与清政府的钦差大臣之间初步达成以下协议：1. 把香港岛和港口割让给英国。中国的商业税费按照广州之例征收。2. 赔偿英国政府 600 万元，立即付给 100 万元，余款每年平均摊付，至 1846 年付清。3. 两国之间在平等的基础上进行官方的直接交往。4. 中国新年过后 10 天内开放广州口岸，并继续在黄埔进行贸易，直到做出新的安排为止⑥。1 月 25 日，英军在香港岛强行登陆。

此时，清廷的政策已经发生变化。1840 年 12 月底，道光帝获悉广东谈判的情况后，重新转向主"剿"，不仅全盘否定了琦善之前做出的让步，而

---

① 《义律照会》，道光二十年十二月初六日，[日] 佐佐木正哉编：《鸦片战争之研究（资料篇）》，沈云龙主编：《近代中国史料丛刊续编》第 95 辑第 941 号，第 46 页。

② 《琦善照会》，道光二十年十二月十九日，[日] 佐佐木正哉编：《鸦片战争之研究（资料篇）》，沈云龙主编：《近代中国史料丛刊续编》第 95 辑第 941 号，第 61 页。

③ 《义律照会》，道光二十年十二月二十二日，[日] 佐佐木正哉编：《鸦片战争之研究（资料篇）》，沈云龙主编：《近代中国史料丛刊续编》第 95 辑第 941 号，第 69 页。

④ 《琦善照会》，道光二十年十二月二十三日，[日] 佐佐木正哉编：《鸦片战争之研究（资料篇）》，沈云龙主编：《近代中国史料丛刊续编》第 95 辑第 941 号，第 70 页。

⑤ "Captain Elliot to Ke-shen," January 16, 1841, Ian Nish ed., *British Documents on Foreign Affairs: Reports and Papers from the Foreign Office Confidential Print*, Part I, Series E Asia, Vol. 16, p. 179.

⑥ "Circular to Her Britannick Majesty's Subjects," January 20, 1841, Ian Nish ed., *British Documents on Foreign Affairs: Reports and Papers from the Foreign Office Confidential Print*, Part I, Series E Asia, Vol. 16, pp. 179—180.

且在 1841 年 1 月 6 日谕令其停止与英人的交涉。但直到 1 月底穿鼻和议，琦善对此毫不知情。

1841 年 1 月 27 日，在清政府对英宣战的同时，琦善与义律在狮子洋莲花山下的莲花城举行了第一次秘密签约谈判，义律以 1 月 20 日公告中提到的 4 条初步协议作为《章程草底》，交给琦善。琦善指出，英方的要求是不合理的，没有考虑中国的习惯、政策和商业模式。他反问义律，如果中国官员去英国，一开始就坚持要求完全按照中国的形式安排，英国人会怎么想？中国的皇帝不希望与其他国家有公务往来，如果这种往来得到允许，英国必须同意采纳中国的习惯。琦善最反对的条款是提供赔偿、英国保留香港的方式以及新的贸易章程。关于赔偿，他强调，中国皇帝是不同意的，他是以个人名义筹集。关于香港问题，他认为英国大使现有的态度是不合理的，他只同意将该岛作为英商的一个居留点。至于贸易，外国贸易模式突然而完全的改变是不现实的，它必然打破中国的整个政治体制，同外国的交往也是一样。在这几个问题上，中国皇帝显然不会同意。琦善提出削减条款①。义律不同意更改关于香港的条款。他认为，英国必须完全占有香港，并获得中国商人和船舶前往香港贸易的许可。在给巴麦尊的信中，他说，"因为这个考虑，我已经让步了许多，如果这个要求能够获得满意的安排，我还将尽力在其他方面满足他（指琦善——引者注）的愿望，否则我将离他而去"②。

义律将一份条约稿本留给琦善，双方约好第二天继续会谈。1 月 31 日，琦善拟定了一份中英条约的修正案，即《酌拟章程底稿》，其内容包括：1. 准令英国人仍来广州通商，并准以香港地方一处寄居。2. 嗣后英国来广商船仍照旧在黄埔报验纳税，所有贸易事宜仍与行商交涉，不必与在粤官员通达公文，税则亦如从前。3. 嗣后英国来粤商船，如有夹带鸦片烟土及一切违禁物品者，即将船货没官；从事正当贸易而漏税走私者，亦将船货没官；夹带鸦片及漏税走私者，即行治罪。4. 英国所诉冤屈，现已概行说定，即照所议

---

① "Captain Elliot to Viscount Palmerston," February 13, 1841, Ian Nish ed., *British Documents on Foreign Affairs: Reports and Papers from the Foreign Office Confidential Print*, Part I, Series E Asia, Vol. 16, p. 236.

② "Captain Elliot to Viscount Palmerston," February 13, 1841, Ian Nish ed., *British Documents on Foreign Affairs: Reports and Papers from the Foreign Office Confidential Print*, Part I, Series E Asia, Vol. 16, p. 236.

办理，以后永无异议①。从这个修正案可以看出，琦善不仅将和议的范围完全限定在商业层面，而且重申了旧制，对英方的让步，除前议个人名义筹款赔偿、官员平移往来外，只有以香港作为贸易寄居处所一条。这样的条约义律是不可能同意的。

2 月 11 日和 12 日，琦善与义律在穿鼻洋蛇头湾举行第二次秘密谈判，在香港问题上发生激烈争论，琦善坚持"恳恩给予寄寓一所，并非全岛"，且香港系中国领土，不能由英国"主治"。义律同意香港按澳门之例，仍由州县管理，但却"坚求全岛，并欲自行贸易"②。此次谈判的结果，据义律记载，"在经过大约十二小时令人焦急的讨论和周折之后"，成功达成了协议③，拟订了 7 款条约草案，即所谓的《穿鼻草约》。《穿鼻草约》的主要内容如下④：

1. 今后所有欲往广州贸易的英国商人，将获准自由出入，遵守中国政府现行的关于护照的规章制度。他们的财产和人身将获得完全的保障和保护；他们的住宅将不受任何干扰。同时，所有未装载违禁货物的英国船只将允许进入广州口岸，无需任何保证书。

2. 在将来两国的公务交往中，英国驻华高级官员与中国高级官员之间的通信将在平等的基础上进行，使用"照会"字样。英国下级官员与中国高级官员之间的通信，前者使用"说帖"，后者使用"声明"。两国的下级官员仍将在平等的条件下通信往来。一般的商业事务（不需要任何一方的官员们特别注意的事务），可以由商人自行处理，按照通常的方式致函各省当局。

3. 中国皇帝割让香港岛给英国，并允许船只从其统治区域内的所有地方

---

① 《已革大学士琦善奏续筹防堵英船并酌拟章程底稿呈览折附件》，道光二十一年二月初十日，齐思和等整理：《筹办夷务始末·道光朝》二，第 815 页。

② 《已革大学士琦善奏续筹防堵英船并酌拟章程底稿呈览折》，道光二十一年二月初十日，齐思和等整理：《筹办夷务始末·道光朝》二，第 814 页。

③ "Captain Elliot to Viscount Palmerston," February 13, 1841, Ian Nish ed., *British Documents on Foreign Affairs: Reports and Papers from the Foreign Office Confidential Print*, Part I, Series E Asia, Vol. 16, p. 237.

④ "Draft of a Treaty Agreed upon the Chinese Commissioner Ke-shen and Her Britannick Majesty's Plenipotentiary Captain Elliot," Ian Nish ed., *British Documents on Foreign Affairs: Reports and Papers from the Foreign Office Confidential Print*, Part I, Series E Asia, Vol. 16, pp. 238—240. 中文参考译文见《中国钦差大臣琦善与英国女王陛下全权大臣义律海军上校之间商定的条约草案》，胡滨译：《英国档案有关鸦片战争资料选译》下册，第 922—924 页。

前往该岛贸易，仅要求他们在尖沙嘴海关办好结关手续，以防止逃税。英国同意放弃所有进一步割让领土或者在广州以外其他口岸贸易的要求，保证从清帝国领土内前往香港口岸的船只和商人将享有人身和财产的充分保障和保护，并将不向英国政府交纳任何费用或捐税。

4. 居住在中国的英国商人或其他人犯罪时，将交付给英国主要官员，由该官员在中国官员出席的情况下进行审判，并将在香港接受所判定的惩罚。前往香港的中国百姓、商人和其他人犯罪时，将交给最近的中国官员，由该官员在英国官员出席的情况下进行惩罚。因犯罪而逃往香港的中国人，经英国官员们发现并证明有罪后，将移交给中国官员对其犯罪行为予以惩罚。

5. 英国商船可以像通常一样驶往黄埔。双方商定，不得增加行用，贸易章程、进出口税率以及有关行用的细节问题等等，将由三位英国商人和三位行商组成的委员会商议解决，他们将尽快向广州大宪提出报告，并由他批准所商定的解决办法。英国商人最近所受的损失将按照两位全权大臣之间已经做出的安排统一核算。

6. 如果英国商人输入任何违禁品，比如鸦片，或走私任何合法贸易的商品，中国官员将有权捕获船只和货物，并将其没收，按照中国高级官员认为最好的方式，将罪犯移交给英国主要官员，或者将他们释放回国，禁止再前往中国。

7. 中国大学士兼钦差大臣已经声明，皇帝在和约上加盖御玺不符合中国的风俗和习惯，所以双方商定，现在条约由英国全权大臣签字盖章并由清朝钦差大臣加盖关防，然后送到英国批准；在条约送回中国以后，它将尽快由特别委任的清帝国内阁大臣批准。同时，两国之间现已商定和约，任何一方都将不再有进一步的麻烦或改变。

《穿鼻草约》的7款内容，广州自由贸易、官员平等往来、割让香港、互相引渡罪犯、中英共同商议贸易章程和税则、条约批准程序等，完全超出了琦善所能羁縻的范围。可以肯定，义律所说的"成功达成协议"只可能出自胁迫。此后事情的发展也充分说明了这一点。穿鼻议约后，琦善并未在条约上签字、盖印。

2 月 16 日，义律照会琦善，借英军统帅伯麦之口，威胁说，如果中方在 3 月 1 日以前还未将条约盖印了结，将再次采取敌对行动①。琦善以"身体抱恙"为由拖延、回避，不久即因违旨交涉、办事不力而获罪。中英之间第一次正式的条约谈判以失败告终，两国再次陷入战端。

英国方面，义律亦因此次条约交涉遭到英国政府与商人团体的谴责。1841 年 4 月中旬，英国国内得知 1 月 25 日义律派兵强占香港，并向香港侨民发布与中国钦差达成的初步协议一事，政府和商人都反映强烈。商界掀起一片反对浪潮。4 月 12 日伦敦 39 家公司致函巴麦尊，表示他们对条约的批准感到"严重的忧虑和惊恐"，因为他们从公开文件和私人消息得知，那项条约"不必要地牺牲了最近派遣远征军的所有目的，并放弃了对未来提供的一切保护"②。4 月 16 日利物浦的 50 家厂商也上书巴麦尊，指出在义律公布的《穿鼻条约》草案中，他们"看不出实现了女王陛下政府在去年派遣庞大军队前往中国海岸时公开宣布企图达到的任何一项重大的目的"，"找不到旨在赔偿过去的损失和痛苦，或减少同中国人进行的新的交往中所抱的猜疑和顾虑的任何条款"，即"既没有包含对过去的补偿，也没有包含对将来的保证"。为此，他们紧急请求英国政府不要批准那项条约③。

1841 年 4 月 20 日，英国外交部对照此前的训令——盘点了义律履行职责的情况，列出了其已遵守和未遵守的地方以及向中国索要和放弃的要求。英国政府认为，义律在很多方面都没有按照政府的指示采取行动，包括：没有完全封锁广州的河道；没有向广州当局送去一份《巴麦尊致中国宰相书》；没有在中国答应英国所有的要求并支付赔偿后再归还舟山或其他占领的地方；没有将双方达成的协议以各自统治者批准的国际条约的形式予以确认，并在条约中规定英国继续占有舟山或其他可能占有的地方，直至中国政府完

---

① "Captain Elliot to Ke-shen," February 16, 1841, Ian Nish ed., *British Documents on Foreign Affairs: Reports and Papers from the Foreign Office Confidential Print*, Part I, Series E Asia, Vol. 16, p. 241.

② "The Merchants of London to Viscount Palmerston," April 12, 1841, Ian Nish ed., *British Documents on Foreign Affairs: Reports and Papers from the Foreign Office Confidential Print*, Part I, Series E Asia, Vol. 16, p. 180.

③ "The Merchants of Liverpool to Viscount Palmerston," April 16, 1841, Ian Nish ed., *British Documents on Foreign Affairs: Reports and Papers from the Foreign Office Confidential Print*, Part I, Series E Asia, Vol. 16, p. 181.

全履行条约；完全没有做任何努力阻止征收英国商品的附加税及内地过境税；没有很好地与中国人平等交涉；等等。同样，在英国向中国索取的特权上，义律虽然获得了一些，但离政府和商人的要求还有相当的差距，例如，赔偿一项，琦善答应以个人名义筹银 600 万元，1841—1846 年间分期偿付，并拒绝支付利息。义律对此表示接受，而英国政府要求同时赔付利息。又如，割让沿海岛屿方面，义律努力的结果是，香港作为一个定居点被让与，条件是由中国官员按照黄埔现行制度征收税费。开放北部其他口岸并允许英国监督或领事驻扎一事，琦善曾一度同意另开一个贸易口岸，但不允许驻扎英国官员，也不允许英国商人登陆，只能在船上贸易，义律起初倾向于接受这个意见，后来干脆放弃了这一要求。此外，支付行商欠账、赔偿军费以及英国臣民因双方冲突而遭受的损失完全没有提出。如果中国政府不愿割让岛屿，而宁愿签订一项商约的话，那么废除行商垄断制度、订立税则、反对禁止特殊商品进口、最惠国待遇、没收走私品、建立领事法庭等也有待商定①。

4 月 21 日，巴麦尊致函义律，表示对他的交涉结果极其失望，对其交涉的方法也不赞同，指责他违背和忽视了政府的训令，任意依照自己的幻想，处理国家的利益；政府给予他支配军队的权力，他却不用，而"屈从于中国方面的取决权"；作为英国政府的全权公使，本应与中国官员平等交往，但却在与琦善的文书往来中，容许其擅用一种妄自尊大的口吻，而自己甘居人下②。对于香港岛的割让，巴麦尊也极不满意。根据熟悉中国的人提供的情报，英国政府认为，占领一个北部的靠近北京的地方将对中国政府产生强有效的影响③。所以，英国政府看好的是舟山，乃至更北的地方，而此时的香港在其眼里只是"一处连一所房子都难找到的荒岛"，既不能对中国朝廷构

---

① "Statement Showing What Part of the Instructions to the Plenipotentiaries in China Have Been Obeyed, and What Part Disregarded, and What Part of the British Demands on China Have Been Obtained, and What Part Have Been Abandoned," May 14, 1841, Ian Nish ed., *British Documents on Foreign Affairs：Reports and Papers from the Foreign Office Confidential Print*, Part I, Series E Asia, Vol. 16, pp. 182—186.

② 《巴麦尊子爵致皇家海军义律大佐函》，[美] 马士著、张汇文等译：《中华帝国对外关系史》第 1 卷，第 702—704 页。

③ "Viscount Palmerston to Rear Admiral Elliot and Captain Elliot, Plenipotentiaries in China," February 3, 1841," Ian Nish ed., *British Documents on Foreign Affairs：Reports and Papers from the Foreign Office Confidential Print*, Part I, Series E Asia, Vol. 16, p. 111.

成威胁，也不会成为贸易市场①。巴麦尊还注意到，义律所说的割让实际上只是如同葡萄牙人在澳门一样的居留，并不是经皇帝签署认可的岛屿主权的割让。英国政府曾在训令中写道：如果中国政府不愿签订一个商业条约，而宁愿割让岛屿，那么英国政府将会予以接受②。但在英国政府看来，割让岛屿一事也必须有条约确认，这样才符合西方国际法的原则，使英国的占领有了法律的保障。印度总督曾建议，如果谈判破裂就占领中国一个岛屿。英国政府并不主张这么做，它希望对中国领土的占领能够获得某种合法性。显然，签订具有法律效力的条约是最好的途径。因此，巴麦尊致函义律说："我不得不告知你，属于一个统治者的领土不能被割让给另一个统治者，除非这个统治者签订一个割让领土的正式条约；任何臣民都没有权利转让其统治者领土的任何部分。"③ 也就是，要求义律与清朝统治者签订正式条约，确认香港的割让。

当然，此时英国朝野的指控都是针对1841年1月20日义律在香港的布告中所发布的与中方达成的初步协议，也就是后来义律在与琦善面议时提出的《章程草底》。以往一些学者认为，义律是因《穿鼻草约》遭政府指责和撤职，这种看法是不对的。直到1841年6月3日英国政府收到该年2月13日义律发自澳门的函件，才得知后续谈判情况以及《穿鼻草约》的内容，此时义律已被撤职。1842年1月25日，义律曾给新任外交大臣阿伯丁写了一封上万言的长信，说明在中国的行动以及与中国交涉的情形。信中，他直言不讳地为自己辩护，认为除了赔款数量以外，他与琦善达成的协约与他"所受指示的条约完全同样的有利"④。他所说的条约指的是后来议定的《穿鼻草

① 《巴麦尊子爵致皇家海军义律大佐函》，［美］马士著、张汇文等译：《中华帝国对外关系史》第1卷，第703页。

② "Viscount Palmerston to Rear Admiral Elliot and Captain Elliot, Plenipotentiaries in China," February 3, 1841, Ian Nish ed., *British Documents on Foreign Affairs: Reports and Papers from the Foreign Office Confidential Print*, Part I, Series E Asia, Vol. 16, p. 111.

③ "Viscount Palmerston to Captain Elliot," May 14, 1841, Ian Nish ed., *British Documents on Foreign Affairs: Reports and Papers from the Foreign Office Confidential Print*, Part I, Series E Asia, Vol. 16, p. 224.

④ "Copy of a Letter from Captain Elliot to the Earl of Aberdeen," January 25, 1842, Ian Nish ed., *British Documents on Foreign Affairs: Reports and Papers from the Foreign Office Confidential Print*, Part I, Series E Asia, Vol. 16, p. 269.

约》。义律向阿伯丁一条一条地解释了草约的内容，认为光是割让香港这一条就已经完成了英国政府交给的任务，因为在政府的训令中割让岛屿和签订条约是二选一的。但是巴麦尊训令中也强调此次远征的最终目标是"对过去索取赔偿，对将来作出保障"，显然，单一地割让岛屿是不可能做到的，所以在事实上，割让岛屿不可能替代英方所要求签订的商业条约，更何况岛屿的割让本身也需要通过条约认可。《穿鼻草约》除了割让香港岛，还包含了贸易制度、官方往来、司法管辖等，但它显然还是没有达到英国政府和商人的要求。

当英国国内发出批判与指控的时候，远在中国的义律并不知情，他在经历了穿鼻洋上的较量后，又重新陷入了与中国军队的战争。

回顾整个广州和议的过程，体制之争依然是中英交往的症结所在。作为钦差大臣的琦善在采用贸易羁縻手段的同时，一直小心谨慎地维护着天朝体制，力图在体制内解决问题。

首先，在谈判形式上，琦善极力避免与英方代表的正面接触，并拒绝签订条约。1840 年 12 月 12 日，谈判伊始，义律就邀请琦善，就税课和交易章程、广州等港口通市、人质交还以及英国司法机构等，当面协商①。琦善无意与其会面，仅照会说，"贵国宰相公文内开载各款，本大臣爵阁部堂，均已代为筹办，并无余事，就此说定"。至于人质，则一面收回定海，一面交还②。12 月 17 日，义律再次提出早日面谈的要求，"或在虎门，或在别处，方便所在，将如嗣后应如何办理贸易章程各等细款，逐一详细理论定议"③。琦善在英方的催促和威胁下，拖延到 12 月 26 日才予以回复，但只字未提面谈之事。因增添口岸一事，双方意见不一，12 月 29 日，义律又建议在澳门，或其他方便之处，与琦善"面谈其事"，以便"通盘筹画"，并明确提出签约要求，"将大小各款，逐一明晰叙列，盟约备文，分作汉、英字二张，各张

---

① 《义律照复》，道光二十年十一月十九日，［日］佐佐木正哉编：《鸦片战争之研究（资料篇）》，沈云龙主编：《近代中国史料丛刊续编》第 95 辑第 941 号，第 33 页。

② 《琦善照会》，道光二十年十一月二十二日，［日］佐佐木正哉编：《鸦片战争之研究（资料篇）》，沈云龙主编：《近代中国史料丛刊续编》第 95 辑第 941 号，第 35 页。

③ 《义律照会》，道光二十年十一月二十四日，［日］佐佐木正哉编：《鸦片战争之研究（资料篇）》，沈云龙主编：《近代中国史料丛刊续编》第 95 辑第 941 号，第 38 页。

分书汉文一半、英文一半，以便奏请两国主上恩旨，盖宝允准照行"①。琦善依然回避见面，并拒绝签订条约，声称"天朝办理公务，悉以印文为凭"，已经说定的事情，可以摘录公文，"汇写一纸"，由钦差大臣盖用印信，作为凭据，如果觉得不足以为凭，可"另写字约"，以为证据，"断无请用御宝之理"②。1841 年 1 月初，英军攻占大角、沙角。1 月 14 日，义律照会琦善，要求面谈割让香港一事。琦善仍以照会回复，香港、沙角择一处寄居贸易。1 月 16 日，义律告知中方，同意接收香港，交还定海等处，并再次邀请琦善面谈，将议办各款写成条约的形式，以便两国永结和平③。琦善仍未作出回应。直到英军占据香港岛后，琦善才被逼无奈于 1 月 27 日与义律举行了第一次签约谈判。

其次，在谈判内容上，琦善力图将各个事项的解决和中英之间的交往限于原有的商业层面和天朝制度之中。他同意以个人名义筹措赔款，而他的所谓"自行筹措"实际上就是要求行商摊还。12 月 14 日他在给道光的奏折中写道："惟其银仍须出自洋商，而洋商近甚疲乏，一时亦力有未逮，故仍约以十余年为期，俾得陆续带还。"④ 这完全就是清政府一直以来处理商欠的方法，琦善实际上是以传统的商业外债处理方式来应对英方的赔款要求。同样，在官员平行文移事项上，琦善表示英方文书可以不用"禀""谕"。琦善的考虑是英国派驻中国的官员是来管理商务的，只要中国方面贸易仍由行商经手，"以后官员不与商事，彼亦自无公牍前来"⑤。在琦善的观念中，战后的中英关系依然和战前一样，恢复通商而已，那么只要利用行商来管束和联络英商，对原有体制就不会有太多破坏，通融之处只有少量公文。他完全没

———————————

① 《义律照会》，道光二十年十二月初六日，［日］佐佐木正哉编：《鸦片战争之研究（资料篇）》，沈云龙主编：《近代中国史料丛刊续编》第 95 辑第 941 号，第 46 页。

② 《琦善照会》，道光二十年十二月初十日，［日］佐佐木正哉编：《鸦片战争之研究（资料篇）》，沈云龙主编：《近代中国史料丛刊续编》第 95 辑第 941 号，第 49—50 页。

③ "Captain Elliot to Ke-shen," January 16, 1841, Ian Nish ed., *British Documents on Foreign Affairs：Reports and Papers from the Foreign Office Confidential Print*, Part I, Series E Asia, Vol. 16, p. 179.

④ 《琦善又奏英情日渐迫切现在筹办折》，道光二十年十二月初七日，齐思和等整理：《筹办夷务始末·道光朝》二，第 617 页。

⑤ 《琦善又奏英情日渐迫切现在筹办折》，道光二十年十二月初七日，齐思和等整理：《筹办夷务始末·道光朝》二，第 617 页。

有意识到英国与中国建立正式的政治外交关系的企图，仍将未来的中英关系理解为一种纯粹的商业交往，并寄希望于传统商业体制对英人的约束。至于割地一事，既为天朝体制所不容，也无法利用原有制度进行约束，因此，琦善坚决拒绝。他后来答应奏请朝廷给英人一个来华贸易的寄居之所，主要是迫于英军的压力，同时澳门允许外人寄居贸易的成例也使其抱有侥幸心理，希望朝廷可能会认可他的做法。最后的《穿鼻草约》则几乎将天朝体制破坏殆尽，完全不是羁縻能够解决问题的了，因而琦善只有拖延逃避，直至最后，他被锁拿回京，也未在条约上签字。

而在英国方面，英国政府和商人亦指责义律没有完全履行职责，没有达到侵略的目标。的确，相对于英国政府和激进商人，义律显得较为和缓、克制。这是因为他在一定程度上存有融调中西体制的思想。他曾希望找到同时顾全"天朝向例"与英国政府指示的办法，希望"在符合清朝律例而又不违背英国法律的条件下"进行"体面的贸易"①。就条约关系而言，义律认为：用武力胁迫中国皇帝签订条约，开放新的口岸，英人的生命财产安全将得不到充分的保障。这样的条约"只不过是把一些极可贵的人质放在一个激怒的政府手里"，而且由于英国商人缺乏耐性和中国人缺乏信义，必将酿成新的纠纷；中国人和其他亚洲国家的人民一样，会趁英国兵力减少的时候推诿或触犯条约的某些不重要的条款，如果英国不发动战争，那么慢慢地一些重大条款也会被触犯；最好是等中国人求讼同英国签订一项条约，而这样的条约已成为"必要和适宜"的时候，再来签订。他相信英国的实力和它与中国的大量贸易，"必会不久就引起这种企求条约的意向"，那时候再同中国进行"稳妥而有利的谈判，便会切实可行了"。而就目前来说，"同广州政府和人民维持和平和商业关系，比同皇帝缔结一项和约"，对于英国更加重要②。

义律的这些思想主要是基于其在华工作期间对中国的了解。旅华的经历让他认识到，中英两国习惯完全不同，中国对于西方国家的交往方式也完全陌生，在这样的情况下，同中国的条约交涉必将困难重重，并给将来造成隐

①《义律海军上校致广州地方官员函》，胡滨译：《英国档案有关鸦片战争资料选译》下册，第 565—567 页
②《查理·义律致奥克兰勋爵（印度总督）函》，[美] 马士著、张汇文等译：《中华帝国对外关系史》第 1 卷，第 712、716、718 页。

患，英国甚至需要为此再次发动战争。义律觉得，中英两国重新发生战争的可能性与条约中包含的社会和商业规定的多少是成正比的，因此，在当时的情况下，英国同中国缔结的最有利的和约，"将是一件包含条款数目最少的条约"。他心目中的条约不超过两个条款：第一是"割让香港，以及商人和船舶前往该地的许可"；第二是许给英国商业和其他方面的权益，包括以后许给其他国家的任何权利①。他所遵循的谈判原则是"少索取，多接受"②。他认为，这样会使中国钦差更愿意作出必要的让步，以便将双方未来的贸易和交往置于牢固的基础之上。

基于以上想法，穿鼻之议期间，义律要求广州自由贸易，但没有要求开放其他口岸；他要求官员平移往来，但没有索要领事驻扎及其他相关特权；他要求按属人原则裁决刑事和民事案件，但并不是完全的领事裁判权；他要求中英双方商议贸易章程、税率、行用等问题，但最终的决定权仍由中方掌握；他要求中国签订条约，但在条约批准问题上作了折衷处理。鉴于琦善所称"中国皇帝在条约上盖用玉玺违反中国的惯例"，义律同意由内阁大臣批准。当然，由于中国皇帝不肯用玺，英国方面也不可能指望由女王批准，而是由与中国内阁大臣平级的高级官员批准③。

但义律并非英国激进商人所说的"心慈手软"的侵略者，只不过相对于签订条约，他更倾向于训令中提到的另一种方案——割让岛屿。在谈判中，义律始终不肯让步，并与琦善发生激烈对抗的是香港的割让问题。在义律看来，占有香港比签订一项商约"将是对未来贸易安全的一个更好的保证"，不管这个条约"措词多么严谨"，而且"在形式上按照西方国家的习惯多么明确地获得批准"④。他说："这是毫无疑问的，为英国商业开辟一条进入中

---

① 《查理·义律致奥克兰勋爵（印度总督）函》，［美］马士著、张汇文等译：《中华帝国对外关系史》第 1 卷，第 718 页。

② "Captain Elliot（sole Plenipotentiary）to Viscount Palmerston," January 5, 1841, Ian Nish ed., *British Documents on Foreign Affairs*: *Reports and Papers from the Foreign Office Confidential Print*, Part I, Series E Asia, Vol. 16, p. 160.

③ "Captain Elliot to Viscount Palmerston," February 13, 1841, Ian Nish ed., *British Documents on Foreign Affairs*: *Reports and Papers from the Foreign Office Confidential Print*, Part I, Series E Asia, Vol. 16, p. 237.

④ "Captain Elliot to Viscount Palmerston," February 13, 1841, Ian Nish ed., *British Documents on Foreign Affairs*: *Reports and Papers from the Foreign Office Confidential Print*, Part I, Series E Asia, Vol. 16, p. 237.

国人口稠密和富足的地区的道路，从香港，比从靠近这一地区的另一个处境困难的地方，要快得多"，"往东一带的居留区将只会以极大的代价，造成在华军事行动无限期延长的后果，这样就破坏了或严重妨害了经营这个居留区的真正目的"①。

割让香港的要求不仅破坏了天朝体制，而且侵犯了中国主权，并且义律对于实现自己的目标态度非常坚决，甚至不惜动用武力。1840 年 12 月 29 日，他从琦善的回信中感觉到，清廷让他们返回广州的意图是想在旧制度的框架下解决问题。他清楚，这种解决方式与英国政府的指示是相矛盾的，与在荣耀和安全的基础上开展对华贸易的可能性也是相矛盾的②。他感觉到，琦善本人衷心希望和平解决争端，因为这事关琦善在清廷的地位，但他担心没有进一步的压力，琦善不会走那么远③，也就是不会充分答应英国的要求。所以在和谈中，义律不断地进行武力威胁。当琦善拒绝割让香港后，他立刻采取行动，攻占大角、沙角，胁迫琦善作出让步。在这个问题上，他没有任何融调的余地。

义律既然主张割让香港，并为此不遗余力，那么，他只需和清廷签订一项割让香港的条约，就完成了英国政府交给的使命。但事实上，他在行动上却力图实现割让岛屿和签订条约的双重目标。他不断要求琦善面谈、签约，也就是想要同时与中方签订一份商业条约，为英人谋取更多的特权，以便利于将来英国同中国的交往和贸易。在《穿鼻草约》中，除了香港问题外，其他问题也都表现出对中国原有体制的突破和对西方体制的引入，如关于广州贸易的规定打破了清政府对贸易的限制政策，输入了西方的自由贸易制度；官员平等通信往来打破了行商管理制度，而代之以西方的对等外交原则；关于司法管辖的规定以属人原则剥夺了中国政府对在华英人的独立司法权；中

---

① 《查理·义律致奥克兰勋爵（印度总督）函》，［美］马士著、张汇文等译：《中华帝国对外关系史》第 1 卷，第 714 页。

② "Captain Elliot（sole Plenipotentiary）to Viscount Palmerston," January 5, 1841, Ian Nish ed., *British Documents on Foreign Affairs：Reports and Papers from the Foreign Office Confidential Print*，Part I, Series E Asia，Vol. 16, p. 160.

③ "Captain Elliot（sole Plenipotentiary）to Viscount Palmerston," January 5, 1841, Ian Nish ed., *British Documents on Foreign Affairs：Reports and Papers from the Foreign Office Confidential Print*，Part I, Series E Asia，Vol. 16, pp. 121—122.

英共同商议贸易章程和税则则侵犯了中国的经济政策决策权。所以说,义律虽然在某些方面偏离了英国政府的指示,削减了对中国的要求,但其融调和节制是有限的。他依然在尽其所能地打破天朝体制,将西方的制度强加给中国,并构成对中国主权的侵犯。

三、 中英《南京条约》 及其附约的签订

1841 年 5 月 3 日,英国政府解除了义律全权大使的职务,改派璞鼎查赴华。除了原来给懿律和义律的训令,巴麦尊又根据义律在华交涉的情况给璞鼎查下达了新的指示,主要包括:1. 重新占领舟山,谈判地点应在舟山附近或者白河口。因为种种迹象表明广州不是一个合适的交涉地点,它与北京的距离将成为拖延的借口。2. 坚持原来向中国提出的全部要求,尤其是以下三点:赔偿烟价、商欠和远征军费,赔偿金额总数不少于 300 万镑,必须要求中国每半年一次,分六次清偿;割让中国沿海岛屿或由中国皇帝允准保证英国在华侨民的安全,允许自由贸易;取得厦门以北中国东部海岸主要城镇的贸易许可权,扩大同中国的商业交往。3. 不要放弃香港岛,同时为开展贸易取得位于东海岸的另一岛屿,或者此处一些主要城市的居留权。4. 取得香港对中国大陆口岸的自由贸易权。5. 利用有利机会促使鸦片在中国贸易的合法化。6. 以完全平等的地位与中国大臣交涉。巴麦尊特别强调,无论璞鼎查与中国全权代表协商的结果怎样,都应该载入以各自君主名义签字的条约,嗣后必须由两国批准,并且在璞鼎查认为条约有效之前,在他将其送回英国给女王批准以前,他应该先得到一份中国皇帝批准条约的正式声明[①]。

6 月初,巴麦尊收到义律的信函,得知与琦善后续谈判以及中英再次开战的情况,其中关于条约批准的问题引起他的特别关注。义律在信中提到,"琦善曾经声明,对于英国和中国全权代表所可能缔结的任何条约,皇帝都不会以批准的方式予以认可;琦善的这项声明是基于中国特殊的体制和惯例提出的"。就此,巴麦尊训令璞鼎查,英国政府在这件重要的事情上,"绝不

---

① "Viscount Palmerston to Sir Henry Pottinger, Bart," May 31, 1841, Ian Nish ed., *British Documents on Foreign Affairs: Reports and Papers from the Foreign Office Confidential Print*, Part I, Series E Asia, Vol. 16, pp. 226—229.

能容许这样的辩解，因为这只能是一种存心欺人的借口，并且为未来任何时候，在所有事情上背弃信约打开了方便之门"；"世界上所有其他国家的普遍惯例是，国与国之间的协定和条约，为要有效，就必须经由国家最高权威的批准"，"女王陛下政府不能允许，在英国与中国间事务的处理中，以中国人不合理的惯例取代其余人类的合理惯例，因此皇帝的批准必不可少"①。

1841 年 8 月 10 日，璞鼎查抵达澳门，随即照会两广总督祁𡎴，要求中国皇帝派遣拥有全权的钦差大臣，"自专议定，为国结约"。祁𡎴表示"须据实奏陈，听候谕旨遵行"②。璞鼎查立刻以开战威胁。8 月 27 日，英军再次北上，攻陷鼓浪屿、厦门、宁波等地，定海第二次被攻破。1841 年 10 月 16 日，璞鼎查派人给浙江巡抚和提督送去了两份照会，一份给浙江当局，一份致中国皇帝钦命专理外务宰相，再次要求中方派全权钦差大臣前来，"会商酌议"，以便两国"早得立约"，并威胁说，如果中国不应允英国的全部要求，"仍必交战"③。12 月 19 日，璞鼎查又让人给广州将军奕山送去《巴麦尊致中国宰相书》。

此时的中国朝廷正在紧张地筹划退敌之策。1842 年 4 月，清政府任命耆英为钦差大臣，携伊里布、咸龄等人赴浙江办理对英交涉。6 月，乍浦副都统长喜阵亡，朝廷着伊里布署理其职。不久，英军攻占上海、镇江，直逼南京。耆英与扬威将军奕经奏请羁縻招抚。7 月 15 日，道光帝收到耆英的急报，后面附有英军在宝山城外张贴的告示，内容是："大英国大元帅吴夏密谕尔吴淞口居民知悉。因本国商船误伤广东商人三名，故清国不许通商，致经五载。为此我国命我求和，只因诈我不肯保奏朝廷，因我主发员叩阙杀尽奸徒，非干尔百姓，毋得惊慌乱窜，仍可安居耕种勿惧。倘我黑鬼私行横掠，尔众民便可杀之，无以为罪。十日内本帅整顿三军，再叩北阙，直抵京

---

① "Viscount Palmerston to Sir Henry Pottinger，Bart，" May 31，1841，Ian Nish ed.，*British Documents on Foreign Affairs：Reports and Papers from the Foreign Office Confidential Print*，Part I，Series E Asia，Vol. 16，p. 246.

② 《璞鼎查照会》《祁𡎴照会》，道光二十一年六月二十四日，[日] 佐佐木正哉编：《鸦片战争之研究（资料篇）》，沈云龙主编：《近代中国史料丛刊续编》第 95 辑第 941 号，第 129、131 页。

③ 《璞鼎查照会》，道光二十一年九月初二日，[日] 佐佐木正哉编：《鸦片战争之研究（资料篇）》，沈云龙主编：《近代中国史料丛刊续编》第 95 辑第 941 号，第 137—139 页。

师，自行讲话，尔百姓其勿忧。特示。"① 现代学者考证这个告示是伪造的，由告示中英军统帅称自己部下为"黑鬼"即可断定②，但耆英和道光帝都信以为真。道光帝认为，英军既然专为通商之事而来，则羁縻未尝不可，再次将贸易羁縻奉为应敌之术。

7 月 16 日，道光密令耆英派陈志刚与英人议和，表示如果英人肯立刻罢兵，则"将香港一处，赏给尔国堆积货物，与中国照常贸易。此外沿海省分，如福建、浙江海口，或每年约定时候，将货船驶至口岸，我国必派官员代汝照料，不得在此二处羁留"③。这是中英两国交涉以来，道光帝首次在寄居与开口贸易上做出的让步，也是在外力胁迫下中国原有贸易制度开出的第一道口子。

7 月 25 日，道光帝接到江宁将军德珠布的奏折，内附常镇通海道周顼的禀帖，称曾接英军告示，提出三大端要求：赔偿烟价与军费、官员采用平行礼、量割海滨地作贸易之所④。道光指示："广东给过银两，烟价碍难再议，战费彼此均有，不能议给；其平行礼可以通融"；"将香港地方暂行赏借，并许以闽、浙沿海暂准通市"⑤。也就是在官方往来礼仪、居留与口岸开放通商三个方面可以让步。

8 月 4 日，英舰进逼南京下关江面，随后英军从燕子矶登陆，扬言进攻南京城。8 月 8 日，伊里布到达南京，派张喜等与英人议和。以下级属员而不是钦差大臣出面谈判是鸦片战争时期对外交涉的一个特点，《南京条约》及其善后条约的谈判均是如此。英方派翻译官马礼逊、罗伯聃和传教士郭士立出面会谈，要求中国皇帝认错，支付南京赎城费 300 万两，赔偿烟价、战费、行欠共计 3000 万两，增开码头通商，否则立即攻城。张

---

① 《钦差大臣耆英等奏报英船逼近江口齐慎带兵赴镇江及各路防堵情形折附件》，道光二十二年六月初三日，中国第一历史档案馆编：《鸦片战争档案史料》第 5 册，天津古籍出版社，1992 年，第 599 页。

② ［日］佐佐木正哉：《南京条约的签订及其以后的一些问题》，《国外中国近代史研究》第 27 辑；侯宜杰：《耆英与〈南京条约〉》，载俞明主编：《〈南京条约〉与香港百年》，中国社会科学出版社，1998 年，第 163 页。

③ 《廷寄》，道光二十二年六月初九日，齐思和等整理：《筹办夷务始末·道光朝》四，第 2055 页。

④ 《江宁将军德珠布奏英船大帮已将瓜洲口门封堵江宁危急折附件》，道光二十二年六月十八日，齐思和等整理：《筹办夷务始末·道光朝》四，第 2119 页。

⑤ 《廷寄》，道光二十二年六月十九日，齐思和等整理：《筹办夷务始末·道光朝》四，第 2127 页。

喜提出核减赔偿数额。英方表示可以商量①。8月9日，两江总督牛鉴照会璞鼎查，告知无力凑足300万赎城费，且钦差已到，"两国和好通商，指日可定"，赎城费之说，"其名不顺"，拟送100万两给英方作为犒劳士兵的费用②。英方不予理会。

　　8月11日，耆英抵达南京。8月12日，中英举行首次正式会谈，英方开具条约草案八款，主要内容是：（一）赔款烟价、商欠、战费共3000万两。（二）官员平等往来，英国驻华总管官员与清朝大臣文书往来用"照会"字样，英国属员则用"申陈"字样，大臣批复用"札行"字样，两国属员往来仍用平行照会，两国商人上书官宪，则用"禀明"字样。（三）将香港岛割让给英国，并允许英商在广州、福州、厦门、宁波、上海五处通商，"其所纳饷税，必有定数则例晓示"，各处须有英国副领事居住并专理英商事宜，与该处地方官公文往来。（四）废除行商制度，英商可与任何人自由贸易，其所纳饷银由本国领事转交海关；英国货物在五口一次纳税者，"可遍运天下，所过税关，不可甚加税，例所加者，应以估价为例，每两不过分"。（五）大清皇帝发布告示，凡与英人往来或居住在英人占领之地者，不得加罪，且双方各自释放抓获的人质、战俘③。

　　与广州谈判相比，英方勒索的赔款和特权大大增加。其中赔款一项，经张喜辩争，由3000万两减至2100万两，所减数目指明为战费，较之广州谈判时期的600万两，这一数目仍令人咋舌。其他如割让岛屿、开口通商、领事驻扎、废除行商制度等无一不是体制攸关的问题，按理应有一番更加激烈的斗争，但清政府在南京前线的三大宪：钦差大臣耆英、乍浦副都统伊里布、两江总督牛鉴却选择了消极对待。英方要求中方代表塔芬布、张喜、陈志刚等人第二天回复，并将皇帝授权给耆英和伊里布的谕旨带来过目。张喜等人回去复命，请耆英等人早定大局，不料，三宪看都不看，就命人送给幕

①　张喜：《抚夷日记》，齐思和等编：《鸦片战争》五，第367、369页。
②　《牛鉴照复》，道光二十二年七月初四日，［日］佐佐木正哉编：《鸦片战争之研究（资料篇）》，沈云龙主编：《近代中国史料丛刊续编》第95辑第941号，第192页。
③　《英国所要各条款》，道光二十二年七月初七日，［日］佐佐木正哉编：《鸦片战争之研究（资料篇）》，沈云龙主编：《近代中国史料丛刊续编》第95辑第941号，第199—200页。

僚，幕僚略观数行，说了句"窒碍难行"，便束之高阁了①。8月13日，张喜等人赴约再议，临行前询问三宪意见，三宪均不答一言，亦不让携带授权谕旨，且幕僚出门拜客，尚未回来，无法取出英方所开条款。

英方代表大为恼怒，指责中方"处处相欺，并不是诚心了事"，声称如不和好，即刻开炮攻城。在英方的武力威胁下，三宪又是一幅妥协投降的姿态，慌忙向幕僚索要前天英方开具的条款，对英人的要求"一概允准"，并让人连夜送去照会和皇帝授权的谕旨②。

8月14日，耆英等派署江宁藩司江苏臬司黄恩彤、四等侍卫前吉林副都统咸龄前往净海寺与英人议谈。英方派总管麻恭、水师副将利洛、翻译官马礼逊和罗伯聃出席，"要求各款，不但不能驳减，而反加添数条"，并再次扬言如果同意的话，才能收兵停战③。此后，双方往来商议，至8月17日，《南京条约》十三条款正式形成，主要内容包括五口通商、自由贸易、领事管理和担保制度、明订税则、割让香港岛、赔款等。

8月20日，耆英、伊里布和牛鉴在各级官员随从的拥簇下赴英国"康华里"号军舰，访问英国全权大使、海军司令和陆军将领。这是双方高级官员的第一次会晤，场面隆重。当耆英等登上舰艇时，英方依照英国礼仪鸣炮三声。璞鼎查等英国官员戴着假发，穿着大礼服或军官制服，脱帽、鞠躬进行迎接。双方握手谈天，宛如朋友一般。清朝官员们参观了整个军舰，在军舰上吃了午饭，有的还喝了樱桃甜酒和白兰地，"所有的来宾在告辞时都显得兴高采烈和心满意足"④。8月24日，英方官员进行回访。耆英等在净海寺接待璞鼎查一行，礼节亦十分隆重，同样放炮迎接，脱帽致礼，酒席款待。

但在一派和好之相的背后，双方的较量还在进行。就在英方回访的同一天，耆英等人收到朝廷的指示，不准开放福州，万不得已可于泉州附近通商。耆英让人私下与马礼逊商量，马氏一口拒绝。8月26日，中英双方全权

---

① 张喜：《抚夷日记》，齐思和等编：《鸦片战争》五，第374—375页。
② 张喜：《抚夷日记》，齐思和等编：《鸦片战争》五，第376—377、379页。
③ 张喜：《抚夷日记》，齐思和等编：《鸦片战争》五，第380页。
④ 沈弘编译：《遗失在西方的中国史——〈伦敦新闻画报〉记录的晚清，1842—1873年》上，北京时代华文书局，2014年，第32—33页。

代表会议条约，耆英提出，"战费、赎城等字俱属不雅，须另换字样"。璞鼎查不允，反称"夷字不美，嗣后望勿再用"①。双方争论多时，没有结果。27日，耆英接到朝廷批示，同意在条约上盖用"御宝"，但仍不准开放福州。此时，耆英等人在英军的威胁下，完全是一副妥协投降的姿态，根本顾不上朝廷的指示，也顾不上什么体制了。

8月29日耆英与璞鼎查举行签字仪式。前后仅半个多月的时间，中国历史上第一个不平等条约就已定局。目睹缔约的英国人利洛都不禁感叹，"在欧洲，外交家们极为重视的条约中的字句与语法，中国的代表们并不细加审查，一览即了。很容易看出来他们所焦虑的只是一个问题，就是我们赶紧离开"②。

《南京条约》是清政府在英国武力侵略和强制下仓促而成的条约，其内容主要有：开放广州、福州、厦门、宁波、上海为通商口岸，允许英国商民在五口居住、贸易，并允许英国派领事驻扎和管辖商民；割让香港岛给英国；废除行商制度，允许自由贸易；赔偿鸦片烟价、商欠、军费共2100万元；释放对方被俘人员；协定关税；同级官员间文书平移往来等③。从内容来看，它是一个非常笼统的条约，正如美国学者马士所说，它"只足以构成一个草约而不是一个条约"④。但英方当时即已指出关于关税、英商居留、商务管理等问题今后还需详细讨论。道光帝虽"不得不勉允所请"，亦觉得条款中许多事项仍需仔细考虑，因而令耆英等对商欠、赔款偿付、涉案华民的处理、税收、退兵等与英方再行商议，"不厌详细，应添注约内者，必须明白简当，力杜后患，万不可将就目前，草率了事"⑤。于是便有了此后持续一年之久的关于通商章程和海关税则的善后谈判，最后在1843年7月和10月分别议定《五口通商章程：海关税则》和《五口通商附粘善后条款》，作为《南京条约》的附约。

① 张喜：《抚夷日记》，齐思和等编：《鸦片战争》五，第389页。
② 利洛：《缔约日记》，齐思和等编：《鸦片战争》五，第514页。
③ 中英《江宁条约》，道光二十二年七月二十四日，王铁崖编：《中外旧约章汇编》第1册，第30—32页。
④ ［美］马士著、张汇文等译：《中华帝国对外关系史》第1卷，第328页。
⑤ 《廷寄》，道光二十二年八月初三日，齐思和等整理：《筹办夷务始末·道光朝》五，第2318页。

　　善后谈判在《南京条约》签字后不久就开始了。1842 年 9 月 1 日耆英、伊里布、牛鉴联衔照会英国全权大臣璞鼎查，表示必须就所定条款"预为要约"，以免将来反复，并提出了十二项交涉内容，包括：（一）所开五处通商口岸，除广州已给香港居住外，其他四口，英商"只可于港口建设会馆"居住，贸易结束即当归国，不可常年逗留，确实有账目未结清的，照原广州之例，呈明管理官员，批准居住。（二）广东商欠，除定明 300 万两"官为保交"外，此后允许英商自由贸易，如有欠账，"止可官为着追，不能官为偿还"。（三）通商五口只许商船往来，兵船不得前往，沿海非通商口岸外国商船、兵船俱不得往来。（四）中国各省官兵的撤留，由中国自己作主，防御工事的修复亦不得受到阻拦。（五）距离南京较远之处，因不知中英讲和而向英舰开炮，不能成为英方再次动武的口实。（六）除舟山、鼓浪屿俟赔款交清、口岸开放再交还外，其他各处英兵应从速撤离。（七）舟山、鼓浪屿的英兵应加以约束，不得侵扰中国百姓，不得阻拦中国商船，抽取税费。（八）英人与华民交涉案件，应明定章程，"英商归英国自理"，华民由中国惩办。（九）中国犯人逃入英国船只，须送交中国官员，"不可庇匿"。（十）除英国外，其他国家照例在广州通商，如有国家希望到五口贸易，英国应向其解释，不致生事。（十一）新开口岸，由中国户部参照粤海关章程制定统一的税则。（十二）《南京条约》中英两国国君除签字外，均应加盖国宝[1]。

　　以上内容涵盖了清政府所关心的五件大事：一是退兵息战。第四至七项双方官兵的撤留、防御工事的修复、在华英兵的管理等，皆与此相关。清政府希望尽快解除威胁，避免再起战端。二是自由贸易后外商的管理。第一项和第三项英商居留、往来的限制，以及第十项其他国家商人的贸易问题都属于这一范畴。清政府虽被迫开放五口，但仍希望尽可能地管束和限制外商的活动，减少对天朝体制的破坏和冲击。三是华民与英人交涉之事。第二项商欠和第八、九项案犯处理都涉及于此，清政府深恐因民夷交涉而留下后患。四是税章的议定。这事关清政府的财政收入，第十一项特别作了声明。五是

---

　　[1] 《耆英伊里布牛鉴照会》，道光二十二年七月二十七日，［日］佐佐木正哉编：《鸦片战争之研究（资料篇）》，沈云龙主编：《近代中国史料丛刊续编》第 95 辑第 941 号，第 217—219 页。

条约的批准。《南京条约》中只规定条约由两国君主"亲笔批准"，未提盖印，清政府恐英人违约要挟。

9月5日，璞鼎查回复耆英等人，对第二项商欠、第四项中国官兵撤留和工事修复、第七项约束舟山和鼓浪屿留驻英兵没有异议，第五项也不反对，只要求中方尽快将和议消息通知离南京较远的地方，其他八项则逐一给出了不同意见：贸易与居留问题，提出应该允许英商自由贸易，"来往不必限以时季，寄居不必界以一所"，由英官在所开口岸城内外，选择一处地方，让英商自行择地建屋租房，暂时或常年居住均可；英船往来五口问题，要求允许英国少量兵船，"随时来往各口"，管束英民，协同中国地方官，阻止英国商船前往别处；撤兵问题，表示将留少量兵船管理英商货船，此外香港必须留兵驻扎；诉讼问题，提出小事由中国地方官与英国领事会同查办，重大犯罪则各自的民人由各国审判，在香港常住的中国人，与英人一样，由英国官员办理；引渡罪犯问题，表示中国犯人逃入香港或英国船只，英方将其送交中国官员，但同时要求英国犯人逃入中国内地，中国官宪亦应拿获，就近交给英国官员；禁止其他国家赴新开口岸贸易问题，表示无法担保，并希望大清皇帝将此恩典施及其他国家，与英国友好相处的国家，其船只亦可到香港来往贸易；纳税章程问题，反对参照粤海关输税章程，认为正是粤海关官吏的勒索、苛求才引发两国间的矛盾，要求朝廷授权耆英等人，在广州或其他地方，与英方共同商议确定；在和约上盖用国宝问题，表示按照欧洲国家的惯例，没有什么比君主的亲笔签名更尊贵。最后，璞鼎查提出，这其中有几件重要的事，"应当另缮一单，附粘本约，以便大清大皇帝和大英君主均准施行"①。实际上是要求再签订一个附约。

9月13日，中英双方各派代表进行《善后章程》的谈判，中方代表为侍卫咸龄、署江宁藩司黄恩彤、宁绍台道鹿泽长、石浦同知舒恭受，英方代表主要是马礼逊和郭士立等。同一天，耆英照会璞鼎查，就璞鼎查9月5日的来函提出：在香港暂住或永久居住的华民，其司法管辖权应该归中国官员所

① 《璞鼎查照会》，道光二十二年七月二十七日，[日]佐佐木正哉编：《鸦片战争之研究（资料篇）》，沈云龙主编：《近代中国史料丛刊续编》第95辑第941号，第220—223页。

有；海关税则由户部制订，废除苛征之项；在条约口岸，英国人由领事管理，中国人由中国官员管理①。其他方面，中方没有反对也没有同意，似乎持保留意见。9月17日，璞鼎查回复说，无论是暂时还是永久居住在香港的中国人，若刑事犯罪则交给在九龙的中国官员，民事犯罪则在当地处理；禁止中国海关官员收取苛捐杂税②。

最后，除英商口岸居留、新恩施及其他国家、制订海关税则、条约盖用国宝四个问题双方未达成一致外，其他八项基本议定。9月19日，璞鼎查派人给中方送去《善后章程》八条，此即今人所称《江南善后章程》。其内容主要包括：商欠除议定300万元官为保交外，此后只可"官为着追，不能官为偿还"；英国商船只准在五口贸易，不准驶往他处；撤兵、修整炮台城池等事宜应听中国斟酌、办理，英国不得阻拦；两国和好，偶有攻击之误，不得援为口实，予以报复；俟本年银两交清后，除舟山、鼓浪屿二处酌留兵船管理货船及香港仍须留兵驻守外，其他英国兵船概行退出；舟山、鼓浪屿所泊兵船，须严加约束，不得侵夺民人，不得拦阻中国商船、扣收货税；英国商民与中国内地居民交涉诉讼之事，应明定章程，英商归英国自理，"华民由中国讯究"；中国内地犯法奸民若投入英国船只，"必须送出交官，不可庇匿"③。《江南善后章程》实际上是摘录双方照会中有关八大事项的内容，汇集而成，中英双方的意见均有呈现。它是后来《五口通商章程》谈判的前奏和基础。

9月20日，耆英将双方交涉的情况奏报朝廷，并附上了《善后章程》。道光帝原则上同意"照所议办理"，但又谕令耆英等人须对"应行筹议事宜"，"通盘酌核，悉心妥商，切勿稍留罅隙，致滋后患"。这里需要进一步筹议的事宜主要指税收章程。此外，在《江南善后章程》的八项内容中，道光帝特别强调了商欠问题，认为商欠"官为着追"，"断不可行"。理由是：

---

① J. Y. Wong, *Anglo-Chinese Relations 1839—1860：A Calendar of Chinese Documents in the British Foreign Office Record*, Oxford University Press, 1983, p. 71.

② J. Y. Wong, *Anglo-Chinese Relations 1839—1860：A Calendar of Chinese Documents in the British Foreign Office Record*, p. 72.

③ 袁陶愚：《壬寅闻见纪略》，齐思和等编：《鸦片战争》三，1957年，第119—120页。

"内地居民与该夷贸易日久，难保无拖欠情节，地方官既未经手交易，日后又安能代为追欠？况一经允许，遇有无着欠项，势必哓哓具禀，地方官事务甚繁，何暇办理此事？且该夷稍不如意，又将借口追欠不力，另启衅端，不可不预为筹及。"可见，道光帝主要是担心商欠"官为着追"会增添地方官的麻烦，也深恐日后英人以"追欠不力"为借口，挑起事端。对于英商只准在五口贸易一事，道光帝也要求耆英等详细写明，"免得日后借口，影射蒙混"①。

1842 年 10 月中旬，道光帝任命耆英为两江总督，处理上海善后事宜，另授伊里布为广州将军、钦差大臣，前赴广东查办通商纳税之事。1843 年 1 月，伊里布抵达广州，随即于 1 月 20 日率领广东布政使觉罗存兴、江苏按察使黄恩彤、四等侍卫咸龄与璞鼎查一行在黄埔会晤，粤东善后谈判拉开帷幕。根据道光的旨意，粤东谈判除将江南善后谈判达成的协议再次明确、具体外，重点就商欠和税收问题进行了协商。和南京谈判一样，中英双方全权大臣主要以照会的方式联系，具体事宜是由各自的下属官员商谈的。

商欠方面，1843 年 2 月 2 日，伊里布曾照会璞鼎查，指出拖欠债务之人，"多系疲累"，即使控官严追，恐怕也难以筹措欠款，甚至有的人亡产绝，根本无从追讨。他提出，以后英商与中国商人贸易，"以现银交易或现货兑换，公平估价算明，两俱清楚，不准分毫拖欠，致滋争讼"②。从后来的交涉结果看，英方没有同意现银或现货交易。但在这一问题上，双方有过进一步的协商。1843 年 10 月签订的中英《五口通商章程：海关税则》第四条英商与华商交易一款规定："凡现经议定，英商卸货后自投商贾，无论与何人交易，听从其便。惟中国商人设遇有诓骗货物脱逃及拖欠货价不能归还者，一经控告到官，中国官员自必即为查追；倘诓骗之犯实系逃匿无踪，欠债之人实已身亡产绝者，英商不得执洋行代赔之旧例呈请着赔。"③ 同时签订的中英《五口通商附粘善后条款》第五条再次强调："前在江南业经议定，

① 《着钦差大臣耆英等照与英所议善后事宜各条办理并官方不能代英商追讨欠项等事上谕》，道光二十二年八月二十日，中国第一历史档案馆编：《鸦片战争档案史料》第 6 册，天津古籍出版社，1992 年，第 223 页。
② 王天根：《历史场景的重建与鸦片战争中英关系的再思考——以大英图书馆珍稀历史文献为中心》，《中外条约与近代中国国际学术研讨会论文集》，2017 年 10 月。
③ 中英《五口通商章程：海关税则》，道光二十三年八月十五日，王铁崖编：《中外旧约章汇编》第 1 册，第 40 页。

以后商欠断不可官为保交，又新定贸易章程第四条英商与华商交易一款内，复将不能执洋行代赔之旧例呈请着赔切实声明在案，嗣后不拘华商欠英商及英商欠华商之债，如果账据确凿，人在产存，均应由华、英该管官一体从公处结，以昭平允，仍照原约，彼此代为着追，均不代为保偿。"① 相比《江南善后章程》，《五口通商章程》和《五口通商附粘善后条款》关于商欠的规定更为具体、细致。它们不仅申明了商欠"官不为偿"的原则，而且明确了"官为着追"的条件，即证据确凿，欠债之人没有死亡或逃匿无踪。《五口通商附粘善后条款》还对英商欠华商之债作了同等的规定，要求双方都要秉公处理，代为追偿。这对维护华商利益有着积极的意义。

海关税则是此次谈判的焦点。面对英方索要的巨额赔偿，清政府在谈判之前已在考虑增加财政税收的问题。1842 年 10 月 29 日，山东道监察御史雷以諴上奏称，"筹款之术，税务为急"，英国每年从中国购买的茶叶、大黄、湖丝约合洋银五六千万元，建议在这些商品的出产地以及经过各关口、汇聚各牙行，"实力稽查，分别酌加税银"，以所收税款相抵偿付英人的赔款②。道光认为"所奏不为无见"，朝廷之税取于本国商民，而商民转卖货物，其收入又取于洋人，立刻谕令耆英妥议，但要注意是否累及百姓，能否禁绝走私，并对"如何整顿口岸，严防要隘之处"，通盘筹划，务必做到"足以收利权而杜后患"③。耆英将其转寄伊里布议办。

伊里布奉命交涉以后也一直在考虑税则的制订问题。他的想法有二：一是以广州原有税则为基础，对于以往征收的杂项，查明后斟酌去留，福州等处新开口岸一体遵照广东所议章程④；二是新口岸开放后，原来出口货物所经内地关口收入会减少，必须通过酌加货税来弥补这部分收入⑤。

---

① 中英《五口通商附粘善后条款》，道光二十三年八月十五日，王铁崖编：《中外旧约章汇编》第 1 册，第 35 页。

② 《雷以諴奏预筹款项及善后事宜折》，道光二十二年九月二十六日，齐思和等整理：《筹办夷务始末·道光朝》五，第 2401 页。

③ 《廷寄》，道光二十二年九月二十六日，齐思和等整理：《筹办夷务始末·道光朝》五，第 2402 页。

④ 《伊里布等奏通商税则容粤东议定章程通行各口折》，道光二十二年九月二十九日，齐思和等整理：《筹办夷务始末·道光朝》五，第 2405 页。

⑤ 《伊里布又奏美法要求通商俟与璞鼎查妥商并酌加洋货内货税则片》，道光二十二年十二月十七日，齐思和等整理：《筹办夷务始末·道光朝》五，第 2531 页。

在启程赴粤之前，伊里布已行文各内地监督，请他们将以往所收洋货、丝、茶税费，详细造册咨送，作为将来加税的参照。抵达广州后，他一面通过粤海关监督彻底清查税课定额、陋规及行用之数，造册呈报，逐项查核；一面照会璞鼎查，希望英方熟悉商务之人予以配合，"将英商贩运出口进口各货物实在某项某费若干查明，开写清单，译出汉字备文咨送，以便秉公核议"①。

黄恩彤向伊里布提出改定税则的两个办法：一是取消行商，将行用及海关各项陋规"一并裁正归公"；二是酌留行商，将进出口大宗货物，如茶叶、湖丝、棉花、洋布等，逐项加税，冷僻货物，如钟表、洋参、洋缎等，则予以减税。按照他的预算，这两个办法都可以大大增加税收。伊里布认为，裁正归公最为简单方便，但行用陋规"虽裁仍在"，恐英方有所借口，不如增大宗而减冷货。按照黄恩彤等人的设想，这一方案是要酌留行商的，伊里布担心英方不肯同意②。1 月 31 日，伊里布照会璞鼎查，提出行商制度废除后，将有三大顾虑：一是"万一有匪徒诓骗逃走，必致无从缉追"；二是中国的散商小贩没有宽大的栈房可以堆放货物，又没有殷实的保家垫付货款，洋货数量多，不能随时出售，必然滞销，有误转运；三是贸易分散，缉私难度增加，易偷漏税饷，且"英国用洋钱，而纳税须用纹银"，需要估算折耗，容易发生争论。伊里布建议仍保留行商，"但不存官行之名，任凭英商自投"。这一建议遭到英商的反对，璞鼎查许久才给出回复，表示"成约不可轻改"③。

1843 年 3 月 5 日，伊里布病亡，璞鼎查欲北上与耆英继续谈判。道光闻讯，急忙任命耆英为钦差大臣，奔赴广州。在耆英抵粤以前，黄恩彤、咸龄等人已赴香港就大部分事宜交涉完毕。税则在"裁正归公"的基础上，实行"增大宗减冷货之办法"，只不过减得多而加得少。洋参减税 90%，其他钟

---

① 王天根：《历史场景的重建与鸦片战争中英关系的再思考——以大英图书馆珍稀历史文献为中心》，《中外条约与近代中国国际学术研讨会论文集》，2017 年 10 月。

② 黄恩彤：《抚远纪略》，齐思和等编：《鸦片战争》五，第 420 页。

③ 黄恩彤：《抚远纪略》，齐思和等编：《鸦片战争》五，第 420 页。

表、洋缎等也所减过半，而茶叶每担只加税 7 钱，棉花加税每担不过 1 钱 5
分①。6 月 4 日，耆英到达广州。他认为其他的不必计较，但茶叶、棉花必
须争取多加税。耆英亲自与璞鼎查商议，称茶叶在英国每担纳税 25 元，合
白银 17 两 5 钱，而在中国仅纳税 1 两多，太不公平了，必须增加到 3 两。
璞鼎查以英商不愿交纳为托词。黄恩彤辩论说，英商以前来华贸易，在正税
之外还要交纳行用、陋规，现在行用、陋规"概行裁革"，只交正税，对商
人难道不利吗？璞鼎查无言以对。最后，双方议定茶叶税每担增至 2 两 5
钱，棉花增至 4 钱②。

1843 年 7 月 22 日，中英《五口通商章程：海关税则》在香港公布，同
年 10 月 8 日双方签订《五口通商附粘善后条款》，并将前约视为此约的一部
分，两约合称《虎门条约》，作为《南京条约》的附约。《虎门条约》对中英
通商的一系列问题作出了具体规定，包括英商在口岸的居留、香港与内地的
贸易、防私缉私、报关程序、引水和仆役等人员的雇募等，明确了商欠官不
代偿的原则，议定了税则，还给予英国领事裁判权和片面最惠国待遇，中国
的主权遭到更为严重的破坏③。

中英《南京条约》及其附约的签订打破了中国传统国际秩序的樊篱，华
尊夷卑的制度初步破除，中英之间建立了平等的官方交往关系。条约中英国
国王与大清皇帝并列书写，且同样冠以"大"。《南京条约》前的按语写道：
"兹因大清大皇帝、大英君主，欲以近来之不和之端解释，息止肇衅，为此
议定设立永久和约。"条约第一条亦称"嗣后大清大皇帝、大英国君主永存
平和……"第十三条载条约"应俟大臣等分别奏明大清大皇帝、大英君主各
用朱，亲笔批准"。《南京条约》还明确规定中英官员平移往来，"英国住
中国之总管大员，与大清大臣无论京内、京外者，有文书来往，用照会字
样；英国属员，用申陈字样；大臣批复用札行字样；两国属员往来，必当

---

① 黄恩彤：《抚远纪略》，齐思和等编：《鸦片战争》五，第 421 页。

② 黄恩彤：《抚远纪略》，齐思和等编：《鸦片战争》五，第 422 页。

③ 中英《五口通商附粘善后条款》、中英《五口通商章程：海关税则》，道光二十三年八月十五日，王铁崖
编：《中外旧约章汇编》第 1 册，第 34—50 页。

平行照会"①。条约宣布废除行商制度,英商在中国的贸易不再是朝贡体制下的互市,而变成完全的自由贸易,约束英商人身自由的旧的防夷规章亦不复存在。

中英《南京条约》及其附约的签订开启了中外关系的新篇章,标志着中外关系进入了新的条约时代。此前,清政府虽与俄国订立了《尼布楚条约》《恰克图条约》,但早期中俄条约主要是特殊地缘关系下的边界条约,且仅作为特例而存在,不具有普遍意义,"没有成为后来建立的中国和其他欧洲国家间的关系的基础"②,对中国传统朝贡体制也不构成冲击。台湾当局与荷兰、英国的条约则是地方政府与商业公司所订,不是主权国家之间的行为,因而也不属于严格意义上的近代条约。《南京条约》及其附约则不同,它们是中英两国政府派遣全权大臣签订的,并经两国最高统治者批准生效,在这一过程中,英国打破了中国传统朝贡体制对其地位的界定,以平等的身份与清政府进行对话。它们"标志着中国闭关自守的破产,同时标志着中国与欧洲'掠夺成性的蛮夷'在平等的基础上建立法律、政治和经济关系的开端。事实上它成为中国与欧洲'掠夺成性的蛮夷'的关系的基础;而此后签订的那些条约,虽然很多同它一样,都是解决冲突或争议的惯常手段,但就其内容说只不过是发展了这第一个条约所揭示的原则"③。

然而,《南京条约》及其附约建立的中英条约关系是不平等的,且这种不平等的属性奠立了整个近代中外条约关系的根基。首先,从条约产生的方式看,它是通过战争暴力建立起来的,借助的是武力侵略的方式。通过战争,强迫清政府签订条约,这本质上是资本主义强权的表现,侵犯了中国自行决定对外政策的主权。其次,从条约的内容看,条约所确立的中英政治和经济关系均具有不平等性。政治上,香港岛的割让侵犯了中国的领土主权,领事裁判权侵犯了中国的司法主权,英国军舰驻泊五口侵犯了中国领水主权,危害了中国的国防安全。经济上,协定关税损害了中国关税自主权,片

① 中英《江宁条约》,道光二十二年七月二十四日,王铁崖编:《中外旧约章汇编》第 1 册,第 30—32 页。
② [英] 菲利浦·约瑟夫著、胡滨译:《列强对华外交(1894—1900)》,商务印书馆,1959 年,第 2 页。
③ [英] 菲利浦·约瑟夫著、胡滨译:《列强对华外交(1894—1900)》,第 3 页。

面最惠国待遇违背了国际经济交往的平等互利原则，赔款掠夺了中国的财富。诸如此类都是明显的不平等条款。

《南京条约》及其附约中很大一部分是关于两国通商的规定，其中有些内容从近代国际法的角度看并不构成不平等关系，如五口通商、自由贸易、明定税则等。这些内容，就纯粹的经济层面来说，有利于中国的社会经济发展，有利于中国从自给自足的小农经济向市场交换的现代工商经济的转变，有利于贸易秩序的规范，而且只要中英两国人民本着自由自愿的原则互通有无，那么这些条款也并没有什么不平等可言。但它们同不平等条款和特权的结合却对近代中国社会产生了极大的消极影响，同样损害了中国的利益。例如，领事裁判权使来华贸易的英国商人在享有自由的同时却不受中国法律的管束，从而纵容了其在中国的违法犯罪行为。五口通商虽逐步打破了中国落后的自给自足的封建经济，但中国亦被迫沦为西方资本主义的附庸，并且居留在口岸的英国及其他国家的商人逐渐将口岸发展为侵略中国的基地。协定关税则不仅使明定的税则脱离了中国的主权控制，而且进一步加大了英国对华贸易的自由化程度，使华商在与英商的竞争中处于不利地位，特别是19世纪后期中国的民族资本主义经济产生以后，由于缺乏关税及其他措施的保护，只得在外商的不平等的竞争中艰难发展。

英国开创的不平等的条约关系，被其他西方列强相率效尤，从而诞生了第一批中外不平等条约。随着大量主权的丧失和西方资本主义经济的入侵，中国开始沦为半殖民地半封建社会。中外关系亦由一种不平等走向了另一种不平等，或者说由鸦片战争前"天朝至上"的形式上的不平等走向了列强侵夺中国主权利权的实质上的不平等。

第二节　中美不平等条约关系的建立

继英国之后，美国亦遣使东来，与中国签订了不平等条约，在"均沾"英国之利的基础上，攫取了更多的特权。中国体制受创、主权受损的局面益发严重。

一、　美国建立对华条约关系的要求

　　美国与中国的交往始于独立战争以后。1784 年 8 月美国商船"中国皇后"号抵达广州，拉开了中美贸易的序幕。此后，更多美国商船来华。早期美国对华贸易主要是转口贸易，美国商人从北美大陆贩运烟草、面粉、马具等货物出口，转售欧洲、非洲、亚洲的一些地区，再从那里购买宝石、毛皮、工艺品等运往中国，换取中国货物。18 世纪末 19 世纪初的美国还是一个新兴的资本主义国家，国家版图尚未确定，在北美的扩张正如火如荼。与欧洲国家不同，随着西进运动的推进，美国拥有了广阔的国内市场，在第一次工业革命时期，没有遭遇市场的困窘和压力。它与中国发展贸易主要是出于资本积累的目的，即从转运贸易中赚取财富。

　　早期美国对华贸易也以茶叶为大宗，但和英国一样，在合法贸易中也处于逆差地位。为追逐暴利和弥补对华贸易逆差，美国商人大量从事鸦片走私活动，最初贩卖土耳其和波斯烟土到中国，1827 年经英国东印度公司允许开始贩卖印度鸦片，1834 年英国东印度公司对华贸易垄断权废除后，贩卖和为英商运输鸦片成为美商对华贸易的主要内容。

　　林则徐禁烟时，在华美商亦被要求呈缴鸦片和出具不再贩运鸦片的甘结。出于利益考虑，美国商人较为配合，因此未被停止贸易。中英矛盾激化后，美商一方面获得了更多的贸易机会，另一方面也受到了不良影响。在中英双方采取敌对行动时，"美国的贸易大抵都处于停滞状态"[①]。在这种情况下，1839 年 5 月 25 日，广州的美商联名向国会递交请愿书，要求美国政府联合英、法等国，组织联合舰队，迫使中国和美国建立安全、公正的商业关系，并派代表来华谈判条约，向清政府提出以下要求：准许外国使节驻京，并享有普通的外交特权；公布确定的税则；设立关栈制度，制订某种货物转口贸易章程；开放其他一个或数个口岸，允许自由贸易；赔偿因封禁合法贸易而造成的美商损失，并保证今后不再发生类似事件；华洋案件，涉案外国

---

　　① ［美］赖德烈著、陈郁译：《早期中美关系史（1784—1844）》，商务印书馆，1963 年，第 110 页。

人所受惩处不应重于英、美法律的规定，且未被确证有罪以前，中国政府不得惩处①。

美国自独立战争以来，一直将英国视为仇敌，因此尽量避免被卷入英国的对华战争，但出于保护美国在华商人的考虑，联邦政府决定派海军准将劳伦斯·加尼率领东印度舰队前赴中国。

1842 年 3 月 22 日，加尼抵达澳门，随后于 4 月 13 日乘坐舰艇前往黄埔。4 月 27 日，他派雷诺兹上校携带要求赔偿的照会，直接向两广总督呈递。加尼的做法，和当年英国的律劳卑一样，是对天朝体制的蔑视和破坏：在没有得到清政府允许的情况下前往广州；违反"外国兵船不得驶入内河"的规定；打破行商管理制度，直接向地方官递交公文。但他不仅没有遭到广东当局的指责和驱逐，反而受到友好招待。两广总督祁埙对他的行为表示谅解，并接受了他的照会，原因是：加尼打着保护美商、要求中国政府赔偿美商损失的幌子，而当时清政府正在经历与英国的战争，备受打击，产生了严重的恐外心理，加上昧于世界形势，对美国一无所知，担心再生战端。至于接受加尼的照会，是因为在鸦片战争中，已有清朝官员直接接受外国公文的先例，所以祁埙未加拒绝。

广东当局的态度增长了加尼的侵略气焰。《南京条约》签订后，1842 年 10 月，加尼向祁埙投递文书，要求允许美商与英商"一体贸易"②。道光帝接报后，起初表示拒绝，但经伊里布和耆英奏请，又同意给予美商与英商一样的贸易特权。伊里布提出的理由是：夷商船只、衣服没什么区别，难以分辨，而且阻止他们通商的话，他们将以英国为借口，别生枝节，也恐英国人与其串通，难于阻遏③。耆英更是猜测英国发动战争，乃"与各夷勾通，暗相资助"，如今英国允许赴新口岸贸易，其他各国恐心有不平，英国资助他们，或者他们依附英人，潜往各口贸易，中国无从觉察，结果反使中国之利

① ［美］泰勒·丹涅特著、姚曾廙译：《美国人在东亚——十九世纪美国对中国、日本和朝鲜政策的批判的研究》，商务印书馆，1959 年，第 87 页。

② 《祁埙又奏美利坚人咖呢投递文禀折》，道光二十二年十一月十一日，齐思和等整理：《筹办夷务始末·道光朝》五，第 2471 页。

③ 《伊里布又奏美法要求通商侯与璞鼎查妥商并酌加洋货内货税则片》，道光二十二年十二月十七日，齐思和等整理：《筹办夷务始末·道光朝》五，第 2530—2531 页。

被英夷操纵，各夷也将勾结日深，不如允许各国一体通商，以求相安无事；何况英国在江南善后交涉中已表示愿与其他国家分享新恩，无庸顾虑英国反对①。无论伊里布还是耆英实际上都将一体贸易看作羁縻洋人的手段，看作对其他各国施加的恩典。这反映了当时包括道光帝在内的清朝统治者的集体心态。

清政府同意美商与英商一体贸易，但并不意味着同意与美国签订条约。事实上，清政府当时并没有条约观念，就算同英国签订了条约，也并没准备严遵谨守，而只是暂时罢兵、"徐图控驭"的权宜之计，对于美国则根本没有想过签订条约。1843 年 3 月，加尼致函祁墳，要求清政府给予美国人最惠国待遇，并派钦差议定条约。祁墳立即予以回绝，声称"象条约这样正式的东西，殊无必要"②。

此时，远在大洋彼岸的美国政府刚刚通过了向中国派遣代表议定条约的议案。自中英开战以来，美国一直密切关注着中国的局势，中国的败北和《南京条约》的签订，让美国感到与中国建立外交关系、攫取条约特权的时机已经来临。当时，美国社会普遍认为，美国并不具备迫使中国让步的武装力量，所以美国的策略应该是：趁着英国打败中国，而又不干涉美国行动的有利时机，遣使赴华，将美国的对华贸易置于"最惠国的基础上"③。

根据这种认识，1843 年 5 月 8 日，美国政府任命顾盛为全权公使，率领使团前往中国，并下达了给他的训令④。训令明确交代了使团的主要目标，即让美国商船进入中英《南京条约》新开放的港口，与英商享受同等优惠贸易的权利，因为"这些港口位于中国物产最为富饶和人口最多的省份，都将成为很重要的商品市场"。由此可以看出，美国对华交往的主要目的是发展对华贸易。美国政府甚至为顾盛提供了许多关于对华贸易历史

---

① 《耆英又奏美利坚等国必欲在闽浙通商似可准其一并议定税则片》，道光二十二年十二月十九日，齐思和等整理：《筹办夷务始末·道光朝》五，第 2537—2538 页。

② ［美］泰勒·丹涅特著、姚曾廙译：《美国人在东亚——十九世纪美国对中国、日本和朝鲜政策的批判的研究》，第 95 页。

③ 乔明顺：《中美关系第一页——1844 年〈望厦条约〉签订的前前后后》，社会科学文献出版社，1991 年，第 68 页。

④ 《国务卿丹尼尔·韦伯斯特给顾盛的训令》，乔明顺：《中美关系第一页——1844 年〈望厦条约〉签订的前前后后》，第 201—204 页。

和现状的资料。

为了达到以上目标，训令详细阐述了顾盛应采取的策略和手段，主要包括：其一，顾盛应以友好的姿态出现，要充当向中华帝国"表达敬意与良好愿望和建立友好关系的和平使者"，使中国政府和人民坚信他的出使是完全和平的，"不怀有任何敌意，不给中国增添烦扰"，以便在一定程度上消除或缓和中国人"天生的忌妒"和排外情绪。其二，在任何场合，顾盛都要适当地尊重中国的制度和风俗习惯，并避免触犯中国人的"傲慢与偏见"，因为美国商人提供的情报显示，中国是一个"顽固坚持自己特殊习惯的民族"，对其他民族抱有偏见，不愿引进外国的艺术和产品。其三，在任何时候，顾盛"都应维护美国的平等和独立"，如果中国人把他当成朝贡者，他必须立刻予以否决，告诉他们，美国政府"从来不向任何国家进贡，也不希望接受任何国家的朝贡"，不接受也不赠送礼品。其四，"在合适和可能的情况下"，顾盛应当坚持前往北京，去觐见中国皇帝，并且在任何时候都应以此为目标，甚至不事前宣布就到达北京附近。他应该通知中国政府官员，他带有美国总统给中国皇帝的友好信件，"这封信由总统亲笔签字，只能躬亲交给皇帝，或在皇帝面前交给某一高级官员"。他还要声明自己带有美国政府颁发的最高代表委任状，也只能交给皇帝或他的重要大臣。关于进京后可能遇到的叩头问题，训令要求顾盛谨慎行事，一方面"千万不能触犯或伤害中国的骄傲"，另一方面必须警惕，不能做出"有损国格和背离独立国家的原则"的事情，不能让中国人认为他是朝贡者，或者认为美国政府低于中国或其他国家的政府。其五，不要介入中国与欧洲国家的争端，也不要流露出任何倾向性，以引起别国的不满，要向中国说明美国是一个独立、强大的国家，对中国怀有友好的态度。

美国对华政策的总原则是在"利益均沾"的基础上，与中国签订条约。训令的最后，美国政府要求顾盛"应以坚定的措词和果断的态度表示：如果中国政府允许别国人民比美国人民享受更多的权益和有利的贸易条件，美国政府将不可能与中国皇帝保持友好关系"。同时，美国政府希望顾盛能够成功地签订一个像中英条约那样的条约，甚至希望这个条约"能包括更完备和更为正规的条款",从而"将美中关系向欧美关系方面更推进一步"。这实际上是要求顾盛为美商获得最惠国待遇,并通过签订条约把所获得的权益固定下来。美国政府对可能缔结的条约有着很高的期望,希望它能比中英《南京条约》更加完备,能够将美中关系建立在西方的国际关系法则之上。

二、 顾盛使华与中美《望厦条约》的签订

1843 年 8 月顾盛使团从美国出发,横渡大西洋,到达欧洲海岸,再穿过地中海、红海,进入阿拉伯海,一路向东前往中国。1843 年 11 月中旬,使团到达孟买时,听到清政府允许西方各国在五口一体贸易的消息。使团的主要目标似乎已提前实现,但顾盛认为仍有继续前往中国、与中国签订条约的必要。他在给泰勒总统的信中写道,是否同中国签订条约,关系到美国的荣辱问题,"如果美国在不订条约的情况下,在五口通商,其它国家肯定认为这导源于中国的恩典和英国的庇护。反之,美国凭借自己的力量,通过订约,获得权益,将提高美国的国际威信"①。所以,顾盛使团的主要任务变成了与中国议订条约。

在顾盛使团到达以前,广东当局已与美国代理领事咯京商订税则,并应咯京所请,减少了洋参的税费②。1844 年 2 月 24 日,顾盛乘"布兰迪瓦恩"号到达澳门。2 月 27 日,他正式照会署理两广总督程矞采,称自己是美国全权公使,前来与中国钦差大臣"商议两国民人相交章程",订立"永远公议和好各约",大约一个月后将驶赴天津,进京面见中国皇帝,"将本国正统领玺书内开列各款重事,呈献大皇帝御览"③。程矞采急忙阻止,让其不要轻举妄动,并告知天朝体制,"各国使臣赴中华晋京朝见大皇帝,均须在近边口外停候,俟各省大吏奏明请旨,分别准行与否,再取进止。若不待奏请,径以兵船驶往天津,殊与体制未协"。至于商议章程、签订条约一事,程矞

---

① 《顾盛致泰勒总统》,乔明顺:《中美关系第一页——1844 年〈望厦条约〉签订的前前后后》,第 82 页。
② 《耆英等奏查办美利坚等国通商大略情形折》,道光二十三年闰七月三十日,齐思和等整理:《筹办夷务始末·道光朝》五,第 2715—2716 页。
③ 《美使顾盛致护理两广总督程矞采照会》,道光二十四年正月初十日,台北"中研院"近代史研究所编印:《中美关系史料(嘉庆、道光、咸丰朝)》,1968 年,第 5 页。

采指出，天津没有对外贸易，也没有钦差大臣和翻译人员，不便交涉；而且美国也不必仿效英国，与中国订立条约，因为两国情况不同，英国与中国"构兵连年"，为免猜疑，所以立定条约，而美国与中国通商二百年来，"毫无不相和好之处，本属和好，何待条约"①。

1844 年 3 月 22 日，程矞采将顾盛到达并要求上京和订约之事上奏朝廷。4 月 9 日，道光帝接到奏报，表示：美国"向来不通朝贡，即驶至天津，亦必令其折回，所请商定章程，亦必仍交原议大臣酌定，断无因其北驶到津，另遣大员与之商办之理"②。按照道光的意思，坚决不许顾盛上京，但同意商定章程，并立即调耆英为两广总督，赴粤办理。但随即，程矞采又奏：顾盛坚持进京，如果不允许他带领兵船北上，他自愿改走内河；同时，他表示，"贸易章程，无关紧要"，"另有数款国家密事，必须在京都定酌"，总统书信内开列各款，必须"呈献大皇帝御览"。程矞采认为，顾盛之意是要仿效英国，订立条约，"以示天朝相待之优"③。道光帝闻言，再次谕令程矞采饬黄恩彤告知顾盛，"天朝抚驭外夷，凡向无朝觐之各夷，俱不准其恳请。此次该国无论由外海由内河，皆不得准其进京"，只能在粤静候钦差大臣，但他同意让耆英与顾盛议定条约④。同一天，道光寄谕耆英，令他到粤后，就朝觐一事向顾盛解释，"中国自有定制，向例所无，不能增加"，如果顾盛有非礼要求，应予以拒绝⑤。可见，清廷的注意力主要在进京一事上，至于谈判签约，在其看来，既有英国在先，美国也应一视同仁。

朝廷的谕旨直到 5 月初才到达广州，这期间程矞采一直忙于应对顾盛，阻止其前往北京。美国方面，则不断施加压力，甚至一度将军舰驶入黄埔。当然，对顾盛来说，这只是一种策略。虽然美国商人曾建议对中国采用武力手段以达到签约的目的，美国传教士伯驾等人也"不断力劝顾盛要保留北上

① 《护理两广总督程矞采致美使顾盛照会》，道光二十四年二月初一日，台北"中研院"近代史研究所编印：《中美关系史料（嘉庆、道光、咸丰朝）》，第 6 页。
② 《廷寄》，道光二十四年二月二十二日，齐思和等整理：《筹办夷务始末·道光朝》六，第 2810 页。
③ 《程矞采奏美使仍请晋京愿由内河行走折》《顾盛照会》，道光二十四年三月初五日，齐思和等整理：《筹办夷务始末·道光朝》六，第 2813—2814 页。
④ 《廷寄》，道光二十四年三月初五日，齐思和等整理：《筹办夷务始末·道光朝》六，第 2814 页。
⑤ 《廷寄》，道光二十四年三月初五日，齐思和等整理：《筹办夷务始末·道光朝》六，第 2815 页。

的威胁"①，但也有不少在华美商担心顾盛的强硬态度招致中国政府的不满，从而影响他们的贸易，对此表示反对；与此同时，美国在中国海面也缺乏足够的军事力量，当时，使团仅有"布兰迪瓦恩"号一艘军舰，另外两艘还没有到达，不足以对中国构成真正的威胁。因此，5 月 8 日，当程矞采收到朝廷的谕旨并转告顾盛，清政府不同意他前往北京，已派耆英来粤和他谈判商约时，顾盛也适可而止，表示暂时接受。

1844 年 5 月 21 日钦差大臣兼两广总督耆英抵达广州。根据道光的指示，他的主要任务是阻止顾盛前往北京，至于条约的签订，则是以中英条约为蓝本，力求避免别生枝节。他从程矞采和黄恩彤等人那里了解到，顾盛并没有完全放弃北上的要求，深感不安，于 6 月 10 日急速启程前往澳门，以便劝说顾盛放弃北上。

6 月 17 日耆英率广东布政使黄恩彤、候选道潘仕成、督粮道赵长龄等，到达澳门栅栏外的望厦村，下榻观音庙。第二天，他携随员到顾盛的住所，进行礼节性的拜访。一入座，耆英就向顾盛解释不让他上京的原因，他说，"大皇帝由于贵大使来自遥远的国度，非常高兴，所以他不愿贵公使进京，派我来会见阁下。再者，其中一个原因是因为这样一个事实：如果每个国家听到贵公使进京的消息，一定要派大使进京。可想而知，安排接待他们将是很困难的"②。6 月 19 日，顾盛回拜耆英。他向耆英保证，"美国不向中国提出任何非和平、非友好和非正义的要求"。双方对今后商谈的时间和地点作了安排。两人互送礼物，以示友好。

两天后，中美谈判正式开始。美方以韦伯斯特、裨冶文和伯驾为谈判代表，中方代表是黄恩彤、赵长龄和潘仕成。21 日下午 6 点，双方会晤于莲花峰佛寺，美方代表将顾盛的照会交给了黄恩彤，后面附有一份条约草案。耆英看完照会和草约，觉得美国所提要求与中英新定贸易章程大致相仿，"似与通商大局无碍"，且美国明确声明不侵占中国海岛，因而并不太在意条约。

---

① ［美］爱德华·V. 吉利克著、董少新译：《伯驾与中国的开放》，广西师范大学出版社，2008 年，第 110 页。

② 《顾盛和中华帝国官员会晤记录》，乔明顺：《中美关系第一页——1844 年〈望厦条约〉签订的前前后后》，第 206—207 页。

耆英的注意力仍在进京问题上，在顾盛的照会中，对停止进京一事，言辞闪烁，耆英担心他"立约后仍复北驶"。6 月 22 日，他照会顾盛，称条约很快就可以议定，不用再北上，并询问其何时交出国书①。实际上，耆英是恐顾盛订约后以呈递国书为由复求进京。

6 月 24 日，双方再次会晤。中方就美方提出的要求拟订了一个对应的草约。双方决定互派代表于 25 日和 26 日比较两个草约，27 日定稿，28 日签字、换约。安排好签约事项后，顾盛提出了四个所谓重要问题：（一）进京问题。他受命亲自将总统书信交给中国皇帝，所以必须前往北京；（二）广州的美国公民被限制在很小的活动区域，并且缺乏安全保障，经常遭受匪徒抢劫，极易丧命；（三）1839 年美国领事和公民被监禁一事是对美国的严重侮辱；（四）1842 年美国公民舍里被杀一案。耆英依次写出自己的答复：第一个问题性质严重，必须慎重讨论；第二个问题责成双方代表协商解决；1839 年事件是由于林则徐误入歧途造成的，他已受严惩；舍里之死是发生于战时的不幸案件，由于时间已久，难以调查清楚。然后，他重点谈论了性质最严重的第一个问题——进京问题。耆英再次向顾盛解释为什么不让他上京：其一，西方国家众多，美国公使进京的话，恐其他国家纷纷效仿，尤其是英国；其二，中美两国制度和礼仪不同，恐因此发生冲突。耆英甚至以阿美士德的遭遇劝说顾盛，"如果贵公使到北京后，再被迫离开，也不算体面"。他极力说明没有去北京的必要，美国公使的要求，他一定转奏中国皇帝，并承诺他绝不会同意其他国家的公使进京，他对顾盛说，"如果你不进京，而别的国家公使去了，你可砍掉我的头颅"。与此同时，耆英利用顾盛急于签订条约的心理，表示如果美国公使坚持己见，将不和他缔结条约②。用他自己的说法是"折以情理，晓以利害"，"加以穷诘"，使其无可置喙③。

耆英的态度让顾盛意识到，进京可能是一个涉及到两个国家的和平与战

---

① 《耆英奏接见美使大概情形折》，道光二十四年六月初三日，齐思和等整理：《筹办夷务始末·道光朝》六，第 2828—2829 页。

② 《顾盛和中华帝国官员会晤记录》，乔明顺：《中美关系第一页——1844 年〈望厦条约〉签订的前前后后》，第 211—212 页。

③ 《耆英奏接见美使大概情形折》，道光二十四年六月初三日，齐思和等整理：《筹办夷务始末·道光朝》六，第 2829 页。

争的重大问题，必须慎重。他和韦伯斯特商量之后，答应第二天给出书面意见。6月25日，顾盛照会耆英，正式同意停止北上，但同时提出两个附加条件：一是以后如有其他西方国家的使臣进京，则美国的使臣也"应以格外恩礼款接北上"；二是耆英必须"尽心秉公"，与他妥善议定条约章程，否则"进京之事，亦未能已"①。

耆英答应了顾盛的要求，令黄恩彤等人速与美国代表商定条约，其原则是：有关贸易之款，遵照与英国新定章程办理；无关贸易之款，在中英《善后章程》内有的，"亦即准行"；《善后章程》里没有而"事非难行，无关紧要"的，"不妨姑如所请"；与中英新定章程相抵触，而又不符定制的，均严行驳斥②。

美方提出的草约共47款，最后双方议定的条约为34款，其中有15款是关于税饷的规定。税则谈判，双方少有争执，因为其中大部分是参照中英条约，仅洋参和洋铅的进口税应美方所请予以调整和酌减。纳税方式以及管理方面，美方新增而又得到中方同意的内容有五项：一是美国商船已纳船钞者，"因货未全销，改往别口转售，勿庸重征船钞"；二是美国商船进口后，未开舱而欲往别口，"限二日内出口，不征税钞"；三是已纳税和卸货的美国商船，欲将货物转运别口销售，"免其重纳税钞"；四是每年年终，由驻五口美国领事将进口美国船只、货物各类和价值情况报明各省总督，转咨户部查验；五是中国日后变更税则须与美国领事等官议允。顾盛声称，英国可利用香港殖民地的有利条件进行贸易，而美国不要求占领中国领土，因此必须定出新的条款，以促进美国贸易的发展。考虑到五口通商之后贸易的实际情况，耆英认为，前三项"不便强为限制"，"应量为调剂以顺商情"，但须"严加查察以杜流弊"；第四项则对中国有利，表明了美方安分贸易、不偷漏税饷的诚意，因而予以答应③。关系到国家主权的税则变更之议允，耆英完

---

① 《美使顾盛致钦差大臣耆英照会》，道光二十四年五月初十日，台北"中研院"近代史研究所编印：《中美关系史料（嘉庆、道光、咸丰朝）》，第41页。

② 《耆英奏美使呈递文书停止北上并会议条约情形折》，道光二十四年六月初八日，齐思和等整理：《筹办夷务始末·道光朝》六，第2833页。

③ 《耆英又奏与美使商定条约三十四款折》，道光二十四年六月十四日，齐思和等整理：《筹办夷务始末·道光朝》六，第2843—2844页。

全没有注意，在奏折中也只字未提。

美国草约中关于海口章程、诉讼管理的内容，耆英等也认为与中英新定章程基本相符，未予驳斥。今天的学者大多瞩目于其中的治外法权条款。长期以来，外国商人对中国的法律极为不满，要求享有治外法权，美国人也不例外。1821 年美国商船"急哌仑"号水手德兰诺瓦（Terranova）曾因投掷瓦罐致人落水而引发中美冲突，广东当局停止美商贸易，并判处德兰诺瓦死刑。美国商人"大感苦恼"①，美国领事主张由他与美商共同审理，中国政府不得干预，但一番反抗之后，最终顺服。林则徐禁烟时，美商的鸦片走私受到干涉，广州美商在给国会的申请书中要求削弱中国的司法权，《中国丛报》也呼吁美国在中国实行治外法权。

顾盛到达中国后，仔细研究了中英条约。中英《五口通商章程：海关税则》第十三条规定："倘遇有交涉词讼，管事官不能劝息，又不能将就，即移请华官公同查明其事，既得实情，即为秉公定断，免滋讼端。其英人如何科罪，由英国议定章程、法律发给管事官照办。华民如何科罪，应治以中国之法，均应照前在江南原定善后条款办理。"② 根据最惠国待遇，美国可以享受与英国同样的治外法权，但顾盛并不满足于此，他认为这方面仍有修改、充实的必要。

中美谈判期间，恰好发生徐亚满事件，此案对顾盛要求治外法权产生了直接影响。1844 年 6 月 15 日，英国人在广州洋行门前玩撞柱游戏，驱逐旁观的中国民众。中国民众被激怒，并用砖头进行反击，将英国人逼退到船上。第二天，许多不能辨别英、美人的中国民众闯入美国人的花坛，和美国人发生争斗。美国人开枪射击，中国人徐亚满不幸中弹身亡。徐亚满之死在广州掀起轩然大波。各界人士纷纷要求报复，向美国人讨还血债。耆英派人向美方抗议，要求顾盛交出凶手，以平息民众的愤怒。但顾盛不仅极力抵赖，庇护杀人者，而且指责中国政府无力保护美商，势将影响两国的关系。为防止事态扩大，耆英一面向顾盛承诺将"多派防御，杜息衅端"，一面仍

① ［美］马士著、张汇文等译：《中华帝国对外关系史》第 1 卷，第 118 页。
② 中英《五口通商章程：海关税则》，道光二十三年八月十五日，王铁崖编：《中外旧约章汇编》第 1 册，第 42 页。

要求顾盛秉公处理，使民众没有滋事的借口。

受以上因素的影响，顾盛在草约中提出了治外法权的条款，并且比英国条约更加详细、具体，将美国公民与华民的刑事和民事案件作了区分：刑事案件，"中国民人由中国地方官捉拿审讯，照中国例治罪"，美国人由领事等官捉拿审讯，照美国法律治罪；民事案件，则由被告所属国的官员查办。此外，顾盛还要求美国人与其他外国人之间的案件，"应听两造查照各本国所立条约办理，中国官员均不得过问"。耆英等人没有司法主权的观念，反将治外法权视为解决民夷争端的办法，因此，这些内容几乎没有经过改动便列入了正式条约，中国主权受到进一步的侵犯。徐亚满案最后就是在条约签订以后，根据治外法权条款由美国驻广州领事福士审讯办理的。福士宣布凶手系自卫误伤，需送回国内再审，此事便不了了之。

中美条约交涉中，耆英等人的注意力主要在那些中英条约所无而又有违定制或有诸多弊端的内容。耆英奏称，顾盛原呈草约内有"断难准行而请求甚坚者"十款，包括：（一）准许美国驻华官员有事直接向都察院申诉；（二）若有中国匪徒焚毁美国公民的房子或伤及人身，清政府应赔偿损失；（三）已开舱纳税的洋货，若3年没有售出，发还税银；（四）官设栈房，代洋商贮存货物；（五）允许美国商船赴五口外其他地方贸易；（六）进口美国商船由中国统辖保护，倘遇别国欺凌，由中国代为报复；（七）美国商船被敌兵追击，应请中国保护并帮助抵抗；（八）美国兵船到港，与中国炮台互相放炮，以示敬意；（九）美国文书须由京中内阁或部院衙门接收；（十）若两国发生战争，仍须准许美商撤回，免遭危害[①]。

上述内容中，第三、四、五项扩大贸易特权的要求，将有损清政府的收入，增加它的负担，尤其第5项自由贸易对天朝制度将是更大的威胁，中方代表一口回绝；第六、七项保护美国商船一事，将使清政府卷入不必要的纷争，中方自然不能答应；第八项鸣炮致敬，容易引起误会，且顾盛曾借口燃放礼炮对程矞采进行威胁，耆英心有顾忌，因而表示反对；第十项战时美商

---

① 《耆英又奏与美使商定条约三十四款折》，道光二十四年六月十四日，齐思和等整理：《筹办夷务始末·道光朝》六，第2842—2843页。

撤回一事，耆英也不同意列入条约，理由是中美签订的是和约，不宜有争战的条款。以上草约内容，经中方辩驳，均予以删除。

第二项要求清政府赔偿在华美国公民损失一事，中美双方曾展开激烈辩论。美方代表坚持，在华"美国公民应该受到保护，如果由于政府的疏忽使他们遭受损害，中国政府理应负有责任"。中方代表黄恩彤表示，中国政府一直对远道而来的外国人进行保护，但有时无法顾及。他同意制订镇压骚乱的条例，失职军官要受到惩罚，但不能赔偿。谈判中，黄恩彤提到，行商时代，行商要对外商负责，外商的损失可以向行商索赔，行商制度的废除杜绝了不少弊端，但也"失去了这个优点"。美方代表立刻说，"如果行商赔偿是正当的，中国政府的赔偿也是正当的。行商从贸易得到利润，使他们能够赔偿。现在利润到了国库，政府应该赔偿"。潘仕成表示，如果每担茶叶收取附加税 7 两，中国政府就能承担这一责任①。这显然是美方不能接受的。最后，双方各提出一项修正案，合议形成中美《望厦条约》第十九款。该款规定："嗣后合众国民人在中国安分贸易，与中国民人互相友爱，地方官自必时加保护，令其身家全安，并查禁匪徒不得欺凌骚扰。倘有内地不法匪徒逞凶放火，焚烧洋楼，掠夺财物，领事官速即报明地方官，派拨兵役弹压查拿，并将焚抢匪徒按例严办。"②

第一项和第九项美国驻华官员直接向都察院申诉，以及向某一京中部院衙门递交公文的问题，耆英等人认为是对定制威胁最大、最不能应允的。因为在条约谈判期间，顾盛一直没有交出国书，耆英等怀疑美方的这一要求是为了定约以后北上找借口，即以呈递国书为由再次要求进京。在美方提出的草约中，曾具体提出美国领事、公使与北京理藩院和礼部通信往来。耆英特意就此写了一封信，在 6 月 27 日的谈判中，由黄恩彤等交给美方代表。耆英称：中国迄今从未建立与外国公使的联系，理藩院是管理蒙古和回部事务的特殊机关，礼部是接待暹罗、朝鲜等国使者的衙门，那些地方都是附属国，而西洋诸国是平等相待的，这些机构不便接待西洋诸国的公使。至于都

---

① 《顾盛和中华帝国官员会晤记录》，乔明顺：《中美关系第一页——1844 年〈望厦条约〉签订的前前后后》，第 214 页。

② 中美《五口贸易章程：海关税则》，王铁崖编：《中外旧约章汇编》第 1 册，第 54 页。

察院，它是接收中国民人诉状的机关，而且不了解五口贸易和外国情况。美国公使的公文应该递交给钦差大臣，如果没有钦差大臣，可与边疆省的最高官吏通信。如果在广州，可以与两广总督交涉；如果在福州、厦门和宁波，可与闽浙总督交涉①。

　　美方代表立即将信转交顾盛，顾盛闻言，承认"如果独立国家要维持自己的尊严，和以上任何一个衙门进行联系都是有困难的"②。他又提出将美国公文"投于内阁与军机大臣收传，未知合乎"③？耆英在 6 月 30 日的照会中对此予以驳斥。他一方面强调中国本来没有接待外国的官职，自五口通商以后，才派钦差大臣担任这一职务；另一方面极力说明钦差大臣和各省督抚的地位极其显要，并不低于部院官员。总督兼任兵部尚书、都察院右都御史，都是一品官阶，有的还兼任内阁大学士。他自己就曾先后任礼、工、户等部尚书，由两江总督调任两广总督，官职不在内阁成员之下。他激动地指责顾盛："大皇帝因本大臣于各国情形略能通晓，且亦为各国之所不弃，是以畀本大臣独任此职。今贵国舍专设之大臣不与公文往来，而转求京中部院衙门交涉共事，是视本大臣为不足与往来矣。"④

　　鉴于耆英的坚决反对以及清政府的确没有专设的外交机构这一事实，也由于英国亦没有和清廷建立直接联系，顾盛最终接受了耆英的意见，同意以后美国公文可由钦差大臣或两广、闽浙、两江总督接收，再传递到京，这一内容载入中美《望厦条约》第三十一款。

　　中美条约交涉中，还有几项内容是清政府特别关注的，即美国公民聘请华民教习汉语、采买书籍，在五口建设礼拜堂和墓地，开设医院。外国人聘请华民教授汉语、购买中文书籍，一向被视为禁令，清政府担心因此而发生华夷勾结的事件，危害其统治。此次，耆英也曾力驳，但在美方的强烈要求

---

　　① 《顾盛和中华帝国官员会晤记录》，乔明顺：《中美关系第一页——1844 年〈望厦条约〉签订的前前后后》，第 213 页。

　　② 《顾盛致美国代理国务卿约翰·纳尔逊函》，乔明顺：《中美关系第一页——1844 年〈望厦条约〉签订的前前后后》，第 217 页。

　　③ 乔明顺：《中美关系第一页——1844 年〈望厦条约〉签订的前前后后》，第 137 页。

　　④ 《耆英致顾盛函》，道光二十四年五月十五日，台北"中研院"近代史研究所编印：《中美关系史料（嘉庆、道光、咸丰朝）》，第 48 页。

下，考虑到中外通商以来，通事、文书等与外夷往来者，不乏其人，各国也曾采买字典等汉语书籍，将其翻译成外文，因而"如其所请"。军机处在审核条约时，同意了他这一做法，但认为要进一步加强管理，以杜流弊，应将聘请之人的姓名、年龄、家属、住址呈明地方官，造册备案，外人所购书籍，亦应"另立簿册"，登记书名、价格，送交官府查核①。

　　至于在五口建立礼拜堂、开辟墓地、开设医院的内容原为美国草约中所无，是伯驾、裨治文等人为谋取职业便利提出的。伯驾是美国新教传教士，1834 年来到广州，因开设眼科医院而知名，与耆英、黄恩彤、潘仕成是旧相识，耆英还曾请他医治眼疾。耆英等人对伯驾极为信任，黄恩彤称其"治病辄愈，药不索直，人皆爱之"②。因此，开设医院的要求毫无阻力地被中方接受。但传教和丧葬对中国传统习俗构成很大冲击，耆英等驳斥不准。顾盛以葡萄牙在澳门租地、英国割占香港岛为词，指责中方不准美国民人"租地建设，实属向隅"。耆英订约的原则是"一视同仁"，因而答应了美方的要求，但向其申明，在租地时必须"由中国地方官会勘地基"，公平租建，"不得强租硬占"。耆英的想法是，如果中国民众不肯租地给美国人，则美国人也无从借口③。清廷对此亦有顾虑，穆彰阿等人审核条约时，虽表示此议可以"通融照办"，但强调应设法令华民"不得转相传习，务使沿海居民，晓然于夷言之不可效，夷礼之不可行"，以免扰乱风俗人心④。后来，伯驾在日记中写道，在五个通商口岸建立医院及礼拜堂，是通过《望厦条约》"所获得的重要硕果之一"⑤。

　　1844 年 7 月 3 日下午，中美《五口贸易章程：海关税则》终于签字落定。由于这个条约签订于望厦村，所以称为《望厦条约》。与此同时，顾盛将总统的国书交给了耆英。顾盛完成了自己的使命，耆英心里的一块石头也

　　① 《耆英又奏与美使商定条约三十四款折》，道光二十四年六月十四日，《穆彰阿等奏复议耆英所定美利坚国贸易条约折》，道光二十四年七月初二日，齐思和等整理：《筹办夷务始末·道光朝》六，第 2844、2849 页。

　　② 黄恩彤：《抚远纪略》，齐思和等编：《鸦片战争》五，第 428 页。

　　③ 《耆英又奏与美使商定条约三十四款折》，道光二十四年六月十四日，齐思和等整理：《筹办夷务始末·道光朝》六，第 2844 页。

　　④ 《穆彰阿等奏复议耆英所定美利坚国贸易条约折》，道光二十四年七月初二日，齐思和等整理：《筹办夷务始末·道光朝》六，第 2850 页。

　　⑤ ［美］爱德华·V. 吉利克著、董少新译：《伯驾与中国的开放》，第 113 页。

落了地，他在给朝廷的奏折中写道，"其国书一日未缴，则夷情一日未定，即使条约均有成言，是否北驶，仍无把握。现据该夷使将国书呈出，求为代奏，则其不复希冀进京，已属毫无疑义"①。

通过《望厦条约》，美国实现了与中国建立条约关系的目标，获得了英国攫取的各项在华条约特权，如五口通商、自由贸易、领事裁判权、片面协定关税权、片面最惠国待遇等等。从条约关系建立的过程来看，中美之间虽也有矛盾冲突，虽也经历了一番折冲，但远不如英国持久而激烈。由于复杂的国内国际原因，美国此时未像英国一样采取对华炮舰政策，未以武力逼签条约，而是奉行"'搭便车'外交或称'狗腿子'外交，抓住由其他西方国家用大炮创造的机会来扩大贸易和传教事业"②。通过这种方式，英国以武力攫取的条约特权，"不费吹灰之力就被美国人坐享其成了"③。

从内容上看，由于中美《望厦条约》以中英《南京条约》及其附约为蓝本，因而其主体内容只是中英条约的翻版。正如顾维钧所言，顾盛筹拟的约稿，"实深得参考璞鼎查所订条约原文之利益"④。但《望厦条约》又发展了条约特权，更进一步扩展和完善了这一不平等的新关系⑤，它获取了军舰在五口间游弋、美国商人转口贸易免重征税的便利，并获得了在通商五口建立教堂、墓地和开设医院的权利等，尤其在领事裁判权和片面协定关税权方面，中美《望厦条约》较中英条约更为完整、严密。关于领事裁判权，《望厦条约》比中英《五口通商附粘善后条款》作了更明确和具体的规定。中英《五口通商附粘善后条款》没有区分民事和刑事案件，表述较为含混。《望厦条约》则民刑分明，清晰具体。对于刑事案件，该条约规定："嗣后中国民人与合众国民人有争斗、词讼、交涉事件，中国民人由中国地方官捉拿审讯，照中国例治罪；合众国民人由领事等官捉拿审讯，照本国例治罪；但须

---

①《耆英奏美使呈出国书停止北上折》，道光二十四年六月十四日，齐思和等整理：《筹办夷务始末·道光朝》六，第2841页。

②［美］托马斯·G. 帕特森等著、李庆余译：《美国外交政策》，中国社会科学出版社，1989年，第220页。

③［美］泰勒·丹涅特著、姚曾廙译：《美国人在东亚——十九世纪美国对中国、日本和朝鲜政策的批判的研究》，第141页。

④ 顾维钧：《外人在华之地位》，南京宪兵书局，1936年，第106—107页。

⑤ 李育民：《从"搭便车"到"门户开放"——晚清时期中美条约关系的演变》，《中外条约与近代中国国际学术研讨会论文集》，2017年10月。

两得其平，秉公断结，不得各存偏护，致启争端。"对于民事案件，规定："倘遇有中国人与合众国人因事相争不能以和平调处者，即须两国官员查明，公议察夺。"条约对外国人之间的案件亦有规定："合众国民人在中国各港口，自因财产涉讼，由本国领事等官讯明办理；若合众国民人在中国与别国贸易之人因事争论者，应听两造查照各本国所立条约办理，中国官员均不得过问。"① 这些规定比中英条约中的相关条款大大进了一步。可以说，正是由于中美《望厦条约》对领事裁判权的扩展，领事裁判权才具有了较为完整的意义，这一特权制度也才有了基本的雏形。因此，"把《望厦条约》视为领事裁判权制度在中国起源的一个环节，是符合历史实际的"②。关于片面协定关税，中英《南京条约》规定"秉公议定则例"，究竟由什么人议定并不明确，因而还不能解释为中国方面完全放弃关税自主权；中美《望厦条约》则规定税则变更须经美国"议允"，严格地说，这一条款才是真正剥夺中国关税主权的开始。随后，中法《黄埔条约》，中国与瑞典、挪威签订的《五口通商章程》均作了与《望厦条约》类似的规定。此外，中美《望厦条约》首先作出了 12 年修约的规定，为列强后来借修约之名要挟清政府让与新的特权，提供了条约依据。

可见，美国在获取英国既得利益的同时，又进一步完善、充实了条约特权。顾盛曾不无得意地说："美国及其他国家，必须感谢英国，因为它订立了的《南京条约》，开放了中国门户。但现在，英国和其他国家，也须感谢美国，因为，我们将这门户开放得更宽阔了。"③ 美国学者亦肯定了《望厦条约》对列强在华扩张和改变中国国际秩序的重要性，认为，"作为经营贸易的基础来说，美国条约比享利·璞鼎查爵士所缔结的各协定要高明得多；而且如此的高明，以致它立即变成为几个星期之后议定的法国条约取法的典型，也变成为一八四七年三月二十九日签订的对挪威和瑞典条约的蓝本。美国条约中高明的规定也随即赢得英国人的承认，并且大加利用。诚然，顾盛

---

① 中美《五口贸易章程：海关税则》，道光二十四年五月十八日，王铁崖编：《中外旧约章汇编》第 1 册，第 54—55 页。

② 李育民：《晚清中外条约关系研究》，第 672 页。

③ 卿汝楫：《美国侵华史》第 1 卷，生活·读书·新知三联书店，1952 年，第 79 页。

的条约已经变成为中国国际关系的基础，直到一八五六年才为天津条约所代替"①。以往还有学者注意到，中美《望厦条约》中最早出现了关于鸦片问题的条款，规定："合众国民人凡有擅自向别处不开关之港口私行贸易及走私漏税，或携带鸦片及别项违禁货物至中国者，听中国地方官自行办理治罪，合众国官民均不得稍有袒护；若别国船只冒合众国旗号做不法贸易者，合众国自应设法禁止。"② 顾盛提出这一条款，只是为了在表面上对中国保持友好的态度，实际上美国并没有有效地执行，只不过是一纸空文③，而且由于治外法权的存在，违禁的美国商人也为领事所庇护。

在建立对华条约关系的过程中，美国不仅扩展了条约特权的内容，而且在理论上亦做出了重要"贡献"，为违背国际公正的不平等条约提出了所谓的"依据"。顾盛来华时并未受命订立领事裁判权条款，然而他却违令攫取了这一特权。事后，为了给自己的行为辩护，顾盛在给国务卿卡尔霍恩的长篇报告中特地就领事裁判权问题予以说明，竭力证明它适用于中国的"得当"。他扬言，国际法仅仅"只是基督教世界的"，"外国人以及臣民应服从当局的刑事和在许多方面的民事裁判权"这一国际法则是"基督教世界占优势的高级文明和因而产生的尊重个人权利的结果和证明"；相反，在非基督教的国家里，"没有一个基督教徒感到服从当地当局是安全的"，因而"普遍的事实是，基督教徒被免予当地的裁判"。在条约时代以前，"允许基督教国家的外国人豁免当地裁判权这种习惯做法"已具有普遍性，然而应当由条约予以确认，"使这样一种习惯做法成为国际法的一部分"。就中国来看，"符合我们的国际法的那些东西，似乎在中国都没有得到承认和理解"。但中国亦有"高度文明"，因此不能以"不应该服从野蛮政府的地方裁判权，裁判权问题取决于国家是否是一个文明国家"作为理由，在中国建立领事裁判权制度。应该抱有这样的信念："合众国不应该在任何情况下承认任何外国对

① ［美］泰勒·丹涅特著、姚曾廙译：《美国人在东亚——十九世纪美国对中国、日本和朝鲜政策的批判的研究》，第142页。

② 中美《五口贸易章程：海关税则》，道光二十四年五月十八日，王铁崖编：《中外旧约章汇编》第 1 册，第 56 页。

③ ［美］爱德华·V. 吉利克著、董少新译：《伯驾与中国的开放》，第 113 页。

合众国的任何公民的生命和自由的裁判权，除非这个外国是属于我们自己的国际大家庭———一句话，是一个基督教国家。"因为"基督教世界的国家是由那些赋予相互的权利并规定互惠义务的条约联系在一起的，它们承认由于共同的同意而在它们当中得到公认的被称为国际法的某些准则的惯例的权威"，而基督教世界以外的国家则不同，"他们和我们之间没有共同思想，没有共同的国际法，没有相互的调停，只是在当前这一代，条约（其中大多数是靠武力，或恐怖强加给他们的）才开始将众多的穆斯林和异教徒的政府列入与基督教世界进行初期的和平交往的状态"。在顾盛看来，"把合众国公民的生命和自由委托给这种性质的任何一个政府，都是不安全的"，中国这样的国家没有资格主张属地主权原则，这是公认的国际法原则，而不是要中国让与的问题，从中国攫取领事裁判权，是符合中国的惯例和国际法的[1]。顾盛的辩解是明显的强权理论。清末时顾维钧曾在其博士论文中批驳顾盛的谬论，指出："其所据以立论之前题，虽对于欧洲与近东，因熟悉两处情形，自属确切，而对于中国，殊属不然"，"中国并不以宗教之信仰为人权之标准，不论何种之教徒，悉受同一法律之保护，统治于一尊之下，简言之，其因回教各国法律以宗教为基础，致有外人不归地方管辖之必要者，中国素无此情形"，顾盛"其意不过为自己辩护"[2]。美国学者威罗贝赞同顾维钧的意见，公开表示顾盛的解释显然是错误的，领事裁判权的法律依据是中国和西方国家订立的条约，"这些条约产生了这些权利，而并非只是承认从别处产生的权利"[3]。然而。尽管顾盛的理论站不住脚，它却成了列强将不平等条约强加给中国的基本理由，这不能不说是美国的一大"贡献"。

值得注意的是，在谋求条约特权的过程中，美国不仅采取"搭便车"的策略，而且始终将片面最惠国待遇作为中美条约关系的根本原则和基础。片面最惠国待遇是美国最为注重的条款，居于《望厦条约》的首要位置。美国总统泰勒声称，"从该条约可以看出，为此目的而由国会授权的特别使团，

---

① 《顾盛给国务卿卡尔霍恩的报告》，阎广耀、方生选译：《美国对华政策文件选编（从鸦片战争到第一次世界大战）》，第 45—57 页。

② 顾维钧：《外人在华之地位》，第 114—115 页。

③ ［美］威罗贝著、王绍坊译：《外人在华特权与利益》，生活·读书·新知三联书店，1957 年，第 344 页。

迄今已经胜利完成为它规定的伟大任务，并使我们在与中国的关系中处于一种显然有利于合众国的商业和其他利益的新地位"[1]。片面最惠国待遇作为美国处理对华条约关系的准则，后来随着形势的变化有了新的发展。第二次鸦片战争后，围绕这一准则，美国确立了与其他在华列强的政治经济关系以及相应的策略方针，提出了与片面最惠国待遇一脉相承的"合作政策"和"门户开放"政策。

第三节　中法不平等条约关系的开端

第一次鸦片战争后，法国亦遣使来华，效法英、美与中国建立了不平等条约关系，攫取了大量条约特权，并获得清政府开禁天主教的承诺。

一、　法国与华缔约的企图

法国是较早与中国交往的西方国家之一。据中国史书记载，早在 17 世纪初年，一些法国传教士就相继来到中国，康熙年间尤甚。17 世纪末年，法国开始了对华贸易，中国的瓷器、丝绸等在法国社会备受追捧，并在 18 世纪掀起了一场"中国热"。但是，18 世纪后期，法国大革命爆发后，中法贸易几乎中断，1802 年法国关闭了在广州的领事馆。此后，法国国内政治动荡：1815 年，拿破仑倒台以后，波旁王朝复辟；1830 年，封建王朝再次被革命风暴摧毁，金融资产阶级建立七月王朝。这期间，法国无心关注远东局势，和中国的贸易亦微乎其微。

法国重新萌发对中国的兴趣是在第一次鸦片战争的时候。1841 年，法国政府得知中英战争和谈判的情况后，担心在列强对远东的争夺中丧失时机，于是派遣两艘军舰赴中国搜集情报，并指派真盛意为国王特使，"查明东印度群岛和中国的现状……特别是从中英、中美及中俄关系方面研究中国问题"[2]。

---

① 《泰勒总统就〈望厦条约〉后美国在华特权问题给国会的咨文》，阎广耀、方生选译：《美国对华政策文件选编（从鸦片战争到第一次世界大战）》，第 64—65 页。

② ［法］卫青心著、黄庆华译：《法国对华传教政策》上卷，中国社会科学出版社，1991 年，第 165 页。

　　清政府当时为战争所困，希望能够"以夷制夷"，让法国人从中调解，因此，靖逆将军奕山、两广总督祁𡎚等人曾秘密会见法国舰长士思利和特使真盛意。从会谈情况看，法国实际上充当了英国的帮凶。1842 年 2 月 4 日，士思利在与奕山等人的秘密会谈中扬言中国不可能战胜英国，并建议中国尽早求和。1842 年 3 月 20 日，当中国官员就与英国缔约一事请真盛意进行调解时，真盛意提出的条件是：1. 将香港永久割让给英国；2. 英国目前占据的其他地方归还给中国；3. 为一切友好国家的商船开放中国的几处主要港口，制定海关税则，取缔行商；4. 英国及各国公使应居住北京，在中国各开放口岸设立领事机构；5. 向英国支付一定数量的战争赔款；6. 就没收鸦片一案，赔偿英国的经济损失；7. 解决鸦片输入问题①。这样的条件，中国官员是不可能同意的，而且会谈之后，奕山等人也看清了法国的真面目，在奏折中写道："察其行事，似英逆新与连和，佛夷思于中取利，又思分地，故为之居间。夷情诡谲多端，该兵头虽阳为恭顺，焉知不藉探内地虚实，另生事端。"②

　　鸦片战争后，法国政府任命拉地蒙冬为驻广州法国领事，拉地蒙冬抵达中国前，真盛意企图以中英《南京条约》为基础与中国签订一项贸易协定。1843 年 7 月 5 日，他派实习领事沙厘将拟好的协议交给钦差大臣耆英，其内容如下③：

　　　1. 法中之间的永恒友谊；双方互相保护对方的臣民；

　　　2. 双方官员实行同级直接交往而无需中介；

　　　3. 双方享受对方在税赋上的国民待遇；

　　　4. 中国进口的法国商品，无论其原产地及由何船只运载，它们将按照最近规定的税率缴付关税；

　　　5. 由法国船只运载的中国出口商品，将按照最近规定的税率缴付关税；

---

① ［法］卫青心著、黄庆华译：《法国对华传教政策》上卷，第 169—170 页。
② 《奕山等又奏法兰西兵头嘎𠲽哷尔等来省求为英人讲和情形片》，道光二十二年三月初三日，齐思和等整理：《筹办夷务始末·道光朝》四，第 1717—1718 页。
③ ［法］加略利著、谢海涛译：《1844 年法国使华团外交活动日记》，广西师范大学出版社，2013 年，第 35—36 页。

6. 对呢绒、美利奴毛料、羽纱、钟表、金丝以及各类巴黎特产，所征收之税额为其总价的 3%；

7. 出口到法国的丝线（生丝除外）和丝织品，无论其品种，将执行旧有的税率，南京和广东的生丝，将执行新的税率；

8. 船舶吨位费、引水费和关税将依照新规执行；

9. 只有当法国领事确认后，才可对法国货物征收关税；

10. 当本协议得到法中两国皇帝同意后，双方的全权大使将在广州交换被批准的原本；

11. 双方约定在 1 年内得到各自皇帝对本协议的批准；

12. 本协议的有效期为 10 年，自批准日起计；到期可以顺延——如果双方届时无异议；

13. 如果发生有违本协议某些条款的现象，法国领事将提出申诉，然后按照当地法律进行裁决；

14. 在本协议生效之前，法国人将在中国享有英国人近期得到的所有优待；

15. 秘密。法国船只所运载到中国的一切武器和弹药，将豁免所有税项。

拉地蒙冬到澳门后，与真盛意和沙厘产生矛盾，于是径自前往广州，告诉广东当局，真盛意是个假冒的领事，沙厘已被法国政府革职。广东当局因此而搁置了真盛意递交的协议，法国方面也未批准这个协议，因为真盛意只是被派去中国了解情况并向法国政府报告，并没有同中国政府谈判签约的资格。

当然，这并不是说法国政府对与中国缔约不感兴趣，相反中英条约的签订使法国也产生了与中国签订条约，建立外交关系的强烈愿望。法国预感到中国及其邻邦将会成为列强争权夺利的战场，它渴望分享英国人在中国获得的商业利益和政治利益，唯恐在这场争夺中落后。此时的法国，工业革命已经起步，但由于封建残余和小农经济的阻碍，国内市场狭小，在拿破仑战争期间，又失去了大片海外殖民地。开拓海外市场是工商界的强烈呼声。当中英《南京条约》开放五口的消息传到法国后，法国工商界立刻向政府请愿，呼吁同中国建立外交关系，扩大对华贸易。巴黎商会和远东地区总领事巴罗都向政府提出了派遣使团赴华的建议，巴罗甚至强调，要"大造声势，给中国人和中国政府一个深刻的印象"，同时消除英国的影响①。

内阁总理基佐非常支持遣使赴华的建议，他在众议院演讲时说："这次出访是必须的，尽管英国政府为所有欧洲人争取到可以分享他们自己所得到好处的权利，尽管它使得中国政府在文件中写明，所有欧洲人都可以进入那仅有的五个对外开放口岸进行贸易活动，但是，我们并没有和中国政府签订任何可以保证上述待遇的条约或者文件，我们所有的，只是一个极其不可靠的、可能在将来任何时候被废除的皇帝指令。英国人有和中国人签署的正式条约，我们也要获得同样的，以便使我们的贸易能够安全地在一条崭新的道路上发展。"②

1843年4月23日，基佐向国王路易·菲力普呈递了关于派遣外交使团到中国的长篇报告。当天，国王参政院就通过了这份报告，并随即颁布诏书，任命原法国驻雅典全权公使拉萼尼为国王特使和全权公使，前往中国交涉有关事务。1843年11月9日，法国政府向拉萼尼颁发了训令，其内容主要有四：1. 在不能确保顺利受到中国政府的接待之前以及在遭受拒绝或遇到无法接受的礼仪的情况下，不得使用高级外交官官衔；2. 在英中《南京条约》的基础上谈判和缔结一项"和好、通商和通航条约"；3. 请求中国政府允许法国战舰在通商口岸停泊，以维护中国人同外国人的和睦关系；4. 拉萼尼应与使团成员共同制定一项有关中法工农业产品贸易的计划。此外，外交部长还附上了一段秘密按语，意思是法国不像葡萄牙、英国和西班牙一样，在远东有自己的海军基地，为了弥补这一不足，拉萼尼应该为活动在中国海域的法国海军寻找一处可靠的避风港，作为海军基地或者提供给养的地方，但这个地方"一定要在中华帝国的边境以外"③。也就是说，法国并没有割占中国领土的打算，这是因为法国政府不愿像英国一样，为此而同中国发生战

---

① ［法］卫青心著、黄庆华译：《法国对华传教政策》上卷，第247页。
② ［法］加略利著、谢海涛译：《1844年法国使华团外交活动日记》，第18页。
③ ［法］卫青心著、黄庆华译：《法国对华传教政策》上卷，第247—248页。

争，他想要的主要是一项对法国有利且不弱于英国的贸易条约，以及在外交地位上得到中国的平等对待和尊重。法国政府对英国马戛尔尼使团和阿美士德使团在中国的遭遇早有所闻，无法接受中国朝廷"奴颜婢膝"的习俗要求，为了避免礼仪争端，法国政府给使团的指示是不去北京，除非出现预料之外的事情，非去不可。它要求和英国一样，由中国政府派遣钦差大臣到法国使团所在地进行谈判和签约①。

二、 中法条约的交涉与签订

1843 年 12 月 12 日，拉萼尼使团从法国布雷斯启程。政府同时还派出了由商界代表组成的商业考察团，跟随使团赴华。拉萼尼前往中国途中，1844 年 2 月，士思利舰长曾照会两广总督祁埙，提出缔结一项法中盟约，并要求中国政府派遣年轻人到法国学习，以及派使团赴法，搜集有关海军和工业生产方面的情报。士思利实际上是想以结盟为借口占领中国一处港口，作为法国海军基地。这一企图因中国的拒绝而未得逞。

1844 年 8 月 15 日，拉萼尼率领 8 艘舰艇到达澳门。法国使团到达时，美国使团尚未离开，拉萼尼派人向顾盛询问了谈判细节，诸如美国大使在条约序文中使用的头衔、会面时的礼节、往来书信的称呼等。顾盛希望法国使团能够就安全责任问题取得中国政府的同意，并向法国使团提供了《南京条约》抄件。后来，耆英在谈判前亦派人给法国大使送了中英和中美条约抄件，甚至包括海关税则和中美谈判通信。所以，法国相对于英、美两国，准备尤其充分，中法双方在条约谈判过程中的争议也相对较少。

中法条约交涉一个最重要的特点是始终交织着关于解禁天主教问题的谈判，且对双方条约谈判的进程和最终协议的达成构成相当大的影响。法国提出天主教解禁问题的原因主要有以下几个：

其一，19 世纪上半叶欧洲天主教复兴计划的实施以及天主教在华传播的困境。

16 世纪欧洲宗教改革期间，法国爆发了天主教集团与新教集团的战争，

---

① ［法］加略利著、谢海涛译：《1844 年法国使华团外交活动日记》，第 17 页。

史称"胡格诺战争"。战争的结果,新教的合法地位虽然得到承认,但天主教集团却取得了最后的胜利,掌握了政权。所以,当欧洲其他国家开始转变为新教国家的时候,法国却成为了天主教的阵地,被人称为"天主教的长女"。在天主教对外传播的过程中,法国立下了汗马功劳。

17 世纪法国传教士开始了在中国的传教事业,尤以法国耶稣会士居多。康熙年间,他们受到中国皇帝的格外优待,但是由于中国和西方风俗习惯的差异,教会内部产生了是否允许中国教徒祭祖祭孔的礼仪之争。在华耶稣会士都允许中国教徒遵行本民族的传统礼仪,但其他传教士,如多明我会传教士、方济各会传教士等却将其视为偶像崇拜活动而予以反对,并向罗马教廷报告,请求裁决。除了教皇亚历山大七世在 1656 年颁令准行中国礼仪外,17 世纪中叶到 18 世纪上半叶,历任罗马教皇都斥责和禁行中国礼仪。这不仅造成了教会内部的分裂,而且引起了中国皇帝的愤怒,也激发了中外民众在信仰上的矛盾,那些不尊重中国习惯和传统的欧洲传教士和中国基督教徒受到了中国人的仇恨和蔑视。

1723 年,雍正皇帝颁布谕令,驱逐各省所有传教士,将他们遣送澳门。乾隆初年,虽然皇帝对朝廷内的传教士比较友好,但地方督抚却采取敌视态度。与此同时,在欧洲,耶稣会士也遭遇困境。1773 年 7 月教宗格勒孟十四世颁布敕谕,宣布取缔耶稣会。耶稣会被取缔后,欧洲传闻中国皇帝将颁布弛教令,1782 年起,各国纷纷派遣大批传教士到中国。1783 年,在法国国王路易十六的请求下,罗马教廷批准由法国遣使会接管原来耶稣会士在北京开创的传教事业。而当他们到达中国的时候,1784 年中国爆发回民起义,清政府担心欧洲传教士与反叛者串通一气,下达了更严厉的禁教令。许多进入中国内地的传教士被逮捕,甚至有的死在狱中。1785 年,乾隆皇帝大发慈悲,下令释放欧洲传教士,但信奉基督教的中国民众被冠以"串通外夷"的罪名,流放边疆。

1796 年,发生白莲教起义,这是清代中期规模最大的一次农民起义,前后延续 9 年之久。1813 年又发生天理教暴乱。这些民间宗教组织聚众起义,遭到清政府明令禁止。基督教也受到了牵连,人们对基督教的误解和仇恨更深。天主教的礼拜仪式、圣像、圣牌、圣水都被说成是巫术和迷信；传教士听女教徒忏悔被怀疑是引诱妇女，给人施终傅礼被讹传为挖人的眼睛。

1805 年的德天赐事件也恶化了欧洲传教士在中国的处境。该年北京的葡萄牙和意大利传教士发生内部冲突，意大利传教士德天赐绘制了一幅地图寄给罗马教廷，请予裁判。但清政府禁止外国人私自投递书信，结果该信在送往澳门途中被截获，德天赐被判终身流放热河，受牵连的其他欧洲传教士和中国教徒也受到惩罚。清政府当时主要是怀疑德天赐向英国人或者俄国人递送情报。为了避免发生类似的事情，嘉庆帝下达了禁教令，禁止在中国传播基督教，违者严惩。欧洲传教士在中国的事业遭到致命的打击。

道光帝上台以后，仍然严格执行禁教令。1821 年，清政府在《大清律例》中增添了禁止基督教的条款，规定："西洋人有在内地传习天主教，私自刊刻经卷，倡立讲会，蛊惑多人，及旗民人等向西洋人转为传习，并私立名号煽惑及众，确有实据，为首者，拟绞立决。其传教煽惑，而人数不多亦无名号者，拟绞监候。仅止听从入教不知悛改者，改发回城给大小伯克及力能管束之回子为奴。旗人销除旗档。如有妄布邪言关系重大，或符咒蛊惑诱污妇女，并诳取病人目睛等情，仍临时酌量各从其重者论。如能悔悟赴官首明出教，及被获到官情愿出教，当堂跨越十字木架真心改悔者，概免治罪。倘始终执迷不悟，即照例问拟，并严禁西洋人不许在内地置买产业。其失察西洋人潜住境内，并传教惑众之该管文武各官，交部议处。"[①] 西方传教士被清政府视为"密探、走私犯和危险人物"，宣扬"假"宗教，扰乱社会治安。除了在北京供职的传教士外，其他传教士被禁止在中国居留。"中国当局严惩无视法律、通过不正当途径潜入帝国内地和非法在帝国境内逗留的传教士。"[②] 鸦片战争爆发以后，在华天主教传教士的处境更加恶化。1840 年，道光帝颁布圣谕，重申了 1811 年嘉庆帝制定的律令，严惩国内一切教徒，一些外国传教士被指控参与了英国对华战争的阴谋，被捕入狱。

而 19 世纪初的欧洲，在法国革命的动荡基本结束之时，1814 年 8 月，

---

① 上海大学法学院、上海市政法管理干部学院编，张荣铮等点校：《大清律例》，天津古籍出版社，1993 年，第 282 页。

② ［法］卫青心著、黄庆华译：《法国对华传教政策》上卷，第 85 页。

罗马教皇颁布敕书，恢复了耶稣会的地位。波旁王朝复辟以后，在革命期间遭受巨大打击的天主教会开始了复兴和改革计划。1831 年教皇格列高利十六世即位，他决定恢复在中国的传教，派其好友罗类思前往中国。作为"天主教长女"的法国自然会在欧洲战后海外传教事业的振兴中发挥重要作用。19 世纪，法国传教士充当了法国殖民扩张的先锋，他们"开辟的不仅是一条精神和政治道路，而且也是一条经济和贸易扩张的道路"①。

1843 年，当法国准备派使团访华时，教会希望法国政府能够为其复兴计划贡献一份力量。拉萼尼动身以前，巴黎外方传教会会长朗格卢瓦曾赠送他《传教年鉴》和《中国及东印度群岛传教书简新编》，并希望他在可能的情况下尽力关心传教士。罗马教廷驻巴黎大使还向拉萼尼引见了罗马传信部将派往中国的 6 名法国耶稣会士，法国政府同意他们随使团前往中国。

与此同时，在华传教士和法国国内的传教士都发出了为中国教徒赢取信仰自由的呼吁。1843 年身在河南的遣使会传教士安若望向巴黎总会司库艾蒂安抱怨法国政府对在华传教士漠不关心，"法国经常插手一些无关紧要的外国事务"，"然而，当基督教日益深入人心的时候，我认为，为那些受压迫的人争取倾听福音和虔诚信教的自由才是最正当的举动"。拉萼尼到达澳门后，法国传教士都对他抱以热烈的期待。罗类思以中国教徒的名义给他写了一封长信，称他为"救星"，希望通过法国大使的交涉，能使他们的命运得到明显改变，能够获得传教的自由②。

其二，法国扩大在华特权的利益驱动。

拉萼尼所奉训令中并没有要求解禁天主教的内容，这并非法国政府无视传教士们要求，在拉萼尼动身前，法国政府曾就此问题进行过深入研究，但是要求中国政府允许其臣民自由信奉天主教，这是对他国思想文化政策的干预。法国政府认为，中国政府是很难接受这个要求的，而且很可能对法国实现与中国缔结通商条约的目的不利，所以没有让使团实施插手中国教务的计划。

---

① ［法］卫青心著、黄庆华译：《法国对华传教政策》上卷，第 321 页。
② ［法］卫青心著、黄庆华译：《法国对华传教政策》上卷，第 325、327 页。

但是，作为全权大使的拉萼尼企图为法国获取英、美两国之外的其他特权。拉萼尼仔细研究了中英和中美条约，以及真盛意曾经拟订的协议。他认为，真盛意的协议"不过是小里小气地把英国人所得到的好处照抄了一遍"，其条款与英国条约相关无几，找不到任何对他有用的东西①，而美国条约则已经相当完善。他表示，法国想要的商业条约，"已经是现成的，它已经被美国人拿到了"，他看不出还能向中国要求什么②。为了不显出法国是步美国人后尘，拉萼尼决定改变美国条约中的一些用词，并借用真盛意提出的互惠条款，让中国政府派使者到法国去。但是，他觉得，这些还不够，法国需要得到其他东西，"才能解释政府派出这个使团的必要性以及它所引起的巨大开销"。既然商业方面已经没什么要求好提，于是他认为，他必须要得到些道德方面的"在法国引起巨大反响"的东西，这就是得到设立学校和福利机构的许可，废除中国对天主教信仰的禁令③。拉萼尼最渴望的就是解除天主教禁令，让中国政府自发地宣布"大部分法国人所信仰的宗教，是一种良好的宗教，中国人可以——如果愿意的话——自由地信仰它"。在他看来，如果能实现这个目标，将是一个巨大的成功，是"一次奇迹般的胜利"，它将使法国使团在思想道德上的成果胜过英国人和美国人所得到的一切④。

其三，拉萼尼个人因素的影响。

拉萼尼是一位忠实的天主教教徒，关心天主教的海外事业。在前往中国途中，拉萼尼一直与随行的耶稣会士葛必达等人讨论中国传教问题。葛必达向他灌输的思想是："只有要求信教自由，才能取得传教的自由。我们所有传教士都对此坚信不疑。"⑤从后来中法交涉的情况看，拉萼尼显然完全接受了这种思想。

1844年9月5日，拉萼尼和使团成员开始拟订条约草案。除了和英、美类似的商业特权以外，拉萼尼另外写下了几款准备提出的要求，包括：1. 在

① ［法］加略利著、谢海涛译：《1844年法国使华团外交活动日记》，第36—37页。
② ［法］加略利著、谢海涛译：《1844年法国使华团外交活动日记》，第88页。
③ ［法］加略利著、谢海涛译：《1844年法国使华团外交活动日记》，第88页。
④ ［法］加略利著、谢海涛译：《1844年法国使华团外交活动日记》，第191页。
⑤ ［法］卫青心著、黄庆华译：《法国对华传教政策》上卷，第326页。

北京设立一所法国学校，以及在法国设立一所对等的中国学校；2. 允许法国人自由学习中文和教授法文；3. 获得在中国设立福利机构的权力；4. 对天主教的宽容。在他看来，这几项将是条约中最困难和最重要的部分。关于派遣中国使团赴法一事，他准备提出来，但不载入条约①。此后半个月中，拉萼尼和使团成员反复讨论、修改条约草案，至 9 月 20 日基本定稿。9 月 29 日，拉萼尼从美方得到一份英文版的中美条约，发现以前对这一条约的理解有误，于是再次修改草案。10 月 4 日，在使团翻译加略利的建议下，草案加入一条：外国人在中国受到攻击或抢劫，中国政府有义务镇压，并对所造成的损失承担某种责任。加略利的理由是：在这个被严格控制的国家，暴民攻击或抢劫外国人，官府不可能不知情，这种事情的发生，应该是得到了官府的支持或者怂恿②。这一意见得到了拉萼尼的认可。法方最终拟订的条约草案一共 36 款，不包括拉萼尼另外提出的 4 项要求，这 4 项他不准备列入条约，也不准备让中国割让岛屿。

中国方面，清政府的政策依然是"抚驭外夷，一视同仁，断不使彼此稍分厚薄，致启争端"③。9 月 22 日，耆英命潘仕成给法方送去了一份美国条约，以及他请求皇帝批准条约的奏折抄件，告诉法国大使，希望两国能够永远和平共处，并且可以用一个类似于美国条约的协定，将"两国之间的友好关系表现出来"，前提是"不添加任何新的条款"④。后来，中方还应法方要求，向其提供了中英、中美谈判的全部文件。

耆英等人唯恐法国大使和美国大使一样要求进京。拉萼尼一到澳门，耆英就派潘仕成等前往侦探，向法国传教士也是后来法国使团的翻译加略利打听。加略利说，法国还有兵船未到，"俟到齐后，驶赴天津，欲求进京朝见"⑤。耆英格外紧张。虽然后来拉萼尼的信中并未提及此事，但耆英一直小心防备。8 月 31 日，拉萼尼在给耆英的第二封信中提出会面问题，耆英担心

①　〔法〕加略利著、谢海涛译：《1844 年法国使华团外交活动日记》，第 107 页。
②　〔法〕加略利著、谢海涛译：《1844 年法国使华团外交活动日记》，第 200 页。
③　《廷寄》，道光二十四年八月初六日，齐思和等整理：《筹办夷务始末·道光朝》六，第 2862 页。
④　〔法〕加略利著、谢海涛译：《1844 年法国使华团外交活动日记》，第 150 页。
⑤　《耆英又奏法使喇萼呢到粤与之订期会晤片》，道光二十四年八月初六日，齐思和等整理：《筹办夷务始末·道光朝》六，第 2860 页。

法国公使因要求得不到满足而北上，难于控制，于是以秋祭、皇帝生日和举行科举考试为由，故意拖延时间，希望等到风向转变，法国军舰不能北上之后，再"相机驾驭"①。9 月 29 日，即拉萼尼发出会谈邀请近一个月以后，耆英才抵达澳门，下榻观音庙，随后与拉萼尼进行了互访。

10 月 5 日的会晤中，拉萼尼力图劝说中国跟法国结盟。他说，"外国人需要中国的茶叶和其他商品，而中国人需要鸦片和其他欧洲产品"，中国的封闭制度，迫使英、美与中国签订条约，"逼着她为外国商业开放自己的主要口岸"；口岸的开放必然使中国接触更多的外国人，从而面临更多的争端和冲突，中国"接受由目前条约所限定的和外国的关系"，就是"在吸取欧洲政治制度中所有有害的成分，而不能得到它任何优秀的内容"，中国要改变她现有政治体制中所存在的缺陷，就不能像目前那样闭关自守，而"应该在西方列强中寻找盟友"。拉萼尼还明确表示，法国使团不是为了钱财而来，也不要求割让岛屿。但同时，他冠冕堂皇地宣称，为了中国的利益，法国应该在中国附近有一个地方，一旦有需要，法国人可以迅速地赶来帮助中国②。这番言论，耆英当然不爱听，他打断拉萼尼的话，表示中国自己的军队可以应付，不用外人帮忙。但当拉萼尼威胁说，他是否去北京完全取决于耆英，取决于他是拒绝还是答应法国提出的要求时，耆英第一个抢着回答，会做出所有的努力来满足法国③。

关于这次会面，耆英在给朝廷的奏折中主要报告的还是进京问题。交谈中，拉萼尼提出两国结好，各派使臣往来，法国遣使进京朝见，并留住京城，中国亦遣使至法国，驻扎法国都城，以便两国互通消息，互相帮助。这让耆英感到法国依然抱有进京的企图，立即"折以定制，正言复绝"。而且在耆英看来，拉萼尼比英使和美使更为狡猾，其中国遣使访法之言乃属"妄自尊崇"④。道光帝闻奏，亦斥其为"越分妄求"，谕令耆英晓以"天朝体制，

---

① 《耆英奏法使喇萼呢来粤请求定约已定期赴澳会晤折》，道光二十四年九月十八日，齐思和等整理：《筹办夷务始末·道光朝》六，第 2868 页。
② ［法］加略利著、谢海涛译：《1844 年法国使华团外交活动日记》，第 207—208、214 页。
③ ［法］加略利著、谢海涛译：《1844 年法国使华团外交活动日记》，第 213 页。
④ 《耆英又奏连日接见法使大概情形折》，道光二十四年九月十八日，齐思和等整理：《筹办夷务始末·道光朝》六，第 2869—2870 页。

大皇帝从不接见外夷，徒劳跋涉"①。

10 月 6 日，双方互相验看授权书。拉萼尼说了一番意味深长的话，他说，"我将拿什么去向我的皇帝证明中国重视我们对她的善意，和她对我们的友谊？英国人，除了对你们开炮而外就没做过任何好事，却从你们这里得到了领土，得到了一切想要的条约；美国人，你们才不过刚刚认识，也得到一个条约。难道我将把一个类似的，已经被他人得到的条约带回给我的君主吗？如果只是为了它，又何必不远万里而且花销这么大而来呢？"② 这番话让耆英等人预感到法国大使除了签订条约外一定还隐藏着其他目的。

此后，中法谈判实际上是两条线并行，一是条约谈判，一是关于天主教解禁问题的谈判。

中法条约谈判较为平和、顺利。中方以黄恩彤、赵长龄和潘仕成为代表，法方以斐列勒、大古先生和加略利为代表。10 月 7 日下午，双方进行了第一次会谈，仅仅两个小时左右，序言部分的 5 项条款就已达成共识。10 月 11 日第三次谈判时，已经议完一半的条款。10 月 14 日，条约草案只剩下 4 项内容未谈。10 月 18 日双方举行最后的谈判，没多久就全部达成协议，然后商谈税则，此后法方仅对个别商品的关税作过细微的修改。

整个谈判过程中，中方代表曾经强烈反对的只有 3 项内容：第一项是法方草案第二十六条关于发生骚乱和抢劫时中国官府应负责任的问题，中方代表表示，中国政府无论如何也不会承认这种责任，理由是：其一，这种提法有违中国官府行为的传统，官府只是在自己的权限范围内，依据法律行事，"从来不会赔偿那些因为自己未能阻止而产生的损失"；其二，负责维护秩序的官员级别本身就不高，俸禄不多，支付不起损失③。黄恩彤告诉法国代表，英国和美国都曾经提出这一要求，谈判了很久，中国政府都没有同意，在这个问题上中国不可能做出让步④。面对中方代表的执着立场，法国方面只好撤销了此款。第二项是税则谈判时，中国代表同意了法方降低葡萄酒、鳕鱼

① 《廷寄》，道光二十四年九月十八日，齐思和等整理：《筹办夷务始末·道光朝》六，第 2871 页。
② [法] 加略利著、谢海涛译：《1844 年法国使华团外交活动日记》，第 226 页。
③ [法] 加略利著、谢海涛译：《1844 年法国使华团外交活动日记》，第 274 页。
④ [法] 加略利著、谢海涛译：《1844 年法国使华团外交活动日记》，第 275 页。

关税，并将丁香由两级变为三级的要求，但拒绝降低 40 号至 80 号棉纱的关税，因为这项贸易几乎为英国人所垄断，英国人将从中大获其利。拉萼尼同意放弃这一要求。

第三项最为中方看重，即条约中关于法国国王的称呼问题。条约基本议定后，10 月 20 日一大早，潘仕成奉命去找法国使团翻译加略利，希望他将中文版中法国国王的"皇帝"头衔改成其他称号。他建议法国像美国一样，采用最高元首名称的音译，或者再找一个其他的中文词，但不能用"皇帝"，因为"这是一个只适合于中国的字眼"，"把它用在外国君主头上，将会在北京引起极大的震动"。他将耆英写的一张字条交给加略利，耆英向加略利详细解释了"皇帝"一词的由来和含义，他说，"皇帝乃中国尊号"，中国自古就有三皇五帝，"三皇五帝皆泰东之君，非泰西之君也"，泰西最尊贵的莫过于"天主"，"主者乃泰西最尊之称，一如中国之称皇帝无异"，因此法国国王宜称"大国主"，或者"主上"，或者"大主"。中方的这个要求，加略利当然拒绝。潘仕成于是做出让步，同意在条约序言里保留这个称呼，而要求在具体条款中删掉它们，把它们换成"政府"字样。加略利依然拒绝，他说："所有这一切都是基于我们的宪法，我们无法就此做出改变，也不可能同意一种用来指代与我们的行政体制不同的称呼。"[①]

同一天，关税谈判时，中方试图以降低关税为砝码让法国代表去掉"皇帝"称呼，但未能如愿。谈判结束后，耆英将加略利请进书房，仍然试图说服他去掉条约中的"皇帝"字样。他对加略利说，"您不应该使用一个我们所崇拜的称号，因为它和你们的宗教原则完全不同。而且这种做法，撇开那些原则不论，本身就是可笑和毫无意义的。""皇帝"这个词是中国君主的代名词，把它加给法国国王，"是违背历史的，是对词义的滥用，这会引起批评"。他向加略利描述了和英国、美国交涉的经历，英国人同意称女王为"君主"，美国人使用了"总统"一词，他建议法国如果对他提出的名称不满意，可以采用法文中"皇帝"的音译。加略利是法国人中少有的"中国通"，对中国文化较为了解，他知道耆英所有的说词，耆英在这个问题上的执着，

① ［法］加略利著、谢海涛译：《1844 年法国使华团外交活动日记》，第 322—325 页。

"唯一的原因是那个由他们民族自尊心所创造出来的古老的公理：天上只有一个上帝，地上只有一个皇帝"。所以，他完全不为耆英悲怆的演讲打动，他反驳说，"皇帝"这个词所隐含的意义，是"和一位伟大君主所具有的品质与责任相符合"的，"它不隶属于任何人，我们可以不加选择地把它用在所有的君主头上"。他甚至一针见血地指出，中国人常把"王""君"这些头衔用在附庸国的君主身上，但是"法国国王不是世界上任何人的附庸"。他说，"我们只在'皇帝'一词中看到了独立于任何他人的君主这一概念。法国皇帝，如同中国皇帝，不听令于任何人，因此我们给了他同样的名称。即便假设这个名称可能和中国的某些历史或者传说有关，但是它如今在我们的观念中，是如此贴合我们对皇帝的概念，所以我们并不害怕有人会对它产生误解"①。

耆英无可奈何，只好在条约中保留了法国"皇帝"的称呼。为避免清帝怪罪，他在条约议定后特地向道光帝呈递一折，说明夷人生长于外番，"于天朝制度多不谙悉"，且"夷情变幻多端，非出一致"，羁縻之法也不得不予以变换，特别提到各国君主及其称号问题，英国女子当政，美国和法国则男子掌权，英、法两国君主乃世袭，美国国主则选举产生，各国君主称号亦有不同，"大都剽窃中国文字，妄示夸张，夜郎自大"，这些称号只不过各国"自尊其主"，与中国无关，"若绳以藩属之礼，则彼又以不奉正朔，不受册封，断不肯退居越南、琉球之列"。耆英建言，这些夷人乃"化外之人"，不懂称谓体制之礼，"若执公文之格式，与之权衡高下，即使舌敝唇焦，仍未免褒如充耳，不惟无从领悟，亦且立见龃龉，实于抚绥要务甚无裨益，与其争虚名而无实效，不若略小节而就大谋"。听他这么一说，道光帝惟有感叹"只可如此处之"②。

值得一提的是，中法条约虽内容与中美条约基本相同，但法方亦在中美条约的基础上作出了两项重要修改：一是关于开放五口的规定，添加了"城市"字样，改成"自今以后，凡佛兰西人家眷可带往中国之广州、厦门、福

① ［法］加略利著、谢海涛译：《1844 年法国使华团外交活动日记》，第 329—332 页。
② 《耆英又奏体察洋情不得不济以权变片》，道光二十四年十月十四日，齐思和等整理：《筹办夷务始末·道光朝》六，第 2891—2892 页。

州、宁波、上海五口市埠地方，居住贸易，平安无事"；二是有关兵船往来五口巡查的规定中加入了此类兵船"不纳各项钞饷"的内容①。

相比条约谈判，天主教解禁问题要棘手得多。除了拉萼尼以外，法国使团翻译兼谈判代表加略利出于个人前途的考虑，亦极为看重这一问题，对中方软硬兼施，从劝说、拉拢到威胁退出谈判、中止商约交涉。中国方面，则由极力抵制、拒绝逐渐转向有条件的退让。

10 月 8 日的谈判中，加略利等企图再次劝说中国吸取对英战争的教训，放弃原有的政策，进行必要的改革，与欧洲建立外交关系，并与法国结盟。黄恩彤表示，自鸦片战争以来，中国已经在进行一些改革，至于法国，为了加强同它的友谊，中国代表准备在贸易条约之外，再拟定一个友好同盟条约。加略利立刻要求在这份条约中宣布，法国所信仰的宗教是优秀的，不能被置于邪教之列。黄恩彤不同意，他认为没有必要，因为嘉庆皇帝的禁教令是针对那些假借天主教名义而进行罪恶勾当的人，再者，如果需要做出这个声明，也是礼部的职责，者英没有这个权力②。最后，双方决定各拟一个方案再进行协商。

拉萼尼却并不想要这么一个友好同盟条约，因为除贸易条约外，他并没有被授权签订其他条约，所以他只想让中国政府自发宣布解除对天主教的禁令。他指示加略利在随后的谈判中把中国人的思想引向他所希望的方向，并且要尽快地达到这一目的，他担心中法之间一旦达成了条约，中国人就会拖延此事。10 月 11 日，他交给加略利一项声明草案，内容是："中国皇帝为了表示自己对法国皇帝的崇高敬意，他非常高兴地宣布，法国君主所信仰的宗教是一个良好的宗教，他允许所有的中国人信奉这个宗教。如果曾经发生过针对它的若干反教活动，只是因为人们错误地理解了现行的法律。"③

10 月 12 日，中法双方就天主教解禁问题进行了激烈的辩论。黄恩彤表示，如果法国与中国结盟的话，中国将宣布"法国人的宗教不是一种邪恶的

---

① 中法《五口贸易章程：海关税则》，道光二十四年九月十三日，王铁崖编：《中外旧约章汇编》第 1 册，第 58 页。
② ［法］加略利著、谢海涛译：《1844 年法国使华团外交活动日记》，第 237 页。
③ ［法］加略利著、谢海涛译：《1844 年法国使华团外交活动日记》，第 253 页。

宗教，它和上帝教类同，法国人可以在帝国所有允许他们前往的口岸，自由地信奉这种宗教"①。加略利提出反对，认为这种声明并没有允许中国人自由地信奉法国人的宗教，不会因此而被视为犯罪或者受到惩罚。黄恩彤回答，中方不可能提出这么具体的宣言，因为《大清律例》中有关于天主教的明确规定，钦差大臣不可能废除一项嘉庆皇帝制定，且经过当朝皇帝批准的法律。加略利承认黄恩彤的话有一定道理。在他的要求下，黄恩彤把中方的意见写下来，即表达了三层意思：一是承认法国人所信奉的天主教不是异端，而是"劝人为善，戒人为恶"的正教；二是准许法国人在通商五口享有信仰和传播天主教的自由；三是禁止法国人赴内地传教②。这显然没有达到法方的要求，加略利立刻提出抗议。黄恩彤也强硬地辩驳惩罚还是不惩罚中国教徒，由中国自己决定。道光帝接到相关奏报后，称赞耆英等"所谕夷使各条，正大得体，亦是实理，甚属可嘉"，并相信如此"婉转开导"，"折以大义"，定可让法方心服口服③。

中国代表的坚定立场让拉萼尼有所动摇，他甚至一度想要放弃这一要求，但加略利却坚持。10 月 13 日，他用中文草拟了一份方案，交给中方谈判代表，坚持要求倘有中国人信奉天主教者，"不得谓之罪人，仍要听从其便，若前有佛兰西人及中国人等因奉教遭刑者，乃中国官未明教义之故，此后皆当释免，并奏请弛禁，以协万年之和约也"④。加略利软硬兼施，一面威胁说，如果中方不同意这一方案，他就离开，不再参与谈判，那时中方将会遇到更多的麻烦和问题；一面又宽慰中方代表，"如果你们在这点上表现得慷慨，我会劝说拉萼尼先生放弃再提出任何使你们不安的要求"⑤。无奈之下，黄恩彤等同意努力说服耆英，但表示此事最后只能由皇帝决定，钦差大臣没有权力。

耆英素来听闻法国十分强悍，乃西洋大国，而法中贸易不多，忽然来了

① ［法］加略利著、谢海涛译：《1844 年法国使华团外交活动日记》，第 255 页。
② ［法］加略利著、谢海涛译：《1844 年法国使华团外交活动日记》，第 259 页。
③ 《廷寄》，道光二十四年九月二十六日，齐思和等整理：《筹办夷务始末·道光朝》六，第 2875 页。
④ ［法］加略利著、谢海涛译：《1844 年法国使华团外交活动日记》，第 269 页。
⑤ ［法］加略利著、谢海涛译：《1844 年法国使华团外交活动日记》，第 271、272 页。

8 艘法国兵舰，心生疑虑，唯恐惹出事端。他在奏折中写道："彼既带有兵船多只，度越重洋数万里，必有意所专注之处，尤宜加倍防闲，相机驾驭，免致或生枝节。"由于有了这层顾虑，所以对于法方的要求，他觉得"不宜过为拒绝，致令绝望生隙"①。道光帝一方面指示耆英坚决拒绝法国不合体制的要求，另一方面也饬其"设法羁縻，示以镇静，不可别生枝节"②。

为了应对法国而又不违反《大清律例》，耆英想出了区别对待的办法，对法方开禁天主教的要求做出有条件的让步。10 月 14 日晚上，耆英派潘仕成以黄恩彤的名义送去一份关于天主教的声明，内称，天主教的弛禁应区别对待，中国教徒中，"凡专心向善、恪守教规者，方可置之不问，其有假传教为名、诱污妇女、诓取病人目睛等事者，一经破案，仍应治以应得之罪，庶情法两得其平"③。但加略利对这种区别对待的方法很不满意，他要求中国政府无条件开禁天主教，并且以条约相威胁，提出必须在重新开始条约谈判前结束这个问题。他把法方收藏的康熙解禁天主教的圣谕借给耆英，以便让他以此为据说服朝廷。10 月 15 日，加略利向黄恩彤面授了自己的意见，并让后者写下来交给耆英，作为给拉萼尼的答复，其中关于天主教弛禁的内容改为"嗣后中国人有奉习此教为善者，概免治罪，以见贵国所奉之教实非异端，而我两国永无开衅之隙"④。耆英表示原则上同意这项声明，但必须满足两个条件：一是拉萼尼必须写信给钦差大臣，明确提出解除天主教禁令的要求；二是要把康熙帝圣谕的原件给他送往北京⑤。这让加略利看到了希望，于是他极力说服拉萼尼。

10 月 16 日，拉萼尼致函耆英。由于拉萼尼并未被授权索要这项特权，且他担心因此而不能完成签订贸易条约的任务，因此在信函中，他并未明言天主教开禁一事，而是含蓄地提及耆英曾言不令他"徒劳往返仅定一贸易章

---

① 《耆英又奏连日接见法使大概情形折》，道光二十四年九月十八日，齐思和等整理：《筹办夷务始末·道光朝》六，第 2870 页。
② 《廷寄》，道光二十四年九月十八日，齐思和等整理：《筹办夷务始末·道光朝》六，第 2871 页。
③ ［法］加略利著、谢海涛译：《1844 年法国使华团外交活动日记》，第 278 页。
④ ［法］加略利著、谢海涛译：《1844 年法国使华团外交活动日记》，第 282 页。
⑤ ［法］加略利著、谢海涛译：《1844 年法国使华团外交活动日记》，第 284 页。

程"①。不过，拉萼尼显然也对即将取得的胜利兴奋不已。他提议对耆英复函的草案作出修改，把"天主教"改为"基督教"，以满足新教徒的要求。加略利自己亦为周全起见，将允许中国人信奉天主教一句中的"中国人"，改成"中国内地人"。两人商量好在同中国换约时，再要求中方递交这份经皇帝允许的声明。当天晚上，耆英派人送去了回复，完全按照加略利拟订的草稿，一字未改。这令法国人欣喜若狂。

但事情并没有那么简单。第二天，耆英趁着在观音庙商谈条约的时机，向法方提出 3 项要求：1. 使中国法律与法国解禁天主教的要求相兼容；2. 确保外国人不进入中国内地传教；3. 把康熙批准的礼部条令原件给他，以便他向政府证明，天主教早就被允许了②。拉萼尼认为耆英是在找借口，想要收回之前的承诺，但同意把康熙圣谕原件借给他几个月。

10 月 18 日是双方约定的条约谈判的最后日子，一大早，中方就派人送信给加略利，就天主教弛禁问题拟订了拉萼尼对耆英回复的草案。从草案看，耆英的意思有两层：一是法国大使必须明确提出蒙中国钦差大臣"允为奏明大皇帝"，嗣后中国民人信奉天主教且"为善者"，"概免治罪"，且指出此问题不惟有关法国皇帝和百姓之体面，亦有关中法两国的和睦；二是钦差大臣的奏请乃以康熙三十一年（1692）礼部议准弛禁的原案为依据③。拉萼尼见信恼怒至极，甚至再次产生彻底放弃弛禁天主教要求的念头，因为他所受的训令并没有这个内容，更不能因此而与中国失和。他照会耆英，坚持要求耆英"速为奏闻大皇帝，将来中国内地人民明奉此教为善者，概不罪禁"，且将康熙帝圣谕原件归还法方，而给中方一份抄件④。

双方陷入僵持，但耆英并未做出进一步退让。他没有立刻回复拉萼尼，而是待条约谈判全部结束后，在 10 月 21 日晚上，让潘仕成给拉萼尼送去了一份公函和一份私人信件。信件在同意解禁天主教的基础上，仍强调两点意见：一是对中国信教者必须加以区分："其实系习教为善之人，即照康熙三

① ［法］加略利著、谢海涛译：《1844 年法国使华团外交活动日记》，第 290 页。

② ［法］加略利著、谢海涛译：《1844 年法国使华团外交活动日记》，第 299 页。

③ ［法］加略利著、谢海涛译：《1844 年法国使华团外交活动日记》，第 303—304 页。

④ ［法］加略利著、谢海涛译：《1844 年法国使华团外交活动日记》，第 314—315 页。

十一年旧案，概予免罪"，但"一经犯法，不能因系习教之人免其治罪"，也就是说"将来止准华民习教为善，不能准其肆行不端而不为之治罪"①；二是禁止法国人赴内地传教，"赴内地传教，必致滋生事端，万不可行"②。拉萼尼恼怒不已，派加略利去找黄恩彤，要求中方收回送去的公函，去掉其中涉及犯罪和法典的内容，也不许提进入内地一事。黄恩彤表示，"绝不可能接受这些"，为了让天主教解禁的提议获得皇帝的许可，这些都是必不可少的条件，如果法方反对这么做，那么耆英就不可能呈递关于天主教的奏折③。加略利闻言，情绪几乎崩溃。当然，最后拉萼尼同意了耆英的意见。两国终于签订了《黄埔条约》。

谈判结束后，耆英将双方交涉情形奏报朝廷，告以法方援引康熙年间礼部议准开禁成案，坚决要求解禁天主教，并称如果不同意解禁天主教，则仍要求使臣进京、派人到朝廷当差、在虎门建房居住等。耆英认为，天主教与白莲教等邪教不同，虽曾因诱污妇女、诳取病人目睛而定例严禁，但自定例以来，各省因此而拿办者并不多，且因"尚无不法重情，姑免深究"，几乎与不禁无异，不如稍宽禁令，"将中外民人凡有学习天主教并不滋事为非者，概予免罪，如有诱污妇女、诳取病人目睛及另犯别项罪名，仍照定例办理"，如此既可以让法夷顺服，又"于定例亦不致漫无限制"。而且，他强调按照条约外国传教士只准在通商五口，不得擅入内地，如有违背条约，地方官一经拿获，即送各国领事官惩办④。在同时呈递的关于通商章程的奏折中，耆英进一步补充道，天主教弛禁问题，与法方连日反复辩论，"实已不遗余力，乃驳诘愈严，请求愈坚"，考虑到法国的强悍，其"以兵船多只航海远来，既劳且费"，"若过为峻拒，难免不稍滋事端"，因而在保留一定限制的情况下，"姑允所请以示羁縻"⑤。

---

① ［法］加略利著、谢海涛译：《1844 年法国使华团外交活动日记》，第 345 页。
② ［法］加略利著、谢海涛译：《1844 年法国使华团外交活动日记》，第 354 页。
③ ［法］加略利著、谢海涛译：《1844 年法国使华团外交活动日记》，第 355—356 页。
④ 《耆英奏请将学习天主教之人稍宽禁令以示羁縻折》，道光二十四年九月十一日，齐思和等整理：《筹办夷务始末·道光朝》六，第 2877—2878 页。
⑤ 《耆英又奏喇嘩呢请求愈坚似应姑允所请并通商章程业经议定条款片》，道光二十四年九月十一日，齐思和等整理：《筹办夷务始末·道光朝》六，第 2879 页。

　　道光帝显然也是最怕闹出事端的,不得不表示,开禁天主教,"亦无不可",惟此事关系重大,"万无明降谕旨通晓中外之理",令耆英设法让法夷顺服,"且不至有伤大体"①。耆英于是想到了"贴黄述旨"的办法。贴黄述旨是明清时期官员题奏的一种制度,即在奏折字数较多时,按照一定格式概括或摘录奏章中的重要内容,附纸贴在后面,方便皇帝批阅。耆英提出将天主教弛禁一事拟订简明节略,并写上"奏旨:依议"字样,用纸粘贴在奏折后面②。这一做法得到了道光的认可。1844 年 12 月 14 日,耆英呈上贴黄述旨折,道光帝立即批明"依议",并颁布谕令着其将原折行知法国大使,同时通知各通商口岸省份督抚,"一体遵照办理"③。但开禁天主教的内容并未载入中法条约,而只是清政府的约外"恩典"。

　　值得注意的是,在与中国政府的初次交往中,法国使团极为注重礼仪和双方地位平等问题。使团到达澳门后,澳门县丞张裕提出让法国大使给钦差大臣写封信,拉萼尼却觉得,"如果中国政府能够首先做出友善的姿态,那么法国大使将会感到格外体面",因而希望耆英先向他做出表示,写信给他。澳门县丞建议,法国大使不愿写信的话,可以给耆英寄张名片,名片的一面写上他自己的名字和头衔,另一面写上钦差大臣的名字和头衔,这样两人就处于平等的地位④。拉萼尼依然拒绝。直到 8 天后,拉萼尼还未接到耆英的信函,他开始怀疑中国人是否会友好地接待他,并担心继续拖延下去,"将会给所有的外国人留下极为恶劣的印象"⑤。在加略利等人的劝说下,他才决定先致信耆英。

　　在送信的问题上,法国使团又费了一番心思。加略利建议通过澳门县丞送给耆英,但士思利将军认为,全权大使让澳门县丞传送信函是"极为屈尊的行为",他建议派一艘军舰,前往虎门炮台递交信件⑥。萼尼一听说有损尊

---

① 《廷寄》,道光二十四年十月初二日,齐思和等整理:《筹办夷务始末·道光朝》六,第 2880 页。
② 《耆英奏天主教弛禁酌拟简明节略附陈折》,道光二十四年十一月初五日,齐思和等整理:《筹办夷务始末·道光朝》六,第 2900 页。
③ 《廷寄》,道光二十四年十一月初五日,齐思和等整理:《筹办夷务始末·道光朝》六,第 2903 页。
④ [法]加略利著、谢海涛译:《1844 年法国使华团外交活动日记》,第 26 页。
⑤ [法]加略利著、谢海涛译:《1844 年法国使华团外交活动日记》,第 33 页。
⑥ [法]加略利著、谢海涛译:《1844 年法国使华团外交活动日记》,第 49 页。

严，立刻紧张起来，但信件已经由加略利交给澳门县丞，无法追回。8 月 31
日的第二封信，拉萼尼正纠结怎么送到耆英手里的时候，恰好潘仕成和赵长
龄来到澳门，他接受了加略利的建议，由潘仕成转交。

关于接收耆英信件的问题，拉萼尼也极为看重。耆英派澳门同知送来第
一封回信，命他亲自将信交给法国大使。当拉萼尼得知澳门同知的级别仅相
当于法国的区长时，不仅自己拒绝接收信件，甚至不让副使接收，而是派身
份更低的大古接待他。9 月 13 日，耆英的第三封回信到达澳门，当拉萼尼发
现这封信是由一个跑腿的师爷送来时，立刻退了回去，要求加略利设法让它
"以一种合适的方法"送来①。加略利找到澳门县丞，后者向他解释，官方传
送信件都是用的这种方式，甚至给皇帝的信件也是如此，美国大使顾盛和耆
英的通信，以及广东当局每天和香港英国官员的通信都是这样送达的。但拉
萼尼认为"这种传递信件的方式，毫无庄重可言"②。最后，加略利逼迫澳门
县丞亲自将信送去。

拉萼尼非常注意耆英信中的措词是否体现了双方的平等。9 月 9 日，他
接到耆英的第二封回信，告知农历八月十八日之前因故不能去澳门，待各项
事务完毕，即"赴澳必与贵大臣面叙宾主之礼，专心议两国之事"③。"宾主
之礼"，加略利翻译成"以主人之礼接待客人"。拉萼尼大为不满，认为耆英
有高人一等的意思，甚至一度准备将信退回。加略利反复解释，告诉他这里
的"主"是"东道主"的意思。拉萼尼才释怀，并且在回信中故意强调接待
耆英的时候自己是"主人"，将享受作为主人接待客人的快乐④。

拉萼尼还十分在意与耆英会面的时间以及耆英来访时应该穿的服装和随
行的排场，甚至有一段时间全部思想都集中在这件事上。他要加略利告诉耆
英，第一次见面必须要选一个喜庆的日子，"佩戴着所有象征其身份的饰物
来"⑤。他甚至要求耆英一定要穿在皇帝面前穿的补服。这一要求遭到中方拒

---

① ［法］加略利著、谢海涛译：《1844 年法国使华团外交活动日记》，第 99 页。
② ［法］加略利著、谢海涛译：《1844 年法国使华团外交活动日记》，第 139 页。
③ ［法］加略利著、谢海涛译：《1844 年法国使华团外交活动日记》，第 117 页。
④ ［法］加略利著、谢海涛译：《1844 年法国使华团外交活动日记》，第 123 页。
⑤ ［法］加略利著、谢海涛译：《1844 年法国使华团外交活动日记》，第 21 页。

绝。最后，耆英送给他一张穿着补服的画像，算是格外友好的表示。加上英国和美国谈判时，耆英亦未着补服，拉萼尼才算罢休，同意他穿着出行时的官服前来会晤。这些看上去的细节实际上反映了法国平等交往的要求。

条约签订的地点也是法方精心策划的。10 月 17 日，条约谈判接近尾声，法方已在考虑签约地点的问题。拉萼尼希望在广州两广总督府签约，但遭到中方代表全力反对。于是，他在 17 日的会晤中故意向耆英建议，用法国军舰送他回广州。耆英当时没有防备，欣然答应，后来亦不好反悔。10 月 24 日，拉萼尼等人送耆英回广州，然后在黄埔的法国军舰上签订了条约，第一个中法条约也因而称为《黄埔条约》。

1844 年《黄埔条约》不仅是近代中法关系的开端，也是鸦片战争后中西关系变化转折的重要组成部分①。它是在中英《南京条约》及其附约和中美《望厦条约》的基础上订立的，吸收了中英、中美条约中最有利的条款，"堪称当时最详细、最完善的条约"②。通过这一条约，法国不仅获取了英国和美国的在华特权，而且进一步扩大了不平等条约的内容。例如，在口岸权利方面，英国条约规定准许英人在五口租地、建屋；美国条约在此基础上又允许外人在通商口岸建造教堂、医院、坟墓；中法《黄埔条约》则进一步增加建造周急院（即慈善院）、学房的内容，且租地、建屋时，"房屋间数、地段宽广不必议立限制"。在其他文化权利方面，中美条约规定可以聘请中国人"教习各方语音，并帮办文墨事件"，准许购买中国书籍；中法《黄埔条约》补充载入可聘请中国人"缮写中国文字"，"作文学、文艺等功课"，法国人亦可教授中国人外国语言，可以出售法国书籍等。解禁天主教的内容虽未载入条约，但却借条约谈判之机得到了清廷的约外允诺，且《黄埔条约》实际上为法国传教士在通商口岸的活动提供了极大的方便，即便潜入内地，也能免于中国法律制裁，而交由法国领事官收管，也就是可以得到领事的庇护。法国《辩论日报》刊文称，"《黄埔条约》的签订，特别是条约第二十三款，使法国传教士的崇高利益得到了保障。'今后，任何一位在中国传教的传教

---

① 张建华：《中法〈黄埔条约〉交涉——以拉萼尼与耆英之间的来往照会函件为中心》，《历史研究》2001 年第 2 期。

② ［法］卫青心著、黄庆华译：《法国对华传教政策》上卷，第 273 页。

士都不会因为热心传教而遭受迫害'"①。这亦足见领事裁判权对列强侵华的意义，以及对中国主权的严重危害。

第四节　中俄条约关系的转变

俄国是最早与中国签订条约的西方国家，早期的中俄条约都是平等的条约，19 世纪 50 年代中俄关系开始发生根本变化，1851 年中俄签订《伊犁塔尔巴哈台通商章程》，俄国以和平的面貌将不平等条约的枷锁悄然套在了中国身上。

一、　俄国拟立对华新约的缘由

《伊犁塔尔巴哈台通商章程》的签订是俄国在中国西北商业扩张的结果。从 17 世纪初开始，俄国就与中国西北的厄鲁特蒙古（即准噶尔）建立了贸易关系。18 世纪 50 年代末，清政府统一新疆后，鉴于中俄已在蒙古恰克图和东北额尔古纳河畔的祖鲁海图开辟了贸易市场，又有俄国商队定期进京贸易，遂决定不向俄国开放西部通商，并将伊犁等地的俄国人遣送出境，但俄国依然通过中亚的哈萨克人等同新疆地区保持贸易联系。16 世纪初，哈萨克人在中亚建立了大玉兹、中玉兹、小玉兹三个汗国。18 世纪 30 年代，在准噶尔的侵略下，小玉兹、中玉兹曾请求俄国的保护。1757 年，清政府平定准噶尔后，大玉兹、中玉兹向清称臣，成为清帝国的藩属。清政府允许哈萨克人在新疆贸易。哈萨克西部及北部与俄国相接，哈萨克商人利用地处中俄之间的地理条件，从事两国的中介贸易。与他们一起进行中介贸易的还有清王朝在中亚的藩属布鲁特部商人及浩罕等国的商人，他们向俄国贩运中国的茶叶、大黄等，又将俄国的绸布、杂货运往中国。

18 世纪 80 年代后，随着俄国在中亚的扩张，哈萨克部日益衰落。一些

---

① ［法］卫青心著、黄庆华译：《法国对华传教政策》上卷，第 282 页。

俄国商人冒充哈萨克商人进入伊犁、塔尔巴哈台开展贸易，或者干脆潜入新疆，进行走私贸易。俄国政府对俄商的违禁贸易予以支持，并在殖民堡寨布赫塔尔明斯克设立了通商关卡，颁布对伊犁和塔尔巴哈台的《通商条例》。而中国方面，出于巩固和安定边疆的考虑，清政府一直禁止新疆与俄国通商，中俄贸易的合法渠道仍然限于恰克图一地。

19世纪初，随着国内商品经济的发展和北美殖民地的开拓，俄国力图扩大对华贸易。1805年7月俄国政府派出了空前豪华的使团，由戈洛夫金率领前往中国，试图与清政府谈判，提出以下贸易方面的要求：在中国西部边境开辟一个新贸易口岸；允许俄国船只在黑龙江自由通航并在河口处建立至少一处货仓；允许俄国商船进入广州，享有同其他欧洲国家同样的权利；允许俄国商船通航黄海；允许以俄国政府名义向中国内地城市和边境城市派遣商队和派驻商业代表；允许通过中国内地开辟通往西藏、印度和喀布尔的商路；等等①。戈洛夫金还受命与清政府谈判《尼布楚条约》中有争议的边界问题，确定黑龙江左岸及向东至海的乌第河流域土地的归属。在这次使团的酝酿和派遣中，"整个19世纪俄国对华政策的核心内容"——贸易和领土利益已基本确定②。俄国政府甚至明确训令戈洛夫金就这些问题与清政府签订一个新的条约，但由于礼仪问题，使团未到北京即被遣返，俄国没能实现其扩张目标。而清政府在礼仪上不肯通融的同时，在贸易上却做出了让步。鉴于俄商在伊犁、塔尔巴哈台等地贸易的日益普遍化，19世纪初年以后，清政府再未发出禁止新疆与俄国通商的指令，事实上默认了俄商的贸易行为。

19世纪20年代，俄国开始启动工业革命，资本主义工业生产迅速发展。1825年，俄国国内建立工厂5621个，到1860年增加到15388个。率先采用机器生产的棉纺织业发展最为快速，19世纪头50年俄国国内棉纱产量增长了15倍，1846年全国纱锭产量达70万个，1861年进一步增加到200万个，居世界第五位。1851年俄国已有19所机器制造企业，1860年增加到99所③。此时的俄国虽未完成工业革命，但已出现经济增长的高潮。

---

① 叶柏川：《俄国来华使团研究（1618—1807）》，第91—93页。
② 陈开科：《失败的使团与失败的外交——嘉庆十年中俄交涉述论》，《近代史研究》2011年第4期。
③ 厉声：《新疆对苏（俄）贸易史（1600—1990）》，新疆人民出版社，1993年，第51页。

资本主义经济的发展要求有广阔的市场来吸纳日益增加的产品，但受封建农奴制的束缚，俄国国内市场极为狭小，经济上的弱势亦使其无力打入其他欧洲国家的市场，因此，俄国对远东市场尤其是中国市场寄予厚望。1822年，俄国完成对哈萨克汗国的兼并，将势力推进到中亚锡尔河一线及巴尔喀什湖以东以南中国西部边境，打通了穿越哈萨克草原直达新疆的贸易通道。1836年，俄国成立了亚洲贸易公司，对新疆的贸易是该公司的主要业务之一。

在俄国力图发展同中国西北的贸易时，英国从海上发动了对中国的进攻。第一次鸦片战争后，中国东南沿海开放五口通商，英、美、法等西方列强接踵而来，在中国市场展开了角逐。英国成为俄国的强劲对手，两国争相发展对华贸易，输入棉布、毛绒等机器制造品，输出茶叶等中国产品。这让俄国感觉到迫切需要开辟中国西北的市场。1843年恰克图前贸易委员会日志中写道："一般地说来，谈到我们和中国的贸易，现在全都集中在恰克图一地，这是两大民族根据一个经贸关系的条约来确定的，而委员会不能不把自己的注意力放到恰克图以外的我们和中国边境上的其他地区，而这恰恰指的就是塞米巴拉金斯克，作为一个口岸，经过它也在进行着与中国西部地区、与它的伊宁和塔城的商贸关系的往来，但是上述贸易是秘密进行着的，并没有任何的条约作保障，也并没有得到中国政府的批准。"[1] 俄中两国外交和条约关系的更新提上了俄国政府的议程。

二、　中俄《伊犁塔尔巴哈台通商章程》的签订

为了了解中国西北地区对外贸易的情况，1844年冬，俄国政府派遣外交部亚洲司副司长 H. H. 柳比莫夫前往俄国中亚边境的贸易集散地和中国西部的贸易城镇进行调查。柳比莫夫装扮成哈萨克人，混在商队中，先后潜入伊犁和塔尔巴哈台，考察了从俄国要塞塞米巴拉金斯克前往两地的路线，俄商在两地的贸易情况，包括贸易额，商品品种、价格，交易方式、盈利情况

---

[1] 《1843年恰克图前贸易委员会日志节录》，圣·彼得堡俄文版1909年，转引自米镇波：《清代西北边境地区中俄贸易：从道光朝到宣统朝》，天津社会科学院出版社，2005年，第36页。

等。柳比莫夫认为，"塔城、伊宁和喀什噶尔都很需要俄罗斯的棉纺织品"，但英国已经从沿海口岸经内地将商品运到那里，并占领了喀什噶尔的市场；俄罗斯商品在伊宁和塔城能够获得相当的利润，"对于俄罗斯来说，当务之急在于使当地的贸易合法化、争取免税和自由贸易，如此当地的贸易规模会被慢慢地拓展起来，中国的西北部市场也会被慢慢地培育起来"①。

柳比莫夫的建议得到了沙皇的批准，俄国政府指示第十二届驻北京传教士团团长、修士大司祭波里卡尔普（中文名佟正笏）向清政府提出开放新疆通商的要求。1847年7月和1848年6月，佟正笏两次致函清理藩院，提请将塔尔巴哈台、伊犁和喀什噶尔三处向俄国开放通商。清政府以所请"与例不符"，予以拒绝②。1850年初，第十三届传教士团监护官科瓦列夫斯基抵达北京，再次呈上了俄国枢密院给清政府的咨文，要求准许俄商在伊犁、塔尔巴哈台、喀什噶尔三处贸易。

对清政府来说，新疆的开放事关边防安全，举足轻重，但又担心一味拒绝俄方，将引发事端。在俄国的再三请求下，道光帝指示伊犁将军萨迎阿与参赞大臣奕山等进行调查，弄清楚"究竟有无窒碍"③。萨迎阿与奕山回报称：塔尔巴哈台、伊犁可以照恰克图贸易权宜办理，但此两处与恰克图不同，恰克图是边界地区，伊犁和塔尔巴哈台均是内地城市，必须两国另议章程。至于喀什噶尔，则不便开放，原因有三：一是此地原有安集延（指浩罕商人）等外夷贸易，恐起纠纷；二是此处为边远之地，贼匪较多；三是英国已占领印度，离中国边卡不远，"倘因准俄罗斯在喀什噶尔贸易，伊亦从而效之，斯时准亦难，不准亦难"④。

根据萨迎阿等人意见，理藩院回复俄国，准许添设伊犁和塔尔巴哈台试行贸易，但俄国须派遣"明练晓事"大臣赴华，与伊犁将军等"详议条规，

---

① 米镇波：《清代西北边境地区中俄贸易：从道光朝到宣统朝》，第38、43页。
② 《理藩院奏议复增添与俄人贸易处所请照萨迎阿等原奏与该国妥商办理折》，道光三十年四月初三日，贾桢等纂修：《筹办夷务始末·咸丰朝》一，中华书局，1979年，第7页。
③ 《萨迎阿等奏只可许添设伊犁、塔尔巴哈台与俄人贸易，喀什噶尔则多窒碍折》，道光三十年三月二十一日，贾桢等纂修：《筹办夷务始末·咸丰朝》一，第2页。
④ 《详报伊犁、塔尔巴哈台、喀什噶尔三处贸易情形清单》，道光三十年三月二十一日，贾桢等纂修：《筹办夷务始末·咸丰朝》一，第3—5页。

永远遵守"，以便"一劳永逸"，喀什噶尔不能开放的原因亦将在议定章程时一并告知①。

清政府同意开放伊犁和塔尔巴哈台，一方面是对俄国进行贸易羁縻，防止其挑起事端；另一方面是由于这两个地方早有俄商进行违禁贸易，与其让这种局面持续下去，不如议定章程，将其纳入政府的管理体制。正如美国学者约瑟夫·弗莱彻指出："如果清朝拒绝把俄国在伊犁和塔尔巴哈台的贸易合法化，这项贸易无论如何也一定会继续下去。何况对清朝法律的公开违抗就会使清帝国对新疆北部的控制濒于瓦解，就会引起其他国家注意到清帝国在其亚洲腹地边境的弱点。另一方面，如果清朝把那里的贸易合法化，当局就能对它进行管理，可以重申清王朝的权威。因此，清朝同意了俄国的请求。"②

1850年底，俄国政府回复，将于第二年春遣人赴伊犁谈判，但仍要求开放喀什噶尔，认为此地现在贸易虽少，但开放通商后，两国商人必然在此处交易，"滋生买卖"。为说服清政府，俄方还极力宣扬，开放喀什噶尔"另有好处"："邻境部落看明两大国和好，亦必向化遵礼，变暴为良，两国边陲更可相安"；哈萨克、布鲁特等"流离夷人，亦可生计有资"，从而"持平安分"③。

1851年1月，清理藩院行文俄国萨纳特衙门，再次驳斥了其开放喀什噶尔的要求。此时，清政府已调萨迎阿进京，与理藩院共同商议有关新疆中俄通商的各项事宜。道光帝谕令新任伊犁将军奕山，就伊犁和塔尔巴哈台通商一事与俄方代表订立规条，"以期垂之久远，彼此相安，有利无弊"。至于喀什噶尔，则仍不许贸易，着奕山等尽力说服俄方，不再纠缠。道光帝特别强调"此事关系綦重，奕山等加意慎重，于国体边防，必须面面顾到，断不可草率定议，致贻后患"④。

---

① 《理藩院为准伊犁等二处通商复俄国咨文》，道光三十年四月初三日，贾桢等纂修：《筹办夷务始末·咸丰朝》一，第8页。

② ［美］费正清、刘广京编，中国社会科学院历史研究所编译室译：《剑桥中国晚清史》上卷，第366页。

③ 《俄国为派员会议伊犁等处贸易章程复理藩院咨文》，道光三十年十一月二十六日，贾桢等纂修：《筹办夷务始末·咸丰朝》一，第100—101页。

④ 《廷寄》，道光三十年十二月十二日，贾桢等纂修：《筹办夷务始末·咸丰朝》一，第111—112页。

奕山接旨后，开始考虑如何说服俄人放弃喀什噶尔通商之请。叶尔羌参赞大臣德龄向其提出 3 条建议，作为喀什噶尔不能开放的理由：其一，此处一直有安集延、布鲁特、克什米尔、巴达克山等处的外国回民贸易，这些人不通情理，且不属清朝臣民，不能以清廷之法治之，倘若得罪俄国商人，实难办理；其二，安集延等皆系回教，与俄国人信仰不同，万一有争斗之事，无法照其经典了结；其三，布鲁特人抢劫成性，万一俄商货物在卡外被抢，清政府亦不能代为查拿①。奕山将德龄的意见奏报朝廷，得到咸丰皇帝认可。咸丰谕令奕山，照德龄所说，向俄方逐一分析，"尤宜坚持定见，理直气壮，勿为恫喝之词所夺，遽行草率定议，迁就曲从"，伊犁和塔尔巴哈台"亦当妥议章程，面面顾到"，"万不可勉强应允，贻患将来"。咸丰帝和道光一样，强调边防之事，关系极为重大，必须"加意慎重办理"，并扬言"将来致滋流弊，惟该将军等是问"②。

1851 年 3 月，俄国政府任命刚从中国回来的第十三届传教士团监护官科瓦列夫斯基为全权代表，率代表团前往伊犁，和中国谈判。俄国政府交给代表团的任务是："1. 要求不仅在塔城和伊犁，而且在喀什噶尔通商，即使是暂时试行也好。2. 获得在塔城和伊犁设立领事或代理人的权利。3. 双方在伊犁、塔城实行无税贸易。4. 建议在西伯利亚总督与伊犁将军之间建立固定的直接联系。"③

同年 7 月 19 日，俄国代表团抵达伊犁。22 日，双方开始谈判。一开始，奕山就派人告知俄方，喀什噶尔距离内地遥远，货少商稀，不便开放。俄使仍要求试行。中方代表根据朝廷指示及德龄的建议向其反复说明此处通商的难处，但俄国大使表示："此等情形，我们一概不怕，只要念和好多年，许我通商，自有办法。"无奈之下，中方代表只能告以奉谕旨"断断不能应允"。俄方代表仍不罢休，寄希望于几年或者十几年后再试行通商，遭到中

---

① 《德龄函》，咸丰元年四月初二日，贾桢等纂修：《筹办夷务始末·咸丰朝》一，第 148—149 页。
② 《廷寄》，咸丰元年四月初二日，贾桢等纂修：《筹办夷务始末·咸丰朝》一，第 150 页。
③ ［苏］布纳科夫：《19 世纪上半叶俄中关系史的一页》，《苏联东方学杂志》1956 年第 2 期，转引自厉声：《新疆对苏（俄）贸易史（1600—1990）》，第 58 页。

方严词拒绝①。

此后，中俄双方就《伊犁塔尔巴哈台通商章程》进行磋商，奕山等接受了俄方的所有要求。8月6日，中俄签订《伊犁塔尔巴哈台通商章程》。该章程共17条，主要内容如下②：

1. 贸易事宜：中俄两国商人在伊犁、塔尔巴哈台两地自由贸易，免收税费，两国各设官管理，中国由伊犁营务处派员，俄国专派匡苏勒官（即领事官）照管；俄罗斯商人必须持有该国执照，到卡报验，按规定线路行走，在指定贸易亭交易；两国商人交易不准赊欠。

2. 居留规定：居住在贸易亭的俄商，不得随便外出；允许俄国商人在贸易亭附近指定区域自行建造房屋存货、居住，并在自住屋内举行宗教仪式；俄商自行看管财物、牲畜，在指定地方放牧，不得践踏田地、坟墓。

3. 民刑案件：两国商人争斗之事，由两国官员究办，重大人命案件照恰克图之例办理。两国均不许收留彼此的逃犯，必须互相查拿、送交对方究办。

4. 文移往来：双方往来文书，中国由伊犁将军所属营务处盖印，俄国由管理两边大臣所属营务处盖印。

《伊犁塔尔巴哈台通商章程》签订后，清政府较为满意。奕山奏称："所拟各条，俱系两相商酌，毫无勉强"，经考察地方情形，询问本地官员，皆言"并无窒碍，可以行之久远"③。咸丰帝起初也认为，"所议均属周匝"，"办理尚属妥协"④。随后，国子监祭酒胜保上奏，提出为预防后患，必须严定限制。咸丰猛然惊觉此章程与恰克图贸易的不同，即它没有限定俄商入境贸易的人员和货物数量，且允许未售完货物的俄商继续在该地居留。咸丰帝谕令奕山等"妥为筹计"⑤。奕山称伊犁、塔尔巴哈台与恰克图情形不同，恰克图位于边境旷远之地，商民定期前往贸易，事毕即返，而伊、塔两地的商

① 《奕山等奏已拒绝俄人在喀什噶尔通商并议定伊犁塔尔巴哈台通商章程折》，咸丰元年八月二十一日，贾桢等纂修：《筹办夷务始末·咸丰朝》一，第164页。

② 中俄《伊犁塔尔巴哈台通商章程》，咸丰元年七月初十日，王铁崖编：《中外旧约章汇编》第1册，第78—80页。

③ 《奕山等奏已拒绝俄人在喀什噶尔通商并议定伊犁塔尔巴哈台通商章程折》，咸丰元年八月二十一日，贾桢等纂修：《筹办夷务始末·咸丰朝》一，第165页。

④ 《廷寄》，咸丰元年八月二十一日，贾桢等纂修：《筹办夷务始末·咸丰朝》一，第168页。

⑤ 《廷寄》，咸丰元年闰八月二十五日，贾桢等纂修：《筹办夷务始末·咸丰朝》一，第171—172页。

民长年居住于此，"世守其业"，再者章程已经议定，必须信守约定，不致俄方有所借口①。咸丰亦只能作罢。

学界一般将《伊犁塔尔巴哈台通商章程》视为中俄关系的转折点，认为它是沙俄与中国建立不平等条约关系的开始②，是西方列强在鸦片战争时期强加在中国人民身上的第一批不平等条约中的一个③，"它使沙俄掠取中国西北地区经济贸易特权的宿愿成为现实"④。但也有个别学者曾提出不同观点。1994 年南开大学米镇波先生发文，认为《伊犁塔尔巴哈台通商章程》"是平等和互利的，对稳定中国西部边境的局势，加强清政府对当地的管辖，互通有无，繁荣新疆的经济都有促进作用"⑤。随后，中国社会科学院郦永庆发文反对这一观点，他通过比较中英《南京条约》和中俄《伊犁塔尔巴哈台通商章程》以及研究这一章程后来的历史影响，再次肯定了《伊犁塔尔巴哈台通商章程》是"地地道道的不平等条约，是第一个中俄不平等条约，标志着中俄两国长达一个半世纪平等贸易的结束"⑥。2005 年米镇波先生出版了《清代西北边境地区中俄贸易：从道光朝到宣统朝》，书中，他仍然强调中俄《伊犁塔尔巴哈台通商章程》的签订"无论从哪方面来讲对双方都应该说是有利的。它把西北地区原始形态的民间贸易变成政府承认并得到政府保护的在伊、塔两地正式贸易，这必将使该地区的边境贸易得到健康、稳定的发展"⑦。

李文平在其硕士论文《从〈中俄伊塔通商章程〉看清代外交》中也分析了这一问题，认为"从法理上看，该约是平等的"，即从该章程的签订程序和条文上看是平等的，"因为俄国至少在表面上没有剥夺中国对等的权利，同时在该章程中也没有发现明显的权利与义务不对等的条文，清政府也未对此提出任何异议"，但从该章程的影响来看是不平等的，俄国"凭借此约攫

---

① 《奕山等奏伊犁、塔尔巴哈台与恰克图情形不同不能仿照办理折》，咸丰元年十一月十三日，贾桢等纂修：《筹办夷务始末·咸丰朝》一，第 175 页。

② 李育民：《晚清中外条约关系研究》，第 717 页。

③ 新疆历史教材编写组：《新疆地方史》，新疆大学出版社，1991 年，第 196 页。

④ 中国社会科学院近代史研究所：《沙俄侵华史》第 3 卷，人民出版社，1976 年，第 149 页。

⑤ 米镇波：《1845 年尼·柳比莫夫的秘密考察与〈中俄伊犁塔尔巴哈台通商章程〉的签订》，《近代史研究》1994 年第 5 期。

⑥ 郦永庆：《〈中俄伊犁塔尔巴哈台通商章程〉再研究》，《近代史研究》1995 年第 3 期。

⑦ 米镇波：《清代西北边境地区中俄贸易：从道光朝到宣统朝》，第 60 页。

取了中国西北尤其是新疆的诸多特权"，更重要的是，该章程成为"以后中俄间签订相关商务条约的蓝本"①。

的确，中俄《伊犁塔尔巴哈台通商章程》的谈判与中英《南京条约》、中美《望厦条约》、中法《黄埔条约》不同，俄方并没有对清政府施以军事的压力，也没有任何其他胁迫行为，用奕山的话说，"所拟各条，俱系两相商酌，毫无勉强"②。也就是说，在缔结程序和形式上，该条约没有不平等可言。但是，就内容和影响来看，该条约违反了国家主权平等的原则，它为俄国商人攫取了在中国的领事裁判权、免税特权以及在内地建造房屋和居留的特权。这些权利是单方面的、非互惠的，明显损害了中国主权。

就领事裁判权来看。《伊犁塔尔巴哈台通商章程》第二条规定：两国各自设官管理贸易，"中国由伊犁营务处派员；俄罗斯国专派管贸易之匡苏勒官照管。遇有两边商人之事，各自秉公办理"。此处匡苏勒官即领事官。第七条规定：两国商人争斗的案件，小事由两国管贸易之官员究办，"倘遇人命重案，即照恰克图之例办理"。第九条规定：居住在贸易亭的俄罗斯商人由"俄罗斯管贸易官管束"，如无执照任意外出，"即送俄罗斯管贸易官究办"。第十一条规定：前来贸易的俄罗斯商人必须在指定地点放牧，"不得践踏田苗、坟墓，倘有违犯者，即交俄罗斯管贸易官究办"③。这些条款实际上赋予了俄国领事在中国的治外法权，使俄商不受中国法律的管束。双方在谈判中曾经就第七条人命重案的处理有过一番讨论，俄方拿出 1792 年中俄所订《恰克图市约》，要求伊、塔两地照恰克图之例办理。《恰克图市约》有关人命案件的规定是："两边人民交涉事件，如盗贼、人命，各就近查验缉获罪犯，会同边界官员审讯明确后，本处属下人，由本处治罪，尔处属下人，由尔处治罪，各行文知照示众。"④ 这实际上是要求人命案件由双方各自处理。伊、塔两地与恰克图的情形本不相同，恰克图位于中俄边界地区，两国

---

① 李文平：《从〈中俄伊塔通商章程〉看清代外交》，新疆大学硕士学位论文，2013 年，第 34 页。
② 《奕山等奏已拒绝俄人在喀什噶尔通商并议定伊犁塔尔巴哈台通商章程折》，咸丰元年八月二十一日，贾桢等纂修：《筹办夷务始末・咸丰朝》一，第 165 页。
③ 《伊犁塔尔哈台两处通商章程》，咸丰元年八月二十一日，贾桢等纂修：《筹办夷务始末・咸丰朝》一，第 166—167 页。
④ 中俄《恰克图市约》，乾隆五十七年正月二十八日，王铁崖编：《中外旧约章汇编》第 1 册，第 29—30 页。

人民交涉案件，可能发生在中国境内，也可能发生在俄国境内，这类案件实行共同会审、分别治罪，对双方都是平等的，不存在损害某一方司法主权的问题。而伊犁和塔尔巴哈台位于中国内地，其人命案件仅发生在中国一地，理应遵照中国法律办理，照"恰克图之例"无疑侵犯了中国的主权。但和耆英当年与英国谈判，给予英国领事裁判权一样，奕山等人也没有国家主权观念，反认为"恰克图既已行之多年，伊犁不能不仿照办理"。奕山考虑的主要问题是，犯罪俄民由官员带回俄国自行处理，而中国犯人在当地受罚，会引起民众的不满，因而奏请将杀伤俄罗斯人的华民"解往陕甘总督衙门讯办治罪，使民回遣犯无见无闻，或可相安"①。咸丰认为，甘肃与伊犁相距遥远，将人犯解往陕甘总督衙门讯办，"转多不便"②。奕山改请，人命重犯"在伊犁讯明定案后，只将正犯解往陕甘总督衙门，听候部复，以免拖累"③。咸丰准奏。整个清朝统治者阶层都没有司法主权的意识，丧失权利而浑然不知。

就免税特权来看。条约第三条规定："通商原为两国和好，彼此两不抽税。"④ 此条亦仿自恰克图章程，且看似平等。但实际上，恰克图边境是双边贸易，中俄商民入对方界内贸易，皆可免税，而伊、塔两地没有华民赴俄国贸易，免税之利只有俄民真正享受。当然，清政府出于夷夏大防的考虑，一向不鼓励华民从事对外贸易，早在康熙年间，俄国就曾提出允许中国民人赴俄贸易的问题，遭到清政府拒绝。

就内地居留特权来看。条约第十三条允许俄国商民在伊犁和塔尔巴哈台贸易亭附近，"由中国指定一区"，自行建造房屋，"以便住人存货"⑤。根据这一规定，自1852年起，俄国开始在伊犁和塔尔巴哈台建造房屋，供前来

---

① 《奕山等又奏通商章程照恰克图例规定罪犯由两国自行办理片》，咸丰元年八月二十一日，贾桢等纂修：《筹办夷务始末·咸丰朝》一，第165页。
② 《廷寄》，咸丰元年八月二十一日，贾桢等纂修：《筹办夷务始末·咸丰朝》一，第169页。
③ 《奕山等奏复议俄国通商事宜折》，咸丰元年十月初十日，贾桢等纂修：《筹办夷务始末·咸丰朝》一，第174页。
④ 《伊犁塔尔巴哈台两处通商章程》，咸丰元年八月二十一日，贾桢等纂修：《筹办夷务始末·咸丰朝》一，第166页。
⑤ 《伊犁塔尔巴哈台两处通商章程》，咸丰元年八月二十一日，贾桢等纂修：《筹办夷务始末·咸丰朝》一，第167页。

贸易的商人居住，形成所谓"贸易圈"。这些"贸易圈"俨然成为"国中之国"，居住在此的俄国商民享有领事裁判权，享有免税特权等。

不平等条约既具有政治的内涵，又具有法律的内涵，其根本特点是违背国家主权平等原则，核心要素是条约所规定的双方权利义务的不对等。可以说，"凡条约条款侵犯中国主权，违反国际法或相关的国际惯例，都是对中国不平等的条款"①，包含此类条款的条约都是不平等条约。因此，中俄《伊犁塔尔巴哈台通商章程》尽管是双方和平协议的结果，其缔结程序和形式没有什么不平等，但因其对中国主权的侵犯依然属于不平等条约。

第五节　其他国家跻身条约体系的努力

第一次鸦片战争后，除英国、美国、法国和俄国外，葡萄牙、瑞典、挪威等欧洲小国也努力跻身对华条约体系，分享在华政治、经济、文化特权。

如前所述，葡萄牙是最早从海路到达中国的西方国家，16 世纪中叶取得在澳门居留和贸易的特权。清政府将葡萄牙作为互市国对待，限定其在华商船为 25 艘，葡萄牙商人只需缴纳船钞，货税由赴澳交易的华商承担。

1843 年 7 月，澳葡总督照会两广总督耆英，称五口开放以后，外国商人分散各处，澳门的贸易和房租势必减少，请求清政府议定新的通商章程，其具体要求如下：1. 豁免每年 500 两的地租；2. 关闸至三巴门一带地方由葡萄牙派兵驻守；3. 允许各国商船自由赴澳贸易；4. 澳门的货税、船钞低于新定中英通商章程；5. 允许葡萄牙船只赴新开五口贸易；6. 废除澳门葡萄牙人修理房屋、船只须向清政府牌照的制度；7. 华商由大陆输入澳门的货物在澳门征税，且清政府不得限制其货物数量②。这实际上是借议定通商章程"否定中国对澳门的主权，把澳门变成葡萄牙的殖民地"③。

---

① 侯中军：《近代中国不平等条约及其评判标准的探讨》，《历史研究》2009 年第 1 期。
② 《耆英等奏澳门葡萄牙人通商章程业经议定折》，道光二十三年十月初十日，齐思和等整理：《筹办夷务始末·道光朝》五，第 2767—2768 页。
③ 黄鸿钊：《澳门史》，第 14 页。

者英就葡方所提各条逐一查核，认为只有第六条废除葡萄牙人修理房屋和船只的牌照制度尚属可行，因这一制度实际上并未严格执行，但房屋修建仅限于三巴门内，其他各条一概驳回。清廷批准了这一做法。

者英在向朝廷奏报此事时称葡萄牙为"大西洋之意大里亚国"。后人曾误以为是意大利，《清朝条约全集》中将此事的交涉拟立标题"中意五口通商章程"。事实上，晚清文献中的"意大里亚国"概指葡萄牙。

1844 年魏源出版《海国图志》，在关于欧洲的总序中曾考证"意大里亚国"称呼的由来，并梳理了其与葡萄牙的关系。他写道："大秦之名闻中国，自汉世始；大秦之通中国，自明万历中利马窦始。大秦者，西洋之意大里亚国也。凡佛郎机、葡萄亚之住澳门，入钦天监，皆意大里开之，为天主教之宗国，代有持世之教皇，代天宣化。至今西洋各国王即位，必得教皇册封，有大事咨决请命焉。""明万历二十九年，意大里亚国人利玛窦始入中国，博辩多智，精天文，中国重之。自称大西洋之意大里亚人，未尝以大西洋名其国。时佛郎机筑城室于濠镜，及明季亦旋弃澳而去，皆非今澳门大西洋。澳门大西洋者，明末布路亚人，以历法闻于中朝。礼部尚书徐光启奏用其法，并居其人于澳门。至今相沿，呼澳夷为大西洋国。《明史·外国传》自当专立布路亚国一传，以著中历用西法之始，及澳门有大西洋之始。乃仅一语附见意大里、佛郎机传中，遂至今如堕云雾。其实大西洋者，欧罗巴洲各国之通称，澳夷特其一隅，不得独擅也。以其洲言之，则各国皆曰欧罗巴；以其方隅言之，则皆可曰大西洋；以其人言之，则皆可曰红毛。至《澳门纪略》以今澳夷为意大里亚国，亦误。意大里但行教于澳，其市舶、兵舶、炮台、洋楼，及岁输地租，则皆布路亚国主之，无与意大里。"[①]《澳门纪略》是专记澳门的地方志书，是中国历史上第一部系统介绍澳门的古籍著作，由印光任、张汝霖所编撰，于 1751 年完成。根据魏源的考证，时人对"意大里亚国"的认识是模糊不清甚至是错误的。《海国图志》中魏源还特意指出，布路亚国即葡萄牙，时人又称博尔都噶国，或葡萄亚，博尔都噶为布路亚三个

---

① 魏源撰：《海国图志》，中州古籍出版社，1999 年，第 267—268 页。

字的转音①。

1849年，徐继畲首次出版的《瀛寰志略》中也曾记载："澳门之夷，俗呼为大西洋，又称为意大里亚。当其初来，中土不详其部落之名，彼谓从大西洋来，则称为大西洋，而不知葡萄牙之在大西洋，不过滕、薛之类也。至称意大里亚，则以意大里为彼土一统之朝，犹之称中国为汉人、唐人耳。又利玛窦、南怀仁之属，以历学名中土，皆意大里之罗马人，而其来也皆居澳门，讹误相仍，有自来矣。"②

可见，耆英奏折中的"大西洋之意大里亚国"实为对葡萄牙称呼的误解。不管怎样，葡萄牙议订商约、扩大侵略的阴谋未能得逞。

与葡萄牙不同，北欧的瑞典—挪威联盟却借第一次鸦片战争后各国与清政府签订条约之机成功建立了对华条约关系。

挪威自公元9世纪以后形成统一的王国，1397年，挪威与丹麦、瑞典签订《卡尔马条约》建立国家联盟，共同拥戴一位君主，各国交出其主权，但仍保留各自的独立地位。1524年瑞典退出联盟，但丹麦与挪威仍保持联盟关系，挪威及其海外属地仍以联盟的名义继续由奥登堡王朝管治。1534年挪威被取消作为独立王国的地位，降为丹麦的省。拿破仑战争期间，丹麦同法国结盟，瑞典则加入了反法同盟。拿破仑失败后，1814年1月，丹麦与瑞典签订《基尔条约》，丹麦将挪威割让给瑞典。挪威乘机宣布独立，但在瑞典的武力威胁下，被迫臣服，结成瑞典—挪威联盟，一直到1905年。

晚清时期，瑞典、挪威亦有少数商人来华贸易。得知英、美、法三国与清政府签订条约的消息后，1846年初，瑞典—挪威联盟派出代表李利善，赴广州呈递文书，要求照三国成案，议定通商条约，特别要求将该国对华贸易的主要商品钢、铁、洋青的税率下调，较以前的税则减税一半。耆英派黄恩彤、赵长龄、潘仕成等前往交涉，驳斥了其减税要求，但同意照美国之例，与其签订条约。耆英等人认为，瑞典—挪威联盟代表所拟约文基本上是美国条约原定条款，与各国通商章程无碍，如果断然拒绝，恐其因绝望而生

---

① 魏源撰：《海国图志》，第293页。
② 徐继畲：《瀛寰志略》，上海书店出版社，2001年，第224页。

事端，不如与其签订条约，"以昭信守"，并断其妄求①。朝廷批准了耆英的这一做法。

1847 年 3 月，清政府与瑞典、挪威签订《五口通商章程》，给予瑞典、挪威和美国一样的协定关税权、片面最惠国待遇、领事裁判权等特权。条约规定："瑞典国、挪威国等来中国贸易之民人所纳出口、入口货物之税饷，俱照现定例册，不得多于各国。一切规费全行革除；如有海关胥役需索，中国照例治罪。倘中国日后欲将税例更变，须与瑞典国、挪威国等领事等官议允。如另有利益及于各国，瑞典国、挪威国等民人，应一体均沾，用昭平允。"瑞典国、挪威国来华商民由领事官管理，与华民发生诉讼亦由领事官"捉拿审讯，照本国例治罪"等②。

---

① 《耆英奏瑞典挪威请照美国原定条款立约通商业已照缮约册盖用关防折》，道光二十七年三月十三日，齐思和等整理：《筹办夷务始末·道光朝》六，第 3085 页。

② 中瑞挪《五口通商章程：海关税则》，道光二十七年二月初四日，王铁崖编：《中外旧约章汇编》第 1 册，第 71—72、75 页。

第五章　第二次鸦片战争与条约关系的基本形成

第一批不平等条约签订不到 10 年，以英国为首的西方列强就开始不满于既得利益，要求扩大特权，取得更大的贸易自由，进入中国内地。19 世纪50 年代，在经历了长时间的修约交涉以后，英、法两国最终联合发动侵华战争，再次以强力逼迫中国签订新的条约，在更大范围内和更大程度上破除了朝贡关系，而代之以条约关系。

第一节　西方侵略者对已有条约关系的不满

19 世纪四五十年代是西方资本主义经济大发展的时期，英国第一次工业革命基本完成，向"世界工厂"迈进，法国和美国的工业革命也迅速推进，出现生产高涨的局面。经济的发展带动了对市场的进一步需求，西方国家对中国市场产生了更高的期望，它们不满足于仅仅通过东南沿海几个口岸同中国进行贸易，而企图深入中国内地，实现全面自由贸易。此外，在五口通商时期，中外之间的贸易摩擦、居留纷争、鸦片冲突等，也加剧了西方列强的不满情绪，产生了修订条约的想法。

作为工业革命的领头羊，英国最早遭遇经济危机，市场问题最为紧迫，对条约的不满之声也首先发自英国。1825 年，英国爆发第一次全局性的经济危机，以后大约每隔 8—10 年发生一次。19 世纪 40 年代初，主要由于冶金和机械制造技术的进步，英国进入新一轮的经济繁荣。为满足经济发展的需要，英国先后废除《谷物法》《航海条例》等重商主义的法律法规，确立了完全的自由贸易政策。英国资产阶级大力开拓国外市场。此时，刚刚被炮舰打开大门的中国亦受到英国资产阶级的追捧，1841—1845 年间英国对华贸易出现大幅增长。1842 年英国输入中国的棉织品价值为 47 万镑，1844 年上升到 145.7 万镑，1845 年更高达 163.6 万镑。3 年增加了近 2.5 倍。此外，毛纺织品的增长也是显著的，由 1842 年的 14.6 万镑上升到 1844 年的 56.5 万镑[①]。但 19 世纪 40 年代中叶以后，英国再次面临生产相对过剩问题。1847 年秋，英国爆发规模空前的经济危机，其烈度和持续时间超乎寻常，大量工厂倒闭，大批工人处于失业和饥饿之中。

马克思称经济危机为荒唐的"社会瘟疫"，他揭示了自由竞争时期资产阶级解决危机的办法："一方面不得不消灭大量生产力，另一方面夺取新的市场，更加彻底地利用旧的市场。"[②] 经济困境中的英国正是如此，它需要大量的市场来吸纳过剩的产品。但此时，英国的海外市场却出现萎缩。以出口量最大的棉布为例，1845 年英国棉布出口达到最高峰，随后便开始下滑，首先是亚洲，接着是欧洲，1846 年对美洲和非洲的出口也大大减少。

英国对华贸易也从 1845 年开始转向萧条。广州、上海的进口货物大量积压，物价跌落。福州、宁波、厦门的贸易量更是少得可怜。海外市场的缩减引起了英国政府的高度关注。1847 年英国议会下院组建了一个 15 人的"对华商业关系特选委员会"（Select Committee on Commercial Relations with China），调查对华贸易不景气的原因。委员会查阅了 1843 年以来英国

---

① A. J. Sargent, *Anglo-Chinese Commerce and Diplomacy*, Oxford, 1907, p. 30.
② 《共产党宣言》，人民出版社，2014 年，第 33—34 页。

对华进出口贸易资料，仔细分析了其中的数据，并就相关问题调查了大量从事对华贸易的商人和公司，得出的结论主要是两个：一是英国过高的茶叶税限制了中国茶叶向英国的出口，相应造成了中国购买英国制造品数量的减少；二是鸦片贸易吸收了中国的大部分资金，严重影响了中国人的购买力[①]。五口通商时期，鸦片贸易在中国并未取得合法地位，但它仍是英国平衡对华贸易的重要手段，因而委员会认为解决中国贸易问题的最好办法是降低茶叶税，刺激中国茶叶的进口以扩大出口[②]。

英国商人认可委员会的观点，支持降低茶叶税以促进出口，但同时也认为，这并不是解决问题的根本办法。在他们看来，英国对华贸易的受挫主要是中国市场开放度不够，以及中国政府不守条约，在内地对英国货物征收高额税费，阻碍了英国商品向中国内地居民的销售，只有打破原有条约限制，允许英国商人自由进入中国内地，并扫除内地税的阻碍，才可能真正占有中国市场。曼彻斯特商会多次向政府请愿，呈递建议书，声称同中国的贸易"严格而强制"地限制在沿海五个地点，不仅"阻碍民族间个人好感的生长，也掩盖了我们对华商务发展不健全的真正原因。在通过和平协商，以取得深入这个国家的更大自由以前，想往中的目标，一个也达不到"[③]。它要求英国政府采取行动，同中国方面交涉，进一步打开中国市场。

事实上，五口通商时期，英国对华贸易受挫的主要原因是中国自给自足的自然经济体制对外国商品的顽强抵抗，而不是茶叶出口问题。1848 年以后，中国输往英国的茶叶一直在增加，其年平均出口量 1843—1847 年间为 6600 万磅，1848—1852 年间上升到约 8600 万磅，1853—1857 年达 10900 万磅[④]。然而，这并未带来英国制造品进口的相应增长。当时的一些在华英国商人和官员已经意识到了这一点，如怡和洋行上海分行的经理、上海领事阿礼国、香港副总督米切尔等，但并没有形成普遍认识。

---

① "Report from the Select Committee on Commercial Relations with China," July 12, 1847, *British Parliamentary Papers*, China 38, pp. 4—5.

② "Report from the Select Committee on Commercial Relations with China," July 12, 1847, *British Parliamentary Papers*, China 38, p. 5.

③ 《英国资产阶级纺织利益集团与两次鸦片战争的史料》，经君健编：《严中平文集》，第 187 页。

④ ［英］魏尔特著、陈致才等译：《赫德与中国海关》上册，厦门大学出版社，1997 年，第 97 页。

部分英国驻华官员也提出重新修订中英条约，打破贸易限制，进入中国内地市场的主张。时任上海领事的阿礼国是当时英国对华事务中极有影响的人物，熟知中英贸易的情况。1848 年 3 月 23 日，他在给香港总督的信中指出，以茶叶进口带动英国制造品的出口是不现实的，英国"已经从中国出口了价值四百万英镑的茶和丝，却无法为两百万英镑的制造品找到有利可图的市场"，对英国来说，发展对华贸易更重要的是开放中国内地，"进入初级市场"，去除或有效控制英国货物在中国内地自由流通以及中国土产从内地到海口的一切财政上的限制，同时"废除一切可耻的内地旅行上的限制"①。1849 年 1 月 19 日他又专门写了一份论中英关系现状的备忘录呈给总督，指出旧的条约对中英关系包括贸易关系的限制，以及中国政府对待条约的不诚信态度。他说，"我们现在的关系是在友谊遮掩的外表下不断斗争"，中国政府总体上企图以诡计逃避英国强力获取的条约，在过去和将来与中国的交往中，英国都为一些不利因素所困扰②。《南京条约》使英国依然处于靠"恩赐和限制进行国际贸易的旧立足点上"，只能在中国的边境上贸易，英国与西方其他国家的不同仅仅只是"在沿海五个经过挑选并受严格控制的口岸进行贸易比较有些方便和保障而已"。英国扩大对华贸易的主要困难在于缺乏进入中国初级市场的机会和推动、核实英国制造品在中国内地消费情况的手段。这不但使英商丧失了本国商品的广大市场，而且要为中国出口土货支付较高的价钱。阿礼国认为，英国不能满足于每年从中国进口 6000 万磅茶叶和向中国输出 4 万箱鸦片的税收收入，也不能满足于中国生丝进口使英国丝织品保持较低价格的不太重要的好处，甚至不能满足于中国市场在吸收印度棉织品方面的重要作用。英国不仅要占有中国茶叶和生丝的生产，继续保持和扩大鸦片与印度棉纺织品向中国的输出，更重要的是，要使中国成为英国制造业的一个巨大的销售市场，把中国消费英国制造品的份额"提高到整个

① Alexander Michie, *The Englishman in China During the Victorian Era*, Vol. 1, Edinburgh and London, 1900, pp. 204—206.

② Alexander Michie, *The Englishman in China During the Victorian Era*, Vol. 1, pp. 411—412.

欧洲的程度"①。而要实现这个目标，就必须修改现行条约的某些规定②。总之，五口通商时期，英国经济的发展及其对华贸易的受挫，使其意欲突破原有条约限制，实现在华商业的进一步扩张。

再来看美国。19 世纪中叶，美国工业革命的推进和对华贸易的迅速发展，使其亦不满于原定条约，产生了进一步打开中国市场的强烈愿望。美国工业革命开始于 19 世纪初，与法国几乎同时起步，但是进展要快得多。1860 年前的 40 年中，美国棉纺织业以平均每年 15% 的高速度增长，铁的生产总值增长了 20 倍。19 世纪 50 年代末，资本主义工厂制度在美国主要工业部门已经占据主导地位。交通运输的变革尤为显著。自 1807 年富尔顿的蒸汽轮船首航成功起，美国兴起了开凿运河的热潮，到 1840 年，建造了总长为三千三百多英里的运河。铁路在 1830 年总共不到 100 英里，1840 年增加到三千多英里，以后 20 年内每年增加 200%③。公路系统亦日益完备。

在国内资本主义经济快速发展的同时，19 世纪中叶，美国日益拥有对华贸易的优越条件：1844 年《望厦条约》为美商攫取了种种特权；1848 年美国领土扩张到太平洋沿岸，大大缩短了与中国的距离；1840 年代末飞剪快船（clipper ship）的建造便利了与中国的交通。在这种有利形势下，五口通商时期，美国对华贸易有了很大发展，双边贸易额、来华美国船只数量都大大增加，贸易结构发生了质的变化，其在中国的贸易地位仅次于英国。

在这一时期，上海逐渐取代广州，成为新的贸易中心，美国也以上海作为对华贸易的主要港口。进入上海港的美国船只，1849 年为 25 艘，1852 年达到 66 艘，1855 年进一步增加到 96 艘④。美国自华输入品的贸易值 1845 年为 7285914 美元，1852 年首次超过 1000 万美元，1855 年达到 11048726 美元，此后仍不断上升⑤。美国自华输入品中，茶、丝仍占主导地位，尤其是

---

①　《领事阿礼国有关我们当前局势和我国与中国关系的意见书》，齐思和等编：《第二次鸦片战争》六，上海人民出版社，1979 年，第 14 页。

②　Alexander Michie, *The Englishman in China During the Victorian Era*, Vol. 1, p. 413.

③　[美] 杰拉尔德·冈德森著、杨宇光等译：《美国经济史新编》，商务印书馆，1994 年，第 220、229、202、206 页。

④　[美] 马士著、张汇文等译：《中华帝国对外关系史》第 1 卷，第 389 页。

⑤　姚贤镐编：《中国近代对外贸易史资料（1840—1895）》第 1 册，中华书局，1962 年，第 654 页。

绿茶，占到各年输美中国货物的 3/5 到 4/5 不等。1845 年美国从中国输入的茶叶为 19629155 磅，19 世纪 50 年代以后年均在 2000 万磅以上，1860 年达到 30558949 磅①。

就贸易结构而言，五口通商时期，美国输华商品中，来自美国本土商品的数量有了大幅度增长。鸦片战争前，美国输入中国的货物大部分来自其他国家和地区，1842 年来自美国本土的货物首次超过外国货物，1845 年美国本土对华输出货物总值达 2079341 美元，占到美国整个对华出口值的 92%②。整个五口通商时期，本土货物一直在美国输华货物中占绝对优势，这主要是由于美国工业革命刺激了美国本土经济的巨大发展。美国本土货物中又以棉织品最为重要，1850—1853 年，棉布占到美国本国输华货物的 9/10，且占美国全部出口棉布总额的 1/3③。

五口通商时期，尽管美国对华贸易有了很大增长，但依然没有摆脱贸易逆差的地位。表 5—1 呈现了 1845—1854 年间中美贸易的平衡情况。

表 5—1　1845—1853 年美国对华贸易情况（单位：千美元）

年份	美国对华输出额	美国自华输入额	美国对华贸易平衡
1845	2276	7286	−5010
1846	1332	6594	−5262
1847	1833	5583	−3750
1848	2190	8083	−5893
1849	1583	5514	−3931
1850	1605	6593	−4988
1851	2485	7065	−4580
1852	2663	10594	−7931
1853	3737	10574	−6837
1854	1398	10506	−9108

资料来源：卿汝楫：《美国侵华史》第 1 卷，第 93—94 页。

由上可知，1845 年后的 10 年间，美国对华贸易年平均逆差达到 572 万

---

① 姚贤镐编：《中国近代对外贸易史资料（1840—1895）》第 1 册，第 657 页。
② 姚贤镐编：《中国近代对外贸易史资料（1840—1895）》第 1 册，第 652 页。
③ 姚贤镐编：《中国近代对外贸易史资料（1840—1895）》第 1 册，第 656 页。

多美元。这些逆差多半依靠鸦片走私来弥补。和英国一样，鸦片走私的不确定性和不光彩性也一直困扰着美国政府，它更希望通过合法贸易的途径来实现贸易的平衡。

美国工业革命的高涨，对华贸易的扩大及其逆差的存在，使美国资产阶级迫切希望进一步打开中国市场。1851 年 12 月 2 日，美国总统在致国会的咨文中写道，"我们对华的商务万分重要。而且，由于我们太平洋岸海口与东亚交通增进的结果，这商务的重要性更日益增加了"①。继马沙利（Humphrey Marshall）出任美国驻华公使的麦莲也说，"只有整个内地都开放，中国就会成为美国工业产品之最有价值的市场。其价值大于美国现时所能进入的全世界一切市场之总和"②。

总的来看，19 世纪四五十年代，虽然英、美对华贸易的趋势有所不同，但国内资本主义经济发展所带来的市场需求是两国不满旧约、要求修订新条约的根源。法国经济发展相对缓慢，但亦启动工业革命，工业生产进步明显，也有着对中国市场的需求。

此外，英国的进城问题、美国的商业纠纷、法国的传教冲突等，加剧了中外之间的纷争，也强化了各国修订条约的意图。关于这些问题详见第六章，此处不赘述。

第二节　修约交涉及其失败

跨入 19 世纪 50 年代，西方列强开始了其对华外交的重大事件——修订条约。整个修约交涉的过程从 1853 年持续到 1856 年，英、美、法三国也由初期的独立行动到后来的联合施压。最终，在修约未果的情况下，英、法两国发动了第二次鸦片战争，强迫中国签订新的条约。由于这场修约活动与第二次鸦片战争有着直接关联，有人称之为"第二次鸦片战争的先行阶段"③，

---

① 卿汝楫：《美国侵华史》第 1 卷，第 118 页。
② 卿汝楫：《美国侵华史》第 1 卷，第 119 页。
③ 魏建猷：《第二次鸦片战争》，上海人民出版社，1955 年，第 23 页。

有人把它视为西方资本主义国家为侵略制造的口实①。

一、　中外修约交涉的三个阶段

19 世纪 50 年代中外修约交涉经历了三个阶段：1853—1854 年初美、英的独立修约，1854 年英、美、法的联合修约，1856 年以美国为主的修约。各国侵略中国的意图在修约中暴露无遗。

第一阶段：1853—1854 年初美、英独立修约。

美国是第一个向清政府提出修约要求的国家。早在 1853 年马沙利担任美国驻华公使期间就提及修约一事。该年年初，马沙利携美国政府的国书抵华，但一直未能与两广总督叶名琛会面，国书也未能递交。1853 年 2 月，马沙利向美国国务卿报告了此事，并写道"需要为条约规定的义务和外国人的权利进行适当考虑的例子不胜枚举"，外国人在中国遭到蔑视，中国当局漠视外国人的条约权利，拖延解决中外案件，禁止外人进入广州城，包庇海盗等，法国公使甚至在澳门等待了 15 个月之久也未能与两广总督见面②。此后，他向政府提出修订同中国的条约，尽力要求允许美国全权专员驻扎京城，"允许西方国家的公民不受干扰地走遍中国各地"，要求开放天津③。马沙利特别看重内河航行权的攫取，他在给政府的报告中说，中国的"汽船航行，应该由美国来控制……这样，我国在华人士，就占了优胜地位，他们的经营，就可以向内地开辟千万种获利事业……有了汽轮通航该江（指长江——引者注）及其支流，你不难想象未来上海的商务如何繁盛"④。

此时，太平天国革命势如破竹，太平军攻克武昌，沿长江一路东进。3 月 1 日，江苏巡抚杨文定向英国驻上海领事阿礼国求援，请求英国将一艘停泊在上海的军舰开入长江，阻挡太平军。3 月 15 日，苏松太道（即上海道）

① 蒋孟引：《第二次鸦片战争》，生活·读书·新知三联书店，1965 年，第 6 页。

② 《美国驻华全权专员马沙利给国务卿的报告》，阎广耀、方生选译：《美国对华政策文件选编（从鸦片战争到第一次世界大战）》，第 104 页。

③ 《美国驻华全权专员马沙利给国务卿马西的报告》，阎广耀、方生选译：《美国对华政策文件选编（从鸦片战争到第一次世界大战）》，第 115 页。

④ 卿汝楫：《美国侵华史》第 1 卷，第 118 页。

吴健彰再次向各国领事递送了求援照会。英国和法国处于观望状态，只有美国积极响应，马沙利立即派遣火轮援助清军，企图利用这一时机为美国夺取新的利益。

马沙利到达上海后，指示美国驻上海领事将国书交给上海当局，请其转呈北京朝廷，随国书还附有一封给中国朝廷办理中外事务大臣的照会。但该国书和照会并没有直达北京，而是转寄给了两广总督叶名琛。1853 年 5 月，美国公使马沙利与两江总督怡良在昆山会晤，得知此事，立即照会叶名琛，询问国书是否已送往北京，是否收到皇帝的回文。为防止叶名琛以途中延误为借口，马沙利表示，愿意另写一份说明文件，派美国兵船直抵白河口呈递，并特别强调一定要讨取皇帝的回文①。当时，叶名琛在广东内地督战，未及时阅看两江移文，也未对马沙利的照会给予回应。中美《望厦条约》曾规定："合众国日后若有国书递达中国朝廷者，应由中国办理外国事务之钦差大臣，或两广、闽浙、两江总督等大臣将原书代奏。"② 于是，马沙利另将一份国书副本交给怡良，请怡良代呈皇帝。在当时的特殊情况下，怡良答应了他的要求。

在与怡良的会晤中，马沙利初步提出了修约之意。他要求中国皇帝改变政策，以获得西方国家的好感，这些改变包括"放宽贸易范围，允许信仰自由，普遍的开放中国门户给外人进入"。他告诉怡良，美国愿意干涉太平天国运动，前提是中国皇帝必须颁布命令，"允许一切与中国订立友好通商条约的国家之人民，有在全中国境内一切地方进出来往的自由……开放长江及其支流……以资汽船通航"，不仅如此，还必须缔结条约，确保美国人能够获得这些权益③。但不知何故，怡良在给皇帝的奏折中，完全没有提到这件事。

将此事上报皇帝的还是两广总督叶名琛。在转送到叶名琛手里的给中国

---

① 《美使马沙利致两广总督叶名琛照会》，咸丰三年六月初五日，台北"中研院"近代史研究所编印：《中美关系史料（嘉庆、道光、咸丰朝）》，第 134 页。

② 中美《五口贸易章程：海关税则》，道光二十四年五月十八日，王铁崖编：《中外旧约章汇编》第 1 册，第 56 页。

③ 卿汝楫：《美国侵华史》第 1 卷，第 139 页。

办理中外事务大臣的照会中，马沙利写道："至于《望厦条约》议定年久，但两国交易事宜，在京都如与朋友酌定，比在边疆如与敌人路人等酌定，更为无限之好。"① 这实际上是要求上京与清廷大臣商议修订条约。1853 年 7 月，叶名琛回到广州后，拆阅了美国的国书和马沙利的照会，发现了马沙利的修约意图。他奏报皇帝，马沙利前往上海，起初如其所言，"只为护货而行，并无他意"，但是到上海以后，想借江苏巡抚求助之机尝试提出修约要求，对此，中方不能动摇，应"坚持定约"，饬令马沙利返回广东②。咸丰帝接报后，对美国公使的这一意图备加警惕，且担心马沙利"久处上海，难保无奸民悉愚匪徒勾结情弊"，立刻给两江总督和上海道台下达了谕令，并指示叶名琛"设法防维，相机控驭"，如果美国公使再提出其他要求，"仍当坚持定约，杜其妄念，不至别生枝节"③。

1853 年 10 月间，马沙利由上海回到澳门，照会叶名琛，声称有"紧急之务"，"欲面报大人"④。叶名琛心知肚明，以军备繁忙为由予以推脱。直到卸任，马沙利都未能与叶名琛谋面，修约之议也无从谈起。

马沙利只是初露修约意图，美国公使麦莲则开始了正式的修约交涉。1854 年 4 月初，麦莲抵达香港，接任驻华公使一职。他派伯驾出面照会叶名琛，希望与叶会面，交阅美国政府的国书和"敕书"，请叶约定时间、地点。美国政府的"敕书"即授权公文，明确授予麦莲"一切重大全权"，可以美国名义与中国钦差大臣就所有关系中国与美国的"贸易并洋面船只等事"，"互相面晤，参酌定立章程条约，勿论多寡，迨商定毕即行画押"，然后转呈美国总统和国会批准施行⑤。可见，麦莲此行实际上是为修约而来。叶名琛仍答以近期军务繁忙，容后有空再择吉日会面。麦莲指责叶名琛借口拖延，

---

① 《美使马沙利给大学士照会》，咸丰三年六月二十日，贾桢等纂修：《筹办夷务始末·咸丰朝》一，第 222 页。

② 《叶名琛奏马沙利所递文书缘由请敕江督令其回粤折》，咸丰三年七月二十八日，贾桢等纂修：《筹办夷务始末·咸丰朝》一，第 222—223 页。

③ 《廷寄》，咸丰三年七月二十八日，贾桢等纂修：《筹办夷务始末·咸丰朝》一，第 223—224 页。

④ 《美使马沙利致两广总督叶名琛照会》，咸丰三年十月二十三日，台北"中研院"近代史研究所编印：《中美关系史料（嘉庆、道光、咸丰朝）》，第 140 页。

⑤ 《美副使伯驾致两广总督叶名琛照会》附件，咸丰四年三月初六日，台北"中研院"近代史研究所编印：《中美关系史料（嘉庆、道光、咸丰朝）》，第 150 页。

扬言将来不能指望叶名琛代奏，而只能自己"别寻曲为"①。

过了二十多天，叶名琛才委婉回复："既有贵国呈进中国朝廷之书，自应订期相晤，以敦和好也。"②此时已值5月初，麦莲已北上抵达上海，并照会两江总督怡良，向其说明叶名琛支吾、拖延之事，转请怡良代为呈递国书。他约怡良在镇江焦山中国兵船停泊处会面，为了让怡良同意代呈，特意以商量兵乱以来的税收等问题引诱③。递交照会之后，麦莲在传教士裨治文等人的陪同下前往天京，对太平天国政权一探虚实。怡良则忙于奏报朝廷。他认为，拒之太甚，转令美使有所借口，直赴天津，招来更多麻烦，不如相机处理，如果美使提出变更商税或者有其他要求，则仍令其回粤，听候叶名琛查办。咸丰帝觉得有理，着其"随时妥为办理"，"不必激其另生枝节，尤不准迁就了事"④。

从天京回来以后，6月21日，麦莲在昆山与怡良会晤，正式提出修约问题。麦莲直言，中美条约迄今"有应变通更正之处"，"拟当续增数款"，其依据是《望厦条约》第三十四款。他对该款的解释是："遇凡有变通之处，则不得不稍为变通"；到12年期满则"虽小事亦应酌改"。与此同时，麦莲歪曲条约第十五款，将美国商民"任便与中国商民交易"解释为美商可以在上海置办货物，运往内地⑤。他以中国政局动荡、贸易受损为由，要求立即修订条约，准许美国商人赴扬子江一带贸易，并威胁怡良，如果不上奏，则径赴天津。怡良驳斥说，中美五口通商条约乃经中国皇帝批准，"中外臣民皆应永远恪遵"，且条约载明，嗣后两国不得另有异议，麦莲的要求与原约不符，难以上奏；至于天津地方，正值匪徒作乱，美国公使贸然前往，受到

---

① 《美使麦莲致两广总督叶名琛照会》，咸丰四年三月十八日，台北"中研院"近代史研究所编印：《中美关系史料（嘉庆、道光、咸丰朝）》，第153页。

② 《两广总督叶名琛致美使麦莲照会》，咸丰四年四月十一日，台北"中研院"近代史研究所编印：《中美关系史料（嘉庆、道光、咸丰朝）》，第155页。

③ 《美使麦莲致两江总督怡良照会》，咸丰四年四月十三日，台北"中研院"近代史研究所编印：《中美关系史料（嘉庆、道光、咸丰朝）》，第156页。

④ 《怡良又奏美使求见如别有要求仍令赴粤洽办片》，咸丰四年四月二十八日，贾桢等纂修：《筹办夷务始末·咸丰朝》一，第264—265页。

⑤ 《美使麦莲致两江总督怡良照会》，咸丰四年五月二十七日，台北"中研院"近代史研究所编印：《中美关系史料（嘉庆、道光、咸丰朝）》，第165—166页。

伤害，与中国官府无关，且直隶总督没有管理夷务的职权，未必能够接见；商务亏损一事，俟江面肃清，自然会有起色。见怡良不允，麦莲又要求他奏请朝廷派钦差大臣前来，以便面交国书，商议修约。怡良称，根据中美条约，能够修订的是"海面各款"，"江河陆路断不在内"，而且只是稍作变通，而非大作更改；条约明确规定，五口之外不许外国船只驶入，如有违禁，应没收船只、货物。"天朝制度，君尊臣卑，从无全权臣子，广东钦差大臣管理各国事务，即属钦派大臣，未便另行渎请。"①

第二天，麦莲派人给怡良送去国书副本和一封照会，并将美国的修约要求详列一纸。主要内容有：允许美国商民任意驾船运货，驶赴扬子江左右一带城邑港口销售②；美国商船往五口外新定口岸和扬子江一带贸易者，若并未开舱，准其将货物运出，到开舱之港再输纳船钞饷费；凡已经完税之货运赴别港，必须先由海关在牌照内填明，以免重征；小船来往于内地贸易者，所有领牌一切事宜，皆按上海海关规制；允许美国商民任便来往中国内地各处，并准自租行屋，或买地建造房屋行栈，设立医馆、礼拜堂及建筑坟墓等；允许美国派全权行事大臣寓居京都，办理两国事务；订约后，美国将严饬商民恪遵条约章程，禁止一切违法贸易；美国准许中国制订妥善方法，严令商民遵照条约输纳税课，允许中国官员严禁商民干犯中国法律，使其不违背两国条约，倘有敢违犯者，断不容包庇；以后中国不允许别国一体均沾的特权，美国也当放弃等③。

为诱使清政府同意修约，麦莲表示，美国将尽心尽力帮助清政府，"安静地方，力灭反侧之徒"④。但怡良并不相信，且担心美国公使提出修约后，英国和法国公使会相继效尤，要求开放长江，遗患将来。他将麦莲的照会和国书副本转交两广总督兼钦差大臣叶名琛，令其回粤听候查办。

① 《怡良奏接见美使麦莲据云如准其赴扬子江一带通商即助清攻太平军》，咸丰四年六月二十一日，贾桢等纂修：《筹办夷务始末·咸丰朝》一，第 285—286 页。
② 扬子江为长江从南京以下至入海口的下游河段的旧称。
③ 《美使麦莲致两江总督怡良照会》附件，咸丰四年五月二十七日，台北"中研院"近代史研究所编印：《中美关系史料（嘉庆、道光、咸丰朝）》，第 167—169 页。
④ 《美使麦莲致两江总督怡良照会》，咸丰四年五月二十七日，台北"中研院"近代史研究所编印：《中美关系史料（嘉庆、道光、咸丰朝）》，第 167 页。

同一年，英国也作了修约的尝试。1854 年 2 月，英国首相克拉兰敦致函驻华公使包令，声称根据中英《五口通商附粘善后条款》第八款有关最惠国待遇的规定，中美、中法条约中的修约条款同样适用于英国。他指示包令，在《南京条约》届满 12 年之际，向中国政府提出修约，获取以下权益：1. 争取进入中华帝国的整个内地以及沿海各城，如果做不到则争取扬子江的自由航行权，并取得进入扬子江沿岸城市（包括南京在内）以及浙江沿海各大城市的权利。2. 实现鸦片贸易合法化。3. 免除进出口货物的内地税或子口税。4. 对中国沿海的海盗行为予以有效取缔。5. 在可能的情况下，制定中国劳工向外移民的办法。6. 允许英国代表长驻北京，如果做不到则规定中英两国官员须保持正常公文往来，并充分保证公文的传递不受地方官的阻拦。7. 允许英国代表与所驻省份的巡抚随时会晤。8. 中英新缔结的条约，一切疑点应参照英文本解决，且仅以英文本为准①。

1854 年 4 月，包令照会叶名琛，声称其接到修订《南京条约》的指示，向中方提出进入广州城、废除茶用、自由租地、建立官员往来制度、支付商欠、减少对英人的攻击等要求，并坚持在两广总督衙门会面。叶名琛一一驳斥了他的要求，表示政府不能强迫广东人民允许外国人入城，茶用是茶商而不是政府收取的，租地一事应该由土地所有者决定，政府不便干预，同时他拒绝在衙门相见，而指定广州城外的仁信客栈②。双方没有达成一致意见。随后，包令前往上海。7 月，他指示英国领事阿礼国照会上海当局，要求会见两江总督怡良。在怡良等人看来，西方驻华官员中英国的阿礼国、威妥玛最为狡诈，且包令和麦莲不同，没带国书，"仅令领事代为请见，不特无此体制，且条约内亦无两江总督与各国公使议事之说，自难准行"③。包令未能与怡良见面，也没能向中方提出修约要求。

---

① ［美］马士著、张汇文等译：《中华帝国对外关系史》第 1 卷，第 738—739 页。

② J. Y. Wong, *Anglo-Chinese Relations 1839—1860: A Calendar of Chinese Documents in the British Foreign Office Record*, p. 232.

③ 《怡良又奏英使包令求见未允片》，咸丰四年六月二十一日，贾桢等纂修：《筹办夷务始末·咸丰朝》一，第 289 页。

第二阶段：1854 年英、美、法联合修约。

为促使清政府同意修约，英国政府设法寻求美国和法国政府的合作，以便共同向清政府施压。克拉兰敦将给包令的修约训令的副本转送法、美两国，三个野心勃勃、意图扩大对华侵略的国家一拍即合。法国和美国政府立刻将英国政府的训令转寄驻华公使，并给驻华公使发出了指示。美国国务卿马西（Secretary Marcy）叮嘱美国驻华公使麦莲，注意英国跟中国的修约谈判，并以一种适当的方式帮助英国，以获取中国在通商方面的"慷慨让步"。马西打的算盘是，英国修约所得到的权益，美国在两年以后修约时也能够得到。马西要求麦莲支持英国与中国签订"这样一种条约：它将实现取消外国同中国贸易的各种限制"①。法国公使也收到了类似的指示，要求他"与英国公使合作，争取条约的修订并设法取得一般贸易利益上的各种方便"②。

1854 年 8 月，英国公使包令、美国公使麦莲分别照会两江总督怡良，声称将同赴天津，向朝廷上达修约之意。咸丰闻报，认为"该夷等借端要求，是其惯技，其所言亦不过虚词探试"，仍着怡良令其回粤听候办理③。但三国既已正式提出修约，此事无法回避，因而咸丰也必须有所指示。他谕令叶名琛一面坚守成约，"以杜奸萌"，一面设法开导，"断不容以十二年变通之说，妄有觊觎"。他特别强调在接待礼仪上，"仍当恪守旧章"，不得因夷人的请求而"少涉迁就，以致弛其畏惮之心"④。

包令等人仍不死心。8 月底，吉尔杭阿接任江苏巡抚。包令和麦莲先后发出照会，以追缴上海小刀会起义期间两国商人的欠税和助剿太平军为诱饵，试图说服吉尔杭阿奏请朝廷派钦差大臣来上海会议修约。吉尔杭阿认为，"英夷最为桀骜"，对英人心存防备；至于美国，虽然他也怀疑麦莲有所居心，但觉得比英国人恭顺，建议派重臣与之商议修约，并利用其对抗英国。咸丰帝批示：对英人要"处以镇静，断不可受其要挟"。至于与美商议

---

① 《国务卿马西给驻华全权专员麦莲的命令》，阎广耀、方生选译：《美国对华政策文件选编（从鸦片战争到第一次世界大战）》，第 132 页。

② ［美］马士著、张汇文等译：《中华帝国对外关系史》第 1 卷，第 743 页。

③ 《廷寄》，咸丰四年七月十五日，贾桢等纂修：《筹办夷务始末·咸丰朝》一，第 293 页。

④ 《廷寄二》，咸丰四年七月十五日，贾桢等纂修：《筹办夷务始末·咸丰朝》一，第 293—294 页。

修约之事，他只写了三个字"知道了"①。"知道了"三个字并不表示他同意吉尔杭阿的意见，而是在此前已经接到奏报，并已作出指示，即谕令怡良饬美使回广东。

在吉尔杭阿上奏期间，包令和麦莲返回香港，两人分别派麦华陀和伯驾与广州当局交涉，特别是弄清楚叶名琛有没有商定新约的权力。叶名琛派人交给他们一封信，声称，"他仅有对现行条约作不重要修正的权利；而对于有重大变动的谈判，他没有奉到上谕，不能擅自进行"②。英、美、法三国公使得知这一表态后，认为继续同叶名琛交涉，无异于浪费时间，决定再次北上。此时，美国和法国公使已经收到本国政府协助英国修约的指示，全力支持英国公使。

1854年9月，英、法、美三国公使再次抵达上海，与吉尔杭阿会谈，向其说明在广东遭到冷遇一事，并扬言三国公使已受命通力合作，与中国谈判修约，决定共同前往白河，同朝廷大员直接交涉。吉尔杭阿劝其不必北上，同意再次奏请朝廷派钦差大臣来上海。

在清统治集团中，吉尔杭阿属于主张修约的少数人。他一方面对借兵助剿和追缴外商税收仍抱有期望，另一方面也畏惧三国挑起事端。在奏折中，他流露出对三国公使的信任和宽容，称其"助顺讨逆"并饬外商补交欠税，"事虽未可深信，而其言甚力"，并且前往广东、上海或天津，"必待请命而行，似又并非恶意"。他认为，如果不稍微满足他们的要求，恐其趁着中国内乱，"合各夷之力，独树一帜，不受羁縻，不完关税，伺衅而动，以图一逞，实为肘腋之患"；同时，也恐三国因"求之不得"而"另生诡计"，"夷情狡诈暴戾，历观成事，凡有所求，必得乃止"。吉尔杭阿建议"钦派重臣会同两广督臣妥为查办，所求如果允准，不妨曲示包荒，许其所请；倘大为悖谬，亦不妨直言杜绝，免其觊觎"③。

---

① 《吉尔杭阿奏英使藉端要挟极为狂悖折》《吉尔杭阿又奏美使请求在长江一带通商片》，咸丰四年闰七月初七日，贾桢等纂修：《筹办夷务始末·咸丰朝》一，第297—300页。

② ［美］马士著、张汇文等译：《中华帝国对外关系史》第1卷，第741页。

③ 《吉尔杭阿奏英法三使同至上海声明欲赴天津折》，咸丰四年八月二十四日，贾桢等纂修：《筹办夷务始末·咸丰朝》一，第305—306页。

咸丰皇帝接到奏报后，愤怒不已，斥责吉尔杭阿"岂能遽信其驱贼补税之言甚力，遂谓其并无恶意"，"该抚信之已深，直谓非允其所求不可"，"该抚身任封圻，安内攘外，责无旁贷，独不可折之以理，而必待钦派重臣，朕又安用汝等督抚为耶？"当然，咸丰对三国的联合行动也心生顾忌，特别担心其与太平天国勾结。他一面令吉尔杭阿相机筹办，"示以抚绥之恩，折其虚骄之气"，一面谕令沿海沿江官兵"密为防范"①。为应对三国公使北上天津，他指示直隶总督桂良派人赴津，"预筹防范"，同时命令长芦盐政文谦、天津镇总兵双锐在天津陆路及海口炮台，"一体严密防备"，若三国公使到津，"应如何布置，如何拒绝"，"随时熟商，奏明办理"，如果接见的话，"总宜不亢不卑，正言开导，杜其觊觎之心"②。

皇帝的批复未到上海，三国公使已迫不及待地准备启程北上，吉尔杭阿力劝他们等候皇帝回音，但公使们已经没有耐心，一方面，他们担心冬季将至，错过北上的时机；另一方面，按照各国政府的指示，公使们应当前往白河口，直接同中国朝廷交涉，用他们的话说，如果受到拒绝，"也不能同意在白河以外的任何其他地方"，否则政府是不会宽恕他们的③。

1854 年 10 月中旬，包令和麦莲率船队抵达天津口外。文谦等派人询问由来，麦华陀和伯驾出面答称，五口货物滞碍难销，江苏巡抚吉尔杭阿不管夷务，两广总督叶名琛又不予见面，只好来津。咸丰认为，英、美公使屡次要求"变通成约"，又不详细言明，甚至要求派出钦差大臣，给予便宜行事之权，居心叵测。他谕令文谦等人设法问出真实来意，然后"随机折服"，特别强调接见的时候，"务须折其虚骄之气，杜其诡辩之端，万不可轻有允许"④。

文谦等人与麦华陀、伯驾会谈，英、美要求其奏明皇帝，允许二位公使进京申诉，并声称"变通条约，实于中外大有益处。倘不允为代奏，惟有赶

① 《廷寄》，咸丰四年八月二十四日，贾桢等纂修：《筹办夷务始末·咸丰朝》一，第 306—307 页。
② 《廷寄二》《廷寄三》，咸丰四年八月二十四日，贾桢等纂修：《筹办夷务始末·咸丰朝》一，第 307—308 页。
③ ［美］马士著、张汇文等译：《中华帝国对外关系史》第 1 卷，第 752—753 页。
④ 《廷寄》，咸丰四年八月二十七日，贾桢等纂修：《筹办夷务始末·咸丰朝》一，第 313—314 页。

紧回南，见本国国王销差，其前立万年和约，竟成废纸"。文谦等一面遵旨拒绝，表示"既系万年和约，自宜永远奉行"，至于公使进京申诉，不仅"无此办法"，"亦未便代奏"；同时又担心外人有所借口，别生枝节，因而向皇帝说明"稍事羁縻，姑允代奏"[1]。

咸丰觉得文谦等做事没有把握，再次指示其弄明白英、美两国究竟要如何变通条约，"如关系大局碍难允许者，正言拒绝"，同时令直隶总督桂良派员赴天津查办，夷人"究竟所求何事"，"必须令其明白指陈，奏明请旨"[2]，并将前任长芦盐政崇纶派委桂良差遣。

在文谦等人的再三探询下，英、美各自呈出节略，进行试探。文谦等认为，其"所开各款，类多荒谬之语，窒碍难行"，当面驳斥，并予以掷还，未敢接收[3]。当然，文谦等也对英、美的具体要求有了初步了解，并报告了皇帝，包括在中国自由置地建屋和设立行栈、公使驻京、在扬子江一带贸易及其他纠纷。

10月31日，崇纶抵津，包令和麦莲以为他是皇帝派来的钦差大臣，要求上岸亲自面谈。11月3日，崇纶、文谦、双锐等与英国公使包令、美国公使麦莲在大沽炮台前正式会晤。崇纶告知两位公使，"天津本非外国应至之地，念其航海而来，始肯与之一见，有何应商之事，均须据实声明"，如果是原订条约之内的事，合乎情理，可与其商办[4]。英、美各呈出一份条约变通清单。英国的清单一共18条，主要内容如下：1. 允许英国公使驻京。2. 允许英人随意前往内地各处及海滨各城邑。3. 开放天津为通商口岸。4. 英国驻华官员与中国相应职务的官吏会晤须在衙署内平仪接见。5. 修改税则、鸦片贸易合法化。6. 允许英国商船从事港口间的转运贸易，往来无碍。7. 进出口货物仅在五口照税则纳税，不得征收内地税。8. 定明各式洋钱价值，

① 《文谦等奏英美请变通商约折》，咸丰四年八月二十九日，贾桢等纂修：《筹办夷务始末·咸丰朝》一，第317页。

② 《廷寄》《廷寄二》，咸丰四年八月二十九日，贾桢等纂修：《筹办夷务始末·咸丰朝》一，第321—322页。

③ 《文谦等奏接见英美通事官逐款指驳节略各条折》，咸丰四年九月初三日，贾桢等纂修：《筹办夷务始末·咸丰朝》一，第327—328页。

④ 《崇纶等奏接见包令等并将所递清折照录呈览折》，咸丰四年九月十五日，贾桢等纂修：《筹办夷务始末·咸丰朝》一，第339页。

所有洋钱准按分两成色轻重使用。9. 彼此会同设法肃清海盗。10. 订立华人移民章程。11. 凡英人购地，各省官吏应帮助成全，写立地契，存案为据。12. 各省大吏应对英人身体、性命、财产安全妥为保护。13. 凡有英人被华民诳骗财物或受别项冤屈，速为查追申理。14. 停止近年广东加抽茶用，其已交之款，扣抵上海欠税。15. 照约准许英人进入广州省城。16. 所订新约，倘有需要，以 12 年为期，允许重行酌改。17. 建立官栈，暂存进口货物。18. 所立条约以英文为确据①。

美国的清单一共 11 条，内容包括：1. 允许美国驻华官员与五口官宪交往文移和会晤。2. 允许美国民人任意租赁房屋或租地自建房屋。3. 中美两国民人争讼案件，由两国官员会同审讯，并各归所属之国官员究办。4. 允许已完纳税饷并请领牌照的美国商船在五口间任意往来，免重征。5. 允许使用各国货币完纳税钞，按照成色轻重，酌定行使。6. 重订税则。7. 允许嗣后将条约随时重议。8. 在五口设立官栈，准许美国商民在 3 年之内寄存货物。9. 豁免美商在上海动乱期间的欠税，停收广东增加的出口茶用。10. 向美商开放扬子江一带贸易，中国政府须保护前往此处遵约贸易的商民；允许美国民人领照前往中国内地，并给予保护，允许其在内地租赁或建造房屋，设立医院、教堂、坟墓等；允许美国全权大臣驻扎京都，并与中国大臣文移往来或会晤，亦可与朝廷直接往来。11. 中美两国本国所产进出口货物免税，允许美国商民在中国沿海从事贸易、捕鱼、采矿②。

咸丰帝御览两国的修约清单后，十分恼怒，称其"所开各条，均属荒谬已极！必须逐层指驳，以杜其无厌之求"。他只允许对民夷争讼、减免上海欠税及广东茶税三项查明酌办，其他"概行指驳"③。崇纶按照咸丰之意分别照会英、美公使，除可商三事外，其他概予驳斥，令两国公使回粤听候办理。在给英国公使包令的照会中，他特别提到，原定章程，只有美

---

① 《英使包令所递清折十八条》，咸丰四年九月十五日，贾桢等纂修：《筹办夷务始末·咸丰朝》一，第343—344 页。

② 《美使麦莲所递清折十一条》，咸丰四年九月十五日，贾桢等纂修：《筹办夷务始末·咸丰朝》一，第344—347 页。

③ 《廷寄》，咸丰四年九月十五日，贾桢等纂修：《筹办夷务始末·咸丰朝》一，第342 页。

国和法国有 12 年变通之说，英国所订条约为"万年和约"，只不过有"恩施别国，一体均沾"之语，美、法修约之期未到，英国"更不得首先另生异议，致负前约"①。

这样的结果令包令和麦莲失望不已，他们声称向政府请示后再作决定，随即起碇南返。在到达上海时，英、美公使再次会见江苏巡抚吉尔杭阿，请求奏请朝廷派员前来商议修约，并威胁说最迟不得超过咸丰六年（1856），否则后果自负。1854 年的修约交涉就此告终。

第三阶段：1856 年以美国为主的修约。

1856 年，中美《望厦条约》届满 12 年之期，美国又挑起了新一轮的修约行动。1855 年 9 月，伯驾成为美国新任驻华公使。他的上任与美国的修约计划密不可分。当时，美国政府并不认为他是驻华公使最合适的人选，但是他熟悉中国的语言，了解中国的政治形势以及法律、习俗，知道如何更有效地处理和应对与中国官方的交往，对于同中国修约将大有裨益。

国务卿马西给伯驾下达了修约训令，指示他修订的条约中要考虑两个重要的条款：一是允许美国的外交代表居住北京；二是允许美国贸易在中国境内无限扩张，取消对美国公民个人自由的限制。此外，还应有一些其他安排，如关税和其他税收制度的调整，允许在对华贸易中直接使用美国货币等。马西要求伯驾采取友好、坚定、审慎的外交政策，并与其他国家的驻华代表合作，以获得修约的成功，但合作的原则是，不能受其他欧洲列强的意见支配，与英、法联合行动的话，要尽可能减少中国当局的反对和抵制②。

为取得英、法对美国修约的支持，伯驾在前往中国途中顺道访问了伦敦、巴黎，向英、法两国政府提出了"三方联盟"的建议，希望美国与中国政府协商的时候，三国将海军泊驻白河口，共同向中国方面施压。英国外交大臣克拉兰登（Lord Clarendon）和法国外长瓦勒斯基（Count Walewski）都给予了积极回应，这让伯驾对此次修约充满信心。但实际上，

---

① 《崇纶等分别指驳及查办各款给英使包令照会》，咸丰四年九月二十二日，贾桢等纂修：《筹办夷务始末·咸丰朝》一，第 355 页。

② Te-kong Tong, *United States Diplomacy in China, 1844—1860*, University of Washington Press, 1964, pp. 174—175.

伯驾过于乐观了，当时克里米亚战争尚未结束，英、法不可能在短时间内提供实质性的帮助。

1856 年 1 月，伯驾抵达澳门，向两广总督叶名琛提出见面要求，遭到叶名琛拒绝。于是，他授意美国驻上海领事给江苏巡抚吉尔杭阿送去一份照会，告知其将赴上海，重修条约。吉尔杭阿立即回复说，"五口通商事宜，均应归钦差大臣两广总督查办，江苏省不能撺越"。不料，英国亦通过税务司李泰国提出修约要求，声称"各国条约章程，必求更改，否则恐致生事"。两江总督怡良奏报朝廷，咸丰饬叶名琛设法羁縻，阻其北上①。

面对再次掀起的修约风潮，咸丰帝也感到叶名琛拒不见面，并非良策，反使各国有了北上的借口。他谕令叶名琛在广州接待伯驾，"体察情形，妥为驾驭"，如果美方的要求只是一些小事，"不妨酌量奏闻，稍事通变"，但如果仍像上次一样提出无安之请，则立刻拒绝，总之，"恩威并用，绝其北驶之念"②。

1856 年 5 月，美、英、法三国公使分别照会叶名琛，再次提出修约要求，仍遭拒绝。伯驾于是准备启动"三方联盟"计划，远征白河口。此时，包令已收到英国政府的来函，授权他和美国公使合作，但没有给出具体的指示。包令本人也不同意伯驾的建议，原因主要是：其一，包令认为，要扩大和改进中国与各国的关系，武力是绝对必要的。在给伯驾的信中，他表示，双方在修约上的合作"只有借相当海军军力的炫耀为外交当局的后盾，才能作有效的开展"③。但此时克里米亚战争尚未结束，英国海军不能给包令提供任何支持。其二，在修约问题上，包令与伯驾存在不同意见。伯驾想从中国获得无限制贸易的特权，以及对思想自由的普遍认可，而在包令看来，将贸易限制在长江和沿海的几个口岸将更加安全，而且坚持要求思想自由是不现实的，他更愿意解决一些紧迫而具体的问题，比如海盗、海外移民、货币和

---

① 《怡良等奏美英欲更改约章请敕叶名琛设法交涉杜其北来折》，咸丰六年二月十八日，贾桢等纂修：《筹办夷务始末·咸丰朝》二，第 451 页。

② 《廷寄》，咸丰六年二月十八日，贾桢等纂修：《筹办夷务始末·咸丰朝》二，第 452 页。

③ 〔美〕马士著、张汇文等译：《中华帝国对外关系史》第 1 卷，第 786 页。

关税服务①。

法国公使则根本没有收到任何指示，法国也没有一条军舰在中国水域。美国此时在中国的兵船也只有两艘，且海军部指示旗舰"圣·杰辛图"号（San Jacinto）直接开往日本，可以供伯驾支配的只有一艘军舰。在这种情况下，"三方联盟"计划无法实现。

7月1日，伯驾在失望中离开香港，独自北上。在福州，伯驾以呈递国书为由得到闽浙总督王懿德的接见。王懿德很奇怪为什么伯驾不把信交给广州的钦差大臣。伯驾回复说，《望厦条约》规定可以通过两广总督、两江总督和闽浙总督三个途径递交国书，他个人更倾向于在福州，而不是广州和上海②。王懿德没有跟外人打交道的经验，信以为真。拆阅国书副本后，王懿德发现，里面的称呼与体制不符，且美国要求双方互派大臣驻扎首都。为慎重起见，王懿德提出拆开国书正本。伯驾以正本盖有总统之印为由阻止，请求代为呈递朝廷。伯驾的这一要求符合中美条约的规定，王懿德同意照办③。

在此前的修约交涉中，咸丰曾一再谕令上海和天津官员，将各国公使遣令回粤，听候两广总督叶名琛办理，但闽浙总督却不知情。接到王懿德呈递的国书后，咸丰帝表示修订条约一事"万难准行"，并指责王懿德的做法失当，"应正言拒绝，告以一切夷务皆广东办理，他省不能入奏，令其将原件带回广东；一面照钞密奏，不使该夷知悉"。但既已代奏，咸丰也无可奈何，只能令王懿德将国书发还，设法开导，仍饬伯驾回广东，同时，令叶名琛相机交涉，"能坚执定议无所更改，固为妥善，即必不得已，亦只可择其无碍大局者，酌量变通一二条"，"不可过于峻拒，激成事端"④。

8月初，伯驾抵达上海，仍寄希望于英国和法国能够加入远征行列。8月12日，他再次写信给英、法两国公使，劝说他们，中国现在正急需寻求外国的帮助镇压太平天国起义，如果三国公使此时出现在北京，将会令中国

① Te-kong Tong, *United States Diplomacy in China*, 1844—1860, pp. 177—179.

② Te-kong Tong, *United States Diplomacy in China*, 1844—1860, p. 180.

③ 《王懿德奏美使送到国书呈览折》，咸丰六年七月初六日，贾桢等纂修：《筹办夷务始末·咸丰朝》二，第468—469页。

④ 《廷寄》《廷寄二》，咸丰六年七月初六日，贾桢等纂修：《筹办夷务始末·咸丰朝》二，第469—470页。

朝廷感到非常高兴。包令回复说，这属于中国的内部事务，他们不愿意干涉，并告知伯驾，法国公使已经接到了本国政府的指示，他目前也不能得到任何可支配的军事力量①。伯驾"三方联盟"的计划成为泡影。与此同时，伯驾得知美国旗舰"圣·杰辛图"号因事故而毁坏，不得不决定暂停前往白河的计划。

伯驾在上海停留一个多月，并未提出修约。上海当局反而感到紧张，担心其径自北上。上海道台蓝蔚雯前去询问，伯驾声称，因中美条约12年期限已满，须进京面呈国书和酌办事件，此间在上海等候轮船，有所耽搁，轮船一到，立即北驶。上海道台按照此前朝廷指示，劝其回广东听候叶名琛查办。伯驾执意不肯，表示如果不上天津，则求两江总督奏请派钦差到江浙会议修约②。

伯驾固执己见、一意孤行，令咸丰帝十分恼怒，他谕令怡良，若伯驾再纠缠，可置之不理，并通知直隶总督桂良、山东巡抚崇恩，饬令各海口地方文武官员悉心筹备，严密防范，如果伯驾驶抵天津，不许沿海居民和商船、渔船与其交易，禁止奸民接济食物；若其投递文书，不必派大员接见③。

实际上，伯驾已经放弃了北上的计划，但仍抱有在上海谈判的幻想。在一次与上海前道台吴健彰的会面中，他得知怡良将会为美国奏请修约，耆英可能会被派往上海或宁波谈判。这给了伯驾新的希望④。但怡良并没有为美国奏请修约。无奈之下，伯驾只好南返，等待机会。他所期望的"三方联盟"始终没有成为现实。

二、 关于中外修约交涉的思考

综观1853—1856年的中外修约交涉可以发现，美国一直充当着重要角色。这在以往的外交关系和条约关系研究中常常为人忽视。

---

① Te-kong Tong, *United States Diplomacy in China*，1844—1860，p. 180.
② 《怡良等奏美使坚称欲赴津设法阻止折》，咸丰六年七月十三日，贾桢等纂修：《筹办夷务始末·咸丰朝》二，第480—481页。
③ 《廷寄》《廷寄二》《廷寄三》，咸丰六年七月十三日，贾桢等纂修：《筹办夷务始末·咸丰朝》二，第482—484页。
④ Te-kong Tong, *United States Diplomacy in China*，1844—1860，pp. 181—182.

在独立修约阶段，美国是条约修订的积极倡导者、引领者，是修约交涉的先行者，最先向清政府表达修约意愿，递交修约文书。

如前所述，经济增长带来的市场需求是 19 世纪中叶西方资本主义国家的普遍现象，各国修约计划的出台也都是这一需求的结果，那么，为什么是美国而不是此时资本主义经济最发达的英国充当修约的先行者呢？原因主要有三：

第一，美国条约明确载有修约的内容。在 19 世纪 40 年代初的第一批不平等条约中，英国没有修约的内容，1844 年中美《望厦条约》则明确规定："至各口情形不一，所有贸易及海面各款恐不无稍有变通之处，应俟十二年后，两国派员公平酌办。"① 后来的中法《黄埔条约》依照美国，亦载入了修约的内容，规定："日后大佛兰西皇上若有应行更易章程条款之处，当就互换章程年月，核计满十二年之数，方可与中国再行筹议。"② 相对于英国，美国提出修约更加名正言顺。

第二，在五口通商时期的对华贸易中，美国是最大的受益者。19 世纪中叶，英国已完成第一次工业革命，向"世界工厂"迈进，但由于中国自然经济的抵制、鸦片贸易的影响等诸多原因，英国对华贸易并不景气。美国虽然也受到这些因素的影响，虽然对华贸易也处于逆差，但相比英国，情况要好很多。以当时西方国家输华的大宗——棉布为例。英国对华棉布出口自 1845年后不断减少，美国却呈现相反的趋势。1845 年，英国驻广州领事就在报告中提到，美国对华棉织品贸易大量增加③。此后，美国棉布贸易增长的情况屡屡出现在英国领事的报告中。从这些报告中，我们也可以了解到，美国棉布贸易的有利地位除了《望厦条约》的影响外，主要是因为善于创新的美国人织造出了价廉耐穿的棉布，从而有效地打入和占领了中国市场。至于法国，由于国内政局的动荡，其经济发展速度大大落后于英、美，同中国的贸

---

① 中美《五口贸易章程：海关税则》，道光二十四年五月十八日，王铁崖编：《中外旧约章汇编》第 1 册，第 56 页。

② 中法《五口贸易章程：海关税则》，道光二十四年九月十三日，王铁崖编：《中外旧约章汇编》第 1 册，第 64 页。

③ 姚贤镐编：《中国近代对外贸易史资料（1840—1895）》第 1 册，第 658 页。

易也不那么重要。

第三，1853—1856 年间，英、法忙于同俄国的克里米亚战争，而美国没有战争的拖累。克里米亚战争使英、法抽调了大量船舶用于军事运输，无力应对中国事务。美国此时虽然南北矛盾尖锐，维护与反对奴隶制的斗争日益加剧，但北方资产阶级尚采取妥协的态度，南北双方的关系处于不断调整与平衡之中，还未爆发内战。这使美国政府有暇关注中国事务。

在联合修约阶段，美国不仅是英国坚定的盟友，是积极的行动者，而且有着比其他列强更大的侵略野心。

在天津，英、美两国公使各递上了一份修约清单，对比两份清单可以发现：英国要求开放天津、鸦片贸易合法化、共同肃清海盗、订立华人移民章程、进入广州省城、条约以英文为准，这些内容，美国的修约清单中未曾涉及；但英、美两国亦有许多共同的修约要求，包括公使驻京、官员会晤和文移往来、任便从事转运贸易、允许使用外国货币、修改税则等。在共同涉及的内容中又有诸多不同，如表5—2所示：

表5—2　英美两国修约要求对比一览表

项目	英国	美国
官员往来	允许英国驻华官员与中国相应职务的官吏平仪往来	允许美国驻华官员与中国官宪文移往来、会晤，驻京公使可与朝廷直接往来
开放新的通商处所	开放天津	开放扬子江一带
开放沿海	允许英人随意前往海滨各城邑	允许美国商民在中国沿海从事贸易、捕鱼、采矿
开放内地	允许英人随意前往内地	允许美国民人前往内地，且在内地享有租赁或建造房屋，设立医院、教堂、坟墓等特权
税收问题	重订税则，上海欠税用广东已交茶用扣抵	重订税则，中美两国本国所产进出口货物免税，豁免上海欠税

（续）

项目	英国	美国
华洋案件的处理	对欠债华民速为追查	中美民人争讼案件会同审讯，各国民人由所属国官员究办
设立官栈	允许暂存货物	允许在 3 年之内寄存货物
此后条约的修订	以 12 年为期重修条约	随时重议条约

清廷一直认为"英夷诡诈多端，桀骜不驯"，美国不过为其指使①。但实际上，在很多方面，美国的要求相对于英国，有过之而无不及。在给麦莲的训令中，美国国务卿马西指示他"要致力于建立该帝国与合众国之间的最没有限制的通商关系"，新的条约不仅要规定两国的商品实行"互惠的自由贸易"，而且要规定"运输其它国家的产品的合众国和中国的船只，可以往来于合众国与中国或其他外国"②。特别值得指出的是，在西方国家中，美国第一个向清政府提出开放内河和享有沿海捕鱼、开矿的条约权利，并且美国政府在这些方面不主张互惠，它不仅不准备给予中国人同样的权利，而且担心其他国家的人会以此为依据向美国索要这些特权。

英国虽是 1854 年联合修约的头领，但英国政府实际上只是把此次修约当成一种试探，它想要达到的目的主要是清政府对英国修约权利的承认，因为中英条约并没有修约的规定，英国是借口最惠国待遇，以美国和法国的条约为修约依据。在英国政府看来，延迟修约对英国更有好处：其一，中国当时处于动乱时期，局势不明了，延迟修约，可以让英国更好地推断中国政局的走向，策划与中国政府的谈判，同时，英国也可以借内战之机更加深入地观察和了解中国的官宪和人民，并借内战消除清朝统治者的妄自尊大。其二，将修约时间延迟到与中法和中美条约的修订更接近，将可望实现英、法、美三国代表的通力合作，这比单独修约更加有利③。出于这些考虑，英

---

① 《崇纶等又奏英美所递节略拟将其中无关轻重各条令往五口商办片》，咸丰四年九月十五日，贾桢等纂修：《筹办夷务始末·咸丰朝》一，第 341 页。

② 《国务卿马西关于麦莲出任驻华全权专员的使命的指示》，阎广耀、方生选译：《美国对华政策文件选编（从鸦片战争到第一次世界大战）》，第 76 页。

③ ［美］马士著、张汇文等译：《中华帝国对外关系史》第 1 卷，第 737 页。

国对于此次修约成功的期待并没有美国强烈，英国公使包令在修约被拒后，也并未强行坚持。

1856 年，修约交涉的最后阶段，正值中美条约 12 年期满，美国成为当之无愧的主角和首领。美国公使伯驾倡议和带动了整个修约行动，在无法实现三国联盟的情况下，他毅然只身北上。此次修约虽毫无结果，但伯驾的行动却在清廷掀起了波澜。美国对修约的积极态度主要是出于和平扩张战略的考虑，在当时复杂的国际国内形势下，美国不准备发动对华战争，而希望通过和平修约达到扩张的目的。

透过修约事件，我们也可以看到，这一时期美国和英国对华政策的变化。1844 年，美国借助鸦片战争的余威和英国条约铺垫的基石，谋取与欧洲人同等的在华特权，并在理论和实践上扩展了不平等的条约关系。当时的美国只是个"免费搭便车"的国家，实行"拾荒者"外交①。修约交涉期间，美国的对华政策发生了短暂而显著的变化，那就是从默默地"搭便车"转向"主动索取"和"联合取利"，即一方面软硬兼施，积极索取特权；另一方面，联合英、法两国，谋求扩大在华利益。直到 1856 年修约失败以后，美国才重新回到"搭便车"的位置，充当英、法武力侵略的幕后帮凶，并借此实现自己的扩张目标。

英国从第一次鸦片战争以来，一直实行对华强硬政策，但修约交涉却本着和平的原则。在给包令的训令中，英国政府强调要"和平修约"，"没有什么事情比用一种命令式口吻来提出争点"或强要"所不准备坚持的让步"，会更有害于英国，使英国"为了极不适当的理由，并在极不合宜的时机上，陷身于进退维谷之境"，不是自损尊严和威望来改变主张，便是冒着商业中断甚至诉诸武力的危险来坚持自己的修约要求②。英国所谓"极不合宜的时机"是就当时的国际形势而言，修约交涉期间，英国正介入克里米亚战争，无法派出军队支援在中国的修约行动。从根本上来说，在对华问题上，英国奉行的仍是炮舰政策，且早有侵华的企图，只不过因为克里米亚战争而暂时

---

① ［美］孔华润主编、王琛等译：《剑桥美国对外关系史》上，新华出版社，2004 年，第 282 页。

② ［美］马士著、张汇文等译：《中华帝国对外关系史》第 1 卷，第 738 页。

采取和平的姿态，推迟了对中国的侵略。

在修约交涉中，清政府拒绝西方列强的无理要求是正确的，但此次修约活动也反映出，第一次鸦片战争以后，清朝统治集团维护天朝体制的保守性和对国际形势的茫然无知。一方面，清政府对各国的修约有心理准备，并意识到这是西方国家扩大侵略的途径，思想上高度戒备，但在行动上却是消极对待，没有制订任何应对修约的方案，只是以拒绝见面、拒绝协商的方式进行抵制，一味强调"坚持成约"。清政府对修约的抵制主要是出于维护天朝体制的目的，但对它来说，无论是开放中国内地的商业要求，还是公使驻京、自由传教的政治和思想要求，都不符合传统的天朝体制，一旦允准都将使整个天朝体制遭受致命打击。正如马克思所说，"与外界完全隔绝曾是保存旧中国的首要条件……正如小心保存在密闭棺材里的木乃伊一接触新鲜空气，便必然要解体一样"①。另一方面，清政府对这一时期的国际形势以及资本主义内在的扩张性仍然缺乏认识。当英、美、法公使北上天津提出修约时，清政府根本不知道对方所求何事；包令等人修约不成，起碇离津，咸丰帝只当外夷唯利是图，"来往奔驰，其志不过在贸易税务之事，以此稍应所请，当必帖然无说"②；包令威胁说，中国不允修约的话，英国即将旧有条约废弃不顾，回去请示国主，派人再来等等，清政府却认为是"虚言恫吓"。

总之，1853—1856 年的修约交涉实质上是第一次鸦片战争后西方列强再次扩大对华侵略的举动，美国希图以和平方式实现扩张的目的，因而在修约中表现特别积极，充当了整个修约的引领者和重要参与者，英国则在这一过程中进一步坚定了武力侵华的政策倾向。清政府对国际形势茫然无知，对修约抱以消极态度，一味强调"坚守成约"，这虽在一定程度上起到了抵制侵略的作用，但也丧失了和西方各国对话、协商的契机，最终以被迫的方式和不平等的姿态更深地卷入国际关系体系和世界资本主义体系之中。

---

① 《马克思恩格斯选集》第 1 卷，人民出版社，2012 年，第 780—781 页。
② 《廷寄》，咸丰四年九月二十二日，贾桢等纂修：《筹办夷务始末·咸丰朝》一，第 353 页。

第三节 《天津条约》《北京条约》的签订与条约关系基本框架的确立

修约失败以后，英、法两国发动第二次鸦片战争，俄国和美国亦与英、法勾结，逼迫清政府签订《天津条约》和《北京条约》，再次以国际法的形式调节了第一次鸦片战争以来的中外冲突，在中国确立了条约关系的基本框架。

一、 第二次鸦片战争与列强逼签新约

1854 年，在修约被拒后，包令声称，回去请示国主，派人再来，清政府认为是"虚言恫吓"。而事实上，在对华问题上，英国奉行的仍是炮舰政策，早已有再次侵华的打算，只不过因为克里米亚战争而推迟了对中国的侵略。1856 年 3 月克里米亚战争结束，英国随即向中国派出舰队，发动了第二次鸦片战争。

第二次鸦片战争的导火线是"亚罗"号事件。事件大致经过是：1856 年 10 月广州水师搜查了一艘中国走私船"亚罗"号，逮捕了船上有海盗嫌疑的 12 名水手。由于该船曾在香港注册，向港英当局领取了登记证，接受英国保护，英国便以此为借口向中国发难，说"亚罗"号是一艘英国船，中国水师上船捕人的行为违反了《虎门条约》第九条关于犯法华民潜住英国船只须由英官访查严拿，再交华官处置的规定，并谎称中国水师侮辱了船上的英国国旗。广州方面则称，该船事发时登记证已经过期，也未悬挂英国国旗。双方针锋相对。

此时，英国正积极筹备战争，并试图与美、法再次结成联盟。法国立刻响应，它以马神甫事件为借口，在 1856 年底，与英国达成联合侵华的协议。12 月 28 日，英法联军炮击广州，正式发动了对中国的战争。

美国和俄国充当了幕后支持者，没有参与军事行动。此时的美国政府一

方面正被奴隶制度以及其他国内问题所困扰，另一方面也怀疑英国抱有超乎美国考虑的目的，不同意介入中国的战争①。1857 年 3 月，英国再次向美国政府发出合作的呼吁，并将给包令和英国海军的指示转交美国政府。美国政府了解了英国在中国的意图，感到英、美在对华商业扩张上有着共同的利益，英国特权的获得将有利于美国自身目标的实现。4 月，美国政府指派列卫廉（William B. Reed）作为新的美国驻华公使接替伯驾的工作。美国国务卿卡斯（Lewis Cass）在给列卫廉的训令中指示他尽力帮助英、法达成侵略目标，但同时强调要"和平合作"，所有努力都"必须仅限于坚决抗议，向中国当局的公正和政策呼吁"，如果抗议无效，就让美国政府来决定所要采取的方针。同时，卡斯要求列卫廉同俄国使节保持友好合作关系，以利于美国目标的实现②。想要趁火打劫的俄国此时也派遣御前大臣普提雅廷（Poutiatin）来华，"以便向清政府要求享有与其他列强将取得的同等权利和优惠待遇，同时了结在阿穆尔（即黑龙江——引者注）和吉尔吉斯草原的边界问题"③。俄国政府亦指示他与美国公使合作。

1857 年 11 月，美、俄两国公使先后抵达上海，随后一起前赴澳门。到达澳门后，美国公使向叶名琛提出见面和修订条约的要求，遭到叶名琛拒绝。1858 年 2 月 6 日，英、法向美、俄发出邀请，由四国公使出面，要求清政府立刻派钦差大臣前往上海谈判，否则四国公使将直接前往天津。美、俄两国公使接受了邀请，加入了共同向清政府施压的队伍。1858 年 3 月，四国公使同往上海，分别指示其在上海的领事，照会两江总督何桂清。两江总督劝说他们回广州协商，但遭到四国公使的拒绝。英、法公使决定继续北上天津，美、俄两国公使与其同行，但依然没有参与军事行动。

1858 年 4 月，四国公使陆续抵达大沽口外，分别照会清政府，要求 6 日内指派全权钦差大臣前来谈判。咸丰帝惊惶失措，一面命令清军在天津、大沽设防，一面派直隶总督谭廷襄为钦差大臣，前往大沽交涉。但英、法侵略

---

① Te-kong Tong, *United States Diplomacy in China*，1844—1860，p. 199.

② 《国务卿卡斯对列卫廉出任驻华公使的指示》，阎广耀、方生选译：《美国对华政策文件选编（从鸦片战争到第一次世界大战）》，第 146—147 页。

③ ［俄］A. 布克斯盖夫登著、王璟等合译：《1860 年〈北京条约〉》，商务印书馆，1975 年，第 1 页。

者并无谈判诚意，只是借此拖延，加紧军事准备。1858 年 5 月 20 日英法联军炮轰大沽炮台，不久大沽失陷。26 日，英法联军溯白河而上，侵入天津城郊，并扬言要进攻北京。6 月 13 日，清政府慌忙另派大学士桂良、吏部尚书花沙纳为钦差大臣，赶往天津议和。桂良等在英、法侵略者的威逼恫吓之下，分别与俄、英、法、美签订《天津条约》。

二、 中外《天津条约》的交涉与签订

1. 中俄条约交涉

最先与清政府议约的是俄国。俄国并未参与英、法的军事行动，但却利用英、法武装侵略的机会，侵扰东北地区，逼迫清政府签订《瑷珲条约》（即中俄《爱珲城和约》），割占中国六十多万平方公里的土地，同时以调停的名义，诱使清政府订立《天津条约》，攫取了一系列特权。

1851 年 8 月，俄国与清政府签订了不平等的《伊犁塔尔巴哈台通商章程》，打开了中国西北市场，但这仅仅只是俄国整个侵华计划的一部分。同一时期，俄国还把眼光瞄准了中国东部沿海和与俄国毗邻的东北地区。

取得中国沿海的贸易权是俄国侵华的目标之一。1848、1849 年，俄国船只两次到达上海，欲求通商。咸丰三年（1853）五月又有俄船至粤，照会广东当局，请求贸易。同时，俄国遣使至库伦呈递文件，要求允许该国海军上将普提雅廷在海岛购物后，进上海休息，并恳请允许在上海贸易。以上要求均遭清政府拒绝，咸丰谕令：“上海本非俄罗斯应至之地”，要求上海官员“查照成案，妥为开导，饬令即回本国”，特别强调必须“坚守定例，正言声复，杜其妄念，万不可稍露迁就之意，致留间隙”，并严禁内地民人与之交易，预防英商与之勾结①。俄国不死心，同年十月，俄枢密院再次致函清政府，要求获准在沿海口岸通商，声称此举既无窒碍，也非妄求，因为中国已经允许欧美商人在这些口岸通商，俄国“并非例外之请，惟求推广利益他国

---

① 《谕怡良等俄要求在沪通商应切实拒绝》，咸丰三年六月初十日，故宫博物院明清档案部编：《清代中俄关系档案史料选编》第 3 编上册，中华书局，1979 年，第 74 页。

之事"，况且俄国与中国已经交好百余年①。

侵占中国东北是俄国对华扩张计划的重点。自《尼布楚条约》签订后，俄国一直企图侵入中国黑龙江地区，不断派人潜入该地区进行勘查，19世纪40年代后则更加频繁。1842—1845年，俄国科学院院士密登道尔夫潜入中国黑龙江地区活动。1846年俄国政府又委托"俄美公司"对黑龙江流域进行勘查。1848年下半年至1849年上半年，俄国海军大尉涅维尔斯科伊乘"贝加尔"号到远东，潜往黑龙江口和库页岛，第一次确认黑龙江口可以行驶海船，库页岛是个岛屿。此后，俄国正式拉开了进一步侵略中国东北的序幕。1850年，俄国西伯利亚总督穆拉维约夫开始策划吞并中国黑龙江流域的计划，得到俄国政府的大力支持。

1853年，克里米亚战争爆发，这场战争从俄土之争逐渐演变为国际大战，英、法等先后加入，支持土耳其，对抗俄国。俄国趁此时机，实施对中国的侵略计划：一方面，以对付英国为借口，派兵侵入中国黑龙江流域，造成事实上的占领；另一方面，则打着分界谈判的幌子，迷惑清政府。

咸丰四年五月，俄军首次非法侵入我国黑龙江和松花江，声称取近道赴东海，防卫英国。此后，入侵俄军源源不断，并开始在黑龙江和松花江沿岸修道建房，打铁练兵。起初，清政府轻信俄方抗英的借口，认为英、俄相争，与中国无关，饬各卡官兵随时严防，不可轻举妄动，致起衅端，直到俄军在东北筑屋操练，才感到事态的严重，但未抗议俄军的侵占行为，也未予以驱逐。咸丰四年十二月，黑龙江将军请旨，如果来年俄船再侵入我国黑龙江流域，该如何处理。朝廷指示，前次经过的船，允许其由原路回去，若再有船来，应"妥为开导，告以内地江面，不能听外国船只任意往来，此后断不可再从黑龙江行驶，致启猜嫌"②。清政府并没有对俄采取强硬态度，而强调"剀切晓谕"，这让俄国更为嚣张。

咸丰五年三月，俄督穆拉维约夫又以对抗英人为借口，不听劝阻，带兵

① 《俄枢密院为要求与英美等国在华权益相等事致理藩院咨文》，咸丰三年十二月十七日，故宫博物院明清档案部编：《清代中俄关系档案史料选编》第3编上册，第89页。
② 《谕奕格入侵俄船听其回国并谕知不可再入我黑龙江航行》，咸丰四年十二月二十六日，故宫博物院明清档案部编：《清代中俄关系档案史料选编》第3编上册，第136页。

穿行黑龙江前往东海。咸丰六年四月，俄军再犯，由黑龙江一路下驶，沿途留人囤粮。俄人仍以抗英为由，并声称与清两不侵扰。黑龙江将军奕山未予阻拦，而采用所谓"阳抚阴防"的策略，准备等俄官到时，向其声明："因念两国和好多年，所以不忍阻拒，亦不敢奏明大皇帝"，如果借江岸五处囤粮，接济俄军回程的人，可以从权办理，但不能再占其他地方，并须严令属下，"安静往来，各勿相凌"①。咸丰皇帝竟然同意奕山的做法，认为其"操纵合宜"，但强调"防备之法，固不可稍示张皇，亦不可遽涉大意，仍当随事相机善为驾驭，使目前勿启衅端，而日后亦不致漫无限制，方为妥善"，此外，在俄人留兵囤粮的地方，要禁止中国居民与俄人来往和交易，以防勾结、生事②。五月，更多俄军由黑龙江穿行，并在囤粮处留兵驻扎，奕山等仍"密加防范"，而未阻拦。六月，大队俄军接连而至，东北边地奏报不断，咸丰仍指示奕山等不要轻启衅端，要"善为开导，外示羁縻，内加防范"③。清政府的态度让俄国更加肆无忌惮、得寸进尺。俄人向黑龙江将军奕山申请借地屯粮，奕山还在犹豫准备暂时许可时，俄人已在海兰泡掘地建房。中方派人阻止，俄人谎称所建房屋为暂时存粮所用，等秋后便会拆毁，同时请求择地堆放柴薪。奕山刚刚接到下属的呈报，还未批准，俄人已在黑龙江左岸各处擅自堆放柴薪④。七八月间，俄船陆续由海口回航，清政府亦未拦阻。俄船全部回航后，俄人并没有拆毁存粮的房屋，而是另换人看守，并在各地留兵过冬。俄国此举实际上是在制造驻军占领的事实。

与此同时，为迷惑清政府，俄国提出分界之请。早在咸丰三年八月，俄枢密院就行文清政府，提出在格尔毕齐河及近海地方设立界碑，要求清政府派人会同办理。由于此事未见文案记载，清政府随即令黑龙江将军英耆和库伦办事大臣德勒克多尔济等查明以前有无界碑，是否应该立界。英

---

① 《奕山等奏俄兵船入侵现拟从权办理折》，咸丰六年五月二十日，故宫博物院明清档案部编：《清代中俄关系档案史料选编》第 3 编上册，第 243 页。

② 《谕奕山等俄兵船沿途占地存粮事著照所议办理》，咸丰六年五月二十六日，故宫博物院明清档案部编：《清代中俄关系档案史料选编》第 3 编上册，第 244 页。

③ 《谕奕山等俄国人船侵扰边境着内加防范并随时侦探具奏》，咸丰六年七月二十四日，故宫博物院明清档案部编：《清代中俄关系档案史料选编》第 3 编上册，第 250 页。

④ 《奕山等奏俄人侵人船屯住及下驶情形折》，咸丰六年八月十六日，故宫博物院明清档案部编：《清代中俄关系档案史料选编》第 3 编上册，第 255 页。

耆和德勒克多尔济奏称，俄国此项请求，"与我国并无妨碍，即允所请，准其于沿海地方建立"，并请示何时派人与俄会商①。清廷批谕第二年冰融之后再派员商办。

1854 年 2 月，俄枢密院行文清政府，称已授权东西伯利亚总督穆拉维约夫与清全权代表谈判分界事宜，该督拟差人进京，递送重要公文并转达口信，希望与中方尽快协商。此时，俄国正忙于克里米亚战争，根本无暇与中国谈判，也没有真正谈判分界的意思。但清政府却信以为真，库伦办事大臣根据清廷指示，按照成案驳斥俄方遣使进京的要求；吉林将军景淳等则在该年三月冰冻解除以后，开始为查勘边界积极准备，筹集所需物资、人员，却迟迟未见俄方派人前来。同年八月，咸丰皇帝接到俄军占据阔吞屯等地并毁坏了原有界碑的奏报，再次谕令黑龙江将军、吉林将军和库伦办事大臣，来春冰融之时与俄会同分界立碑。

咸丰五年开春，吉林将军景淳等又积极筹备立界之事，并派人在齐齐哈尔等候俄使，俄方却要求在恰克图会商。中方派人前往恰克图等候，俄国西伯利亚总督穆拉维约夫却改称在松花江会办。等到中方人员辗转前往松花江时，行船季节所剩无几，吉林将军景淳只得向朝廷奏请来年再办。清廷指示他必须在年内办理，不能再延后。中方代表又只好风尘仆仆赶往松花江。此时，俄人已在松花江至阔吞屯一带占据大片地方。咸丰五年八月中旬，双方在松花江左岸俄所占阔吞屯地方进行了第一次分界谈判。俄方声称，黑龙江起源于俄罗斯境内，要求将黑龙江、松花江左岸以及海口划给俄国。中方代表驳斥说，黑龙江和松花江左岸民族均系向清朝贡之人，业已居住年久。双方未达成协议②。谈判中，俄方亦流露了其侵占中国黑龙江流域的缘由，即"伊国往来江面与陆路不通，若分给此项地界，伊国即水陆冬夏，皆可往还"③，也就是企图打开俄国在东方的出海口。

---

① 《德勒克多尔济等奏格尔毕齐河立界请谕明何时派员与俄会商折》，咸丰三年十月初六日，故宫博物院明清档案部编：《清代中俄关系档案史料选编》第 3 编上册，第 85—86 页。
② 《景淳奏分界委员与俄使会晤情形折》，咸丰五年十月初九日，故宫博物院明清档案部编：《清代中俄关系档案史料选编》第 3 编上册，第 194 页。
③ 《奕格等奏俄使不遵约章欲强占我固有领土故分界立牌未能办结折》，咸丰五年十月二十日，故宫博物院明清档案部编：《清代中俄关系档案史料选编》第 3 编上册，第 199 页。

同年，俄国大量船只、人员侵入黑龙江流域。清廷开始意识到问题的严重性，咸丰五年十月，谕令黑龙江将军、吉林将军、库伦办事大臣派人查明立碑之处，以杜俄国取巧之意。同时，指示他们以个人名义，拒绝俄方的要求，告诉俄方"我国例制甚严，若因边界事务违例奏请，即应治以革职之罪，断不敢将尔国无理之词率行入奏"①。咸丰这种做法是担心俄方听闻入奏朝廷后，更加难于办理，而骤然以朝廷名义拒绝又将引发事端。实际上就是，此事朝廷不好处理，只好假装不知道，由边疆官吏出面阻止。这无疑是一种消极的外交态度。

咸丰六年三月，库伦办事大臣接到俄方来函，俄国仍欲以分界为名，将黑龙江、松花江左岸以及海口占为己有，并再次派兵前来。清廷指示吉林将军景淳、新任黑龙江将军奕山，以及库伦办事大臣德勒克多尔济等，会同勘定边界，以杜俄方无理要求，对俄国兵船，则"暗为设防，随机应付，勿令激生事端"②。

第二次鸦片战争爆发后，俄国立刻采取进一步行动，准备趁火打劫。咸丰七年三月，俄国派御前大臣普提雅廷从恰克图入境，出使北京。俄方给出的理由是：听说英国勾结法国，由东海前赴天津，侵占地界，对中俄两国均有妨碍，因而派人同中方会商办理。清政府怀疑俄国以此为借口图谋占据黑龙江以外地方，并索赔冲突中被焚毁的货物，因而予以拒绝。理藩院致函俄方，声称英国来犯，"中国自行御侮，不借外国帮助之力"，且中俄两国并无机密要事商办③。在库伦被拒后，普提雅廷提出取道东北黑龙江赴京，又遭阻拦。随后，普提雅廷绕道东海，准备由天津进京。

普提雅廷抵津之后，天津地方官拒绝接收和代递俄国公文。普提雅廷坚持投文，并提出随中国官员之船进京，无奈之下，天津地方官接收了俄方公文。普提雅廷在致理藩院的公文中首先指责清政府违背两国和好之道，不接

① 《谕奕格等仍遵前寄景淳谕旨妥办与俄分界交涉事宜》，咸丰五年十月二十二日，故宫博物院明清档案部编：《清代中俄关系档案史料选编》第 3 编上册，第 205 页。

② 《奕山等奏吉林黑龙江两省遵旨筹防相机应付俄国情形折》，咸丰六年四月二十四日，故宫博物院明清档案部编：《清代中俄关系档案史料选编》第 3 编上册，第 240 页。

③ 《理藩院为拒绝俄国遣使来京事复俄枢密院咨文》，咸丰七年四月初三日，故宫博物院明清档案部编：《清代中俄关系档案史料选编》第 3 编上册，第 293 页。

待使臣，然后陈述了自己此行的目的：一是商定界址，二是代中国平定内乱，对抗英人[①]。投文后，普提雅廷随即前往日本，扬言回程时再来听信。咸丰帝得知俄使目的后，指示奕山亲自前往边界，会定界址。在咸丰看来，康熙年间中俄已经议定两国以格尔毕齐河、兴安岭为界，只有乌特河一处，以前是公地，需要勘分。因此，他给奕山的授权仅限勘办和议定乌特河一处的界址，并强调接待俄使时"须不亢不卑，以符体制"[②]。至于帮助中国平定内乱和对抗英人，清政府明确予以拒绝，称英国在广州的行动，中国自能御侮，毋庸借助俄国兵力[③]。

同年九月十四日，普提雅廷乘船自日本抵达上海，派人谒见上海道薛焕，并呈出照会，随即扬帆出口，于九月底到达广东。普提雅廷此行实际上是去同各国公使会面。

1858 年 3 月，俄、美、英、法四国公使同往上海，俄国公使普提雅廷递交了两份照会，一份指责清政府不让外国使臣进京议事的旧制，提出各国要求之事 3 项，让清政府派员至上海会谈：其一，"遇有要事，各国派出可靠之人，直赴京师商议，不可阻止"；其二，增开口岸，让各国商人"安然贸易"；其三，给予驻京外国人及中国天主教徒信教自由[④]。另一份照会专门针对中俄分界事宜，亦提出 3 项要求：一是"不能以兴安岭为两国边界，当以黑龙江为界"，黑龙江左岸已有俄罗斯人居住，应归俄罗斯，其附近满洲村庄均移居右岸，俄国愿供给移居费用，并赔偿钱财损失；二是东面临海地区应以乌苏里江右岸为界；三是划分伊犁界址，自沙斌岭起，至阿尔管、什勒喀止。文末，普提雅廷再次强调，俄国不是中国的属国，不向中国纳贡[⑤]。但与其他几国公使相比，俄使的态度相对缓和。两江总督何桂清分别照会四

---

① 《俄使普提雅廷为求见清帝商办分界等事致理藩院咨文》，咸丰七年七月初九日，故宫博物院明清档案部编：《清代中俄关系档案史料选编》第 3 编上册，第 347 页。

② 《谕景淳等着奕山亲往边界会晤俄使分定乌特河界址》，咸丰七年七月十四日，故宫博物院明清档案部编：《清代中俄关系档案史料选编》第 3 编上册，第 352 页。

③ 《理藩院为驳斥俄使在天津投文内之无理要求致普提雅廷咨文》，咸丰七年七月七日，故宫博物院明清档案部编：《清代中俄关系档案史料选编》第 3 编上册，第 354 页。

④ 《俄使普提雅廷为要求进京并派员至上海会谈事致军机处咨文》，咸丰八年二月初八日，故宫博物院明清档案部编：《清代中俄关系档案史料选编》第 3 编中册，第 412 页。

⑤ 《普提雅廷推翻中俄成约要求在上海谈判分界事致军机处咨文》，咸丰八年二月初八日，故宫博物院明清档案部编：《清代中俄关系档案史料选编》第 3 编中册，第 413—414 页。

国公使，劝其回粤。英国直接将中方照会退回，美、法均无回复。俄国公使则与上海道薛焕会晤，礼仪恭顺。

1858 年 4 月，四国公使陆续北赴天津。俄使先于其他公使到达天津，投文要求与天津地方官会晤，并表示愿意调解清政府与英、法的关系。清政府并不信任俄使，认为其"不过欲强为说合，希图从中获利"，但一方面清政府当时正苦于无退敌之策，对俄国公使的调解抱有一丝希望，另一方面，咸丰帝企图分化俄、美，以对付英、法。咸丰指示谭廷襄等人将四国区别对待，不要同时接见四国公使，俄国与中国交好多年，先接待俄使，然后是"并未助恶"的美国公使，如果两国公使从中调处，他们所提的要求只要无伤中国体面，可允代奏[①]。

自咸丰八年三月十四日起，普提雅廷与天津地方官多次会晤。俄方提出的要求主要是 3 项：其一，俄使进京面见大学士；其二，将黑龙江从额尔古纳河口直到东海一带划定界线，"酌量顺各河两岸，一岸为中国所属，一岸为俄国所属，其无河地方，则应顺山为界"，黑龙江左岸现住满人，由俄方支付费用，移居右岸；其三，允许俄国仿照其他各国对华通商[②]。

进京一事，体制攸关，咸丰皇帝断然拒绝，以黑龙江为界的要求也遭否决，惟有五口通商，清政府觉得可以商量。此时，清政府的驭夷策略仍是传统的贸易羁縻和一视同仁，认为各国都是五口通商，添加一个俄国，似乎也无大碍。所以，俄国公使初到天津时，咸丰帝已指示，如果俄国要求开五口通商，可同意在现有三口之外加开两口。但谈判真正开始后，为了让俄国公使尽调和之力，咸丰帝谕令谭廷襄等告知俄使，英、法两国之事尚未解决，"不便先为请加海口通商"，如果俄使调和，"实于中国有益"，待事情了结之后，再来奏请，中国皇帝也乐于同意[③]。

俄使一面谎称连日与英、法相商，大费唇舌，法国的事情已有眉目，一

① 《谕谭廷襄等分别接见各国使臣以示区别》，咸丰八年三月十三日，故宫博物院明清档案部编：《清代中俄关系档案史料选编》第 3 编中册，第 443—444 页。

② 《谭廷襄等奏接见俄使提出四款并予答复情形折》，咸丰八年三月十五日，故宫博物院明清档案部编：《清代中俄关系档案史料选编》第 3 编中册，第 447、450—453 页。

③ 《谕谭廷襄等俄使文内分界通商等项着据理驳斥》，咸丰八年三月十八日，故宫博物院明清档案部编：《清代中俄关系档案史料选编》第 3 编中册，第 454—455 页。

面要求先将俄国所请之事予以定议。清政府将俄国喇嘛护送到天津，与其见面，以示羁縻，其他各项则要求英、法之事完结再说。

但随后，鉴于英、法两国恣意索取，几欲决裂，清政府希图通过笼络手段，让俄、美为其出力。俄国公使趁机再次要求速办分界、通商事宜，提出派两人回国送信，一个前往黑龙江送信给西伯利亚总督，请其会同中国清查边界，绘图定议，报信人可以由海道回俄国，一个由陆路经恰克图前往俄国，请俄国军官前来教授中国使用和制造枪炮。至于通商，则各国所得利益，"俄国之人亦欲得之"①。咸丰帝同意俄国由海道派人回国送信，查勘界址，但由陆路派人去恰克图请军官一事则应阻止，以免别生枝节。至于通商一事，原本准备等英、法事毕，再答应俄国奏请，现在可以立即允准，但俄国已有三处通商口岸，因此只能在沿海五口中再选择两处，如果俄国不满足，亦可以直隶总督谭廷襄格外乞恩的名义，允许选三处②。

谭廷襄深知俄、美的扩张和要索欲望与英、法并无二致，不仅不能阻止英、法，且"欲听其所为，坐享渔人之利"，但在英、法的军事压力下，又不得不设法笼络，因而奏请对俄使的要求酌加允准。咸丰同意俄国五口通商，但黑龙江勘界必须秉公办理。

俄国公使见清政府不同意其分界要求，随即照会，又以进京相要挟，并声称进京之事两国此前已有和约为凭，如果此次中国任意而行，那么日后和约均可废弃③。实际上，进京并非俄使的主要目的，借分界侵占中国领土才是其首要目标，所以，随后俄使又照会称，愿派人前往黑龙江，但为了快一点，必须由恰克图前去。咸丰认为，俄使此议是窥伺喀尔喀，不予同意。

咸丰八年四月初一日，咸丰一面令谭廷襄等转告俄使，界址必须赴黑龙江才能查知，一面谕令黑龙江将军奕山，若俄国西伯利亚总督前来会勘界址，须秉公查办。此时，在英、法的压力下，咸丰仍寄希望于俄、美调停，

① 《谭廷襄等奏俄使请速办分界通商等事片附录》，咸丰八年三月二十四日，故宫博物院明清档案部编：《清代中俄关系档案史料选编》第 3 编中册，第 465—466 页。

② 《谕谭廷襄等可准俄使派员由海道送信会勘未定边界》，咸丰八年三月二十五日，故宫博物院明清档案部编：《清代中俄关系档案史料选编》第 3 编中册，第 467 页。

③ 《谭廷襄等奏俄使来文重申进京之求意在挟占疆界折》，咸丰八年三月二十九日，故宫博物院明清档案部编：《清代中俄关系档案史料选编》第 3 编中册，第 480 页。

他在给谭廷襄的谕令中写道:"若俄夷能就范,则可用俄以制英、法,如美胜于俄,又不妨舍俄而用美。"① 当时,俄、美虽说调停,但实际上四国勾结,尤其是俄国公使,一天数次威胁天津地方官。英、法、美三国船只均停在拦江沙外,只有俄国船只停在拦江沙内,英、法公使每次进口都到俄国船上与普提雅廷见面,普提雅廷亦经常出口联络英、法。清廷清楚地认识到,俄、美乃以说合为名,以谋私利,但在英、法的炮火之下,又无计可施,只能一方面继续笼络俄、美,以求调解,另一方面向英、法做出让步。

实际上,俄国的侵略计划是兵分两路:一路是普提雅廷使华,趁中国与英、法交战之机谈判、交涉,谋取特权;另一路是西伯利亚总督穆拉维约夫率领俄军继续侵扰黑龙江流域。咸丰七年四五月间,就在普提雅廷第一次由海路抵达天津之时,俄军再次入侵黑龙江,此时克里米亚战争已结束,对抗英人的借口已不成立,俄人又谎称前往阔吞屯等地贸易。清廷指示:"俄夷既明言贸易,尤应妥为羁縻。"② 可事情并没这么简单,随后,俄人提出在海兰泡仿照恰克图通商,并私自进行勘探、绘图。奕山见俄军此次来人众多,军火俱备,气势汹汹,感到可疑,向朝廷奏报,并请求接济军火粮饷。咸丰仍指示其"据理折辩","不可滋生事端"③。清政府的软弱,使俄军更加嚣张,大量俄军往返黑龙江,海兰泡的俄军不仅建房存粮,且开始打造军器。情况越来越紧急,咸丰不得不一面谕令盛京副都统承志将现有火药解交黑龙江备用,一面让黑龙江地方官致函俄方,驳斥其通商之请。六至十月间,大批俄军侵入黑龙江、吉林等地,在黑龙江左岸辟地建房,囤粮驻兵,企图永占。奕山除了所谓的"严密防察"外,未采取任何实质性措施。清廷虽焦虑不已,但也只是致函俄枢密院,消极抗议,要求俄国遵守成约,撤回入侵俄军。

1858 年 3 月,俄使在上海时,俄西伯利亚总督穆拉维约夫以帮助防范

① 《谕谭廷襄等中俄分界谈判必须在黑龙江进行俄使不得进京》,咸丰八年四月初一日,故宫博物院明清档案部编:《清代中俄关系档案史料选编》第 3 编中册,第 483 页。

② 《奕山等奏俄国续来人船欲往阔吞奇咭贸易折》,咸丰七年闰五月初十日,故宫博物院明清档案部编:《清代中俄关系档案史料选编》第 3 编上册,第 317 页。

③ 《谕景淳等俄人占地设防要求通商着据理折辩令其撤回》,咸丰七年闰五月二十日,故宫博物院明清档案部编:《清代中俄关系档案史料选编》第 3 编上册,第 322 页。

英国为名，要求将海兰泡的空地给予俄国，遭到清政府拒绝。考虑到普提雅廷正与各国公使策划前往天津，未必一时会回黑龙江，清廷指示奕山与俄西伯利亚总督穆拉维约夫会勘乌特河界址，并严厉拒绝俄人侵占中国黑龙江左岸领土。

咸丰八年四月初十日，就在各国与清政府在天津交涉的时候，俄国西伯利亚总督穆拉维约夫抵达黑龙江，与黑龙江将军奕山开始分界谈判。第一次会面，穆拉维约夫就声称，黑龙江一带本是俄国的地方，要求江左岸居住的满洲人迁移到右岸，并表示俄国可以供给费用。至于两国界址，他要求自沙毕奈岭以东至额尔古纳河，再至黑龙江、乌苏里江、松花江，一直到海，凡沿河各岸，一半属于中国，一半属于俄国，江内只准中俄两国人和船行走，他国船只不准往来。此外，他还要求向俄国开放黑龙江城通商。这些要求均遭中方拒绝。

第二天，穆拉维约夫派人送信来，声称黑龙江左岸的满洲屯户可照旧居住，但其余空旷地方均归俄国，以便俄国驻兵，防范英人，其他方面则坚持上次的要求。俄国连年侵犯，在黑龙江一带搭盖房屋，储备军粮、器械，操兵演练，渐成气候。而中国东北兵丁为平定内乱和应对英、法侵略大量南调，兵力不足，粮饷欠缺。奕山深感畏惧，打算退让，只将"以河为界"字样删除。但穆拉维约夫坚决不肯。

四月十四日，奕山与穆拉维约夫第二次会面，俄方所带文书仍保留了"以河为界"字样。因乌苏里江、松花江、绥芬等河流属于吉林地界，奕山不清楚情况，于是询问吉林委员三隆，三隆称"尚须查明再定"。穆拉维约夫认为中方借口拖延，当场大怒，收起文书，不辞而别。当夜，俄军鸣炮放枪，意图挑衅。奕山惶恐不已，派人去见穆拉维约夫。第二天，俄方再次送来文书，仍要求以河为界，并加上"所有地方毗连两国交界之间，为大清、俄国同管之地"。奕山担心不答应的话，又会激怒穆拉维约夫，引发事端，因而妥协退让，全盘接受了俄方的要求[①]。就这样，简单谈判之后，咸丰八

[①]《奕山奏在俄督穆拉维约夫武力胁迫下签订瑷珲条约折》，咸丰八年四月二十一日，故宫博物院明清档案部编：《清代中俄关系档案史料选编》第 3 编中册，第 504—508 页。

年四月十六日奕山代表清政府与俄国签订了《瑷珲条约》，该约规定："黑龙江、松花江左岸，由额尔古纳河至松花江海口，作为俄罗斯国所属之地；右岸顺江流至乌苏里河，作为大清所属之地"；由乌苏里河至海的地方由两国共管，黑龙江、松花江、乌苏里河只准中俄两国行船，黑龙江左岸原住满人可照旧居住，并由清朝官员管理；允许居住在黑龙江、松花江、乌苏里的中俄两国民人互相贸易，并由两国官员在两岸彼此照看①。这一条约断送了中国黑龙江流域六十多万平方公里的土地。奕山表示是"不得已"而为之，咸丰亦对其颇为体谅，只是提醒他"该处既给与俄夷，又恐民夷杂处，致滋事端"，要求奕山"妥为弹压，毋稍大意"。此外，他还同意了俄方黑龙江通商的要求，让奕山"体察情形，妥筹条约"②。

《瑷珲条约》签订的时候，清政府正在天津与四国展开紧张交涉。迫于四国尤其是英、法的压力，清政府派桂良和花沙纳为钦差大臣，奔赴天津。此时，俄国公使故伎重施，又向桂良等提出速速议定中俄条约，然后他可代为说合。咸丰指示桂良等人直接与英、法交涉，以免俄使从中摆弄是非。但面对英国咄咄逼人的气势，桂良等只好又托俄、美调解。咸丰八年五月初三日中俄《天津条约》定议，但桂良等直到五月十七日才予以上奏。

中俄《天津条约》共 12 条，主要内容包括③：

其一，更改中俄两国交往及使臣进京之例。规定以后两国事务不再由俄国萨那特衙门和清廷理藩院行文往来，而由俄国总理各国事务大臣直接照会清军机大臣或特派大学士，如有紧要公文则派使臣送到京，由礼部转达军机处；遇有要事，俄国使臣可由原恰克图旧道进京，或由就近海口进京商办。

其二，增开通商口岸和设领。允许俄人赴上海、宁波、福州、厦门、广州、台湾、琼州七处海口通商，且若别国增开沿海口岸，俄国一律照办，允许俄国在所开口岸设立领事官，俄中民人案件由双方官员会同办理，俄国人犯罪，照俄国律例处罚，其在中国内地犯法应予治罪者，解送俄国边界或俄

---

① 中俄《爱珲城和约》，咸丰八年四月十六日，王铁崖编：《中外旧约章汇编》第 1 册，第 85—86 页。

② 《谕奕山等据奏始知奕山不得已将黑龙江左岸空地允俄存居但松花江等处不可一概允许》，咸丰八年五月初四日，故宫博物院明清档案部编：《清代中俄关系档案史料选编》第 3 编中册，第 519 页。

③ 中俄《天津条约》，咸丰八年五月初三日，王铁崖编：《中外旧约章汇编》第 1 册，第 86—88 页。

国官员驻扎之海口办理，中国人犯罪则照中国律例处罚。

其三，解除俄国陆路来华贸易人员和货物的数量限制，海路通商照各国与中国通商总例办理。

其四，对俄国安分传教的天主教人士予以保护，并允许其执照赴内地传教。

其五，中俄两国派员秉公查勘边界，将清理并议定后的边界补入此次和约之内，并绘制地图，立定凭据。

其六，对俄国派往中国学习满、汉文字的人员，取消之前的居留时间限制，如有事故，由俄方派人接替。

其七，允许俄国往来京城与恰克图之间的递送公文之人由驿站行走，所有驿站费用，中俄各出一半。

其八，给予俄国片面最惠国待遇。

可以看出，通过中俄《天津条约》，俄国攫取了许多新的特权，并再次确认了《瑷珲条约》的有效性。俄国何以不费一兵一卒就实现了其扩张的目的？以往学界多强调俄国公使调停外交的作用，即清政府寄希望于俄使调停，因而对其做出让步。的确，在英、法武力侵略的压力下，清政府明知俄国公使只不过打着调停的幌子谋取私利，却一直对其抱有幻想，希望通过给俄国一些好处来换取俄使为清廷出力，结果白白断送了国家主权和利权。

不过，俄国阴谋的得逞从根本上来说还是由于清政府的软弱无能。如前所述，早在19世纪40年代末50年代初，俄国已订下了侵华大计。1854年以后，俄军频频侵入黑龙江流域，但清政府先轻信其抗英的借口，予以放行，待这一借口不复存在以后，俄军往来如故，且变本加厉，在黑龙江流域安营扎寨，清政府依然没有果断禁阻，只是不断重申旧制。咸丰四年，俄军第一次出现在黑龙江时，吉林将军景淳等心生警惕，但当时吉林的防卫力量极为薄弱。清政府为镇压南方起义，先后4次从吉林征调兵丁，共调兵七千多人，后来回吉林的不足800人。此外，吉林没有战船，也没有水师，只有50艘由水手营运的粮船，因而不敢抗击入侵俄军。1855年中俄第一次松花江分界谈判之后，清廷要求黑龙江和吉林两省加强防守。但两省均缺乏防御力量。黑龙江兵多而无粮，吉林既无粮又无兵。黑龙江将军奏请将鄂伦春人等组织聚居，并免其应纳貂皮，其军械存官备用，吉林将军奏请撤回调往南方的士兵，均被朝廷否决。咸丰还一再嘱咐黑龙江和吉林将军，不要轻举妄动，以免挑起衅端。他给黑龙江将军的指示是，令鄂伦春人等照常游牧，照旧进贡貂皮，并加强管事，勿使通夷；给吉林将军的指示是，一面对余下的兵勇勤加操练，一面施展抚夷之术，且抚夷比用兵更加重要，所谓"从来抚驭外夷，惟有设法羁縻，善为开导，断无轻率用兵之理"①。正是清政府的软弱无能才使得俄国得寸进尺，年复一年，在黑龙江流域布兵排阵，造成事实上的侵占。

分界一事，自 1853 年俄国提出以后，吉林将军景淳等人虽也积极准备，并意识到须先派人对立牌之处查看清楚，但一直没有实施。《瑷珲条约》谈判时，俄方持有勘绘的地图，对黑龙江和松花江一带的情况非常熟悉，其空旷之地和居住人员都了如指掌；中方却没有任何凭据，乌苏里江、松花江、绥芬河等河流属于吉林地界，奕山不清楚情况，询问吉林委员三隆，三隆却称"尚须查明再定"。咸丰接到签订《瑷珲条约》的奏报后，竟然指示松花江、乌苏里江、绥芬河等处，如果是空旷地方，可与黑龙江一律办理②。清政府的这一态度充分说明了其主权意识的缺乏。

当然，英、法的武力压迫也促成了俄国阴谋的成功。中俄《天津条约》签订后，俄国公使普提雅廷致函英国公使额尔金说，与中国的谈判比他最初预想的取得了更大的成功和更快的进展，这要感谢英、法两国，是两国联军的行动迫使中国屈服③。

2. 中美条约交涉

第二次鸦片战争时期，与清政府谈判和签订条约的第二个国家是美国。美国也没有参与英、法的军事行动，它和俄国一样企图趁火打劫、谋渔人之利，也和俄国一样成为清廷试图笼络的对象。1858 年 4 月，当各国公使驶抵

① 《谕景淳南调官兵万难撤回对俄入侵应善为开导勿启衅端》，咸丰五年十二月二十六日，故宫博物院明清档案部编：《清代中俄关系档案史料选编》第 3 编上册，第 225 页。
② 《谕奕山等据奏始知奕山不得已将黑龙江左岸空地允俄存居但松花江等处不可一概允许》，咸丰八年五月初四日，故宫博物院明清档案部编：《清代中俄关系档案史料选编》第 3 编中册，第 519 页。
③ "Count Poutiatine to the Earl of Elgin," June 15，1858，*British Parliamentary Papers*，China 33，p. 752.

天津时，咸丰帝指示直隶总督谭廷襄等人先接见俄国公使，然后接见美国公使，作为对其"并未助恶"的奖赏，对他的要求"妥为开导"①。

咸丰八年三月二十日，美国公使列卫廉派人投文，并于当日与直隶总督谭廷襄等举行第一次会晤。谭廷襄等人称美国总统为"国王"，遭到美方抗议，列卫廉要求中方谈判代表或者发"president"的音，或者给予美国总统和中国皇帝一样的称呼。谭廷襄尝试了几次发音后，选择了后者，称美国总统为"伟大的皇帝"。紧接着，美方询问谭廷襄是否拥有全权，是否可以谈判和签订条约，条约是要逐条请示皇帝，还是最后整体奏报就行了。谭廷襄回答，他和原来者英在广州谈判条约时拥有同样的权力，他们都是皇帝委派来的，条约不需要逐条请示，只要最后整体奏报，但必须得到皇帝的同意，他才能签订条约。为了打消美方的顾虑，谭廷襄尽量解释，谈判在中国国内进行，离朝廷很近，不会耽搁时间②。

列卫廉声称，广东之事与他无关，他是与俄国公使一道来说合的，并答应替清政府"评理"。此次会晤，美使再次呈出修约交涉时被退回的国书，要求中国皇帝回信，并提出 11 项要求，包括：铸造通用银饼；中美官员合作，禁止鸦片进口；中美合力调处禁止苦力贸易，中国赔偿历年来因妄行监禁、抢劫破坏、焚毁房屋行栈等各案而造成的美国民人损失约 60 万两；允许美国公使驻扎京都，或随时来往；允许美国公使与中国朝廷直接文移交往，或由特派礼部尚书、军机内阁、沿海督抚转递，或自行派专人递送；增开琼州、电白、沙头、泉州、台湾、淡水、温州等处通商口岸；允许美国船只赴扬子江、珠江沿岸贸易居住；减少美国船钞，与他国一律，将所收船钞的 1/4 用于港口建设，修建灯楼，或设塔表、桩牌、浮桴等；不得加罪于中国基督教徒；修订《望厦条约》；给予美国最惠国待遇③。

谭廷襄一面请旨是否可以接收美国国书，一面表达个人意愿，认为美国

① 《谕谭廷襄等俄使文内分界通商等项着据理驳斥》，咸丰八年三月十八日，故宫博物院明清档案部编：《清代中俄关系档案史料选编》第 3 编中册，第 454—455 页。

② Te-kong Tong, *United States Diplomacy in China*, *1844—1860*, pp. 225—226.

③ 《美国要求条款十一条》，咸丰八年三月二十六日，贾桢等纂修：《筹办夷务始末·咸丰朝》三，第 764—766 页。

国书内大多是称颂之词，美国不过想要清帝回复，以此为荣，"若不接收，转难措词，兼于正事多有窒碍"①。他所说的"正事"即指请美国公使"评理""说合"。他随即正式照会俄、美两国公使，请就广东之事"代为评理"。

为笼络美国，咸丰帝准许美国公使呈递国书，并对美方的部分请求"量与采择"：增开贸易港口一项，不得已的情况下，可以在闽、粤两省附近海口通商之地，各增加一处小口岸；船钞一项，可以酌减，允许和其他各国一律办理。但其他方面则不能通融：允许中国民人传习基督教一项，按中国以往的规定，不为非作恶者不禁止，所以此项毋庸议；美国大臣驻扎京城一项，"向来无此体制"，不能准行；赔偿银两一项，时日已久，不能逐款清理，而且美国人的货物是被英国人烧掉的，不能由中国赔偿；铸造银饼一项，中国一向使用纹银，不允许铸造银饼；禁止鸦片烟以及骗诱民人出口两项，都是中国地方官应办之事，无需美国人请求②。

5 月 10 日，中美第二次会谈，美方并不满足于呈递国书，而一定要求皇帝给予回文，并要求以将来的税课扣抵赔偿。中方代表极力驳斥，亦未同意增开琼州、潮州、台湾、温州等口岸。但此次会谈总的来说气氛较为轻松。此后，列卫廉和谭廷襄未再出席谈判，而由双方代表继续交涉。5 月 19 日，双方对美方提出的 33 款内容全部进行了研究，讨论近 4 个小时。此时美方已经得知英法联军将于第二天向大沽发动进攻，谈判就此中断。在此前的交涉中，清政府答应了美方部分要求，但也有一部分未能允准：给予回文一项，咸丰帝谕令谭廷襄等告知美方，"天朝体制，凡非朝贡之国，偶有国书往来，均有定式，从不加以傲慢"；建立塔表一项，清政府以无成例；公使驻京及文移直达礼部、内阁一项，清政府称无此体制；贴补十余年来美国比他国多交的船钞约五六十万两一项，因时间久远，无从查核，清政府予以拒绝，但为笼络美国，清政府打算美国再提这一要求时，答应其按上海之例，

---

① 《谭廷襄等奏委员与俄使辩论英法侵华情形并将辩论各款呈览片》，咸丰八年三月二十二日，故宫博物院明清档案部编：《清代中俄关系档案史料选编》第 3 编中册，第 461 页。

② 《谕谭廷襄等可准俄国五口通商但黑龙江勘界必当秉公办理》，咸丰八年三月二十六日，故宫博物院明清档案部编：《清代中俄关系档案史料选编》第 3 编中册，第 473 页。

酌量免其三四个月的税银①。

5月20日上午10点，英法联军以中国钦差大臣没有英国要求的全权为借口发动进攻，大沽沦陷，谈判停止。5月底，英法联军占领天津，仍要求清政府派遣全权大臣与他们谈判。美、俄两国公使亦移到天津。

钦差大臣桂良和花沙纳驰赴天津后，6月7日，美国公使列卫廉继续与其谈判。此时，同英、法的交涉成为清政府外交的重点，中美谈判显得已不那么重要。桂良等仍希图请俄国公使说合，咸丰帝却更看好美国公使，觉得美国公使没那么狂妄，或许能够出面劝导英、法。但美国公使要求清帝必须给予回函。咸丰皇帝不得已而"格外开恩"，由兵部草拟，送交桂良，于6月11日交给美国公使。

中美谈判中，遇到困难的条款主要是公使驻京和内河自由航行。在这两个问题上，列卫廉没有坚持，因为他知道英国将会向清政府提出这两个要求。因而中美谈判进展顺利，一周后的1858年6月18日，两国签订了新的条约，即中美《天津条约》。

中美《天津条约》共30款，主要内容包括：双方官员以平行之礼公文往来，或会晤面商；美国公使每年可到京暂住一次，若别国公使获准驻京，美国应一律办理；美国兵船可在通商口岸游弋巡查，或追捕劫掠美国船只的盗贼，中国官员应协助采购所需物资；中国地方官应保护美国民人的人身和财产安全；美国民人涉讼，由美国领事裁判；增开潮州、台湾口岸，其他国家约开口岸亦准美国民人前往贸易、居留，照各国条约一体纳税，并允许设立医院、教堂，建造坟墓等；美国船只因触礁或遇盗等损坏，中国地方官应予救助、保护，严拿盗贼，追回财物；允许美国民人自由雇募引水、买办、工匠等；双方互相协助捉拿逃逸罪犯，并予以引渡；允许美商将未起卸或未拆动的货物转运别处口岸或海外；允许美国官员和民人聘请中国人教授汉语、帮办文书，购买书籍；清地方官应保护安分传教、习教之人；清政府给

---

① 《谕谭廷襄等告知俄使勘界需时可先办通商之事》，咸丰八年四月初三日，故宫博物院明清档案部编：《清代中俄关系档案史料选编》第3编中册，第486页。《载垣等奏准驳各国条款开单呈览折》，咸丰八年四月十六日，贾桢等纂修：《筹办夷务始末·咸丰朝》三，第829页。

予别国的恩典、优待，美国官民一体均沾，等等①。此外，条约第 1 款特意声明，中美友好相处，若有"不公轻藐之事"，必须互相帮助，从中调处。这在一定程度上奠定了此后美国对华"合作政策"的基础。

1859 年 7 月，美国公使华若翰赴京，和中方交换了《天津条约》批准文书，但没能觐见清帝。清廷提出，他必须答应按照中国宫廷惯用的仪式下跪、磕头等，才准进宫②。美国公使自然不会同意。

3. 中英条约交涉

在 1858 年清政府与各国签订的《天津条约》中，以英国的条约内容最多，对清政府传统体制冲击最大，对中外关系影响最为深远。这主要是因为当时的西方国家中，英国经济发展速度最快，与中国的贸易最为发达，英国对进一步开拓中国市场的要求最为强烈，而且英国以武力侵略为手段，对清政府构成了巨大威胁。

1857 年春，"亚罗"号事件的消息传到英国国内，早已不满于对华贸易的英国商界立即呼吁政府采取强有力的措施保障在华商业安全，逼迫中国签订新的条约。1857 年 1 月 6 日，伦敦东印度和中国协会上书外交大臣克拉兰敦，指出在中国问题上"现在需要一个新的条约"，这个新条约必须达到的目的是："重新修改按价征收的税率"，"获得在五口之外其它口岸贸易的许可"，以允许"中国各口岸船只同香港进行贸易"为条件获得英国臣民进入内地的权利，英国的全权使节得以"永久地驻节在北京朝廷"③。伦敦和利物浦的商会也提出了类似的主张。

1857 年 4 月 20 日，英国政府任命额尔金为全权大使，前往中国，并指示他向中国提出 5 项要求：（1）赔偿英国臣民的损失，如果法国合作的话，也要求赔偿法国臣民的损失；（2）在广州和其他口岸彻底执行以往条约订立的条款；（3）对英国臣民以及受英国保护者在最近骚乱中的损失给予补偿；（4）允许英国选择其公使居住或偶尔前往京城，承认英国全权公使和商务总

---

① 中美《天津条约》，咸丰八年五月初八日，王铁崖编：《中外旧约章汇编》第 1 册，第 89—95 页。

② ［俄］A. 布克斯盖夫登著、王璟等合译：《1860 年〈北京条约〉》，第 18 页。

③ "The Chairman of the East India and China Association of London to the Earl of Clarendon," January 6, 1857, *British Parliamentary Papers*, China 33, p. 207.

监有直接致函中国京城高级官员的权力，并可以选择由自己的信差递达（英国政府认为这是保证现有条约达到预期的执行效果和防止将来产生误解的最好方式）；（5）修订条约以获得商业便利，如进入大河沿岸城市、乍浦及其他沿海口岸，允许所有口岸的中国船只毫无区别地前往香港贸易。如果中国拒绝谈判或者没有同意前三项要求，额尔金可以决定立刻采取军事强制措施。若实行军事强制，可以再向中国提出赔偿军费，但如果中国在开放口岸和改善贸易交往方面令人满意的话，英国政府并不坚持这项要求①。

同一天，英国首相克拉兰敦专门就对华商业扩张问题做出具体指示，要求额尔金为英国臣民获得以下特权，并详细说明了其中的几项重要内容②：

（1）增开口岸。尽力摆脱对华贸易的限制，促使中国政府同意开放口岸，允许外国臣民与内地的大城市自由交往，特别是位于大河沿岸和东北沿海的大城市。如果中国目前的内乱不允许做出这种安排，则要求开放南京，但因为现在南京掌握在叛乱者手里，最好是获得前往扬子江并与其沿岸城市贸易的权利。

（2）获得船只在乍浦修整的许可，此处是从事日本和台湾贸易的船只常去之地。

（3）获得毫无限制进入中国内地贸易的权利，至于在内地城市居住是次要的，往来内地以及与城内中国商人直接交易的便利更重要，这不仅能使外国商人在更有利的条件下从事贸易，也将使中国人更熟悉外国人及其习惯，从而促进更广泛的交往。

（4）为外国臣民获得更多便利的定居点，特别是在广州。

（5）修订关税，并规定在第一次进口时已纳税但没能找到市场的外国货物允许免税运入其他口岸，或者进口后存入仓库，如果在当地销售则出仓时交纳税费，如果出口到别处则免税。

---

① "The Earl of Clarendon to the Earl of Elgin," April 20, 1857, Ian Nish ed., *British Documents on Foreign Affairs：Reports and Papers from the Foreign Office Confidential Print*, Part I, Series E Asia, Vol. 17, p. 33.

② "The Earl of Clarendon to the Earl of Elgin," April 20, 1857, Ian Nish ed., *British Documents on Foreign Affairs：Reports and Papers from the Foreign Office Confidential Print*, Part I, Series E Asia, Vol. 17, pp. 34—36.

（6）议定进出口货物的内地税。像在土耳其一样，进出口商品支付一笔所有内地税的折算税费就可免除其他税费，这种安排将是很有利的。但目前的问题是在中国反对内地税是否足够安全，支付折算税费可能会成为额外负担。英国政府希望订立条约，规定允许英国商人直接或派代理人赴产地购买中国产品，在这些货物运往沿海装船的过程中，除了可能的养路费以外，不再收取其他费用。不管对进出口税费做出怎样的安排，要避免承担任何保护中国关税收入的义务。关心中国的关税收入不是英国领事的职责。

（7）查明中国政府是否会废除鸦片贸易禁令，不管是否合法化，这项贸易无疑都会扩大，但通过征税把它置于合法的基础上比目前这种不合法的贸易方式显然更有利。

（8）促使中国政府同意与英国海军合作，镇压海盗。

（9）为中国基督教徒获得信仰自由，并保证传教士和其他在中国内地和平旅行人士的安全。

（10）促使中国政府废除华人移民禁令。这一禁令行同具文，实际上对男子前往海外并没怎么阻碍，但对女子则不一样，应从中国政府获得对移民的普遍认可，不管是男人还是女人。

（11）在新条约中获得对领事裁判权的充分认可。

（12）英国获得的利益允许给予所有其他国家。

（13）中英条约中存在疑问的地方仅以英文本为准。

1857 年 7 月初，额尔金抵达中国。他随即开始全面了解英国在华贸易的情况，并向在华英商以及英国驻华官员征集意见，包括口岸开放、进出口关税、船运等。英国商人和各商业团体积极响应。上海英商会特意召集 12 家洋行和银行的代表开会讨论，以查顿和马地臣为首的 30 名广州英国商人亦在香港集议，两大英商团体分别于 1857 年 10 月 2 日和 11 月 18 日向额尔金提交了长篇建议书。

作为中英贸易的切身利益者，在华英商的意见较之英国政府更加具体。首先，税收是他们关注的重点。他们认为中国目前的税率基本令人满意，广州英商甚至认为世界上没有比中国更自由的地方了。但他们也希望能够进一步扩大特权：各口岸实行统一的关税章程，确定值百抽五的进出口税率，且每五年修改一次税则；进口货物转运国外实行退税，转运别处口岸免重征，从事沿海贸易的外国船只仅纳税一次；外国船只到两个以上的口岸贸易时只收一次吨税，且最多每六个月交一次吨税，只装载压舱货的船只免收吨税；明确内地税标准，将税率限制在适当的比例；推广外籍海关监督制。其次，进一步开放中国市场是他们的重要目标。他们要求获取沿岸贸易权，增开汕头、登州、天津等通商口岸，到中国内地自由旅行、居住和贸易，"与广大商贩、生产者和消费者的直接交往"，允许外国船只在扬子江航行等。此外，他们还提出在征收适当的关税的情况下承认鸦片输华合法化，取消对硝石、锌、谷物、金银和铜钱等的贸易限制；派公使驻在北京，与中国朝廷直接联系；任命有办事效率的港务官，进行灯塔、浮标等引航工程的建设，取消英国船只禁止靠近纬度 32 度中国北部海岸 100 米的限制，统一货币标准等事项[①]。这些建议为英国政府在与中国的谈判中索取条约特权提供了最直接最重要的参考。额尔金在给克拉兰敦的信函中一再提到，这些建议"有用""具有相当大的价值"[②]。

1858 年初，即将离任的英国驻广州领事阿礼国也向英国政府递交了一份详细的关于签订对华新约的备忘录，以其在华多年的经历深入分析了英国开放中国市场的困难，力陈中国海关腐败和司法落后对贸易的不利影响，并论述了攫取在华内河航行权、内地通商权、自由传教权等对英国的重要性[③]。

作为第二次鸦片战争的发起者，自 1854 年修约以来，英国政府就已经计划再次武力侵华，逼迫中国签订新约。在此次条约交涉中，英国也是态度最强硬的一个。1858 年 2 月，四国公使赴上海之前，额尔金就指示英国驻上海领事罗伯逊先向江苏巡抚赵德辙投递一份致大学士裕诚的照会，声称原条

---

①　"Mr. Moncrieff to the Earl of Elgin," October 2，1857，"Messrs. Jardine, Matheson & Co.，and Other Merchants，to the Earl of Elgin," November 18，1857，*British Parliamentary Papers*，China 33，pp. 481—484，490—493.

②　"The Earl of Elgin to the Earl of Clarendon," November 23，1857，"The Earl of Elgin to the Earl of Clarendon," January 27，1858，*British Parliamentary Papers*，China 33，pp. 481，625.

③　"Memorandum on suggested Heads of a new Treaty," December 31，1857，Ian Nish ed.，*British Documents on Foreign Affairs：Reports and Papers from the Foreign Office Confidential Print*，Part I，Series E Asia，Vol. 17，pp. 109—116.

约有所不足，"宜为修补"，实际上是借此提出公使驻京、增开口岸、内地游历、整顿内地税、修改税则、缉捕海盗、保护传教等要求①。1858 年 3 月，四国公使齐集上海，何桂清分别照会，劝其回粤。俄使态度较缓和，同意与上海道台会晤。美、法均未回复。英国公使则直接将中方照会退回。

1858 年 4 月，四国公使先后抵达白河口，俄、美两国积极与清政府协商，英、法则按兵不动，只是借俄国公使之口要求清政府派钦差大臣前去会商。4 月 30 日，额尔金遣人向直隶总督谭廷襄投递了给裕诚的照会。谭廷襄约其第二天会谈，但额尔金并未赴约，原因是英方认为谭廷襄并非朝廷钦派全权大臣。谭廷襄向俄使打听，普提雅廷声称，英、法所求主要是两件事，一是增开口岸，二是不得迫害天主教徒，其他的都是小事，并扬言这些事"似非所难"，如果不同意，英、法等"必欲求准进京，断难阻止"②。谭廷襄等向清廷奏请增开口岸，以示羁縻，被咸丰帝驳回。咸丰帝认为，《南京条约》乃万年和约，另添口岸，"即是不遵旧约"，"只可就五口贸易之中，有近来办理不善之处，酌量更改"。咸丰帝的个人想法是可以在税率上做些让步，这虽然也有损于中国利益，但相比于增开口岸，漫无限制，则是两害相形取其轻。他指示谭廷襄等充分利用俄国说合，将来在通商事务上给予俄国一些好处③。

5 月 5 日，俄国公使代法、英两国就各项要求与天津地方官辩论。英国的要求是：允许各国在江河一带通商；允许各国赴内地购买丝、茶；同意各国削减税课；允许在内地销售鸦片；允许贩卖中国民人出口。天津地方官卞宝书等均表示不便准行④。

谭廷襄对俄、美公使并不信任，认为其"外托恭顺之名，内挟要求之术"，"只欲因人成事，自图便宜，非真能抑其强而为我说合者"。他奏请令

① 《英使额尔金为请派钦差大臣赴上海办理赔款及商定约章事给裕诚照会》，咸丰八年正月二十五日，贾桢等纂修：《筹办夷务始末·咸丰朝》二，第 654 页。
② 《谭廷襄等奏各国情形反复可否将所请通商保教二事先行斟酌折》，咸丰八年三月二十日，贾桢等纂修：《筹办夷务始末·咸丰朝》三，第 735 页。
③ 《廷寄》，咸丰八年三月二十日，贾桢等纂修：《筹办夷务始末·咸丰朝》三，第 737—738 页。
④ 《谭廷襄又奏将俄与法商议各款开单呈览片》，咸丰八年三月二十四日，贾桢等纂修：《筹办夷务始末·咸丰朝》三，第 744—745 页。

各口停止贸易，并令两广总督收复省城，以对付英、法。同时，他认为，"驭夷之策，必以通商作为归宿"，仅靠减税恐难以持久，因而请旨在不得已之时，是否可以准许就口岸一事临时斟酌①。

总之，在 1858 年 6 月以前，英国公使一直未与天津地方官接触，中英之间未举行正式会谈。但英方通过俄、美两国公使陆陆续续提出了一些要求，清政府也通过俄、美公使表明了自己的态度。双方通过这种间接交涉的方式进行了以下谈判：英国要求进广州城，清政府称须顺应民情，"不能官为定议"；英国要求不能毒害传教士，清政府表示如有传教士在内地犯法，照旧约办理；英国要求酌减货税，清政府同意，但表示应由广东督抚核办；英国要求公使驻京及英民游历各省，遭到拒绝；英国要求增开口岸，清政府认为减税已经是对英国的优待，如果英国还嫌不足，可在允许开放给美国的广东各口内，酌加一口；英国和法国要求赔偿军费，清政府认为按理不应该赔，但又恐英、法不肯罢休，因而打算迫不得已时，与各国到广东理论，如果各国都觉得中国应该赔偿或者需酌量赔补，则在税银内分年扣除。

由于英、法等国一再要求清政府派全权大臣赴津谈判，无奈之下，清廷以桂良和花沙纳为钦差，奔赴天津。与此同时，为了便于同英、法的交涉，咸丰帝再次启用耆英，因为他觉得耆英在粤多年，熟悉各国情况。他指示耆英与各国"正言讲理，折其骄慢之气，然后设法羁縻"②。6 月初，钦差大臣桂良和花沙纳抵津后，中英双方才开始了正式对话。6 月 4 日桂良、花沙纳与英国公使额尔金在海光寺举行第一次会晤。额尔金示以全权大臣委任状，因桂良等未执关防，额尔金仍怀疑其是否拥有全权，故未告以英方要求。

6 月 6 日，额尔金派中文秘书李泰国去见钦差，双方从上午 8 点到下午 1 点左右，谈判近 5 个小时。此次会谈的焦点问题是公使进京，李泰国声言必须允许英国公使进京驻扎，"方能在津议事，否则仍直带兵入都"③。他详

---

① 《谭廷襄等奏对外宜虚张声势封货闭关并责令两广总督克复广州折》，咸丰八年三月二十四日，贾桢等纂修：《筹办夷务始末·咸丰朝》三，第 742—743 页。

② 《谕桂良等俄实为自己仍托其说合恐徒劳无益》（咸丰八年四月二十一日），故宫博物院明清档案部编：《清代中俄关系档案史料选编》第 3 编中册，第 510 页。

③ 《桂良等奏英使声言必须允其进京驻扎方能在津议事似可通融办理折》，咸丰八年三月二十六日，贾桢等纂修：《筹办夷务始末·咸丰朝》三，第 884 页。

细叙述了叶名琛在广州的政策,认为其导致了过去 10 年中英关系的不满意状态,并最终引发两国的战争。他提出,阻止双方继续产生误会的办法只有一个,就是让英国公使永久地驻扎北京。他批评中国的自大以及对其他国家的无知,认为此后中国应该遵循西方国家的惯例。他甚至用克里米亚战争中英、法等击败俄国一事来进行威吓。中方代表卞宝书询问英方是否还有别的要求。李泰国只简单告知,包括:赔偿军费和在广州的损失,开放扬子江,允许英国臣民执照赴中国任何地方旅行,宽容基督教,任命委员收集关税数据和重新制订税则,中英两国合作镇压海盗,英国将来给中国政府的文件允许使用英文等。但李泰国强调,必须先解决公使驻京,才能商谈其他问题①。

第二天,李泰国与桂良再次约见。因李泰国当时担任上海海关税务监督,是清政府的雇员,桂良称他为"自己人",希望他帮忙劝说英使撤销进京驻扎的要求,遭到李泰国拒绝。李泰国还提醒桂良考虑英方的其他要求,并约定第二天下午 4 点继续会谈②。在 6 月 8 日的会谈中,卞宝书交给李泰国一份桂良起草的节略,不同程度地否定了英方的各项要求,只同意在广东和福建沿海开放两个新口岸。李泰国感到十分恼怒,争论良久,他同意公使驻京和赔偿广州损失两项再作商量,但其他 5 项必须马上给出明确答复,包括官方文书往来使用英文、宽容基督教、合作镇压海盗、修订税则、扬子江自由开放和执照进入内地。当日,正值耆英抵津,桂良与耆英议事完毕,方亲自接待李泰国。他希望英方给点时间考虑一下,但李泰国感到没有一些明确的答复他无法回去见额尔金,最后桂良表示愿意对其他 5 项要求做出让步。李泰国要求桂良写封信向额尔金说明此事,桂良请他第二天再来,帮忙一起准备给额尔金的照会③。

6 月 9、10 日,李泰国连续两天去见桂良等人,没有拿到他想要的照会。据桂良等人奏称,李泰国"诡谲挟制情形,竟非所求全允不可",而其中内

---

① "Notes of a Conversation between Mr. Lay and Twan, Pieu, Kwah, and Mei, Secretaries Attached to Commissioners Kweiliang and Hwashana," June 6, 1858, *British Parliamentary Papers*, China 33, pp. 745—746.

② "Notes of a Conversation between Mr. Lay and Commissioner Kweiliang," June 7, 1858, *British Parliamentary Papers*, China 33, p. 747.

③ "Notes of a Conversation between Mr. Lay and the Chinese Officer Pieu; and Subsequently, with the Commissioner Kweiliang," June 8, 1858, *British Parliamentary Papers*, China 33, pp. 747—748.

地通商一款，事关重大，万不可行。关于此款，英方的具体要求是，长江"江路一带至海之源，各处通商；并在各省，任凭英国民人自持执照，随时往来，英国在要紧地方设领事官，如有不法之徒，就近交领事官惩办"①。清政府反对内地通商原因主要有二：一是内地通商将彻底打破天朝体制，夷夏大防将无法维持，而当时正值中国国内人民起义频发之时，清政府担心外人和起义者相勾结；二是内地通商将大大冲击中国原有的经济体制，内地商人的生计也将面临被外商侵夺的危机。6月10日咸丰帝接到奏报后，也认为此款"若经允许，遗害无穷，万无准理"，并谕令前去协助谈判的耆英亲自开导英夷，"于所请各条内，酌量添允数条，将江路通商及游行内地两事设法杜绝，以免决裂"。当时咸丰对耆英寄予厚望，认为他在第一次鸦片战争中曾负责交涉，熟悉夷情，对何事可行，何事不可行，必有把握，因而全面委其"从权办理""不为遥制"②。

额尔金最初对耆英的到来感到乐观。1858年6月9日，他在给夫人的信中提到耆英："据说他对外夷抱有友好态度，现已复职，并已来到天津，这足以证明北京有和平解决事端的诚意。"③ 但是，额尔金认为耆英"非全权大臣，不能便宜行事，难与共议"。同一天，他收到耆英的来函，告诉他将于第二天前来拜访。耆英的信函没有写官衔。桂良、花沙纳也仅通知各国公使耆英的到来，没有告知其使命。这让额尔金心存疑虑。恰好，李泰国和威妥玛也收到了耆英的知会。于是，额尔金派他们去见耆英。这场会面彻底改变了额尔金的想法。从李泰国和威妥玛的报告中，他发现耆英已是老态龙钟，走路和站立都有困难，从外表判断，他在清廷几乎没有什么地位，只是中国皇帝推测他能被外国人接受而重新把他召唤回来，哄骗外国人。耆英的谈话完全就是在恭维和拉关系，他给人的感觉是依然在使用以前的旧官员抚驭外

---

① 《桂良等奏英提出欲在江路通商及内地游历设领事官各款请示裁定折》，咸丰八年四月二十九日，贾桢等纂修：《筹办夷务始末·咸丰朝》三，第894页。

② 《廷寄》，咸丰八年四月二十九日，贾桢等纂修：《筹办夷务始末·咸丰朝》三，第895页。

③ Jack J. Gerson, *Horatio Nelson Lay and Sino-British Relations，1854—1864*，Harvard University Press，1972，p. 280.

夷的策略①。当日，额尔金回信拒绝了耆英的来访，法国公使同样拒绝了耆英的见面请求。在给桂良和花沙纳的照会中，英、法公使声称耆英"非全权大臣，不能便宜行事，难与共议"。咸丰帝得知后，立即赐封耆英为钦差大臣，与桂良和花沙纳一体颁给关防②。

6 月 11 日，桂良等人照会额尔金，表示同意英方的要求，但因中国内乱进入内地暂时不方便，公使亦因战争只能住在天津，延缓赴京，赔偿一事则需到广州处理，并恳请英、法先撤军。额尔金立刻让人准备起草条约，并告知中方，条约越快拟订并得到同意，就能越快达成中国政府所期望的结果③。双方约定 6 月 14 日下午正式就签约展开谈判。

此前，英人攻破广州城后，在叶名琛府上搜出了一批第一次鸦片战争时期的文件，其中包括耆英给朝廷的奏折，折中对英人有蔑视和辱骂之言。因此，英方早已不信任耆英。在李泰国和威妥玛访问之后，更加心生警惕，想要迫使耆英退出谈判。6 月 14 日，在与中方的会谈中，威妥玛当着桂良和花沙纳的面，宣读了一份当年耆英奏报驭夷情形的密折，羞辱耆英。桂良等担心此事有碍和谈，随即奏请咸丰帝，召回耆英④。耆英未等圣裁，擅自折回京城。咸丰命人在通州将其押回。

在耆英离津之际，桂良等正与英方谈判条约。桂良的指导思想是"决裂之贻患至重，而姑允之为祸较轻"⑤。为了让英、法早日退兵，桂良等同意：兵费由广东酌办，英人可执照游历各省州县，内地通商待军备完竣后办理。但英方要求在天津议定赔偿数目，先开放镇江通商，并坚持公使驻京。1858年 6 月 20 日，咸丰帝接报后，指示桂良等驳斥英方：镇江开放一项，该地

①　"Memorandum of a visit to Kiying," June 9, 1858, *British Parliamentary Papers*, China 33, pp. 741—742.

②　《桂良等奏俄国条约已定并拟准英法内地通商折》，咸丰八年五月初一日，故宫博物院明清档案部编：《清代中俄关系档案史料选编》第 3 编中册，第 514 页。

③　"Commissioners Kweiliang, Hwashana, and Kiying to the Earl of Elgin," June 11, 1858, "The Earl of Elgin to Commissioners Kweiliang, Hwashana, and Kiying," June 12, 1858, *British Parliamentary Papers*, China 33, pp. 750—751.

④　《桂良等又奏英法拒见耆英请敕耆英回京面陈洋务片》，咸丰八年五月初四，贾桢等纂修：《筹办夷务始末·咸丰朝》三，第 917—918 页。

⑤　《桂良等奏与英交涉不可决裂折》，咸丰八年五月初七，贾桢等纂修：《筹办夷务始末·咸丰朝》三，第 927 页。

连年兵火，民情不安，也没有殷实的商人，不仅外国货物不能销售，且难保无口舌之争，"是以必须军务完竣方可定议"；内地游历一项，如果外国人与中国民人发生口角、斗殴，或者外国人发生失踪、伤亡之事，中国地广人多，不能查察；进京一项，公使遇有大事可以进京面诉，不必驻扎京城，如果一定要驻扎，则遵照俄国成例，派学生留驻，"须改中国衣冠，听中国约束，专令学习技艺不得与闻公事"。同时，咸丰强调天津不能开放，公使来京亦不能从天津进出，而从上海走陆路，以后三年一次，或五年一次来京。直到此时，咸丰仍对俄国公使抱一线希望，希望他能出面转圜，打消英国公使进京之议①。第二天，桂良等即依旨照会英国公使额尔金。额尔金非常恼怒，认为中国钦差大臣背叛了先前的允诺。他立刻复函，要求中方第二天完成条约的翻译，并正式签署条约②。

此时的京城，清统治集团正热烈讨论着英方开出的条件。在京城接受审讯的耆英在供词中力陈：英人要求各条，"惟内地通商、游历各省州县择地设立领事官两节，实关国家安危大局，万不可迁就一时，致滋无穷后患"③。恭亲王奕訢则认为，英夷要求中"尤关利害者，莫如江岸通商一节"，长江自四川直到江南，绵延数千里，山川险峻之地，城邑扼要之区，"处处皆中原大局所关"，且商人、船舶往来不断，"关税出于是，场盐行于是，漕粟运于是"，利源无数④。吏部尚书周祖培等则历数外国公使驻京之害：凡有举动，"尽窥我之虚实"；"宫禁重地，园庭处所，尽为俯瞰"；建屋修路，拆毁民居；民夷杂处，若有诉讼，无从讯断；包揽商税，任意往来；天主教倡行京师；其他朝贡国亦将轻视天朝；等等⑤。宗人府府丞钱宝青、内阁侍读学士段晴川、翰林院侍讲许彭寿、山东道御史等均强烈反对公使驻京，认为其流弊甚多。一边是桂良等人在英国的武力威胁下，请旨定夺，一边是群臣的

　　① 《廷寄》，咸丰八年五月初十，贾桢等纂修：《筹办夷务始末·咸丰朝》三，第937—938页。

　　② "The Earl of Elgin to the Earl of Malmesbury," July 1, 1858, "The Earl of Elgin to Commissioners Kweiliang and Hwashana," June 22, 1858, *British Parliamentary Papers*, China 33, pp. 755, 757.

　　③ 《耆英亲供二》，咸丰八年五月十一日，贾桢等纂修：《筹办夷务始末·咸丰朝》三，第944页。

　　④ 《奕訢奏江岸通商贻患甚巨宜早筹战备折》，咸丰八年五月十三日，贾桢等纂修：《筹办夷务始末·咸丰朝》三，第950—951页。

　　⑤ 《周祖培等奏外使驻京八害折》，咸丰八年五月十三日，贾桢等纂修：《筹办夷务始末·咸丰朝》三，第953—954页。

激烈反对，咸丰帝又急又气，怒斥桂良等"毫无主见，惟一味畏葸"，让其继续按之前的指示筹办，既非全部拒绝英夷，又非概允所请①。

6 月 24 日，额尔金的弟弟布鲁斯在威妥玛和李泰国的陪同下，作为英方代表，与桂良等人会晤，提交了一份 56 款的条约，要求中方立即应允。双方进行了激烈的辩论：关于公使驻京，中方要求对公使往来京城做出限制，仅限于有商业事务需要解决的时候，且不允许携带家属；英方强调这是国际惯例，不能把大使当犯人对待，对这一条款的接受是友好精神的证据。关于条约文本问题，中方反对以英文本为准；英方提出，广州进城问题就是由于以前中文本里面缺乏宣称这一权利的词语造成的，为维护英国的条约权利，必须以英文本作为标准。关于内地通商，中方反对英人执照入内地贸易；英方声称，此条只是为了方便英商陪同自己的货物进入内地，和在其他国家一样，执照制度是使英商在内地可以进行查验，这是对中国偏见的特别让步。至于内地居留一事，英方原文要求在"每个口岸和不同城市"或"内地的每一个城市"，双方讨论后，采用了"每个口岸和地方"或"不同地方"。此外，中方反对英国战船随意前往任何口岸，英方同意加上限定词语"非敌对目的或者追捕海盗"；中方要求税课问题留待上海解决，广州赔偿问题另议，英方均予同意；英方同意镇江在一年内不予开放，但要求增开天津和牛庄②。桂良的奏折显示，中方的让步条件是：一年之后进京，不派公使，或照俄国之例派学生赴京；镇江通商须待军务完竣；一切税课在上海商议；天津不可居住，可换成别的地方③。英方提出不开放天津，则换成登州、牛庄。咸丰帝指示应换闽、广等省距离京城较远的地方，奉天牛庄及山海关等处，与天津一样，不可行④。

经过这次交涉，英方的大部分目标已经达到，额尔金称赞布鲁斯的谈判

① 《廷寄》，咸丰八年五月十四日，贾桢等纂修：《筹办夷务始末·咸丰朝》三，第 963 页。

② "Memorandum of a Conference between Commissioners Kweiliang and Hwashana, and Mr. Bruce, in the suburb of Tien-tsin," June 24, 1858, *British Parliamentary Papers*, China 33, pp. 757—758.

③ 《桂良等奏与英交涉不可决裂折》，咸丰八年五月初七，贾桢等纂修：《筹办夷务始末·咸丰朝》三，第 927 页。

④ 《廷寄》，咸丰八年五月十六日，贾桢等纂修：《筹办夷务始末·咸丰朝》三，第 967 页。

非常成功①，并决定发起最后通牒。6 月 26 日，布鲁斯和李泰国再次去见钦差，声称额尔金对中方的不诚信感到非常愤怒，如果到当天晚上条约还未签订，额尔金将决定在北京以外的任何地方签约。这实际上是威胁再次开战。桂良等立刻表示他们只是把那些意见提出来同英方讨论。双方又就一些问题进行了谈判。中方依然强烈反对公使携带家眷在京城久居，以及英商赴内地贸易，并要求在关于税收的条款中加入"由各省督抚决定"的字样。布鲁斯再次威胁说公使及其家属驻扎京城符合各国友好往来的惯例，中方如果坚持反对，将被看作对英国的敌视。桂良和花沙纳希望英方再考虑考虑，并说如果中国皇帝拒绝批准这一条，他们的签名也是无效的②。

但在英方的威胁下，中国的钦差大臣们最终妥协退让。为了开脱罪责，桂良和花沙纳在给朝廷的奏折中力陈不可开战及从权允准英、法要求的理由，荒唐地认为英、法仍有"畏忌天朝之意"，并"无占踞地方之心"，公使携眷驻京，"以数十人深入重地，不难钤制"；开口方面，牛庄虽接近盛京，但外国商船难以入口，且只有豆子一项买卖，外商绝不可能在此处设立码头，登州口岸也小，难以设立洋行；长江的开放，从汉口至镇江不得超过 3 个口岸，且须待军务完竣，镇江虽 1 年后通商，但外夷重在买卖，不会有碍于河运；至于内地游历，不可能处处都有很多外人前往，且有执照，便于查验，入内地后，夷人"或能自爱，亦未可知"；税课一项，将来贸易范围扩大，"或可以盈补绌"。总之，"天时如此，人事如此，全局如此，只好姑为应允，催其速退兵船，以安人心"③。1858 年 6 月 26 日晚上 7 点中英《天津条约》在海光寺签署。

此时，京城的咸丰帝还在就前一次的谈判情况做出指示，坚持不允公使久住，只可带若干人暂住若干时日，且"一切跪拜礼节，悉遵中国制度，不得携带眷属"，其人数、时日及礼节事宜，均照中美条约的规定；至于镇江

---

① "The Earl of Elgin to the Earl of Malmesbury," July 6, 1858, *British Parliamentary Papers*, China 33, p. 764.

② "Memorandum of a Conference between Commissioners Kweiliang and Hwashana, and Mr. Bruce," June 26, 1858, *British Parliamentary Papers*, China 33, p. 759.

③ 《桂良等奏对外不可战者五端英法要求可从权允准折》，咸丰八年五月十八日，贾桢等纂修：《筹办夷务始末·咸丰朝》三，第 981—983 页。

通商，仍需待贼匪肃清，军务告竣，再予定议；天津换口之事，牛庄不可行，离京畿太近，且为东三省货物总汇之地，登州可以考虑，但须载明：只准货船往来，不得建立外人房屋，不得携带军械①。咸丰不知，前线谈判的钦差已俯首就范，一切都是空谈。

最后签订的中英《天津条约》共 56 款，另附加专条 1 项，其主要内容有：允许英国公使驻京，并按西方惯例享有优待；在各通商口岸设立领事官，管理英国民人，并享有司法裁判权；中英两国同级官员在文移、会晤等事务上，皆平仪往来；增开牛庄、登州、台湾、潮州、琼州为通商口岸，长江汉口以下增开三处口岸，并在一年后将镇江立口通商，英人可在通商口岸租地盖屋，设立栈房，建立教堂、医院、墓地；允许英国民人赴内地游历、通商；重新议定税则并允许以后每十年修订一次，英商赴内地贸易可享有子口税特权；英人可自由雇募引水、仆役等，可将未拆动或未起卸的货物转运别处，并免重征税费；清政府应保护在华英人的人身、财产安全；双方应合作追偿欠债，防范走私；条约若有争议之处，以英文本为准；给予英国最惠国待遇；赔偿英国商民损失及军费共 400 万两，赔款缴清，方将广州城交还；等等②。

在中英《天津条约》的交涉中，公使驻京是双方争论的最大焦点。英方之所以坚持公使驻京，其一是为了将所谓的国际惯例强加给中国，把中国纳入西方国家主导的国际关系体系；其二则是广州外交体制下的中外冲突使英方丧失了对清政府的信任，不愿意再接受原有的中外交往模式。条约签订后，7 月 12 日，额尔金在上海写信给英国首相说，中国政府做出的让步并不算过分，但在他看来，却意味着一场彻底的改变，它被迫放弃了一些帝国传统政策中所珍视的原则，而这其中对中国影响最大的是公使驻京及其与京城官员的直接交往。在这封信中，额尔金说明了自己坚持公使驻京的另一重要原因，即他确信，只要继续忍受将外交事务委托给地方政府的制度，就不可能保持与中国的和平关系。首先，地方督抚只关心本省的利益，只会将其他

① 《廷寄》，咸丰八年五月十八日，贾桢等纂修：《筹办夷务始末·咸丰朝》三，第 985—986 页。

② 中英《天津条约》，咸丰八年五月十六日，王铁崖编：《中外旧约章汇编》第 1 册，第 96—103 页。

省视为竞争对手。在中国，除了北京，没有哪个省会关心整个帝国的利益，所以掌握着对外交涉权的省督一开始就站在错误的位置上，即使他有权对所考虑和决定的问题做出独立的裁决，也几乎不能期望他抱着正确的观念来对待这些问题。其次，即算掌管外交权的省督认识到以自由精神管理外交事务的重要性，显然他也不能独立裁决，他的生命和未来都在忌妒的政府的绝对控制之中，这个政府对所有外交政策问题极度无知。在 10 件事中，地方督抚有 9 件是冒险的。当困难出现的时候，就像最近在广州一样，他无论抵抗还是屈服都一样必然走向毁灭。所以，通常情况下，他会小心谨慎行事，宁愿纵容恶习而不愿因与外国人的交往而使自身陷入危险之中①。

4. 中法条约交涉

第二次鸦片战争中，法国一直与英国保持一致行动，在 1858 年 6 月以前，法国公使亦未与天津地方官直接交涉，而通过俄国公使部分透露自己的目的。1858 年 5 月 5 日，俄国公使代法、英两国与天津地方官辩论时，法国的要求是：处分打死马神甫的地方官，嗣后赴中国内地闹事的法国人交由附近法国领事惩办，不可擅自杀害；将天主教与中国佛教、道教一体看待，不可欺凌；开温州及厦门附近岛屿通商；允许各国派公使驻京；允许各国在江河一带通商；允许领事和神父执票赴内地游历；赔偿房价和军费；允许各国赴内地购买丝、茶；同意各国削减税课②。清政府答应查办马神甫一案，并由广东核办减税，增开口岸一事，与英、美等一律办理。

桂良、花沙纳赴津后，1858 年 6 月 6 日，法国公使首次与其会晤。此后，英、法两国的谈判同步进行。除马神甫案件和内地传教外，法国的要求与英国大体相同，但不似英国咄咄逼人，恃强胁迫。桂良等认为法国条约"较易为力"③，重点应对英国。而咸丰帝对于法国谈判的指示和英国一样，坚决反对公使驻京和内地、内江通商。6 月 22 日，桂良等奏报，法国条约即

① "The Earl of Elgin to the Earl of Malmesbury," July 12, 1858, *British Parliamentary Papers*, China 33, pp. 765—766.

② 《谭廷襄又奏将俄与法商议各款开单呈览片》，咸丰八年三月二十四日，贾桢等纂修：《筹办夷务始末·咸丰朝》三，第 744—745 页。

③ 《桂良等奏已暂允英要求内地通商游历各省两节俟军务完竣后酌办折》，咸丰八年五月初四日，贾桢等纂修：《筹办夷务始末·咸丰朝》三，第 916 页。

将议定，内江通商一条，只许南京一处，且须俟军务完竣后再议；内地旅游一事，不准设立码头和领事馆；进京一事，有事方准前往。实际上，由于法国条约中同样有最惠国待遇的内容，关于内江通商、公使驻京等的限制，最后将由中英谈判的结果决定。对于这一点，法国公使和法方代表都非常清楚，所以法方虽提出先派人至京城，"看定房屋，留数人居住，权且办事"①，但并未与中方发生激烈争辩。条约议定以后，法国公使也并不急于签字，直到 6 月 26 日中英《天津条约》签字以后，法国条约才签字盖印。中法《天津条约》共 42 款，另有《和约章程补遗》6 款，内容与英国条约基本一致，只是增开的口岸还列有淡水、江宁，另外规定允许内地传教，保护信教之人，并惩办马神甫案相关人员②。

桂良等人一味避战求和，企图在英、法退兵后再设法羁縻。在中法《天津条约》签订后，他奏报咸丰："现当多事之秋，能令边衅不开，亦可省许多枝节。从此迅筹善后之策，使诸夷不敢轻视中国，声威既振，则夷胆自寒，斯为万全之道。"③

三、 中外《北京条约》的签订

英、法两国与清政府签订《天津条约》后，随即撤军南下。1858 年 7 月，咸丰帝令桂良、花沙纳等前往上海议定税则，并密谕以全免进口税和弛禁鸦片换取废除《天津条约》，特别是挽回危害最大的 4 项条款，即公使驻京、内地游历、内江通商、赔缴兵费后方归还广州。此时的中国，内忧外患，外有列强的入侵，内有人民起义，特别是太平天国运动极大地威胁着清王朝的统治。关税收入是东南沿海省份最重要的军饷来源之一，因此桂良、花沙纳和两江总督何桂清等都反对全免进口税的做法。在税则谈判中，桂良向英方试探，发现即使免税亦无法废弃条约。此议遂未提及。1858 年 11 月，

① 《桂良等奏英法恃强要求不敢令其决裂折》，咸丰八年五月十二日，贾桢等纂修：《筹办夷务始末·咸丰朝》三，第 947 页。
② 中法《天津条约》、中法《和约章程补遗》，咸丰八年五月十七日，王铁崖编：《中外旧约章汇编》第 1 册，第 104—113 页。
③ 《桂良等奏与法使订立天津条约情形折》，咸丰八年五月十九日，贾桢等纂修：《筹办夷务始末·咸丰朝》三，第 1005—1006 页。

桂良等与英、法、美代表分别签订《通商章程善后条约》，以值百抽五为原则，规定了详细的海关税则，并同意鸦片合法贸易，洋货运销内地可选择一次性交纳 2.5% 的子口税，聘用英国人帮办海关税务，等等。

但是，英、法两国仍坚持不许修改《天津条约》，咸丰帝试图利用换约时机与英、法另立专条，挽回公使驻京等 4 项。然而，事情的发展并没那么简单。1859 年春，英、法公使从香港重返上海，拒绝了中方在沪换约的建议，要求赴北京换约。桂良等欲借中外商人进行劝阻。咸丰帝大为赞赏，认为此乃"釜底抽薪之计"，"夷人行止，每多取决于商人，或可冀其挽回"①。但清政府的计划很快落空，1859 年 6 月，英、法、美三国公使率舰队北上天津，以武力逼迫清政府交换《天津条约》批准书。清政府要求英、法公使按指定路线，由北塘登陆，经天津入京。英、法公使拒绝清政府的安排，坚持率舰队经大沽口溯白河进京，结果再次引发战争。

第二次大沽之战，英法联军惨败。清政府幻想就此与英、法两国罢兵言和。然而，英、法却于 1860 年 2 月分别再度任命额尔金和葛罗为全权大臣，率军东来，扩大侵华战争。1860 年 8 月，英法联军由北塘登陆，进占天津。清政府急忙任命桂良和直隶总督恒福为钦差大臣，到天津议和。英、法要求清政府严格履行《天津条约》，特别强调公使必须常驻北京，同时向中方提出了一些新的要求，包括：就大沽之战向英方表示歉意；在外国公使进京和驻京期间给予相应的礼遇，增加赔款及调整支付方式，开天津为商埠等②。此前，咸丰帝就不能接受公使驻京，上海税则谈判时，英国公使曾答应条约互换后，"或择别地居住，或因要务随时往来，通融办理"，此时又要求"常驻"，桂良等人焦灼不已。咸丰帝亦令其"极力挽转，但能消弭此事，方为妥善。如万难阻止，亦可允其驻京，但不得多带从人，致令居民惊扰"③。天津通商，亦为清廷所不能接受，但英方不容商量，声称天津已被联军占领，

① 《廷寄》，咸丰九年三月初九日，贾桢等纂修：《筹办夷务始末·咸丰朝》四，第 1352 页。
② ［俄］A. 布克斯盖夫登著、王瓘等合译：《1860 年〈北京条约〉》，第 67 页。
③ 《廷寄》，咸丰十年七月十四日，贾桢等纂修：《筹办夷务始末·咸丰朝》六，第 2183 页。

"尽可开埠通商,不与中国相干",只是因为桂良来了,向他声明一下而已①。

在英、法的逼迫下,桂良等将《天津条约》及新增要求"概为允准"。但事情并没这么简单,英、法随即要求清政府先付英、法各 100 万两赔款,并立即派人进京,察看和选择房屋、住址。咸丰极为震怒,斥责桂良等瞎了眼,竟轻信英、法罢兵之说,指示其不准盖印画押,"惟须刚柔互用,极力挽回"②。桂良等人与英、法交涉,将兵费赔偿推迟两个月,并尽力阻止其进京,但却认为天津开放已成定局,即使不开放,也会被英、法占据,只能竭力羁縻、限制③。无奈之下,咸丰帝只得认可天津通商,但仍不满意桂良等人的处置,要求天津通商必须以退兵为条件,并议定外商每年来津次数,且不可建造房屋;兵费赔偿须继续宽定限期,酌定数目,"由广东关税分成扣还"④。

由于咸丰帝没有同意,补充协定无法签字。英、法公使对桂良等人是否取得全权资格产生了怀疑,"觉得中国人的行为是想以一种欺骗的方式来赢得时间"。当法国代表向桂良求证时,桂良回答说:清政府的基本条规是,"只有奉清帝谕旨派往京外边远地方的大臣才有便宜行事之全权,如不合此种情况,则均需事先奏报皇上"⑤。英、法公使恼怒不已,谈判破裂。

1860 年 9 月初,英、法联军从天津向北京进犯。清政府再任怡亲王载垣、兵部尚书穆荫为全权大臣,前去议和。英、法恐耽误时日,不愿退回天津,要求在通州谈判、订约。9 月 5 日,双方代表在通州南张家湾会晤,主要围绕联军主力撤回天津,英、法公使准备带往北京的卫队人数,觐见清帝三个问题展开激烈争论。由于双方争执不下,谈判再次破裂。

1860 年 9 月 18 日,英、法侵略军攻陷通州。21 日,八里桥一战,清军全军覆没。咸丰帝携后妃等逃往热河。10 月 13 日联军攻入北京,抢劫、焚

① 《桂良恒福恒祺奏和战急迫已概允所请通州军营应如何办理免致生疑折》,咸丰十年七月十九日,贾桢等纂修:《筹办夷务始末·咸丰朝》六,第 2206 页。

② 《廷寄》,咸丰十年七月二十日,贾桢等纂修:《筹办夷务始末·咸丰朝》六,第 2215 页。

③ 《桂良恒福恒祺奏沥陈急迫情形折》,咸丰十年七月二十一日,贾桢等纂修:《筹办夷务始末·咸丰朝》六,第 2228 页。

④ 《廷寄》,咸丰十年七月二十一日,贾桢等纂修:《筹办夷务始末·咸丰朝》六,第 2230 页。

⑤ 〔俄〕A. 布克斯盖夫登著、王璀等合译:《1860 年〈北京条约〉》,第 74 页。

毁了圆明园。10 月 24、25 日，英法联军以焚毁紫禁城作为威胁，迫使恭亲王奕䜣分别与额尔金、葛罗交换了《天津条约》批准书，并订立不平等的中英、中法《北京条约》，作为《天津条约》的补充。中英《北京条约》共 9 款，规定：英国公使是否驻京由英方决定；清政府赔偿英国军费 600 万两和英商的损失 200 万两，英军待赔款交清后撤离；开放天津为通商口岸；准许华民出国做工；割让九龙司地方一区给英国等[①]。中法《北京条约》共 10 款，其中开放天津、华工出国、赔款和撤军，与英国条约基本相同，但法国特别强调了传教问题，要求清帝晓示天下：任由百姓传习天主教、集会讲道、建教堂、做礼拜，滥行查拿者将予以应得处分，赔还此前法国传教士案件中充公的房屋、土地等，并任法国传教士在各省租买田地，建造自便[②]。

1860 年，正当清政府与英、法激战之际，俄国再次趁火打劫，迫使清政府签订中俄《北京条约》。

在 1858 年的条约谈判中，俄国较为特殊，清政府迫于英、法的压力，曾对俄国的调停寄予厚望，因此，俄国不仅率先与中国签订了《天津条约》，而且在条约签订后三天即得到咸丰帝的批准。但俄国国内却对此约并不满意，认为其过分追求与欧洲利益的一致性，而忽略了俄国独有的陆上利益。俄国西伯利亚总督穆拉维约夫提出，必须在俄方批准条约之前增加几项补充条款，"以巩固俄国从过去签订的条约中已取得的陆路通商权利"[③]。

条约交涉期间，俄国公使普提雅廷曾多次提出给中国提供武器，并派教官训练中国的士兵。此举貌似对中国友好，实际上是为了扩大俄国在中国朝廷的影响，以对付英国和法国，消除英、法在东方事务中的领导作用[④]。条约签订后，清政府曾表示接受俄方的"美意"，因此，普提雅廷回国后，立即说服俄国政府采取援华行动，向中国运送军械，派遣军事教官。与此同时，俄国以在北京的教会监护官彼罗夫斯基为公使，借援助中国为由，向清政府提出补充条款，要求确定中俄东部边界，将黑龙江滨海地区割让给俄

---

① 中英《续增条约》，咸丰十年九月十一日，王铁崖编：《中外旧约章汇编》第 1 册，第 144—146 页。
② 中法《续增条约》，咸丰十年九月十二日，王铁崖编：《中外旧约章汇编》第 1 册，第 146—148 页。
③ ［俄］A. 布克斯盖夫登著、王瓓等合译：《1860 年〈北京条约〉》，第 3 页。
④ ［俄］A. 布克斯盖夫登著、王瓓等合译：《1860 年〈北京条约〉》，第 4 页。

国，并增添部分贸易特权等。在这种情况下，清政府拒绝了俄方的援助，并否认了《瑷珲条约》的有效性，否决了彼罗夫斯基新的索求。咸丰帝颁布上谕，以越权和办事不力之罪，将签订《瑷珲条约》的奕山革职。

此时，俄国派出的援华教官已到达中俄边境，于是俄国临时以教官首领伊格那提耶夫为公使，令其前往北京，与中国朝廷交涉条约事宜。1859 年 6 月，伊格那提耶夫抵达北京，与清廷代表——军机处大臣肃顺进行谈判。俄方送给中方一份补充条款草案，要求：划定中俄东部和西部边界，开放中国内地的陆路通商，在蒙古、满洲和喀什噶尔设立新的俄国领事馆，建立中俄两国边务当局的直接关系，引渡逃犯，等等①。此前，俄国外交部曾预见要求清政府正式批准《瑷珲条约》会遇到困难，因而根据穆拉维约夫的意见，准备以简单交换双方确认的边界地图来代替批准条约的手续。肃顺根据清帝指示，除《天津条约》因已批准不得不承认外，坚决否认《瑷珲条约》，且不接受俄方任何其他要求。肃顺声称，奕山"既无全权证书，又无正式关防"，无权签订条约；至于中俄东部边界，由于不清楚地理情况，建议委托吉林将军就地解决，但强调中国不会允许俄国侵占满洲一寸土地②。由于中方的坚决反对，伊格那提耶夫一无所获。于是，俄方一方面准备强力执行《瑷珲条约》，占领黑龙江滨海地区，一方面则利用英、法再次发动战争的时机，寻找谈判机会。

1860 年 5 月，伊格那提耶夫收到俄国外交部信函，指示他注意英、法的动向，并和美国公使联合行动，像普提雅廷一样，"竭力以调停人的身份出现，并且切勿使战争扩大到足以推翻现行王朝的危险境地"③。俄国担心的是，清政府被推翻将导致中国政治中心的南移，这样中国将摆脱俄国的影响，落入海上列强特别是英国的控制之中。为取得和其他列强的联系，伊格那提耶夫设计摆脱清政府的监控，逃离京城，前往上海。

1860 年 6 月，伊格那提耶夫在上海与美国公使华若翰会面，并说服后者发表了保持中立的联合声明。此后，伊格那提耶夫大耍两面派手腕，一边与

---

① ［俄］A. 布克斯盖夫登著、王瓁等合译：《1860 年〈北京条约〉》，第 14 页。
② ［俄］A. 布克斯盖夫登著、王瓁等合译：《1860 年〈北京条约〉》，第 11—12 页。
③ ［俄］A. 布克斯盖夫登著、王瓁等合译：《1860 年〈北京条约〉》，第 31 页。

英、法公使亲近，博取他们的信任，一边又设法让清政府相信，"俄国对清政府是真诚友好的，只有它才能挽救中国免遭联军的毒手"①。起初，英、法尤其是英国对俄国公使的到来极为反感，且一直抱有很强的戒心。清政府也不信任俄国公使，甚至有些憎恶。僧格林沁在奏折中说道："俄夷尤堪痛恨！八年结伴而来，肆意要求；上年甫经接仗以后，该夷即至海口；本年由京前往上海，勾引各国同时而至。"② 英法联军采取军事行动前和进军北塘时，俄国公使两次向清政府表示出面调停的意愿，均遭到拒绝。

天津谈判期间，俄国公使将其绘制的北京平面图和从北京至北塘的路线图提供给英、法联军，并为其出谋划策，逐渐取得英、法公使信任。战争中，他利用和英、法的关系为中国寺院和一些有影响的人提供保护，从而又扩大了其在中国的影响。直隶总督恒福请求俄国公使出面调停，阻止联军进京，哪怕是在天津暂留3天也好。伊格那提耶夫傲慢地表示，必须军机处正式提出请求，并答应俄国的要求③。

通州谈判破裂后，英法联军向北京进发。由于俄方熟悉北京的情况，英、法公使对其极为重视，额尔金甚至主动拜访伊格那提耶夫，请他一起研究进攻战略。俄国公使也利用俄方的优势，大力协助联军，并借此机会，以探听消息的名义，在英、法的帮助下，进入北京城。

此时，紫禁城已人去楼空，只留下恭亲王奕䜣应对大局。清政府急需找机会与英、法和解，英、法并不想推翻清政府，也有再次和谈的意愿。俄国公使就利用这一时机，充当了双方的协调人。伊格那提耶夫给清政府提出的条件有三：一是必须恭亲王向他提出进行调停的书面请求；二是清政府与英、法谈判期间，其谈判的全部内容必须事先征询俄国公使的意见，不得隐瞒；三是必须同意他1859年初到北京时提出的全部要求，即承认并批准《瑷珲条约》，同意中俄边界在东部沿乌苏里江一直到朝鲜国境划分，在西部

---

① ［俄］A. 布克斯盖夫登著、王瑢等合译：《1860年〈北京条约〉》，第63页。
② 《僧格林沁等又奏俄人处处协助英国如与英法同来应否准其会面片》，咸丰十年六月二十六日，贾桢等纂修：《筹办夷务始末·咸丰朝》六，第2078页。
③ ［俄］A. 布克斯盖夫登著、王瑢等合译：《1860年〈北京条约〉》，第81页。

则沿中国常驻卡伦划分，同意在喀什噶尔、库伦和齐齐哈尔设立俄国领事馆[①]。清政府全盘接受了伊格那提耶夫的条件，但请求俄国事宜留待与联军谈判结束后再解决。

在接下来清政府与英、法的谈判中，俄国公使成了一个重要人物，"每逢在谈判各方之间出现误会或争执时，双方总是去征求俄国公使的意见"，中国方面更是凡事无不先和俄国公使商量[②]。俄国公使劝说英、法放弃或者降低了某些过分的要求，如在安放帝后棺柩的景山签约，在两国使团进出北京时由联军鸣放礼炮，占用王公大臣肃顺的宅第作为法国使团住所，联军部队在北京附近过冬等，但与此同时，也让清政府接受了英、法的大部分要求。1860 年 10 月 12 日和 13 日，中英、中法《北京条约》分别在礼部签订。10 月 18 日，英法联军撤离北京。

英、法刚刚撤军，伊格那提耶夫马上向清政府提出重开中俄谈判。为了避免英、法干涉，他要求清政府就谈判事宜保守秘密。他告诉清政府，如果英、法知道了俄国的事，由于嫉妒和不甘落后，会不顾已经签订的条约，向中方提出新的要求[③]。谈判开始后，俄方向中方提交了一份新的条约草案，该草案用十五项新条款代替了原来向肃顺提出的 6 条要求，同时，俄方还准备了一份俄国总参谋部经过现场勘测，事先绘制的附有精确图例的中俄东部边界地图。为加快谈判进展，伊格那提耶夫威胁中方代表："正是他而不是别人说服了联军将军队撤回天津，而现在，要将他们召回北京，对他说来也是最容易不过的：只需致函两国特使，说他们和中国所签订的条约靠不住，需要修改，此事即可办到。"[④] 这一招果然让清政府感到惶恐，再加上俄方的一点小让步：撤销在齐齐哈尔设领的要求，同意在同一时间内居住在北京的俄国人限制在 200 名以内，同意现住乌苏里江沿岸的中国臣民留住原地，清政府便接受了条约。1860 年 11 月 2 日，中俄《北京条约》在俄罗斯馆签订，共 15 条。条约首先认可和补充了《瑷珲条约》关于中俄边界的内容，规定：

---

① ［俄］A. 布克斯盖夫登著、王瓘等合译：《1860 年〈北京条约〉》，第 128 页。
② ［俄］A. 布克斯盖夫登著、王瓘等合译：《1860 年〈北京条约〉》，第 134 页。
③ ［俄］A. 布克斯盖夫登著、王瓘等合译：《1860 年〈北京条约〉》，第 138 页。
④ ［俄］A. 布克斯盖夫登著、王瓘等合译：《1860 年〈北京条约〉》，第 142 页。

东段以黑龙江、乌苏里江为界，黑龙江以北、乌苏里江以东属俄罗斯，黑龙江以南、乌苏里江以西属中国；西部疆界未定之处沿山岭、大河及大清国常驻卡伦路线划定，即从沙宾达巴哈界牌起，往西经斋桑淖尔湖，再往西南顺特穆尔图淖尔，直至浩罕边界为界。由此，俄国割占了中国一百多万平方公里的土地。条约还开放喀什噶尔为通商口岸，俄商可在通商处所自由贸易、居留；准许俄国在库伦及通商之处设领事官，管理商民，行使领事裁判权，亦允许中国在俄罗斯设立领事官；两国商民的买卖、债务纠纷，听其自行择人调处，两国官员只帮助调解，不代赔债款；允许俄国官民递送书信、物品。此外，条约规定双方须互相引渡罪犯，会同办理边界事务；无论在内地还是在边界，遇有大小案件，照天津和约第七条，双方官员"各办各国之人""各按本国法律治罪"；等等①。

第一次鸦片战争后，清政府与各国签订的第一批不平等条约将条约关系引入中国，开辟了中国对外关系的新局面。第二次鸦片战争后，各国《天津条约》和《北京条约》的签订则在中国正式确立起条约关系的基本框架。

首先，通过《天津条约》和《北京条约》，列强不仅进一步明确、巩固了已有的特权，而且攫取了许多新的特权，从而使条约关系的整体框架大体定型。此后，领事裁判制度、通商口岸制度、协定关税制度、外籍税务司制度、片面最惠国待遇制度、沿海和内河的航行制度、传教制度、鸦片贸易制度、华工出国制度、自由雇募制度等在中国得以行使。这些制度构架起整个条约关系的主体，也构成了 19 世纪 60 年代直到 20 世纪三四十年代中外交往的基础，成为规范中外关系的最基本的法则，后来的一系列中外条约实际上都是对《天津条约》和《北京条约》的调整与补充。

其次，通过《天津条约》和《北京条约》，外国资本主义势力不仅得以扩展到上至山东、下至海南的中国沿海一线，而且得以进入中国内地，甚至将触角伸入清帝国的中枢之地，条约关系也因此在地理范围上具有了全局的适用性。在沿海，除了原来开放的五口之外，《天津条约》和《北京条约》增开了牛庄、登州、台湾、潮州、琼州、淡水、江宁、天津等通商口岸；在

---

① 中俄《北京续增条约》，咸丰十年十月初二日，王铁崖编：《中外旧约章汇编》第 1 册，第 149—153 页。

西北边境，除恰克图、伊犁、塔尔巴哈台外，又添设喀什噶尔内陆口岸。更重要的是，《天津条约》和《北京条约》开放了汉口以下的长江流域和中国内地市场，从而初步形成了对外全面开放的格局。条约关系也由此从原来的少数口岸推广到中国的广阔区域。

再次，通过《天津条约》和《北京条约》，西方列强进一步摧毁了大清王朝的天朝体制，在对华关系中取得了支配性的地位。第一批不平等条约虽已打破大清天朝体制的坚冰，但清朝统治者并没有把西方各国放在对等的位置上，而依然视之为夷国和夷人，其平等交往主要限于官方文移。《天津条约》和《北京条约》规定公使驻京，双方官员无论文移还是会晤均以平行之礼相待，中国文书不准提书"夷"字，甚至要求清政府将条约刊刻颁行，晓示天下，条约发生歧义时以外国文本为准等。这些成为此后中国与西方国家交往的基本规则，中西关系也因此发生根本改变。

总之，《天津条约》和《北京条约》以国际法的形式调节了第一次鸦片战争以来的中外关系，在中国确立了条约关系的基本框架。但对中国来说，以武力和条约做出的调节是残酷的、不平等的，中国的主权进一步沦丧，半殖民地化进一步加深，它虽然不得不暂时接受《天津条约》和《北京条约》强加的条约关系，但这些条约的侵略性和不平等性，以及中国的全面开放带来的前所未有的变局却使中外之间潜伏着更大的危机。

第六章　条约关系下的权利与义务

作为构建近代国际关系体系的基本手段，条约"定下了各缔约国所必须当作法律来遵守的行为规则"，"这些规则对所有缔约国而言，就是相应的权利和义务"①。自第一次鸦片战争后，随着一系列条约的签订，中国被纳入西方国际关系体系之中。中国与西方国家的条约关系在本质上是一种不平等的关系，是弱肉强食的结果，在这一关系中双方的权利和义务是不对等的，西方列强通过条约攫取了大量政治、经济和文化特权，对中国的主权造成极大的侵害。但这些条约中也"附带着体现中国权益的某些平等条约和平等条款"②，给封建保守的中国带来了一些近代文明的因素。

---

① 万鄂湘等：《国际条约法》，武汉大学出版社，1998年，第5—6页。
② 李育民：《晚清中外条约关系研究》，第283页。

第一节　西方缔约国的条约权利

两次鸦片战争期间，西方国家强加给中国的不平等条约，为其获取了大量朝贡体制下所没有的权利。这些条约权利"渗透到中国的政治、经济、军事、外交、司法、文化等各方各面"①，从而形成了条约关系的基本框架。根据行为的持续性特征，1840—1860 年间，西方列强在中国享有的条约权利主要分为常规性特权和交割性特权两类。前者包括领事裁判权、贸易居留权、协定关税权、传教权等一系列长期持续实施的行为权利，后者包括割地、赔款等一次性或总括性的交付行为。

一、　常规性条约特权

西方列强享有的常规性条约特权包含政治、经济、文化各个方面，兹分别述之。

（一）政治权利

近代条约关系首先体现为对缔约国政治外交关系的重构。西方列强正是通过条约打破中国原有的天朝体制，从而享有了一系列在华政治权利，这些政治条约权利主要体现为派驻官员权、平等交往权、领事裁判权、海关行政管理权、军舰驻泊和往来权、外国商人的居留和游历权等。

1. 派驻官员权

第一次鸦片战争之前，清政府视西方国家为互市国，其与中国的官方往来都是以派遣使团的方式，在清政府眼里就是所谓的遣使朝贡，从无驻官一说。广州口岸的各国商馆亦只指派商务管理人，而不是官员。第一批不平等条约签订的过程中，西方各国均以主权国家的身份提出了派驻官员的要求，从而彻底改变了与中国的关系。

近代西方各国向中国派驻的官员包括公使、领事及其他管事官员，第一

---

① 郭卫东：《不平等条约与近代中国》，高等教育出版社，1993 年，第 7 页。

次鸦片战争后的不平等条约中均规定了领事及其他管事官的派驻，第二次鸦片战争后，各国才要求公使的驻扎权，并最终强迫清政府接受公使驻京。

关于领事及管事官派驻的内容最早见于中英《南京条约》，该约第二款准许英国派设的"领事、管事等官"居住五处通商口岸，"专理商贾事宜"①。此后，中美《望厦条约》、中法《黄埔条约》及其他各条约均有关于设领的条款。

五口通商以后，各国亦向中国派任公使，总理对华事务。起初，各国公使均居住澳门或香港，偶尔前往各口岸办理公务。19世纪50年代，在两广总督徐广缙和叶名琛一再拒绝见面和交涉以后，以英国为首的西方国家开始谋求与大清朝廷的直接交往。1858年中美《天津条约》率先载入公使赴京的内容，规定美国公使因关系彼此利益事件可到北京暂住，从海口或陆路行走均可，但不可驾驶兵船，进天津海口须事先知照地方官，且每年不得超过一次，"到京后迅速定议，不得耽延"。条约还强调，如果是小事，"不得因有此条轻请到京"②。中俄《天津条约》亦只规定俄国公使有要事可进京商办。中英、中法《天津条约》的签订在美、俄之后，其态度比美、俄两国要强硬得多，尤其是英国。中法《天津条约》第二款规定：法国公使奉命前来中国，"或有本国重务办理，皆准进京侨居"，将来如有他国公使进京长住，"大法国亦能照办"，驻京公使的所有财物、公文、书信等皆不得擅动，并可自由招募通事、仆役等。中英《天津条约》则允许英国公使携带眷属在京师长期居住或随时往来，租赁地基、房屋，雇佣仆役，均随其便；公使及其眷属享有人身、行动自由及一切应有之优待，"皆可任便往来，收发文件，行装囊箱不得有人擅行启拆"，其递送文件的专差同大清驿站差使"一律保安照料"③。至此，西方国家正式取得了公使长驻北京的权利。

2. 平等交往权

第一次鸦片战争前，以英国为首的西方国家已不断挑战中国的天朝体制，要求平等交往的权利。在条约关系确立的过程中，列强极为重视这一权

———————————

① 中英《江宁条约》，道光二十二年七月二十四日，王铁崖编：《中外旧约章汇编》第1册，第31页。

② 中美《天津条约》，咸丰八年五月初八日，王铁崖编：《中外旧约章汇编》第1册，第90页。

③ 中法《天津条约》，咸丰八年五月十七日，中英《天津条约》，咸丰八年五月十六日，王铁崖编：《中外旧约章汇编》第1册，第104、96—97页。

利的获得，战后各国的条约均以此作为重要内容。1840—1860 年间中外条约中关于平等交往的规定涉及外国驻华官员与中国官员之间的文移、会晤以及外国国内政府官员与中国政府官员之间的文书往来，尤以前者最为多见，以下分别述之。

其一，外国驻华官员与中国官员的平等文移、会晤权。

第一次鸦片战争前的广州贸易时期，在华外人向清政府投递的文书一律被视为禀帖，1834 年英国派往中国的第一任商务监督律劳卑向广州当局投文时亦被要求写上"禀"字。外人不得与中国地方官会面，其禀帖必须由行商转呈①。第一次鸦片战争后，列强终于凭借条约实现了各国驻华官员与清政府官员之间的直接交往，并获得了官员间文移和会晤的自由平等权利。1842 年中英《南京条约》规定，英国派设中国的官员可与清政府官员公文往来，其文书用语的具体要求是：与京内外大臣文书往来时，公使用照会字样，英国属员用"申陈"字样，大臣批复属员用"札行"字样；两国属员往来，皆平行照会；若两国商人向官员上书，仍用"禀明"字样②。1844 年中美《望厦条约》在平等文移的基础上，又增加了"会晤面商，务须两得其平"及在华驻泊、来往的外国军舰水师提督、水师大员与中国港口文武官员以平行之礼相待的规定，并强调"两国均不得互相征索礼物"。此外，该条约还首次载有关于待遇不平的控诉规定，"如地方官有欺藐该领事各官等情，准该领事等将委曲申诉中国大宪，秉公查办"，但领事等官亦"不得率意任性致与中国官民动多抵牾"。中法《黄埔条约》进一步明确，有不平之事，领事可直接向总理五口大臣控诉，"如无总理五口大臣，即申诉省垣大宪，为之详细查明，秉公办理"③。

第二次鸦片战争后，各国《天津条约》更详细地规定了中外官员间以平行之礼文移往来和会晤，特别是增加了关于公使与中国大臣平等交往的内容。中美《天津条约》第四款规定，美国公使可与清内阁大学士及两广、闽

---

① ［美］马士著、张汇文等译：《中华帝国对外关系史》第 1 卷，第 77 页。
② 中英《江宁条约》，道光二十二年七月二十四日，王铁崖编：《中外旧约章汇编》第 1 册，第 32 页。
③ 中美《五口贸易章程：海关税则》，道光二十四年五月十八日，中法《五口贸易章程：海关税则》，道光二十四年九月十三日，王铁崖编：《中外旧约章汇编》第 1 册，第 52、58 页。

浙、两江督抚平等文移，其"照会京师内阁文件，或交以上各督抚照例代送，或交提塘驿站赍递，均无不可"。第八款规定，美国公使与督抚会晤，"均须彼此酌定合宜之处，毋得藉端推辞"。中英《天津条约》规定，英国公使觐见中国皇帝时，不可行"有碍于国体之礼"，而采用与泰西各国一致的礼仪。英国公使与中国内阁大学士文移往来，或举行会晤等，皆"平仪相待"。此外，中美《天津条约》规定美国领事与道台、知府平行。中英《天津条约》进一步明确"领事官、署领事官与道台同品；副领事官、署副领事官及翻译官与知府同品。视公务应需，衙署相见，会晤文移，均用平礼"①。中俄、中法条约亦有类似规定。

值得注意的是，平等文移权在第二次鸦片战争以后扩大到了公文语言使用和称谓方面。中英、中法《天津条约》均规定，各国可用本国文字书写文书。法国条约还强调，"其两国官员照会，各以本国文字为正，不得将翻译言语以为正也"。中英《天津条约》甚至要求："嗣后各式公文，无论京外，内叙大英国官民，自不得提书夷字。"②

其二，外国国内政府官员与中国政府官员的平等文书往来权。

这一内容主要载于中俄条约。俄国与中国毗邻，存在复杂的越境、逃人、争斗、贸易等问题，两国交涉频繁，因而清政府专设库伦办事大臣、恰克图总督，并允许其与俄国边境官员就某些细微事务文书往来。1851年伊犁、塔尔巴哈台通商后伊犁将军亦办理边界事务，而较重要的问题均由俄国萨那特衙门与理藩院之间行文交涉。理藩院是清政府管理蒙古、新疆、青海等边疆少数民族属部的机构，以理藩院负责对俄事务说明清政府并没有把俄国放在对等的位置上。这令俄国非常不满。1858年中俄《天津条约》规定，停止萨那特衙门与理藩院交涉的制度，由俄国总理各国事务大臣与中国军机大臣或特派大学士直接交涉，平等照会；如有紧要公文派人送到北京，由礼部转交军机处。第二次鸦片战争时期，俄国侵占了中国大片领土，在1860

① 中美《天津条约》，咸丰八年五月初八日，中英《天津条约》，咸丰八年五月十六日，王铁崖编：《中外旧约章汇编》第1册，第90、91、96、97页。
② 中法《天津条约》，咸丰八年五月十七日，中英《天津条约》，咸丰八年五月十六日，王铁崖编：《中外旧约章汇编》第1册，第105、102页。

年中俄《北京条约》中，俄方提出增设东部边境官员，"遇有边界事件，与黑龙江及吉林将军往来行文"，紧要之事则由东西伯利亚总督行文军机处或理藩院办理①。

为便于公文传递，中俄两国很早就建立了陆路驿传制度。1727 年《恰克图界约》规定，俄国"送文之人俱令由恰克图一路行走。如果实有紧要事件，准其酌量抄道行走。倘有意因恰克图道路迂远，特意抄道行走者，边界之汗王等、俄国之头人等，彼此咨明，各自治罪"。1858 年中俄《天津条约》规定，北京与恰克图之间因公事递送公文和物品"均由台站迅速行走，以半月为限，不得迟延耽误，信函一并附寄"；应用物件投递到指定地点，每三个月一次，一年四次；所有驿站费用，中俄各出一半。1860 年中俄《北京条约》更详细地开载了两国公文和公物往来的办法。其第 12 款规定：北京与恰克图之间的书信传送，每月一次，限期 20 天，"所送之信，必须当日传送，不得耽延，如遇事故，严行查办"；物件、箱子，自恰克图至北京，每两个月一次，自北京往恰克图，每三个月一次；运送箱子限期 40 天，每次不超过 20 只，每只重量不超过 120 斤，且必须开具清单，单上注明起程日期、箱只数目、份量，在封皮上将俄罗斯文字翻成蒙古字或汉字，写明份量、数码，若由恰克图至北京在恰克图及库伦知照库伦办事大臣，由北京至恰克图则在北京报知理藩院；由恰克图往北京或由北京往恰克图送书信、物件之人必须由库伦行走，到领事官公所，"如有送交该领事官等书信、物件，即便留下。如该领事官等有书信、物件，亦即带送"。第 13 款规定，俄国总理各外国事务大臣与清军机处或东西伯利亚总督与军机处及理藩院之间的公文，照例按站解送，不拘时日；如有重要事件交俄国可靠之员速送；俄国公使居住北京时，"遇有紧要书信，亦由俄国自行派员解送"，但所派的必须是俄国人，清地方官不可使送文之人耽延等候；"派员之事，在恰克图，由廓米萨尔前一日报明部员；在北京，由俄罗斯馆前一日报明兵部"②。

---

① 中俄《天津条约》，咸丰八年五月初三日，中俄《北京续增条约》，咸丰十年十月初二日，王铁崖编：《中外旧约章汇编》第 1 册，第 87、152 页。

② 中俄《恰克图界约》，雍正五年九月初七日，中俄《天津条约》，咸丰八年五月初三日，中俄《北京续增条约》，咸丰十年十月初二日，王铁崖编：《中外旧约章汇编》第 1 册，第 9、88、153 页。

3. 领事裁判权

领事裁判权是近代外人在华特权的核心，也是中外条约不平等性质的重要标志。有关领事裁判权的内容最早出现于中英条约中。1843 年 10 月 8 日签订的中英《五口通商附粘善后条款》第六条规定，英商私自到乡间游玩，或进入内地贸易，捉拿后"交英国管事官依情处罪"。中英《五口通商章程：海关税则》第十三条规定，英人与华民发生争讼，无法劝息的，由英国领事与中国地方官共同"秉公定断"，英人如何治罪，由英国管事官按英国章程、法律办理①。这是西方列强攫取在华领事裁判权的最早的条约依据，标志着领事裁判权制度在中国正式产生②。这一权利的让渡令英方十分高兴，英国外长克拉兰敦勋爵称之为"整个条约中最重要的内容之一"③。

在英国的基础上，1844 年中美《望厦条约》进一步扩大了领事裁判权。如前文所述，中英条约没有区分民事和刑事案件，表述也较为含混。《望厦条约》则民刑分明，清晰具体。关于刑事案件，该约第二十一款规定，中国民人与美国民人有争斗、词讼、交涉事件，中国民人由中国地方官捉拿审讯，照中国例治罪；美国民人由领事等官捉拿审讯，照美国例治罪。关于民事案件，该约第二十四款规定："倘遇有中国人与合众国人因事相争不能以和平调处者，即须两国官员查明，公议察夺。"条约第二十五款还对外国人之间的案件作了规定，"合众国民人在中国各港口，自因财产涉讼，由本国领事等官讯明办理"；若美国民人在中国与其他外国人因事争论涉讼，"应听两造查照各本国所立条约办理，中国官员均不得过问"④。由于"中美《望厦条约》对领事裁判权的扩展，才使领事裁判权具有了较为完整的意义，并使这一特权制度有了基本的雏形。因而，我们可以把《望厦条约》看作领事裁判权制度在中国起源的一个重要环节"⑤。随后，法国、瑞典、挪威、俄国通

---

① 中英《五口通商附粘善后条款》，道光二十三年八月十五日，中英《五口通商章程：海关税则》，道光二十三年八月十五日，王铁崖编：《中外旧约章汇编》第 1 册，第 35、42 页。

② 李育民：《近代中国的条约制度》，湖南人民出版社，2010 年，第 21—22 页。

③ Vi Kyuin Wellington Koo, *The Status of Aliens in China*，New York：Columbia University，1912，p. 137.

④ 中美《五口贸易章程：海关税则》，道光二十四年五月十八日，王铁崖编：《中外旧约章汇编》第 1 册，第 54—55 页。

⑤ 李育民：《近代中国的条约制度》，第 22 页。

过与清政府订立条约，相继从中国取得了这一特权。

第二次鸦片战争后，领事裁判权又有了延伸、扩展，并与治外法权混用。1858 年中美《天津条约》规定美国领事可"捉拿犯人以备质讯"。此处"犯人"并不限于美国人，而是所有涉案之人。此外，处理中美民人相控的案件，"须两国官员查明公议察夺，更不得索取规费，并准请人到堂代传，以免言语不通，致受委曲"。中英《天津条约》则将其适用范围扩大到外人的财产，规定"英国属民相涉案件，不论人、产，皆归英官查办"①。这实际上把领事裁判权扩大为了治外法权，从而使外人完全处于中国法律的管辖之外，严重侵害了中国的主权。正像总税务司赫德所说，近代中国，领事裁判权"构成每一条约的基础，贯穿于每一条约的条款中"，是"造成一切损害的根源"②。

4. 海关行政管理权。

第一次鸦片战争前，海关完全由清政府自主管理，外国商人的报关亦须由行商代办。中英《南京条约》宣布废除行商制度，海关管理因而也发生重大变化，其主要表现之一就是外国领事开始介入海关事务。1843 年中英《五口通商章程：海关税则》第三款规定，英国商船一经到口停泊，其船主限一日之内，"赴英国管事官署中，将船牌、舱口单、报单各件交与管事官查阅收贮"；"管事官既得船牌及舱口报单等件，即行文通知该口海关，将该船大小可载若干吨、运来系何宗货物逐一声明，以凭抽验明确，准予开舱卸货，按例输税"。第六款规定，进出口货物应按新定海关税则纳税，船钞、货税全部缴清以后，由海关发给红单，"该商呈送英国管事官验明，方准发还船牌，令行出口"。第七款规定，"凡英商运货进口者，即于卸货之日，贩货出口者，即于下货之日，先期通报英官，由英官差自雇通事转报海关"，公同查验③。中美《望厦条约》、中法条约均有类似规定。

---

① 中美《天津条约》，咸丰八年五月初八日，中英《天津条约》，咸丰八年五月十六日，王铁崖编：《中外旧约章汇编》第 1 册，第 91、95、98 页。

② ［英］赫德著、叶凤美译：《这些从秦国来——中国问题论集》，天津古籍出版社，2005 年，第 104 页。

③ 中英《五口通商章程：海关税则》，道光二十三年八月十五日，王铁崖编：《中外旧约章汇编》第 1 册，第 40、41 页。

1853 年 9 月，上海小刀会起义期间，县城被攻陷，位于外滩的海关被烧毁，海关管理处于瘫痪状态。英国驻上海领事阿礼国趁机提出外籍税务委员加入海关的建议和方案，得到美、法的响应和两江总督怡良的同意。1854 年 7 月，英、美、法三国各推荐代表一名组成海关税务管理委员会，该委员会名义上是居于海关监督的幕僚地位，实际上却控制着整个海关行政事务，负责监督海关章程的执行以及航运、关税等相关条约规定的遵守情况，审查海关业务，检举偷漏、违章，调阅海关公文，副署税款单据、报关和结关准单等①。第二次鸦片战争后，列强把对海关的行政管理权正式变成了一项条约特权。1858 年中英《通商章程善后条约：海关税则》第十款规定，各口划一办理海关事务，由中国政府"邀请英人帮办税务"。法、美两国亦在善后条约后分别提出任由中国政府邀请法国人和美国人帮办税务。这一条约实施的结果便是外籍税务司的建立，列强借此正式掌握了中国海关行政大权。

5. 外国军舰驻泊和往来权

第一次鸦片战争前，西方各国的军舰均不能进入中国港口。战后，各国条约以保护通商、管束商民和水手甚至增长见识等种种借口，攫取了军舰驻泊和往来中国领水的权利，并获得免税优待。

中英《五口通商附粘善后条款》第十款规定，"凡通商五港口，必有英国官船一只在彼湾泊"，此船离去时，必有另一艘船接替，"中国兵船不得拦阻"，且此项船只可免纳船钞。同年订立的中英《五口通商章程：海关税则》第 14 款规定："所有通商五口，每口内准英国官船停泊一只，俾管事官及属员严行约束水手人等，免致滋事。惟官船非货船可比，即不载货又非为贸易而来，其钞税等费均应豁免。"中美《望厦条约》则赋予了外国军舰至各通商口岸巡查贸易的权利，并准许其随意采卖食物、汲取淡水等，如有损坏，"亦准修补"。中法《黄埔条约》亦允许法国在五口停泊军舰，弹压商民、水手，保护商船等，并"听凭采买日用各物，若有坏烂，亦可购料修补，俱无

---

① ［英］莱特著、姚曾廙译：《中国关税沿革史》，生活·读书·新知三联书店，1958 年，第 115—119 页。

阻碍"①。瑞、挪随后也与清政府签订了同样的条款。

1858 年各国与清政府签订的《天津条约》进一步扩大了外国军舰在华特权。中美《天津条约》将派驻军舰的理由扩大到"游弋巡查，或为保护贸易，或为增广才识"，同时规定，美国船只在海上毁坏或被劫时，准许美国军舰"追捕盗贼，交地方官讯究惩办"。中英《天津条约》准许英国兵船因捕盗驶入中国任何口岸②。此外，中英和中法《天津条约》均有开放长江的条款，允许外国军舰进入中国内河，从而进一步破坏了中国的领水主权。

6. 外国商人的居留、游历权

西方列强与中国签订条约的一个重要目的是为了打开中国市场，为外国商人获取自由贸易的权利，而与之相关的则是外商在中国的居留问题。对这一问题的规定成为中外条约的基本内容之一。

以中英《南京条约》及其善后条约为代表的第一批不平等条约均规定，准许外人及其家眷寄居五处通商口岸，第二次鸦片战争后新开各口亦在条约中赋予各国民人居住的权利。1843 年中英《五口通商附粘善后条款》规定，外人在各通商口岸拥有租地、赁房、建房、设栈等权利，且其租赁和建造房屋的价格必须与中国民人公平议定，"华民不许勒索，英商不许强租"。中美《望厦条约》又增加了设立医院、教堂及建造坟墓的权利。中法《黄埔条约》再增加了建造周急院、学房的权利，并且规定不限制法国人在五口的房屋数量、地段宽广③。此后，各国的条约均保留了相似的条款。

在居留方面，俄国商人享有独特的权利。雍正年间即在北京设有俄罗斯馆，供来京俄人居住，并特许俄国派遣传教士 3 名驻扎北京，建造庙宇供其居住和礼佛念经。1851 年，伊犁、塔尔巴哈台通商后，专门指定一个地区，作为贸易亭，允许俄国商人自行建造房屋居住、存货。1860 年中俄《北京条

---

① 中英《五口通商附粘善后条款》，道光二十三年八月十五日，中英《五口通商章程：海关税则》，道光二十三年八月十五日，中美《五口贸易章程：海关税则》，道光二十四年五月十八日，中法《五口贸易章程：海关税则》，道光二十四年九月十三日，王铁崖编：《中外旧约章汇编》第 1 册，第 36、42、56、63 页。

② 中美《天津条约》，咸丰八年五月初八日，中英《天津条约》，咸丰八年五月十六日，王铁崖编：《中外旧约章汇编》第 1 册，第 91、102 页。

③ 中英《五口通商附粘善后条款》，道光二十三年八月十五日，中美《五口贸易章程：海关税则》，道光二十四年五月十八日，中法《五口贸易章程：海关税则》，道光二十四年九月十三日，王铁崖编：《中外旧约章汇编》第 1 册，第 36、53、62 页。

约》规定喀什噶尔照此办理，并允许俄民建造教堂、坟墓，另给一块空旷之地放牧。至于沿海通商口岸，自 1858 年中俄《天津条约》订立后，俄商享有与其他西方国家商人一样的居留权。

五口通商时期，居留中国的外国商人，其活动范围限于通商口岸附近、一日可以往返的区域之内。第二次鸦片战争后，英国率先攫取商人的内地游历权。中英《天津条约》第九款规定，英人可前往内地游历，条件是必须持有执照，"执照由领事官发给，由地方官盖印"，在经过地方，随时呈验，但通商口岸百里以内，三五天可回程者，毋庸请照。水手、船上之人不在请照游历之列。此外，江宁等被太平军占领的地方，待收复后再行给照。中法《天津条约》亦载有类似的条款，规定：法国人可以执中法合写盖印的执照，前往中国"内地及船只不准进之埠头游行"，如果执照遗失，中国官员可护送至近口领事官收管，向领事复领一份执照，但在通商口岸附近散步活动，毋庸领照，"惟不得越领事官与地方官议定界址"；此外，暂有匪徒各省不准前往，"其执照惟准给与体面有身家之人为凭"[1]。

（二）经济权利

晚清时期，西方列强对华侵略的主要目标是攫取商业特权，因而，在两次鸦片战争时期的中外条约中，有关这一方面的内容占有相当的份量，外国商人获得的经济权利主要包括自由贸易权、沿海和内河航运权、税收特权、自由雇募权、片面最惠国待遇等。

1. 自由贸易权

自由贸易权是外商获得的一项最基本也最重要的条约权利，列强正是通过这项权利把中国纳入世界资本主义经济体系，把中国变成它们的商品销售市场和原料产地，实现对中国的掠夺。两次鸦片战争时期，外商的自由贸易权利随不平等条约的签订而不断扩大，从口岸延伸到内地，从沿海上溯到内河，从局部伸展到全国。

中英《南京条约》奠定了五口通商的格局，规定开放广州、福州、厦

---

① 中英《天津条约》，咸丰八年五月十六日，中法《天津条约》，咸丰八年五月十七日，王铁崖编：《中外旧约章汇编》第 1 册，第 97、106 页。

门、宁波、上海五处口岸，准许英商"贸易通商无碍"，无论"与何商交易，均听其便"。此后，美、法、瑞、挪各国亦在清政府的"一视同仁"之下获取了这一权利。中美《望厦条约》还规定，中国与别国失和时，亦应允许美商照常贸易。中法《黄埔条约》在美国条约的基础上，进一步要求允许法国商船在战争时期与中国的敌国贸易，"将来中国遇有与别国用兵，除敌国布告堵口不能前进外，中国不为禁阻佛兰西贸易及与用兵之国交易。凡佛兰西船从中国口驶往敌国口，所有进口、出口各例货物并无妨碍，如常贸易无异"[1]。第二次鸦片战争后，各国《天津条约》和《北京条约》增开了潮州、台湾、牛庄、登州、琼州、淡水、天津、江宁等 11 个通商口岸，其中包括含镇江在内的长江 3 个口岸，外国商业势力得以扩展到上至山东、下至海南的中国沿海一线，并深入中国内河。在新开口岸，外商享有和原五口一样的自由贸易权。除商人外，英国船上水手亦可向华民购买所需衣物、食品等，中国官员不得拦阻。

除了通商口岸，中英《天津条约》还为外国商人攫取了持照前往内地贸易的权利。该条约第九款规定，英人可持照前往内地通商，执照由领事官发给，中国地方官盖印，其"雇船、雇人、装运行李、货物，不得拦阻"[2]。各国商人通过片面最惠国待遇均沾了这一权利，深入中国内地市场。

此外，俄国因与中国毗邻，一直存在边境贸易，1727 年《恰克图界约》指定边境以恰克图、尼布楚为边境通商处所，同时允许俄国商人赴北京贸易，每三年一次，每次人数不得超过 200 名。1851 年中俄《伊犁塔尔巴哈台通商章程》增开伊犁、塔尔巴哈台两处陆路通商口岸，允许俄国商人每年清明节至冬至期间前来贸易。1858 年《瑷珲条约》允许乌苏里、黑龙江、松花江一带居住的两国民人互相贸易。中俄《天津条约》取消了陆路通商的人数和货物限制，又新辟通商海口，规定上海、宁波、福州、厦门、广州、台湾、琼州府七处海口通商，且"别国再有在沿海增添口岸，准俄国一律照

---

① 中英《江宁条约》，道光二十二年七月二十四日，中美《五口贸易章程：海关税则》，道光二十四年五月十八日，中法《五口贸易章程：海关税则》，道光二十四年九月十三日，王铁崖编：《中外旧约章汇编》第 1 册，第 31、55、64 页。

② 中英《天津条约》，咸丰八年五月十六日，王铁崖编：《中外旧约章汇编》第 1 册，第 97 页。

办"。1860 年中俄《北京条约》又允许俄商由恰克图至北京途中可在库伦、张家口进行贸易，并在喀什噶尔试行贸易，与伊犁、塔尔巴哈台一律办理，并取消了居住通商日期的限制，允许中俄商人以自认为方便的途径交易，并可以赊账。

2. 沿海和内河航运权

沿海和内河航运权即外商船只在沿海和内河从事转运贸易的权利，包括进口洋货的转运贸易和中国土货的转运贸易。

洋货转运贸易权的规定最早见于 1844 年中美《望厦条约》，该条约第三款载，"五港口之船只，装载货物，互相往来，俱听其便"。第六款载，美商货物未销售完毕，可"复载往别口转售"。第十款载，"有商船进口，止起一分货物者，按其所起一分之货输纳税饷，未起之货均准其载往别口售卖。倘有进口并未开舱即欲他往者，限二日之内即行出口，不得停留，亦不征收税饷、船钞，均俟到别口发售，再行照例输纳。倘进口货船已逾二日之限，即须输纳船钞，仍由海关填发红牌，知照别口，以免重征"。第二十款载，美商运货进口，已纳清税课者，如果打算转运其他通商口岸，可禀明领事，由领事转报海关监督，海关派人查验，确系原包原货，并未拆动抽换，即发给美商牌照，允许转运，同时行文别口海关，"俟该船进口，查验符合，即准开舱出售，免其重纳税饷"[①]。中法《黄埔条约》亦作了类似规定。1858 年美、法、英三国《天津条约》保留了这一条款，中英《天津条约》还允许英商将外国粮食运载进口，且在未起卸的情况下，可再转运他处，并规定进口洋货若转运外国，则由海关发给存票，以抵日后进出口货税[②]。

至于土货的沿岸转运，19 世纪 40 年代，英、美等国的商人已在中国沿海非法从事这一贸易。第二次鸦片战争后，各国与中国签订的《天津条约》正式为外商攫取了部分土货沿岸转运的特权。1858 年中英《通商章程善后条约：海关税则》规定，铜钱可在中国国内转运，只需交纳船钞，而免关税；米谷等粮食可在中国国内转运，只纳出口税和船钞，不纳进口税；除登州、

---

① 中美《五口贸易章程：海关税则》，道光二十四年五月十八日，王铁崖编：《中外旧约章汇编》第 1 册，第 51—54 页。

② 中英《天津条约》，咸丰八年五月十六日，王铁崖编：《中外旧约章汇编》第 1 册，第 102 页。

牛庄外，其他各口岸准许运载豆石、豆饼出口，无论在国内转运或运至外国均可。美国和法国也与清政府签订了类似的《通商章程善后条约》[①]。

3. 税收特权

两次鸦片战争时期，谋取税收特权是列强打开中国市场、推进对华商业扩张的重要手段，这一时期的条约中涉及大量有关税收的内容。总的来看，列强在税收方面享有的条约权利包括协定税则、减税和免税、税收申诉与复验、委托报关和缴税等。

其一，协定税则权。

协定税则指中外双方协商订立关税、内地税以及船钞的收税标准。

关税是保护民族经济发展的屏障，关税自主权是一个国家的重要经济主权，但自第一次鸦片战争后，中国这一主权就日渐丧失，协定关税成为中外条约不平等性质的又一显著标志。

第一个不平等条约——中英《南京条约》规定"应纳进口、出口货税、饷费，均宜秉公议定则例，由部颁发晓示，以便英商按例交纳"。以往学术界多以《南京条约》中"秉公议定则例"一语，为中英共同议定关税之意，将其看作协定关税在中国确立的标志，但一些学者根据《南京条约》英文原本考证，并非如此。此处英文原本的表述是"establish……a fair and regular Tariff of export and import customs and other dues, which Tariff shall be publickly notified and promulgated for general information"[②]，直译应为"确立公平和正规的进出口税和其他税费，颁发晓示"，虽然没有指明由清政府的户部颁布，但也根本没有中英共同协议的意思。《南京条约》签订之前，英方曾提出协议税则，要求中国皇帝谕饬五口海关，"全免公规、行用等滥取费银，而誊录各口出入货物正饷额数之册，即行呈进两国大臣查览，但伊等会议准行，较其轻重，将其大概税银若干，而设其五口之总册也"。看英

---

① 中英《通商章程善后条约：海关税则》，咸丰八年十月初三日，王铁崖编：《中外旧约章汇编》第1册，第116—117页。

② "Treaty between Her Majesty and the Emperor of Chnia," August 29, 1842, *British Parliamentary Papers*, China 31, p. 231.

等人的答复是："应由部议定科则，再行照会办理。"① 可见，耆英等主张由中国户部制订海关税则。

但《南京条约》签订以后，1842 年 9 月 6 日耆英收到道光帝的谕令，着其再与英人交涉，将纳税之例"添注约内"。于是，耆英答应英国全权大使璞鼎查到粤妥议一切税饷事宜。后来朝廷以伊里布为钦差驰赴广东，同时指示："所有办理税饷及一切通商事宜，着耆英通盘筹画，与伊里布详细商酌，务臻妥善，以便伊里布到粤后，逐款议定"。从这道谕旨来看，道光帝对中英善后谈判的意义与性质认识不够清楚，仅将税饷看作一般的通商事务，诏令予以议定。结果，在对英外交中，清政府放弃了自行制订、颁布海关税则的权利，而变成了协定关税。

协定关税正式见诸条约是 1844 年的中美《望厦条约》，该约第二款规定："倘中国日后欲将税例更变，须与合众国领事等官议允。"此后，中法《黄埔条约》、中瑞挪《五口通商章程：海关税则》均有类似规定。第二次鸦片战争后，各国《天津条约》进一步扩大了这一权利。中英《天津条约》规定双方会同议定新的税则，且以后欲重修，以十年为期。中法《天津条约》规定，每七年修订一次税则，七年之内不得增加税费，"亦不得有别项规费"，此外，中国"不得于例载各货物别增禁止限制之条。如将来改变则例，应与大法国会通议允后，方可酌改"②。

内地税的协定在中英《南京条约》中就已出现。该约第十款规定，英国货物"准由中国商人遍运天下，而路所经过税关不得加重税例"③。中美《望厦条约》、中法《黄埔条约》亦有类似规定。但五口通商时期，西方国家对华贸易并不景气，尤其是英国。外商因而怀疑清政府存在"非公开性的不守信义的行为"，"除去在口岸征收的关税而外，在通到内地去的路上还强征一种内地税"④。1854 年，英国曼彻斯特商会致函外长克拉兰敦，强调"英国

① 《前后面谕各条》，［日］佐佐木正哉编：《鸦片战争之研究（资料篇）》，沈云龙主编：《近代中国史料丛刊续编》第 95 辑第 941 号，第 214—215 页。
② 中美《五口贸易章程：海关税则》，道光二十四年五月十八日，中英《天津条约》，咸丰八年五月十六日，中法《天津条约》，咸丰八年五月十七日，王铁崖：《中外旧约章汇编》第 1 册，第 51、99、109—110 页。
③ 中英《江宁条约》，道光二十二年七月二十四日，王铁崖编：《中外旧约章汇编》第 1 册，第 32 页。
④ 《英国资产阶级纺织利益集团与两次鸦片战争的史料》，经君健编：《严中平文集》，第 184 页。

制造品之向内地运销是被不知名的，无限制的内地课税阴险地阻挡住的"①。英国怡和洋行也将英国对华贸易的受挫归因于内地税，认为"如果内地沿路没有不公平的捐税"，英国棉织品"还是会有销路的"②。在英商的强烈要求下，1858 年中英谈判中，英国公使额尔金将子口税特权载入条约。中英《天津条约》第二十八款规定，英商运洋货进口或运土货出口，可以选择一次性缴纳内地税，而免各子口征收的麻烦，其税率为货价的 2.5%，"内地税则经此次议定，既准一次纳税，概不重征"③。中英《通商章程善后条约：海关税则》进一步规定了有关细则。其他国家亦均沾了这一特权。"子口税之目的专为保护外国贸易而设"④，这一特权免除了外国货物从通商口岸运入内地的各种通过税，大大便利了其在中国市场的流通。

纳入协定的不只是货税，还有船钞。中英《五口通商附粘善后条款》第 17 款规定，150 吨以上的大船，每次进口纳税每吨 5 钱，正好 150 吨及 150 吨以下的仅纳钞银 1 钱。中美《望厦条约》、中法条约均有类似规定。第二次鸦片战争后，中美、中英《天津条约》将 150 吨以上的大船减为每次进口纳税每吨 4 钱。中法《天津条约》中 150 吨以上的大船船钞原为每吨 5 钱，后来签订《北京条约》时，法国亦要求改为每吨 4 钱。俄国则均沾了各国的特权。

其二，减税和免税权。

在协议税则的基础上，西方列强还通过条约获取了大量减税和免税特权，涉及船钞和货税的减免。

货税减免的情况主要有 3 种：一是某些特殊商品可享受免税。1858 年中英《通商章程善后条约：海关税则》规定，进口金银、外国银钱，以及外人行李，无论在口岸还是运入内地，免除一切关税和内地税；另有米粉、面

---

① 《英国资产阶级纺织利益集团与两次鸦片战争的史料》，经君健编：《严中平文集》，第 194 页。
② ［英］勒费窝著、陈曾年等译：《怡和洋行——1842～1895 在华活动概述》，上海社会科学院出版社，1986 年，第 30 页。
③ 中英《天津条约》，咸丰八年五月十六日，王铁崖编：《中外旧约章汇编》第 1 册，第 100 页。
④ 贾士毅：《关税与国权》，商务印书馆，1929 年，第 338 页。

粟、熟肉、熟菜、外国衣服、纸张、笔墨等 27 种商品免关税①。美国、法国的《通商章程善后条约》亦有同样条款。二是进口洋货转运他口仅纳税一次，免重征。中美《望厦条约》第六款规定：美商"因货未全销，复载往别口转售者，领事等官报明海关，于该船出口时，将钞已纳完之处在红牌内注明，并行文别口海关查照；俟该船进别口时，止纳货税，不输船钞，以免重征"。第十款规定，货物进口后未开舱两日内转运出口的，"不征收税饷、船钞，均俟到别口发售，再行照例输纳"，已超过两日的，须输纳船钞，但不交货税，并由海关填发红牌，知照别口，以免重征②。后来各国条约均沿用了这一条款。三是因特殊情况受损的货物可给予减税。如，中法《黄埔条约》规定，进口货物遇有损坏，"应核减税银，照估价之例，秉公办理"。中英《天津条约》规定，英国货物因受潮导致价格折减者，应"按价减税"③。此外，1858 年中英《通商章程善后条约：海关税则》第九款规定，裁撤税银倾熔费。这实际上是以另一种方式减轻进口货税。

　　船钞减免的情况主要也有 3 种：一是外国驻泊口岸的军舰享有免纳船钞的特权。中英《五口通商附粘善后条款》第十款规定，英国驻泊口岸的官船可免纳船钞。中英《五口通商章程：海关税则》第十四款规定，通商五口的英国官船，其钞税等费均应豁免④。其他各国军舰亦是如此。二是外国在口岸用于运送客人及物品而不载货的小船免纳船钞。这一内容最早见于中美《望厦条约》，该条约规定，用于搭客、运送行李、书信、食物的三板小船未载货时一律免税。中法《黄埔条约》、中瑞挪《五口通商章程：海关税则》均有类似规定。第二次鸦片战争后，各国《天津条约》亦重申此条。中英《天津条约》载，英商在各口专门运送客人、行李、书信、食物及其他按例

① 中英《通商章程善后条约：海关税则》，咸丰八年十月初三日，王铁崖编：《中外旧约章汇编》第 1 册，第 116 页。

② 中美《五口贸易章程：海关税则》，道光二十四年五月十八日，王铁崖编：《中外旧约章汇编》第 1 册，第 52、53 页。

③ 中法《五口贸易章程：海关税则》，道光二十四年九月十三日，中英《天津条约》，咸丰八年五月十六日，王铁崖编：《中外旧约章汇编》第 1 册，第 61、102 页。

④ 中英《五口通商章程：海关税则》，道光二十三年八月十五日，王铁崖编：《中外旧约章汇编》第 1 册，第 42 页。

不纳税物品的自用船只免缴船钞①。三是一定时期内往来于中国沿海口岸间的船只免重征船钞。中英《天津条约》规定，英商船只 4 个月以内前往其他通商口岸，可向海关申领专照，不另纳船钞；英商船只进口后并未开舱者，若两日之内复出口，不征收船钞②。这进一步便利了外国商船的沿海航运。

俄国因其特殊性，与中国的陆路通商一直享有免税特权，1858 年新增沿海通商口岸以后，其海路通商章程均照其他西方国家与中国议定的章程办理。

其三，税收申诉与复验权。

中英《五口通商章程：海关税则》规定，英商贩货进出口时，可派人参与验货，若其与海关办事人员意见不一，可邀请客商公议货价，按重量抽税的，可挑选样箱，交给海关再次查验，若仍存在异议，可报告领事，由领事通知海关酌办，但必须于当天禀报，否则不予受理③。中美《望厦条约》、中法《黄埔条约》及其后各国的《天津条约》均有类似规定。

其四，委托报关、缴税权。

此项规定最早见于中法《黄埔条约》，该条约第四款规定："遇有领事等官不在该口，佛兰西船主、商人可以托与国领事代为料理，否则径赴海关呈明，设法妥办，使该船主、商人得沾章程之利益。"其后，1858 年中美《天津条约》第十九款亦规定："遇有领事等官不在港内，应准大合众国船主、商人托友国领事代为料理，否则径赴海关呈明，设法妥办。"④

4. 自由雇募权

第一次鸦片战争前，外人雇募华人均须经过行商。战后，为便利在华外商和外国官员的生活，各国与清政府签订的条约均载入了自由雇募引水及其他华工的规定。1843 年中英《五口通商章程：海关税则》准许英商雇用引水，引货船进出口岸，"雇募引水工价若干，应按各口水程远近、平险，分别多寡，即由英国派出管事官秉公议定酌给"。中美《望厦条约》大大扩展

---

① 中英《天津条约》，咸丰八年五月十六日，王铁崖编：《中外旧约章汇编》第 1 册，第 100 页。
② 中英《天津条约》，咸丰八年五月十六日，王铁崖编：《中外旧约章汇编》第 1 册，第 100 页。
③ 中英《五口通商章程：海关税则》，道光二十三年八月十五日，王铁崖编：《中外旧约章汇编》第 1 册，第 41 页。
④ 中法《五口贸易章程：海关税则》，道光二十四年九月十三日，中美《天津条约》，咸丰八年五月初八日，王铁崖编：《中外旧约章汇编》第 1 册，第 58、93 页。

了这一权利，不仅允许美商自由雇募引水，且规定"其雇觅跟随、买办及延请通事、书手，雇用内地艇只，搬运货物，附载客商，或添雇工匠、厮役、水手人等，均属事所必需，例所不禁，应各听其便，所有工价若干，由该商民等自行定议，或请各领事官酌办，中国地方官勿庸经理"①。中法《黄埔条约》、中瑞挪《五口通商章程：海关税则》及后来各国的《天津条约》均有相似规定。

中英《北京条约》又取得了招募华工出洋的权利，规定凡有华民情愿赴英国所属各处或外洋其他地方做工，"俱准与英民立约为凭，无论单身或愿携带家属一并赴通商各口，下英国船只，毫无禁阻"②。中法《北京条约》亦作了类似的规定。

此外，外商还拥有自由雇用中国小艇的条约权利。1843 年中英《五口通商章程：海关税则》准许英商自由雇用中国小船剥运货物，并自行议定价格，中国官员不能过问，也不能限定船只③。中美《望厦条约》、中法《黄埔条约》均有类似规定，1858 年各国的《天津条约》亦予以重申。

5. 片面最惠国待遇

片面最惠国待遇是指与中国缔约的国家享有中国给予第三方的任何特权或优待，而中国却不拥有对等的权利。这既体现了中国与西方缔约国在权利和义务上的不平等关系，又体现了列强在对华扩张中相互勾结、共同谋利的特点，使每个国家"都能借以为本国取得他国以巧取豪夺的方法劫自中国的一切特权"④。

从内容来看，两次鸦片战争时期，中外条约关于片面最惠国待遇的条款分为总括性的和专门性的两种，前者是从总体上做出享受片面最惠国待遇的规定，后者则是针对某一或者某些具体事务。总括性的片面最惠国待遇规定

① 中英《五口通商章程：海关税则》，道光二十三年八月十五日，中美《五口贸易章程：海关税则》，道光二十四年五月十八日，王铁崖编：《中外旧约章汇编》第 1 册，第 40、52 页。

② 中英《续增条约》，咸丰十年九月十一日，王铁崖编：《中外旧约章汇编》第 1 册，第 145 页。

③ 中英《五口通商附粘善后条款》，道光二十三年八月十五日，王铁崖编：《中外旧约章汇编》第 1 册，第 36 页。

④ ［美］泰勒·丹涅特著、姚曾廙译：《美国人在东亚——十九世纪美国对中国、日本和朝鲜政策的批判的研究》，第 96 页。

最早出现于 1843 年中英《五口通商附粘善后条款》，该约第八款规定，将来中国皇帝有新恩施及别国，"应准英人一体均沾"。中美《望厦条约》、中法《黄埔条约》均有类似条款，中法《黄埔条约》在要求享有施与别国之"恩惠"时，又规定法国官民不遵守别国所定章程中法国条约所没有的条款。第二次鸦片战争后，各国《天津条约》亦有片面最惠国待遇规定，并将其由经济领域扩展到政治领域，尤以中美《天津条约》最详细最有代表性，该约第30款规定，"嗣后大清朝有何惠政、恩典、利益施及他国或其商民，无论关涉船只海面、通商贸易、政事交往等事情，为该国并其商民从来未沾，抑为此条约所无者，亦当立准大合众国官民一体均沾"①。

专门性的片面最惠国待遇条款主要涉及税收和驻华官员的权利等，尤以税收方面的最多。如 1844 年中美《望厦条约》第二款规定，"合众国来中国贸易之民人所纳出口、入口货物之税饷，俱照现定例册，不得多于各国……如另有利益及于各国，合众国民人应一体均沾，用昭平允"。1858 年中美《天津条约》第十五款进一步规定，别国所订条约税则有更改的，美国应"一体均同"，"大合众国人所纳之税，必须照与中华至好之国一律办理"。中法、中英条约中也有类似规定。中美《天津条约》中还出现了关于公使权利的最惠国待遇条款，其第六款规定，如果清政府以后允许他国公使在京居住，应准美国公使"一律照办，同沾此典"②。

6. 其他特权

除自由贸易权、沿海和内河航运权、税收特权、自由雇募权、片面最惠国待遇外，两次鸦片战争时期，西方国家获得的条约经济权利还有香港岛与内地的贸易权、特殊商品的贸易权等。

自 1842 年《南京条约》签订后，香港岛割让给英国，但清政府允许其与开放的五处口岸通商。中英《五口通商附粘善后条款》规定，华商来往香

① 中英《五口通商附粘善后条款》，道光二十三年八月十五日；中法《五口贸易章程：海关税则》，道光二十四年九月十三日；中美《天津条约》，咸丰八年五月初八日，王铁崖编：《中外旧约章汇编》第 1 册，第 36、64、95 页。

② 中美《五口贸易章程：海关税则》，道光二十四年五月十八日；中美《天津条约》，咸丰八年五月初八日，王铁崖编：《中外旧约章汇编》第 1 册，第 51、92、90 页。

港岛贸易，中国政府不得禁阻；香港的英国船只允许自由往来于粤、港、澳地区，如果只搭客，带书信、行李，免纳船钞，若运载货物，则按吨纳钞，75—150 吨的每次进口纳税每吨 1 钱，不到 75 吨的按 75 吨计算，超过 150 吨的，作大船对待，每次进口纳税每吨 5 钱[①]。实际上，在 19 世纪 60 年代以前，清政府一直给予香港岛中国转运贸易港的待遇，"许可在香港装船的中国产品享有在一个正式通商口岸所能享有的同样利益"[②]。

第二次鸦片战争后，外国商人还获得了某些特殊商品的贸易权。在 1858 年英、法、美与清政府签订的《通商章程善后条约：海关税则》中，鸦片及硝磺、白铅等军用物资均可贩运进口，并在口岸销售；铜钱、米谷粮食等可在中国国内转运，除登州、牛庄外，其他各口岸准许运载豆石、豆饼出口。其他国家亦均沾了这些特权。

（三）文化权利

1. 传教权

两次鸦片战争时期，西方国家通过条约获得的最重要的文化权利是传教权。

在中国，最早以条约方式取得传教权的是俄国。俄国是东正教的大本营，俄国政府非常重视利用东正教会的传教活动实现政治目标[③]。17 世纪 80 年代雅克萨战争后，清政府优待解往北京的俄国俘虏，为照顾他们的宗教信仰，允许其建立教堂作为祈祷处所。俄国政府遂利用这一机会向清政府请求派遣东正教传教团驻扎北京，得到康熙帝的同意。此后，俄国一直有传教士驻扎北京，并不断向北京派出传教使团。第一次鸦片战争后，1851 年，俄国与清政府签订了中俄《伊犁塔尔巴哈台通商章程》，该章程允许俄国商人任意在自住的房屋内做礼拜。1858 年中俄《天津条约》进一步规定清政府须对安分传教之人"一体矜恤保护，不可欺侮凌虐，亦不可于安分之人禁其传习"，且为俄国传教士攫取了进内地传教的特权，由"领事官与内地沿边地

---

①　中英《五口通商附粘善后条款》，道光二十三年八月十五日，王铁崖编：《中外旧约章汇编》第 1 册，第 37、38 页。

②　[英] 莱特著、姚曾廙译：《中国关税沿革史》，第 298 页。

③　叶柏川：《俄国来华使团研究（1618—1807）》，第 284 页。

方官按照定额，查验执照，果系良民，即行画押放行，以便稽查"①。

在西方国家中，法国亦十分重视攫取传教特权。早在 16 世纪，就有法国传教士远赴中国，开拓传教事业。乾隆时代，依然有众多法国耶稣会士活跃于宫廷之中，或游走于地方。但由于基督教与中国传统文化的差异，使得当时的国人对其存在误解，中国文人"把天主教传教会的礼拜仪式、圣像、圣牌和圣水，统统说成是用来诱惑人的巫术和迷信之类的东西"②，再加上乾隆末年一些秘密会社的头领和谋反起义者经常在庙宇、寺院集会，引起清政府的警惕。结果，道光元年（1821），《大清律例》增补了禁止基督教的条款，规定旗民习教，为首者拟绞立决，入教不知悔改者发配新疆为奴，西洋人潜住中国境内传教，失察官员交部议处，等等③。1844 年的中法《黄埔条约》并没有专门关于传教的条款，但却允许法国人在五处通商口岸建造教堂、周急院，同时法国传教士和其他法国人一样受本国领事管辖，并享有被保护的权利，中国官员和百姓不得虐待、殴打。这等于在五口获得了传教的自由。1858 年中法《天津条约》更是明确给予法国传教士领照赴内地传教的权利，并规定：凡信奉天主教之人，"皆全获保佑身家，其会同礼拜诵经等事概听其便"；入内地的法国传教士，"地方官务必厚待保护"；对循规蹈矩的中国天主教徒，"毫无查禁，皆免惩治"。中法《北京条约》进一步要求清政府晓示天下，"任各处军民人等传习天主教、会合讲道、建堂礼拜，且将滥行查拿者，予以应得处分"，同时，退还没收的天主堂、学堂、茔坟、田土、房廊等，并任法国传教士在各省租买田地，建造自便④。

此外，中美《望厦条约》第十七款规定，允许美国在通商口岸建立教堂。中美《天津条约》第二十九款规定，"嗣后所有安分传教习教之人，当一体矜恤保护，不可欺侮凌虐。凡有遵照教规安分传习者，他人毋得骚扰"。

①　中俄《天津条约》，咸丰八年五月初三日，王铁崖编：《中外旧约章汇编》第 1 册，第 88 页。
②　［法］卫青心著、黄庆华译：《法国对华传教政策》上卷，第 20 页。
③　上海大学法学院、上海市政法管理干部学院编，张荣铮等点校：《大清律例》，第 282 页。
④　中法《天津条约》，咸丰八年五月十七日，中法《续增条约》，咸丰十年九月十二日，王铁崖编：《中外旧约章汇编》第 1 册，第 107、147 页。

英国亦在《天津条约》中载入，允许传习天主教，对教徒加以保护①。

（2）开办学校，雇用中国教师、文书，购买书籍等权利

第一次鸦片战争前，为防止民夷勾结，清政府禁止外商聘请华民教授汉语和书写文书，也严格限制其购买中国书籍。战后的条约谈判中，美国和法国都注意到了这个问题。中美《望厦条约》规定，美国官民可聘请华民"教习各方语音，并帮办文墨事件，不论所延请者系何等样人，中国地方官民等均不得稍有阻挠、陷害等情"。中法《黄埔条约》则更进一步，为法国民人获得了在通商口岸建立学校的权利，并可聘请中国士民教授学习中国语言和文字，从事文学、文艺等功课，法国人也可以教授中国人学习法国和其他国家的语言。各国通过片面最惠国待遇均取得了这些特权。此外，俄国很早就享有派人赴北京学习满文和汉文的特权，中俄《天津条约》取消了在京学生的居留限制②。至于购买书籍，中美《望厦条约》和中法《黄埔条约》均有规定，允许外国官民采买中国各种图书。

二、 交割性条约特权

两次鸦片战争，中国均以失败告终，伴随而来是对中国财富的勒索和对中国领土主权的侵犯，其突出表现就是赔款、割地以及一定期限内的占地。条约中关于赔款、割地和占地的规定均要求一次性或短期内通过交付、割让的方式完成，因此这几项属于交割性条约权利。

（一）赔款

第一次鸦片战争后，英国向清政府勒索了 2100 万元的赔款，包括鸦片烟价 600 万元、商欠 300 万元、军费 1200 万元。这些赔款的"惩罚性因素很强"，"和领土割让一样，显示了战胜国的特权立场"③。鸦片在中国本是违禁物品，清政府完全有权将违禁贸易的货物没收、销毁，但英国却称缴销的

① 中美《五口贸易章程：海关税则》，道光二十四年五月十八日，中美《天津条约》，咸丰八年五月初八日，中英《天津条约》，咸丰八年五月十六日，王铁崖编：《中外旧约章汇编》第1册，第53、95、97页。
② 中美《五口贸易章程：海关税则》，道光二十四年五月十八日，中法《五口贸易章程：海关税则》，道光二十四年九月十三日，中俄《天津条约》，咸丰八年五月初三日，王铁崖编：《中外旧约章汇编》第1册，第54、62、88页。
③ 日本国际法学会编、外交学院国际法教研室译校：《国际法辞典》，世界知识出版社，1985年，第868页。

鸦片是"作为商务监督和被监禁的英国商人生命代价而被勒索的赎金",中国政府既然把它们销毁,就应该向英国政府支付货款,以便英国政府退还给货主;商欠是民间商业活动导致的欠债,属正常经济现象,但英国以清政府实行行商垄断制度为由,要求清政府对行商所欠的债务负责;至于军费的索取就更加强词夺理,英国称此次远征完全是由于"中国当局的强暴无理行为",所以这份开支得由中国政府承担①。清政府虽曾极力驳斥,但在战败的情况下,最终不得不接受。

第二次鸦片战争后,英、法两国又极尽敲诈之能。英国通过中英《天津条约》第 55 款及其专条,向清政府索赔英商亏损费 200 万两,军费 200 万两。中英《北京条约》将此项赔款增至 800 万两,增加的 400 万两赔款均为军费。中法《天津条约》亦设有专条,法国向清政府索赔法商财产亏损费和军费共 200 万两,后来中法《北京条约》也将此项赔款增至 800 万两。这些赔款充分体现了西方列强的侵略本性,大大增加了中国人民的负担。

(二)割地和占地

割占中国领土是近代中外条约不平等性质的又一大重要表征,是对中国领土主权的严重侵犯。19 世纪 40 年代,英国将侵略的魔爪伸向中国东南沿海。1842 年中英《南京条约》第三条规定,将香港岛割让给英国,任其"据守主掌""立法治理"②。香港岛为英国割占。第二次鸦片战争后,英国进一步扩大侵占范围,中英《北京条约》第六款规定,将九龙司地方一区"归英属香港界内"。

与中国毗邻的俄国具有更大的领土扩张野心。在东北和西北边境地区大肆吞并中国土地。1858 年《瑷珲条约》割占了中国外兴安岭以南、黑龙江左岸六十多万平方公里的土地,并将乌苏里江以东的中国领土划为中俄两国共管之地。1860 年中俄《北京条约》在认可《瑷珲条约》的同时,又割占了中国北边境约 40 万平方公里的土地,包括《瑷珲条约》中中俄共管的地区。同时,《北京条约》提出进一步勘定中俄西部边界,此后 1864 年双方订立

---

① 《巴麦尊子爵致中国皇帝钦命大臣函》,胡滨译:《英国档案有关鸦片战争资料选译》下册,第 544—546 页。

② 中英《江宁条约》,道光二十二年七月二十四日,王铁崖编:《中外旧约章汇编》第 1 册,第 31 页。

《勘分西北界约记》，俄国借此再次割占中国 44 万多平方公里的土地。

此外，一些条约中还有临时性占地的规定，对这地方的占有主要是作为清政府履行赔款或其他条款的担保。如中英《南京条约》规定，清政府付清赔款及各口岸开放通商以前，英军仍占领舟山和鼓浪屿。中英《天津条约》规定，清政府付清赔款后，英军方将广州交还。中英《北京条约》要求在大清皇帝降旨颁布条约以后，英国才从舟山、北京撤军，所有赔款付清后，英国军队才最终退出中国。中法《天津条约》和《北京条约》亦有类似条款。

总的来看，从第一批不平等条约到清政府与各国签订的《天津条约》《北京条约》，随着中外条约关系的形成、发展，西方国家取得的条约权利不断增加。就常规性条约特权来说，已经囊括了政治、经济、文化的各个层面，其中政治类的特权主要包括派驻官员权、平等交往权、领事裁判权、海关行政管理权、军舰驻泊和往来权、外国商人的居留和游历权等，经济类的特权主要包括自由贸易权、沿海和内河航运权、税收特权、自由雇募权、片面最惠国待遇等，文化类的特权主要包括传教权以及开办学校、雇用中国教师和文书、购买书籍等权利。这些构成了中外条约关系的主体和基本框架。就交割性条约特权来说，主要体现为赔款、割地和占地。这些虽是一次性或短期内完成的条约特权，却也极大地损害了中国的主权和利权。

特别值得一提的是，两次鸦片战争时期，西方国家还以非法的手段攫取了一些条约外的特权，其中最重要的是在租界的市政权、征税权、管辖权等，在后来的扩张中列强将这些租界特权发展成为条约权利。租界本指列强在中国某些通商口岸的供外人居留、贸易的租借地，列强在这些租借地中侵夺中国的行政权和司法权，并建立独立于中国政权体系之外的行政管理机关，形成所谓的"国中之国"。五口通商时期是列强攫取租界权的初期阶段，此时，租界权还不是一项条约权利，而是通过非法手段获取的。两次鸦片战争时期所订立的条约中并没有由外人自己管理其居住区域的内容，只是确定了由地方官与领事商议划分外人居住区域的原则。按照这一原则，1845 年，上海道台宫慕久与英国驻沪领事巴富尔协商达成《上海租地章程》。这是近代中国第一个有关租界制度的章程，该章程在明确和肯定中国政府对租界拥有主权的同时，赋予了英人某些简单的市政权，如修理桥梁道路、设立消防机关、雇用更夫等，英国领事对租界亦有一定的属地管辖权，如委派征税人①。但这个章程没有经过双方签字，仅以道台名义颁布，也未给予外人建立市政机关、行使各种政府职能的权力。在英人获得一块租地后，美国和法国分别于 1848、1849 年各自在上海也获得了一块租地。1853 年，上海小刀会起义，占领县城。英、美、法三国驻沪领事趁局势混乱，上海当局无力顾及之际，擅自协议和修改租地章程，于 1854 年 7 月制订了《上海英法美租界租地章程》13 条。该章程扩大了列强的租界权：三国领事可以召集租地人会议，租地人会议可以选派 3 名以上成员组成的委员会，三国可在租界设派警察等②。随后，英国领事阿礼国等在英国领事馆召集租地人会议，通过了新的租界章程，租地人会议实际上成了租界的立法会议。租地人会议选举 7 名董事组成市政机关，称行政委员会，后改为市政委员会，即工部局。租界还建立了巡捕房，巡捕房的警察由工部局指挥。这样，英、美、法在上海的租界拥有了征税权、武装警察以及完全摆脱中国行政管辖的市政机关，成为"国中之国"。租界特权制度基本形成，并随着列强的扩张扩大到其他口岸。但这些所谓的租界权利完全是非法的，1854 年《上海英法美租界租地章程》没有经过中国政府的同意，只是英、美、法三国领事擅自所为，此后很长时间中中外条约也没有关于租界特权的规定。直到 1896 年中日签订《公立文凭》才有进一步规定，其第一款载明："添设通商口岸，专为日本商民妥定租界，其管理道路以及稽查地面之权，专属该国领事。"③ 随后日本与各口岸地方官员所订租界章程，作了更为详细、明确的规定。至此，列强在租界的特权才真正成为条约权利。

---

① 中英《上海租地章程》，道光二十五年十一月一日，王铁崖编：《中外旧约章汇编》第 1 册，第 65—70 页。

② 《上海英法美租界租地章程》，咸丰四年六月十一日，王铁崖编：《中外旧约章汇编》第 1 册，第 80—82 页。

③ 中日《公立文凭》，光绪二十二年九月十三日，王铁崖编：《中外旧约章汇编》第 1 册，第 686 页。

第二节　西方缔约国的条约义务

条约义务是条约主体（即缔约国）依据条约规定为保障对方享有的权益而承担的责任或约束。义务在条约关系中有着重要的地位，它是条约关系的客体，是实现权利的基本环节，直接涉及缔约方的利益，并与条约的目的及其执行事项密切相关。就国际法而言，对义务的设定"更为符合国际法实践及意旨"①，因而义务也更反映条约的国际法性质。条约失效的认定取决于义务的存在与否，"一旦有关义务或事项执行完毕，条约即告失效"②。

作为一种强制性法律条文，条约具有权利和义务的双向特性，"缔约一方指望从对方对条约的履行中获取权利和利益，必须以自己实践对对方的承诺为条件"③。近代中外条约虽然大多为不平等条约，但也在一定程度上带有此种特性，因为西方列强要保证其条约特权付诸实现，保证对华经济活动的顺利开展，就必须在享受条约权利的同时履行一定的义务。根据条约所载，西方列强所承担的义务主要分为政治、经济两个方面。

一、政治义务

政治方面，西方各国最主要的条约义务是约束本国侨民，包括在华商人、水手及其他人员。

对在华商人的约束以经济事务为主，政治上主要涉及居留、游历及纠纷的解决问题。居留方面，各国必须遵守条约关于居留的规定，令本国商人在指定区域租地建屋，且须与华民公平议价，不能强租。各国领事每年须将本国侨民租屋建屋的情况通报中国地方官，进行备案。游历方面，在中英《天津条约》签订以前，外商不得私自到乡间游玩。中英《五口通商附粘善后条款》第六款规定，英国管事官应与中国地方官"议定界址，不

---

① 朱炜、王吉文主编：《国际法》，厦门大学出版社，2013年，第151页。
② 周鲠生：《国际法》下册，商务印书馆，1976年，第668—669页。
③ 万鄂湘等：《国际条约法》，第176页。

许逾越"。中美《望厦条约》、中法《黄埔条约》均有类似规定。第二次鸦片战争后，英国在《天津条约》中首先攫取了内地游历权，但规定英人须持有执照方能进入内地，且在"经过地方，如饬交出执照，应可随时呈验"，如无执照，或有讹误及不法之事，将予以惩办。中法《天津条约》则规定，法国领事给领执照时，暂有匪徒各省不准前往，且其执照只准给与体面有身家之人①。此外，中外条约普遍规定各国领事须对本国商民与华民的纷争进行调解，尽力劝息，"使不成讼"，对斗殴伤人等事件，要执法严办，不得偏袒、徇私，若外商控告华民，其禀帖应由外国领事代递，禀内若有不当言语，由领事斥其更换。

中国与各国签订的条约特别规定各国须对其官船和货船上的水手等人员严加管束。五口通商时期，"所有议定不许进内地远游之章程，官船水手及货船水手一体奉行"，官船接替必须先告知中国地方官。中英《五口通商章程：海关税则》第十二款还强调，英国货船停泊处所应由领事派人监管，约束水手等，竭力避免英人与华民发生争讼，若有争讼亦应竭力设法解释；若英国水手上岸，须派船内"伙长"同行，若发生吵闹争论之事，惟该"伙长"是问②。中美《望厦条约》亦规定，美国水手归美国领事等官随时稽查约束。后来各国的《天津条约》均载入了相似的条款。

除约束侨民外，各国还须遵守与中国的各项政治协议，主要包括：

1. 遵守和颁布条约。中英《南京条约》、中英《五口通商附粘善后条款》均明确规定英国必须遵守条约。中美《望厦条约》、中法《黄埔条约》及此后各国的《天津条约》等均有类似条款。中美《天津条约》第 3 款还要求美国政府在条约批准互换后，"立即宣布，照例刊传"。③

2. 引渡罪犯。中英《五口通商附粘善后条款》规定，英国官员应将潜逃香港或英国船只的华人罪犯交给中方惩治，"不可庇护隐匿"。中英《天津条

---

① 中英《五口通商附粘善后条款》，道光二十三年八月十五日，中英《天津条约》，咸丰八年五月十六日，中法《天津条约》，咸丰八年五月十七日，王铁崖编：《中外旧约章汇编》第 1 册，第 35、97、106 页。

② 中英《五口通商附粘善后条款》，道光二十三年八月十五日，中英《五口通商章程：海关税则》，道光二十三年八月十五日，王铁崖编：《中外旧约章汇编》第 1 册，第 36、42 页。

③ 中美《天津条约》，咸丰八年五月初八日，王铁崖编：《中外旧约章汇编》第 1 册，第 90 页。

约》第 21 款规定："中国民人因犯法逃在香港或潜往英国船中者，中国官照会英国官，访查严拿，查明实系罪犯交出。通商各口倘有中国犯罪民人潜匿英国船中房屋，一经中国官员照会领事官，即行交出，不得隐匿袒庇。"① 其他各国与中国签订的条约亦有类似规定。

3. 遵守中国对外国官船的管理规定。官船进出应先通知中国政府，以凭查照。驻泊官船进口、出口，须先通报海关，更换驻泊官船则须先通报中国地方官。

此外，中英《南京条约》还规定，英国须保护在英国及其属地的华民的人身财产安全。中英《天津条约》规定，英国与中国共同设法清除中国辖域海盗。中美《天津条约》规定了双方给予外交援助的义务："若他国有何不公轻藐之事，一经照知，必须相助，从中善为调处，以示友谊关切。"② 两次鸦片战争中武力侵华的英国和法国还在条约中同意，退还战时所占领土，解除战时经济封锁，将房屋、产业无偿转交中国政府的义务。

二、 经济义务

商业扩张是西方列强在华的主要利益所在。为保证贸易的顺利开展，各国在攫取大量经济特权的同时，亦须承担相应的条约义务。

（一）遵守和维护条约规定的贸易制度

作为近代中外贸易法制的载体，中外条约对贸易制度有着详细的规定，包括贸易区域、贸易路线、海关税收、进出口管理等，各国商人均须遵守这些制度。

其一，遵守条约规定的贸易活动区域、路线，不私自前往未开放地区。

五口通商时期，各国商人只在上海、广州、宁波、福州、厦门五口贸易，不准前往内地。第二次鸦片战争后，1858 年中英《天津条约》及其善后通商章程允许外商赴内地贸易，但须事先呈报赴何地以及缘由，不得随便更易，且"京都不在通商之列"。北京通商是在八国联军之役以后。

---

① 中英《五口通商附粘善后条款》，道光二十三年八月十五日，中英《天津条约》，咸丰八年五月十六日，王铁崖编：《中外旧约章汇编》第 1 册，第 36、99 页。

② 中美《天津条约》，咸丰八年五月初八日，王铁崖编：《中外旧约章汇编》第 1 册，第 90 页。

俄国条约有关这方面的内容更多。早在 1727 年的《恰克图界约》中就规定，在两国边境通商者，"均指令由正道行走，倘或绕道，或有往他处贸易者，将其货物入官"。1851 年中俄《伊犁塔尔巴哈台通商章程》亦规定"俄商往来，均由议定卡伦，按站行走，以便沿卡官兵照护"。俄国商人必须在指定的贸易亭居住、贸易，或领取执照前往街市交易，其牲畜必须在指定地区放牧，不得践踏田苗、坟墓。1860 年中俄《北京条约》取消了前往街市的限制[①]。

其二，遵守海关管理章程。

海关是进出口贸易的门户，也是维护正常贸易秩序的重要阵地。各国条约均要求商人遵守相应的管理规章。

首先，外商必须遵守海关报关制度，按规定履行进出口报关手续。各国条约的有关内容基本一致：进口时，外国商船须在指定时间内（美国条约限两日内，其他国家条约限一日内）赴领事官署，将船牌、舱口单、报单等交给领事查阅、收存，然后由领事行文通知海关，告知海关该船大小、吨位、所运货物等，海关派人查验明确后，准许开舱卸货，按例输税；出口时，外商也须先通报领事，由领事转报海关，海关查验完毕，发给准单准许上货，外商缴清各项税费后，海关给发红单，领事接到红单，发回该船船牌等物件，准其出口。

其次，外商必须遵守海关税收制度，照章缴纳货税、船钞。中英《五口通商章程：海关税则》规定，进出口货物应按新定海关税则纳税，船钞、货税全部缴清以后，方准出口。中英《天津条约》再次明确规定，英商在起、落进出口货时，必须按例纳税；免税进口的货物中，除金银、外国银钱及行李外，其他商品虽免关税，但须交纳船钞，运入内地须交内地税；英国商船进口后复出口，若超过两日之限，必须全数缴纳船钞；英商在各口自用船舶，若运载按规定应纳税的货物，须每四个月纳船钞一次，每吨 1 钱；"税课银两由英商交官设银号，或纹银，或洋钱，按照道光二十三年在广东所定

---

① 中俄《恰克图界约》，雍正五年九月初七日，中俄《伊犁塔尔巴哈台通商章程》，咸丰元年七月初十日，中俄《北京续增条约》，咸丰十年十月初二日，王铁崖编：《中外旧约章汇编》第 1 册，第 9、78—79、151 页。

各样成色交纳"①。其他各国条约均有类似规定。

中英《南京条约》及其善后条约中还曾有领事担保制的内容，由领事命令和担保英国进口货船完纳进出口货税。但此制度引发了领事与英商之间的激烈冲突，英国遂以其他国家条约无此规定而单方面废除了这一制度。此外，中美《天津条约》亦载有，"倘有未经完税，领事官先行发还船牌者，所欠税钞，当为领事官是问"②。

内地通商以后，外商还须遵守内地税管理条例。外商运洋货入内地，应将"该货名目、若干、原装何船进口、应往内地何处各缘由，报关查验确实，照纳内地税项"，由海关发给内地税单，该商"向沿途各子口呈单照验，盖戳放行"；运土货出口，则"到第一子口验货，由送货之人开单，注明货物若干、应在何口卸货，呈交该子口存留，发给执照，准其前往路上各子口查验盖戳。至最后子口，先赴出口海关报完内地税项，方许过卡。俟下船出口时，再完出口之税"；"所运各货，如无内地纳税实据，应由海关饬令完清内地关税，始行发单下货出口，以杜隐漏"③。

再次，外商必须遵守关于贸易品类、剥货等方面的禁令。贸易品类上，各国条约均规定不准贩运火药、枪炮、鸦片等违禁物品。1844 年中美和中法条约海关税则特别强调不准进口鸦片。1858 年各国《通商章程善后条约：海关税则》明确规定，鸦片及硝磺、白铅等军用物资，外商只能在通商口岸售卖，不准运入内地，华商将其运入内地时，外商不得护送；铜钱、米谷粮食等不准贩运出口，在中国国内转运亦须出具保单或甘结，由海关发给执照，且在 6 个月内将执照交回、注销；登州、牛庄的豆石、豆饼不准贩卖出口。剥货方面，中英《五口通商章程：海关税则》第十一款规定，英商进口船只，不准互相剥货。如果有必须将货物剥运到别船的，必须先禀告领事，由领事给牌，并请海关人员查验明确，不履行手续而私自剥货的，一律没收。

---

① 中英《五口通商章程：海关税则》，道光二十三年八月十五日，中英《天津条约》，咸丰八年五月十六日，王铁崖编：《中外旧约章汇编》第 1 册，第 41、99—100 页。

② 中美《天津条约》，咸丰八年五月初八日，王铁崖编：《中外旧约章汇编》第 1 册，第 94 页。

③ 中英《通商章程善后条约：海关税则》，咸丰八年十月初三日，王铁崖编：《中外旧约章汇编》第 1 册，第 118 页。

中美《望厦条约》、中法《黄埔条约》亦有类似规定。中美、中英《天津条约》重申此项规定，中英《天津条约》甚至明确英商船只互相剥货，须由海关监督给发准单①。

其三，遵守条约规定的贸易证照制度。

进口洋货开舱及出口土货下船均须领取准单；在中国沿海转运货物或者货物进口后转运他处须领取海关凭证；外商赴内地须领取执照等。

往来于粤、港、澳的英国小船亦实行牌照制度，由香港当局发放牌照，牌照上用中、英两种文字标明船的大小、样式、吨位，以便稽查。小船到虎门时，必须通报，如载有货物，须在黄埔报关，到广州省城立即将牌照交给领事，由领事交给粤海关，得到粤海关同意后方可起货，否则照章罚办。货物起卸或装船完毕，缴清关税、船钞，领事方可给还牌照，予以放行②。

俄国商人从陆路进入中国贸易也须领取证照。1851 年中俄《伊犁塔尔巴哈台通商章程》第四款规定，俄国商人来华贸易，由俄商头人"带领到中国伊犁博罗霍吉尔卡伦、塔尔巴哈台乌占卡伦，必须有俄罗斯国执照呈坐卡官照验，由坐卡官将人数及货物数目声明转报，派拨官兵沿卡照料护送。彼此不得互相刁难"。第九款规定，俄国商人若前往街市，必须由俄国管理贸易的官员给予执照，不得任意出外，"如无执照者，即送俄罗斯管贸易官究办"。1860 年中俄《北京条约》规定，俄国商人"须本国边界官员给与路引，内写明商人头目名字、带领人多少、前往某处贸易，并买卖所需及食物、牲口等项"③。

（二）防止和缉拿走私的义务

为维护正常的贸易秩序，各国条约均载有防私、缉私条款，要求列强亦须担负防私和缉私的责任。中英《五口通商附粘善后条款》规定，英国领事若发现英商偷漏走私，须立即通知中国地方官。针对香港与内地的贸易，条

---

① 中英《五口通商章程：海关税则》，道光二十三年八月十五日，中英《天津条约》，咸丰八年五月十六日，王铁崖编：《中外旧约章汇编》第 1 册，第 42、101 页。

② 中英《五口通商附粘善后条款》，道光二十三年八月十五日，王铁崖编：《中外旧约章汇编》第 1 册，第 38—39 页。

③ 中俄《伊犁塔尔巴哈台通商章程》，咸丰元年七月初十日，中俄《北京续增条约》，咸丰十年十月初二日，王铁崖编：《中外旧约章汇编》第 1 册，第 78、79、150 页。

约特别要求英方配合中方执行牌照制度，"香港必须特派英官一员，凡遇华船赴彼售货、置货者，将牌照严行稽查。倘有商船、商人并未带有牌照，或虽有牌照而非广州、福州、厦门、宁波、上海所给者，即视为偷漏乱行之船，不许其在香港通商贸易，并将情由具报华官，以便备案"。英方官员还须负责给从香港前往大陆贸易的船只发放牌照，并"应将来往各商之船号、商名、货物数目，每月照式具报粤海关"。中美《望厦条约》亦规定："每届中国年终，分驻五港口各领事官应将合众国一年出入口船只、货物数目及估定价值，详细开报各本省总督，转咨户部，以凭查验。"[①] 其他各国条约均有类似规定。美国和法国还同意，若别国船只冒用旗号做不法贸易者，两国自应设法禁止。

（三）清理和追偿外商债务的义务

自第一次鸦片战争代行商偿还欠债后，清政府即在《五口通商附粘善后条款》中声明，今后的商欠，官不保偿，只能代追，同时英方履行同样的职责：若有英商欠华商债务，"账据确凿，人在产存"，则英国官员应从公处结，代为追债。中美《望厦条约》、中法《黄埔条约》及1858年各国《天津条约》重申了此项规定。中英《天津条约》第二十二款还再次强调："英国人有欠中国人债不偿或潜行逃避者"，英国官员应与中方一样认真严拿追缴。此外，对于在香港的债务人，英方亦负有清追义务。中英《五口通商附粘善后条款》规定，华商在香港拖欠各国商人债务，由英国官员清理；英商在大陆拖欠华商债务，逃至香港的，英国官员亦应代追。中英《天津条约》再次强调，"中国商民或到香港生理拖欠债务者，由香港英官办理"[②]。

（四）其他经济义务

中国与各国签订的条约均要求自理驻华官员的费用。如，中英、中法《天津条约》均规定，驻京公使所有费用由本国自备。中俄《天津条约》规定："所有驻京俄国之人一切费用，统由俄国付给……驻京之人及恰克图或

---

① 中英《五口通商附粘善后条款》，道光二十三年八月十五日，中美《五口贸易章程：海关税则》，道光二十四年五月十八日，王铁崖编：《中外旧约章汇编》第1册，第37、38、55页。

② 中英《五口通商附粘善后条款》，道光二十三年八月十五日，中英《天津条约》，咸丰八年五月十六日，王铁崖编：《中外旧约章汇编》第1册，第35、37、99页。

各海口往来京城送递公文各项人等路费，亦由俄国付给。"①

中英《北京条约》规定英国割占九龙司地方一区后，如果要求该地华民搬迁，应当给予公正赔补。中美《望厦条约》虽允许美国商人在中国与别国失和时仍可照常贸易，但"不得私带别国一兵进口，及听受别国商人贿嘱，换给旗号，代为运货入口贸易；倘有犯此禁令，听中国查出拿办"②。中美《天津条约》亦有同样的规定。

作为以法律形式表现出来的国际关系，条约关系是一种高度规范性的关系，它由一系列带有强制性的规范构成。对在华享有条约特权的西方列强而言，条约规范的强制性也对其行为产生了一定的制约作用。这一方面反映出条约关系作为一种法律方式，体现了国际关系中的法治趋向，但另一方面又不应忘记近代中外条约不平等的主体属性，列强接受条约的义务规定并非是为了维护中国的利益，而是建立必要的法治，维护自身殖民利益的需要，在实践中它们竭尽可能在摆脱对自己不利的条约义务。

第三节　中国的条约权利

近代中外条约的不平等性主要表现为权利和义务的不对等，列强拥有的特权多，覆盖面广，且严重危害了中国的主权，损害了中国的利益。反之，中国虽亦权利与义务并存，但相比之下，权利轻而义务重，处于被压迫的地位。

中国的条约权利亦有政治和经济的两个方面。

两次鸦片战争时期，条约赋予中国的政治权利主要体现为一定的外交权、对华民的司法权及惩治违约的权利。

外交权首先体现为派遣、设立官员的权利。根据条约，中国可向英国和

---

① 中俄《天津条约》，咸丰八年五月初三日，王铁崖编：《中外旧约章汇编》第1册，第88页。
② 中美《五口贸易章程：海关税则》，道光二十四年五月十八日，王铁崖编：《中外旧约章汇编》第1册，第55页。

法国派驻大使，并享受与两国驻华公使同样的优待。这类条款出现于第二次鸦片战争后的条约中。1858 年中英《天津条约》第二款规定，中英两国"可任意交派秉权大员，分诣大清、大英两国京师"；第六款规定，英国公使在华享有的各项优待，日后中国赴英全权大使，亦"视此均同"。中法《天津条约》亦规定，中国皇帝欲派钦差大臣前往法国京师侨居，"无不各按品级延接，全获恩施，俱照泰西各国所派者无异"。1860 年中俄《北京条约》允许华民赴俄国内地贸易，并听凭中国在俄国首都或别处设立领事①。

条约还规定，中国地方官可依法处置潜逃香港或外国船只的华人罪犯，亦可对涉外纠纷和案件中的华民进行审讯、惩处。中英《五口通商章程：海关税则》规定，英人与华民发生争讼，无法劝息的，由英国领事与中国地方官共同"秉公定断"，华民如何科罪，由中国官员按中国法律办理。中美《望厦条约》规定，中国民人与美国民人有争斗、词讼、交涉事件，中国民人由中国地方官捉拿审讯，照中国例治罪。中法《黄埔条约》及 1858 年各国《天津条约》均有此类规定。中英《天津条约》规定，"中国人欺凌扰害英民，皆由中国地方官自行惩办"②。中俄《天津条约》《北京条约》规定，俄民与华民发生纠纷，由中俄两国官员会同办理，各按本国法律治罪。

条约亦在一定范围内赋予了中国政府捉拿、拘禁违约外人的权利。如五口通商时期，对私自前往乡间游玩或进入内地贸易的外商，可以听凭中国地方民人捉拿，交给英国领事处罚，但不得擅自殴打、伤害。第二次鸦片战争后，外人可进入内地，但对无照前往内地，或存在讹误及不法之事的外国人，中国地方官可进行拘禁，并就近送交该国领事惩办，但不可凌虐（中英《天津条约》第九款）。

条约赋予中国的经济权利主要是对违反条约贸易制度的外商和华商的处罚权，以及合理的防止和惩治走私偷漏的权利。

---

① 中英《天津条约》，咸丰八年五月十六日，中法《天津条约》，咸丰八年五月十七日，中俄《北京续增条约》，咸丰十年十月初二日，王铁崖编：《中外旧约章汇编》第 1 册，第 96—97、104、151 页。

② 中英《五口通商章程：海关税则》，道光二十三年八月十五日，中美《五口贸易章程：海关税则》，道光二十四年五月十八日，中英《天津条约》，咸丰八年五月十六日，王铁崖编：《中外旧约章汇编》第 1 册，第 42、54—55、98 页。

其一，对违反条约贸易制度的外商和华商的处罚权。

中国海关可以对违反海关报关制度的外商予以罚款。中英《五口通商章程：海关税则》第三款规定，不遵守报关制度的罚银 200 元，"若投递假单，罚银五百元。若于未奉官准开舱之先，遽行开舱卸货，罚银五百元，并将擅行卸运之货一概查抄入官"。中英《天津条约》规定，英商船只进口当日未报明领事的，罚银 50 两，舱口单有漏报的，罚银 500 两，"未领开舱单，擅行下货，即罚银五百两，并将所下货物全行入官"，未领准单，私自上货的，亦将货物没收①。所有罚款和没收的货物都予以充公，归中国国库所有。其他各国条约亦有类似规定。

中国当局也可以处罚在未开口岸进行贸易的外商和华商。中英《五口通商附粘善后条款》规定：如果英商违背条约，"擅往他处港口游奕贩卖，任凭中国员弁连船连货一并抄取入官，英官不得争论；倘华民在他处港口与英商私串贸易，则国法俱在，应照例办理"。中美《望厦条约》也有类似规定。中美《天津条约》第十四款规定，美国商船"不得驶赴沿海口岸及未开各港，私行违法贸易。如有犯此禁令者，应将船只、货物充公，归中国入官"。中英《天津条约》再次强调，英商只准在条约允许通商的口岸贸易，"如到别处沿海地方私做买卖，即将船、货一并入官"②。

其二，防止和惩治走私偷漏的权利。

西方列强将防止走私偷漏视为中国的职责，因此在条约中均允许中方采取一定的防私缉私措施。1858 年中英《天津条约》载："中国各口收税官员，凡有严防偷漏之法，均准其相度机宜，随时便宜设法办理，以杜弊端。"随后签订的中英《通商章程善后条约：海关税则》亦称，"通商各口收税如何严防偷漏，自应由中国设法办理"，长江如何严防偷漏亦"任凭中国设法筹办"③。

---

① 中英《五口通商章程：海关税则》，道光二十三年八月十五日，中英《天津条约》，咸丰八年五月十六日，王铁崖编：《中外旧约章汇编》第 1 册，第 40、101 页。

② 中英《五口通商附粘善后条款》，道光二十三年八月十五日，中美《天津条约》，咸丰八年五月初八日，中英《天津条约》，咸丰八年五月十六日，王铁崖编：《中外旧约章汇编》第 1 册，第 35、92、102 页。

③ 中英《天津条约》，咸丰八年五月十六日，中英《通商章程善后条约：海关税则》，咸丰八年十月初三日，王铁崖编：《中外旧约章汇编》第 1 册，第 102、118 页。

在允许中国防私缉私的总原则之下，条约给予中国一系列相关权利：

中国有权惩办各种偷漏行为，罚没走私货物。各国条约均规定，中国可以捉拿偷漏走私者，没收其货物，且强调所有罚款及没收船货，皆归中国办理。条约中还具体涉及了剥货、转运、内地贸易等方面的走私处罚。如中英《五口通商章程：海关税则》第十款规定，英商剥运货物过程中，若有走私偷漏行为，中国官员有权惩办。中美《望厦条约》第二十款规定，美商已进口的货物，禀请转运别口，若有虚假或夹带之事，中国海关可将货物没收。1858 年中英《通商章程善后条约：海关税则》第七款规定，英商进出口货物，已经报明运赴地点而沿途私卖，或有匿单少报等违反内地税条例的情况，中国可将其没收。这些内容在其他条约中也有出现，并成为中外共同认可的规章①。

中国有权派人看押外商货船，驱逐走私船只。中英《五口通商章程：海关税则》规定，外商船只进口后，海关派丁役看押，以防走私，看押人员可以自雇小船，也可搭坐外商船只。中英《五口通商附粘善后条款》规定，中国可以禁止偷漏的船只贸易，或将其驱逐出去。中英《天津条约》规定，英国商船若有走私行为，除没收货物外，"俟该商船帐目清后，亦可严行驱除，不准在口贸易"②。这些内容亦见于其他各国条约。

此外，根据中外条约，中国政府还拥有拒绝偿付商欠的权利，对运往内地的鸦片等特殊商品自主征税的权利，以及对从事大陆与香港贸易的华商进行管理的权利等。

第四节　中国的条约义务

近代中外条约关系是列强用强权手段建立的，缔约双方承担的义务不对

---

① 中英《五口通商附粘善后条款》，道光二十三年八月十五日，中美《五口贸易章程：海关税则》，道光二十四年五月十八日，中英《通商章程善后条约：海关税则》，咸丰八年十月初三日，王铁崖编：《中外旧约章汇编》第 1 册，第 36、54、118 页。

② 中英《五口通商章程：海关税则》，道光二十三年八月十五日，中英《天津条约》，咸丰八年五月十六日，王铁崖编：《中外旧约章汇编》第 1 册，第 40、102 页。

等，中国承担着比列强大得多的义务，甚至有些是片面的义务。两次鸦片战争时期，中国的条约义务也包括政治、经济和文化三个方面。

一、政治义务

（一）颁行和遵守条约的义务

早在中英《南京条约》及附约中，英国就要求清政府必须遵守条约。后来各国条约亦一再强调此项内容。至于颁行条约，最早见于中美《天津条约》。该约第三款规定：条约批准互换后，清政府须立即"通谕都城，并着各省督抚一体颁行"。后来，中法《天津条约》第四十二款也载有：条约互换后，中国须立即将其"行文内外各宪，遍行周知"。英国则在《北京条约》中加入一条，要求原《天津条约》互换后，中国皇帝须立即降谕各省督抚大吏，将此约及北京续约"发钞给阅，并令刊刻悬布通衢，咸使知悉"，并以此作为退兵的条件之一①。

（二）保护在华外国侨民、商船的义务

两次鸦片战争时期的中外条约中，要求中国政府保护在华外国侨民和商船的条款为数不少，其中既有概括性的保护条款，也有专门性的保护条款。概括性的保护条款最早见于中英《南京条约》，该约第一款就规定，中英两国人民彼此友睦，"各住他国者，必受该国保佑身家全安"②。此后各国的条约都有此类条款。专门性的保护条款较多，内容涉及保护在华外国侨民的人身财产安全，阻止惩处陷害、凌辱、骚扰、侮辱外国人的行为等。

在保护外国侨民人身财产安全上，各国条约主要着重于两方面：一是捉拿弹压匪徒，二是缉拿海盗。各国条约均有此类条款，尤以美国的条约最为具体、细致。中美《望厦条约》规定，中国地方官对美国民人"必时加保护，令其身家全安，并查禁匪徒不得欺凌骚扰。倘有内地不法匪徒逞凶放火，焚烧洋楼，掠夺财物，领事官速即报明地方官，派拨兵役弹压查拿，并将焚抢匪徒按例严办"。美国民人的坟墓若被华民挖掘毁坏，中国地方官必

---

① 中美《天津条约》，咸丰八年五月初八日，中法《天津条约》，咸丰八年五月十七日，中英《续增条约》，咸丰十年九月十一日，王铁崖编：《中外旧章汇编》第 1 册，第 90、112、146 页。
② 中英《江宁条约》，道光二十二年七月二十四日，王铁崖编：《中外旧约章汇编》第 1 册，第 30 页。

须严拿治罪；"若合众国商船在中国所辖内洋被盗抢劫者，中国地方文武官一经闻报，即须严拿强盗，照例治罪，起获原赃，无论多少，均交近地领事等官，全付本人收回；但中国地广人稠，万一正盗不能缉获，或有盗无赃，及起赃不全，中国地方官例有处分，不能赔还赃物"；"合众国民人贸易船只、财物在中国五港口者，地方官均不强取威胁，如封船公用等事，应听其安生贸易，免致苦累"。中美《天津条约》保留了中国地方官须保护美国民人，查拿匪徒，缉捕海盗的内容，并规定"倘若地方官通盗沾染，一经证明，行文大宪奏明，严行治罪，将该员家产查抄抵偿"①。

中法《黄埔条约》的相关内容与中美《望厦条约》类似，但又稍有补充，规定"倘有中国人将佛兰西礼拜堂、坟地触犯毁坏，地方官照例严拘重惩"，且"将来佛兰西人在五口地方为中国人陷害、凌辱、骚扰，地方官随在弹压，设法防护。更有匪徒、狂民欲行偷盗、毁坏，放火佛兰西房屋、货行及所建各等院宅，中国官或访闻，或准领事官照会，立即饬差驱逐党羽，严拿匪犯，照例从重治罪，将来听凭向应行追赃着赔者责偿"②。中法《天津条约》保留了《黄埔条约》的保护规定。

此外，各国条约亦均有保护外人不被勒索、藐视、欺负的内容。如中英《五口通商附粘善后条款》规定，中国地方官必须与英国管事官共同议定英人在口岸的租地建屋事宜，并保证英人与华民公平交易，保护英人不被勒索。中英《天津条约》第三款规定，中国政府须协助英国公使租赁地基和房屋，从严惩办藐视、欺负及无礼对待公使及其眷属、随员的人。第十八、十九款规定，如果英人遭到欺凌、扰害、抢劫，或者有匪徒焚烧英人房屋，中国地方官应立即派兵弹压查追，并将匪徒按例严办③。

（三）司法义务

条约要求中国承担的司法义务主要是两种：

---

① 中美《五口贸易章程：海关税则》，道光二十四年五月十八日，中美《天津条约》，咸丰八年五月初八日，王铁崖编：《中外旧约章汇编》第1册，第54—56、91—92页。

② 中法《五口贸易章程：海关税则》，道光二十四年九月十三日，王铁崖编：《中外旧约章汇编》第1册，第62—63页。

③ 中英《五口通商附粘善后条款》，道光二十三年八月十五日，中英《天津条约》，咸丰八年五月十六日，王铁崖编：《中外旧约章汇编》第1册，第35—36、96、98页。

一是捉拿、引渡罪犯的义务。中英《五口通商附粘善后条款》规定，中国官员应将潜逃中国的英国水手、兵丁等捉拿监禁，交给英国官员收办，"不可庇护隐匿"。此后各国条约均有类似规定。俄国因与中国接壤，还要求中国协助查拿、引渡俄方逃人。中俄《伊犁塔尔巴哈台通商章程》规定，如果俄人越边逃入中国境内，中国政府"不准容留，务须严行查拿"，送交俄方[①]。中俄《北京条约》重申了这一规定。

二是惩治与涉外事件有关的华商的义务。如中英《五口通商附粘善后条款》规定，中国缉拿走私偷漏的外商时，"应将串同偷漏之华商及庇护分肥之衙役，一并查明，照例处办"。中美《望厦条约》规定："倘两国人有倚强滋事，轻用火器伤人，致酿斗杀重案，两国官员均应执法严办，不得稍有偏徇，致令众心不服"[②]。

（四）救助和照料外国船只的义务

各国条约均要求中国政府救助和照料遇难外国船只。中美《望厦条约》第二十七款规定："合众国贸易船只，若在中国洋面，遭风触礁搁浅，遇盗致有损坏，沿海地方官查知，即应设法拯救，酌加抚恤，俾得驶至本港口修整，一切采买米粮，汲取淡水，均不得稍为禁阻，如该商船在外洋损坏，漂至中国沿海地方者，经官查明，亦应一体抚恤，妥为办理。"中法《黄埔条约》第三十款规定："倘佛兰西商船遇有破烂及别缘故，急须进口躲避者，无论何口均当以友谊接待。如有佛兰西船只在中国近岸地方损坏，地方官闻知，即为拯救，给与日用急需，设法打捞货物，不使损坏，随照会附近领事等官，会同地方官、设法着令该商梢人等回国，及为之拯救破船木片、货物等项。"1858 年各国《天津条约》均有类似条款。中英《天津条约》甚至要求照料和救助英国军舰，称英国兵船因追捕海盗驶入中国口岸，"无论何口，

---

① 中英《五口通商附粘善后条款》，道光二十三年八月十五日，中俄《伊犁塔尔巴哈台通商章程》，咸丰元年七月初十日，王铁崖编：《中外旧约章汇编》第 1 册，第 36、79 页。

② 中英《五口通商附粘善后条款》，道光二十三年八月十五日，中美《五口贸易章程：海关税则》，道光二十四年五月十八日，王铁崖编：《中外旧约章汇编》第 1 册，第 37、56 页。

一切买取食物、甜水，修理船只，地方官妥为照料"①。

（五）接收、回复各国文书的义务

1844 年美国公使顾盛以递交国书为由要求上京，经耆英等竭力阻止，后来签订的中美《望厦条约》第三十一款规定，美国向中国朝廷递交国书，应由中国办理外国事务的钦差大臣，或两广、闽浙、两江总督等大臣将原书代奏。法国依照美国，在中法《黄埔条约》第三十四款规定："将来大佛兰西皇上若有国书送达朝廷，该驻口领事官应将国书送与办理五口及外事务大臣，如无五口大臣，即送与总督，代为进呈。其有国书复转，亦一体照行。"②

鉴于五口通商时期两广总督兼钦差大臣的回避态度，1858 年中美《天津条约》谈判时，美方在第四款规定，美国公使照会内阁大学士或各督抚的文件，"内阁暨各督抚当酌量迅速照复"。1860 年俄国在《北京条约》中亦强调，"两国边界大臣彼此行文，交官员转送，必有回投"③。

（六）其他政治义务

中英《南京条约》规定，和议达成后，中国须释放英国战俘，赦免所有与英国有关联的中国人。中美《天津条约》要求中国承担外交援助、调处义务，"若他国有何不公轻藐之事，一经照知，必须相助，从中善为调处，以示友谊关切"④。

二、经济义务

经济上，条约要求中国承担的最主要的义务是为外商提供贸易条件，规范贸易管理制度。具体包括以下方面：

其一，颁发新税则，停止各项规费。

---

① 中美《五口贸易章程：海关税则》，道光二十四年五月十八日，中法《五口贸易章程：海关税则》，道光二十四年九月十三日，中英《天津条约》，咸丰八年五月十六日，王铁崖编：《中外旧约章汇编》第 1 册，第 55—56、63、102 页。

② 中美《五口贸易章程：海关税则》，道光二十四年五月十八日，中法《五口贸易章程：海关税则》，道光二十四年九月十三日，王铁崖编：《中外旧约章汇编》第 1 册，第 56、64 页。

③ 中美《天津条约》，咸丰八年五月初八日，中俄《北京续增条约》，咸丰十年十月初二日，王铁崖编：《中外旧约章汇编》第 1 册，第 90、152 页。

④ 中英《江宁条约》，道光二十二年七月二十四日，中美《天津条约》，咸丰八年五月初八日，王铁崖编：《中外旧约章汇编》第 1 册，第 32、90 页。

中英《南京条约》要求清政府公布税则，以便外商按例缴纳税费。中英《五口通商章程：海关税则》规定，外商船只按新定标准纳钞，所有旧例及各项规费全部停止；进出口货物除按新定税则收税外，也不能加收任何规费。中美《望厦条约》、中法《黄埔条约》亦有类似规定。第二次鸦片战争后，各国新签订的条约亦要求颁布税则，同时由于外商获得了子口税特权，中英《天津条约》要求4个月内，英国领事移文中国各海关监督，由海关监督提供各子口税费数目，"彼此出示晓谕"，让英商和华商都能知悉[①]。

其二，指定纳税机构，议定纳税方式。

此项内容最早见于中英《五口通商章程：海关税则》，该约第八款规定，中国海关应选择资本雄厚的铺户、银号，给发执照，代收税银；对于成色不足的洋钱，海关应与英国官员共同议定加收补水等事宜[②]。中美《望厦条约》、中法《黄埔条约》亦有类似规定。

其三，制造、配备货物查验所需的度量工具。

中英《五口通商章程：海关税则》规定，中国须按粤海关原来的样式制造称货的大秤、兑银的砝码、量物的尺子，各口岸每样配备两副，一副交给海关，一副交给英国领事，以便查验货物，计算税银。中美《望厦条约》、中法《黄埔条约》亦有类似规定。中英《天津条约》再次强调："秤码、丈尺均按照粤海关部颁定式，由各监督在各口送交领事官，为昭划一。"[③]

其四，对提出申诉的货物予以重新查验。

中英《五口通商章程：海关税则》第七款规定，海关人员因计价或秤重与英商发生税收分歧的，应重新查验和核算。按价抽税的货物，海关与英商各邀请两三位客商公验，"客商内有愿出某价买此货者，即以所出最高之价定为此货之价"，作为收税凭证；按重量抽税的货物，海关人员与英商各挑选若干样箱，连皮过称后，再除皮计算净重。若仍有异议，则由英商报告领

① 中英《五口通商章程：海关税则》，道光二十三年八月十五日，中英《天津条约》，咸丰八年五月十六日，王铁崖编：《中外旧约章汇编》第1册，第41、99—100页。

② 中英《五口通商章程：海关税则》，道光二十三年八月十五日，王铁崖编：《中外旧约章汇编》第1册，第41页。

③ 中英《五口通商章程：海关税则》，道光二十三年八月十五日，中英《天津条约》，咸丰八年五月十六日，王铁崖编：《中外旧约章汇编》第1册，第41—42、100页。

事，通知海关监督商办，但必须于当天禀报，否则不予受理。中美《望厦条约》亦规定美商与海关人员在验货问题上存在歧义，可于当日内禀报领事，由领事与海关监督会商办理①。后来各国《天津条约》保留了这一内容。

其五，禁止海关人员贪污受贿。

各国条约均强调了这一点。1843年中英《五口通商章程：海关税则》规定，在各口看押外商船只的海关丁役，其费用由海关支发，不得向英商索取丝毫规费。1844年中美《望厦条约》要求"一切规费全行革除，如有海关胥役需索，中国照例治罪"。中法《黄埔条约》及1858年各国《天津条约》均有类似规定。中英《天津条约》又特别强调这一点，并规定看押人员若私自索取或接受船主及管船人员的费用，"查出分别所取之数多寡惩治"②。

其六，禁止垄断贸易。

第一次鸦片战争后，各国与清政府签订的条约均反对垄断，要求实行自由贸易。中英《南京条约》提出废除行商制度后，中法《黄埔条约》又特意就垄断事宜作了详细规定："将来不可另有别人，联情结行，包揽贸易。倘有违例，领事官知会中国官，设法驱除。中国官宜先行禁止，免败任便往来交易之谊。"③中法《天津条约》重申了此项内容。

其七，查核香港与内地的贸易。

香港岛割让给英国后，英方要求清政府给前往贸易的华商发放牌照，并进行查验，向英方通报。中英《五口通商附粘善后条款》规定，"各港口海关按月以所发给之牌照若干张，船只系何字号，商人系何姓名，货物系何品类、若干数目，或由香港运至各港口，或由各港口运至香港，每月逐一具报粤海关，粤海关转为通知香港管理之英官，以便查明稽核"④。同时，粤海关

---

① 中英《五口通商章程：海关税则》，道光二十三年八月十五日，中美《五口贸易章程：海关税则》，道光二十四年五月十八日，王铁崖编：《中外旧约章汇编》第1册，第41、53页。

② 中英《五口通商章程：海关税则》，道光二十三年八月十五日，中美《五口贸易章程：海关税则》，道光二十四年五月十八日，中英《天津条约》，咸丰八年五月十六日，王铁崖编：《中外旧约章汇编》第1册，第40、51、101页。

③ 中法《五口贸易章程：海关税则》，道光二十四年九月十三日，王铁崖编：《中外旧约章汇编》第1册，第59页。

④ 中英《五口通商附粘善后条款》，道光二十三年八月十五日，王铁崖编：《中外旧约章汇编》第1册，第38页。

还要负责将香港英官通报的牌照查验情况反馈给各海关，以便查核，杜绝冒用、偷漏。

经济上的第二大条约义务是清偿商欠。在中英《南京条约》中，英国要求清政府将议定的赔款按指定时间分期交清，包括行商所欠英商债务"无措清还者"，亦由中国政府"官为偿还"。但此后中国同各国的条约均议定商人债务实行商欠商还的原则，中国政府的义务仅为追偿债务和稽查诈骗。中英《五口通商附粘善后条款》第五款规定，若有华商欠英商债务，"账据确凿，人在产存"，则清政府应从公处结，代为追债。中英《五口通商章程：海关税则》第四款规定：若华商诓骗英商货物，或拖欠货款，"一经控告到官，中国官员自必即为查追；倘诓骗之犯实系逃匿无踪，欠债之人实已身亡产绝者，英商不得执洋行代赔之旧例呈请着赔"。中美《望厦条约》、中法《黄埔条约》亦有类似规定。第二次鸦片战争后，各国《天津条约》在追偿的原则下进一步要求清政府必须对欠债华商严拿追缴[1]。

此外，英国条约特别载入了有关华商在香港的债务问题。中英《五口通商附粘善后条款》第十五款规定，若华商在香港拖欠外商债务，逃回大陆，英国官员通知中国地方官，由中国地方官"勒限严追"，但如果英商未查验华商担保情况，被其诓骗，则中国官员"无从过问"。中英《天津条约》第二十三款规定，在香港从业的华商，因欠债逃回大陆，中国地方官得报后，"务须设法严拿，果系有力能偿还者，务须尽数追缴，秉公办理"[2]。

条约还要求清政府承担港口建设的义务，酌量设立浮桩、亮船，建造塔表、亮楼等（见中美、中英《天津条约》）。此外，俄国还提出，俄国有越边或被诱取的牲畜，中国官员接到照会，应立即派人寻找，寻获或查出送还俄方（见中俄《北京条约》）。

三、 文化义务

在文化方面，列强的条约权利也就是中国的条约义务。按条约规定，清

---

① 中英《江宁条约》，道光二十二年七月二十四日，中英《五口通商章程：海关税则》，道光二十三年八月十五日，中英《天津条约》，咸丰八年五月十六日，王铁崖编：《中外旧约章汇编》第 1 册，第 31、40、99 页。

② 中英《五口通商附粘善后条款》，道光二十三年八月十五日，中英《天津条约》，咸丰八年五月十六日，王铁崖编：《中外旧约章汇编》第 1 册，第 37—38、99 页。

政府必须保护外国传教士，对安分无过者，不得苛待、禁阻，同时允许中国人自由信教。此外，清政府还必须保证外人可以在通商口岸自由开办学校，雇用中国教员，学习中国语言和文化，购买中国书籍等，亦须允许华民向外国人学习西方语言。实际上，经过两次鸦片战争，清政府自己也需要培养懂得西方文化、了解西方国家的外交人才。

第五节　权利义务的不平等与平等①

作为一种新的中外关系模式和国际秩序，近代中外条约关系与中国传统体制截然不同，其内容主要是构建权利义务关系，有复杂的特殊属性。一方面，西方列强用暴力将这一关系强加给中国，并攫取各种片面的特权，构建了不平等的法律关系，这是决定中国半殖民地国家地位的基本属性。另一方面，由于西方列强不同于传统的征服者，伴随其强权霸道而来的还有近代文明，而被迫接受这一关系的清政府并非心甘情愿，为维护自己的权益，清政府亦作了某种程度的努力和抗争等，这又使这一关系具有另一属性，附带着体现中国权益的某些平等条约和平等条款。在这两重属性中，前者体现了列强对中国实施"准统治权"的本质，这是占主导地位的属性，中国由此遭受了列强的约束和奴役；后者体现了近代国际关系中积极的一面，但这是附着于主导属性之下，居于次要地位的属性，虽有利于中国融入近代文明和国际社会，但未能改变条约关系的基本性质。

两次鸦片战争时期，清政府与西方列强签订的条约本质上都属于不平等条约，其所构建的不平等的法律关系，完全背离了国际法的主权原则，这是新的中外条约关系中最基本的属性。在这一关系中，中国片面承担了大量国际义务，却不能享有相应的权利；列强则单方面攫取种种特权而不须承担相应的义务。条约关系中这一不平等的主体内容与列强的侵略紧密相连，严重侵害中国的领土完整和独立地位，使中国沦为半殖民地国家，不能享有一个

---

① 此节由李育民撰写。

主权国家所应具备的基本权利，在政治、经济、文化等方面受到严重束缚。

关于如何界定不平等条约及其法律性质，国内外学者曾进行过深入的探讨。综合国内外国际法学界较为普遍的意见，可以认为，不平等条约指处于不同法律地位的当事国，其中一方违反国家主权平等原则，另一方并非自愿订立的权利义务严重不平衡的条约。在各个要素中，核心要素是条约规定双方的权利义务不对等，其中一方承担了较多的义务，而没有或者较少享有相应的权利。造成这一结果的前提，是缔约双方法律地位的不平等，而这又是源于国家地位的不平等。国家地位的不平等，在近代尤体现为西方列强与贫弱的中国及其他东方国家之间的非正常关系，而不平等条约又因此具有了暴力胁迫的强权政治因素。正是基于此，这一体现为权利义务不平等的法律概念，又具有政治的意蕴。从晚清时期的中国来看，中外条约关系中的不平等，正是以此类法律上和政治上的内涵构建起来的。

两次鸦片战争时期，中国与各国签订的条约从法律上确立了中外间不平等的权利和义务，前文所述西方缔约国的常规性条约特权和交割性条约特权均具有不平等属性，特别是常规性条约特权中列强所攫取的领事裁判权、中国海关行政管理权、军舰驻泊权、沿海和内河航运权、协定关税权、片面最惠国待遇、传教权等，这些特权构成了中外条约不平等关系的主体内容，确立了各种严重损害中国主权的规则，从根本上改变了中外关系和中国的社会性质，并使中国的政治、经济、文化等发生了深刻的变化。

政治方面的不平等关系主要体现在领事裁判权、中国海关行政管理权、军舰驻泊权、沿海和内河航运权对中国主权的侵害。

领事裁判权是最严重的不平等条款，在列强攫取的条约特权中居于中心的地位，是其他条约特权的基础。按照近代西方的国际法则，凡一国疆域内的居民，无论是本国人，还是外来者，"皆当归地方律法管辖"，"且疆内行止举动，契据事件，莫不归其所制也"，非住疆域内者，不管是不是自己的臣民，"各国不能以律法制之"①。但由于列强攫取了领事裁判权，一切华民控告洋人的案件均由各国驻华领事官受理和裁决，中国失去了对违法外人的

---

① ［美］惠顿著、丁韪良译、何勤华点校：《万国公法》，中国政法大学出版社，2003 年，第 78 页。

法律管辖权，中外之间形成了一种畸形的司法关系。

为行使领事裁判权，列强纷纷在中国设立司法机构，专理以该国属民为被告的案件，其中最普遍的是领事法庭（Consular Courts）。各国领事法庭均设在通商口岸，其设立年代，随各国与中国缔约时间的早晚而有所不同，英国早在 1843 年就建立了在华领事法庭，法、美两国都是在 1844 年设立，挪威、瑞典、俄国、德国等国稍后。由于各国驻华领事人数不一，其设立的领事法庭数量也各不相同，从一个到几十个不等。最多的是日本，在甲午战后，设立的领事法庭达到 35 个[①]。除了领事法庭，第二次鸦片战争后，英、美两国还在上海设立了专门的司法机构——法院，大肆破坏中国司法主权。

在审判方式上，中国与大部分国家签订的条约都规定，无论是华民控告洋人，还是洋人控告华民，立案成讼者，由中外官员共同查办，但在如何办理上又有出入：中英《五口通商章程》规定由两国官员"公同查明其事""秉公定断"。中美《望厦条约》和中美《天津条约》的措词都是由"两国官员查明，公议察夺"。显然，"公同查明"也好，"公议"也罢，并不等于会审，只是共同查办而已。但 1858 年中英《天津条约》改成了"由中国地方官与领事官会同审办，公平讯断"[②]。后来，1876 年中英《烟台条约》进一步明确了"会同审办"的涵义，规定："至中国各口审断交涉案件，两国法律既有不同，只能视被告者为何国之人，即赴何国官员处控告；原告为何国之人，其本国官员只可赴承审官员处观审。倘观审之员以为办理未妥，可以逐细辨论，庶保各无向隅，各按本国法律审断。"[③] 也就是说，华洋混合案件采取中西官员会审的方式，华民控告洋人的案件中国官员有权赴领事法庭观审，而且有不同意见时，还可以进行辩论。但实际上，华人控告洋人时，无论民、刑案件，中国官员都很少列席外国领事法庭，即算前去观审，也"不过为审查证据、监督审讯，至于判断权，惟领事有之"[④]。由于语言的障碍，中国官员对被告的证词、领事的讯问都难于理解，更何况领事法庭是按照其本

---

①　吴颂皋：《治外法权》，上海商务印书馆，1919 年，第 255 页。

②　中英《天津条约》，咸丰八年五月十六日，王铁崖编：《中外旧约章汇编》第 1 册，第 98 页。

③　中英《烟台条约》，光绪二年七月二十六日，王铁崖编：《中外旧约章汇编》第 1 册，第 348 页。

④　顾维钧：《外人在华之地位》，第 106 页。

国的法律对被告洋人进行审断，而这些外国法律，中国官员根本无从通晓。在这种情况下，中国官员的观审完全起不到维护华民利益，确保审断公平的作用，反而受外国领事和法官的摆布、愚弄。所以，后来中国地方官干脆放弃了观审的权利。当然也不排除一些中国地方官漠视华民利益的消极心理。

在近代，领事裁判权往往与治外法权混用，使这一特权在实际中又不断扩展。"它给予外国人一种地位，使他们完全、或者差不多完全在中国管辖权之外"①，不仅违法的外国人不受中国法庭审判，而且他的财产也受这一特权所庇护。另外，各列强在华享有的领事裁判权，是一种属人的司法管辖权，但实践中列强却将这一属人的特权扩展至属地主义中，在中国的某些地域对中国人实行某种程度的司法管辖。《烟台条约》规定的观审制度即属这一性质，而租界中的会审公廨和山东省铁路的公审机关，对属地主义的侵犯则更为典型，更为明显。

领事裁判权是列强向中国进行政治、经济、文化侵略，行使其他各种特权的重要保障。关于领事裁判权对中国的危害，英人赫德曾一针见血地指出，"治外法权是包含在一系列条约中的中心思想"，这一特权构成每一条约的基础，贯穿于每一条约的条款中，是造成一切损害的根源②。丹麦驻华公使欧哀深把领事裁判权、租界、协定关税称为破坏中国主权完整的三大魔鬼③。它们严重地损害了中国的主权和尊严，在各方面对中国造成了种种弊害，是近代中外不平等条约关系最基本的体现。

列强尤其是英国还侵夺了中国海关行政管理权，使中国海关成了一个典型的半殖民地机构。五口通商以后，海关制度发生了相应的变化，但列强经常指责中国海关官吏腐败、管理不善。1854 年 6 月，上海海关监督吴健彰与英、美、法三国领事签订改组海关协定，建立了外籍税务监督制，上海海关行政由此为列强所控制。第二次鸦片战争后，清政府依据 1858 年中英《通商章程善后条约》的规定，邀请英人帮办税务，各口划一办理。英人李泰国成为总税务司，统一管理各口事务，后赫德接替这一职务，掌控中国海关近

---

① 〔美〕威罗贝著、王绍坊译：《外人在华特权与利益》，第 364 页。
② 〔英〕赫德著、叶凤美译：《这些从秦国来——中国问题论集》，第 87、91—92 页。
③ 孙晓楼、赵颐年：《领事裁判权问题》，商务印书馆，1937 年，第 43 页。

半个世纪。总税务司对各口税务司享有绝对任免权，对海关事务亦享有绝对管理权，从而使中国海关成为外人控制下的自成一体的特殊机构，成为维护列强利益的工具。正如日本学者高柳松一郎所说，"中国海关在国法上虽为中国政府行政机关之一，然与他种行政机关较，则性质不同，此即所谓 im-perium in imperio"①，即"主权中的主权"或"政府中的政府"。如同租界是中国领土内的"国中之国"一样，海关是中国行政系统中的独立王国，而且这个本属中国的行政机构实际上已成了维护列强利益的机构。

军舰驻泊权、沿海和内河航运权亦严重侵害中国主权。军舰游弋、驻扎中国口岸，限制了中国的自保权，为列强对中国的武装干涉和侵略提供了便利。19 世纪 50 年代，各国即依仗在华军舰，北上上海、天津，以修约之名要求清政府签订新的条约。沿海和内河航运权本是一国的固有主权，早在 19 世纪初这已是国际社会公认的准则。但当时的清政府既没有主权观念，也完全没有意识到外商参与沿岸贸易的严重后果。19 世纪 60 年代，各国《天津条约》生效后，外商这一特权对中国的破坏性作用很快显现出来。各国商人在中国口岸转运洋货引发了各口岸间激烈的税收冲突，土货的转运更是直接导致了华船航运的严重受挫。天津卫船、登州海船、宁波宁船、江浙沙船、广东潮州船等，都无一幸免地衰败了。上海沙船从三万多艘减少到四五百艘，天津在开关后也很快"一切洋货及某些土货都由外国船装运了"②。在广州、福州、厦门、营口等各口岸，到口的华船都在日渐减少，洋船与年俱增。到 19 世纪 60 年代中叶，洋船就已经取得在沿岸贸易中的垄断地位。

两次鸦片战争时期，中外条约所造成的经济方面的不平等关系主要体现在片面协定关税和片面最惠国待遇。

片面协定关税是列强剥夺中国关税自主权的条约特权，中国单方面受协定税则的约束，只能履行义务，不能享受相应的权利，而列强则可以享受权利且不必尽相应的义务。虽然清政府当时尚没有这一主权意识，但将协定税

<hr />

① ［日］高柳松一郎著、李达译：《中国关税制度论》，沈云龙主编：《近代中国史料丛刊》第74辑第735号，台北文海出版社，1972 年，第104页。

② 严中平主编：《中国近代经济史（1840—1894）》上册，人民出版社，1989 年，第271、272页。

则强加于中国，"是不公平的"①。在近代中国，协定关税的条约特权不仅是片面的、非互惠的，而且具有种种损害中国权益的特点，如各种货物的征税没有差别，税率不合理、不科学；进口货税率低，没有根据经济发展和贸易形势的变化而调整，且出口税实际上高于进口税；协定关税的约束范围广泛，国境关税和内地税均被纳入协定的范畴；陆路贸易实行免税制度和片面的减税制度，与海关不统一；等等。这些特点是中国所独有的，"实为他国之所无"②，充分反映了近代中国关税自主权的丧失。由于协定关税特权的存在，中外之间形成了一种畸形的关税关系，即中国关税税率的制订不是以本国的经济发展水平和财政需求为依据，而是以西方各国的商业扩张要求为转移。在西方世界已步入工业化时代、资本主义经济飞速发展的情形下，尚处于封建经济之下的中国却被迫解除了关税保护，任由西方物美价廉的工业制造品大举倾销中国市场。中国不仅财政收入蒙受巨大损失，民族经济的发展亦举步维艰，只能充当西方资本主义国家的经济附庸。

片面最惠国待遇则突出体现了中外之间权利、义务关系的不平等。它使中国与列强处于不对等的位置，在给予列强优待时，自己却不能享有同等的待遇。除了它是片面的而非互惠的这一最基本的特质之外，它又是无条件的，在运用上没有必要的限制，并具有概括的和滥用的特质。由于这些特质，使西方列强都能借助于它"取得他国以巧取豪夺的方法劫自中国的一切特权"③，从而互相勾结，尽其所能地侵略、压榨中国。片面最惠国待遇条款也由此成为整个不平等条约体系中的重要环节。严格地说，片面最惠国待遇只限于经济事项，但列强往往将这一特权扩展到政治、司法领域。因此，在某种意义上，它又具有政治的性质。

在文化教育方面，列强用条约迫使中国接受它们的相关特权，主要包括传教和教育特权，损害了中国的文化主权。

用条约的形式强迫中国允许别国在自己国家传教，是违背国际法的。一

---

① ［英］莱特著、姚曾廙译：《中国关税沿革史》，第 36 页。
② 童蒙正：《关税论》，商务印书馆，1934 年，第 167 页。
③ ［美］泰勒·丹涅特著、姚曾廙译：《美国人在东亚——十九世纪美国对中国、日本和朝鲜政策的批判的研究》，第 96 页。

位法国律师指出，"国际公法承认，一个国家永远不能要求另一个国家同意在其国内给予任何一个教会——比如本国教会——好处和特惠；它无权要求另一个国家接受传播这种或那种信仰的传教士"①。通过条约强迫中国承诺允许西方传教士在华传教并予以保护的义务，"无异是割让了各国照例保留作为己有的那些国内立法方面的主权"②。各国支持传教士来华，虽主要目的在于从精神领域控制中国，但实际上已超出宗教信仰领域而别有所图。在近代，不少来华传教士除传教之外，还从各个方面为列强的侵略效力。宗教成了列强的侵略工具，"凡是教会势力所及的地方，帝国主义的经济势力，也逐渐浸入了，中国几乎在各处都有传教堂和教会学校的设立"③。由于传教特权的存在，更由于领事裁判权等特权的庇护，传教士和教民成了中国社会中的一个特殊阶层，造成了一种没有哪一个国家"愿意鼓励"的"国中之国"的现象④。基督教在中国的传播形成了大清帝国内部的"一种离心力量"，并且"给予传教士的权利又都被商人用作为要求中国进一步开放通商的根据"⑤。这一强权政治下的传教特权，激起了中国人民的反抗，加上其他各种因素，导致了层出不穷的教案。

列强在华教育特权，与传教权有异曲同工之妙，其目的也在于从精神领域控制中国。这一特权主要是为传教士攫取的，与传教权紧密相连。外国在华教育事业主要是教会学校，其目的并不是培养人才，而是以"基督教主义教育中国青年，俾皆被基督教之泽"⑥，将中国改造成基督教民族。作为列强的一项精神投资，外人在华开办学校，极大地损害了中国的教育主权，对青年一代造成了不良影响。

上述各种特权制度，是近代中外不平等条约关系中的常规性规则或制度的主要方面，列强在中国还享有其他种种特权，尤其是在经济领域，如鸦片

---

① ［法］卫青心著、黄庆华译：《法国对华传教政策》上卷，第215页。

② ［美］泰勒·丹涅特著、姚曾廙译：《美国人在东亚——十九世纪美国对中国、日本和朝鲜政策的批判的研究》，第477页。

③ 王纪元：《不平等条约史》，中国文化服务社，1936年，第27—28页。

④ ［英］赫德著、叶凤美译：《这些从秦国来——中国问题论集》，第131页。

⑤ ［美］泰勒·丹涅特著、姚曾廙译：《美国人在东亚——十九世纪美国对中国、日本和朝鲜政策的批判的研究》，第478、485页。

⑥ 舒新城：《中国近代教育史资料》下册，人民教育出版社，1961年，第1102页。

贸易、自雇引水特权，以及某些方面的片面国民待遇特权，等等。通过这些不平等的条约特权，中外之间形成了一种极不平等的畸形关系。此外，对中国领土的割让是赤裸裸地侵犯中国领土主权完整，强制赔款则掠夺了中国的大量财富，大大增加了中国人民的负担。这些都体现了西方列强弱肉强食的侵略本性。

由于西方列强所具有的近代特性，伴随着强权暴力而来的，还有资本主义的新事物。因此，在中外条约关系中，又具有居于次要地位的平等属性，其内容包括平等条约与平等条款。在中外条约关系中，某种程度上平等条约与条款反映了中国方面的要求，并非所有条款都是规定列强的片面特权的。此外，又如马克思所说，西方资产阶级"按照自己的面貌为自己创造出一个世界"[1]，在将不平等的条约关系强加给中国的同时，西方列强又将近代国际交往的方式带了进来，体现了近代交往的对等规则。

两次鸦片战争时期，中外之间尚没有出现整体性的平等条约，但从权利义务的角度来看，在各个不平等条约中，又存在复杂的情况。其中某些条款，在赋予对方权利的同时也规定了相应的义务，此类义务性质的条款是为了维护中方的利益，显然不属于不平等性质，在法律上应纳入平等条款的范畴。还有些条款对双方某项权利作了对等规定，这无疑也体现了平等性质的特征。

在清政府与各国签订的条约中均有维护中国利益而要求对方遵守某种义务的条款。如，中英《南京条约》及其附约、中美《望厦条约》、中法《黄埔条约》等各条约中，对禁止和预防外商走私，都作了较详细的规定，不准外商在五口之外的地方贸易，不准私自剥货过船，不准将已拆包的货物转运他口，不准串通华商偷税漏税，不准携带违禁货物，等等。特别是条约中有关缉私的条款，对维护中国利益至关重要。条约赋予了中国当局对走私偷漏的惩处权，或罚款，或没收，均有明确规定。同时，条约还规定了外国方面协助防私缉私的义务。英国学者莱特称其为"协定缉私法"。这种"协定缉私法"，是对领事裁判权所造成的恶果的一种弥补[2]，有利于建立条约体制下

---

① 《共产党宣言》，第 32 页。

② ［英］莱特著、姚曾廙译：《中国关税沿革史》，第 34 页。

的新的贸易法制，维护贸易秩序，在一定程度上维护了中方的利益。这类条款显然不能说是不平等的。两次鸦片战争时期的中外条约中亦有不少关于权利对等的内容。例如，关于清理和追偿民间债务，条约改变了鸦片战争前有损中方利益的不合理制度，规定双方均有追讨商人债务的义务，废除了代赔和保偿的旧例。另外，在引渡罪犯、清除海盗、学习语言文字、采买书籍等方面，条约在权利义务上均作了对等的规定。

在两次鸦片战争时期的中外不平等条约中，还有符合近代国际关系及其交往规则的条款。西方列强在实施强权政治，攫取种种特权的同时，也带来了某些与封建传统不同的近代文明。晚清中外条约反映了这一新的现象，或承诺尊重中国的领土主权，或对国家间的交往方式和规则亦作了规定。涉及此类内容的条款，既否定了传统对外体制下宗属有别的不对等规范，又引进了近代性质的国家关系准则、交往原则和制度。这些条款符合国家平等原则和国际惯例，与封建时代的世界帝国观念迥然有别，显然不宜纳入不平等的范畴。

就国家交往规则而言，在鸦片战争以前，西方国家便试图打破天朝体制，建立平等的国家关系。在新的条约关系中，列强达到了这一目的，以条约的形式确认了民族的平等，撤出了朝贡体系中互市国的行列。无疑，列强通过条约建立的所谓"平等"关系，不仅仅是否定清帝国的天朝上国地位，而且是以真正的不平等取代了宗藩体制的不对等。然而，其中所包含的平等交往方式，从近代国家关系和国际法的角度而言，显然无可非议。对中国而言，这是从传统国家向近代国家转型的开始，也是中国逐步以新的方式建立与世界的联系，融入国际社会的基本途径。中外条约对这一新的交往方式和规则作了规定，诸如公文和官员来往及礼仪，以及驻外外交机关的设置，等等。

关于公文和官员来往的规定在两次鸦片战争时期的中外条约中占有重要地位。如中英《南京条约》规定："英国住中国之总管大员，与大清大臣无论京内、京外者，有文书来往，用照会字样；英国属员，用申陈字样；大臣批复用札行字样；两国属员往来，必当平行照会。"第一次鸦片战争后各国与清政府签订的条约中均有类似的平移往来的规定。较之鸦片战争之前，此类规定显然是给外国官员以平等权利，虽不完善，但这些规定符合近代国家交往惯例，应被视为平等类条款。随后这一交往体制，又通过《天津条约》和其他条约，得以继续改进和完善。经过第二次鸦片战争，清政府和西方国家进而在条约中规定了常驻公使制度，中外之间由此建立了近代外交关系。《万国公法》称，"自主之国，若欲互相和好，即有权可遣使、受使，他国不得阻抑"；"依常例，各等使臣遇有机会，皆可朝君面议大事"①。且各国亦给予中国派驻官员的对等权利，这符合近代国际法的平等交往法则，也有利于中国破除封建的外交体制，融入近代国际社会。

出于天朝上国的宗藩意识，清政府起初不愿接受这类体现近代外交关系的条款，长时间采取抵触政策。例如，《天津条约》规定外国公使可以驻京。咸丰帝为此痛心疾首，认为这是"中国之害"，谕令将其"消弭"②。在他看来，"夷人驻京，则中国为外夷所监守，自古无此体制，万不可行"③。咸丰帝甚至不惜以全免关税作代价，试图借税则谈判，要求对方放弃，删去这一条款。这个所谓的"内定办法"，旨在维护宗藩体制下的闭关锁国政策，显然是一个有悖世界大势的荒唐办法。诚然，如清王朝君臣所担忧的，这一制度的建立为列强向中国提出进一步要求提供了便利，但这并非中国遭受侵略的根本原因。相反，作为国际社会的一分子，清政府应采取积极的态度应对形势的变化，接受先进的近代制度，融入世界之中，而不是将自己封裹起来与世隔绝。经过一次又一次的教训之后，清政府才逐渐认识到这一点，以往的陈腐观念也随之发生转变。

此外，还有其他种种规定，符合国际交往惯例，不宜纳入不平等范畴，如救助遇难船只、保护外国侨民人身财产安全，以及中立性质的条款等。还有些方面的条款亦无关平等问题。如条约中有不少关于货币、度量衡等技术标准方面的条款，这些问题的统一，有助于中外商贸往来的规范化，似不能以平等与否定性。又如一些约束外人在华活动的条款，在某种程度上反映了闭关时代的理念和惯性作法，并非给予对方某种特权，且未侵害中国主权，

---

① ［美］惠顿著、丁韪良译、何勤华点校：《万国公法》，第 78 页。
② 《廷寄》，咸丰九年二月二十五日，贾桢等纂修：《筹办夷务始末·咸丰朝》四，第 1333 页。
③ 《廷寄》，咸丰十年闰三月十八日，贾桢等纂修：《筹办夷务始末·咸丰朝》五，第 1877 页。

也不宜归入不平等范畴。

以上内容说明，以不平等为主体的中外条约关系，包含了近代性质的内容。其中有些尽管是西方列强强加给中国的，如使领制度，但它无疑是一种符合国际法的平等交往方式，有利于中国走向近代，融入国际社会。有些则是根据中方的要求，规定了对方的义务，从而在某种程度上保障了中国的权益，如禁止走私，等等。有些限制外人活动的条款，对中国而言，并非是不平等的。诸如此类，不一而足。总之，此类内容说明，在以不平等为主体的中外条约关系中，列强在一些问题上顾及了中国的利益，某种程度上体现了相互原则。不过，这些方面的内容在整体上居于附属地位，未能改变中外条约关系不平等的本质属性。

从法律的角度而言，条约属于国际法的范畴，具有国际法律的性质。然而，近代中外不平等条约所具有的国际法律性质不是正常的，而是畸形的和片面的，其内容背离主权和平等原则，将有悖于进步原则的种种规条纳入当中，属于为西方列强侵略扩张需要服务的"特殊国际法"。

在西方列强将不平等条约强加给中国时，便运用了"特殊国际法"理论。其核心在于将国际法限于所谓文明国家，即基督教世界，否定一般国际法中的主权原则在中国的适用性。签订《望厦条约》的顾盛在为其所攫取的条约特权辩解时曾鼓吹这一理论，近代西方国际法学家亦大肆宣扬这种说法。在法律效力问题上，西方国际法学家提出，属于"特殊国际法"范畴的两个或少数国家缔结的条约只对缔约国有拘束力，而不直接构成国际法的渊源，但"如果有许多这类条约作出相同或类似的规定，它们就有可能成为国际法原则、规则和制度"①。在他们看来，按照"特殊国际法"原则强迫中国签订的条约，并无不合理的地方，并且由于西方列强作为条约的另一方集合为"许多"，此类条约"有可能成为国际法原则、规则和制度"。

显然，用"特殊国际法"区别对待不同国家的观念是荒谬的。从国际法的本来意义上讲，"国际法只能是世界绝大多数国家一般承认遵行的共同国际法，理论和事实都是否定所谓特殊国际法的"。根据国际法的基本原则，"帝国主义

---

① 《国际法的渊源》，邓正来编：《王铁崖文选》，中国政法大学出版社，1993 年，第 173 页。

列强在亚洲侵略中国，攫取特权的方式，包括不平等条约下的特权、租借地、势力范围等。这些方式只是代表帝国主义、殖民主义的政策，根本不属于法律的范畴，从一般国际法原则的观点来看，是根本非法的"①。

总之，近代中外不平等条约，是不公正不合理的。这种有悖主权和平等原则的"特殊国际法"不是真正的国际法，而是列强在武力强权支撑之下形成的畸形法律。用"特殊国际法"理论论证近代中外条约的合理性恰恰反映了这些条约不平等的本质，反映了列强的强权政治。从现代国际法的观点来看，它是无效的，"不受国际法保障的"②。

---

① 周鲠生：《国际法》上册，第 6—8 页。
② 王铁崖主编：《国际法》，法律出版社，1981 年，第 188 页。

第七章 条约执行中的矛盾与冲突

五口通商的近 20 年间是条约关系引入中国并付诸实施的初始阶段。这一时期，条约因对中国主权的限制和损害而遭到中国方面的抵拒，条约关系与朝贡关系的并存亦引发了种种问题，再加上清统治集团对条约的认识有限，对国际形势懵懂无知，尚未形成遵守条约的观念，条约执行的条件尚不成熟，机构和人员尚不完备，外人亦常有违约之举，扩张之心，以及条约本身的一些缺陷，从而导致条约执行中，中外之间不断发生矛盾与冲突。其中最主要的是交往体制冲突、口岸范围冲突、经贸冲突等。

第一节 交往体制冲突

鸦片战争前的 80 年间，清政府实行广州一口通商制。对西方国家来说，这既是一种贸易制度，同时也是一种外交制度。根据这一制度，所有来华西人都由以两广总督和粤海关监督为首的广东当局负责管辖，并且只能通过清政府特许的行商与中国官员取得联系。广州也由此形成了一套与西方国家的交往体制。

第一次鸦片战争后，由于不平等条约的签订，清政府"已经无力把西洋各国纳入传统的宗藩模式"①，但仍想借助旧的广州制度来阻隔外人与清廷的交往，维护残缺的天朝体制。早在《南京条约》善后谈判时期，清廷趁英军南返之际，令伊里布携钦差大臣印，赴广州办理税饷及一切通商事宜。孰料，1843年3月，伊里布突然病逝。英国全权代表璞鼎查要求北上与两江总督耆英交涉。道光帝接报，立即任命耆英为办理夷务的钦差大臣，南下广州，继续谈判。中英《五口通商附粘善后条款》签字后，耆英返回南京，回任两江总督一职。

1844年初，美国全权大臣顾盛到达澳门，也扬言要亲赴北京递送国书。为阻止美使的这一行动，道光帝干脆把耆英调任为两广总督，并于1844年4月22日谕令："各省通商善后事宜，均交该督办理。着仍颁给钦差大臣关防，遇有办理各省海口通商文移事件，均着准其钤用，以昭慎重"②。此时，清政府并没有因为第一批条约的签订而彻底改变旧的传统观念，它仍把中西关系视为纯粹的商业关系。因此，所谓"通商事宜"也就包涵了同西方国家的一切事宜。两广总督兼钦差大臣名义上是处理五口通商事务，实际上是总理一切同西方国家的事务，因而学界称之为"广州外交体制"③。

广州外交体制从1844年一直延续到1859年，耆英、徐广缙、叶名琛、黄宗汉曾先后担任两广总督兼钦差大臣这一职务。对西方列强来说，在打破中国朝贡制度的坚冰以后，本希望实现与清政府的顺利交往，但他们不仅未能如愿以偿，且因为广州外交体制的存在而与中方不断发生新的冲突。

首先引发冲突的是广州入城问题。第一次鸦片战争期间，英军攻陷广州城北的炮台，逼迫清政府签订《广州和约》，并不断骚扰、劫掠广州附近的

---

① 王立诚：《中国近代外交制度史》，甘肃人民出版社，1991年，第48页。

② 《上谕》，道光二十四年三月初五，齐思和等整理：《筹办夷务始末·道光朝》六，第2816页。

③ 郭卫东：《两次鸦片战争期间中国外交体制的变迁》，《北京社会科学》2014年第2期。这一制度亦有人称之为"五口通商大臣体制"，如何新华的《夷夏之间：对1842—1856年清政府西方外交的研究》（暨南大学博士学位论文，2004年）、李晓峰的《第二次鸦片战争若干问题再研究——以"修约""换约"为中心》（山东师范大学硕士学位论文，2006年）等。

村庄，引起广州人民的强烈愤慨。1841 年 5 月爆发三元里人民抗英事件，痛击侵略者，受此鼓舞，广东民众更加坚决地抵制英人进城。《南京条约》签订后，1843 年璞鼎查照会耆英，提出入城之议，耆英称两国既然和好，"岂有城内城外之分"，但又以民风强悍拒绝其立刻进城的要求①。1845 年，新任英国公使德庇时再次提及此事，耆英又以"进城之说，并未载入条约"予以回绝②。此时，正值英国归还舟山之期，英方以推迟从舟山撤军相威胁，要求与清政府另订专条，为进入广州城索取条约依据。在这种情况下，耆英只好妥协。1846 年 4 月签订的《英军退还舟山条约》第一款规定："进粤城之议，中国大宪奉大皇帝谕旨，可以经久相安，方为妥善等因。此次地方官难管束粤城士民，故议定，一俟时形愈臻妥协，再准英人进城；然此一款，虽暂迟延，断不可废止矣。"③ 1847 年 4 月德庇时又以英人在佛山一带遭袭击为借口，出兵虎门，占领中方炮台，迫使耆英答应两年后，即 1849 年 4 月 6 日以后准许英人进入广州城。

1848 年 2 月徐广缙继任两广总督，在清廷的支持下，推行强硬外交政策，以"众怒难犯，独欲难成"拒绝英人入城④。徐广缙的强硬政策，使西方列强感到其条约特权无法保障，故开始尝试"撇开广州这个难以通融的五口通商大臣"⑤，另外开辟与朝廷交涉的途径。1850 年五六月间，英国公使文翰为抗议徐广缙对进城的阻挠，先后赴上海、天津投书，但被清廷饬以"速回广东，照旧贸易"⑥。叶名琛上任后，在入城问题上依然坚持强硬政策，英国始终未能如愿。

面对态度强硬、一面难见的叶名琛，1853—1856 年间，英、美、法各国公使利用修约交涉的机会，频繁地辗转于上海、厦门、天津等地，千方百计

---

① 《耆英说帖》，[日]佐佐木正哉编：《鸦片战争之研究（资料篇）》，沈云龙主编：《近代中国史料丛刊续编》第 95 辑第 941 号，第 245 页。

② 《两广总督耆英广东巡抚黄恩彤奏英人藉端求进省城现在察看办理折》，道光二十五年十二月十三日，齐思和等整理：《筹办夷务始末·道光朝》六，第 2946 页。

③ 《英军退还舟山条约》，道光二十六年三月九日，王铁崖编：《中外旧约章汇编》第 1 册，第 70 页。

④ 《徐广缙奏英使文翰照会来询进城一事当经驳斥折》，道光二十八年十月初二，齐思和等整理：《筹办夷务始末·道光朝》六，第 3150 页。

⑤ 王立诚：《中国近代外交制度史》，第 50 页。

⑥ 《廷寄二》，道光三十年五月初一，贾桢等纂修：《筹办夷务始末·咸丰朝》一，第 19 页。

试图打破广州外交体制的限制。在 1853—1854 年的独立修约阶段，美国公使马沙利和麦莲均在上海通过两江总督表达美国的修约意愿和要求。英国公使包令在广州受挫后，亦前往上海试探。在 1854 年下半年英、美、法的联合修约过程中，英、美公使以追缴上海小刀会起义期间两国商人的欠税和助剿太平军为诱饵，说服江苏巡抚吉尔杭阿奏请朝廷派钦差大臣来上海会议修约，此后，又北赴天津，希望直接同朝廷交涉。1856 年，美国公使伯驾的修约交涉亦主要在上海进行。

为突破广州外交体制对修约的阻碍，美国公使还充分利用投递国书的便利和时机。1844 年，美国全权大臣顾盛来华后，一再以呈递国书为由要求进京，在谈判期间又提出允许美国领事、公使与北京理藩院和礼部通信往来，或者将公文"投于内阁与军机大臣收传"[1]，均遭到耆英驳斥。为阻止美国公使进京，更为了避免今后出现类似的麻烦，耆英提出美国日后向中国朝廷递交国书，应由中国办理外国事务的钦差大臣，或两广、闽浙、两江总督等大臣，将原书代奏[2]。此议被美方接受并载入中美《望厦条约》第三十一款。不料，这一规定在修约时却成为美国打破广州外交体制的利器。1853—1856 年中，美国三任公使——马沙利、麦莲、伯驾均以此款为凭，赴上海、福州，趁呈递国书之机进行修约交涉。马沙利和麦莲得到两江总督怡良的接见，提出了修约要求。伯驾则受到闽浙总督王懿德的友好接待，并说服王将含有修约要求的国书呈递朝廷[3]。

清政府方面，年轻的咸丰皇帝利用广州外交体制极力拒各国于千里之遥，同时利用叶名琛的强硬性格粉碎各国的修约企图。他充分支持和信任叶名琛，认为叶名琛在粤多年，熟悉情况，定会"驾驭得宜"[4]。1853 年，美国公使马沙利赴上海交涉，咸丰接报后，谕两江总督怡良饬上海道开导马沙利，劝其速速回粤，听候钦差大臣查办。咸丰相信凭叶名琛的能耐，"自能

① 乔明顺：《中美关系第一页——1844 年〈望厦条约〉签订的前前后后》，第 137 页。
② 中美《五口贸易章程：海关税则》，道光二十四年五月十八日，王铁崖编：《中外旧约章汇编》第 1 册，第 56 页。
③ Te-kong Tong, *United States Diplomacy in China*, 1844—1860, p. 180.
④ 《廷寄》，咸丰四年五月二十八日，贾桢等纂修：《筹办夷务始末·咸丰朝》一，第 271 页。

设法晓谕，杜其妄念，不至别生枝节"①。而叶名琛的应对之策就是消极抵制，拒绝见面。1853 年 10 月间，马沙利由上海回到澳门，照会叶名琛，声称有"紧急之务"，"欲面报大人"②。叶名琛再次以军务繁忙为由予以推脱。麦莲与马沙利的遭遇类似，虽获怡良接见，并提出了详细的修约要求，但还是被打发回广东，听候叶名琛查办。

　　1854 年 8 月，咸丰接到两江总督怡良关于英、美、法三国公使要求修约的奏报，认为这是洋人借端要求的惯技，所言不过是虚词试探，仍着怡良令其回粤听候办理③。在江苏巡抚吉尔杭阿的劝说下，三国公使返回香港，继续与广州当局交涉，但再次受到冷遇，也因此有了后来的天津之行。在天津艰难交涉后，英、美两国公使呈上了修约清单，咸丰帝彻底明白了两国的要求，因此愤怒不已，只允许对民夷争讼、减免上海欠税及广东茶税三项查明酌办，其他"概行指驳"。咸丰令崇纶等人"据理晓谕，一面允其代奏；一面饬令回粤"，"总以饬回广东，方为妥善"。咸丰还特意交代崇纶等人掷还英、美公使所递清单，以个人名义回复他们，不让他们知道"此意业已上达"，让他们回广州听候钦差大臣叶名琛办理，并随即将天津交涉情形告知叶名琛，嘱其"随时体察动静，设法驾驭"④。这实际上还是用广州外交体制来约束和抵制各国的修约行动。

　　1856 年 8 月初，闽浙总督王懿德陈奏美国公使伯驾递送国书一事，咸丰帝对此大为恼火，指责王懿德的做法失当，令王懿德将国书发还，设法开导，仍饬伯驾回广东，同时，令叶名琛相机交涉，"能坚执定议无所更改，固为妥善，即必不得已，亦只可择其无碍大局者，酌量变通一二条"，"不可过于峻拒，激成事端"⑤。在上海，伯驾亦被劝说回广东。但伯驾表示："若令仍赴广东与叶大人会议，则头可断而不能前去。"⑥ 两广总督兼钦差大臣办

---

① 《廷寄二》，咸丰四年七月二十八日，贾桢等纂修：《筹办夷务始末·咸丰朝》一，第 223—224 页。
② 《美使马沙利致两广总督叶名琛照会》，咸丰三年十月二十三日，台北"中研院"近代史研究所编印：《中美关系史料（嘉庆、道光、咸丰朝）》，第 140 页。
③ 《廷寄》，咸丰四年七月十五日，贾桢等纂修：《筹办夷务始末·咸丰朝》一，第 293 页。
④ 《廷寄》，咸丰四年九月十五日，贾桢等纂修：《筹办夷务始末·咸丰朝》一，第 342 页。
⑤ 《廷寄》《廷寄二》，咸丰六年七月初六日，贾桢等纂修：《筹办夷务始末·咸丰朝》二，第 469—470 页。
⑥ 《怡良等奏美使坚称欲赴津设法阻止折》，咸丰六年七月十三日，贾桢等纂修：《筹办夷务始末·咸丰朝》二，第 481 页。

理外交的职能已经形同虚设，各国公使已不再信任叶名琛，也不接受广州外交体制。而清廷依然执着地维护着这一体制。在伯驾扬言北上天津后，咸丰帝谕令怡良，若伯驾再纠缠，可置之不理，并通知直隶总督桂良、山东巡抚崇恩，饬令各海口地方文武官员悉心筹备，严密防范，如果伯驾驶抵天津，不许沿海居民和商船、渔船与其交易，禁止奸民接济食物；若其投递文书，不必派大员接见，令其"照例往请两广总督具奏"①。

清廷在维护广州外交体制的同时，并没有赋予两广总督兼钦差大臣修约的权力，而只不过是利用这一体制来阻止修约。1854 年 8 月，英国公使包令和美国公使麦莲分别派麦华陀和伯驾打探，弄清楚叶名琛有没有商定新约的权力。叶名琛派人交给他们一封信，声称仅有对现行条约作不重要修正的权利；而对于有重大变动的谈判，他没有奉到上谕，不能擅自进行②。叶名琛这番话并非推脱之词，在中国的封建统治下，"人臣无外交"，没有皇帝的命令，叶名琛根本没有对条约进行修订的权力，更不要说签订新约。

一方不愿在广州交涉，一方坚持只能在广州交涉，广州外交体制已陷于全面困顿。伯驾修约的失败意味着西方列强最终没能以和平方式打破广州外交体制，但清政府执意维护和坚守这一体制也使中外双方逐渐失去了对话的平台和机会。在这一过程中，英国进一步坚定了武力侵华的政策倾向。最终，广州外交体制在第二次鸦片战争的炮火中彻底走向崩溃。

第二节　口岸范围冲突

通商口岸是中外贸易的窗口，也是西方列强实施对华侵略的通道与据点。自第一次鸦片战争以后半个世纪的时间里，强迫中国开辟通商口岸成为中外条约交涉的重要内容，"几乎中西方之间每签订一个重要的条约，中国

---

① 《廷寄》《廷寄二》《廷寄三》，咸丰六年七月十三日，贾桢等纂修：《筹办夷务始末·咸丰朝》二，第482—484 页。
② ［美］马士著、张汇文等译：《中华帝国对外关系史》第 1 卷，第 741 页。

方面都要被迫开放若干口岸以供通商"①。在国际交往中，开口通商本是正常而有益的举措，但是由于近代中国的通商口岸是列强以不平等条约强制开放的，口岸成为了不平等条约束缚下的特殊区域。根据第一批不平等条约，在通商口岸，西方列强享有大量特权：各有约国可以设立领事，管理商务和侨民，行使领事裁判权；外商船只可以任意往来，外商可以与任何人自由贸易，可以租地建屋、任便居住，可以开设洋行、挂牌营业；外国进口的洋货，不仅可以在本口岸任意销售，在未拆动抽换的情况下，还可将原包原货转运其他通商口岸售卖，无需重纳税课，即享有洋货复进口的免税特权；等等。条约口岸的这种特殊性使其地理范围成为一种关系到外人在华特权适用空间的国际地域，因而口岸的范围问题也常常引发中外冲突。

鸦片战争后的第一批不平等条约在向各国开放五口的同时，并未明确通商口岸的界限和范围，而只涉及外商在条约口岸的活动范围：

1843年中英《五口通商附粘善后条款》第六款载："广州等五港口英商或常川居住，或不时来往，均不可妄到乡间任意游行，更不可远入内地贸易，中华地方官应与英国管事官各就地方民情地势，议定界址，不许逾越，以期永久彼此相安。凡系水手及船上人等，俟管事官与地方官先行立定禁约之后，方准上岸。倘有英人违背此条禁约，擅到内地远游者，不论系何品级，即听该地方民人捉拿，交英国管事官依情处罪，但该民人等不得擅自殴打伤害，致伤和好。"②

1844年中美《望厦条约》第十七款载："合众国人泊船寄居处所，商民、水手人等止准在近地行走，不准远赴内地乡村，任意闲游，尤不得赴市镇私行贸易；应由五港口地方官，各就民情地势，与领事官议定界址，不许逾越，以期永久彼此相安。"③

同年签订的中法《黄埔条约》第二十三款载："凡佛兰西人在五口地方

① 杨天宏：《口岸开放与社会变迁——近代中国自开商埠研究》，中华书局，2002年，第25页。

② 中英《五口通商附粘善后条款》，道光二十三年八月十五日，王铁崖编：《中外旧约章汇编》第1册，第35页。

③ 中美《五口贸易章程：海关税则》，道光二十四年五月十八日，王铁崖编：《中外旧约章汇编》第1册，第54页。

居住或往来经游，听凭在附近处所散步，其日中动作一如内地民人无异，但不得越领事官与地方官议定界址，以为营谋之事。至商船停泊，该水手人等亦不得越界游行。如时当登岸，须遵约束规条；所有应行规条，领事官议定照会地方官查照，以防该水手与内地民人滋事争端。佛兰西无论何人，如有犯此例禁，或越界，或远入内地，听凭中国官查拿……"①

以上条款将外人活动的区域限定在口岸，禁止其进入内地、乡间，但口岸与内地、乡间的界限并不明确。从三国条约来看，本意应由各国领事与中国地方官议定界址，但事后各通商口岸并未真正执行。仅上海道台与英国驻沪领事曾在协商开埠事宜时涉及这一内容，议定："外人行走之地，以一日往还，不得在外过夜"。这种规定并非在空间上明确订立口岸边界，而只是以时间来限定外人的活动范围。由于个体走路的速度不同，或者交通工具存在差异，一日往返的距离也就有远有近。这就使口岸的范围具有不确定性。正因如此，才导致了中外之间的冲突，其中 1848 年青浦教案是五口通商时期有关口岸范围界限的典型案例。

1848 年 3 月 8 日，英国传教士麦都思、雒维林、慕维廉 3 人乘船至江苏青浦县，散发布道的小册子，当时恰有一批漕船停泊此处，船上水手在围观中与麦都思等发生冲突，致使 3 人受了轻伤。青浦知县闻讯后，立即派人将 3 人救出，并备轿将其送回上海。

此案发生后，英国驻沪领事阿礼国蛮横要求苏松太道咸龄交出 10 个带头打人者，并对受伤的英国传教士给予赔偿。咸龄写信慰问麦都思等人，同时表示他认为 3 位传教士前往青浦不符合《五口通商善后附粘条款》的规定②。在随后给两江总督李星沅的禀文中，咸龄亦称"二月初四日，英夷麦都思等三名，违约至青浦县地方散书"③。

然而，麦都思等人在提交给领事的供述中，却认为自己没有违约。据他

<hr />

① 中法《五口贸易章程：海关税则》，道光二十四年九月十三日，王铁崖编：《中外旧约章汇编》第 1 册，第 62 页。

② "Heen, the Taoutae, to Mr. Medhurst," Ian Nish ed., *British Documents on Foreign Affairs: Reports and Papers from the Foreign Office Confidential Print*, Part I, Series E Asia, Vol. 16, p. 305.

③ 《李星沅等奏英人麦都思等违约至青浦与舵水争殴英副领事来省控诉折》，道光二十八年三月初五日，齐思和等整理：《筹办夷务始末·道光朝》六，第 3131 页。

们所言，青浦与上海相距 96 里，他们以前已去过几次，在规定的 24 小时可以往返的距离之内①。阿礼国对 3 名传教士给予支持和庇护，认为他们没有违反任何规定，他们早上离开上海，当天晚上 10 点就返回了，他们拥有完全的不容置疑的权利前往青浦或其他相似距离的地方②。阿礼国还将咸龄的信退回，警告他中国皇帝已通过条约放弃了所有对英国臣民的管辖权，所以如果麦都思等人违反了口岸管理规章或条约的任何条款，在旅行中超出了中国与英国领事达成的限定范围，他们应该对英国领事而不是上海道台有说明的义务。同时，他以中英《南京条约》第一款为据，责备清政府没有尽到保护英国臣民的义务。他说，"对英国臣民缺乏保护，是由于没有诚信还是由于软弱无能，结果都是一样的，没有哪个政府能以不能控制自己的臣民为借口，要求免除条约义务，而同时又要求盟国遵守这个条约的任何条款"③。

为了给中方施加压力，阿礼国贴出布告，声明在未获得满意的结果以前，英国商船停止交纳关税，后来，又以军舰要挟所有海运漕船不准移动，否则将对其开炮。英国副领事罗伯逊则受命前往南京向两江总督李星沅递交照会。在英方的胁迫下，李星沅先后派署理江苏按察使倪良耀、候补道员吴健彰和江苏布政使傅绳勋赴上海查办，最终 10 名漕船水手受到责罚，并赔偿传教士 300 银两，为首的王名付处以流放，苏松太道咸龄亦被革职。

此案虽以中国地方官的妥协而告终，但并不能证明 3 名传教士去青浦符合条约的规定，相反中方坚信他们违反了条约，英方自己亦怀疑其逾越了口岸界限。两广总督兼钦差大臣耆英、两江总督李星沅、江苏巡抚陆建瀛在给朝廷的结案报告中，奏称"青浦县离上海九十里，来回一百八十里，穷日之力，断难往返，该夷违约远行，地方官公事繁多，安能照料周

---

①　"Declaration of Missionaries Deposing to the Circumstances of the Attack Made upon Them near Tsingpoo，" Ian Nish ed.，*British Documents on Foreign Affairs：Reports and Papers from the Foreign Office Confidential Print*，Part I，Series E Asia，Vol. 16，p. 302.

②　"Consul Alcock to Taoutae，" Ian Nish ed.，*British Documents on Foreign Affairs：Reports and Papers from the Foreign Office Confidential Print*，Part I，Series E Asia，Vol. 16，p. 306.

③　"Consul Alcock to Taoutae"，Ian Nish ed.，*British Documents on Foreign Affairs：Reports and Papers from the Foreign Office Confidential Print*，Part I，Series E Asia，Vol. 16，p. 307.

遍？应遵旨豫为劝谕，以免再滋衅端。"① 1848 年 3 月 29 日，英国公使文翰在给首相巴麦尊的信函中亦写道："阿礼国先生似乎相信教士们前往宁波没有超出限定范围，但从所附的草图上，子爵先生将会发现这个地方位于上海和大城市苏州府之间，离上海有 96 里或 30 英里，所以我确实怀疑是否曾打算让英国臣民到此处旅游，限定他们可以得到尊敬的领事的允许离开的时间，最初意图仅仅是让他们在离口岸或居住地的适当的距离中可以享受运动和娱乐。抱着这种观念，我考虑是否可以指示领事们与中国政府联合，力图明确允许娱乐和运动的空间或边界范围，而不是现在的时间，这将可能避免误解和滥用。"②

青浦教案后，为防止类似事件的发生，两江总督李星沅行文新上任的两广总督兼钦差大臣徐广缙，请其照会各国公使，并通行各口领事，"嗣后各国人在上海游行，总以早出晚归，不准在外过夜为断"，领事有事需要向省垣大宪申诉，"可备具伸陈，封送地方官递送，听候核办，切勿亲赴省垣投递，致骇观听，而免不虞"③。

徐广缙将此事告知美国副使伯驾，并请其转饬美国驻上海领事遵照办理。不料，伯驾趁此机会向徐广缙提出，在华美国商民与英国人一样，"出外游行，亦准其尽一日可以往返程途为断"，但是遇到紧急事件，需要速赴其他口岸，而风势不便行船，必须允许他们行走陆路，由美国领事等官员照知中国地方官，"酌量给予牌照，以便启行"，此"不在一日往返之例"④。

自从上海地方官与英国领事议定，允许各国人在一日往返的范围内游玩之后，各口纷纷效尤，以致事端频发，徐广缙本不欲推广实行，但伯驾提出此议，也没有办法，只好同意"循照办理"。至于由陆路前往其他口岸，徐

① 《耆英等奏麦都思案已拟结并申明洋人控诉应由总理五口大臣受理折》，道光二十八年四月二十日，齐思和等整理：《筹办夷务始末·道光朝》六，第 3141 页。

② "Mr. Bonham to Viscount Palmerston," Ian Nish ed., *British Documents on Foreign Affairs: Reports and Papers from the Foreign Office Confidential Print*, Part I, Series E Asia, Vol. 16, pp. 325—326.

③ 《钦差大臣徐广缙致美副使伯驾照会》，道光二十八年四月初二日，台北"中研院"近代史研究所编印：《中美关系史料（嘉庆、道光、咸丰朝）》，第 113 页。

④ 《美副使伯驾致钦差大臣徐广缙照会》，道光二十八年四月二十三日，台北"中研院"近代史研究所编印：《中美关系史料（嘉庆、道光、咸丰朝）》，第 115 页。

广缙坚决不准，他表示，"中国向无此例，外国人在中国亦向无此事，按照条约，尚不得远赴内地乡村市镇，何况由内地赴别口"。为了说服伯驾，他以上海和广州为例，向其说明两地走水路更为便捷，走陆路费时长，且不安全，遇有事端，地方官难以照料①。

伯驾却提出，中国已有从陆路前往别口的先例，英国驻宁波前领事病重，当地没有医生，派人到上海请医生，领取牌照从上海经陆路赶到宁波，"已有成案，则亦非窒碍难行"。至于费时的问题，伯驾认为，上海、宁波、福州、厦门，邻近口岸之间距离较短，从陆路两三天就可以到，若走海路逆风而行反而费时 10 倍以上，他要求，允许外人在必要的时候从陆路往来于以上四口邻近口岸，给发牌照，并规定"领牌之人，不得逗留及绕道，务须按照急站速行"②。

徐广缙回复说，外人出游，"以尽一日往返程途为断"，是英国人提出，并与地方官定议的，美国一定要仿行的话，以后发生事端，不得归咎于他；至于由陆路前往别口，即使宁波有这样的事，也是浙江官员办理错误，作为总理五口事务大臣，他在广东实行的章程，"各口可以依照办理"，但别口没有经过他批准而"一时权宜之事"，"概难援以为词"③。伯驾由陆路在通商口岸间往来的企图没有得逞，但为美国侨民获得并明确了在一日可以往返的范围内游历的特权。此后，外人非法闯入内地的事件仍时有发生。

1858 年中英《天津条约》谈判时，清政府被迫开放内地，英人拥有了赴中国内地游历、通商的特权，各有约国一体均沾。但外人在内地和口岸的特权依然不同，在内地，外人不能设栈，不能久居，不能建房，更重要的是，外商货物一旦进入内地地界，无论远近，都必须缴纳内地税，其纳税方式或者是缴纳一次性的子口半税，或者与华商一样，逢关纳税、遇卡抽厘。例如，在上海进口的一船货物，缴纳关税之后，即使在上海的仓库放上半年，

---

① 《钦差大臣徐广缙致美副使伯驾照会》，道光二十八年四月二十八日，台北"中研院"近代史研究所编印：《中美关系史料（嘉庆、道光、咸丰朝）》，第 115 页。

② 《美副使伯驾致钦差大臣徐广缙照会》，道光二十八年五月初八日，台北"中研院"近代史研究所编印：《中美关系史料（嘉庆、道光、咸丰朝）》，第 116 页。

③ 《钦差大臣徐广缙致美副使伯驾照会》，道光二十八年五月十二日，台北"中研院"近代史研究所编印：《中美关系史料（嘉庆、道光、咸丰朝）》，第 117 页。

然后运往长江的九江或其他任何条约口岸，都不需要再付任何额外的税收，但如果它被运入离上海不到 50 里的内地，则必须征收内地税①。显然，口岸界限依然涉及外人的特权范围。

然而，中英《天津条约》在开放口岸的条款中，却出现了文本差异，中文本的措词是"府城口"，英文本的措词是"口岸和城市"（ports and cities），且没有对口岸的定义和范围作出明确界定。条约中开放内地的条款也仅规定："英国民人准听持照前往内地各处游历、通商……如通商各口有出外游玩者，地在百里，期在三五日内，毋庸请照。惟水手、船上人等不在此列，应由地方官会同领事官另定章程，妥为弹压。""地在百里，期在三五日内"实际上也是一个模糊的概念，口岸的范围界限依然不明确。其他各国条约更是对此只字未提。由于利益冲突，"外国人对这名词自然从宽解释，中国人则从严解释"②，双方的纷争依然没有结束。第二次鸦片战争后不久，英国以条约为恃，要求将口岸扩大到附近的城市，在潮州和九江先后发生了英人强行进城的事件。

从法律上来说，英国和其他列强企图扩大口岸范围的作法是不符合国际法则的。虽然开埠通商在近代国际交往中是普遍现象，但中国的条约口岸与西方国家的通商口岸不同，后者是在主权平等的情况下，本着互利的原则开放的，中国的条约口岸则是在炮火中在列强的逼迫下开放的，口岸的外国侨民不受中国政府的管辖，而受领事裁判权的保护，因此，从本质上说，口岸范围愈大，对中国的侵略就愈深，危害也愈大。近代以来西方国际法学界一致公认，"善意"是解释国际条约的根本原则，对于那些不平等的单方面承担义务的条约更应该本着"善意"的观念，采取最狭义的解释③。同样，19世纪西方对条约进行文法解释的规则之一是"确定模糊或两可的词语的意义，应使其与相同的缔约各方之间所缔结的同一行为或其他行为中所使用的明白无疑的词语相一致"④。中英《天津条约》在增开口岸的条款中，前后都

---

① Hallett Abend, *Treaty Ports*, New York, 1944, p. 127.
② ［美］威罗贝著、王绍坊译：《外人在华特权与利益》，第 449 页。
③ 李浩培：《条约法概论》，法律出版社，1987 年，第 407 页。
④ 李浩培：《条约法概论》，第 409 页。

指明与原来《南京条约》开放的通商五口无异，而且整个中英《天津条约》除开放口岸的第十一款外，所有其他涉及口岸的条款都是用的"各口"字样。这足以证明条约口岸并不包括附近的城市。

当时的清政府并不了解这些国际法则，也没有从法律的高度对英国及其他列强扩张口岸的要求予以辩驳，但出于保证厘金收入、防止列强扩大在华特权、扩展租界制度的考虑，清政府在第二次鸦片战争后涉及口岸的争端中一直抵制列强扩大口岸范围的做法，这在一定程度上有维护国家主权的积极意义。在后来的条约交涉与谈判中，以英国为首的西方国家亦曾提出口岸划界问题，然而，清政府均采用了消极回避的态度。结果，口岸概念及其范围一直没有澄清，中外口岸纠纷因缺乏明确的法理依据也始终未能消除。

第三节　经贸冲突

不平等条约的签订为西方列强打开了中国的大门，大大便利了西方各国的对华贸易，但在条约执行的过程中，围绕商业活动的开展及其他相关问题，中外之间也产生了各种复杂而尖锐的矛盾冲突。其中最为突出的是贸易垄断冲突、商欠冲突、香港与内地的贸易制度冲突。

一、贸易垄断冲突

五口通商时期，行商制度被废除，外商获得了在华自由贸易的权利，但中外之间关于贸易垄断的冲突仍时有发生，特别是英国驻华官员经常打着维护条约、抵制公行复活的幌子，干涉中国出口土货在国内的税收。

中外贸易垄断冲突在生丝、茶叶、肉桂贸易中较为显著。生丝一向是中国出口的主要商品之一。鸦片战争前夕的 19 世纪 30 年代末，中国生丝的出口仅次于茶叶，五口通商时期，生丝仍是西方来华商人搜求的主要对象。战后的十余年间，中国生丝出口量呈不断上升之势。1845—1852 年，中国平均每年出口生丝 21137 包，1853—1857 年，年平均出口量上升到 59782 包[①]。当时，广东和江浙是中国出口生丝的两大产区，其中江浙产区出口的生丝最多。江浙的生丝称为"南京丝"，尤以浙江湖州、南浔的生丝最为著名。

鸦片战争前，江浙生丝必须由内地运往广州出口，途经浙江的北新关、江西的赣关、广东的太平关，由三关征收常税。五口通商以后，江浙生丝出口路线转向邻近的上海，原内地三关税收锐减，无法按定额上解。丝货贸易改道对税收的影响早在清政府的预料之中。中英《五口通商章程：海关税则》议定不久，1843 年 7 月 24 日，耆英就向朝廷提出了这一问题，并奏请："嗣后凡内地客商，贩运湖丝前赴福州、厦门、宁波、上海四口与西洋各国交易者，均查明赴粤路程，少过一关，即在卸货关口补纳一关税数，再准贸易。"[②] 为弥补税收缺额，清廷批准了这一方案。

清政府的补纳丝税政策遭到了英国方面的反对。英国领事巴富尔认为，这一措施将使丝价增昂[③]，上海的丝出口将被迫在条约规定的出口税以外以这种方式交纳约 5% 的税[④]。他要求苏松太道宫慕久引见江苏巡抚，请其向朝廷奏请取消对生丝过境税的补征。宫慕久的回答是"定章难以更改"。巴富尔遂"无辞而退"[⑤]。但这并不代表巴富尔已经接受了清政府的丝税政策。他之所以不再追问是因为他反对的主要目标并不是生丝过境税的征收，而是设立领有执照的商人管理税收的制度。当时，根据朝廷的规定，丝货集中出口的上海，由江海关代向商人征收原经三关应纳的常税。江海关为完成这一任务，把征收工作包给了一些丝商，并颁给执照。在英国领事和商人眼里，这一举措只不过是公行制度的另一种形式而已，他们担心公行式的垄断又在上海复活，因为自上海开关以来，已有许多广州商人转

---

① 严中平主编：《中国近代经济史（1840—1894）》下册，人民出版社，1989 年，第 1190 页。

② 《耆英等又奏通筹沿海五关收税并解支禁革各事宜折》，道光二十三年七月十六日，齐思和等整理：《筹办夷务始末·道光朝》五，第 2679 页。

③ 《孙善宝奏办理上海开市情形折》，道光二十三年十一月初九日，齐思和等整理：《筹办夷务始末·道光朝》五，第 2786 页。

④ John King Fairbank, *Trade and Diplomacy on the China Coast：The Opening of the Treaty Ports，1842—1854*，Stanford University Press，1969，p. 301.

⑤ 《孙善宝奏办理上海开市情形折》，道光二十三年十一月初九日，齐思和等整理：《筹办夷务始末·道光朝》五，第 2786 页。

居上海，活跃于上海商界。巴富尔指责上海当局违背条约，企图扩大旧的广州公行制度。他致函苏松太道宫慕久，指出一个商人阶层能够插手其他人的事务是不恰当的，并且这些持有执照的商人开始向其他人收取一定比例的酬金，他们的强大已允许他们走私①。在巴富尔的反对下，宫慕久为避免纷争，答应撤消丝商执照，另设收税官员开征丝税。在这种情况下，巴富尔无法再指责中方违约，而对内地税的补征，完全是中国自主之事，他本来就无权过问，自然只有"无辞而退"。

广东茶用银的征缴则造成了茶叶贸易的垄断问题冲突。第一次鸦片战争后，茶叶仍是中国对英贸易最主要的商品，尽管在 1843 年出口英国的华茶曾一度下降到 17727750 磅，但 1844 年以后很快恢复，并直线上升，1853 年后年出口量都在 1 亿磅以上②。虽然此时英国对华贸易的主要目的并不在于获得茶叶，但也不得不看重此项贸易带来的巨额利润及其在提高中国购买力方面的作用。因而，中国政府茶叶贸易政策的变动受到英国方面的高度关注。双方关于茶叶贸易垄断问题的冲突也特别地突出和尖锐。

根据《南京条约》规定，旧的公行组织予以废除，英商可以自由与人贸易。公行废除以后，行商作为独立的自由商人依然存在，并投入新的贸易制度之中。但是历史的遗留问题使他们承受着巨大的债务压力。第一次鸦片战争前，行商已积欠了外商尤其是英商巨额债务，《南京条约》中清政府答应以洋银 300 万元将商欠"官为偿还"③。但"官为偿还"只是名义上的，实际上钱主要仍是由行商们摊付。《南京条约》签订后，1842 年 10 月 17 日，道光帝同时指令钦差大臣伊里布和广东督抚及粤海关，"严催各商，将所欠该夷银两，务于明年五月内备齐，无误六月交兑之期"④。

除了筹措商欠外，鸦片战争过后的行商还面临着偿还巨额公款的压力。据日本学者佐佐木正哉整理的一则文献记载，当时行商所欠公款的项

---

① John King Fairbank, *Trade and Diplomacy on the China Coast: The Opening of the Treaty Ports*, 1842—1854, pp. 301—302.

② ［美］马士著、张汇文等译：《中华帝国对外关系史》第 1 卷，第 400 页附表。

③ 中英《江宁条约》，道光二十二年七月二十四日，王铁崖编：《中外旧约章汇编》第 1 册，第 31 页。

④ 中国第一历史档案馆编：《鸦片战争档案史料》第 6 册，第 318 页。

目是：道光二十一年（1841）四月认借库款银 400 万两，实际还银 180 万两，尚欠 220 万两；回疆军需银 60 万两，已交 12 万两，还欠 48 万两；未完参价银 37 万两，另平部费等银 3 万余两；万源商行欠缴公项 31 万余两，另平部费等银 2 万余两；各行未完放关分头银 10 余万两。以上各项银两共计 350 余万两[①]。

鸦片战争以前，行商清偿所欠公款一般都是由行用缴付。所谓行用是专门针对行商征收的一种税费，但在实际贸易当中，此项税费已转嫁到外商身上，成为一种海关附加税。1843 年中英《五口通商章程：海关税则》规定废除一切海关规费，进出口货物仅纳正税。行用作为规费之一也在废止之列。行用取消以后，广州的旧行商们一方面不得不在朝廷的催逼下筹措商欠银两，另一方面则忧心于巨额的公款欠债。待商欠清偿完毕，他们联名上禀督抚，要求减免公款，称："现在议立新章，洋行裁撤，夷商买卖，既已悉听其便，而行用一款，从此俱裁，公项虚悬，凭何摊缴？眠思梦想，寝食难安。况商等现因欠交英国四五六限商欠银一百五十万元，另米利坚等欠一十余万元，均系商等各自张罗，变产毁家，筋疲力竭。当此失业无措之下，势肩此艰巨之投，若不再将未完公项，仰乞恩施，即粉骨碎身，于事终归无济。"[②] 广东政府的直觉是，行商想借公行撤销一事赖账不还，所以不仅没有准允，反而对其进行了严厉批评。后来行商又试图请美国领事福士出面求情，更是惹火了广东当局，当即命令对行商"勒限严追，勿任逞刁抗延可也"。[③] 但是，行商当时确实身陷困境，公行和行用被裁撤，又刚刚摊付了商欠，所欠公款无法偿还。虽然官府不肯通融，但最后还是逾期拖欠。

1849 年底，旧行商伍怡和、卢广利等向两广总督徐广缙奏请设立茶栈，对负责出口的茶栈征收"茶用银"，以此税银来清偿对国库的欠款。这一建议被徐广缙采纳。1850 年 6 月，南海与番禺地方官贴出布告，正式

---

① 《旧行商等禀及总督批》，[日] 佐佐木正哉编：《鸦片战争之研究（资料篇）》，沈云龙主编：《近代中国史料丛刊续编》第 95 辑第 941 号，第 309 页。

② 《旧行商等禀及总督批》，[日] 佐佐木正哉编：《鸦片战争之研究（资料篇）》，沈云龙主编：《近代中国史料丛刊续编》第 95 辑第 941 号，第 309 页。

③ 郭卫东：《转折：以早期中英关系和〈南京条约〉为考察中心》，第 333 页。

宣布设立茶栈，对茶栈商号颁发执照，同时颁布设立茶栈章程，明确规定：每担茶叶扣银 2 钱以弥补对国库的亏欠，并且"指定由与购买茶叶之外商进行交易之商贩负责缴纳，该商贩应于茶叶过秤及交货之日立即将此项扣银送交茶栈，转送旧行商公所，由该公所汇解国库，以重库收"。章程还要求所有茶商收购和出售茶叶均须通过茶栈，与外商交易的商贩亦须取得官办茶栈的证件才准购买①。

　　这一告示的颁布立即引来了英方的反对。1850 年 7 月底 8 月初，文翰连续致函徐广缙，反对出口茶叶每担抽收 2 钱税银，指出以前的茶叶授权费（即代理费）已经由每百斤 5 钱降低到 3 钱，所以现在 2 钱的代理费无疑是新设置的，这将会抬高茶叶的价格；同时指责广东当局将以前的公行商人置于新的执照制度的控制之下是对垄断的回归，违反条约。他表示，如果徐广缙担心出现猖狂的走私，英国领事愿意商议防私措施。徐广缙回复说，以前公行为从国家获得对外贸易专利权曾经支付巨额税款，茶叶一直是每百斤抽税 5 钱，公行废除以后，原来由它支付的税费也要更新，现在每百斤茶叶 2 钱的税费就是指定用于补偿这笔税收损失的，而不是实行新的茶叶代理所增加的，而且即使以前的茶叶代理费降低到每百斤 3 钱，另外新增 2 钱的代理费也没有超过旧的每百斤 5 钱的标准。新的代理费将不会影响茶叶的价格，茶叶价格是受供需关系支配的。徐广缙还强调，对茶叶的征税，无论如何属于国内事务，文翰不应过问。至于防私缉私之事，英国商人也许是正直的，但华商却有人从事走私，对他们的走私行为，只有他一个人可以处理，不需要与英国领事协商防卫措施②。在交涉无果的情况下，8 月 19 日，文翰向徐广缙发出威胁，表示如果他不撤消新的 2 钱的茶叶代理费和新的茶叶执照制度，将追究徐广缙个人的责任。徐广缙的态度也很坚决，他认为新的茶叶代理费并没有抬高茶叶价格，章程实施以来，茶叶价格事实上不是升高而是降低了，而且新的执照制度也没有任何与公行相似的地方，决不违反条约，它

　　① 姚贤镐编：《中国近代对外贸易史资料（1840—1895）》第 1 册，第 538 页。

　　② J. Y. Wong, *Anglo-Chinese Relations 1839—1860*：A Calendar of Chinese Documents in the British Foreign Office Record，*pp.* 208—209.

是中国商人自己创立的新办法，他本人不能负责①。尽管英方对增加的 2 钱茶叶税耿耿于怀，并担心废除的公行组织死灰复燃，但也不得不承认，对茶叶的征税是中国的国内事务，是中国政府的主权，而且广东当局虽然对茶栈实行执照制度，并要求茶商必须受茶栈管理，但并没有限制任何人不准从事茶叶贸易，与以前的公行制度还是有区别的。因此，对广东当局的做法，英方也无可奈何。

1850 年底，文翰终于找到了新的借口向徐广缙发难，他致函徐广缙，声称得到消息，除了有争论的 2 钱的茶叶代理费外，广州还在茶叶贸易上征收其他费用，包括 2 钱的执照费、0.5 钱的登记费、0.5 钱的经纪人费；并且新从事茶叶贸易的中国商人也被要求在以前的公行商人中寻找担保人，所有这些严重违反了条约。徐广缙答复，文翰的消息并不可靠，他显然受不诚实的中国商人的影响，新的执照制度的创立就是为了对付他们，在茶叶上征收的任何费用，其总额不会超过传统的 5 钱，所以对茶叶收费的抱怨不能成立②。

文翰将茶叶税一事报告英国政府，与此同时，英国国内商界亦对此事予以高度关注。1850 年，曼彻斯特商工协会第 30 次年度报告指出，"最近已经征派新税，广州对于茶叶的国内外贸易采取了管理办法，而这办法本质上就是从前行商独占制度的复活，是间接和条约相抵触的"③。在商界的呼吁和压力下，英国政府指示文翰，要求中方裁废新的茶叶税及茶栈，并对所有后果负责，同时要求徐广缙将此事告知北京。1851 年 6 月中旬，文翰将英国政府的意见通知徐广缙，徐广缙仍答复说，茶叶代理费总额没有超过传统的每百斤 5 钱的税率，它的征收是为了挫败商人的走私企图，这些人的抱怨不应当成为文翰反对的基础。此外，茶叶代理费被指定用于补偿帝国财政中支付给英国的战争赔款。至于上奏北京一事，徐广缙表示茶叶代理开办的时候已经

---

① J. Y. Wong, *Anglo-Chinese Relations 1839—1860*：A Calendar of Chinese Documents in the British Foreign Office Record，*p.* 210.

② J. Y. Wong, *Anglo-Chinese Relations 1839—1860*：*A Calendar of Chinese Documents in the British Foreign Office Record*，pp. 211—212.

③ 《英国资产阶级纺织利益集团与两次鸦片战争的史料》，经君健编：《严中平文集》，第 188 页。

请示过皇帝，不愿再单独为此事烦扰皇帝，但同意有机会的时候与其他事项一起上奏①。事实上，文翰深知在当时走私猖狂的情况下，广东当局实行茶叶贸易执照制和加征 2 钱的茶叶税，既是必要的，也是合理的。1851 年 12 月 29 日他在给巴麦尊的私人信件中写道，对中国政府抱怨的理由有三，其中之一就是每担茶叶强征 2 钱的税费。但他也认为，"外国人的走私的确可恶，我看不出人们抱怨的措施和我们自己为了同一目的在英格兰某些港口对进口茶叶的制度有本质的不同。我承认它可能违反条约，但我看不出，徐如果是忠诚的，他除了已经采取的方案外，还有什么办法防止这种罪恶。"② 这段文字还显示出，文翰虽然一再指责广东当局征收茶叶税的行为违反条约，但语气并不坚定，只是觉得可能违约。而这种指责也并不为广东当局所认可。1852 年 1 月，文翰告知徐广缙和广东巡抚叶名琛，已经接到伦敦的指示，宣布英国将对英国商人因违反条约的茶叶代理费等制度的建立所造成的损失向中国政府索取赔偿。直到此时，徐广缙、叶名琛仍坚持说，茶叶代理是中国商人自愿决定的，与外商无关，更与条约无关，无须再进一步讨论③。

1854 年，《南京条约》届满 12 年之期，英国为扩大在华特权展开了首次修约活动。1854 年 4 月英国驻华公使包令给两广总督叶名琛送去了修约照会，再次提出废除茶叶代理费。叶名琛回答，中国商人愿意支付代理费，而且目前茶叶贸易的兴旺使每一个人都受益④。在广州碰壁以后，10 月中旬，包令伙同美国、法国公使一起北上天津，向清政府提出修约要求。在向清廷上呈的修约节略中，英方仍然要求"所有近年粤省加抽茶用每担二钱之款，应即停止；其在前已交之项，俱应照数付还英国，即在上海未纳税项内扣抵"⑤。当时清廷想用减免税费的小恩小惠阻止英国修约，答应由两广总督查

① J. Y. Wong, *Anglo-Chinese Relations 1839—1860*：*A Calendar of Chinese Documents in the British Foreign Office Record*，pp. 216—217.

② John King Fairbank, *Trade and Diplomacy on the China Coast*：*The Opening of the Treaty Ports*，1842—1854，p. 392.

③ J. Y. Wong, *Anglo-Chinese Relations 1839—1860*：*A Calendar of Chinese Documents in the British Foreign Office Record*，pp. 219—220.

④ J. Y. Wong, *Anglo-Chinese Relations 1839—1860*：*A Calendar of Chinese Documents in the British Foreign Office Record*，p. 233.

⑤ 《英使包令所递清折十八条》，咸丰四年九月十五日），贾桢等纂修：《筹办夷务始末·咸丰朝》一，第 344 页。

办茶叶税事宜，但不为英方所接受。此后，到第二次鸦片战争以后，随着子口税制度的建立，这一问题才算解决。

在上海，同样发生了茶叶税纠纷。这是由于地方当局将生丝税收的执照制度推广到茶叶贸易引起的。1852 年 1 月和 6 月，英国驻上海领事阿礼国几次给香港总督及对华贸易监督文翰送去密函，声称货物运输业受到阻碍，苏松太道正积极地采取措施将货船置于他的控制之下，他按照广州的旧模式建立了由 5 个商号组成的公行，并且在潼安对运往上海的茶叶征收每百斤 7 钱的过境税。此税率超过 7%，违反了中英条约最重要的条款之一。阿礼国认为，征收新的过境税、垄断货船、建立公行，此三者取消了英国从条约中获得的最大好处。他建议以军事行动解决贸易问题，实行武力侵华①。此事后因茶叶贸易执照制度的撤消而暂时平息。

此外，广东地区的肉桂案也是中英贸易垄断冲突的典型例子。1845 年 3 月，为加强对肉桂贸易的管理，广东当局要求经营肉桂的中国商人必须有同行业商人作担保，领取营业执照，并颁布了新的纳税规章。在具体的实施过程中，这一措施却无形中加强了已有肉桂商人对肉桂贸易的控制，增加了肉桂税费负担，抬高了肉桂价格，因而遭到了来自英方的反对。为捍卫英商的利益，香港总督和英国对华贸易监督文翰立即出面干涉。1848 年 5 月 19 日，文翰致函两广总督徐广缙，催促其废除肉桂垄断，声称由于过高的税费，1844—1847 年肉桂贸易已经停顿。此后，他一再向徐广缙施加压力，要求其进一步了解肉桂贸易的详细情况②。徐广缙答复，肉桂在到达海关以前要经过 3 个内地关卡：广西的梧州、广东的肇庆和佛山。过境税各不相同，对这些征课的合法性将予以调查③。但表示有关肉桂贸易的执照制度不能废除，因为这是为了阻止商品的囤积和对外商的欺骗④，而且这也是中国政府对国

---

① Alexander Michie, *The Englishman in China During the Victorian Era*, Vol. 1, pp. 436—437.

② J. Y. Wong, *Anglo-Chinese Relations 1839—1860: A Calendar of Chinese Documents in the British Foreign Office Record*, pp. 171—172.

③ J. Y. Wong, *Anglo-Chinese Relations 1839—1860: A Calendar of Chinese Documents in the British Foreign Office Record*, p. 172.

④ J. Y. Wong, *Anglo-Chinese Relations 1839—1860: A Calendar of Chinese Documents in the British Foreign Office Record*, p. 174.

内商人的一项管理政策，外人无权干涉①。文翰深知，肉桂在国内的征税确属中国的自主事务，他无权过问，只能通过防止垄断来抑制高价。于是，他搬出了《南京条约》，指责广东当局违反条约自由贸易的规定，要求根据条约废除肉桂垄断。徐广缙承认，按照《南京条约》，英商无论与任何华商贸易，均听其便，如果英人不乐意同现有的经营肉桂贸易的 30 家商行作买卖，其他商行可以从事这项贸易，但同时也坚持所有商行必须从政府获取执照。双方相持不下，文翰声称将上诉北京，并以英商拒缴税费相威胁。在这种情况下，徐广缙不得不做出让步，表示已经收到来自内地的报告，经营肉桂的 30 家商行滥用了他们的特权，将对其进行调查，如果属实，将废除整个制度②。这场斗争最后以英方的胜利结束，1849 年 1 月，广东当局废止了肉桂贸易执照制和担保制。

出口商品在内地的征税本是中国的主权，外人不容干涉。中英之间之所以会发生这一方面的冲突，其症结并不在于内地税本身，而在于内地税的征收往往与这些商品贸易的执照制度并行，而后者才是英国商人真正不能忍受的。自 1834 年东印度公司对华贸易垄断权取消以来，英国政府和商人就致力于突破中国国内对贸易的限制，他们认识到，东印度公司垄断权的取消本身并不会打开中国市场，要真正享有自由贸易的果实，还必须扫除中国方面长期以来阻碍贸易发展的种种限制，从根本上改革中国原有的贸易体制，而这种改革的第一步也是最重要的一步就是废除公行垄断。鸦片战争为他们实现了这个目标。战后的贸易状况虽然不如他们想像的乐观，而且在战后的中国市场上，他们仍然不得不依赖过去的行商，但是他们牢牢捍卫着自由贸易的原则，对任何可能恢复垄断的贸易形式都保持着高度的警惕。

二、 商欠冲突

第一次鸦片战争后中国同各国签订的条约均规定民间债务"官不赔

---

① J. Y. Wong, *Anglo-Chinese Relations 1839—1860：A Calendar of Chinese Documents in the British Foreign Office Record*，p. 170.

② J. Y. Wong, *Anglo-Chinese Relations 1839—1860：A Calendar of Chinese Documents in the British ForeignOffice Record*，pp. 175—176.

偿，只能代追"，但是由于债务问题的复杂性，在实践中，中外双方仍有冲突发生。在债务未能解决，或未能满足需要的情况下，外国商人和驻华官员常常指责中国政府追查不力，并以此为借口要求中国政府代偿商欠。而中国方面，面对列强的种种威胁，清政府始终坚守商欠"官不代偿"的原则，驳拒列强不合理的索赔要求。五口通商时期，中外商欠冲突的典型例子是德记行案。

道光二十七年八月初七日，美国副使伯驾照会耆英，声称美商祢伯健代德记行向伦敦售卖茶叶，陆续被欠银共 9477.88 元，屡次索取，德记行均托故推辞，请求中国政府催促追还。耆英令南海县差人传讯德记行司事王绩熙，但 10 天之后仍无动静，伯驾再函耆英，称按美国法律，办理迟延以致不能追还欠款的须由承办官员"填偿归款"，再者，中外和约中亦有"人逃产绝不能代赔"的条款，因此追偿欠款断不可缓。他诘问耆英，倘因中国承办官员迟缓，导致欠债者"潜身远逃，将产转寄，使所欠归于乌有，则该员应否替其偿还乎"[①]？耆英告之，已再饬南海县速为办理，同时郑重表示："中国商人拖欠合众国人债项，官为催追，不为赔偿，条约开载分明，自应遵守。至中国律例，地方官承追钱债，更无代赔之条，毋庸复议。"[②]

半个月过去了，案件毫无进展，经伯驾催促，耆英再次饬令南海县讯追。又过了两个月，还是没有消息，伯驾于是将德记行司事王绩熙和美商祢伯健传唤到领事署，约同中外商人各 1 人，进行裁判。经质对，王绩熙承认德记行约欠祢伯健 9201 元，但提出祢伯健没有按照 11 个月的约定支付茶价。祢伯健否认有 11 个月的约定。伯驾袒护祢伯健，要求地方官令德记速还欠款[③]。

南海县托潘仕成查核此事。道光二十七年十二月初十日，潘仕成致函伯驾，向其说明，德记行只是代茶客销售茶叶，每百斤收费 3 两，除去饷税费用，所得不过数分而已，贸易盈亏均与德记无关。据德记行司事王绩熙呈供，祢伯健将茶运到伦敦以后，没有及时出售，导致亏损数万元。因祢伯健的错误而造成亏损，祢伯健却反向德记索取利息和费用九千多元，德记心有不服。潘仕成认为，祢伯健没有在高价时将茶卖出去，的确有过失之处，要求德记行承担全部费用，不合道理。伯驾随即照会耆英，指出德记行虽是代卖行，但"贸易规矩，惟知向交手之行是问，从未有查其货主何人而问之之理"，仍然要求德记速还欠款①。

由于两造意见不一，应伯驾要求，道光二十七年十二月二十八日，中方派员与美国驻广州领事福士在领事衙门举行会审。德记行依然不愿向祢伯健付款，理由还是茶未及时售出，致使亏本，且未履行 11 个月回广州的约定。美国领事为祢伯健辩护，声称当时不卖是无可奈何，按当时的价只能卖数箱，而不能全部卖出，若要全部卖出，只能低价，至于 11 个月之约，并无凭证，不能仅听德记一面之词。按他的意思，"卖出此茶，有利应归德记，亏本亦应归德记"，祢伯健依照贸易常规办事，所亏费用，德记应该赔还给他。中方会审官员则认为，此事当时没有证人在场，也没有签订合同，"孰是孰非，实属无凭悬断"。双方反复辩论，始终意见不合。美国领事提议请英国领事马额峨秉公断议，中方官员不肯，认为这是美国人的案件，与英国无关，要求由中国商人伍怡和等核议、调处，因为他们与外商贸易多年，熟悉这些事务。无奈之下，两方只好约定由上级官员裁夺。美国副使伯驾支持福士的看法，告知耆英福士原系商人，深晓贸易之理，且祢伯健曾约英、美6 名商人公断，均认为他的做法"妥当"，因此，德记必须照期加息，赔还祢伯健 9201 元 9 先士。此时，耆英即将调离回京，伯驾恳请其"断清此案，然后北上"。耆英则支持中方会审官员的做法，认为这样才能"两得其平，不致稍有偏抑"，请伯驾耐心等候核议结果②。

---

① 《美副使伯驾致钦差大臣耆英照会》及附件，道光二十七年十二月十三日，台北"中研院"近代史研究所编印：《中美关系史料（嘉庆、道光、咸丰朝）》，第 97—99 页。

② 《美副使伯驾致钦差大臣耆英照会》，道光二十八年正月二十日，《钦差大臣耆英致美副使伯驾照会》（道光二十八年正月二十五日），台北"中研院"近代史研究所编印：《中美关系史料（嘉庆、道光、咸丰朝）》，第 102—103、105 页。

徐广缙到任两广总督兼钦差大臣后，伯驾继续纠缠，声称"中外商人贸易章程，向无雇请中证设立合同之事。但同伴知见便是中证，账簿存查便算合同，如此则凭据甚确"，就算伍怡和等调处，也没有用，要求徐广缙勒追德记行，速将欠银赔还①。徐广缙认为，耆英的办理"一秉大公，毫无偏向"，"倘听一面之词，勒令追还，反不足以示公允，而昭折服"，主张仍由旧行商伍怡和等从中调处②。伯驾有些恼怒，认为这不过是中方的拖延之计，因为双方会审时，伍怡和等人在场，当时不能说明，事后调处也没有什么用。同时，他不同意经过两国会审的案件，交给中方官员和商人单独办理。无奈之下，他向徐广缙表示：将静待中国尽快勒令德记行赔还欠款，如果中国听从德记行的狡诈言词，美国"自能设法，俾本国民人得照条约所载办理，以了结此案"③。

1 个月后，事情依然没有进展，伯驾致函徐广缙，指责其不够诚实，同时声明已将此案交给美国政府处理，不再为此重复照会，并威胁说，如果此项欠款，中国政府与"狡诈欠户串同不还"，美国政府将设法照条约保护美国民人，"终须要按照加息"④。迟至五月十三日，徐广缙才予以回复，驳斥伯驾中国政府与"狡诈欠户串同不还"的说词，并告之德记行复控袮伯健，追讨茶价，广州府正在提讯核办⑤。

此案最后的结果不得而知，但直到 1858 年中美《天津条约》谈判时，美方仍要求清政府就历年陈案给予赔偿，清政府未予答应。

三、 香港与内地贸易制度冲突

英国通过《南京条约》强占香港，使香港与内地的贸易具有了非常特

---

① 《美副使伯驾致钦差大臣徐广缙照会》，道光二十八年二月十一日，台北"中研院"近代史研究所编印：《中美关系史料（嘉庆、道光、咸丰朝）》，第 109 页。

② 《钦差大臣徐广缙致美副使伯驾照会》，道光二十八年二月十九日，台北"中研院"近代史研究所编印：《中美关系史料（嘉庆、道光、咸丰朝）》，第 110 页。

③ 《美副使伯驾致钦差大臣徐广缙照会》，道光二十八年三月初一日，台北"中研院"近代史研究所编印：《中美关系史料（嘉庆、道光、咸丰朝）》，第 112 页。

④ 《美副使伯驾致钦差大臣徐广缙照会》，道光二十八年四月十八日，台北"中研院"近代史研究所编印：《向美关系史料（嘉庆、道光、咸丰朝）》，第 114 页。

⑤ 《钦差大臣徐广缙致美副使伯驾照会》，道光二十八年五月十三日，台北"中研院"近代史研究所编印：《中美关系史料（嘉庆、道光、咸丰朝）》，第 117 页。

殊的性质，也使清政府面临着新的问题，即华商赴港贸易的管理。关于这个问题的解决占据了《五口通商附粘善后条款》1/4 的内容，从第十三款至第十七款，其中第十七款还包含三项子款。根据这些条款规定，华商前往香港办货或运货至香港，须在五口向地方官员请领牌照，五口以外的其他地方一概不准对港贸易；英方亦在香港派官员核查，并每月与粤海关互相通报核查情况，无牌照的或牌照非五口所发的华商、华船以走私偷漏论处；从事粤港澳贸易的英国小船由英官发给牌照、中方查验，并与进口大洋船区别对待，按吨纳钞。这些制度虽然没有得到执行，但由于其在法律上对香港与内地间贸易的限制，而遭到英方的指责，成为五口通商时期中英冲突的一个重要方面。

在中英《五口通商附粘善后条款》的谈判中，关于香港贸易制度的规定，是中方为防止走私偷漏而提出的，因其英文本中充满允许华商"充分自由"地贸易之类的字眼，英方觉得可以接受。但不久之后，这一制度就成为英方攻击的对象。这主要是由战后香港经济状况的变化引起的。第一次鸦片战争期间，由于广州贸易的关闭，香港成为英商存放和转运货物的临时场所，英国军队亦以香港为基地，荒芜的香港岛一时间呈现出繁荣的局面。但战争结束以后，随着军队的撤离、五口的开放，香港经济开始衰落。1844 年香港财政长官蒙哥马利·马丁（R. Montgomery Martin）报告说，香港没有任何引人注意的贸易，中国的帆船根本不来此处，只是偶尔在去广州的时候途经此地，或从广州返回、准备前往欧洲或北方口岸的时候在此处登陆等候命令[①]。在英国强占将近 4 年，耗费了大量的开支之后，香港没能赢得商业上的成功。这让英国非常失望。马丁甚至公开声称，英国接受香港是一个大错误，在任何条件下，香港都没有一丝的可能成为贸易之地。

对于香港经济衰落的原因，英人虽然承认该岛的卫生条件和贸易条件是非常重要的因素，但更多的是将责任归咎于清政府的有意阻止和条约的限制。他们认为《五口通商附粘善后条款》关于香港贸易的规定整个来说对英国是不利的，是为了限制和对抗英国利益而设计的，它打破了香港最终成为

---

① "Report on the Island of Hong Kong," July 24, 1844, *British Parliamentary Papers*, China 24, p. 117.

中国沿海帆船常去之地的唯一希望①。因为根据这些条款的规定，中国船只不仅禁止从五口以外的任何地方前往香港，而且必须获得航行牌照才能赴港贸易，到达香港以后，英国政府又将充当中国政府的"间谍"，向广州当局报告每艘船只船主的姓名、货物性质等等②。马丁甚至还对非常有利于英国的第十七款也提出了异议。该款规定，港粤、粤澳间来往的不超过 150 吨的英国小船，"每进口一次，按吨纳钞一钱"，不及 75 吨者，按 75 吨计算，并且"无论出、入口及已、未满载，但使有一担之货，其船即应按吨输纳船钞"③。这本来是为了减轻经常往来于粤港澳之间的英国小船的吨税负担而给予的优待，但马丁认为这种税率还是过重，因为这些小船 1 个月要在香港和广州之间来回三四次，以每个月 4 次计算，平均 1 年就必须缴纳 75 镑税金④。这对小船来说，花费太高。这一规定与第十三、十四款一起限制了香港与五口间所有的交往，严重打击了沿海贸易，破坏了香港通过英国商人正常的进取而期望获得的利益⑤。

在有关香港与内地贸易的规定中，英方反对最厉害的是第 13 款。该款英文本缺少中文本最后一句关于五口之外的华商不得领照赴港贸易的内容。英方怀疑清政府有意利用这一规定，通过拒发牌照来限制对英贸易，甚至对前往香港的帆船进行惩处。1845 年 10 月 18 日香港英商在《中国之友》和《香港公报》就耆英即将访问香港的事件撰写评论文章，指责中国政府没有忠实履行《五口通商附粘善后条款》的规定，"中国海关从来没有把出港证发给想到香港去的商船"，因为这些船在驶过香港港口与广州和澳门来往时，"总是紧靠着对岸驶过去，不敢抛锚停泊"。他们要求总督德庇时在与耆英会谈时，要求中国纠正这种不公正的行为，并以舟山的归还作为迫使中国接受

---

① "Minute on the British Position and Prospects in China," April 19, 1845, *British Parliamentary Papers*, China 24, p. 147.

② "Report on the Island of Hong Kong," July 24, 1844, *British Parliamentary Papers*, China 24, p. 118.

③ 中英《五口通商附粘善后条款》，道光二十三年八月十五日，王铁崖编：《中外旧约章汇编》第 1 册，第 38 页。

④ "Minute on the British Position and Prospects in China," April 19, 1845, *British Parliamentary Papers*, China 24, p. 145.

⑤ "Minute on the British Position and Prospects in China," April 19, 1845, *British Parliamentary Papers*, China 24, p. 146.

的条件，"补充条约中的限制条款必须废除；中国政府也要颁布一道布告声明中国各地的船只都准许与香港来往"①。

英国政府和商人的指责实际上只是出于猜疑，并不是事实。香港总督文翰在给殖民部的报告中承认："中国政府没有阻挠"供应品输入香港。香港政府中文秘书郭士立也说，"在经常来看望我的船长中，没有一个向我提及中国政府干预帆船前来香港"②。迟至 1868 年，威妥玛（Thomas Francis Wade）在有关修订《天津条约》的备忘录中也称，无法说出究竟是哪一方先背离《五口通商附粘善后条款》中香港与内地贸易的规定。对英国人来说，广州当局管得很少。威妥玛推断，它也许确实不能实行牌照制度，或者除了违禁的毒品以外，香港贸易那时很少，不值得引起他们的注意。而对于毒品买卖，或者因为它刚刚引发了一场战争而使他们难于处理，或者由于腐败受贿的动机而不去注意。总之，就威妥玛所知，在与中国人的通信中从未听他们提起牌照制度，而在英国方面当然也没有专门安排官员来检查牌照③。

尽管只是一种猜疑，但《五口通商附粘善后条款》第 13 款的规定终究成了英国政府和商人心中的一根刺。1845 年 4 月香港总督德庇时在一封公函中写道，该款对香港贸易的发展造成了损害，只有重新签订一个条约才能补救；只要贸易被限制在五口，中国商人显然不会去香港购买将会送上门的东西；但是如果整个中国沿海贸易都留给中国人自己，任其贸易，则大陆与香港的贸易将大大减少，并且将造成反过来限制欧洲人的倾向④。1848 年 12 月 18 日在与包令的谈话中，外交大臣巴麦尊也指出，璞鼎查犯了两个重大的错误："第一，是没有坚持要是条约发生任何疑义时，作为权威根据的应该是英文本而不是中文本；第二，是他没有要求被允许同香港进行贸易，应

① 《中国文库》1845 年第 14 卷 12 期第 1 篇，广东省文史研究馆译：《鸦片战争史料选译》，第 306、307 页。
② 余绳武、刘存宽主编：《十九世纪的香港》，中华书局，1994 年，第 253 页。
③ "Memorandum by Mr. Wade Respecting the Revision of the Treaty of Tien-tsin," December, 1868, *British Parliamentary Papers*，China 35，p. 650.
④ "Copy of a Despatch from Governor Davis to the Right Honourable Lord Stanley," April 25, 1845, *British Parliamentary Papers*，China 24，p. 125.

该包括所有口岸的船只，而不仅限于五个口岸。"①

为了促进香港贸易的发展，港英当局一方面打着纠正中国政府不公正行为的幌子，违反条约非法允许没有牌照的船只进入香港；另一方面则实行新的船舶登记制度，鼓励那些往来于中国沿海的中国船只和外国小船，在香港注册登记，悬挂英国旗，由港英当局发放牌照。英方采取这项措施是利用了《五口通商附粘善后条款》第十七款的规定。该款的最初目的是让来往于广州、香港和澳门间的英国小船减轻吨税负担，但港英当局却以此作为英国船只打入中国沿海贸易的依据，使所有悬挂英国旗的小船不仅免于中国牌照制度的限制，而且可以享受减税待遇。对英国来说，船舶登记制度促进了香港贸易的繁荣；而对中国来说，这一制度却成为中国沿海走私的源头。一些从广州前往台湾或其他地方的中国帆船开始以香港"作为接受在广州买得的货物的中间港"②，许多从事沿海走私贸易的中国帆船甚至直接赴香港注册成为英国船。这遭到了清政府和一些正直的外国商人的指责。

19 世纪 40 年代末以后，随着香港日益成为鸦片走私的大本营，以及港英当局反动政策的实施，香港经济开始出现兴旺的局面。所以，在 1858 年《天津条约》谈判中，英国并未提及香港与大陆的贸易问题。虽然谈判中没有涉及香港问题，但根据《天津条约》规定，《五口通商章程》和《五口通商附粘善后条款》予以更章，"并入新约，所有旧约作为废纸"，因此香港与内地贸易的牌照制度在实际上被废除。

第四节　其他纠纷

除了交往体制冲突、口岸冲突、经贸冲突外，条约执行过程中，中外之间还在租地建房和人身保护等问题上发生了矛盾纠纷。

---

① 《一八四八年十二月十八日（包令）与巴麦尊勋爵谈话的备忘录》，齐思和等编：《第二次鸦片战争》六，第 24 页。

② 《中国文库》1845 年第 14 卷 12 期第 1 篇，广东省文史研究馆译：《鸦片战争史料选译》，第 306 页。

第一次鸦片战争后，外人取得了在通商口岸租地建屋的条约特权，但因产权争端、群众反对情绪等种种因素，外人有时并不能顺利进行地基、房屋的租赁和建造，在交涉中外国官员亦常与中国地方官发生冲突。道光二十六年（1846）广州裨治文租地案是此类纠纷的典型代表之一。

美国人裨治文向华民罗仲衡租地，起初按照条约由署南海县县令会同美国领事定议，但却未能执行。原因是，此前罗仲衡与卢姓人氏对所租地段存在权属争议，彼此又都拿不出确切证据，于是广州府断归公众，作为公产。罗仲衡以假印契欺瞒地方官，将地租给裨治文，遭到卢氏反对和控告。

广州府将罗仲衡羁押、审讯，美国公使义华业却出面干涉，认为此案由中国官员单独办理，与条约不符，按中美《望厦条约》第十七款，美国人民在五口租地，须由中国地方官会同美国领事酌定①。两广总督兼钦差大臣耆英回复说，此案与裨治文无关，只"向罗仲衡一人根究"，"是以无庸会办"②。义华业认为，地权所属虽与裨治文无关，但按照《望厦条约》第17款，只要是牵涉到美国人民的租地问题就必须由中美双方官员会同办理，而不能由中国官员专办，坚持要求中方派员与美国领事、副使等核定。③ 耆英告以，租地之事，必须中国业主与外国人"两相情愿，方可租赁"，此段地基尚无真正业主，如果由罗仲衡出租，公众不服，卢氏也不肯，所以中国官员必须先行讯问，确定业主，一旦业主确定，询明是否愿意租给裨治文之后，将按照条约，立刻照会美国公使，并派员与美方官员会办④。

因担心中方拖延时间，十天以后，义华业又去函催促，表示"合众国人与中国人商量租地，既有契可据，则速委两国官员同办，更为妥协，苟或其中另有别故未便之处，抑缘争论契券，何妨令两国公当委员灼然明白"，如

---

① 《美使义华业致钦差大臣耆英等照会》，道光二十六年十月初八日，台北"中研院"近代史研究所编印：《中美关系史料（嘉庆、道光、咸丰朝）》，第65页。

② 《钦差大臣耆英等致美使义华业照会》，道光二十六年十月十七日，台北"中研院"近代史研究所编印：《中美关系史料（嘉庆、道光、咸丰朝）》，第66页。

③ 《美使义华业致钦差大臣耆英等照会》，道光二十六年十月二十四日，台北"中研院"近代史研究所编印：《中美关系史料（嘉庆、道光、咸丰朝）》，第67页。

④ 《钦差大臣耆英等致美使义华业照会》，道光二十六年十一月初九日，台北"中研院"近代史研究所编印：《中美关系史料（嘉庆、道光、咸丰朝）》，第68页。

此设法早日完结，"不致疑为托故推延"①。两天后，耆英照会义华业，此案已经"研讯"，确认罗仲衡地契作假，该处地段仍断归公众，将按照条约，派员询明公众，会同美国领事官商量办理②。耆英随即令广州候补知府、候补通判、南海县令等负责办理此事，美方亦派副使伯驾、广州领事福士会办，但同时怀疑广州当局所谓的"研讯"乃强逼之意。耆英解释说，"研讯"是详细讯问的意思，不同于"严讯"，"严讯"则是强逼，此系翻译导致误解③。此案总算妥善解决。

同年底，福州亦发生租地建屋纠纷。美国人怀德高礼在福州租地建屋，已交地租两年，租帖经地方官查阅，但在即将动工之时，却遭人阻拦，且扬言"条约所准外国人建屋，乃系皇上所定，今百姓不知条约，故不遵守"。怀德高礼向地方官申诉，地方官起初答应出具同意他建屋的告示，后来却总以有事推脱，也不收他递送的禀书。怀德高礼向美国副使伯驾控诉，伯驾照会两广总督徐广缙，请其设法，"令该处地方官遵条约"，准许美国民人在所租之地建造房屋④。

时隔半年，此事不仅没有解决，福州地方官还令业主将租地批文交回，让怀德高礼 1 个月内另择其他地方建屋。伯驾因此照会两广总督，指出按照中美《望厦条约》第十七款，美国民人"在五港口贸易，或久居，或暂住，均准其租赁民房，或租地自行建楼，并设立医馆、礼拜堂及殡葬之处，必须由中国地方官会同领事等官体察民情，择定地基，听合众国人与内民公平议定租息"，此款中并不能因"体察民情，择定地基"两句而削减美国民人租地建屋之权。他再次要求徐广缙饬令福州地方官，遵守条约，勿使美国民人

---

① 《美使义华业致钦差大臣耆英等照会》，道光二十六年十月十九日，台北"中研院"近代史研究所编印：《中美关系史料（嘉庆、道光、咸丰朝）》，第 69 页。

② 《钦差大臣耆英等致美使义华业照会》，道光二十六年十一月二十一日，台北"中研院"近代史研究所编印：《中美关系史料（嘉庆、道光、咸丰朝）》，第 70 页。

③ 《钦差大臣耆英等致美使义华业照会》，道光二十六年十二月初十日，台北"中研院"近代史研究所编印：《中美关系史料（嘉庆、道光、咸丰朝）》，第 72 页。

④ 《美副使伯驾致两广总督徐广缙照会》，咸丰二年二月初五日，台北"中研院"近代史研究所编印：《中美关系史料（嘉庆、道光、咸丰朝）》，第 130—131 页。

继续久候受累①。咸丰三年（1853），马沙利到任后，亦两次向两广总督叶名琛提及此事，但此时清政府忙于对付太平天国起义，无暇顾及，此事一直没有结果。

同样，第一次鸦片战争后，各国条约均要求清政府保护在华侨民的人身和财产安全。但华民与外人的冲突经常令这一条款的执行陷入困境，外国驻华官员也因此而指责清政府未尽到条约义务，甚至向清政府索取赔偿。美国罗孝全一案就是典型的例子。

道光二十七年五月美国传教士罗孝全在广州建造教堂，传教布道，因与当地人黎亚尚等发生冲突，教堂门窗、桌椅被黎亚尚等人毁坏，并被抢走一些衣服物品。事发后，罗孝全向领事控告，番禺县政府捉拿闹事者 12 名。美国副使伯驾以《望厦条约》第十九款关于中国地方官保护美国民人安全的规定为依据，指责中方官员失职，要求中国政府赔偿损失②。

两广总督耆英亦以条约相驳斥，指出，按中美条约第十九款规定，"倘有内地不法匪徒逞凶放火，焚烧洋楼，掠夺财物"，中国地方官"只应代为查拿严办，并无赔偿之说"。耆英同时引用中美条约第 26 款，"合众国商船在中国所辖内洋被盗抢劫者，中国地方文武官一经闻报，即须严拿强盗，照例治罪，起货原赃，无论多少，均交近地领事等官，全付本人收回。但中国地广人稠，万一正盗不能缉获，或有盗无赃，及起赃不全，中国地方官例有处分，不能赔还赃物"，指出罗孝全案未起获的赃物，中国地方官应向匪徒严追，不应赔偿，"来文所称，核与条约不符，碍难照办"③。

伯驾辩称，条约规定，中国地方官必须对美国人民"时加保护，令其身家全安"，如果指望匪徒赔偿，则美国人民"何能得其身家全安，更何以见保护之力"？中国地方官自应向匪徒追赃，而美国"只知望中国赔偿"。他以两个事例来证明"失去赃物，中国赔偿，历为条约成规"：一是道光二十二

---

① 《美副使伯驾致两广总督徐广缙照会》，咸丰二年八月二十五日，台北"中研院"近代史研究所编印：《中美关系史料（嘉庆、道光、咸丰朝）》，第 132 页。

② 《美副使伯驾致钦差大臣耆英照会》，道光二十七年六月十六日，台北"中研院"近代史研究所编印：《中美关系史料（嘉庆、道光、咸丰朝）》，第 76 页。

③ 《钦差大臣耆英致美副使伯驾照会》，道光二十七年六月二十日，台北"中研院"近代史研究所编印：《中美关系史料（嘉庆、道光、咸丰朝）》，第 77 页。

年美国人噶等被抢失去赃物，中方赔偿 246680.5 元；二是英国在香港的报纸报道，道光二十六年福州有人闹事，英国人失去财产，中国赔偿 4.6 万元。他亦不能同意耆英以中美条约第二十六款为由拒赔，认为第二十六款是指"中国所辖内洋被盗抢劫者而言"，不是针对"内地匪徒"①。对此，耆英等人未予理睬。

同年九月下旬，伯驾复照会耆英，称时值冬季，罗孝全急需修缮房屋，要求中国政府先赔银 1000 两，"以应支用"，同时将此案办理情况"出示晓谕，以儆将来"②。耆英告知伯驾，番禺县已向各犯名下追出赃银一百七十余元，将交给美国领事，转给罗孝全，并同意出示晓谕，但仍驳斥"赔赃之说，为各国条约所无，碍难照办，应毋庸议"③。番禺县令随即发布告示，警告民众不得无故前往教堂滋事，倘敢违反，从重究办。

伯驾对耆英的处理极为不满，坚持要求中国政府赔偿，且赔款不能少于1000 两之数，他向耆英提出了三条索赔理由：一是他认为，中英《南京条约》第一条、中法《黄埔条约》第一条和中美《望厦条约》第十九条中有关中国政府对各国人等"必时加保护，令其身家全安"的规定已含有"赔赃"之意；二是此前所引中国政府赔偿的两个案例说明已有成规，美国要求"与他国事同一体，失去赃物，惟望中国赔偿，不望犯人赔还"，因为此事乃地方官失职，未能查禁匪徒骚扰，"有缺保护身家全安所致"；三是美国政府的指示与其意见相合，认为如果美国人民的损失是"由地方官失于照条约保护，则中国自应如数赔还"④。

耆英一一驳斥了伯驾的说词：首先，关于此类案件处理的办法，耆英重申了中美《望厦条约》第十九款的内容，指出"中国之例，办理此等案件，未有不将犯治罪追赃者"，因此，条约虽没有向犯人追赃的字样，而向犯人

---

① 《美副使伯驾致钦差大臣耆英照会》，道光二十七年六月二十四日，台北"中研院"近代史研究所编印：《中美关系史料（嘉庆、道光、咸丰朝）》，第 77—78 页。

② 《美副使伯驾致钦差大臣耆英照会》，道光二十七年九月二十五日，台北"中研院"近代史研究所编印：《中美关系史料（嘉庆、道光、咸丰朝）》，第 84 页。

③ 《钦差大臣耆英致美副使伯驾照会》，道光二十七年九月二十七日，台北"中研院"近代史研究所编印：《中美关系史料（嘉庆、道光、咸丰朝）》，第 84 页。

④ 《美副使伯驾致钦差大臣耆英照会》，道光二十七年十月初三日，台北"中研院"近代史研究所编印：《中美关系史料（嘉庆、道光、咸丰朝）》，第 86 页。

追赃之意已在其中。同时，按照此款，中国政府承担的义务是，"无事代为查禁匪徒，有事代为弹压查拿获犯，代为追赃治罪"，这些就属于"保护安全之事"。条约的意思并不是一失事就说是中国政府失于保护，要求中国政府赔偿，而且中国地广人多，抢劫案件频繁发生，如果遇事就要地方官赔偿，地方官将不胜其赔。其次，关于伯驾引用的两个案例，耆英表示道光二十二年之例是在中英换约以前，福州赔偿英人银两之事无从核实，"均未便援以为据"①。

时隔两月，伯驾仍不罢休，复致函耆英，认为中美条约第十九款中的"查禁匪徒"是指其闹事的时候，地方官应该如此办理，而不是说这个就是"保护安全之法"，中英《南京条约》和中法《黄埔条约》第一条言明在华英人、法人必受中国"保佑身家全安"，中美《望厦条约》第二条亦声明，中国如有利益及于各国，"合众国民人应一体均沾，用昭平允"。至于前引两个案例，伯驾认为，美国商人噶的案件虽在换约之前，但不能因为立约反而去掉了这种对美国人有益的事。福州英人案件，他以英国全权公使的信件为据，证明中国已赔偿 4.6 万元，且在另一起留阻英国火轮船致其亏银 900 两的案件中，亦照数赔偿。伯驾声称，英国公使也认为，"此等办法，实为各国交好之规，亦为各国往来之礼"，中国既然赔偿了英国，则美国的案子，"断要援以为例"，若再拖延，美国必要求加息，以昭公道②。耆英顺着伯驾的话解释条约，表示条约所言保护外人安全"系指平日无事之时而言，遇有闹事，即应按照第十九条处理，将犯按例治罪追赔"，至于英国火轮船一案，情况不同，不能援引。③

伯驾十分恼怒，一边指责耆英"如此解说，殊为未妥"，一边要求耆英速赔还罗孝全赃银 1000 两，并威胁说将此案送回本国政府，与中国皇帝理

---

① 《钦差大臣耆英致美副使伯驾照会》，道光二十七年十月初八日，台北"中研院"近代史研究所编印：《中美关系史料（嘉庆、道光、咸丰朝）》，第 88 页。

② 《美副使伯驾致钦差大臣耆英照会》，道光二十七年十二月十六日，台北"中研院"近代史研究所编印：《中美关系史料（嘉庆、道光、咸丰朝）》，第 99—100 页。

③ 《钦差大臣耆英致美副使伯驾照会》，道光二十七年十二月二十四日，台北"中研院"近代史研究所编印：《中美关系史料（嘉庆、道光、咸丰朝）》，第 101 页。

论、鉴定①。耆英仅同意将第二次追出的 240 元移送美国领事，并继续向犯人严追②。

　　咸丰三年六月，美国驻华全权大使马沙利到任后，向两广总督叶名琛旧案重提，要求中方赔补 1400 元，并清算利息③。叶名琛以案件已结，毋庸再提，予以拒绝。马沙利威胁说：美国人民，美国"本应护卫"，叶名琛这一态度逼迫他"别设方法，务要此银归款"④。此案最后如何了结不可得知，从后来《天津条约》交涉看，美方极可能曾试图将其并入其他旧案索赔，但未能得逞。

　　① 《美副使伯驾致钦差大臣耆英照会》，道光二十八年正月二十四日，台北"中研院"近代史研究所编印：《中美关系史料（嘉庆、道光、咸丰朝）》，第 104 页。
　　② 《钦差大臣耆英致美副使伯驾照会》，道光二十八年正月二十六日，台北"中研院"近代史研究所编印：《中美关系史料（嘉庆、道光、咸丰朝）》，第 106 页。
　　③ 《美使马沙利致两广总督叶名琛照会》，咸丰三年六月初五日，台北"中研院"近代史研究所编印：《中美关系史料（嘉庆、道光、咸丰朝）》，第 134 页。
　　④ 《美使马沙利致两广总督叶名琛照会》，咸丰三年八月二十九日，台北"中研院"近代史研究所编印：《中美关系史料（嘉庆、道光、咸丰朝）》，第 138 页。

第八章　条约关系确立过程中的应对方针

两次鸦片战争时期，清政府被迫与西方国家签订条约，确立条约关系，这对自视为天下之主的清统治者而言无疑是一种痛苦的经历。为笼络、控制西方国家，在条约关系确立的过程中，清政府不断寻求应对之策。这一时期，清政府的基本外交方针仍是羁縻之道，但其手段和范围较鸦片战争前大大扩展；同时，在条约的执行上，清政府奉行着"阴违条约"与"恪遵成约"的双重标准，其驭夷之策亦从"以商制夷"转变为"以民制夷"。

第一节　条约关系建立后新形势下的羁縻外交方针

羁縻即控制、笼络之意。它不是近代意义上的外交，而是中国封建王朝处理与周边国家关系的一种传统外交政策，历代相沿、发展而形成羁縻之道。从中国封建王朝的实践来看，羁縻之道除了控制、笼络的基本涵义外，还包含着恩威并施、因俗而治、怀柔远人、权宜、权术等内涵，甚至有糊弄对付之意。

第一次鸦片战争爆发后的 20 年间，清政府的对外理念尚停留于传统的羁縻之道，仍用这一理念来应对条约关系，处理各种新的外交问题[1]。但在新的形势下，清政府的羁縻政策亦有新的变化，其羁縻的手段和范围从经济贸易扩大到政治、文化等多个领域。

历史上，羁縻之道以贸易羁縻最为常见，这也是朝贡体制下中国封建王朝的传统驭夷方法。如前所述，自宋代起，中国朝贡制度的性质开始发生变化，朝贡逐渐变成了一种贸易手段。明朝实行"非朝贡不得互市"的政策，朝贡正式成为中国封建王朝对海外国家实行羁縻外交的工具。清代，朝贡制度走向衰落，清朝政府公开允许朝贡之外尚有互市之国的存在，但贸易羁縻依然是其控驭外夷的重要手段之一。

由于中国封建经济的自给自足性质，清朝统治者对与海外国家的贸易持消极态度，在经济交往中也一直以优势方自居。18 世纪后期 19 世纪上半叶，西方国家中对华贸易发展最快的英国，其后来的武力扩张亦与此有着密切关联。在第一次鸦片战争前，中、英两国对双方贸易的认识和舆论宣传截然不同。英国不断宣扬和强调中英贸易的互利性，清政府则认为中英贸易是一种单向需求，中国不需要英国的货物，而英国人则必须依靠与中国的贸易维持生计，中国所产的茶叶、瓷器、生丝等是英国所必需的。到道光时期，这种意识更加强烈。就连主张发展对外贸易的林则徐亦持此种观点，他在致英国女王的照会中写道：中国的茶叶、大黄，"外国所不可一日无也，中国若靳其利而不恤其害，则夷人何以为生？又外国之呢羽、哔叽，非得中国丝斤不能成织，若中国亦靳其利，夷人何利可图？其余食物自糖料、姜桂而外，用物自绸缎、磁器而外，外国所必需者，曷可胜数？而外来之物，皆不过以供玩好，可有可无"[2]。正是出于这种认识，清政府在中英纠纷中，才经常以中止贸易为手段来迫使英人屈服，或以准许贸易，给予一定的贸易权利来笼络英人。

---

[1] 李育民：《晚清中外条约关系研究》，第 433 页。

[2] 《廷寄附件》，道光十九年七月十九日，齐思和等整理：《筹办夷务始末·道光朝》一，第 210 页。

第一次鸦片战争时期，清政府与英国议和，接受条约关系，实施的便是羁縻之道。1840 年 8 月，英国军舰抵达天津，清政府急于寻找御敌之策。8 月 24 日，道光帝从直隶总督琦善的奏报中得知，开战以来，广东港口封闭，英国货物无处销售，由于海气薰蒸，不少货物发生霉变，赔本不少，因此英商到处寻觅码头，铤而走险。他于是谕令琦善，"正可乘其贪恋之私，藉用羁縻之法"①。此后，贸易羁縻便成为清政府对英交涉的基本方针。

中英双方在天津进行了近一个月的谈判，清政府表示愿意恢复同英国的贸易，但赔偿烟价、官员平移往来、割让岛屿、偿付商欠、赔偿军费等要求不能接受，以免破坏体制。1840 年 9 月琦善受命前往广东继续交涉，在广东谈判中，琦善的贸易羁縻由恢复通商发展到给予贸易特权。他不仅同意由个人筹款 600 万两赔付烟价，同意官员平行文移，还奏请朝廷，"仿照西洋夷人寄居澳门之例，准其就粤东外洋之香港地方泊舟寄居"②。但 1840 年 12 月底，道光帝重新转向主"剿"，琦善做出的让步被完全否决。

在新一轮战争的打击下，1842 年 7 月道光帝再次转向主"抚"，并重新使出贸易羁縻的手段。7 月 16 日道光密令耆英派陈志刚与英人议和，表示如果英人肯立刻罢兵，则"将香港一处，赏给尔国堆积货物，与中国照常贸易。此外沿海省分，如福建、浙江海口，或每年约定时候，将货船驶至口岸，我国必派官员代汝照料，不得在此二处羁留"③。明明是迫于英国的武力，不得不增开口岸、割地求和，却要保住天朝的颜面，美其名曰"赏给"。

1842 年 8 月中英南京和议时，贸易羁縻成为清谈判代表的主要策略。具体负责《南京条约》及其附约谈判的黄恩彤认定洋人最大的目的在于通商，因此对于驭夷的办法，他极力主张贸易羁縻。他曾著有《抚夷论》一文，文中写道："中国之所以控制而羁縻之者，惟在通商，夷居西北极边，地冷人稀，向无田赋，其国中一切经费全资商税，虽添设码头，如梹榔屿、噶喇吧、新嘉坡等，多至二十余处，而尤以广州为第一。其所以呈缴鸦片者非畏

① 《廷寄》，道光二十年七月二十七日，齐思和等整理：《筹办夷务始末·道光朝》一，第 405—406 页。
② 《钦差大臣大学士署两广总督琦善奏英人将定海缴还沙角献出恳就香港泊舟寄居折》，道光二十一年正月十一日，齐思和等整理：《筹办夷务始末·道光朝》二，第 734 页。
③ 《廷寄》，道光二十二年六月初九日，齐思和等整理：《筹办夷务始末·道光朝》四，第 2055 页。

法也，虑绝其通商也。其所以兵犯顺者，非谋逆也，图复其通商也。其所以滋扰他省而不肯蹂躏广州者，非畏靖逆也，自护其马头也。上年粤东百姓烧毁洋楼，抢夺夷货，而璞酋置不报复者，非畏粤民也，恐结怨愈深，则通商撤兵之后，将有猝不及防者也。其厦门、上海等处均过而不留，宁波虽久据而以假仁假义要结民心，亦系为将来设立马头，不肯残败其地而戕贼其民也。不求让税而甘心纳税者，无税则我得禁止华商不与交易，故遵例输将，以餍我之心而平我之气也。然则驭夷之法，概可知已。捐释前嫌，示之宽大，裁减陋规，明定税则，无事则抚以恩，有事则折以信，彼既灼然知用兵之害，通商之利，自当伏首帖耳，歌咏皇仁，不复有盗弄潢池之事矣。"① 他的观点在当时代表了相当一部分人的看法。

在清政府看来，中英南京谈判及其后的善后谈判均是对英夷的"招抚"，耆英在奏折中称，"该夷酋诸形驯顺，就我范围，察其通商之意，实出至诚。既经受抚以后，情词亦极恭顺"②。《南京条约》中文本第二条关于开口通商的措词是：大皇帝"恩准"英国人民"寄居"广州等五处港口，自由贸易③。中英《虎门条约》中文本关于最惠国条款的规定也是："向来各外国商人止准在广州一港口贸易，上年在江南曾经议明，如蒙大皇帝恩准西洋各外国商人一体赴福州、厦门、宁波、上海四港口贸易，英国毫无靳惜，但各国既与英人无异，设将来大皇帝有新恩施及各国，亦应准英人一体均沾，用示平允；但英人及各国均不得藉有此条，任意妄有请求，以昭信守。"④ 由此可以看出，清政府虽被迫签订城下之盟，但仍是以原有的天朝眼光来看待这一问题，仍将给予外国人贸易特权视为施恩，视为羁縻。

西方学者认为，"清朝接受条约的根本原因是它运用了自古就有的羁縻观念"⑤。然而，第一次鸦片战争后清政府的羁縻政策与战前建立在优越地位

---

① 黄恩彤：《抚夷论》，齐思和等编：《鸦片战争》五，第435—436页。

② 《耆英等奏英船全数出江入海折》，道光二十二年九月十四日，齐思和等整理：《筹办夷务始末·道光朝》五，第2376页。

③ 中英《江宁条约》，道光二十二年七月二十四日，王铁崖：《中外旧约章汇编》第1册，第31页。

④ 中英《五口通商附粘善后条款》，道光二十三年八月十五日，王铁崖：《中外旧约章汇编》第1册，第36页。

⑤ ［美］费正清：《中国的世界秩序中的早期条约体系》，载［美］费正清编、杜继东译：《中国的世界秩序——传统中国的对外关系》，第280页。

上的传统羁縻之道明显不同，这主要表现在两个方面：

其一，在中外条约关系下，清政府的羁縻是一种迫不得已的选择，是西方坚船利炮胁迫的结果，其实施的基础与以往完全不同。

1842 年 8 月 31 日，耆英等人奏报议和情形，称此前传闻英夷船坚炮猛，此次"亲上其船，目睹其炮，益知非兵力所能制伏"，"第以利害相权，安危攸系，不得不降气抑心，冒死强忍"，先"罢兵通商"，再"徐图驾驭"。道光帝愤怒而无奈，朱批："徒增忿恨，念生民之涂炭，抑遏勉从。"① 同年 10 月 17 日，耆英又在奏折中告之道光帝，英国全权大使璞鼎查来文："远涉重洋，仰慕圣德，钦祝福禧延洪。"道光帝立刻批复："朕气忿愧恨之不暇，何心在此？"② 当日的上谕中，他再次表示，"朕轸念黎民涂炭，不得不曲意勉从耆英等所请，准令英夷通商"③。可见，签订条约乃是被迫，条约关系下的羁縻亦是不得已之举。

1844 年，当美国全权大使顾盛前来议约时，清政府受其进京面圣的威胁，不仅让其均沾了英国的全部特权，而且明确了协定关税权，扩大了领事裁判权，还给予美国沿岸转口贸易，以及在通商口岸建立教堂、坟墓和开设医院的权利。法国大使拉萼尼抵华后，耆英主动让人送去了一份中美条约文本，后来又爽快答应法方，向其提供了中英、中美谈判的全部文件。耆英此举实际上也是不得已的情况下，使出的贸易羁縻之法。因为当时广州的法国遣使会士传言，法国可能提出赔款、割让海南岛、在北京设立使馆和学校、给予在中国信仰天主教的自由等要求，这让耆英等人颇感不安。在耆英看来，"抚夷不外通商"，法国对华贸易虽然不多，但难保不因"五口开市，有利可图"而来，因而主动将与英、美谈判的文件以及签订的条约抄送给法方，"俾得有所仿效，冀可渐就范围"④。

① 《耆英等奏详陈议和情形折》，道光二十二年七月二十六日，齐思和等整理：《筹办夷务始末·道光朝》五，第 2305—2306 页。

② 《耆英等奏英船全数出江入海折》，道光二十二年九月十四日，齐思和等整理：《筹办夷务始末·道光朝》五，第 2376 页。

③ 《耆英等奏英船全数出江入海折》，道光二十二年九月十四日，齐思和等整理：《筹办夷务始末·道光朝》五，第 2380—2381 页。

④ 《耆英又奏连日接见法使大概情形折》，道光二十四年九月十八日，齐思和等整理：《筹办夷务始末·道光朝》六，第 2870 页。

　　第一批不平等条约签订后，中外关系开始发生根本性的变化，中国传统的国际秩序被条约关系所取代。清政府所面对的已经不是传统的周边"夷狄"，而是拥有近代文明的西方强敌。西方列强侵略的目的不是攻城掠地，而是开拓中国市场，把中国纳入世界资本主义体系，在中国实现其海外扩张的利益。为了实现这一目标，"它们以战争来改变其早已不愿忍受的地位，强迫中国接受新的条约关系，用法律的形式将其在华的特权地位固定下来"①。清政府当时没有也不可能认识到这种新的变化，其接受条约的羁縻之计更多是出于权宜的考虑。正如前述耆英等所言暂时羁縻，"罢兵通商""徐图控驭"。后来，叶名琛亦提到，当日准其五口传教，"原不过一时权宜之计，初何料及流毒无穷"②。

　　其二，在被迫接受条约的情况下，清政府的羁縻政策从内容到形式都有所变化。

　　从内容上来看，第一次鸦片战争后的羁縻已打破了传统的框架，具有了新的因素。如，开放外国指定的口岸，允许外国商人及其家属居留并自由贸易，允许外国官员与中国官员间平行文移，允许有约国在通商口岸设立领事并享有领事裁判权，等等。这些都违背了原来的防夷章程，打破了天朝体制。耆英曾在奏折中写道，"既准贸易，即属马头，举凡设领事，立夷馆，住家眷，势不能遏其所请。其平行虽属末节，于天朝体制亦大有所损，惟既经曲事羁縻，亦复无暇顾惜"③。

　　以往学界多注意到，两次鸦片战争时期，清政府的对外政策中两项对国家主权和利权危害甚大的举措，即给予西方列强领事裁判权和片面最惠国待遇。有学者考证，领事裁判权是以耆英为代表的清朝官员在中英《南京条约》善后谈判中，率先提出并主动出让的，痛批其缺乏主权观念，"出让利权而不自知"④。但从当时清政府处理对外关系的羁縻之道来剖析，更能看出

---

　　① 李育民：《晚清中外条约关系研究》，第 437 页。
　　② 《叶名琛奏复英美要求三款实为无厌之求及法使来津意在庇护教士折》，咸丰五年八月十八日，贾桢等纂修：《筹办夷务始末·咸丰朝》二，第 413 页。
　　③ 《耆英等奏详陈议和情形折》，道光二十二年七月二十六日，齐思和等整理：《筹办夷务始末·道光朝》五，第 2306 页。
　　④ 郭卫东：《转折：以早期中英关系和〈南京条约〉为考察中心》，第 481 页。

耆英等出让领事裁判权的个中缘由①。中国自唐、宋以来，在涉外司法管辖中就有"因俗而治"的做法。唐朝法律规定："诸化外人，同类自相犯者，各依本俗法；异类相犯者，以法律论。"② 也就是说，外夷内部的案件，依其自身的法律和习俗裁断，其他的则依唐律治理。清代没有了这一规定，《大清律例》载，"凡化外人犯罪者，并依律拟断"③，即采用属地原则，外国人之间的案件也适用中国法律。但是在司法实践中，并非完全如此。乾隆十九年（1754），法国人时雷氏犯案，乾隆帝谕令，将其"带回本国，自行处治"。乾隆四十年，两个安南人在中国内地犯罪，乾隆亦下旨释放回国，"听该国王自行惩治，以示天朝宽大之恩"④。嘉庆年间，清政府曾将走私的朝鲜人交还该国，"自行查照定例，分别惩治"⑤。道光年间英国水手在黄埔犯下命案，"亦经阮督部堂奏请，令英国自行惩办"⑥。以上各案中，清政府均把将犯人交还其本国处理视为对外夷的恩典，视为羁縻外夷的手段之一。也正因为有了这些司法上的成例，耆英等人在考虑五口开放后可能面临的司法问题时才提出将外人的裁判权交给领事。这也是条约关系下的羁縻手段之一。当然，不可否认，耆英等人当时的确没有国家主权观念。

片面最惠国待遇与清政府的羁縻外交更有着直接联系。耆英曾言："西洋各国，以通商为性命，天朝制驭之术，全在一切持平，不事苛求，务存大体，则桀骜之气不抑而自消。"⑦ 这实际上代表了清统治集团的普遍认识。因而，在中英《南京条约》及其附约签订以后，道光帝随即批准了耆英等人的奏请，表示"英夷已准通商，所有米利坚等国自应准其一体通商，以示抚绥

---

① 李育民：《晚清中外条约关系研究》，第441页。

② 刘俊文：《唐律疏议笺解》上册，中华书局，1996年，第478页。

③ 上海大学法学院、上海市政法管理干部学院编，张荣铮等点校：《大清律例》，第134页。

④ 《清高宗纯皇帝圣训》卷273，沈云龙主编：《近代中国史料丛刊三编》第94辑第938号，台北文海出版社，2005年，第3563页。

⑤ 《清仁宗睿皇帝圣训》卷104，沈云龙主编：《近代中国史料丛刊三编》第95辑第941号，台北文海出版社，2005年，第1883页。

⑥ ［日］佐佐木正哉编：《鸦片战争之研究（资料篇）》，沈云龙主编：《近代中国史料丛刊续编》第95辑第941号，第218页。

⑦ 《耆英等奏查办美利坚等国通商大略情形折》，道光二十三年闰七月三十日，齐思和等整理：《筹办夷务始末·道光朝》五，第2717页。

之意"①。美国全权代表顾盛前往中国最重要的使命是获得和英国一样五口通商的特权，但他还未到达中国，清政府就已准许美国商人照新例在五口通商纳税，法国、荷兰等各国商人都分享了这一特权。

除了内容的变化，第一鸦片战争后，清政府的羁縻政策在形式上也发生了变化，这主要表现在外交礼仪方面。礼仪曾是清政府维护天朝体制的根本，但在第一次鸦片战争后，为适应同西方国家交往的需要，不得不作出了某些调整。用耆英的话说是，"抚绥羁縻之法，亦不得不移步换形"②。如谈判过程中，中国钦差大臣与外国公使互相之间的宴饮款待，互相赠送礼物，中国钦差大臣接见外国公使女眷等。耆英认为，这些西方人生长在外国，不熟悉天朝制度，断不肯屈从于藩属之礼，退居越南、琉球之列；且"此等化外之人"，对称谓体制茫然无知，与之争执公文格式，"实于抚绥要务甚无裨益"，"与其争虚名而无实效，不若略小节而就大谋"③。

1843 年 10 月初，美国新任领事保录·S. 福士抵达广州，两广总督耆英率领一众广东地方官员隆重接见。这在行商时代是绝不可能发生的事。按照行商制度，"夷酋"只能通过行商与中国官员联系，信件尚不能直达，更别说见面。中英《南京条约》规定，废除行商制度，允许外国领事与中国地方官平移往来，但两广总督率领广东官员集体接见美国领事不能不说让人惊叹。事后，耆英的解释是：以前通过行商联系的制度造成了中外之间的隔阂，"各该夷每以不能自达为恨事"，现在正值制度变更之际，如果仍不与外夷见面，会令其心生疑虑，"殊非抚驭之道"④。

以上事实表明，第一次鸦片战争以后，清政府的天朝体制和羁縻政策已经发生了局部的变化，并且清政府自身也在顺应时势的发展做出某些变革。但整个清统治集团并没有从根本上改变天朝观念，没有而且也不会主

---

① 《廷寄》，道光二十三年九月二十日，齐思和等整理：《筹办夷务始末·道光朝》五，第 2763 页。

② 《耆英又奏体察洋情不得不济以权变片》，道光二十四年十月十四日，齐思和等整理：《筹办夷务始末·道光朝》六，第 2891 页。

③ 《耆英又奏体察洋情不得不济以权变片》，道光二十四年十月十四日，齐思和等整理：《筹办夷务始末·道光朝》六，第 2892 页。

④ 《耆英等奏美利坚等国通商章程业经议定折》，道光二十三年九月二十四日，齐思和等整理：《筹办夷务始末·道光朝》五，第 2759—2760 页。

动地抛弃天朝体制，他们仅把这些视为新形势下的一种抚夷之策，一种稳定政治统治的手段。正如耆英所说，"力除积弊，咸与维新"，使各夷安分贸易，"诚为正本清源之法"①。正因如此，清政府对体制的变革和对西方国家的"恩惠"是有限度的，一切对其政治统治和原有体制构成威胁的要求都必然遭到抵制。

五口通商时期，清政府的羁縻外交仍以贸易羁縻为主，政治方面则依然存在体制禁区，特别是由于最惠国条款的存在，清政府对任何国家提出的公使进京要求都坚决抵制。1843年，当美国领事福士告知耆英，美国政府已派特命全权公使来华、欲前往北京觐见皇帝时，耆英等人大惊失色。他们不明白美国此举的目的究竟是什么，中美之间没有发生摩擦，而且清廷已经让其均沾了英国所受的恩惠。更重要的是，进京一事，体制攸关，历来都只有得到清政府许可的朝贡使团才能进京面圣。耆英等人一面请福士写信阻止顾盛前来，一面联名将此事上奏朝廷。道光谕令："着耆英等婉为开导，谕以天朝抚驭各国，一视同仁，凡定制所应有者，从不删减，定制所本无者，不能增添。若各国纷纷请觐，观光上国，不但无此政体，且与旧制有乖。"② 这道谕旨集中体现了当时清政府对外政策的基本原则：对各国一视同仁，但仍旧维护定制。直到第二次鸦片战争时期，清政府实际上依然坚持这一立场。

总之，第一次鸦片战争后，清政府仍然希望通过羁縻手段消除西方国家的桀骜之气，使其恭敬顺从，以消除兵祸，稳定统治秩序。尽管此时的羁縻与传统的羁縻已有所不同，但依然是以传统的天朝观念和外交理念为基础。这显然不符合近代国际形势发展的潮流，也无法从根本上应对西方国家的扩张。到第二次鸦片战争爆发后，清统治集团中有人开始对羁縻之道提出了强烈批判。1859年2月21日，钦差大臣镶黄旗蒙古都统胜保和安徽巡抚翁同书奏陈洋务之失，认为自古以来中国的封建帝王虽然对外夷要略示羁縻，但从没有不倚仗威力而使其驯服的，也没有稍微满足外夷要求就能够阻止其贪得无厌的，"大抵待以恩，则中国之势日弱，驭以威，则中国之体日尊"；

---

① 《耆英又奏美利坚等国必欲在闽浙通商似可准其一并议定税则片》，道光二十二年十二月十九日，齐思和等整理：《筹办夷务始末·道光朝》五，第2538页。

② 《廷寄》，道光二十三年九月二十四日，齐思和等整理：《筹办夷务始末·道光朝》五，第2763页。

1858 年四国公使北上，要求签订新约，刚开始只不过是试探，后来由于清政府"一一允从"，从而使得其"愈纵愈骄，要挟无穷"。在他们看来，清政府在条约问题上的羁縻实际上是示人以弱，只会增加西方各国的气焰，"示之以强，则彼将自阻"①。第二次鸦片战争后，批评的声音越来越多，但日暮西山的清政府此时已很难在西方列强面前"示之以强"，整个晚清时期实际上都未能放弃羁縻外交。

第二节　"阴违条约"与"恪遵成约"的双重标准

第一次鸦片战争的失败使中国传统的天朝体制受到了前所未有的挑战，五口的开放和不平等条约的签订标志着中国被卷入近代国际体系的开始。对清政府来说这种经历是前所未有的，也是被动和痛苦的。为尽可能地维护天朝体制，第一次鸦片战争后的 20 年间，清政府对条约的执行采取了双重标准，一方面"阴违条约"，对条约中的一些规定不予执行，减小条约对传统体制的冲击；另一方面又强调"恪遵成约"，以阻止列强扩大侵略。

由于对外部世界的无知和长期以来天朝上国观念的影响，清朝统治集团根本不懂当时西方社会所尊崇的国际交往法则，当它不得不接受西方强加的条约时，它据以应对的是中国传统的盟誓观念。这种观念一方面主张讲求信义，遵守条约；另一方面又含有背盟弃信的思想，认为"要盟"不受神的保障，可以违背。中英《南京条约》签订时，清政府考虑的是暂时"罢兵通商""徐图控驭"②，从朝廷到地方都没有想过要认真地执行，"主战派"甚至"拒绝接受这次战争的结局，继续批评这个条约并且敌视条约中的规定"，有的人则想利用"解释条约的办法来收回在谈判中失掉的东西"③。订立《天津

---

① 《胜保等奏沥陈洋务之失入京之害宜以民力阻其入江折》，咸丰九年正月十九日，贾桢等纂修：《筹办夷务始末·咸丰朝》四，第 1278—1279 页。

② 《耆英等奏详陈议和情形折》，道光二十二年七月二十六日，齐思和等整理：《筹办夷务始末·道光朝》五，第 2306 页。

③ ［美］马士著、张汇文等译：《中华帝国对外关系史》第 1 卷，第 413—414、364 页。

条约》之初，桂良奏报咸丰帝时说："此时英、佛两国和约，万不可作为真凭实据，不过假此数纸，暂且退却海口兵船。将来倘欲背盟弃好，只须将奴才等治以办理不善之罪，即可作为废纸。"① 咸丰帝则明言"自古要盟不信，本属权宜"②，明确表示不必信守条约。可见，两次鸦片战争时期，清政府没有形成近代意义上的信守条约观念，没有把条约视为具有强制性的法律文件，更何况西方国家所加于中国的是一种弱肉强食的霸道法则，是不平等的条约。因此，在条约签订以后，清政府所注重的是如何尽量减少并抗拒条约的束缚，如何尽量维护并保持残缺的天朝体制和华夷秩序。这就出现了"阴违条约"的现象。

前文所述福州和广州入城事件都是"阴违条约"的典型例子。英国领事李太郭到福州上任时，提出在城内居住的要求。闽浙总督刘韵珂明知《南京条约》对英国领事居留的规定没有区分城邑内外，李太郭要求住在福州城内是合理的，却故意将其安排在城外。后来在李太郭的坚持下，刘韵珂最后同意其租住福州城内偏僻的乌石山积翠寺，但早已私下里"阴加阻挠，密为钳制"③，在前往福州的途中层层设卡，使茶商仍往粤东贸易，同时劝谕巨商大贾不与英人交易。刘韵珂希望通过贸易挫折来使英人自行放弃福州。在广州，两广总督兼钦差大臣耆英、徐广缙、叶名琛，均以民风强悍为由，阻止英人进城。这一策略甚至得到朝廷的支持。1849 年 3 月，徐广缙奏报接见英国公使文翰并拒其入城一事。道光帝指示徐广缙，告诉英国公使，前年约定进城之说，"本系钦差大臣耆英与该酋德庇时面定，现在该督替代耆英，而该国亦更易文翰，原不必复申前说"④。同年 4 月，叶名琛又奏"进城有害无利，断难隐忍坐视"。道光帝表示："英夷进城之约，在当日本系一时羁縻"，同意广东当局相机而行，利用民众进行防范和抵制⑤。总之，无论是福州还是广州，清统治者都是抱着夷夏大防的旧观念来抗拒英人，都是以一种抱残

① 《桂良等奏英自定条约五十六款逼令应允折》，咸丰八年五月十六日，贾桢等纂修：《筹办夷务始末·咸丰朝》三，第 966 页。
② 《朱谕》，咸丰十年七月二十七日，贾桢等纂修：《筹办夷务始末·咸丰朝》七，第 2270 页。
③ 鹏永庆编选：《第一次鸦片战争之后福州问题史料》，《历史档案》1990 年第 2 期。
④ 《廷寄》，道光四十九年二月十七日，齐思和等整理：《筹办夷务始末·道光朝》六，第 3166 页。
⑤ 《廷寄》，道光四十九年三月二十二日，齐思和等整理：《筹办夷务始末·道光朝》六，第 3174 页。

守缺的态度来阻止条约的实施，抵制英人对天朝体制的破坏与冲击。

五口通商时期，清政府虽然存在"阴违条约"的现象，但对某些条款尤其是商业条款还是抱有诚信的态度，并将"恪遵成约"作为基本的外交方针之一。

中英《五口通商附粘善后条款》《五口通商章程：海关税则》签订以后，户部随即通知五口所在地方当局，钦差大臣耆英亦发出咨文，各地督抚立即行知下属遵照妥办，做好开关前的准备。上海开市后，贩运湖丝来上海者，当局要求其补纳原赴粤途中的内地常关税，以弥补税费损失。英国驻上海领事巴富尔恐此举使丝价增加，向上海道台宫慕久提出，想面见江苏巡抚孙善宝，请求毋庸补纳。上海道台驳斥说："定章难以更改。"这一处理方式得到孙善宝的认同。与此同时，该道向孙善宝禀请设立公估所，由华商和洋商各选数人，公同评定货价，以免争执。孙善宝查核发现，此议与《五口通商章程：海关税则》的条款相符，遂奏请朝廷批准。他在奏折中提出，"伏思抚驭外夷，全在孚以恩信，俾其知感知畏，以期长治久安"[1]。道光在随后批谕："谨守现定章程，妥为办理，无任妄意干求，致有增减。"[2]以上两件事充分体现了清政府"恪遵成约"的思想与内涵，即一方面通过执行条约的一些规定抚驭外人，另一方面则以条约阻止外人的额外要求。

翻阅五口通商时期的奏议和谕令会发现，这一时期清政府"恪遵成约"的方针主要是对外，而不是对内，即以此制约西方列强，阻止其扩大侵略。1843年7月，中英《南京条约》善后谈判期间，耆英就曾提到"条约为信守之凭"。但他的所谓"信守"明显是针对对方，在当时也就是要求英国守约，为此，伊里布到粤后，将条约中不许英商驶往五口之外的地方以及此后商欠官不代还两件事向英国公使璞鼎查"再三要约明白"，耆英接替两广总督后，又与璞鼎查"重申前约"[3]。1844年11月，在与美、法等国进行了条约交涉

---

① 《孙善宝奏办理上海开市情形折》，道光二十三年十一月初九日，齐思和等整理：《筹办夷务始末·道光朝》五，第2786页。

② 《廷寄》，道光二十三年十一月初九日，齐思和等整理：《筹办夷务始末·道光朝》五，第2787页。

③ 《耆英又奏应行添注各条已另列一册俟璞鼎查盖截后录呈折》，道光四十三年七月十六日，齐思和等整理：《筹办夷务始末·道光朝》五，第2683页。

以后，耆英再次明确提出抚夷之法须"格之以诚"①，即以"诚"约束对方，要求对方遵守条约。1845 年 5 月，闽浙总督刘韵珂在奏折中亦称，"中国现在之所以驾驭该夷者，全凭和约各条向其裁制，各省必须一律坚守，方可示诚信而期折服"②。这说明他认为条约虽是外夷侵略中国的工具，但同时也是中国借以约束外国的工具。道光帝也认可这一观点。1845 年 10 月，他接到有关英国船只侵入朝鲜境内的奏报后，着耆英"折以正言，婉加开导"，要求英人"恪遵成约，彼此相安"③。此后，"恪遵成约"在清帝的谕令中频频出现，成为清政府办理夷务的基本原则之一。

咸丰帝即位后，清统治集团仍然强调"恪遵成约"，以限制列强在条约权利范围外的侵权。1850 年 9 月福建工科给事中林扬祖奏称，英国领事租住神光寺，引发民怨，官绅意见不合。咸丰帝降谕：此事办理"总宜恪守成约，凡该夷稍有违约之处，即当严词拒绝，俾该夷感而知畏，不至遽生嫌隙"④。1856 年怡良等人在奏报福州、宁波的关务情形时也提出，"驭夷之法，不过责其恪守成约"⑤。

19 世纪 50 年代的中外修约交涉更是充分体现了清政府"恪遵成约"，以条约制约列强的思想。西方国家的修约意图，清政府早有察觉。1853 年 4 月，叶名琛向朝廷奏报，英国公使文翰于前一年夏天突然返英，至第二年正月才回到香港，经密探打听，乃因《南京条约》12 年之期将满，英国意欲修约⑥。咸丰皇帝指示他镇静处之，与柏贵等"密为筹度"，"切不可稍露端倪"，以防备英方别有要求⑦。同年七月，美国公使马沙利照会两江总督怡良，正式提出修约一事。该照会转寄给了两广总督叶名琛，叶名琛从中发现

　　① 《耆英又奏体察洋情不得不济以权变片》，道光二十四年十月十四日，齐思和等整理：《筹办夷务始末·道光朝》六，第 2891 页。

　　② 《刘韵珂等奏福州厦门英人已有住处鼓浪屿英兵已退折》，道光二十五年四月十五日，齐思和等整理：《筹办夷务始末·道光朝》六，第 2923 页。

　　③ 《廷寄》，道光二十五年九月二十九日，齐思和等整理：《筹办夷务始末·道光朝》六，第 2937 页。

　　④ 《廷寄》，道光三十年七月二十八日，贾桢等纂修：《筹办夷务始末·咸丰朝》一，第 55 页。

　　⑤ 《怡良吉尔杭阿奏福州宁波关务情形片（抄件）》，1856 年 4 月 18 日，太平天国历史博物馆编：《吴煦档案选编》第 6 辑，江苏人民出版社，1983 年，第 18 页。

　　⑥ 《叶名琛等奏英使回国返港恐别有阴谋折》，咸丰三年三月初九，贾桢等纂修：《筹办夷务始末·咸丰朝》一，第 201 页。

　　⑦ 《廷寄》，咸丰三年三月初九，贾桢等纂修：《筹办夷务始末·咸丰朝》一，第 201—202 页。

了马沙利的修约意图，随即奏报皇帝，建议立即饬令马沙利返回广东，并表达了他个人对修约的意见，即"坚持定约"，不能动摇①。咸丰皇帝同意他的看法，采纳了他的建议，在给怡良的批谕中，要求怡良等晓谕、开导马沙利，"杜其妄念"，饬其"恪守条约，照旧通商"②。1854 年，咸丰又接到美国公使麦莲要求修约的奏报，他谕令叶名琛："务当坚持成约，严词晓谕，杜其奸萌。"③ 此后一再强调这一立场。

作为清政府修约的基本方针和立场，"坚持成约"集中反映了五口通商时期清统治集团的条约观念，即一方面将条约看作强力逼迫下不得不做出的让步，消极对待，并没有想过要真正地执行和信守，另一方面则将条约视为阻挡列强进一步侵略的屏障和维护已经残缺的天朝体制的手段。

在修约问题上，"成约"的规定是什么呢？中美《望厦条约》第三十四款载明："和约一经议定，两国各宜遵守，不得轻有更改；至各口情形不一，所有贸易及海面各款恐不无稍有变通之处，应俟十二年后，两国派员公平酌办。"④ 中法《黄埔条约》依照美国，亦载入了修约的内容，规定：日后法国"若有应行更易章程条款之处，当就互换章程年月，核计满十二年之数，方可与中国再行筹议"⑤。这也是英、美、法三国要求修约的依据。且不论英国怎样，根据以上条约规定，中美和中法条约在期满 12 年后是允许在指定范围内进行修订的。但是，清政府却一直不肯与各国谈判，不给各国对话的机会。叶名琛无条件地拒绝各国公使的接见请求，上海、天津各地官员又一味打发他们回广州，唯一一个建议修约的吉尔杭阿遭到咸丰帝的怒斥。事实上，五口开放的十多年中，中外双方在诸多方面矛盾重重，猖獗的鸦片走私，各种形式的偷税漏税，外人违约进入内地，纠纷频发的租地建屋事件等。修约交涉正是清政府和各国协商解决这些问题的一

---

① 《叶名琛奏马沙利所递文书缘由请敕江督令其回粤折》，咸丰三年七月二十八日，贾桢等纂修：《筹办夷务始末·咸丰朝》一，第 222—223 页。

② 《廷寄》，咸丰三年六月十五日，贾桢等纂修：《筹办夷务始末·咸丰朝》一，第 219—220 页。

③ 《廷寄》，咸丰四年六月二十一日，贾桢等纂修：《筹办夷务始末·咸丰朝》一，第 288 页。

④ 中美《五口贸易章程：海关税则》，道光二十四年五月十八日，王铁崖编：《中外旧约章汇编》第 1 册，第 56 页。

⑤ 中法《五口贸易章程：海关税则》，道光二十四年九月十三日，王铁崖编：《中外旧约章汇编》第 1 册，第 64 页。

个时机。但清政府没有积极准备，提出自己的要求，与列强进行义正辞严的交涉，而是选择了回避。

"坚持成约"一方面使得清政府对修约一事消极应对，另一方面对抵制列强侵略客观上也有着一定的积极意义。按照中美条约规定，所谓修约只是修订贸易和海运的部分内容，且限于细微的变通，而不能弃原有条约于不顾，更不包含与原有条约完全无关的额外要求。中法《黄埔条约》关于修约的规定不及中美条约详细具体，但其修订的范围与限度和中美条约大致相同。但实际上，英、美、法三国的修约活动远远超出了中美和中法条约许可的范围，三国提出的修约要求包含了开放中国内地、公使驻京、传教自由、鸦片贸易合法化等内容，这已经不是对原定条约稍作变通，而是借修约之名图谋订立新的不平等条约，以达到扩张的目的。清政府强调"坚持成约"，是以条约规定的修约限度来粉碎英、美等国订立新约的无理要求。1854 年的修约交涉中，怡良、吉尔杭阿等都曾驳斥英、美公使说，中美条约虽有 12 年变通之说，但断无另定新章之语，不能大做修改。1856 年修约交涉中，清廷在谕令中仍然清楚表示，按原定中美、中法条约，只不过恐日后情形有变，稍加变通，其大段章程断无更改，如果美、英等仍要求修约，只能"择其事近情理无伤大体者，允其变通一二条"，以示羁縻①。

当然，清政府还没有国家主权的观念，它对修约的抵制主要是出于维护天朝体制的目的。咸丰所说的"无伤大体"实际上就是无损天朝体制。传统天朝体制的基础是天朝至上、夷夏大防。第一批不平等条约已经在这一制度上打开了缺口，取消了行商垄断，开辟了五口通商的新格局，实现了官方文书的平移往来。但这些只是从表面上打破了天朝体制的坚冰，触动了清政府的天朝上国思想，而没有从根本上动摇天朝制度。因此，在第一次鸦片战争后，清政府的对外政策并没有实质性的变化，其天朝观念也没有发生根本的改变，清政府依然尽力维护残缺的天朝体制和华夷秩序。

1854 年天津交涉后，清政府已完全了解了各国修约的具体内容，但对它来说，无论是开放中国内地的商业要求，还是公使驻京、自由传教的政治和

---

① 《廷寄》，咸丰六年六月二十二日，贾桢等纂修：《筹办夷务始末·咸丰朝》二，第 466 页。

文化要求，都不符合传统的天朝体制，一旦允准都将使整个天朝体制遭受致命打击。以内地开放而论，对西方列强来说，这是打开市场的途径，但对清政府则体制攸关。清政府不允许外人进入内地主要是出于夷夏大防的思想，防止夷人与内地民人勾结，危害其政治统治。修约期间，这种顾虑由于特殊的政治形势而进一步加深。1853—1856年，正是中国各地起义频发，特别是太平天国运动蓬勃发展之际，西方国家对此持观望态度，纷纷采取"中立"政策，并派人前往天京考察。这不能不让清政府心生疑惧。1854年五六月间，美国公使麦莲和英国公使包令为修约事宜先后驶抵上海，麦莲在传教士裨治文等人的陪同下亲赴天京，包令则派中文秘书麦华陀等乘军舰去天京等地了解太平军的情况。清政府得知这些后，怀疑他们"包藏祸心"，暗地里帮助太平军①。不久，包令向江苏巡抚吉尔杭阿提出愿意将太平军逐出上海，以使贸易畅通，但要求将来虏获的太平军，"无论送往何处，不必过问"。与此同时，清军两次在追击出上海的太平军时，与英人相遇，英人皆先向清兵开枪，打伤兵勇②。这更增加了清政府对英人的猜疑和反感，认定英人意图勾结和包庇贼匪。1856年，伯驾从香港北上的时，叶名琛奏报朝廷，声称伯驾素来狡黠，两年前曾与广州周围的叛军取得联系，扬言"粤匪必能成事"③。咸丰接报后，在接下来的谕令中，着怡良劝令各国公使回粤，并特意叮嘱怡良，对伯驾"暗中防范，毋令句通粤逆，别生事端"④。维护天朝体制是清政府"坚持成约"，抵制和反对各国修约的根源。

　　"阴违条约""恪遵成约"的双重标准对清政府来说是一种权术，从抵制外来侵略的角度看也有一定的合理性，但在当时却缺乏实力的支撑，因而第二次鸦片战争后，在列强的武力威逼之下，清政府不得不接受西方的国际法则，逐步确立了信守条约的方针。不过，由于被强迫订约的现实没有改变，清政府对条约仍存在抵制思想，尤其在地方官中表现得更为强烈。

---

　　① 《廷寄》，咸丰四年五月十三日，贾桢等纂修：《筹办夷务始末·咸丰朝》一，第281页。

　　② 《江苏巡抚乃钊奏上海英人暗助太平军折》，咸丰四年六月十三日，贾桢等纂修：《筹办夷务始末·咸丰朝》一，第276—277页。

　　③ 《叶名琛奏英美法请重订条约已设法阻止折》，咸丰六年六月二十二日，贾桢等纂修：《筹办夷务始末·咸丰朝》二，第463—464页。

　　④ 《廷寄》，咸丰六年六月二十二日，贾桢等纂修：《筹办夷务始末·咸丰朝》二，第466页。

第三节 从"以商制夷"到"以民制夷"

两次鸦片战争时期，清政府在被迫赋予来华外人条约特权的同时，也在极力地对其进行控驭和限制，但控驭、限制的方式由鸦片战争前的"以商制夷"转变为"以民制夷"。

第一次鸦片战争前，清政府在以贸易羁縻笼络、控制外夷的同时，还通过"以商制夷"之策对来华外人进行管控。"以商制夷"既是清政府日常管理和控制外商的常规性手段，也是清政府在中外矛盾激化时用来对付、控驭外人的非常性手段，但两者的表现形式和具体措施有所不同。

作为常规性管控手段，"以商制夷"主要表现为对来华外人贸易地点、贸易对象、贸易时间等的严格限制。为对付以郑成功为首的反清势力，清朝建立之初一度实行海禁，1685 年，康熙皇帝体恤沿海人民的生计，下令开四口通商，分别是广州、厦门、宁波、云台山。此四口即为外商指定的沿海贸易地点。1757 年，为防止外患，清政府颁布广州一口通商制，广州成为唯一的沿海通商口岸，一直到第一次鸦片战争。四口通商时期，广州的对外贸易最为繁盛，为加强对外国商人的管理，清政府在广州实行行商制度。行商制度是清政府"以商制夷"政策的集中体现。清政府希望借此尽可能地将外夷的影响限制在有限的范围，使外国商人与生产者和中国内地客商都无法发生直接接触。正如马克思指出，在鸦片战争前的中国，"外国人要做生意，只限同领有政府特许执照从事外贸的行商进行交易。这是为了阻止它的其余臣民同它所仇视的外国人发生任何联系"①。行商具有官、商两重身份，他们不仅垄断对外贸易，而且对来华外商负有管理的责任。乾隆年间，行商制度进一步加强。1745 年，清政府实行保商制度，外国商船进口均须指定行商承保，外商和船员的一切行为均由保商负责，包括外国商品的销售、中国商品的收购、交税等。

① ［德］马克思：《中国革命和欧洲革命》，《马克思恩格斯选集》第 1 卷，第 784 页。

1757 年，广州一口通商制确立后，行商更充分地发挥了"以商制夷"的作用。1759 年，英国东印度公司职员洪仁辉北上天津，状告行商。此后，清政府制订了一系列防夷章程，并不断完善、增补，进一步明确了行商对外夷的管理职责，规定到粤夷人，均应受行商管束稽查，"买卖货物必令行商经手，方许交易"①，一切雇用买办、货币鉴定人、仆役、苦力、厨子、水夫和船夫等事都由行商代办，向清朝官员交涉也必须通过行商呈递禀帖。

行商对贸易的垄断和对人身的束缚引起了外商的强烈不满。19 世纪 30 年代，随着英国对华贸易格局的变化，行商制度陷入了危机。1834 年，英国政府取消了东印度公司对华贸易垄断权，随后英国自由商人大量投身同中国的贸易。但中国方面，对外贸易依然掌握在少数行商手里，广州行商的数量 1830—1835 年都维持在 10 家，1836 年和 1838 年为 11 家，最多的 1837 年也仅 13 家②。数目的相对固定和缺乏弹性使行商制度不能适应对外贸易的急剧增长，很多行商因贸易的骤然扩大而资本匮乏，再加上清政府的勒索，终于在 19 世纪 30 年代后期爆发了大规模的商欠案。1837 年初，广州的 13 家行商中有 3—4 家公开承认无力偿还对外商的欠款，这些行商的总债务达到 300 万元，外加 75 万元的欠税。其中兴泰行正式宣布破产，据公行和外商共同成立的清偿委员会估算，除尚有争议的部分外，该行的债款已达到 2261439 元。当时，清政府实行行商联保制，破产行商的债务由全体行商共同分担，逐年清偿。两广总督谕令保商与英国商人交涉，按照惯常的方法处理兴泰行的债务，以行商摊分的方式，分 9 年偿还。但英商却不同意，他们认为，"第一次在自由贸易体制下解决债务纠纷就建立一种拖延支付的先例是不得当的"，毕竟"这种债务与以前所有的债务都大不相同，它完全是产生于实际的交易活动"。而更重要的是，他们希望借机解决所有破产行商的债务问题，以便"将未来的贸易置于更加安全的制度之上"。为此，1838 年 3 月 21 日英国在华 21 家洋行联名向英国政府递交请愿书，控诉其"合法贸易中所有主要商品的交易都被限于约 12 家行商或保商"，而他们无法弄清这

---

① 梁廷枏：《粤海关志》，沈云龙主编：《近代中国史料丛刊续编》第 19 辑第 184 号，第 2015 页。
② 黄国盛：《鸦片战争前的东南四省海关》，福建人民出版社，2000 年，第 112 页。

些商行的资格、资金、信誉等方面的信息，他们不能要求与中国贸易的规章突然发生巨大的改变，但为了将来的贸易更为安全，他们希望政府关注商人的利益，对中国行商的欠债问题进行"强有力的干预"①。中英商业债务冲突的激化既表明了英商对行商的不信任，也反映了中国行商制度不能适应英国自由主义商业扩张的危机。

英国政府此时对行商制度亦耿耿于怀。1834 年，东印度公司对华贸易垄断权废除后，英国政府任命律劳卑为驻华商务监督。律劳卑来华后，希望避开行商，实现和中国官员的直接联系，但未能成功。中英双方还因此发生激烈冲突，甚至发展到武装对抗，律劳卑亦于 1835 年染病死于澳门。

为了实现对华自由贸易和平等交往，1842 年中英《南京条约》谈判时，英方提出了废除行商制度的条款，行商制度作为"以商制夷"的常规性手段宣告终结。

在中外发生矛盾冲突时，"以商制夷"还是一种控驭外夷的非常性手段。作为非常性管控手段，"以商制夷"常以封舱，即中止或断绝贸易的形式出现。19 世纪上半叶，随着西方殖民势力的东侵，中西之间的矛盾冲突不断增多，这一极端手段开始频繁运用。早在 1802 年和 1808 年，当英国以防范法国、保护贸易为名伺机强占澳门时，清政府即以封舱相威胁，迫使其屈服。1814 年，英国皇家海军舰艇"多利斯"号违禁闯入黄埔，两广总督又以封舱令向英国东印度公司施压，要求其对此事负责，并阻止此类事件的再次发生。1834 年，面对英国第一任驻华商务监督律劳卑的挑衅，广东当局亦愤而实行封舱，禁绝同英国的一切贸易活动。由于封舱带来的困境和损失，在华英商逐渐动摇了对律劳卑的支持，律劳卑最后不得不屈服，在广东当局同意恢复中英贸易后，退出广州。对清政府来说，在与外夷的矛盾冲突中，一纸停止贸易的封舱令俨然成为对抗和控驭外夷的王牌。

受此影响，第一次鸦片战争时期，清政府统治集团内部出现了不少以封舱而"制夷"的思想和言论。顺天府尹曾望颜向道光帝奏请封关禁海，认为

---

① "Memorial to Vscount Palmerston," March 21, 1838, *British Parliamentary Papers*, China 30, pp. 500—501.

控驭外夷的要策"首在封关"，禁止夷人销售所贩之货，亦不准其购买中国的大黄、茶叶，"彼未有不惧而求我者也"；同时厉行海禁，断其粮食和淡水供应，华民"私行接济夷船者，立拿正法"。若外夷敢于恃强抗拒，则诱其入内洋，招募兵勇，"痛加剿杀"；若"其果能诚心悔罪"，则"准其通商互市"，并限制大黄、茶叶等货物的贸易量，"以为钳制之法"①。直隶总督琦善也提出"智御外夷良策"，建议道光帝先威后德，即先断绝中外贸易，待外夷赖以为命的大黄、茶叶等匮乏而向中国哀求时，再格外施恩，恢复贸易，使外夷畏威怀德，就我范围。在他看来，中国的丰盈物产"实造物予中土以制外夷之大权也"②。负责查禁鸦片的林则徐更是以封舱打击破坏禁烟运动的英商，并下令在规定时间内将澳门英商悉数驱逐出去，"若过期尚有英夷在澳，西洋贸易亦即暂停"。他在给道光帝的奏折中声称，"驭夷不外操纵二端，而操纵只在贸易一事，夷性靡常，不得不以此为把握"③。1840 年 8 月，英舰兵临天津，清政府急寻制敌之策。贵州道监察御史万启心上奏晓谕英人六条事项，认为，"英吉利夷人，惟以贸易为事"，因而可借贸易操纵英人：一方面，坚持鸦片不能开禁，继续侵略中国海疆则"断无许和之理"，以断绝贸易来令其畏惧；另一方面，"晓谕以失利得利"，考虑义律在具呈缴烟一事上"尚属听命可嘉"，且中国当时措置不妥，对其"网开一面，为天朝赦宥之端，仍责以悔罪输费自投"。另外，谕令广东当局"平照市价"，全部收购茶商手中的茶叶，待夷人屈服后，"照价赏赐"④。

这些以封舱控驭外夷的思想主张依然建立在封建愚昧的基础之上，即认为中国地大物博，无需与外夷互通有无，而外夷的生活则离不开天朝物产，必须仰赖于天朝。1840 年 9 月，当琦善奉命退敌，劝说英国全权代表懿律返回广东时，使用的就是这种说辞。他宣称，中国不需要英国的货物，而英国

① 《曾望颜奏请封关禁海以清鸦片弊源折》，道光十九年十二月十一日，齐思和等整理：《筹办夷务始末·道光朝》一，第 250—251 页。

② 齐思和等编：《鸦片战争》一，第 516 页。

③ 《林则徐等又奏驱逐英船并筹设防片》，道光二十年三月初七日，齐思和等整理：《筹办夷务始末·道光朝》一，第 282 页。

④ 《掌贵州道监察御史万启心奏晓谕英人折》，道光二十年八月初五日，齐思和等整理：《筹办夷务始末·道光朝》一，第 418—420 页。

必须得到中国的货物，所以中国可以与英国断绝贸易，英国以战争相逼，"殊非通商之理"，在这种情况下，中国皇帝也断不会允准通商①。这种落后的思想认识使清统治集团高估了封舱在对抗外来侵略中的作用。在英国坚船利炮的打击下，这一对外夷的非常性管控手段也宣告失败。

第一次鸦片战争后，清政府失去了行商制度这一约束和管理外人的常规性手段，与此同时，由于条约的存在，以及西方国家的军事压力，封舱的非常性手段既无法施展，也不再有效力。面对各国不断提出新的侵略要求以及中外纠纷的不断出现，清政府转而希望借助于民众的力量来抵制和约束外人，即所谓的"以民制夷"。

此时，受战争的冲击和条约的影响，官、民、夷的关系较此前更为复杂。清政府在鸦片战争中的表现和失败在一定程度上动摇了其在民众中的威信，尤其在广东，清廷将坚决抗英的林则徐撤职，派琦善和谈，委屈求全，和谈不成，又派无知、贪功的奕山前去。面对英方的进攻，清军不堪一击，"军帅伏处一隅，半筹莫展。百姓汹汹，谓兵不足恃"②。在英军的围攻下，奕山妥协投降，签下《广州和约》，答应付给英方 600 万元赎城费，这笔钱实际上都是向广州商人勒索而来。后来《南京条约》的赔款亦全部转嫁到了百姓身上，大大增加了人民的负担。英军占领广州期间，四处劫掠，侵扰百姓，奕山等人不但不予阻止，反而发布告示，要求官兵保护英国商人，不许官兵抗击英军，否则以军法惩办③。清政府的妥协投降和对侵略者的纵容，让百姓义愤填膺，官民关系急剧恶化。湖广道监察御史曹履泰曾经奏称，他于 1843 年春前往广州，发现粤东官民"相为冰炭"，粤民视地方官为仇敌④。

鸦片战争之后，官民关系恶化，民夷关系则更为恶劣，五口通商时期也是中国民众掀起排外高潮的第一个时期。以英国为首的西方国家对中国的侵略引起了中国人民的愤懑。广州同样是排外最严重的地区。广州已有数百年

---

① 《琦善照会》，道光二十年八月十八日，［日］佐佐木正哉编：《鸦片战争之研究（资料篇）》，沈云龙主编：《近代中国史料丛刊续编》第 95 辑第 941 号，第 22—23 页。

② 广东省文史研究馆编：《三元里人民抗英斗争史料》，中华书局，1978 年，第 123 页。

③ 白云涛编著：《三元里抗英》，中国国际广播出版社，1996 年，第 10 页。

④ 《曹履泰等奏英人欲进粤城人心不服不宜强民从英折》，道光二十六年二月十三日，齐思和等整理：《筹办夷务始末·道光朝》六，第 2971 页。

对外通商的历史，且是传统朝贡入境处所之一，相较于其他地方，广州百姓对西方人更为熟悉。鸦片战争前，广州人称外国人为"番鬼"，可知其心理上是有着优越意识的。未曾料到，这样一群"番鬼"却突然炮火相加，侵略中国，尤其是英军占领广州期间，大肆烧杀抢掠，凶恶残暴，这自然让从前怀有优越感的广州人愤慨不已。英军侵略广州期间，许多百姓自发进行抵制。三元里抗英更是将广州民众抗御外侮的士气推向了高潮。"粤东自遭三元村事后，民怀隐恨，誓不准其入城，且深知英夷之不足畏"①。受到三元里抗英胜利的鼓舞，广州民众的抗敌斗争由被动转向主动，成立了"旗""堂""团""社学""公所""公社""团练""乡约"等各种民间组织，保家卫国。中外条约对中国贸易和经济形势的影响也是激发广州民众排外情绪的重要因素。新的条约奠定了五口通商的格局，广州不再是惟一的对外贸易口岸，且开口后，贸易中心开始从广州向上海转移，这使大量以外贸为生的广东民众失去了生计。北江上游及梅岭通道运输茶叶的船夫和苦力、出口丝绸搬运工和货栈主、钱币兑换商等都生活无着。外国商品的倾销亦使广东地区的大量织户破产。"这些人都对改变旧状的洋人充满了怨恨，为拒外运动积蓄了人力资源和舆论声势"②。

总之，第一次鸦片战争后，官、民虽有矛盾，但民、夷矛盾更大，正因如此，清政府才觉得民心可用。1843 年 1 月，英军南撤后，广州发生民夷冲突，烧毁夷馆。两广总督祁㙽等向朝廷奏报，认为"英夷甫经就抚，准予通商息事，边衅未可再开，而内地民心，尤不可失"。道光帝同意这一看法，批复："一切细心秉公办理，断不可致该夷目有所藉口，内地民心，尤关紧要，必须固结勿失，慎之！勉之！以副重任。"③ 同年 8 月，祁㙽在关于粤省团练乡兵的奏报中称，"粤东民俗强悍，然谈及忠义，多知奋发，本属可与有为"，"以民为邦本，民心坚定，则国势自张，外夷之所惮者在此，内地之

---

① 《曹履泰等奏英人欲进粤城人心不服不宜强民从英折》，道光二十六年二月十三日，齐思和等整理：《筹办夷务始末·道光朝》六，第 2972 页。

② 郭卫东：《两次鸦片战争期间中国外交体制的变迁》，《北京社会科学》2014 年第 2 期。

③ 《祁㙽等奏英人欺侮粤民致起争斗及洋楼失火折》，道光二十二年十二月十二日，齐思和等整理：《筹办夷务始末·道光朝》五，第 2516 页。

所恃者亦在此"①。

　　不久，耆英接任两广总督。耆英对列强的态度相对温和，但在中外对抗的复杂形势下，他也不能一味迎合外夷，耆英的外交策略是尽可能地保持民夷之间的平衡，这在广州进城问题上得到了充分体现。道光二十三年（1843）英国公使璞鼎查首次提出入城要求时，耆英称两国既然和好，"岂有城内城外之分"，但又以民风强悍拒绝其立刻进城的要求②。道光二十五年十月，当新任英国公使德庇时再次提及此事时，耆英告以"进城一事，为和约及善后事宜所未有，应察看民情，另行次第办理"③。但随后，他又奏报朝廷："复查前议条约，并无准夷人进城之说，而稽考历来案牍，亦并无不准夷人进城明文，且福州、宁波、上海等处，业已均准进城，独于粤省坚拒不允，尤难免有所藉口。现经援据条约，明晰照复，如未能中止，再饬传绅士，令其转谕居民，量为设法，通融酌办。"④ 同一时期，他在发布的告示中明确表示："如果百姓均不愿英人进城，本阁部堂、部院何肯大拂民情，曲徇外国人所请。"⑤ 可见其民夷调和的心态。此时，道光帝倚重耆英办理夷务，基本上认可耆英的通融办法，但也强调要平衡民夷关系，"俾民夷两不相扰，可以经久相安，方为妥善"⑥。

　　1846 年 3 月，湖广道监察御史曹履泰奏，英人欲进广州设立码头，百姓不服，聚众闹事。他认为，此事应顺应民心，"惟假权于粤东之民，断不可强民之所不欲以从夷人之欲，粤东安则海疆均可晏然矣"⑦。道光帝令两广总督耆英查办。耆英一面派兵弹压驱逐闹事匪徒，一面饬令地方官严

　　① 《祁墇等又奏团练乡兵于粤省情形相宜折》，道光二十三年七月十三日，齐思和等整理：《筹办夷务始末·道光朝》五，第 2674 页。

　　② 《耆英说帖》，［日］佐佐木正哉编：《鸦片战争之研究（资料篇）》，沈云龙主编：《近代中国史料丛刊续编》第 95 辑第 941 号，第 245 页。

　　③ 《耆英等奏英人藉端求进省城现在察看办理折》，道光二十五年十二月十三日，齐思和等整理：《筹办夷务始末·道光朝》六，第 2947 页。

　　④ 《耆英等又奏英使请进省城立意甚坚恳谕酌量办理片》，道光二十五年十二月十三日，齐思和等整理：《筹办夷务始末·道光朝》六，第 2947 页。

　　⑤ 广东省文史研究馆译：《鸦片战争史料选译》，第 348 页。

　　⑥ 《廷寄》，道光二十五年十二月十三日，齐思和等整理：《筹办夷务始末·道光朝》六，第 2948 页。

　　⑦ 《曹履泰等奏英人欲进粤城人心不服不宜强民从英折》，道光二十六年二月十三日，齐思和等整理：《筹办夷务始末·道光朝》六，第 2972 页。

拿首要各犯，治以重罪，以儆效尤。但他也赞成要顾全民意，"欲靖外侮，先防内变，未有不得民心而可以杜黠夷之窥伺者"，"屈民就夷，万万无此办法"，"英夷虽则就抚，实为仇雠，此乃官民之不约而同心者，但官则驭之以术，民则直行其意，其间微有不同"①。他向英国公使德庇时交涉，暂时停止进城之议，但又向英方妥协，把准许英人进城载入了该年 4 月签订的《英军退还舟山条约》。

1847 年的黄竹岐事件促使清廷的政策由"民夷平衡"向"以民制夷"转变。该年 12 月，6 名英国人私自闯入广州城西黄竹岐村，与村民发生冲突，打死村民两人，愤怒的村民亦将英人全部殴毙。耆英闻讯，立刻派兵前往，先后逮捕村民 15 人。英国公使德庇时亲率兵船前往，要求将凶犯全部正法，并将黄竹岐毗邻的两个村庄洗平。12 月 21 日，中英双方官员在黄竹岐共同举行审判。在英方的压力下，耆英下令将捕押的村民 4 人当天立斩，另判 1 人斩监候、1 人绞监候、3 人终身流放充军、6 人杖 100 并流放 3 年。此案激起了广州各界人士的强烈愤慨。广州士绅联合向德庇时发出公启，驳斥英方无理要求；"社学"成员四处散发《阖省社学同启》，痛斥耆英的卖国罪行。此事亦引起了道光帝的警觉，他虽称耆英办理尚妥，但同时质疑：此次民夷互殴，究竟原因何在？英夷因何去黄竹岐，这个地方究竟是不是英人应该去的地方，有没有违法之事？黄竹岐的村民为什么那么憎恨英夷？等等②。此后，广州各界的反应更令清廷担忧，道光帝担心在与外夷的较量中失去民众的支持。1848 年 2 月 3 日，道光帝谕令耆英回京，由广东巡抚徐广缙接任两广总督。

徐广缙的上任是清廷正式实行"以民制夷"政策的开端。在给徐广缙的谕令中，道光帝强调："惟疆寄重在安民，民心不失，则外侮可弭，嗣后遇有民夷交涉事件，不可瞻徇迁就，有失民心"，"总期以诚实结民情，以羁縻办夷务"③。徐广缙对圣意心领神会，在就任的谢恩折中，他表示将兢兢业

---

① 《耆英等奏复奏曹履泰所奏广东人民滋事各节折》，道光二十六年五月初四日，齐思和等整理：《筹办夷务始末·道光朝》六，第 2992—2993 页。

② 《廷寄》，道光二十七年十二月初七日，齐思和等整理：《筹办夷务始末·道光朝》六，第 3121 页。

③ 《廷寄》，道光二十七年十二月二十九日，齐思和等整理：《筹办夷务始末·道光朝》六，第 3126 页。

业，"总期官民一体，将士同心，在内者不生疑贰，在外者自暗息要求"①。
1848 年 5 月底，他与新任英国公使文翰第一次会晤，文翰虽恭敬有礼，但徐
广缙奏报时却称："夷情难测，甘言可畏，臣惟有处以公平，示以限制，无
事则固结民心，有事则激扬士气，以修内为捍外，庶几稍慰圣主安民抚夷之
至意。"② 同年 6 月 7 日，当文翰提及与耆英的进城之约时，徐广缙不予承
认，称耆英当时不过是一时权宜之计，做事要先顺应舆情，广州百姓不许英
人进城，"众怒难犯，独欲难成"，英方"当揆情量力，无烦再为辩论"③。道
光帝非常赞赏徐广缙的态度，并令其晓谕英人："天朝外则礼重怀柔，内则
允孚舆论，入城之举，虽非骚扰，无如粤民剽悍，一闻英夷进城之议，无不
切齿同仇……倘该夷等贸然入城，百姓众怒沸腾，群肆攻击，官亦无从钤
束。"④ 这是明显的"以民制夷"的做法。

　　1849 年 1 月，文翰照会徐广缙，要求前往两广总督府面谈。总督府位于
广州城内，因而徐广缙格外谨慎，恐文翰借此进城，于是提出将见面地点改
为城外的虎门提督公署。2 月 15 日，徐广缙等行抵虎门，连日接见文翰。双
方就进城一事发生了激烈辩论。文翰坚持要求入城，甚至提出"如百姓不欲
其进城，情愿助兵弹压"。徐广缙驳称："香港英兵不满数千，省中百姓动辄
数十万，岂区区之兵所能压服？"⑤ 但徐广缙也知道，此事之前耆英既已答
应，今日难以推脱，眼见着离耆英与英方的两年之约日益临近，他感到"控
驭无方"，不得不请示朝廷。道光帝指示，可让文翰进城一游，但仍须告知
"广东民情强悍，与福州、江宁、上海迥不相同，黄竹岐地方滋事情形，前
车可鉴……该酋所带夷人，即责成该酋约束严明，不得稍有滋扰。倘或不遵
法度，稍犯众怒，则数千之兵安能敌数百万粤民汹汹之众？彼时我官吏不能

　　① 《徐广缙奏谢补授两广总督接办洋务之恩折》，道光二十八年八月初二日，中国第一历史档案馆编：《鸦片
战争档案史料》第 7 册，天津古籍出版社，1992 年，第 869 页。
　　② 《徐广缙奏接见新任英使文翰并与之同登其大船折》，道光二十八年五月十三日，齐思和等整理：《筹办夷
务始末·道光朝》六，第 3142 页。
　　③ 《徐广缙奏英使文翰照会来询进城一事当经驳斥折》，道光二十八年九月初十日，齐思和等整理：《筹办夷
务始末·道光朝》六，第 3150 页。
　　④ 《廷寄》，道光二十八年九月初十日，齐思和等整理：《筹办夷务始末·道光朝》六，第 3151 页。
　　⑤ 《徐广缙奏英使文翰坚请入城折》，道光二十九年二月十七日，齐思和等整理：《筹办夷务始末·道光朝》
六，第 3164 页。

违众禁止，该夷毋生后悔"①。这实际上还是"以民制夷"。对于道光让文翰进城一游的羁縻之策，徐广缙和叶名琛先后上折，陈述其万不可行之处，一是民情激愤，无法防控，二是恐英人包藏祸心、另有图谋。清帝随即打消了这个念头。

在广州进城问题上，清政府的"以民制夷"似乎颇为成功。但实际上，清政府并未有效地引导民气，使之有理、有利、有节地对抗列强侵略，由于底层民众的反抗斗争往往充满了非理性的暴烈的因素，最终反而导致了中外关系的进一步恶化。更重要的是，晚清政府的腐败无能已使其日益丧失民心。19 世纪 50 年代以后，受太平天国运动的影响，国内起义频发，清政府同国内民众的矛盾不断突显。

第二次鸦片战争时期，当再次面对西方列强的炮火侵袭时，钦差大臣胜保等人曾提出以民力阻止英、美等国进入长江，"为今之计，惟有用民制夷之一法"，密谕湖广地区的督抚，开导民众，"使沿江及内地百姓，公同具禀，并散布邀约，总以天恩虽一视同仁，无分中外，而商民以长江为生路，断不能与之猫鼠同眠"，然后一面由湖广督抚将百姓公禀和传单寄往上海，给各国公使阅看，一面召集民团，"自浔阳以上，洞庭以下，于沿江两岸，节节设备。星罗棋布，高垒深沟，圩内遍插旌旗，江面暗伏水勇，以联络其声势，而严固其卫防。使彼知我长江腹地，深入数千里，乡民数百万，势甚汹汹，众怒难犯，自未敢再图入江之举"；如果"贸然前来，则以各处民力就地制之，毁其夷船，截其归路，使之片帆不返"。这样，列强即使归咎于百姓，也不能怨恨朝廷，我方有言在先，他亦无所借口，"是即不阻之阻，不挞之挞"。胜保等人认为，用这样的办法，不仅可阻列强入江，而且入京一事也不用多言就能解决②。

咸丰帝亦对"以民抗夷"抱有一线希望。1859 年 2 月上海谈判期间，英国公使突然提出返回广州，咸丰帝立即谕令两广总督黄宗汉，联络绅民保卫

① 《廷寄》，道光二十九年二月十七日，齐思和等整理：《筹办夷务始末·道光朝》六，第 3166—3167 页。
② 《胜保等奏沥陈洋务之失入京之害宜以民力阻其入江折》，咸丰九年正月十九日，贾桢等纂修：《筹办夷务始末·咸丰朝》四，第 1281 页。

地方，"必当加意筹备，勿失民心为要"①。然而，自发的民众运动若没有正确指导和长期支持是难以持久的，广东巡抚黄恩彤曾言，粤民"难与争锋，亦难与持久，必不可倚以为用"②。长时间的中外对抗使民力逐渐疲惫减耗，"战时反不得用"③，清政府最终没能达到"以民制夷"的目的。

---

① 《廷寄二》，咸丰九年正月初一日，贾桢等纂修：《筹办夷务始末·咸丰朝》四，第 1264 页。
② 黄恩彤：《抚远纪略》，齐思和等编：《鸦片战争》五，第 434 页。
③ 郭卫东：《两次鸦片战争期间中国外交体制的变迁》，《北京社会科学》2014 年第 2 期。

第九章 两次鸦片战争时期的朝贡关系

两次鸦片战争时期，随着一系列不平等条约的签订，中西关系开始发生颠覆性的变化，此前"使西方国家听从条件方可允许双方关系存在的是中国"①，此后西方国家则把条约强加给中国。中国传统的国际秩序被打破，中国政府失去了高高在上的地位，而不得不受制于条约。这种经历对清政府来说无疑是痛苦的。在两次鸦片战争间的近 20 年中，清政府一方面试图尽量缩小并抗拒条约的影响，维护残缺的天朝体制，另一方面也不得不在对外政策上做出了某些调整与变通，以应对新的国际秩序。与此同时，这一时期，中国与周边国家的朝贡关系虽受到西方扩张和国内动乱的冲击，但依然完整保留下来，维持着传统的秩序和制度。两种秩序相互交错，朝贡关系与条约关系并存。

---

① ［美］马士著、张汇文等译：《中华帝国对外关系史》第 1 卷，第 327—328 页。

第一节　朝贡关系的打破与清政府的态度

经历第一次鸦片战争的冲击，朝贡体制的打破已是既成事实，清政府虽认识到这一点，但囿于传统的影响，并不能坦然接受。正如英国全权大使额尔金所说，在清政府看来，条约"特权的让与等于一种革命，它涉及到在帝国传统政策上的某些最宝贵的原则的放弃"[①]。因而，在两次鸦片战争间的近20年间，中外之间经历了一个执行和抵制条约的摩擦时期。

条约的签订意味着西方国家作为国际法的主体开始了与中国的政治交往，而不再是以往朝贡体制下的互市国，但在五口通商时期，清政府却没能完全实现这一转变，没有从思想上改变对西方国家政治地位的看法。清统治者从皇帝到大臣对西方各国人士仍以"夷"字相称，将与西方国家之间的事务视为"夷务"，"体察夷情，妥为驾驭"的词语随处可见。1844年4月4日闽浙总督刘韵珂在奏报英国驻厦门领事请求按所销货物纳税并在鼓浪屿居住时，就称英人为"英夷"，称英国公使璞鼎查为"璞酋"，称英国领事李太郭为"夷目"，称英国水师官员为"夷官"，称两国人民相处为"华夷相安"[②]。此份奏折用语在当时极具代表性，也充分说明了清政府对待西方国家一如既往的天朝姿态和固有的华夷观念。

由于天朝意识和华夷观念的存在，清政府在被迫接受、执行条约的同时，极力维护残缺的天朝体制。这一态度立场突出表现在对各国交往要求及外人居留权的回避和抵制。

如前所述，西方各国通过第一批不平等条约，获得了向中国派驻领事及其他管事官的权利，并向中国派任公使，总理对华事务。各国驻华官员与中国政府官员之间因各种事项而存在频繁的交往。清政府依照条约规定，承认并执行了同级官员文移平等的制度，甚至允许领事给各地督抚的信函也采用

① ［美］马士著、张汇文等译：《中华帝国对外关系史》第1卷，第607页。
② 《刘韵珂奏厦门英领事请按销货输税并请在鼓浪屿居住折》，道光二十四年二月十七日，齐思和等整理：《筹办夷务始末·道光朝》六，第2802—2804页。

照会的格式。但是，这种开明态度仅仅局限在文书往来，当涉及到官方会谈问题时，清政府却仍然存在强烈的上下尊卑意识，并极力避免和抵制一切有损传统体制的交往。

1843 年 11 月，两江总督璧昌和江苏巡抚孙善宝得知英国领事巴富尔即将来上海筹议开市，立刻令上海道台宫慕久出面办理，督抚二人却不露面。他们认为，领事是商人头目，地位较低，督抚不便"轻举率行，致为中外民夷所玩亵"，此乃体制攸关。璧昌宣称，"抚驭外夷，先在折服其心，俾知因感生畏，以固边防而崇国体"，通商之事"固宜俯顺该夷嗜利之情，尤当明示等威，以彰天朝体制"①。巴富尔到来后，双方议定 11 月 17 日开市，璧昌感到，"上海通商，事属创始，所有抚驭外夷以及弹压内地商民，在在悉关紧要，章程具在，必须实力遵行"，因而决定让江苏巡抚孙善宝亲自前往督办，"以昭慎重"，但是又交代他不必当面接见巴富尔，不要亲自与巴富尔筹议通商事宜，"借示天朝体制，以别等威"，如果有必须面谈的事情，要先察看情形，然后与其晤面一次，"亦可宣布德意，用示怀柔"②。福州的情形也是如此。1844 年 6 月英国领事李太郭到福州上任时，福州地方督抚皆不出城相见，按闽浙总督刘韵珂等人的讲法是"该夷初到之时，即出城与之晋谒，未免有亏体制"，应先令职位较低的藩司等与其会面，对其进行观察，并与其筹议通商事宜，等候督抚"会核奏办，庶足以肃体统而示等威"③。

这一时期清政府同西方国家交往的制度——广州外交体制或者叫五口通商大臣制，实际上是朝贡制度的一种变体，其出台和实施的真正目的是阻隔西方国家同清中央朝廷的交往，以维护传统的天朝秩序。广州与京城距离遥远，且在行商时代就已形成了一套与西方国家的交往体制，有旧例可循，可以起到屏障外交的作用。因此，五口通商时期，清政府确立了由两广总督兼钦差大臣总理西方国家事务的制度。负责处理西方国家外交事务的五口通商

---

① 《璧昌等奏上海交易初创一切事宜由上海道禀商核办折》，道光二十三年十月十六日，齐思和等整理：《筹办夷务始末·道光朝》五，第 2773—2774 页。

② 《璧昌等奏已与英领事巴富尔议定上海于九月二十六日开市折》，道光二十三年十月二十一日，齐思和等整理：《筹办夷务始末·道光朝》五，第 2777 页。

③ 《敬敳等奏英领事李太郭到省筹议福州开市折》，道光二十四年六月十三日，齐思和等整理：《筹办夷务始末·道光朝》六，第 2838—2839 页。

大臣，表面上看是一个新设的职务，但却带有浓重的旧传统的烙印。首先，这一职务被冠以通商之名，说明清政府仍然把中国与西方国家之间的关系视为互市关系，并试图把一切交往都纳入互市的轨道。其次，五口通商大臣由两广总督兼任，"基本上继承了鸦片战争前清政府在广州处理与西方国家关系的模式"①。清朝皇帝给五口通商大臣授以钦差大臣之衔，意味着其在处理同西方国家的外交事务中代表皇帝，代表中央。西方国家亦十分看重这一身份，认为如此方有全权。但事实并非如此。广州外交体制从 1844 年一直延续到 1859 年，耆英、徐广缙、叶名琛、黄宗汉曾先后担任两广总督兼钦差大臣这一职务。他们在对外交涉中均无全权，凡事均须请示皇帝，他们和朝贡体制下皇帝为特殊事务临时委派的专任大臣并无两样。

总理西方国家事务的两广总督兼钦差大臣本应承担着与各国公使交涉的职责，但在徐广缙和叶名琛任内却极力避免与各国公使会面，尤其是叶名琛。在清统治集团中，叶名琛是出了名的保守派。有人曾将他的外交风格总结为三点："（一）对于各国的照会，每次都以尽可能快的速度答复；（二）对于各国的要求，每次都用最和缓的语气予以拒绝；（三）对于各国使节会晤要求，每次都以公务繁忙予以回绝。"② 从 1853 年初到 1856 年，英、法、美诸国公使屡屡照会叶名琛，请求见面，但没有一位如愿，叶名琛多以军务繁忙为由予以拖延或拒绝。19 世纪 50 年代，在太平天国运动的影响下，广东爆发了大规模的会党起义，其中尤以 1854 年的红兵起义规模最大，数十万起义军包围广州半年之久，打出了"剿灭清国"的旗号，矛头直指清王朝。叶名琛花费大量时间和精力镇压起义，外交事务的确会受影响，但却不至于几年都无暇与外国公使见面。英国公使包令曾试图借修约之名达到进城会谈的目的。1854 年 4 月，他就修约之事照会叶名琛，提出在广州城内的两广总督衙门会面，并且强调"只能有这一种接待的方式"③。叶名琛起初亦以军务繁忙拒绝，后来在包令的一再要求下，答应见面，但指定广州城外的金

---

① 何新华、王小红：《1840—1860 年间清政府三种外交体系分析》，《安徽史学》2003 年第 5 期。

② 茅海建：《入城与修约：论叶名琛的外交》，《历史研究》1998 年第 6 期。

③ "Sir J. Bowring to Commissioner Yeh," *British Parliamentary Papers*, China 33, p. 25.

森（Jinsin）仓库为接见地点，双方未能达成妥协①。叶名琛的做法实际上是以消极抵制的方式将各国拒之门外，从对包令进城会晤要求的回应看，他亦存有行商时代鄙低夷人、尊崇体制的旧思想。正是由于徐广缙、叶名琛等人长期抵制、回避的不合作态度，第二次鸦片战争后的谈判中，英国才要求将"衙署相见"载入条约。

在对待外国领事和商人的居留问题上，清政府亦表现出强烈的夷夏大防、维护体制的思想意识。

1842 年中英《南京条约》率先开放广州、上海、福州、宁波、厦门五处为通商口岸，允许英商在五口居留、贸易，但是在具体的居留地点上，条约中文本与英文本在文字表达上却不一致。中文本允许英商居住、贸易的地方是五处"港口"，而英文本中的措词是"reside...at the cities and towns"，即允许英商贸易居留的是五处"城镇"②。这样，按照中文本，通商口岸的范围应该限制在"港口"，但按照英文本规定，通商口岸则包括了"城镇"。当时广州、福州皆系省会城市，上海、宁波亦有府县城，其城镇与港口的范围所指是有区别的。在《南京条约》善后谈判中，耆英根据条约中文文义提出新开口岸"只可于港口建设会馆，俟英国商民来时居住"③。但璞鼎查从英文文义理解却认为英商可在五处口岸的城镇中居住，因而要求各口官员，"从城内外各处，即捡一隅，俾商人在彼自行择地建屋租房"④。由于双方意见相左，交涉始终不得要领，善后条约中也未对此做出进一步的界定而保留了同样的措词。1844 年中美《望厦条约》不存在这样的问题，其中文本措词是"五港口"，英文本是"five ports"。中法《黄埔条约》中文本虽译为"五口市埠"，但西文中仍使用的"ports"一

---

① "Commissioner Yeh to Sir J. Bowring," *British Parliamentary Papers*, China 33, p. 29.

② "Treaty between Her Majesty and the Emperor of Chnia," August 29, 1842, *British Parliamentary Papers*, China 31, p. 230.

③ 《耆英、伊里布、牛鉴照会》（道光二十二年七月二十七日），［日］佐佐木正哉编：《鸦片战争之研究（资料篇）》，沈云龙主编：《近代中国史料丛刊续编》第 95 辑第 941 号，第 217 页。

④ 《璞鼎查照会》，道光二十二年八月初一日，［日］佐佐木正哉编：《鸦片战争之研究（资料篇）》，沈云龙主编：《近代中国史料丛刊续编》第 95 辑第 941 号，第 220 页。

词①。然而，由于各国条约中均有片面最惠国待遇条款，中英条约口岸范围的解释也就关系到所有西方国家的特权问题。

《南京条约》生效后，"当英民凭此欲进各城租地、赁房、居住时，中国屡以港口字样并不包含府城之义阻拦"。《南京条约》是中英之间第一次正式的条约交涉，由于缺乏先例和经验，并未载入以哪个版本为准的条款，因此，根据国际惯例，其中英文本具有同等的法律效力。清政府以条约为凭，拒绝外商进城居住，合乎国际法的规定。但清政府当时实际上并没有国际法观念，而完全是出于夷夏大防的考虑，是为了维护旧的体制。正因为这一问题的存在，第二次鸦片战争后，签订《天津条约》时，英国特意将"港口"改为"府城口"，并规定条约以英文本为准，以免日后再有争议。

《南京条约》对领事居留地点的规定中英文本基本一致，只不过英文本用的是"城镇"（cities and towns），中文本用的是"城邑"一词。"城邑"在汉语中也就是"城市"的意思，但是晚清中国还处于封建社会的晚期，当时的城市还不具有近代的性质，而与西方中世纪的城市更为接近，包括内城和外城。《南京条约》中文本规定英国领事居住与条约口岸相应的五处城邑，而没有指明到底是内城还是外城，这就为条约解释留下了空间，而这恰好也成为清政府抵制领事进城居留的依据。

阻止领事进城居留的事件以福州和广州最为突出。在五口之中，福州和广州均为省会城市，其政治地位在其他几口之上，在这两处，清政府更重视对外夷的防范，他们害怕英人进城会动摇其统治基础，影响地方稳定，造成民夷纠纷或民夷勾结。

早在南京和议期间，当道光帝得知英方五口通商的要求后，同意增开厦门、宁波、上海等处贸易，但却反对开放福州，其原因有二：一是福州乃福建省会和闽浙总督驻扎地，为江南一大省的政治中心；二是福州省城距海尚有百十里之遥，且四面环山，具有抵御外敌入侵的良好条件，道光恐英人开福州通商是另有所图。但英人亦不肯让步，称"福州乃武夷茶聚集之所，又

---

① *The Maritime Customs*，*Treaties*，*Conventions*，*Etc.*，*between China and Foreign States*，Vol. 1，Shanghai，1917，pp. 678，772.

设有海关，贩货纳税，系属最便"，且为中国"极南之地"，与广州情形相同，以前又有琉球在此通商，坚持不肯放弃①。无奈之下，道光不得不允其所请，但福州地方官员和民众对英人的到来表现出坚决的抵制。

1844 年 6 月，英国领事李太郭（G. Tradescant Lay）前往福州赴任，福州官员将其安置在城外泥地上用木杆架成的一栋简陋房子里，房子下面是一座桥，涨落的河水每天直扑门上②。李太郭向福州当局提出移居城内的要求。由于条约并未指明领事应该居住城内还是城外，闽浙总督刘韵珂有意托词拒绝，称"城邑二字系兼指城内城外"，英人"前来通商，自应在城外居住"③。1844 年 10 月，英国公使德庇时访问福州，对英国领事的处境感到非常不满。他照会耆英，声称"不能接受中国人的敌视态度得为任何对英国官员失礼的一种借口"，并以撤退领事相威胁④。经过 4 个月的交涉，此事在一种表面上"很和睦的状态下解决"⑤，刘韵珂最后同意李太郭租住福州城内偏僻的乌石山积翠寺，但私下里却层层设卡，阻止华商将茶叶运往福州。福州开放后近 10 年中，并没有什么贸易，这虽然与中国商人长期的贸易习惯有关，但跟福州地方官的抑制政策也不无关系。

广州的情况比福州要复杂得多，广州是五口之中贸易最为兴盛的地方，也是南方的政治中心，涉外事务皆由两广总督兼办。因此，广州无论从经济上还是从政治上都是英人的必争之地。1843 年璞鼎查首次提出入城时，耆英称两国既然和好，"岂有城内城外之分"，但又以民众的排外为由拒绝了其进城的要求⑥。为羁縻英人，耆英向璞鼎查承诺"俟开关贸易，彼此相安，而后可进城"⑦。然而，1845 年，当新任英国公使德庇时再次提及入城时，耆

---

① 《钦差大臣耆英署乍浦副都统伊里布两江总督牛鉴和议已定条约钤用关防折》，道光二十二年八月初二日，齐思和等整理：《筹办夷务始末·道光朝》五，第 2313—2314 页。

② Alexander Michie, *The Englishman in China During the Victorian Era*, Vol. 1, p. 118.

③ 郦永庆编选：《第一次鸦片战争之后福州问题史料》，《历史档案》1990 年第 2 期，第 46 页。

④ ［美］马士著、张汇文等译：《中华帝国对外关系史》第 1 卷，第 395 页。

⑤ Alexander Michie, *The Englishman in China During the Victorian Era*, Vol. 1, p. 119.

⑥ 《耆英说帖》，［日］佐佐木正哉编：《鸦片战争之研究（资料篇）》，沈云龙主编：《近代中国史料丛刊续编》第 95 辑第 941 号，第 245 页。

⑦ ［日］佐佐木正哉：《鸦片战争后的中英抗争（资料篇稿）》，第 23 页，转引自茅海建：《近代的尺度》，生活·读书·新知三联书店，1998 年，第 104 页。

英却以进城之说，并未载入条约为由予以回绝①。作为《南京条约》的经办者，耆英非常清楚条约的内容。但他是以中文本条约为行为依据，他对条约的理解是英商只能居留港口，领事可居留城邑，而城邑包括城外，并不一定要进入城内。他曾在 1846 年 1 月 10 日给道光的奏折中称："复查前议条约，并无准夷人进城之说。"② 可见，耆英并不认为拒绝英人进城有违条约。而英方迫于当时广州民众拒外情绪的高涨，亦无法强求。

后来，为了让英人归还舟山，耆英才奏请通融，在 1846 年 4 月签订的《英军退还舟山条约》中答应英方"一俟时形愈臻妥协，再准英人进城"，并承诺此事"虽暂迟延，断不可废止矣"。严格说来，直到此时，英人才真正获得了进城的权利，并且只限于广州城。然而，由于民众的抵制以及清政府利用民意拒夷的外交政策，广州入城问题一直未能解决，并成为英国发动第二次鸦片战争的重要借口。

英国领事和商人的居留问题虽然与中英条约的文本差异和解释有关，但实际上反映了清政府夷夏大防的旧观念。无论是福州还是广州，无论是刘韵珂还是耆英都是抱着这种观念来抗拒英人，都是以一种抱残守缺的态度来阻止条约的实施，来抵制英人对天朝体制的破坏与冲击。在英国方面，进城之争主要是出于政治的目的。当时福州和广州最繁华的商业区都在城外，福州在城南闽江沿岸，广州在城西珠江沿岸，并且按照近代西方的概念，这些地方才真正是人口聚集、工商业较为繁荣的城市。因此，福州和广州的地方官员都认为，英人既为通商而来，则没有必要进入城内。英国人自己也明白入城并不能给他们带来多少实际利益，尤其是经济利益，但在当时排外情绪高涨的情况下，这个问题却直接关系到他们的政治威信，他们想要通过全面履行条约来迫使清政府及中国的广大民众彻底屈服。

---

① 《两广总督耆英广东巡抚黄恩彤奏英人藉端求进省城现在察看办理折》，道光二十五年十二月十三日，齐思和等整理：《筹办夷务始末·道光朝》六，第 2946 页。

② 《耆英等又奏英使请进省城立意甚坚恳谕酌量办理片》，道光二十五年十二月十三日，齐思和等整理：《筹办夷务始末·道光朝》六，第 2947 页。

第二节 朝贡关系与条约关系并存

两次鸦片战争时期是条约关系引入中国并逐渐确立的时期，美国学者费正清称之为条约体系的初始阶段，并认为这一阶段中国的条约体系乃是"'朝贡体系'的副产品"[①]。的确，在第一次鸦片战争后的半个世纪中，中国的对外关系一直是朝贡体制与条约体制并存，并且在 19 世纪 40 年代到 60 年代的 20 年间，朝贡关系仍是中国对外关系的主流。

第一次鸦片战争后，中国与西方国家一系列不平等条约的签订并"没有立即和直接导致与周边国家关系的变化"[②]，中国依然以天朝上国自居，向周边国家行封藩之礼，周边国家也照旧遣使朝贡，尽着臣属的职责。清代的朝贡关系较之前朝大为衰落，光绪《大清会典》中，礼部管辖的朝贡国只有朝鲜、琉球、越南、南掌、暹罗、缅甸、苏禄 7 个。除苏禄在乾隆年间早已绝贡外，其他六国在两次鸦片战争时期依然同中国保持着完整的朝贡关系。

与清廷关系最亲密的朝鲜，从道光二十年（1840）到咸丰二十年（1860）间，一直都向清廷遣使进贡，从未中断。据《光绪会典》记载，"朝鲜每年四贡，于岁杪合进"[③]。"每年四贡"指每年万寿圣节、元旦、冬至三大节的朝贡和年贡，"岁杪合进"即在年底合并一次进贡。此为"例贡"，亦称"常贡"或"正贡"。1840—1860 年间，朝鲜年年行例贡，其朝贡使团被称为"三节年贡使"。除例贡外，朝鲜向清廷的朝贡还有谢恩、庆贺、奏请等各种名目。谢恩朝贡指因吊祭、赐谥、册封、颁诏敕、赏赐、陈奏咨请获准等，遣使进贡。庆贺朝贡指为庆贺皇帝登极、大婚、亲政（归政）、册立皇后、皇太后上徽号、上先皇及皇后尊谥、皇帝大寿、皇太后大寿等的进贡。就某些事项陈奏清廷，或请求册封国王、王妃和王世子时，也要进献贡

---

① ［美］费正清：《中国的世界秩序中的早期条约体系》，载［美］费正清编、杜继东译：《中国的世界秩序——传统中国的对外关系》，第 277 页。

② 权赫秀：《晚清对外关系中的"一个外交两种体制"现象刍议》，《中国边疆史地研究》2009 年第 4 期。

③ 昆冈等续修：《清会典》（5）卷 39，第 446 页。

物。如道光二十五年，朝鲜国王李烉（宪宗）因正妃金氏去世，遣使向清廷奏请册封继室洪氏为王妃，恭进贡物。道光二十九年，宪宗逝世，朝鲜遣使告讣、请谥，奏请册立德完君李昇（即哲宗）继承王位，并进献贡物。咸丰八年，朝鲜国王李昇因清廷赐祭其母，遣使谢恩和进贡。道光三十年，道光驾崩，咸丰帝登极，清廷颁给朝鲜遗诰及皇帝登极诏书，朝鲜遣使进贺并谢颁诏赏缎之恩。中朝宗藩关系一直延续到 1895 年中日《马关条约》的签订，此后，清政府承认朝鲜为独立自主的国家。

琉球也是与清廷关系最友好的藩属国之一。琉球贡期原为两年一次，道光十九年清帝曾下令改为四年一贡，但经琉球恳请仍将贡期恢复为两年一次。此仅就例贡而言，例贡之外，和朝鲜一样，逢庆贺、谢恩等事，琉球亦遣使进贡，有时与例贡并进，有时分进，视情况而定。1840—1860 年的 20年间，琉球总共入贡中国 14 次。直到 19 世纪 70 年代初，日本将琉球划入版图，并禁止琉球向清廷进贡，中琉朝贡关系才最后终结。

越南原为两年一贡，道光十九年改为四年一贡，1840—1860 年间共入贡3 次，分别是 1844 年、1848 年和 1852 年。缅甸的贡期为十年一次，在两次鸦片战争时期曾两次入贡。暹罗原为三年一贡，1839 年起改为四年一贡，两次鸦片战争时期共入贡中国 5 次。贡期长达十年的南掌也在道光二十一年和咸丰三年两次入贡中国。

除了礼部之外，清朝具有外交职能的中央机构还有理藩院。理藩院掌管蒙古、回部、西藏等国内藩部事务以及紧邻藩部的国家和地区的外交事务，包括中亚、南亚藩属国的朝贡事务，如中亚的哈萨克、布鲁特、浩罕、布哈拉、爱乌罕、坎巨提，南亚的廓尔喀（尼泊尔）、哲孟雄（锡金）、不丹，等等。这些国家中有的跟中国保持了很长时间的朝贡关系，浩罕向清王朝进贡到 1876 年，廓尔喀最后向清廷派遣朝贡使团的时间是 1906 年，坎巨堤则一直到民国年间还向中国朝贡。

总的来看，两次鸦片战争时期，尽管受国内农民起义的冲击，以及西方列强侵略的威胁，清王朝依然与朝鲜、琉球、越南以及其他中亚、南亚、东南亚藩属国之间保持着较为稳定的朝贡关系。这一时期，无论是作为宗主的清王朝，还是作为从臣的藩属国，至少对形式和礼仪上的朝贡关系仍很注重，并且周边藩国往往更为主动。

此时，维持中国与周边国家朝贡关系的经济和政治纽带较之以前并没有多大改变。

经济上主要是清王朝"厚往薄来"的赏赐和朝贡贸易带来的经济利益。对于藩属国的每一次进贡，清廷都会给予丰厚的回赐，除例行的赏赐外，往往还有加赏、特赐等。据《钦定大清会典》记载，朝鲜每年的年贡，清廷回赐的物品有：国王表缎5匹、里缎5匹、妆缎4匹、云缎4匹、貂皮100张；正副使各大缎1匹、帽缎1匹、彭缎1匹、绸1匹、纺丝1匹、绢2匹、银50两；书状官大缎1匹、彭缎1匹、绢1匹、银40两；大通官各大缎1匹、绢1匹、银20两；护贡官各彭缎1匹、布2匹、银15两；从人各银4两。对于朝鲜万寿圣节、元旦的朝贡，回赐更加丰厚，除年贡所赏银钱和物资外，另赏赐：朝鲜国王二等鞍马1匹，正副使各三等鞍马1匹，书状官绅1匹、银10两，大通官各绅1匹、银10两，护贡官各绅1匹、银5两，从人各银1两[1]。除回赐外，清廷还经常对朝鲜国王及贡使给予加赏、特赐。如道光二十年六月、道光三十年六月，朝鲜进香贡时，清廷除照例给予赏赐外，还特意加赏朝鲜国王一些缎匹。咸丰三年二月，咸丰帝特赐朝鲜国王御书匾额"海邦屏翰"[2]。清政府给其他朝贡国的赏赐亦不在少数。在近代国力日衰的情况下，朝贡的花费对清政府来说是一笔不小的负担。但由于其政治虚荣心，清政府却依然努力维持这一关系。

对周边藩属国来说，经济利益是同清王朝保持朝贡关系的最重要的动因。除了得到丰厚的赏赐外，这些国家在很大程度上是为了获得进行贸易活动的许可并享受免征关税的待遇。清政府允许朝贡使团将携带的货物运往京师销售或在边境就地售卖，并享有免税优待。因而，每次朝贡，与贡使进京同步的是大量使团随行人员在京师或在边境的贸易活动，尤以边境贸易为多。如，暹罗使团抵达广州后，便由"通事、船主先期将压舱货物，呈报广

---

① 昆冈等续修：《清会典》(5) 卷 39，第 448—449 页。

② 《文宗显皇帝实录》卷 85，咸丰三年二月甲午，《清实录》第 41 册，中华书局，1986 年，第 112 页。

州府转报，委员查明其货物数目斤两册，会同表文、方物，由司详候督抚会疏题报。俟题允日，招商发卖。其应纳货饷，候奉部行，分别免征"①。朝鲜使团亦在鸭绿江流域的中江、栅口，图们江流域的会宁、庆源等边境地区，与中国有大量贸易活动。琉球的朝贡贸易则主要在福建进行。

政治上，宗藩之礼依然是维持清王朝与周边国家朝贡关系的重要纽带。两次鸦片战争时期，在朝鲜、琉球、越南、南掌、暹罗、缅甸朝贡的同时，清廷也在履行宗主之仪。清帝时常遣使奔赴周边藩属国，进行册封、传讣、颁诏、吊祭、赐谥等。例如，这一时期，朝鲜国王即位、选妃、立世子等仍必须得到清廷的承认，而对于朝鲜的每一次请封或奏请，清廷都会批准通过，并派出册封使前往朝鲜，颁发册封诰并赏赐物品。朝鲜国王去世，清廷也会派使臣前往吊祭。越南亦是如此。1842 年、1849 年，越南老国王去世，新国王即位，清廷均派出使节举行册封仪式。1849 年的册封大典也是清朝最后一次册封越南国王。当然，清代遣使国外的次数较前朝大大减少，大多数情况下诏敕都交由朝贡使臣带回。此外，19 世纪四五十时代，中国周边的藩属国亦相继受到西方列强的侵略，在一定程度上希望借助于中国宗主国的保护，这也是其继续维持朝贡关系的原因之一。第一次鸦片战争后，英国船只屡次闯入朝鲜境内。1845 年，朝鲜国王奏请清政府出面禁止。道光皇帝谕令耆英向英国使臣询明此事，"务须折以正言，婉加开导，令其心服。嗣后总当恪遵成约，彼此相安，不得复任兵船游奕该境，致滋惊扰，以明天朝绥柔藩封之意"②。

两次鸦片战争时期，尽管清王朝仍然同周边国家保持着朝贡关系，但中外朝贡关系进一步衰落并走向瓦解。1852 年之后，暹罗绝贡。1853 年，琉球、越南、缅甸、南掌入贡受阻。此后，越南朝贡无法成行，缅甸在二十多年间未再进贡，南掌不复再来。促成这一局面的原因是多方面的：

首先是中国内部政治局势的动荡，起义频发，尤其是太平天国运动席卷江南，对朝贡造成了较大影响，琉球、越南、缅甸、南掌等周边国家的贡道

①　梁廷枏：《海国四说·粤道贡国说》，第 199 页。
②　《廷寄》，道光二十五年九月二十九日，齐思和等整理：《筹办夷务始末·道光朝》六，第 2937 页。

不同程度受阻。

越南贡道有陆路和水路两条，陆路的具体路线是由镇南关入境，穿越广西，然后经湖南、湖北、河南、直隶到达北京；水路前一段从广西到湖北汉阳与陆路相同，从汉阳开始改走水路，沿江到达蕲州，再到江西德化，经安徽、江苏至山东、直隶，到达北京。越南贡道经常受到政治原因或战乱的影响，几经改道。清初，越南进贡皆由陆路行走。乾隆三年（1738），清廷准许其改走水路，冬季冰冻时节，可由陆路至江南换船①。1852 年，越南国王按例遣使朝贡，因太平天国运动爆发，湖北一带贡道受阻，使团只得改道而行，比原计划晚了 4 个月抵京，回程亦遇到同样困难。此后几年，越南的朝贡均未成行。

"暹罗贡道越洋经虎门到达广州，再由广州溯北江而上，经韶州到南雄，越过梅岭，进入江西省南安，过安徽、江苏两省，经山东、直隶抵达北京。"② 1852 年，暹罗的朝贡也受到因太平天国运动而导致的中国国内动乱局势的影响。暹罗使团返程时，在河南商丘遇到抢劫，所有的赏赐物品被洗劫一空，咸丰帝册封暹罗国王的诏书也遗失。使团成员费尽波折到达广州，两广总督将此事奏报朝廷。咸丰帝下谕："着即改道，妥为护送回国。所有赏赉各物，并御书匾额、敕书，着补行颁给。"③ 这实际上是暹罗向清廷的最后一次朝贡。19 世纪 60 年代，暹罗以安全为由要求改道天津入贡，遭到清政府拒绝，中暹朝贡关系就此终止。

缅甸贡道由云南进入，经贵州，再和越南一样由湖南、湖北、河南、直隶入京。1853 年，缅甸入贡，贡使抵达昆明时，湖南、湖北已被太平军占领，朝贡受阻。咸丰皇帝为此特地下谕给云贵总督："着该督抚传旨，该使臣等此次无庸来京，仍优予犒赏，委员妥为护送，先行回国。贡物、象只即行赏收，一俟道路肃清，即由该督抚派员送京，其应行颁赏该国王及正副使臣等银物，仍由该衙门照办齐全，发交该省，派员赍送出关，转交祇领。如此量为变通，既无虞跋涉之劳，益足示怀柔之意。该督抚即将朕意宣谕该国

---

① 昆冈等编：《钦定大清会典事例》卷 510，第 11847 页。
② 何新华：《最后的天朝：清代朝贡制度研究》，第 91 页。
③ 昆冈等编：《钦定大清会典事例》卷 509，第 11841 页。

使臣遵照办理。"① 此后，直到 1875 年缅甸才再次也是最后一次向清廷朝贡。

与缅甸一样，1853 年，南掌贡使行抵云南时，咸丰帝以"粤匪"未平、道路不通为由，令其免予进京。南掌贡使将贡物移交当地官府，领取赏赐后归国。此后，南掌未再入贡。19 世纪 90 年代南掌沦为法国殖民地。

咸丰四年，琉球贡使亦因太平天国运动造成福建至京师道路不通，无法入京。清廷依照南掌、缅甸成案，饬令闽浙总督传谕该国使臣，"此次无庸来京"，所有贡物由地方督抚赏收，俟道路肃清再由该督抚将表文及贡物派人送至京城，照例应行颁赏琉球国王、世子及正副使臣等物件，先由该地督抚衙门拟单，由礼部备办，封送兵部，"派员赍送转交祗领，以示体恤而昭慎重"②。同治三年（1864），琉球朝贡使团再次受阻于闽省。

朝贡关系的稳固和维持是建立在中国自身繁荣、稳定的基础之上的。清王朝的内乱及其力量的衰弱使其逐渐失去维系这一关系的力量。

其次，西方列强的入侵也是摧毁中国同周边国家朝贡关系的重要因素。

一方面，作为宗主的清王朝在鸦片战争中惨败，被迫接受不平等条约。这必然动摇大清在藩属国心中的地位和权威。中国与西方国家由互市转变成条约关系，向西方国家开放口岸，给予种种政治、经济特权，也让朝贡的吸引力大大削减，甚至在周边国家看来，朝贡获得的优待还远不及条约取得的特权。

另一方面，19 世纪四五十年代以后，中国周边的藩属国亦先后被列强侵染，有的也和西方国家建立了条约关系，受控于西方国家。暹罗早在 19 世纪二三十年代就与英、美建立了通商关系，并签订条约，19 世纪 50 年代在英、美的炮舰之下被迫进一步开放市场；朝鲜在第一次鸦片战争前已受到骚扰，19 世纪 40 年代后，英国的商人、法国的传教士等更是频频出现在其境内；琉球于 1854、1855 年分别与美国、法国签订条约；等等。此时，这些国家虽还未沦为西方国家的殖民地，但来自西方的威胁日益加重，而清王朝自顾不暇，无法提供任何庇护，朝贡关系对这些国家而言失

---

① 《文宗显皇帝实录》卷 113，咸丰三年十一月戊辰，《清实录》第 41 册，第 772 页。
② 戈斌：《清代琉球国进贡活动概述》，《历史档案》1993 年第 2 期。

去了现实的政治意义。

总之，1840—1860 年的 20 年间，是整个东亚地区由朝贡关系向条约关系过渡的一个时期，封建的朝贡关系日益崩坍，近代条约关系作为一种新的国际关系体制在东亚的建立已成为历史发展的趋势。

两次鸦片战争时期，清政府在与周边国家保持朝贡关系的同时，与西方国家的交往则以条约作为基本准则，从而出现了条约关系与朝贡关系并存的局面。

作为一种新的国际秩序模式，以条约关系为基础的中西交往与以朝贡关系为基础的中国与藩属国的交往完全不同：

中国与藩属国之间的朝贡关系依托于中国传统的天下共主观念，不承认国家之间的平等地位，是一种以中国为中心的政治统属关系，在这一关系中，中国是受贡者，其他国家是朝贡者，中国封建王朝享有不可侵犯的优越地位和绝对的话语权。但这种统属关系主要是礼仪上和形式上的，中国封建王朝从不过问藩属国的内部事务，也不从藩属国攫取任何利益，更不曾借助或诉诸暴力手段对其巧取豪夺，相反，它对藩属国采取"臣而不治"的方针，并施以仁政德治，实行"柔远字小"和"厚往薄来"的政策。因此，朝贡关系实际上是一种保守型的国际秩序，它的不平等主要反映在国家交往形式上，即中国封建王朝不是按照近代国际法与各国平等相处，而是将中外关系纳入到唯我独尊的天朝礼制之中，这样做的目的主要在于维护中国自身的安全，营造稳定的国际环境，即所谓"守在四夷"。

中国与西方国家的条约关系摆脱了中世纪的"世界帝国"意识，以近代国际法的主权平等原则为基础，以缔约各方的权利和义务为内容，是一种法律关系，但其所谓的"主权平等"并不适用于全世界，而对中国等落后国家存在严重的排斥和偏见。在理论上，它以"特殊国际法"阉割主权平等原则，为强加给中国的不平等地位和不平等条款进行辩护。在实践上，它实施的是弱肉强食的丛林法则，是不折不扣的强权政治，任意侵害中国的主权，劫掠中国的财富。列强与中国建立条约关系的目的主要在于攫取各种在华特权，并提供维护其在华权益的法制保障。在条约关系构成的新的国家关系模式下，中国成了遭受强权压制的弱者，清政府也失去了高高在上的地位，失去了绝对专制的话语权。领事裁判权、协定关税权等不平等条款的存在使中西之间形成了一种新的本质上的不平等关系。

清政府对西方列强强加的不平等条约心存抵制，但迫于西方国家武力侵略的威胁又不得不接受，并将其付诸实施。总体上来说，五口通商时期，西方缔约国的条约权利基本得以实现，各国纷纷向通商口岸派驻领事并行使领事裁判权，中西官员之间平行文移，各国军舰允许驻泊和往来五口，外商在口岸居留并自由贸易、自由雇募各色人役，外国货物在未拆包的情况下可以在口岸间进行转运，实行协定税则，外国传教士可以在口岸传教、建造教堂、学校，等等。但此时的条约关系，范围是有限的。从适用地域来说，它局限于五处通商口岸；从适用国家来说，它局限于西方缔约国。即算从条约权利的具体内容看，西方缔约国也未实现与中国中央朝廷的直接交往，就连官员之间的平等交往也仅限于同级官员之间的平等文书往来。

在以条约关系为基础的新的中西交往形势下，清政府的政策也做出了相应的调整与变通，尤其在贸易方面非常突出。相比于政治上的冲击，清政府对贸易体制的打破要宽容得多，虽然也强调禁止外商赴未开放区域贸易，但对已开放的格局和已给予的权利抱有肯定的态度，甚至将其视为新形势下的一种羁縻策略。

历史上，中国边境多处存在朝贡之外的互市，康熙时代也有过四口通商，因而清政府把五口通商也只看作一种给外人的恩惠，一种贸易羁縻的方式。英国条约签订后，道光皇帝大度地表示："英夷已准通商，所有米利坚等国自应准其一体通商，以示抚绥之意。"[1] 因而美国、法国、瑞典、挪威等后来的国家几乎不费周折就取得了五口通商的条约权利。在第二次鸦片战争时期，为拉拢俄国、美国调停，咸丰帝亦以增开口岸作为回报。

从五口的实际开放情况看，自中英善后谈判结束后，各口就开始了通商的准备工作，并与英方积极筹议，短时间内就将通商章程付诸实施。五口通商初期，面对新口岸的贸易困难，清政府亦给予外商种种优待。

1843 年 11 月 8 日英国领事巴富尔抵沪，随后有 7 艘英国商船到来，上

---

[1] 《廷寄》，道光二十三年九月二十四日，齐思和等整理：《筹办夷务始末·道光朝》五，第 2763 页。

海当局决定"早为开市，以广招徕"，随即与英方议定 11 月 17 日正式开口通商①。在税收方面，江海关为体恤外商，仅"将报验起卸之货，按则征输，其未验未卸者，免其纳税，准赴他口销售"②。1844 年初，英国驻厦门领事记里布也因贸易不畅请求照货物销售数量纳税，剩余的货物贩运到其他口岸分销。闽浙总督刘韵珂令福建各口参照江海关的做法一律办理，他的指导思想是，新开口岸的通商事宜既要有利于"诘奸裕课"，又要有利于"柔远安边"③。同年 6 月英国领事李太郭到福州上任，刘韵珂等虽不乐意让他进城，但立刻派人与其商议通商事宜。道光帝此前极不愿开放福州，此时亦表示"福州为议定互市之区，该夷现派领事前来，自应准其开市，所有通商事宜，着即督饬该藩司等遵守历次定章，悉心筹议"，如有应行变通之处，应随时奏明，"酌量妥办"④。

澳门自明朝起已成为外夷居留之地，但并非通商口岸。五口通商时期，清政府亦给予了其特殊待遇。1843 年 7 月，澳葡总督照会两广总督耆英，提出议立新的通商章程。当时，清廷根据耆英的奏报，对葡方提出的要求只同意取消修建房屋和船只的领照制度，且房屋修建限于三巴门内，其他一概驳回⑤。但中英善后谈判结束后，清政府以其"一视同仁"的天朝大度允许葡萄牙商人赴五口贸易，葡萄牙官员与中国官员之间文移往来亦可照中英条约办理。同时，为抚驭葡萄牙人，防止其生出事端，1844 年 3 月，军机处提议责成两广总督耆英就葡萄牙人提出的要求，再行查议，随时"体察夷情，妥为驾驭"⑥。耆英前往澳门察看，葡官再次恳请允许各国商船赴澳贸易，以便澳门的葡萄牙人仍可与之贸易获取租房之利。耆英于是向朝廷奏请，将澳门

① 《璧昌等奏已与英领事巴富尔议定上海于九月二十六日开市折》，道光二十三年十月二十一日，齐思和等整理：《筹办夷务始末·道光朝》五，第 2777 页。

② 《刘韵珂等奏筹办厦门通商事宜折》，道光二十四年三月初八日，齐思和等整理：《筹办夷务始末·道光朝》六，第 2817 页。

③ 《刘韵珂等奏筹办厦门通商事宜折》，道光二十四年三月初八日，齐思和等整理：《筹办夷务始末·道光朝》六，第 2817—2818 页。

④ 《廷寄》，道光二十四年六月十三日，齐思和等整理：《筹办夷务始末·道光朝》六，第 2840 页。

⑤ 《耆英等奏澳门葡萄牙人通商章程业经议定折》，道光二十三年十月初十日，齐思和等整理：《筹办夷务始末·道光朝》五，第 2767—2768 页。

⑥ 《穆彰阿等奏遵旨再议耆英复奏澳门葡萄牙人通商章程折》，道光二十四年正月二十六日，齐思和等整理：《筹办夷务始末·道光朝》六，第 2801 页。

作为粤海关的分设口岸，与广州海关一样按新订税则征税，外国商船愿意赴澳门贸易并租房囤货者，不予禁止。他认为这样"量为变通，既可以系澳夷之心，并可以分香港之势，于夷务似有裨益，而税课并无出入"①。清政府批准了这一做法。

对于《南京条约》中割让给英国的香港岛，清政府曾因担心走私问题在善后谈判中与英方专门议定了香港——内地贸易的牌照制度，并明确了双方的责任和义务。这一制度实际上并未实行。英国商人一度认为这是清政府故意刁难华商所致。但清政府对华商赴香港岛贸易，既未积极鼓励，也未予以阻止。如前文第七章第三节所述，当时香港权威人士如总督文翰、港英当局中文秘书郭士立的报告中都证明了这一点。

由于中国自然经济的抵制，五口通商后，以英国为首的西方国家对华贸易并未迎来期待中的繁荣，在经历短暂上升后，自 1845 年起，各口进口货物纷纷出现滞销和积压现象。英国商人认为，对华贸易受挫的重要原因是清政府不守条约，对外国货物征收高额内地过境税，阻碍了外国商品向广大内地居民的销售，限制了市场的扩大。1847 年，英国议会专门成立"对华商业关系委员会"，进行调查。但委员会的调查结论是：中国方面虽有一些值得改进的地方，但并不像商人们说的那么严重，"除了广州，中国政府似乎已切实履行与璞鼎查签订的条约款项；甚至在广州遇到的困难，多半也是由于当地人民好乱成性和歧视外人的心理，以及中央政府鞭长莫及所致，而不是当权者的恶意或背信弃义"。至于怀疑中国方面可能通过征收高额过境税来挫败英国人通过条约想要达到的目标，"这一问题并没有太多抱怨的理由"，对在华商人的调查表明很多人对此并不太清楚②。时任香港副总督米切尔也证明，在厦门、广州及其附近地区根本没有收过内地税。他曾 6 次坐船溯江北上从厦门前往漳州，发现"一个小钱的税也没有征过"，运往内地大城市如苏州、杭州的英国货物也被证实"并无任何通过税或别的税费足以发生严

---

①　《耆英等又奏议令各国商船准赴澳门贸易片》，道光二十四年八月初六日，齐思和等整理：《筹办夷务始末·道光朝》六，第 2860 页。

②　"Report from the Select Committee on Commercial Relations with China," July 12, 1847, *British Parliamentary Papers*, China 38, pp. 8—9.

重地影响"①。1852 年 3 月 15 日他给当时的香港总督和对华贸易监督文翰写了一封长信，指出英国对华贸易受挫的真正原因是中国自给自足的自然经济。他是英国官员中最早认识到这一点的人。

在条约关系下，清政府对贸易体制的改变并无多少抵制情绪，或者说，它并没有将五口通商视为对朝贡体制的根本性破坏，而只看作是为抚夷而对原有体制的一种调整。在这方面，它担心的主要是开口通商带来的民夷杂处和税收问题。1844 年 6 月初，浙江巡抚梁宝常奏报宁波开口以来的贸易情形，称此处"销货无多，收税不旺"。据他分析，这主要是由于宁波的位置和交通不如上海便利，同时华商有前往广州贸易的习惯，并无走私偷漏②。道光帝接报后，谕令"妥为抚驭，务使民夷相安，不生衅隙"，同时也强调要"加意巡防，如有偷漏等弊，即当严行惩办，是为至要"③。对于其他口岸，他关注的主要也是这两个方面的问题，反复交代初创之时要慎重、妥善，防止走私流弊和民夷纷争。

必须指出的是，五口通商时期，清政府整个外交的重心依然是维护天朝体制，其对条约关系的接纳始终是被迫的和有限的，就算贸易上的宽容大度也是基于传统的羁縻外夷的思想。

第三节　《藏尼条约》与朝贡关系

在晚清的中外关系中，有一个国家非常特殊，它与清王朝既有条约关系，又有朝贡关系，这个国家就是廓尔喀，即今天的尼泊尔。

在清前期，廓尔喀还只是尼泊尔的一个部族，1769 年，廓尔喀国王普里特韦·纳拉扬统一尼泊尔地区，此后该地被称为廓尔喀。早在廓尔喀统一尼

---

① "Mr. Mitchell to Sir G. Bonham," March 15, 1852, Ian Nish ed., *British Documents on Foreign Affairs: Reports and Papers from the Foreign Office Confidential Print*, Part I, Series E Asia, Vol. 18, University Publications of America, p. 65.

② 《梁宝常奏派员筹办定海善后事宜并宁波通商情形折》，道光二十四年四月十七日，齐思和等整理：《筹办夷务始末·道光朝》六，第 2822—2823 页。

③ 《廷寄》，道光二十四年四月十七日，齐思和等整理：《筹办夷务始末·道光朝》六，第 2824 页。

泊尔以前，尼泊尔与西藏地区的人民就有贸易往来，西藏地区以羊毛等畜牧产品以及湖盐，交换尼泊尔的大米、辣椒等农产品。早期两地的贸易主要采用以货易货的方式进行，公元 7 世纪，吐蕃王朝统一西藏后，黄金作为交易手段得到广泛使用。明末清初，受内地白银货币制度的影响，西藏地区与尼泊尔的贸易亦以白银结算。但西藏地方并不铸造货币，而是将朝廷供给的银子卖给尼泊尔，然后再回购尼泊尔铸造的银币，即所谓的银钱贸易。据《卫藏通志》记载，"卫藏地方向系由廓尔喀铸造番钱，运来行使，仍兑换银两运回"，"从前商上并不铸造银钱，专赖廓尔喀运来易换"[1]。尼泊尔将从西藏地区购买的白银铸造成银币时，掺入了价值低廉的铜，而西藏地区回购银币是按重量计算，即一定数量的白银交换同等重量的银币，尼泊尔因此获利匪浅。据英人基尔派特里克（Captain Kirkpatrick）估计，廓尔喀统一尼泊尔前，该地尼瓦尔三土邦从银钱贸易中年均约赚 10 万尼币[2]。

廓尔喀王朝统一尼泊尔后，延续了与西藏地区的银钱贸易，但其所铸钱币加刻了廓尔喀国王的名字，并掺入了大量的铜等合金，因而遭到西藏地区人民的反对和拒绝，廓尔喀不得不改铸成色较高的新币。西藏地区要求廓尔喀用新币收回旧币，但廓尔喀却乘机哄抬币值，提出新币与旧币按 1∶2 的比价使用，即一个新币相当于两个旧币，同时要求废除以前银钱按同等重量交易的法则，改为 1 两白银换 6 枚新币。按以前标准，1 两白银可换尼币八九个至 10 个不等，西藏地方当局自然不能同意。双方多次交涉，没有结果。与此同时，廓尔喀与西藏地方当局还发生了税务和食盐方面的纠纷。廓尔喀称，西藏地方边境官吏对其货物"任意加收税项"，并在食盐内掺杂砂土。

乾隆五十三年（1788），廓尔喀以西藏地方当局增收商税、食盐掺土为由发动侵略战争，这是历史上廓尔喀第一次侵藏。西藏地区兵力薄弱，乾隆皇帝紧急谕令成都将军鄂辉、四川提督成德率 3000 士兵入藏支援，但钦差大臣巴忠默许西藏地方当局与廓尔喀私下议和，同意西藏地方当局向廓尔喀赔款，每年 300 元宝，连续支付 3 年。双方息战。不料，3 年后，廓尔喀又

---

[1] 《卫藏通志》卷 10，中华书局，1985 年，第 191—192 页。商上，即西藏地方政府管理钱财的机构。
[2] 佘素：《清季英国侵略西藏史》，世界知识出版社，1959 年，第 27 页。

以西藏地方当局不履行赔款和约为由第二次侵藏。此时，乾隆帝才得知第一次和议之事，震怒之下将驻藏大臣保泰和雅满泰革职，巴忠畏罪自杀。乾隆复令鄂辉、成德率军入藏，并任命福康安为大将军，海兰察为参赞大臣，带领 1.7 万多人的大军，进藏驱逐廓军，以除后患。此次，清军不仅收复了失地，且深入廓尔喀境内，直逼其首都。廓尔喀被迫投降，签下"永不侵藏"的甘结，向清朝称臣纳贡，成为清王朝的藩属国。

此后的半个世纪中，廓尔喀与西藏地区和谐相处，清廷亦给予其与朝鲜、安南等藩属国相同的待遇，批准其五年一贡，"或尔国因道路险远方物无多，即十年一贡以达悃忱，亦无不可"，还允许该国贡使顺道将货物带至前藏，"凭公交易"①。自乾隆五十七年至光绪三十二年（1906），廓尔喀一直保持向清王朝五年一贡的传统，双方的朝贡关系延续了一百多年。

与其他藩属国不同的是，廓尔喀在与清王朝保持朝贡关系的同时，又签订了一个《藏尼条约》，获得了在西藏地区的一些特权。《藏尼条约》是廓尔喀第三次侵藏的产物，这次侵略战争发生在咸丰五年（1855），其缘由和背景远较前两次复杂。

首先，英国的挑动、唆使是廓尔喀发动此次侵藏战争的重要原因。

19 世纪 40 年代，英国率先完成了第一次工业革命，经济的发展促使其到处扩张，寻找原料和市场。1849 年英国吞并印度北部的旁遮普，完成了对整个印度的征服。此时，英国已通过第一次鸦片战争迫使清政府开放了沿海五处通商口岸，为进一步深入中国市场，英国图谋以印度为基地，打通从西南进入中国的通道，位于藏印之间的廓尔喀也就成了英国利用的对象。嘉庆十九年（1814），廓尔喀与英国东印度公司争夺原属哲孟雄的一块土地——泰莱区，双方因此发生战争，廓尔喀战败，被迫签订不平等的《塞哥里条约》。根据这一条约，英国割占了廓尔喀所有的平原土地，英国派使节驻扎廓尔喀，未得到英国同意，廓尔喀不能留用任何外国人，廓尔喀与任何一国发生纠纷都要由英国仲裁等，英国从此控制了廓尔喀②。19 世纪三四十年

---

① 《"国立"故宫博物院典藏专案档暨方略汇编廓尔喀档第四册》，沉香亭企业出版社，第 1696 页，转引自冯树清：《晚清尼泊尔五年进贡使团研究（1852—1906）》，河北师范大学硕士学位论文，2009 年，第 1 页。

② 杨公素：《中国反对外国侵略干涉西藏地方斗争史》，中国藏学出版社，2001 年，第 40 页。

代，廓尔喀王室内部发生争斗，英国支持和利用拉纳家族的钟·巴哈都尔，将他扶上廓尔喀首相之位，大权在握。为感谢英国的帮助，钟·巴哈都尔实行了一系列亲英政策。廓尔喀第三次侵藏便是英国唆使、挑动的结果，英国企图利用廓尔喀打通前往西藏的通商之路。

其次，廓尔喀自身的扩张野心是其侵藏的又一原因。

廓尔喀第二次侵藏后，虽被迫向清王朝称臣纳贡，但野心未泯，一直还在寻找向西藏地区扩张的机会。1842 年七月廓尔喀上表清廷，"叩求大皇帝赏兵，抑或赏给银两资助，以便将披楞人逐出"①，即要求清政府赏兵或赏银。不仅如此，表文中还提出将西藏地区唐古特达坝噶尔地方与廓尔喀莫斯党地方易换，将拉达克地方交给廓尔喀国王管理，将布鲁克巴附近 10 里之地，赏给廓尔喀驻兵把守②。表文中提到的这三个地方，按地理位置，由西向东分别是布鲁克巴、达坝噶尔、拉达克。清政府如果答应廓尔喀的请求，将意味着廓尔喀呈半圆形包围西藏地区，清政府自然不会同意。道光皇帝谕令驻藏大臣"该国求赏银两，上次曾经饬驳，此次复行求赏，实属无厌；至囚披楞欺凌，求请发兵救援，并恳易换藏地，更属无此体制，必应逐一指驳，以杜妄念"③。此后，道光二十四年（1844）正月，驻藏大臣孟保等奏报，"廓尔喀国王来禀吁求聂拉木、济咙地方十年归藏、三年归廓管理"④。聂拉木与济咙均属西藏地区，与廓尔喀接壤，廓尔喀的侵略意图昭然若揭，清政府不可能答应这样的无理要求。钟·巴哈都尔上台后，在英国的唆使下，利用清国内农民起义的时机，把长期以来的侵略野心正式付诸行动。

此外，19 世纪上半叶，清朝政府对藩属国不管不顾的消极政策及其本身的积贫积弱，增强了廓尔喀的离心倾向和侵略野心。

1815—1816 年，廓尔喀与英印军队发生战争时，曾两次向清政府求助，请求赏给银两，并向达赖、班禅等求助口粮。嘉庆帝谕示驻藏大臣严加驳

---

①　吴丰培编：《清代藏事奏牍》，中国藏学出版社，1994 年，第 219 页。

②　吴丰培编：《清代藏事奏牍》，第 220 页。达坝噶尔地方即今西藏札达县南，莫斯党地方今记作木斯塘，历史上曾是一个独立王国，18 世纪被尼泊尔吞并，成为尼泊尔道拉吉里专区的县，其北面与西藏接壤，居民多为藏族。

③　吴丰培编：《清代藏事奏牍》，第 221 页。

④　贺文宣编著：《清朝驻藏大臣大事记》，中国藏学出版社，1993 年，第 250 页。

饷，以"天朝抚驭外藩，从无赏给饷银令与邻国构兵之理"予以拒绝[1]。最终廓尔喀被迫与英国签订不平等条约。1846 年，钟·巴哈都尔担任首相以前，廓尔喀对英人并不友好，反英运动持续不断。为对抗英人，廓尔喀曾多次向清王朝求助。道光十七年廓尔喀向清政府求赏银两，遭到拒绝。道光二十一年九月廓尔喀国王再次奏请，声称英印殖民政府带兵前来侵扰，自己连年给长子次子完婚，费用甚多，财力不济，器械不足，恐"难以保守"，恳请施恩赏银[2]，复遭拒绝。至于和廓尔喀一样遭受英国侵略的喜马拉雅地区的藩属国，清政府既未给予财力支持，也未采取任何其他援助措施。清政府的这种态度疏离了同这些藩属国的政治情感，使它们轻易被英国侵略者所控制、挑拨。此外，中国封建王朝的天朝上国地位是以中国的繁荣和强大为前提的，18 世纪末以后，清王朝日益没落，政治腐败、军务废弛、财政空虚，农民起义接连不断，特别是第一次鸦片战争中，清政府战败议和，被迫签订不平等条约。这些都大大降低了它的权威，助长了廓尔喀的侵略野心。

咸丰四年初，廓尔喀国王上表清政府，提出派兵协助攻打太平军。咸丰帝表示，其忠诚可嘉，"但内地小丑跳梁，从无借兵外夷之理"，着驻藏帮办大臣谆龄谕以："表文业已上达大皇帝，亦奖其诚悃。惟念该国王久列藩封，不忍令其派兵远道跋涉。且内地匪徒滋扰，天朝兵力所加，指日可殄灭，亦无须该国王派兵助剿。"[3] 由于驻藏帮办大臣谆龄身体欠佳，这份上谕未能迅速传达给廓尔喀。结果，廓尔喀声称已经动用军队"助剿"，要求西藏地方出"帮兵使费"，意图挑衅[4]。

咸丰五年二月，廓尔喀突然派人到济咙，邀集村民，准备接管该地宗本事务。不久，廓尔喀又呈递表章，声称藏民将该国经理牛厂头目和随从砍伤，并抢劫其财物，又称上年廓尔喀商人与西藏地区茶商斗殴一案，办理不公。清廷知其有意挑衅，但忙于镇压太平天国起义，无力安边。咸丰帝谕令

---

① 贺文宣编著：《清朝驻藏大臣大事记》，第 200 页。

② 吴丰培：《清代藏事奏牍》，第 185 页。

③ 《西藏研究》编辑部编、张其勤原稿、吴丰培增辑：《清代藏事辑要》，西藏人民出版社，1983 年，第462—463 页。

④ 《西藏研究》编辑部编、张其勤原稿、吴丰培增辑：《清代藏事辑要》，第 465 页。

驻藏大臣谙龄，不要将其"悖逆之意道破，但当就案论案，将此二事妥为勘断"，如果确有欺凌廓尔喀之事，应迅速查办，使"该夷不能藉端起衅"，同时不露声色，暗地设防①。清廷息事宁人的态度没能让廓尔喀满意。

同年三月，廓尔喀违反"永不侵藏"的甘结，将军队开入西藏地区。西藏地方军战斗力不强、防御薄弱，与廓尔喀相邻的聂拉木和济咙很快被占领。咸丰帝谕令驻藏大臣赫特贺借巡边之名前往后藏边界察看情形，"晓以大义，使将济咙、聂拉木两处之兵，速行撤回"②。廓尔喀向清政府表示，此事只因与西藏地方当局的纠纷而起，对清并无不敬之意，但同时又继续扩大侵略。随后，廓尔喀先后侵占了宗喀、补仁（今普兰）和绒辖（今定结）。驻藏大臣一面集结土兵抵抗，一面向朝廷奏请调川兵进藏征剿。清廷命乐斌率3000兵勇赴藏，但此时四川军务繁多，兵饷不足，且因天气寒冷，无法启程。之后，湖北发生骚乱，乐斌所率川军又被调往湖北弹压。驻藏大臣赫特贺亲自前往后藏督战，朝廷亦命人送去银两，让乐斌在四川挑选熟悉番务的官员供赫特贺差遣，并让驻藏官员满庆从前藏调兵2000支援。在谕令驻藏大臣布防守护的同时，咸丰帝一再强调"办理外夷，总宜剿抚兼施，恩威并济"③，让赫特贺等人晓谕廓尔喀自行退兵，对其冤曲予以调查、裁断。

咸丰六年初，廓尔喀突然遣使求和。赫特贺怀疑其因天气严寒，以求和作为缓兵之计，或想探听清兵虚实，派人前去查探。经查证，廓尔喀要求议和为真，并无虚伪。赫特贺随后奏报朝廷，称"该夷实系畏罪乞和"。此时，清政府正忙于对付太平天国，西藏地方当局兵力不济，又适逢达赖喇嘛圆寂，事务繁多，自是乐于议和。咸丰帝谕令，廓尔喀"既系实心乞和，即可乘其悔悟之机，妥为筹办，以示羁縻"④。于是，在驻藏大臣赫特贺的主持下，西藏地方与廓尔喀议定和约十款，即后人所称《藏尼条约》。第三次廓尔喀侵藏战争就此结束。

《藏尼条约》的主要内容如下：西藏地方每年交给廓尔喀阿乃银钱10

① 《西藏研究》编辑部编、张其勤原稿、吴丰培增辑：《清代藏事辑要》，第466、467页。
② 《西藏研究》编辑部编、张其勤原稿、吴丰培增辑：《清代藏事辑要》，第468页。
③ 《西藏研究》编辑部编、张其勤原稿、吴丰培增辑：《清代藏事辑要》，第476页。
④ 《西藏研究》编辑部编、张其勤原稿、吴丰培增辑：《清代藏事辑要》，第480页。

千元（折合白银 2000 两）；西藏地区如与别国打仗，廓尔喀将帮同护守；廓尔喀人在西藏地区免收税课；双方退还此次打仗所缴获的兵民器械等，廓尔喀从补仁、绒辖、宗喀、济咙、聂拉木、达尔结撤兵，将所占地方交还西藏地方；西藏地方不再设巴勒布头人，改设廓尔喀头目经理商务；廓尔喀商人在西藏地区允许自由买卖；藏民与廓尔喀人各自内部的争讼，"由该管官员各自办理，其互相争讼者，两家官员会同审办，应罚赎者，该管官员各自经收"；廓尔喀人和藏民犯罪"逃出境外者，两家查出，均各交还"；西藏、廓尔喀商民"在境外被劫者，由该管地方官查拿，将财物严追退还给失主"；"此次打仗，两家商民等被裹，一经和息退还，都不得记恨报复"①。

在和约缔结中，廓尔喀表示将像过去一样尊重中国皇帝，与西藏地区保持亲如手足的和睦关系，并将帮助西藏地区抵抗外来侵略明确载入条约，因此该约同中国与西方各国签订的条约不同，至少在清政府看来，其性质尚未超出藩属体系，而是这一体系之下的一个特例。

但"就整个协议内容及后来的事实看来，这是历次资本主义列强强加于我国不平等条约的一个复制品，是清政府中央对西藏人民利益的一次出卖"②。通过条约，廓尔喀获得了在西藏地区的自由贸易权、免税特权，这不仅便利了廓尔喀本身的对藏贸易，而且为英国从内陆边境进入中国市场打开了通道，因为廓尔喀人的对藏贸易有相当一部分是贩运英国和印度的商品，这些商品也享受了免税待遇。因而，自条约签订后，"英国商品通过廓尔喀源源不断地进入西藏"，西藏地区开始沦为英国商品的倾销市场③。条约还准予廓尔喀在西藏地区设立官员，管理本国人民，廓尔喀人内部的争讼由其官员按照本国法律全权办理，廓尔喀人与藏民之间的诉讼，由双方官员会同审办。这实际上等同于西方国家不平等条约中的领事裁判权，对中国司法主权造成了严重侵害。此外，条约要求西藏地方当局每年向廓尔喀支付约合 2000 白银的款项，大大增加了西藏人民的负担。所以说，《藏尼条约》虽只涉及

① 《西藏研究》编辑部编、张其勤原稿、吴丰培增辑：《清代藏事辑要》，第 480—481 页。
② 藏族简史编写组：《藏族简史》，西藏人民出版社，2006 年，第 230—231 页。
③ 徐晓光：《藏族法制史研究》，法律出版社，2001 年，第 286 页。

西藏地区一处，属于地方性协约，但却是不折不扣的不平等条约，是清政府牺牲西藏地方利益换取和平的结果。它既反映了清王朝的国势衰弱，又说明了清政府宗藩体系中主权观念与意识的模糊不清。

从现存文献来看，清政府远远低估了廓尔喀侵藏的严重性和《藏尼条约》的危害。在关于缔约的奏议中，清政府说是西藏地方官民共同恳请，要求照所议和约完结，因而不得不"俯顺舆情，从权办理，以期息事安人"[①]。和约议定以后，咸丰帝仍认为廓尔喀不过是因为"挟税米买盐细故"，与西藏地方当局发生纠纷，而"称兵犯界"。对廓尔喀的侵略行为，咸丰帝念其"久列藩服，向来恭顺，此次与唐古特构衅，不过边徼蠢愚，罔知大体"，既然"该国王奉表输诚，恳求赦罪，察其情词，尚为肫切，自应予以自新，宽其既往"，即以天朝之大度予以谅解[②]。赫特贺、满庆等人亦因仰承圣意，威德并行，退兵有功，受到嘉奖。

清政府能够宽容廓尔喀，并接受条约，原因主要有二：一是 19 世纪中叶清王朝内忧外患，积贫积弱，已无力像乾隆朝一样对侵略疆土的周边藩国予以狠狠打击。咸丰帝在上谕中多次提到，"此次用兵，固不同乾隆年事，然较彼时帑饷支绌，势有万难者也"[③]。二是条约中给予廓尔喀的特权并不像西方国家的条约那样威胁到清中央统治者的地位和权威。廓尔喀在签订条约的同时，宣称保持对清朝皇帝的忠诚，这是清廷最为看重的。而贸易特权本是清王朝一直以来抚驭外夷的工具，清统治者此时考虑的只是安抚廓尔喀，并没有想到是否存在英国商品倾销的问题。至于司法主权，清政府本缺乏国家主权意识，在与西方国家的条约议定中，耆英等主动出让了领事裁判权，在中俄边境亦是由双方官员共同裁决纠纷，所以并没有认识到给予廓尔喀这一特权的严重后果。

在清廷的宽容下，第三次廓藏战争和平议结，廓尔喀与清王朝的朝贡关系也未受到影响。1857 年是廓尔喀五年一贡的贡期，咸丰帝念其"与唐古特

---

① 《西藏研究》编辑部编、张其勤原稿、吴丰培增辑：《清代藏事辑要》，第 481 页。
② 《西藏研究》编辑部编、张其勤原稿、吴丰培增辑：《清代藏事辑要》，第 482 页。
③ 《西藏研究》编辑部编、张其勤原稿、吴丰培增辑：《清代藏事辑要》，第 482 页。

构衅，甫经息兵"，"着免其呈进一次"，以示怀柔远人之意①。此后，廓尔喀一方面与清朝继续保持朝贡关系，一直到 1906 年，另一方面则以《藏尼条约》为据在西藏地区享有条约特权。

---

① 《西藏研究》编辑部编、张其勤原稿、吴丰培增辑：《清代藏事辑要》，第 483 页。

结　语

　　在世界历史的进程中，17 世纪具有重要的转折意义。1648 年的《威斯特伐利亚和约》打破了教会神权的枷锁，确认了一系列西方民族国家的独立自主，构建了近代西方的国际关系体系。近代国际法由此产生。条约作为国际法的载体，成为调节国际关系的重要手段。此时的中国也迎来了最后一个封建王朝——大清帝国。但在对外关系上，大清帝国延续并强化了传统的朝贡关系。这种关系以华夏中心意识、大一统观念为基础，以华夷有别、华尊夷卑、君臣从属为特点，以封赏—朝贡为纽带，是一种不对等的外交关系。由于思想认识的局限和封建自大的心理，中国的封建统治者把所有与外国的交往都视之为朝贡关系，就连与中国互市的西方国家也被纳入朝贡体制之中。东西方两种国际关系模式的差别和对立影响了此后近两个世纪中中外关系的格局。

　　随着资本主义的扩张，西方人大量东来，不仅与中国发生了经贸关系，还在 17 世纪下半叶利用国际法知识和惯例与中国发生了条约法权关系。1662 年的中荷《台湾媾和条约》、1663 年的《清荷协约》、1672 年的中英《台湾通商条约》、1675 年的中英《台湾通商补充协定》是目前所见中国与西方国家签订的最早的条约。这四个条约中，荷兰的两个条约都是军事协定，且一个是与台湾郑氏政权签订，一个是同靖南王和闽浙总督议定；英国的两个条约皆为商业条约，都是台湾郑氏政权与英国东印度公司签订的。由于四约的签署主体并非中央政府，而是地方政府或殖民机构，因此严格来说并不符合近代国际法以主权国家为缔约主体的法则，不是真正意义上的近代条约。

　　1689 年中俄《尼布楚条约》是中国朝贡体制下诞生的第一个完全符合近代国际法的中外条约。缔约双方都是独立的主权国家，并且在条约交涉中，清廷放下了天朝上国的架子，放弃了传统的处理对外关系的方式，同意遵循西方的国际惯例与俄国平等协商。国际法的一些原则，如平等互惠原则、使节人身不可侵犯原则、讲究诚信原则等，在条约谈判中也得到了某种程度的尊重和应用。可以说，《尼布楚条约》的签订具有里程碑性质的意义，它是中国封建王朝中央政府与西方国家签订的第一个条约，是正式的符合近代国际法的中外条约关系的开端。后来的中俄《恰克图条约》及其补充条约在谈判过程、内容和形式上也都体现了平等的原则。但是，早期中俄条约主要是边界条约，它们是中、俄两国特殊政治地缘关系的产物，是清政府为了解决与俄国长期存在的边境纠纷而签订的。它们虽是具有近代国际法性质的平等条约，但在朝贡体制下，它们并不具有普遍意义，并未成为清廷处理中外关系的普遍模式，而只是作为特例存在。更重要的是，早期中俄条约的签订并未从根本上改变两国之间的外交关系，清政府依然将俄国视为朝贡国，对俄事务由理藩院主管，俄国使臣来华，仍然只能享受贡使待遇，仍然需要遵守天朝礼仪。

进入工业化时代，西方国家资本主义经济的发展有了质的飞跃，同时也带动了对市场和原料的迫切需求。为了消除贸易障碍、开辟更广阔的市场，18 世纪后期至 19 世纪上半叶，率先启动工业革命的英国酝酿并尝试与中国建立条约关系。近代西方的条约关系是以国家主权独立和地位平等为基础的，因而英国建立对华条约关系的实践严重挑战了中国的朝贡体制，使双方产生激烈冲突。1834 年律劳卑事件后，英国形成了武力侵华、逼签条约的广泛舆论。1839 年林则徐禁烟成为中英战争的导火索，英国最终通过武力侵略的方式，打破了中国朝贡体制的樊篱，按照西方的国际法则建立起了同中国的条约关系。美、法、俄、瑞、挪各国纷纷仿效英国，与清政府签约。第一批不平等条约的诞生宣告了中外条约关系的初步建立，揭开了中外关系的新纪元，中国与西方国家的交往不再以天朝体制为基础，而以新的条约关系为准则。但此时的条约关系仅适用于通商五口，列强的特权内容也较为有限，还没有从根本上取代天朝体制。直到第二次鸦片战争后，随着各国《天津条约》和《北京条约》的签订，西方殖民势力侵入中国腹地，攫取了各项主要的在华特权，条约关系的框架基本确立，列强取得了对华关系的支配地位。

回顾 1689—1860 年间中外条约关系发展的历史可以发现，第一次鸦片战争前，中国虽然与西方国家有过条约关系，但并不具有普遍意义，更未使传统朝贡体制有任何实质性的改变。作为中国传统朝贡体制对立物和破坏者的近代中外条约关系出现于第一次鸦片战争之后，第二次鸦片战争后，随着新条约的签订，近代中外条约的主体内容已经完备，适用范围覆盖中国的绝大部分地域，近代中国条约关系的框架基本形成。在这一过程中，中国与西方国家的关系由朝贡互市逐渐转变为以西方国际法则为基础的新的条约关系。与此同时，随着这种转变发生的是中西关系的天平由一种不平等向另一种不平等状态的迁移，中国丧失了天朝上国的优越地位，逐渐沦为半殖民地半封建社会，中国的主权利权受到严重损害。

在被迫接受西方国际秩序的过程中，为应对新的中外条约关系，清政府曾采取种种措施，如广州外交体制的建立，贸易羁縻政策的扩展，海关机构的革新等，但清政府的目标仍重在维护残缺的天朝体制，抵制和抗拒条约带来的冲击和影响，因此，在条约执行过程中，中外之间充满矛盾纠纷。直到第二次鸦片战争后，清政府逐渐树立了信守条约的观念，中外各方亦共同努力，逐步建立起了适应条约关系的外交制度、礼仪制度、通商贸易制度等，条约关系才得到改善和调整。但帝国主义的扩张也让 19 世纪后期的条约关系发生了更为复杂的变化，引出了诸多新的问题。

主要参考文献

一、 资料丛刊、汇编、史志、日记、已刊及未刊档案等

《明朝开国文献》第 3 册，台湾学生书局 1996

《明会典》，王云五主编：《万有文库》，商务印书馆 1936

《平定罗刹方略》，中华书局 1991

《清朝文献通考（二）》，浙江古籍出版社影印本 1988

《清高宗纯皇帝圣训》，沈云龙主编：《近代中国史料丛刊三编》第 94 辑第 938
　　号，台北文海出版社 2005

《清仁宗睿皇帝圣训》，沈云龙主编：《近代中国史料丛刊三编》第 95 辑第 941
　　号，台北文海出版社 2005

《清实录》第 3、4、5、15、16、27、41 册，中华书局 1985—1986

《卫藏通志》，中华书局 1985

《西藏研究》编辑部编、张其勤原稿、吴丰培增辑：《清代藏事辑要》，西藏
　　人民出版社 1983

北平故宫博物院编印：《清代外交史料·嘉庆朝》（一），1932

故宫博物院编印：《文献丛编》第 11 辑，1931

故宫博物院明清档案部编：《清代中俄关系档案史料选编》第 3 编上中下册，
　　中华书局 1979

广东省文史研究馆编：《三元里人民抗英斗争史料》，中华书局 1978

广东省文史研究馆译：《鸦片战争史料选译》，中华书局 1983

郭卫东编：《中外旧约章补编（清朝）》上册，中华书局 2018

贺文宣编著：《清朝驻藏大臣大事记》，中国藏学出版社 1993

胡滨译：《英国档案有关鸦片战争资料选译》下册，中华书局 1993

贾桢等纂修：《筹办夷务始末·咸丰朝》第 1—6 册，中华书局 1979

昆冈等编：《钦定大清会典事例》，台北新文丰出版公司影印本 1976

昆冈等续修：《清会典》（5），商务印书馆 1936

李隆基撰、李林甫注：《大唐六典》，三秦出版社 1991

李汝和主修：《台湾省通志》卷 3《政事志·外事篇》，台湾省文献委员会 1971

梁廷枏：《海国四说》，中华书局 1993

梁廷枏：《粤海关志》，沈云龙主编：《近代中国史料丛刊续编》第 19 辑第 184 号，台北文海出版社 1975

林则徐：《信及录》，上海书店影印本 1982

刘俊文：《唐律疏议笺解》上册，中华书局 1996

齐思和等编：《第二次鸦片战争》第 1—6 册，上海人民出版社 1979

齐思和等编：《鸦片战争》第 1—6 册，上海人民出版社 1957

齐思和等整理：《筹办夷务始末·道光朝》第 1—6 册，中华书局 1964

上海大学法学院、上海市政法管理干部学院编，张荣铮等点校：《大清律例》，天津古籍出版社 1993

世界知识出版社编辑：《国际条约集（1648—1871）》，世界知识出版社 1984

台北"中研院"近代史研究所编印：《中美关系史料（嘉庆、道光、咸丰朝）》，1968

台北"中研院"历史语言研究所校印：《明世宗实录》，上海书店出版社 1984

台北"中研院"历史语言研究所校印：《明武宗实录》，上海书店出版社 1984

台北"中研院"历史语言研究所校印：《明宪宗实录》，1962

太平天国历史博物馆编：《吴煦档案选编》第 6 辑，江苏人民出版社 1983

王庆云：《石渠余纪》，北京古籍出版社 1985

王铁崖编：《中外旧约章汇编》第 1 册，生活·读书·新知三联书店 1957

王锡祺编：《小方壶斋舆地丛钞》第 3 册，杭州古籍书店 1985

王先谦撰：《东华续录·道光朝》八，1899 年石印本

吴丰培编：《清代藏事奏牍》，中国藏学出版社 1994

厦门大学台湾研究所、中国第一历史档案馆编辑部编：《康熙统一台湾档案史料选辑》，福建人民出版社 1983

严中平等编：《中国近代经济史统计资料选辑》，科学出版社 1955

阎广耀、方生选译：《美国对华政策文件选编（从鸦片战争到第一次世界大

战）》，人民出版社1990

姚贤镐编：《中国近代对外贸易史资料（1840—1895）》第1册，中华书局
　　1962

张寿镛等纂：《清朝掌故汇编外编》，沈云龙主编：《近代中国史料丛刊三编》
　　第14辑第132号，台北文海出版社1986

张廷玉等撰：《明史》，吉林人民出版社1995

中国第一历史档案馆编：《嘉庆道光两朝上谕档》第21册，广西师范大学出
　　版社2000

中国第一历史档案馆编：《清代中俄关系档案史料选编》第1编上下册，中
　　华书局1981

中国第一历史档案馆编：《鸦片战争档案史料》第1—7册，天津古籍出版社
　　1992

中国第一历史档案馆编：《英使马戛尔尼访华档案史料汇编》，国际文化出版
　　公司1996

中国第一历史档案馆藏：《军机处录副奏折·外交类》第571卷，胶片号：
　　7614—17

中华书局编辑部、李书源整理：《筹办夷务始末·同治朝》，中华书局2008

［俄］尼古拉·班蒂什—卡缅斯基编著、中国人民大学俄语教研室译：《俄中
　　两国外交文献汇编（1619—1792）》，商务印书馆1982

［法］杜赫德编，吕一民、沈莹、郑德弟译：《耶稣会士中国书简集——中国
　　回忆录》下卷，大象出版社2005

［法］加略利著、谢海涛译：《1844年法国使华团外交活动日记》，广西师范
　　大学出版社2013

［法］张诚著、陈霞飞译：《张诚日记》，商务印书馆1973

［美］惠顿著、丁韪良译、何勤华点校：《万国公法》，中国政法大学出版社
　　2003

［美］约瑟夫·塞比斯著、王立人译：《耶稣会士徐日升关于日俄尼布楚谈判
　　的日记》，商务印书馆1973

［日］佐佐木正哉编：《鸦片战争之研究（资料篇）》，沈云龙主编：《近代中国史料丛刊续编》第95辑第941号，台北文海出版社1983

日本国际法学会编、外交学院国际法教研室译校：《国际法辞典》，世界知识出版社1985

苏联科学院远东研究所等编，黑龙江大学俄语系翻译组、黑龙江省哲学社会科学研究所第三室合译：《十七世纪俄中关系》第2卷第1—3册，商务印书馆1975

苏联科学院远东研究所等编、厦门大学外文系《十七世纪俄中关系》第一卷翻译小组译、黑龙江大学俄语系翻译组校对：《十七世纪俄中关系》第1卷第1—3册，商务印书馆1978

［意］马国贤著、李天纲译：《清廷十三年——马国贤在华回忆录》，上海古籍出版社2013

［英］亨利·埃利斯著，刘天路、刘甜甜译，刘海岩审校：《阿美士德使团出使中国日志》，商务印书馆2013

二、 经典著作、国际法等论著

李浩培：《条约法概论》，法律出版社1987

万鄂湘、石磊、杨成铭、邓洪武：《国际条约法》，武汉大学出版社1998

杨泽伟：《国际法史论》，高等教育出版社2011

周鲠生：《国际法》，商务印书馆1976

朱炜、王吉文主编：《国际法》，厦门大学出版社2013

《共产党宣言》，人民出版社2014

《马克思恩格斯选集》第1卷，人民出版社2012

《马克思恩格斯全集》第28卷，人民出版社2018

［美］汉斯·凯尔森著、王铁崖译：《国际法原理》，华夏出版社1989

［苏］Д.И.费尔德曼、Ю.Я.巴斯金著，黄道秀等译：《国际法史》，法律出版社1992

［英］劳特派特修订，王铁崖、陈体强译：《奥本海国际法》，商务印书馆1971

三、 研究著作、论文

《〈中俄尼布楚条约〉：运用国际法的初例》，《中国社会科学报》2009 年 2 月
　3 日

白云涛编著：《三元里抗英》，中国国际广播出版社 1996

北京大学历史系编：《沙皇俄国侵略扩张史》上，人民出版社 1979

北京师范大学清史研究小组：《一六八九年的中俄尼布楚条约》，人民出版社
　1977

蔡鸿生：《俄罗斯馆纪事》，中华书局 2006

藏族简史编写组：《藏族简史》，西藏人民出版社 2006

陈开科：《失败的使团与失败的外交——嘉庆十年中俄交涉述论》，《近代史
　研究》2011 年第 4 期

邓正来编：《王铁崖文选》，中国政法大学出版社 1993

丁名楠等：《帝国主义侵华史》第 1 卷，人民出版社 1958

冯树清：《晚清尼泊尔五年进贡使团研究（1852—1906）》，河北师范大学硕
　士学位论文 2009

傅孙铭等编：《沙俄侵华史简编》，吉林人民出版社 1982

戈斌：《清代琉球国进贡活动概述》，《历史档案》1993 年第 2 期

龚缨晏：《鸦片的传播与对华鸦片贸易》，东方出版社 1999

顾维钧：《外人在华之地位》，南京宪兵书局 1936

郭卫东：《不平等条约与近代中国》，高等教育出版社 1993

郭卫东：《简析近代范式中外条约的开篇》，《历史档案》2016 年第 4 期

郭卫东：《两次鸦片战争期间中国外交体制的变迁》，《北京社会科学》2014
　年第 2 期

郭卫东：《转折：以早期中英关系和〈南京条约〉为考察中心》，河北人民出
　版社 2003

何新华：《最后的天朝：清代朝贡制度研究》，人民出版社 2012

何新华、王小红：《1840—1860 年间清政府三种外交体系分析》，《安徽史学》

2003 年第 5 期

侯中军:《近代中国不平等条约及其评判标准的探讨》,《历史研究》2009 年
    第 1 期

胡礼忠等:《从尼布楚条约到叶利钦访华——中俄中苏关系 300 年》,福建人
    民出版社 1994

黄定天:《中俄关系通史》,黑龙江人民出版社 2007

黄国盛:《鸦片战争前的东南四省海关》,福建人民出版社 2000

黄鸿钊:《澳门史》,福建人民出版社 1999

贾士毅:《关税与国权》,商务印书馆 1929

江树生:《郑成功与荷兰人热兰遮城最后一战》,《台湾文学选刊》1993 年第
    10 期

蒋孟引:《第二次鸦片战争》,生活·读书·新知三联书店 1965

经君健编:《严中平文集》,中国社会科学出版社 1996

李宏图:《西欧近代民族主义思潮研究——从启蒙运动到拿破仑时代》,上海
    社会科学院出版社 1997

李金明、廖大珂:《中国古代海外贸易史》,广西人民出版社 1995

李文平:《从〈中俄伊塔通商章程〉看清代外交》,新疆大学硕士学位论文 2013

李育民:《从"搭便车"到"门户开放"——晚清时期中美条约关系的演变》,
    《中外条约与近代中国国际学术研讨会论文集》,2017 年 10 月

李育民:《近代中国的条约制度》,湖南人民出版社 2010

李育民:《近代中外条约关系刍论》,湖南人民出版社 2011

李育民:《晚清中外条约关系研究》,法律出版社 2018

李云泉:《朝贡与条约之间:近代东西方国际秩序的并存与兼容》,《社会科
    学辑刊》2016 年第 6 期

李云泉:《万邦来朝:朝贡制度史论》,新华出版社 2014

厉声:《新疆对苏(俄)贸易史(1600—1990)》,新疆人民出版社 1993

郦永庆:《〈中俄伊犁塔尔巴哈台通商章程〉再研究》,《近代史研究》1995 年
    第 3 期

郦永庆编选：《第一次鸦片战争之后福州问题史料》，《历史档案》1990 年第 2 期

林仁川：《清初台湾郑氏政权与英国东印度公司的贸易》，《中国社会经济史研究》1998 年第 1 期

刘大年：《论康熙》，《历史研究》1961 年第 3 期

刘德斌主编：《国际关系史》，高等教育出版社 2003

刘德喜：《论〈尼布楚条约〉的历史意义》，《新远见》2008 年第 9 期

刘鉴唐、张力主编：《中英关系系年要录（公元 13 世纪—1760 年）》第 1 卷，四川省社会科学院出版社 1989

刘远图：《早期中俄东段边界研究》，中国社会科学出版社 1993

马大正主编：《中国边疆经略史》，中州古籍出版社 2000

茅海建：《近代的尺度》，生活·读书·新知三联书店 1998

茅海建：《入城与修约：论叶名琛的外交》，《历史研究》1998 年第 6 期

米镇波：《1845 年尼·柳比莫夫的秘密考察与〈中俄伊犁塔尔巴哈台通商章程〉的签订》，《近代史研究》1994 年第 5 期

米镇波：《清代西北边境地区中俄贸易：从道光朝到宣统朝》，天津社会科学院出版社 2005

缪鸿基等编著：《澳门》，中山大学出版社 1988

钱乘旦、杨豫、陈晓律：《世界现代化进程》，南京大学出版社 1998

钱乘旦主编：《欧洲文明：民族的融合与冲突》，贵州人民出版社 1999

乔明顺：《中美关系第一页——1844 年〈望厦条约〉签订的前前后后》，社会科学文献出版社 1991

卿汝楫：《美国侵华史》第 1 卷，生活·读书·新知三联书店 1952

权赫秀：《晚清对外关系中的"一个外交两种体制"现象刍议》，《中国边疆史地研究》2009 年第 4 期

佘素：《清季英国侵略西藏史》，世界知识出版社 1959

沈弘编译：《遗失在西方的中国史——〈伦敦新闻画报〉记录的晚清，1842—1873 年》上，北京时代华文书局 2014

舒新城：《中国近代教育史资料》下册，人民教育出版社 1961

孙晓楼、赵颐年：《领事裁判权问题》，商务印书馆 1937

田珏主编：《台湾史纲要》，福建人民出版社 2000

佟冬主编：《沙俄与东北》，吉林文史出版社 1985

童蒙正：《关税论》，商务印书馆 1934

万明：《中国融入世界的步履——明与清前期海外政策比较研究》，社会科学
    文献出版社 2000

王和平：《从中俄外交文书看清前期中俄关系》，《历史档案》2008 年第 3 期

王纪元：《不平等条约史》，中国文化服务社 1936

王继庆、王闯：《17 世纪张诚日记之尼布楚行程与谈判》，《学术交流》2013
    年第 2 期

王立诚：《中国近代外交制度史》，甘肃人民出版社 1991

王绳祖主编：《国际关系史》第 1 卷，世界知识出版社 1995

王天根：《历史场景的重建与鸦片战争中英关系的再思考——以大英图书馆
    珍稀历史文献为中心》，《中外条约与近代中国国际学术研讨会论文集》，
    2017 年 10 月

魏建猷：《第二次鸦片战争》，上海人民出版社 1955

魏源撰：《海国图志》，中州古籍出版社 1999

吴颂皋：《治外法权》，上海商务印书馆 1919

新疆历史教材编写组：《新疆地方史》，新疆大学出版社 1991

徐继畬：《瀛寰志略》，上海书店出版社 2001

徐万民：《咸丰朝东北失地百万于俄原因探析》，中共中央党校"中俄边界与
    中国和平崛起的周边环境"学术研讨会论文，2005 年 3 月

徐晓光：《藏族法制史研究》，法律出版社 2001

严中平主编：《中国近代经济史（1840—1894）》上下册，人民出版社 1989

杨公素：《中国反对外国侵略干涉西藏地方斗争史》，中国藏学出版社 2001

杨天宏：《口岸开放与社会变迁——近代中国自开商埠研究》，中华书局 2002

叶柏川：《俄国来华使团研究（1618—1807）》，社会科学文献出版社 2010

尹广瑶：《试论中俄〈尼布楚条约〉的性质》，《绥化师专学报》1984 年第
　3 期

尤淑君：《宾礼到礼宾——外使觐见与晚清涉外体制的变化》，社会科学文献
　出版社 2013

余绳武、刘存宽主编：《十九世纪的香港》，中华书局 1994

俞明主编：《〈南京条约〉与香港百年》，中国社会科学出版社 1998

喻常森：《元代海外贸易》，西北大学出版社 1994

岳蓉：《英国民族国家研究》，贵州人民出版社 2004

张建华：《中法〈黄埔条约〉交涉——以拉萼尼与耆英之间的来往照会函件
　为中心》，《历史研究》2001 年第 2 期

张顺洪：《了解与行动：英国社会对华的认识与鸦片战争》，《江海学刊》1999
　年第 5 期

张维华、孙西：《清前期中俄关系》，山东教育出版社 1997

张西平：《传教士汉学研究》，大象出版社 2005

中国社会科学院近代史研究所：《沙俄侵华史》第 3 卷，人民出版社 1976

朱雍：《不愿打开的中国大门——乾隆时期的中英关系》，江西人民出版社 1989

[德] G. F. 米勒、彼得·西蒙·帕拉斯著，李雨时译，赵礼校：《西伯利亚的
　征服和早期俄中交往、战争和商业史》，商务印书馆 1979

[俄] A. 布克斯盖夫登著，王瑾、李嘉谷、陶文钊合译：《1860 年〈北京条
　约〉》，商务印书馆 1975

[俄] 特鲁谢维奇著，徐东辉、谭萍译，陈开科审校：《十九世纪前的俄中外交
　及贸易关系》，岳麓书社 2010

[法] 阿兰·佩雷菲特著，王国卿、毛凤支、谷炘等译：《停滞的帝国——两
　个世界的撞击》，生活·读书·新知三联书店 1993

[法] 伏尔泰著、梁守锵译：《风俗论》，商务印书馆 1995

[法] 葛斯顿·加恩著、江载华译：《早期中俄关系史（1689—1730）》，商务
　印书馆 1961

[法] 加斯东·加恩著，江载华、郑永泰译：《彼得大帝时期的俄中关系史》，

商务印书馆 1980

［法］李明著，郭强、龙云、李伟译：《中国近事报道》，大象出版社 2004

［法］卫青心著、黄庆华译：《法国对华传教政策》，中国社会科学出版社 1991

［美］爱德华·V. 吉利克著、董少新译：《伯驾与中国的开放》，广西师范大学出版社 2008

［美］费正清、刘广京编，中国社会科学院历史研究所编译室译：《剑桥中国晚清史》上下卷，中国社会科学出版社 1993

［美］费正清编、杜继东译：《中国的世界秩序——传统中国的对外关系》，中国社会科学出版社 2010

［美］何伟亚著、邓常春译：《怀柔远人：马嘎尔尼使华的中英礼仪冲突》，社会科学文献出版社 2002

［美］杰拉尔德·冈德森著、杨宇光等译：《美国经济史新编》，商务印书馆 1994

［美］孔华润主编、王琛等译：《剑桥美国对外关系史》上，新华出版社 2004

［美］赖德烈著、陈郁译：《早期中美关系史（1784—1844）》，商务印书馆 1963

［美］马士著、区宗华译、林树惠校：《东印度公司对华贸易编年史（1635—1834 年）》第 1、2 卷，中山大学出版社 1991

［美］马士著、张汇文等译：《中华帝国对外关系史》第 1 卷，上海书店出版社 2006

［美］泰勒·丹涅特著、姚曾廙译：《美国人在东亚——十九世纪美国对中国、日本和朝鲜政策的批判的研究》，商务印书馆 1959

［美］托马斯·G. 帕特森等著、李庆余译：《美国外交政策》，中国社会科学出版社 1989

［美］威罗贝著、王绍坊译：《外人在华特权与利益》，生活·读书·新知三联书店 1957

［日］高柳松一郎著、李达译：《中国关税制度论》，沈云龙主编：《近代中国史料丛刊》第 74 辑第 735 号，台北文海出版社 1972

［苏］Н. П. 沙斯季娜著，北京师范大学外语系七三级工农兵学员、教师译：《十七世纪俄蒙通使关系》，商务印书馆 1977

［苏］普·季·雅科夫列娃著、贝璋衡译：《1689 年第一个俄中条约》，商务印书馆 1973

［意］利玛窦、金尼阁著，何高济、王遵仲、李申译：《利玛窦中国札记》，中华书局 1983

［英］格林堡著、康成译：《鸦片战争前中英通商史》，商务印书馆 1961

［英］赫德利·布尔著、张小明译：《无政府社会——世界政治秩序研究》，世界知识出版社 2003

［英］赫德著、叶凤美译：《这些从秦国来——中国问题论集》，天津古籍出版社 2005

［英］莱特著、姚曾廙译：《中国关税沿革史》，生活·读书·新知三联书店 1958

［英］勒费窝著，陈曾年、乐嘉书译：《怡和洋行——1842～1895 年在华活动概述》，上海社会科学院出版社 1986

［英］斯当东著、叶笃义译：《英使谒见乾隆纪实》，上海书店出版社 2005

［英］魏尔特著，陈敉才、陆琢成、李秀风译，戴一峰校：《赫德与中国海关》上册，厦门大学出版社 1997

［英］亚当·斯密著，郭大力、王亚南译：《国民财富的性质和原因的研究》下卷，商务印书馆 1972

四、 外文资料

Alexander Michie, *The Englishman in China During the Victorian Era*, Vol. 1, Edinburgh and London, 1900

A. J. Sargent, *Anglo-Chinese Commerce and Diplomacy*, Oxford, 1907

Britain and the China Trade, *1635－1842*, Vol. Ⅷ, Ⅹ, London, 2000

British Parliamentary Papers, China 24, 30, 31, 33, 35, 38, Irish University Press, 1971

C. H. Philips, *The East India Company*, *1784 — 1834*, Manchester University Press, 1968

Earl H. Pritchard, *The Crucial Years of Early Anglo-Chinese Relations*, *1750 — 1800*, Washington, 1936

Emerich de Vattel, *The Law of Nations*, London: Printed for G. G. and J. Robinson, 1797

George Thomas Staunton, *Memoirs of the Chief Incidents of the Public Life of Sir George Thomas Staunton*, Cambridge University Press, 2010

Gungwu Wang, *Anglo-Chinese Encounters since 1800*, Cambridge University Press, 2003

Hallett Abend, *Treaty Ports*, New York, 1944

Ian Nish ed. , *British Documents on Foreign Affairs: Reports and Papers from the Foreign Office Confidential Print*, Part I, Series E Asia, Vol. 16, 17, 18, University Publications of America, 1994

Jack J. Gerson, *Horatio Nelson Lay and Sino-British Relations*, *1854 — 1864*, Harvard University Press, 1972

John Barrow, *Travels in China*, London: T. Cadell and W. Davies, 1806

John Bell, *Travels from ST. Petersburgh in Russia to Various Parts of Asia*, Vol. 2 Edinburgh: Printed for William Creech, and Sold by Geo. Robinsons and Co. London, 1788

John King Fairbank, *Trade and Diplomacy on the China Coast: The Opening of the Treaty Ports*, *1842 — 1854*, Stanford University Press, 1969

J. L. Cranmer-Byng, "Lord Macartney' s Embassy to Peking in 1793from Official Chinese Documents," *Journal of Oriental Studies*, Vol. IV, Hong Kong University Press, 1960

J. Y. Wong, *Anglo-Chinese Relations 1839 — 1860: A Calendar of Chinese Documents in the British Foreign Office Record*, Oxford University Press, 1983

Shunhong Zhang, *British Views on China at a Special Time* (*1790 – 1820*), Beijing: Social Sciences Academic Press, 2011

Te-kong Tong, *United States Diplomacy in China*, *1844 – 1860*, University of Washington press, 1964

The Maritime Customs, *Treaties*, *Conventions*, *Etc.*, *between China and Foreign States*, Vol. 1, Shanghai, 1917

Vi Kyuin Wellington Koo, *The Status of Aliens in China*, New York: Columbia University, 1912